記憶的社會框架

Les cadres sociaux de la mémoire

Maurice Halbwachs

莫里斯·哈布瓦赫

陳秀萍 譯

目次

導讀
莫里斯·哈布瓦赫的生平、在法國社會學傳統的定位，及其記憶社會學[1]

本文共計四大主題，僅對哈布瓦赫的生平有興趣者可止於第一主題；欲知其在涂爾幹學派之定位者，可參考第二主題。第三主題是，就哪些觀點而言，其記憶論述可謂社會學研究？最後則簡述本書百年來之出版軼事，各章可能之側讀點等。

---

1 在此由衷感謝麥田出版社之相關主管、編輯群，已離職的怡君、現職的虹汝，對本文的支持。筆者不精記憶、哈布瓦赫或涂爾幹學派，也無能撰寫考究分明的學術論文，然而，《記憶的社會框架》卻是哈布瓦赫寫給圈內人看的社會學專論。折衷之下，希以多視角的方式幫助讀者認識哈布瓦赫和這本百年前的著作；不在於提供通情達理的一家之言，而是鋪陳牴觸多於互補且各說各話的相異觀點。文中內容均參證專家表述，絕非本人拙見；但資料選擇、剪輯順序皆為主觀安排。既不寫學術論文，故無須動輒引經據典，引述之言便不註明出處，但請查閱參考書目。期刊論文多可自網路下載，為方便編排，故不標示網址；諸多可在網路上直接閱讀，故無頁次；其他偶與它文合併，故不符合原刊物之頁目，為避免混淆，一概略之，尚祈見諒。

法國社會學界這半世紀以來是如何描寫哈布瓦赫的生平際遇？被放大揣摩的，又是哪些事件和著作？點點滴滴中，三大焦點亦是盲點。第一，一九三〇年秋天，哈布瓦赫受邀美國芝加哥大學社會系講學，過去學界始終強調這對法國社會學的影響。第二，在三次闖關後，一九四四年初夏，哈布瓦赫終於被任命為法蘭西公學苑（Collège de France）的教師，但何以其教席名稱是集體心理學（Psychologie collective）？最後，一九四五年三月他死於德國的集中營，直接死因是痢疾，立傳者卻重申納粹主義、維琪政府（gouvernement de Vichy[2]）、反猶太人的主張（anti-sémitisme）才是真正的殺手：歷經兩次世界大戰的哈布瓦赫是可毅然捨身取義的公共知識分子，還是天真浪漫又無可救藥的學究？

此三事件所推演出來的答案都左右著第二個主題：哈布瓦赫在涂爾幹社會學傳統的定位；以四個角度論之。

第一，為何自二戰後法國學界再三衡量哈布瓦赫與涂爾幹的關係？

其次則以經濟社會學度之：青年哈布瓦赫以統計科學切入人口學、社會階級與勞工日常生活的研究，提出令人耳目一新的成績，此乃延續涂爾幹志業的力證？哈布瓦赫翻譯、引介德國哲學和社會學家的作品，今人主張，他亦深受韋伯的個體行動之動機說的影響，這是否足以用來解釋他有別於傳統涂爾幹學派？

以集體心理學和一九三〇年發表的《論自殺之因》（*Les causes du suicide*）論之，他處理的，是涂爾幹已提出的主題，他打的戰役，也是以心理學為假想敵，那個涂爾幹已征討過的戰場，他使用的工具，還是統計學：新意何在？

最後，若《記憶的社會框架》乃是〈音樂家的集體記憶〉（La mémoire collective chez les musiciens）、《福音書中家喻戶曉的聖地地貌學——集體記憶的研究》（*La topographie légendaire des Évangiles en Terre sainte: Étude de mémoire collective*），以及後人代為出版之《集體記憶》（*La mémoire collective*）等記憶論述的起點，今人主張此乃涂爾幹之《宗教生活的基本形式》（*Les formes élémentaires de la vie religieuse*）的延伸[3]。然而，主題改變了：以記憶代替宗教；時空框架也改變了。

第三主題則是哈布瓦赫的記憶社會學：其「記憶」，相較於佛洛伊德或其他記憶典範，有何異同？以哪些概念而言，他的記憶說可謂社會學研究？從《社會框架》到〈音樂家〉有哪些延續或改變？此乃內部比對之路徑。接替李維史陀在巴西之教職的羅傑・巴斯堤德（Roger Bastide）先後發表了《巴西的非洲宗教》（*Les religions africaines au Brésil*）、《集體記憶與就地取材的社會學》（*Mémoire collective et sociologie du bricolage*），曾表明佐以《社會框架》，此乃外部參考之例證。

第四主題涉及本書：其出版始末，當年的書評；書名中「cadres」一詞的中譯思路；最後，

2 設都於法國中部城市維琪（Vichy）的「偽政府」，起自一九四〇年六月與德國簽定停戰條約，截至四四年德軍戰敗。

3 後文簡稱為《社會框架》、〈音樂家〉、《聖地地貌學》、《宗教基本形式》。

扼要補充各章可能之側讀點。

第一部分　哈布瓦赫的一生

加拿大魁北克大學（Université du Québec）主持的社會科學典籍數位圖書館已成指標，為簡介哈布瓦赫，它引述了拉魯斯大百科全書（Larousse）：

> 法國社會學家（一八七七年出生於蘭斯〔Reims〕，一九四五卒於布亨瓦德集中營〔Buchenwald〕），柏格森和涂爾幹的學生（對於涂爾幹的某些專題研究，提出不盡相同的看法），特別致力於記憶過程之社會條件的研究，因此搭起心理學和社會學之間的橋梁。死前不久，在被關進集中營之前，方被授予法蘭西公學苑的教職。他曾寫了《社會框架》（一九二五年）、《集體記憶》（死後出版，一九四九年）……少數幾個開始應用統計學的學者……[4]。

一九九〇年七月《法蘭西手冊》（*Cahiers français*[5]）的主題是社會學，並將哈布瓦赫歸位成「與涂爾幹若即若離之學人」（durkheimiens ambivalents）。九二二年拉魯斯出版社彙編一本社會學文選集，被選出來代表哈布瓦赫的文章是一九三三年的〈社會學法則〉（La loi en sociologie）。

該書主編認為：當時哈布瓦赫已投入社會學三十多年，其成熟度與敏銳性都足以釐清社會與人文科學之基本問題。至於其定位：第二代的法國社會學家，不僅讓社會學方法論更上一層樓，更堅守了涂爾幹學派之傳統。二〇一〇年，由美國社會學家霍華德・貝克爾（Howard S. Becker）主編，世界百科全書出版社（Encyclopædia Universalis）發行之《社會學字典》（*Dictionnaire de sociologie*）則強調，哈布瓦赫深受涂爾幹影響，尤其是研究主題、概念等；一九二五年之《社會框架》顯示了集體記憶有其自身規則，卻不過是繞著社會意識此一概念，實是涂爾幹之《宗教基本形式》的延續。

該用哪些尺度來衡量哈布瓦赫與涂爾幹之關係遠近，這個問題有何意義？對於解讀本書，有何幫助？若說以教育程度較高的讀者為對象的百科全書，或是鎖定學子的社會學文選與字典等都不得不提出定論，近三十年來，法國社會學界仍不斷翻新文獻，每一拉鋸都有新發現。在探討這個問題之前，容筆者摘述其生平經歷：諸多論文常補述其生平軼事，這說明了，並非眾人皆知他是何方神聖。

4 拉魯斯大百科全書由皮耶・拉魯斯（Pierre Larousse，一八一七—一八七五）創辦，該出版社也編纂字辭典。Buchenwald是位於德國中部威瑪城（Weimar）的集中營。

5 該期刊已有八十年歷史，以推廣經濟、政治、社會科學教育為宗旨，由法國政府管轄之法蘭西文獻出版社（La Documentation française）發行。

（一）為哈布瓦赫立傳的基本素材

哈布瓦赫的父親是持有中等教育高級教師學銜（agrégé[6]）的高中德文教師。普法戰爭後，因亞爾薩斯（Alsace）被併入德國，便離開家鄉，哈布瓦赫出生時，他正在蘭斯執鞭。隨後他父親調往巴黎，成績優異的哈布瓦赫日後也進入最頂尖的亨利四世高中（Lycée Henri IV），哲學教師正是柏格森（Henri Bergson[7]）；一八九八年，他考入父親的母校：高等師範學院[8]；同年柏格森也升為高師院的講師。三年後，哈布瓦赫取得哲學科的高級教師學銜資格，於是步上父親後塵也成為高中老師。

因受高師院學長法蘭西斯．西米昂（François Simiand[9]）感召，他開始研讀法律、經濟、數學、統計等新科目，西米昂也引介他到涂爾幹旗下，自一九〇五年起成為涂爾幹統率之《社會學年》（*Année sociologique*）的新力軍。一九〇七年，哈布瓦赫的第一本個人著作付梓，書名是《萊布尼茲》（*Leibniz*），仍是哲學本科。兩年後，完成第一篇法學博士論文，題目是〈巴黎市一八六〇到一九〇〇年的土地徵收與土地價格〉（L'Expropriation et le prix des terrains à Paris de 1860 à 1900）[10]；一三年，他完成另一篇文學博士論文〈勞工階級與生活水準——考察當代工業社會裡的生活需求之優先順序〉（La classe ouvrière et les niveaux de vie: Recherches sur la hiérarchie des besoins dans les sociétés industrielles contemporaines），並發表〈均值人的理論——論柯德勒與道德統計學〉（La théorie de l'homme moyen: Essai sur Quetelet et la statistique morale）[11]

哈布瓦赫向來與秉持社會主義思想的健將友好，常參加其討論聚會。一九〇九年起，他在柏林從事〈勞工階級與生活水準〉該博士研究期間，便已固定在尚．捷若斯（Jean Jaurès[12]）主持的《人道報》（*Humanité*）和《社會主義筆記》（*Cahiers du socialisme*）等刊物撰寫文章，後因報導

---

6 關於agrégé（持有中等教育高級教師學銜資格的人），請參看筆者所譯，尚—路易．法汴尼（Jean-Louis Fabiani），《從場域、慣習到文化資本，「結構主義親傳弟子對大師經典概念的再考證」》（*Pierre Bourdieu: Un structuralisme héroïque*），麥田出版，二〇一九年，序言，頁二三，譯註二一；後文都將簡稱為「高級教師學銜」。

7 關於柏格森之其人其事與記憶主張，請見本書。

8 後以「高師院」代之。

9 西米昂（François Simiand，一八七三—一九三五）也是亨利四世高中的畢業生，同樣受到柏格森的激賞，向被視為涂爾幹社會學傳統之代表人物之一。哈布瓦赫與他幾乎同進同出各社會主義與學術活動，西米昂離世隔年，哈布瓦赫以其方法論為題，撰文紀念。

10 當時的大學並無「社會學」，相關科目大致能於法學院見端倪。再次引述該文時，將以〈巴黎的土地徵收〉代之。

11 柯德勒（Adolph Quetelet，一七九六—一八七四）是法國數學家，以均值人理論著稱。自一八四四年起，他由理論推演轉向具體現象的觀察：經機率計算後，諸多眼見事實都繞著平均值而呈現出對稱的現象，尤其是人的體重、身高等，此即均值人理論的起點。隨後重點由體形外觀轉向智識道德等變數，也由個體擴及集體，甚至由團體擴展到全人類的範圍，此即完整的均值人理論。哈布瓦赫之所以如此積極地投入博士研究，主因是當時若要在國立大學執教，被任命為教授、擁有教席，必須完成三篇博士論文。

12 捷若斯（Jean Jaurès，一八五九—一九一四）也畢業於高師院，取得哲學科之高級教師學銜，卻成為第三共和時期最重要的政治人物之一。一九〇二年參與創建了法國社會黨；〇四年創辦至今猶存的《人道報》。一戰前夕被暗殺身亡。

柏林警察以暴力相待示威勞工而被驅逐出境。一戰期間，因近視太深無法上戰場，他便在軍政處與高師院學弟阿爾貝・托馬斯（Albert Thomas[13]）共事。

一九一九年起，亞爾薩斯重回法國懷抱，史特拉斯堡大學成為法國政府戰後重整學風的櫥窗，原在北部卡恩大學（Université de Caen）文學院擔任哲學講師的哈布瓦赫，因此轉任史特拉斯堡大學文學院，開始教授社會學[14]，並在那裡結識了數學家莫里斯・費瑞雪（Maurice Fréchet[15]），特別是歷史學家呂西安・費弗爾（Lucien Febvre）和馬克・布洛克（Marc Bloch）等年鑑學派的健將，以及心理學家夏樂・布隆德勒（Charles Blondel[16]）。一九三二年被提名為法蘭西倫理與政治科學學院（Académie des sciences morales et politiques[17]）的通訊會員；隔年《勞工階級之生活需求的演變》（*L'Évolution des besoins dans les classes ouvrières*）[18]付梓。自三四年起他主編涂爾幹學派之刊物，並將之改名為《社會學年鑑》（*Annales sociologiques*）。三五年他轉任索邦大學，也成為國際統計學會（Institut international de statistique[19]）的會員。三八年《社會形態學》（*Morphologie sociale*）付梓；四一年則是《聖地地貌學》。四四年他終於被任命為法蘭西公學苑的教師，但同年七月繼其子皮耶之後，被德國祕密警察逮捕，隔年三月死於集中營。

二〇〇六年時，高師院、高等社會科學院、法國國家科學研究院共同成立了莫里斯・哈布瓦赫研究中心（Centre Maurice Halbwachs），於是蓋棺論定：

> 他統合了柏格森與涂爾幹的批評方法論……其研究，數量眾多、主題多元，表達了必

須在多層次的時空環境中，以及位於實在與表象之間的多重關係裡，也就是在個人、家庭、在地、全國、全世界等不同尺度下，才能捕捉到諸社會現象之錯綜紛亂……他認為，相較於排除偶然後才能歸納出來的規律性，以離散性來掌握社會事實是更恰當的……以記憶為例，其規律性，是由於個體吸收了諸表象所構成的系統，且諸表象系統緊密深切地刻畫在個

13　托馬斯（Albert Thomas，一八七八—一九三二）在一戰期間不僅有功於軍事武器的生產，也注重勞工在戰爭期間的工作環境要求，戰後成為國際勞工組織（Bureau international du travail）的首任祕書長。一八九九年他以榜首考入高師院，一九〇二年取得歷史與地理學科的高級教師學銜資格，而後同諸多高師院的畢業生，與當時的社會黨人、社會主義健將保持熱絡的合作關係。一戰期間他任職軍政處時，西米昂也是左右手。

14　確切之課程名稱是「社會學與教育學」。

15　費瑞雪（Maurice Fréchet，一八七八—一九七三）是數學家，擅長拓樸學（topologie）、機率理論與統計科學，也推廣希冀能在萬國通行之世界語。

16　參見本書第一章之譯者注。

17　成立於一七九五年，與其他四個學院（法蘭西學院〔Académie française，以法語為專業領域〕、銘文與文學學院〔Académie des inscriptions et belles-lettres〕、科學學院〔Académie des sciences〕、藝術學院〔Académie des beaux-arts〕）同隸屬於法蘭西學會（Institut de France，一七九五年設立）。本倫理與政治科學學院有六組別：哲學，倫理學與社會學，法律學、公法與法源學，政治經濟、統計與財政，歷史與地理，以及普通科別。

18　後文簡稱為《生活需求的演變》。

19　一八八五年成立，總部於荷蘭。

體身上後而產生的。這一系統也會導出一條路徑，該路徑看似純個人，其實是在受到難分難解之多重影響後而做出的選擇。

（二）追憶逝水年華

哈布瓦赫給人什麼印象呢？

法國社會學家艾德卡．莫杭（Edgar Morin，一九二一—）曾上過哈布瓦赫的課：

……說到社會學，我大一時在索邦，老師是那可尊可敬的莫里斯．哈布瓦赫，不過，他的課非常無聊……他的聲音很單調，沒有高低音，每個人都呼呼大睡。

同樣是索邦大學的社會學課程，皮耶．安薩爾（Pierre Ansart）卻別有滋味：

……他從不刻意要讓課程變得精采絕倫、學生拍案叫好，也從沒打算照本宣科地跟我們解釋什麼是或不是社會學。他只是簡單地跟我們說明他是怎麼做研究的……那一年他跟我們提到他的勞工階級研究，一開始就是一堆數字，然後就是去跟他先前關於這一主題的研究成果整合起來，再來就是提出不同的思考模式。就跟我大部分的同學一樣……這堂課讓我們遠離了哲學般或不切實際的學問，對於他提出來的某些定論，我覺得很突兀，有時甚至感到錯愕。我腦海一片混亂，也無法清楚地說出為什麼，我自問，要去掌握那麼多不同的數據、不同的觀點，他是怎麼辦到的？

費弗爾簡述他與哈布瓦赫的共事點滴，其說詞已成經典：

他這個人有極大的好奇心，隨時都因為新的點子所燃起的熱情而若有所思，當你遇到他的時候，他就會跟你講這個新東西，他不是要轟炸你、而是隱藏不了那股熱忱，這就是他的註冊商標。

意思是，只要哈布瓦赫一開口跟人談起他的想法，免不了就是一兩個小時。馬立歐・洛克（Mario Roques[20]）在一九四六年時的悼詞或許可為總結：

20　一八七五—一九六一，一生活動涵蓋研究、教學、從政、出版等領域；同樣亨利四世高中、高師院畢業，也持有文法專科的高級教師學銜。同樣積極參與社會黨人主持的活動；一戰時期，也在托馬斯為首之軍政處服務；戰後托馬斯任國際勞工組織在日內瓦總部的祕書長，洛克則為巴黎分部主任。

他很喜歡討論哲學；他說話時速度很慢，但鏗鏘有力，他會把他的推理導到最後，絕不會讓他的結論扭曲變質。不僅如此，他向來堅持精準確實、嚴格問學；他問學時，總是懷著無與倫比的誠心，緩而不急、心平氣和，他一定是在檢驗諸多事實後才提出可能結論，而且，這些結論都符合了他的倫理態度、科學活動。

現於高師院執教的克理斯瓊・伯德洛（Christian Baudelot），二〇〇七年時到哈布瓦赫曾任教過的卡恩大學演講，他在會中再三強調，哈布瓦赫是一名極為溫和的學者（un intellectuel doux）。曾有多少人注意到這一點？是否可在其文章中找到端倪？傑哈・納梅爾（Gérard Namer）修訂了《集體記憶》一書，他說明哈布瓦赫的手稿中，同一想法常改寫到六次之多，他最終之字句選擇、段落安排的標準是「保留模擬兩可的意涵」，且是「所有可能範圍內的模擬兩可」，至於慣用語法、修辭隱喻、文體形式之模擬兩可寧可略之。事實上，多名學者指出，哈布瓦赫提出的結論常以「多重假設」表達出來；在《聖地地貌學》的結論中，要去闡述其個人懷疑時，皆以「疑問句、條件句、大而化約的贅詞（表面上看來〔apparemment〕、很可能〔sans doute〕、大概〔probablement〕）」等代之[21]。

（三）記事一：赴美芝加哥大學講學

一九三〇年秋天，哈布瓦赫受邀到芝加哥大學講學。當時法國學者受邀國外並非特例，但遊訪國家不再以德國為主，將近一半的學者從此擠向美國最高學府。涂爾幹學派中造訪美國者亦非唯獨哈布瓦赫：洛克菲勒基金會在一九二六年曾邀請馬塞爾·莫斯（Marcel Mauss[22]）；賽勒斯當·布格列（Célestin Bouglé[23]）到美國為高師院的圖書館募款時，甚至有幸參與芝大在二九年年底落成的社會科學研究大樓的剪綵；呂祥·李維—布留爾（Lucien Lévy-Bruhl[24]）在芝加哥為巴黎大學的民族誌研究中心募款時，宛如明星，同在芝加哥的哈布瓦赫頗不吃味。戰後起，哈布瓦

21 既為本書譯者，筆者也注意到，本書中，哈布瓦赫使用了九次「si l'on veut」（如果要這麼說的話）；十三次「relativement」（相對地）；六十一次「plus ou moins」（多多少少地）。哈布瓦赫行文保留，峰迴路轉後未必有豁然開朗之景，筆者常自忖有無違背其文氣。

22 一八七二—一九五〇，涂爾幹的表姪、涂爾幹學派的中堅，向被尊為法國人類學之父，一九三一年被任命為法蘭西公學苑的教師。

23 一八七〇—一九四〇，畢業於高師院，持有哲學科之高級教師學銜，也被視為與涂爾幹「若即若離」，一九二七年任高師院的副院長，三五年升為院長。

24 一八五七—一九三九，一戰期間也服務於托馬斯的軍政處；同莫斯，橫跨哲學、人類學與社會學三領域，並共同創立巴黎大學的民族誌研究中心。

赫在涂爾幹學派的定位始終耐人尋味，七〇年代起卻成為將芝加哥學派引進法國的代言人[25]。

此一說法的依據是，哈布瓦赫返法後，一九三二年便在《年鑑學刊》發表〈芝加哥，居民感受〉（Chicago, l'expérience ethnique）一文。六〇年《社會形態學》的英文版也收錄了這些訪美心得，立即營造出大西洋兩岸交流取經的氣氛：如同帕森斯在哈佛大學引介了韋伯、涂爾幹。另一方面，哈布瓦赫於一九〇九年發表〈巴黎的土地徵收〉，二〇、二五年又有同系列主題，宛如芝加哥之都市生態社會學與巴黎之社會形態學彼此唱和般。總之，穿鑿附會下，哈布瓦赫儼然成為拜讀羅伯特．帕克（Robert Park）、爾涅斯特．伯吉斯（Ernest Burgess）的先知。

根據考證，哈布瓦赫到芝加哥開講的主題都是邀請人指定的：一是法國現代社會學，特別是涂爾幹及其勁敵塔爾德（Gabriel Tarde[26]）；二是該年哈布瓦赫出版之《論自殺之因》。令人好奇的是，為何哈布瓦赫很快就接受了講課內容、時數、薪水等條件，況且還是動員自己的人脈關係才找到夜宿之處？

那時他的研究方向有二，一是集體心理學，二是統計科學。哲學出身的他，自受涂爾幹提拔起，統計科學便成自修要點：一九二四年他與數學家費瑞雪共同出版了《通俗易懂的機率計算》（*Le calcul des probabilités à la portée de tous*）；〇九年的〈巴黎的土地徵收〉，在添上新章節、統計數字與結論後，於二八年改名為《百年來巴黎人口與道路開發走向》（*La population et les tracés de voies à Paris depuis un siècle*）[27]；二五年時法蘭西科學學院頒給他孟堤雍統計獎（Prix de Montyon[28]），當年的統計呆頭鵝瞬間擠入大師之林；三〇年的《論自殺之因》不只補強了涂爾幹之《論自殺》一書內的統計漏洞，並提出新數據、新方法論。在家書和給托馬斯的信中，他都表白，芝大要借重的是他在統計學的成就；據聞，巴黎索邦大學可能開設統計社會學，美國之行或許可為他的候選資格加分[29]。此外，雖說芝大在一九一〇、二〇年代以城區個案研究獨領風騷，但此質化取向自三〇年代已漸走下坡，校方與資助者都希望該社會系轉向量化方法論，挖掘其他研究課題，走上科學正途。我們大可相信哈布瓦赫並沒有讓美國友人失望：當時研究生有固定的夜間讀書會，他受邀兩次，講的都是統計科學。

---

25 以伊夫·葛拉夫梅耶（Yves Grafmeyer）、伊薩·約瑟夫（Isaac Joseph）為代表，並於一九七九年《芝加哥學派——都市生態學的發源》（*L'École de Chicago, naissance de l'Écologie urbaine*）中提出此說，該書也收錄了哈布瓦赫的〈芝加哥，居民感受〉。

26 一八四三—一九〇四，與涂爾幹相爭、各領風騷的社會學家；離世後，在法蘭西公學苑的教席便由柏格森取代。若說涂爾幹力圖將心理因素全排除在社會之外，但以集體意識一詞來解釋集體行為，塔爾德則以模仿相效的概念來說明人際互動，習慣與行為模式的形成演變。其名言，若排除個體就沒有社會了，涂爾幹則回之，沒有社會，人會變成什麼樣子？學子常以為涂爾幹關心病態社會現象，相較之下，卻是塔爾德專研犯罪、聚眾等讓政界最感不安的課題。塔爾德學說先盛後衰，近年有捲土重來之跡。

27 一般論及該書時，往往忽略了哈布瓦赫在副標題中強調，文字之外尚有兩張地圖。

28 尚·巴朴堤斯特·德·孟堤雍（Jean-Baptiste de Montyon，一七三三—一八二〇）是法國經濟學家，他共成立了三獎項。其中兩項由法蘭西學院頒發，哈布瓦赫領的是第三個同名獎項，由法蘭西科學學院審核，肯定其科學成就。

29 當時哈布瓦赫仍在史特拉斯堡任教，但巴黎索邦大學才是冠蓋相擁的聖地。

哈布瓦赫在信中嘆道[30]，當年已五十三歲的他不是旅行家，這趟遠行並非易事，在這之前，除了柏林，他只去過阿爾及利亞、埃及、巴勒斯坦，亦非單槍匹馬。近乎剛毅木訥的他，授課（每週三、四、五的上午各三小時）、待圖書館（因無個人辦公室，只能在圖書館安置一張給他專用的辦公桌）是他的主要活動，若論及假日出遊或到它處演說，他等著別人來邀他。幸虧系方代表很快就帶他去參加每週四的社會學家午餐會，也因此結識了伯吉斯與帕克，得知這兩人都研究芝加哥的都市問題。在給妻子的信中，他說道，他尚能跟伯吉斯對話，帕克的濃厚鼻音則是一大障礙，這兩名學者邀請他一起出訪黑人區，最後都無疾而終，但哈布瓦赫也不以為意：

> 這些人天不怕地不怕。伯吉斯打算帶我去一個到處可見殺人犯的地方。我覺得這主意很蠢，馬上就拒絕他了。或許我笨，但我相信你明白我的意思。

某星期六中午，哈布瓦赫原以為要一個人孤伶伶地吃飯，帕克過來跟他同桌：

> ……六十歲上下，外表看來不是很討人喜歡，但也不是很單調的人。他給人一種德國哲學家的感覺。再來呢，他曾在史特拉斯堡待過四年……他是那種我最難溝通理解的人……

哈布瓦赫跟愛妻寫道，「我最後回到自己房間，實在是受不了。」

在離開芝加哥前的最後一個星期四，他在家書中總結對帕克和伯吉斯的想法：

……就是這兩個人賜予了芝加哥社會學迷人又與眾不同的性格：就是他們兩人代表了都市社會學，在這波研究風潮裡灌入了有關於猶太人、黑道、貧民、落後萎靡等區域的專題調查。他們確實很有創意，深入到日常生活中，跟社會團體打成一片，他們好像對我們的理論一無所知。以涂爾幹的角度而言，他們兩人跟當年的探險家、傳道士都是處於相同環境。我還挺喜歡他們的，但說不上是欣賞。

至此，如何能成立哈布瓦赫拜讀帕克、伯吉斯之大作的說法呢？事實上，他在〈芝加哥，居民感受〉一文中強調，個案研究、單一經驗都必須符合普遍性法則，否則就稱不上是科學，至於有效的社會學方法論必然是建立在比較對照的基礎上。而這篇論文正是芝加哥和巴黎的比較研究，兩者間的共同性，實乃所有工業大都會的共同經驗：勞工階級參與社會生活的程度偏低，尤其是外國移民，因其低薪、工作環境偏遠，導致他們距離主導都會生活的資產階級的生活水準非常遙遠。統計數據顯示，移民在地同化的程度很深也很久，卻看似混亂地各自生活在一角，芝大

30 哈布瓦赫訪美期間除了寫信給妻子與親友，也投稿里昂的共和黨人報刊《進步》（*Le Progrès*），共計八篇文章，名之為〈來自美國的信函〉（Lettres des États-Unis）；二〇一二年社會學家克理斯瓊·妥巴洛夫（Christian Topalov，一九四四—）將之編纂成《莫里斯·哈布瓦赫：北美行文》（*Maurice Halbwachs: Écrits d'Amériques*）。

社會學家到城裡散步、觀察、訪談，也只能得到一幅幅互不相容的寫真。與其說是各城區各種族平行並列著，其實是不同社會階級的居民由高至低、上下堆疊著[31]。

哈布瓦赫如此評論帕克、吉伯斯等人的都市生態學：

他們做了很多調查……都是描述性的書籍，而不是科學，程度不一，有時令人失望，往往很扣人心弦……都是很珍貴、意想不到的資訊，非常豐富的社會事實，總而言之，就像是毫無畏懼的探險家，勇於走向、闖進最幽深的地洞裡……這類研究是很困難的，要求諸多不同的技巧，完全不倚靠任何研究或科學分析傳統……我們最好是保持好奇心而非給予批評，或至少目前應該如此。

言下之意，哈布瓦赫相當自傲繼承了歐洲哲學傳統，這正是美國學者一竅不通之處。在提出理論與實地觀察這兩者之間，當時法國所謂的社會學者都是坐擁圖書館、研究室的人，他們使用由旅行家、軍人、傳教士、殖民地官員撰寫的文字紀錄，實地觀察並不是他們該做的工作，以致於莫斯等民族誌及人類學學者都投入不少心力來教導如何解讀這類文字描述。說穿了，伯吉斯、帕克所從事的，正是這類報導文學，至多可謂整體研究流程裡的一項分工罷了。

或許可用另一角度來看待哈布瓦赫的芝加哥之旅。伯德洛等學者指出，在美期間哈布瓦赫也於統計學報中發表了〈美國勞工家庭的預算〉（Les budgets de familles ouvrières aux États-Unis），一九三三年追加了美國和德國的比較研究，最後統合為《生活需求的演變》一書。在芝加哥期間，他在圖書館翻閱各類書籍、統計匯報，如魚得水般撰寫勞工生活之專題論文；但趁著出遊機會，他目睹當時美國勞工家庭的物質生活遠遠超過歐洲水準，冰箱、汽車或房子等都不是奢侈品，三三年的論著冠上「演變」一詞，正表明此訪美經驗的啟示。不過，這不是「田野調查」[32]。

（四）記事二：進駐法蘭西公學苑

一八九七年涂爾幹競選法蘭西公學苑的社會哲學之教席，競爭對手獲勝。一九一九年，對手過世，涂爾幹也已離世。諸涂爾幹子弟豈能看著這一空位落入他人之手？莫斯是第一人選，如願以償，但哈布瓦赫事先便告知，他會先登記，隨後自行辭退。三一年機會再度臨門，莫斯也挺身相助，唯獨史特拉斯堡大學的歷史學同事費弗爾也參選，礙於情誼，只能放棄[33]。三五年，捲土

31 在此芝加哥與巴黎的比較研究中，哈布瓦赫繪製一張十五萬分之一比例尺的芝加哥地圖。

32 讀者可觀察到，哈布瓦赫在本書前面章節反駁心理學等論述時，以哲學思辨為主，最「具體實在」的，是他與其他學者交換做夢經驗。納梅爾主張這是調查（enquête），此說不免勉強。

33 一般認為當時法蘭西公學苑之教師頭銜是為了酬庸已功成名就的學者，猶如學術生涯的肯定與終點，推廣科學知識不過是附帶績效。這也是為何每一主講人離開後，其課程便告終結；隨之，選拔新教席時，每位候選人都頂著其專科來角逐，前後任教師的教席名稱、領域均異是常態。

重來，敗北。四一年，維琪政府頒布反猶太人法條，肅清所有政府公職中的猶太人，莫斯不得不請辭法蘭西公學苑。哈布瓦赫再扣門，如願以償。這一波波歷程說明了什麼[34]？

時人多形容哈布瓦赫寡言羞澀，但考證角逐法蘭西公學苑之教席的史家都認同，參選人都不吝表達其雄心，動員長期耕耘之交際圈，手段精準、熟練又巧妙。雖說高師院之學長學弟間互相提攜，詭譎難測之國內外政治不時導致人事倒戈，但猶如布赫迪厄所言，科學場域另有其強悍的自主邏輯。哈布瓦赫在私人札記中寫道[35]：

> 對手陣營裡有天主教背景的哲學家、法蘭西學院的院士、教士、法蘭西倫理與政治科學學院的院士、持反動主張的科學家。站在我這邊的，幾乎都是語言學家、精通不同文明的學者……歷史學家、先進科學之專家，尤其是四名生物學家（或醫生）……總之，這是形上與宗教哲學、純文學、蠻橫者的科學正在打壓社會學、歷史、科學心理學、語言學和生物學。

這兩批人馬，各是實證科學，自笛卡兒、孔德一脈相傳的理性傳統；以及匯聚了精神哲學、文學等非理性道統。哈布瓦赫自居前者，這決定其社會學研究之概念、理論和認識方法論的立場，但也反映了當時學術中人的政治傾向和道德偏好。

一九四三年三月，哈布瓦赫之資格提報人是亨利．皮耶宏（Henri Piéron[36]），提出之教席名稱是集體心理學，另兩名對手提出之課程各是現代倫理科學史、現代人文主義史。為何他不以社會學之名角逐？

皮耶宏先是辯稱須維護集體心理學該學科傳統，言下之意，讓哈布瓦赫站在塔爾德的肩上。雖說塔爾德與涂爾幹向來不合，但塔爾德最後也不得不承認，社會環境的影響是理解人類心理的關鍵。皮耶宏後又宣稱，哈布瓦赫綜合了塔爾德和涂爾幹兩大家，讓個人主義哲學和社會學主義哲學二合一，在個人心理學中融入社會，這代表著若要理解社會事實，則必須先掌握反映在個體思想中的集體表象。哈布瓦赫在手記中寫道，摯友皮耶宏非常傑出，無懈可擊。

一九四四年一月教育部長簽字提任哈布瓦赫在法蘭西公學苑之集體心理學教席，但直到六月一日才完成整體流程。同年七月，先是哈布瓦赫之子皮耶因參與抗德組織而被逮捕，後即哈布瓦赫本人。據聞他或許以為法蘭西公學苑的教師是一張護身符，後世學者卻也不免驚訝，當時法蘭西公學苑的抗議聲音似乎極為膽怯。

34 就莫斯請辭，哈布瓦赫登記參選之事實，於此提醒讀者，很多人都以為哈布瓦赫是猶太後裔，其實不然。

35 今有所謂之哈布瓦赫檔案，包括生前某些書信、私人札記、著作原稿等，全由家人於一九九七年交付當代出版文獻中心（IMEC, Institut Mémoires de l'édition contemporaine）統一管理。所謂的私人札記共計四本，約兩百頁，起自一九三六年，止於四四年，包羅萬象，記載了參選法蘭西公學苑之細節，某些著作之構思，同儕提出的批評，乃至胞妹的婚事等。當代出版文獻中心乃一九八八年成立的私人協會，收藏管理二十世紀之當代出版品。雖避免了私人手稿流入收藏市場的命運，成立至今頗受抨擊，主因是其宗旨與由政府管轄的各級檔案中心相衝突。

36 關於皮耶宏，可參考本書，其父與哈布瓦赫的父親都是高師院的畢業生，雙方家庭世交。

孰不知皮耶宏的說詞裡形式多於實質，集體心理學在當年的另一說法是社會心理學，為何不直接以社會心理學之名提報呢？

一八八七年涂爾幹在波爾多大學為社會科學之社會使命寫下定義：在於培養個體與階級之間共同生活的正確理念；而且，社會學又遠勝於其他社會科學，更能勝任此職。這段史話，彰顯了社會學與社會科學的地位之爭，也突出了社會學應以政治使命為重或科學志業為先的疑難。當時第三共和政府剛從普法戰爭之餘燼中站起，主持國政者倡導大學教育應培養科學精神，如此方能抵抗烏托邦幻想，避免社會動盪。涂爾幹的說詞，正是為了回應此一呼聲。

社會學是新生學科，其科學性何在，眾說紛紜。當時國立大學的文學院裡的「社會科學」以地理學為首，次為教育學：這也說明了為何一八八七年涂爾幹在波爾多提倡社會學時，實際上，他是擔任「社會科學與教育學」的講師。此外，政治經濟、比較法學、憲法、工業法、殖民經濟等科目都是當年法學院的家常便飯，輿論也都認為這就是「社會科學」，但實際上，法學院是為了培養公務人員和法律機關之用人，換言之，是為了準備公家考試，而不是為了培育科學人才。當時共和政府鼓吹之科學風在法學院掀起的，正是反對此一自我設限的聲浪。於是，若說社會科學應保持科學中立的立場，而且，社會科學正是研究社會、政治與經濟等問題之學科，以保守派而言，這等同是社會科學必須能用來打擊製造社會不安的革命運動。

當時法學院遠比文學院保守，對於涂爾幹大談科學遠景，又似乎有整合所有社會科學之相關學科的企圖，既感不屑也感不安。法學院的保守派宣稱，公開教授社會學的政治後果就是大啟社會改革之門；因此，為國家穩定著想，在讓社會學進入大學廟堂之前，必須能確保其後果不致於擾亂道德、法律道統。換言之，法學院支持的是塔爾德，以個體的心理學研究為優先，至於涂爾幹主張之整體性社會和社會結構，分明是給社會主義者社會改革、社會結構重整的藉口。法學院此一擔憂為時不久，原因在於當年法學院也面對了諸多企業主或王公貴族之基金會成立的政治、經濟學院的競爭，長期而言，國立大學的法學院必須與文學院合作以確保社會科學乃國立大學的獨門生意。

「社會」（le social）一詞，所指為何？一八九三年，涂爾幹發表其博士論文〈論社會分工〉（De la division du travail social）；九五年，他在波爾多大學正式講授「社會科學」，這兩筆個人成就向被視為法國社會學進入大學體制的首要里程碑。九八年，涂爾幹等人執筆的《社會學學年》創刊；一九〇二年，涂爾幹在巴黎大學代課教育科學，四年後，該課程成為正式教席，但直到一三年，他才取得教育科學與社會學教授的頭銜：不可否認，當年社會學依然需要教育科學護身。此外，若論巴黎索邦大學之教席創設：當時大學不拒絕私人捐款並指定課程，某一阿岱樂貝爾·德·襄布壞伯爵（Comte Adelbert de Chambrun）便金援指定開設「社會經濟學」講座；一八九四年開講時卻變成「社會經濟史」：該教席被視為索邦大學開設社會學之起點；涂爾幹也曾毛遂自薦，但由保守派奪魁。

一九〇六、〇七年間，布格列方接手此「社會經濟史」；一五年德·襄布壞伯爵的捐款結束，該課程也告落幕。一九一八年，布格列以代課之姿接替涂爾幹過去之教育科學與社會學的課程；隔年，該教席被刪，但布列格被任命為社會經濟史的教師。三二年英國語言與文學的講座變成社會學專門教席；三五年，布列格升為高師院院長，哈布瓦赫有望離開史特拉斯堡大學，擠進索邦：哈布瓦赫在索邦大學開講的課程先是科學方法論與邏輯；三九年講授社會學；四〇年主講社會經濟史，但科學方法論與邏輯、社會學兩課程均被撤銷。在索邦大學，他是唯一的涂爾幹門生。隨後數年，社會學徹底消聲匿跡。

哈布瓦赫繼涂爾幹之後闖關索邦大學和法蘭西公學苑的過程代表了什麼？心理學在二十世紀初已晉升科學殿堂，個體心理學取向之社會學，以涂爾幹的語言論之，就是強調個體、內在，忽視社會、外在，形同反對社會學自主的可能。集體心理學則形同反對鼓吹個體層次的傳統心理學，等於是贊同強調集體和整體面向的社會學。這是策略？還是文字遊戲？事實上，「社會」一詞，始終敏感，總是與社會結構掛勾，免不了觸及社會改革、社會運動、社會秩序、社會規範、社會主義、社會黨等名詞。正因為如此，社會學之定位與科學性，與其說是與社會改革之雄心相結，倒不如說是始終和提防著社會主義、共和理想之漸進主張打拉鋸戰。這也是為何當時的統計名為「道德統計」，處理的是病態的社會現象，乃至犯罪者之體形或智力。此外，在維琪政府時期，社會學一詞正代表著由涂爾幹等猶太後裔之學者所主導的學說，既然莫斯因而被迫辭職，哈布瓦赫不需自討苦吃：事實上，皮耶宏不得不在提報文中拉遠，甚至撇清哈布瓦赫與涂爾幹的關係。既然哈布瓦赫還是贏得多數票決，我們似乎不得不相信：科學場域另有其強悍的自主邏輯。

（五）記事三：集中營之死

哈布瓦赫在芝加哥時終於可拜讀在史特拉斯堡遍尋不著的《南海舡人》。三十多年後，馬凌諾斯基的私人札記由遺孀代為出版，掀起軒然大波，力倡客觀中立之參與觀察的田野調查方法論的學術巨人成為過街老鼠。哈布瓦赫也寫私人日記，連同部分書信、文稿，全成為研究用檔案。這些文字補充了僅以交叉學術著作或對照時代背景之考察手法來佐證概念演變的不足，也賦予哈布瓦赫一張更平易近人的臉孔。然而，並沒有因此改變既定事實：諸多學子提到哈布瓦赫時，知其名不知其人，他的名字已被鑲框成為「記憶現象」本身。

布赫迪厄在一九八七年時寫了〈莫里斯·哈布瓦赫的暗殺案〉（L'Assassinat de Maurice Halbwachs），收於《抗戰的面容：精神的自由》（*Visages de la Résistance: La liberté de l'esprit*）一書，第一段只是一句話：哈布瓦赫一九四五年三月死於集中營。後則描述押入集中營前的待遇和集中營中的勞役，社會學家因而被折磨致死。布赫迪厄隨之陳述哈布瓦赫的普世情懷可見於其年輕時的軼事，更可見於其學術研究；該文沒有任何「記憶、回憶」等詞語，哈布瓦赫的記憶研究並沒有被布赫迪厄寫進哈布瓦赫的「救世濟民」的計畫中，但這篇文章隨著布赫迪厄的聲譽穿透雲霄，哈布瓦赫從此名列因抗德而捐軀的英雄。

自史特拉斯堡大學退休的社會學家克理斯瓊·德·蒙立貝爾（Christian de Montlibert，一九三七—）寫了〈一段寫進歷史的故事：莫里斯·哈布瓦赫在布亨瓦德集中營之死〉（Une histoire qui fait l'Histoire: la mort de Maurice Halbwachs à Buchenwald），刊於二〇〇六年的《社會科學學刊》（*Revue des sciences sociales*），該期主題是「戰爭的新面孔」（Nouvelles figures de la guerre）。該文亦成經典，借用慣習（habitus）來描述哈布瓦赫出身書香世家的背景，也沿用布赫迪厄的暗殺說法，來鋪陳哈布瓦赫被暗殺之機率的背景條件。但再三為哈布瓦赫請命，疾呼其科學志業與政治使命互為表裡者，無非以納梅爾為最：在他筆下，自一戰前夕，哈布瓦赫的每一篇章都刻畫著大時代理想，都回應著其他學院中人的政治主張。

西班牙作家喬爾吉・桑普壤（Jorge Semprún，一九二三—二〇一一）在一九五四年出版《寫或活》（*L'Écriture ou la Vie*），描述事後回顧在布亨瓦德集中營之經歷的艱難，其中也寫到了哈布瓦赫臨死前的一幕：

> 我握起他的手，他連睜開眼睛的力氣都沒了。我只是感覺到他的手指用一絲微弱的力量按著好跟我說話：幾乎輕不可觸的訊息……莫里斯・哈布瓦赫走到了人類奮戰的盡頭……我開始跟他胡言亂語，只是要他聽到親切的聲音，突然間他睜開眼睛……在一陣忙亂中，根本管不了我是在跟哪個神明呼天喊地，要祂來陪伴莫里斯・哈布瓦赫，我很清楚應該要祈禱，偏偏喉嚨是那麼地緊繃，我試著控制我的喉嚨，好發出該有的音色，好大聲喊出幾個波特萊爾（Baudelaire）的句子。那是當時腦海中唯一閃過的詩句。
>
> 「死神，你這年老的舵手，時辰已到，拔錨啟航……」

哈布瓦赫的眼神變得比較不是那麼模糊，彷彿有幾分震驚。

我繼續朗誦。當我吟到這一句，

「……死神你心知肚明我們的心滿載光輝」[37]，

莫里斯．哈布瓦赫的雙唇泛起微弱的顫動。

他笑了，走了，看著我，如手足般[38]。

後世評價哈布瓦赫時，總須面對他在集中營之死，一個讓眾人失焦，不知所然的盲點？二〇〇三年歷史學者安涅特．貝克爾（Annette Becker）寫了一本近五百頁的傳記：《莫里斯．哈布瓦赫——歷經兩次世界大戰的知識分子，一九一四—一九四五》（*Maurice Halbwachs: un intellectuel en guerres mondiales, 1914-1945*）[39]。

---

37 摘自《惡之華》（*Les Fleurs du mal*），〈旅程〉（Le Voyage）的第八節第一段的第一、第四句。

38 哈布瓦赫之子皮耶（Pierre Halbwachs，一九一六—一九八七）自集中營歷劫歸來後，成為高中化學老師；曾是堅定的共產黨員，組織參與捍衛人權自由的活動，經常長途旅行去探看不同國家的政治犯，聆聽法庭辯論。哈布瓦赫的岳父維多．巴旭（Victor Basch，一八六三—一九四四）是出生於匈牙利的猶太後裔，擁有語言專科的高級教師學銜，曾是德文、美學、哲學教授，後協同創立法國人權聯盟（Ligue des droits de l'homme），一二六年起任第四屆祕書長。一九四四年元月，在里昂附近山區，連同妻子，兩人皆被祕密民兵暗殺。

39 該書作者專長戰爭史，三年後也為布洛克立傳。

寫序的史學巨擘皮耶・諾拉（Pierre Nora，一九三一—）強調，這本傳記交織著家族之私人史話與高師院人的社會主義史詩。至此，學界對哈布瓦赫的認識局限於：專研勞工階級與生活水準的統計學家，繼而轉向自殺等現象，或是到最後，梳理社會團體之集體記憶的社會學家；總而言之，沒有人會用主觀、唯心、情感等詞來形容他。倘若不少人知道一九四五年他病死於集中營，大部分的人都忘了，他也活過一次大戰，卻沒有上戰場。哈布瓦赫一生的學術寫作裡，堅韌的實證科學論證，絕對冷靜客觀，從不公開呼喊何謂志業，從不表明他為戰事的堅持是為哪樁，終了卻似乎總有一頁空白。其實，多的是與他同時代、也活過兩次大戰的涂爾幹學子：莫斯從前線捎信給他，慷慨激昂；莫斯的摯友、人類學之驕子羅伯・赫爾茲（Robert Hertz，一八八一—一九一五），同涂爾幹之子，均戰死沙場。年鑑史學的大將布洛克在一戰期間驍勇善戰，戰後被授卓越戰功勛章、榮譽軍團勛章；四三年德軍占領法國南部，他又批上戰袍，加入抗德運動；隔年三月，當哈布瓦赫在法蘭西公學苑拜會、競選時，布洛克被德國祕密警察逮捕；三個月後，布洛克被槍刑，哈布瓦赫之任命公文生效。

為哈布瓦赫立德立功的文字多半慘綠。安薩爾強調，哈布瓦赫第一本書寫的是萊布尼茲；二十年後，再出修訂版；一九三七年為他人的哲學著作寫序時，又以萊布尼茲為題：安薩爾不免提問，萊布尼茲是否乃其精神導師？萊布尼茲對人類的推理論證充滿信心，堅持上帝一向做出最好的選擇；假使文若其人，我們可否在其篇章中找到幾個歡樂頌的單音？讀者何不細細品味第五章第三節討論人名的故事之尾聲：哈布瓦赫問道，若家人全亡？「那我一個人怎麼活？」你我不就是如此反應嗎？他卻提醒我們，天知道，我們會不會在天涯一角巧逢某個素未謀面的親人，乃至熟識我們的家人的人，他們依然記得我們摯愛的家人的名字。

第二部分　哈布瓦赫在法國社會學傳統的定位

哈布瓦赫於二十世紀末成為名家，這似乎是諸多涂爾幹學派之子弟的共同命運；一九五〇年代起新世代學者如雷蒙·阿宏（Raymond Aron，一九〇五—一九八三）等，為何不願發揚光大既有傳統？伯德洛指出，若哈布瓦赫猶如孤星，首先是由於他沒有發展出任何社會學理論，但也可能是因為後繼無人；其他說法則是，其記憶論述毫無歷史事件的痕跡，哲學論證遠勝社會實證，後世學者只能自求啟發，難有普遍性的置換。

（一）死後餘生，三次拍案懸而不決

現今學者可交叉對照哈布瓦赫和友人（莫斯、托馬斯、布洛克等），或這些友人之間的書信往來，時人對哈布瓦赫的想法便因此在紙上一筆一筆勾勒出來。一九二九年時布洛克推崇哈布瓦赫是涂爾幹學派中最卓越出色者；皮耶宏、布隆德勒等則嘆道，哈布瓦赫總有一股徹底改寫社會

學的傾向：他瞄準心理學的地盤，其社會學教條甚至危及心理學之存亡。其實，哈布瓦赫也曾跟莫斯表白，若要論及社會學跟心理學的權衡關係，他比涂爾幹本人還更忠於涂爾幹的想法（plus Durkheimien que Durkheim）；哈布瓦赫在索邦大學時曾多次說明，社會學可涵蓋所有人文科學的視野。

根據托馬斯．伊爾緒（Thomas Hirsch），戰後學界對哈布瓦赫的追憶可分成三階段。首先，一九四五到五五年間，哈布瓦赫浴火重生。童年好友皮耶宏曾在二次戰前批評其教條作風，如今稱道哈布瓦赫向來反對抹煞心理面向的涂爾幹教條。在這波讓哈布瓦赫離家出走的呼聲中，還可細分出，在其勞工生活水準的研究中，專研勞動社會學者或如哈布瓦赫之子皮耶，都探到馬派思想之影響；哈布瓦赫的親妹妹則宣稱其兄之著作藏著現象學痕跡；哈布瓦赫在統計科學之子弟，尤其是尚．史托澤樂（Jean Stoetzel，一九一〇—一九八七）則打著哈布瓦赫是法國社會學史上首位「實證」社會學家的旗幟[40]。

在此期間，莫斯已被歸為法國民族誌之創建者、人類學先鋒，其他涂爾幹學派之中堅也被陸續貼上與涂爾幹道不同、志不合的標籤。假若哈布瓦赫先是涂爾幹在二戰結束前的唯一傳人，繼之卻又可在其研究課題中探查到其他學派之雪泥鴻爪時，便可讓涂爾幹學派著作中遙遠的原始社會成為往事，快速駛向研究室窗口外的當代工業社會。正是在此潮流中，哈布瓦赫於一九三八年發表的〈解析決定著個體在日常生活之活動的支配性動機〉（Analyse des mobiles dominants qui orientent l'activité des individus dans la vie sociale），五五年單冊出版時被重新命名為《社會階級的心理學初探》（*Esquisse d'une psychologie des classes sociales*）：用以回應戰後的經濟、勞動社會學，以及以史托澤樂為首，風起雲湧中的社會心理學。總之，哈布瓦赫是具有原創性的涂爾幹社會學派子弟。

一九六四到七六年間，哈布瓦赫被重新拉回涂爾幹陣營，諸多著作再版或冠上新名：一九六四年的《社會階級的心理學初探》、七〇年的《社會形態學》與《勞工階級與生活水準》、七一年的《聖地地貌學》、七二年的《社會階級與形態學》（*Classes sociales et morphologie*）、七六年的《社會框架》等。此一風潮的主要動力來自社會學此學科之體制化：法國大學紛紛設立社會學系、社會學學士之文憑，諸研究學刊陸續發行，大學之專科教師、國家科學研究院之社會學研究員亦倍增。次要因素則是，當時從美國學成的社會學家帶回了「美國製造的涂爾幹學派」，以及北美的自殺研究：總之，豈可讓北美學者唱獨角戲？哈布瓦赫重回家園代表的是，法國社會學開始編纂其歷史化歷程，起點則是涂爾幹學派。

堅持哈布瓦赫的馬派、現象學、社會心理學之色彩者並沒有撤退，但在解讀過程中多添加幾筆涂爾幹之畫風，並讓哈布瓦赫戴上貨真價實的涂爾幹門人（durkheimien exact）的桂冠：在所

40 史托澤樂（Jean Stoetzel，一九一〇—一九八七）於一九三七年取得哲學科的高級教師學銜後，赴哥倫比亞大學攻讀博士，哈布瓦赫乃其論文指導教授；三八年仿效蓋洛普，創辦法國民意調查中心（Institut français d'opinion publique）；戰後在索邦大學首創實證取向之社會心理學。四四年哈布瓦赫於法蘭西公學苑之任命公文公告後，依照流程，須再有人公開競爭，法蘭西公學苑也須再次投票，當時哈布瓦赫即拜託史托澤樂出面回應此流程要求。

有的門生中，哈布瓦赫堅實地繼承了涂爾幹的志業，是最具社會學性格之學者。於是，其記憶研究可說是《宗教基本形式》的延伸，意即完全沒有跳脫集體意識外在於個體，徹底支配著個體行動的論調；甚有學者指出，即使是在學風開放的史特拉斯堡大學任教期間，一有心理學與社會學之論戰時，哈布瓦赫死守涂爾幹反對心理學之立場，在人文地理學與社會形態學之爭奪戰中，或涉及歷史學與社會學之紛爭時，更是勇往直前，毫不卻步。

在此重回家園的風潮中，幾乎每年都有涂爾幹的著作再版；哈布瓦赫也享有同等待遇。究竟他是涂爾幹的忠貞子弟，還是維持著若即若離的關係，甚或是劍砍天下之怒客，竟成為學者不得不處理的課題。之所以要爭執的，其實是「durkheimien」（涂爾幹學派之學者）一詞：在一九六〇年代之前仍罕見，十年後，成為專有名詞，意指法國社會學學派。

第三階段起自一九九四年：那年納梅爾替戰後第二版的《社會框架》題跋，九七年完成編纂《集體記憶》；此外，法國史學之記憶研究漸有成，所謂的記憶時刻（moment mémoire）逐漸成為學界的共同往事。然而，這未嘗不是自海外吹來的流行風？《集體記憶》的英文版於一九八〇年出版，義大利文版則於八七年，八五年則是既有之德文版再印；同年《社會框架》也於德國再版，英文版於九二年改名發行[41]，並加上《聖地地貌學》的結論：這些海外版都在九四年之前完成。

哈布瓦赫生前的「文字」成為檔案，但管理單位也不是照單全收，例如，若說他與部分家人、友人和柏格森的通信被保存在甲地；與托馬斯的往來，則須到專責托馬斯之檔案機構查看；

與皮耶宏、莫斯之通信，各自藏於巴黎五大、法蘭西公學苑的檔案；其胞妹提供的文稿、家書等，則收在尼姆城（Nîmes）的檔案中心：四分五散之局也讓後人的記憶重組各有千秋。此外，在此記憶年代，專研哈布瓦赫的學者中，少有與他生前共事者，愈來愈多的學子直接閱讀再版、修訂版。集體記憶如慣習、表象、交換等，成為一個隨手可即的概念。

一九九四年出版的《莫里斯．哈布瓦赫：消費與社會》（*Maurice Halbwachs: Consommation et Société*），二〇〇四年的《莫里斯．哈布瓦赫：空間、記憶與集體心理學》（*Maurice Halbwachs: Espaces, mémoire et psychologie collective*），〇八年的《莫里斯．哈布瓦赫：被重新挖掘出來的社會學家》（*Maurice Halbwachs: sociologue retrouvé*）等，都驗證了該現象：哈布瓦赫被重新挖出來，成為具當代性格、或「後現代」的前輩。於是，他不再只是有沒有跟涂爾幹或馬克斯對話，某些學者也透視到他與德國韋伯、辛默爾（Georg Simmel，一八五八—一九一八[42]）、美國的帕克與伯吉斯，乃至托斯丹．范伯倫（Thorstein Veblen，一八五七—一九二九）、凱因斯（John Maynard Keynes，一八八三—一九四六）等惺惺相惜，或與布赫迪厄、伊里亞斯（Norbert Elias，一八九七—一九九〇）譜著異曲同工之妙。在道統已成的廟堂中，哈布瓦赫儼然成為一代宗師。

哈布瓦赫在法國社會學的定位問題反映出法國學者與「過去」的權衡關係。由於法國社會學

41　英文版書名刪除cadres sociaux（社會框架）一詞。

42　辛默爾自一九一四年起在史特拉斯堡大學任教。

之始祖似乎只有涂爾幹與實證方法論，一有爭執，便不斷地冷飯熱炒、舊酒裝新瓶，每一道差距與離散，都讓科學信仰更清晰，連帶翻新認知工具與歷程，道統也因此更集中堅定。哈布瓦赫強調差距、離散，其真章，不正於此？

（二）以經濟社會學、韋伯、階級界定論之

哈布瓦赫剛入社會學時，藉統計方法論來探討勞工家庭之生活水準，甚至成為其個人標誌。僅以政治關懷來解釋此一選擇時，很容易忽略了科學場域另有其自主邏輯的事實。眾所皆知，涂爾幹並不推崇馬克思學說；故假使在哈布瓦赫的勞工研究中看得到馬派思想的影響時，便不外乎是他跳脫涂爾幹主張之禁錮的表現。持此類說法的學者，多半曾是法國共產黨黨員或馬派學者，多出身高師院，尤其是當阿圖塞（一九一八—一九九〇）在該校執鞭時。近三十年來，更多的參照是對比韋伯的學說，這也是由於哈布瓦赫生前曾多次撰文介紹韋伯之其人其事。

一九二九年時，他為《年鑑學刊[43]》的創刊號寫了一篇〈馬克斯・韋伯：人與作品〉（Max Weber: un homme, une œuvre）。一破題，他寫韋伯之面容、處世為人、政治傾向等，卻也天外飛來一筆，提醒讀者韋伯曾寫了《音樂社會學》：難不教人聯想到十年後哈布瓦赫的〈音樂家〉？隨後他以順敘手法追溯韋伯早期的研究活動；細說韋伯強調資本主義之發展並不只是經濟事實，而是文明的探求——事實上，哈布瓦赫早已多次專文討論新教倫理與資本主義之關聯，當時學界

已視他為韋伯專家；韋伯也曾訪問美國，目睹活潑的資本主義活動；其未竟之業是《經濟與社會》，留下不明不白的「類型」（types）一詞：此非自然科學裡的科屬種類，亦非法學裡帶著集體人格的國家、民族、合作社，「此一概念是用來形容集體組織、一群個體聚在一起後，由於受到一股力量，且無論那是心理動機、還是外在壓力，或兩者皆之，以致於不得不以某種方式做出回應。重點在於觀察者能否在這世界上的每一角落，都看到這些團體聚合的類型，以及相仿的行動。」哈布瓦赫不忘指出，一九一九年時韋伯身為德國代表團的成員之一到凡爾賽宮協商戰敗事宜；也猶如他筆下的工業資本家，總感覺到有一股道德力量的敦促，必須將所有已得手的，再投注到新事業。

就這篇短文而言，很難信服哈布瓦赫贊同歷史唯物辯證說，反之，相當清楚的是，他刻意點出團體行動裡的個體心理層面不應被輕忽。另一方面，七十年後，飛利浦·史岱奈恩（Philippe Steiner）指出：西米昂才是涂爾幹學派中經濟社會學研究之翹楚，哈布瓦赫於一九三七年，西米昂逝世兩年後，依然公開承認此一事實，他只是追隨西米昂一手建成之方法論。

該方法論之新意在於區分社會事實的條件和原因這兩面向，並強調「原因」，其假設是：人類行動是足以用來解釋何以諸經濟變數會接二連三、先後運作的原因。再者，西米昂強調行動理論源自社會團體的集體心理學面向，這正是他有別於涂爾幹之處。因此，其施為者是具有社會、

---

43 該學報多次更名，當時名為：*Annales d'histoire économique et sociale*。

歷史兩面向的經濟人，而非不受他人或外在傾向、歷史事件影響之單獨個體：例如，相較於實際的價格，施為者更容易受到標籤上的票面價格的影響，換言之，西米昂並沒有放棄以表象來檢視團體內部的施為者。基本上，一九一八年到三五年間，哈布瓦赫與西米昂在相關學刊中都發表了數量相等的評論；差別在於西米昂集中於經濟社會學本身，哈布瓦赫擅長引介新說，例如，維爾弗雷多．帕雷托（Vilfredo Pareto）和韋伯的社會學學說；西米昂評論貨幣、價格、薪資、經濟危機等著作，哈布瓦赫鎖定社會階級、消費兩專題，例如，范伯倫的體制論。總之，若說哈布瓦赫的勞工家庭研究質量出色，西米昂絕對技高一籌。

史岱奈恩也指出，面對當時在美國興起凱因斯等所提倡的數理經濟學，提出如演繹系統般細緻又嚴謹的辯證，不求助歷史經驗的驗證，也無需統計數據所支持的社會事實，哈布瓦赫實無招架之力，甚至無法退一步省思此理論性格徹底改變的現象，並提出經濟科學的知識社會學解釋：新進場者都出身物理、數學等知識背景，吸引他們加入經濟研究的理由是當時大規模的經濟蕭條，他們看到的弊病、思考模式、提出的問題、帶來的工具、數理模式化的解答形式都不同於過去。雖說哈布瓦赫提出的批評依然是在方法論層次，卻僅流於抽象難解之類的形容詞，完全無法深入到是否該數理模式與傳統涂爾幹經濟學有無任何可參照之處。

到底哈布瓦赫的勞工家庭之生活水準研究的主旨為何，突出之處何在？一九一三年時，他的主張是：團體內部之施為者的行為取決於因他人行為而形成的表象。例如，勞工的主要支出是食物，經常購買且價格低廉，這類支出的價格本身通常被視為固有的產品特性之一，因此不需懷疑買方是否投機，產品是否低劣；相反地，若是不常購買的衣飾，勞工家庭在購買時不免懷疑是否價美物廉，擔心被騙：正是在此一癥結上，買方心中有一個賣方如何看待他的想像。在一整個消費行為中有一成串的表象，這些表象正是決定著個體該如何面對社會的認知工具，並賦予意義[44]。特殊的是，哈布瓦赫從不放棄以統計數據來說明此一心理運作的可能性：相對於德、美等國，當時法國大多數的社會科學論述還是以哲學思辨為主，調查理出的統計數字仍少見；以數據來說明心理變數，當然也是劃時代的企圖。更何況，他在韋伯新教倫理與資本主義精神之學說中找到根據，使之更加細膩：施為者之行動牽涉到的是，個體隸屬之社會團體的共同信仰的價值觀，以及每一個體與該中心價值觀的距離遠近；換言之，每一個體都置身於一集體性的社會體系中，每一個體的動機趨力也都穿插在該社會體系的結構中；經濟行為的動機也不外乎如此。因此，觀察者必須在此社會團體的結構、運作條件等層次上來掌握動機趨力的形式、強度等。

一九〇五年時哈布瓦赫寫了兩篇文章：〈社會經濟學之需求與趨勢〉（**Les besoins et les tendances dans l'économie sociale**），以及〈有關於階級的社會學提問之立場的幾個想法〉（**Remarques sur la position du problème sociologique des classes**）。第一篇可謂哈布瓦赫在勞工家庭之生活水準的研究起點；第二篇則指向其他基本問題：階級的定義為何？如何定義勞工階級？若說勞工與雇主是

44 本書第七章第三節作者討論技術活動與人際關係兩大生活區域，某一段落描寫到商店購物的「心理劇」，不正是該表象之詮釋？

各據一方的階級，其他那些人就是中間階級嗎？

當時最努力鑽研該議題的是布格列：若說勞工生活逐漸好轉，其他社會團體，例如，做小本生意的商人、手工藝匠、公務員等，其生活則不見改善，甚至下跌，所謂的中間階級普羅化（prolétarisation de la classe moyenne）[45]。此社會學關懷之政治行情可貴，因為當時第三共和政府猶恐這些人被保守勢力吸收，況且這些社會團體在德國和義大利都相繼成為法西斯和納粹主張的支持者。

哈布瓦赫自一開始便以集體表象的概念來思考階級定義的問題，主張除了當時德國學者經常運用之人口分布（如居住區域）、歷史經驗（如職業）、經濟條件（如收入、薪資）等變數可用來聚合、切割階級之外，更應該考量的是個體究竟是如何看待自己的。若說「生活水準」的概念偶被視為哈布瓦赫向范伯倫借來的啟發：以消費代替生產，並用以研究勞工階級，而且，這兩名學者都是以個體在社會團體中的位階為起點；另一方面，「生活需求、生活水準」雖也是集體表象的另一詮釋，哈布瓦赫卻從未在其著作中引用涂爾幹的《論社會分工》。就某種程度而言，涂爾幹突出諸社會團體之間的有機連帶，以一概全，並擴大到國家範圍，換言之，完全符合共和政治理想的訴求，刻意抹煞團體內部與團體之間的社會生活差異；哈布瓦赫則擴大團體內部與團體之間的生活差異，也盡量深入到集體表象的心理層次，意即，若要論及每一社會團體之集體意識、集體表象，首先便是團體內部的個體是如何體會到自己的存在，是根據哪些標準來衡量自己的位階？一九一三年，藉其論文研究，哈布瓦赫提出一套雙重價值判斷說：在社會團體內部，哪些物質是被公認為最重要的，即所謂的「生活需求」？對於這些被視為不可或缺的物質，直到哪個程度而言，可謂的確滿足了社會團體成員之期待？假使社會團體的基本需求都被滿足了，並因此形成一種生活模式，那不是選擇，而是不得不然。

就此雙重價值判斷說，儘管各團體各年代的答案千變萬化，一概不變的是，究竟什麼是社會生活中被認為最具代表性的理想典型。哈布瓦赫提出的「生活水準」的典型就是參與社會生活的程度，那是一套近乎貴族統治階級者（aristocratique）固有的人際關係網路：如同心圓般，位居中央者是在咖啡廳、客廳、辦公廳中始終過著人來人往之生活的資產階級，在邊陲敬陪末座的，是在工廠裡與工具、無生命之材質過一整天的工人；若說商人必與他人交易，農人一年四季在田地還有不同的農務、景色、器具、鄰人等，工廠工人則一成不變，意即勞工參與社會生活之程度是低於所有其他團體：薪資過低，家庭預算不足，故無法消費文化，只能為滿足基本生活需求奔波[46]。

哈布瓦赫在芝加哥講學期間，目睹美國勞工的物質生活幾乎等同歐洲之資產階級的消費程度，而且美國勞工家庭的娛樂支出也持續攀升，以致於若繼續主張勞工生活水準偏低，低度參

---

45 讀者可注意到，作者在本書第七章中，將店鋪生意人、以手工藝製造維生的工匠、辦公室裡的公務員和法庭內的法官等「相提並論」。

46 可參考本書第七章；此同前文所述，哈布瓦赫透過芝加哥與巴黎之比較研究而理出的工業大都會之共同經驗。

與社會生活，實有違事實。雖說一九三三年時他以《生活需求的演變》提出調整，但似乎從此之後，其注意力便轉向中間階級：收入、預算、社會生活的參與程度都無法整合公務員、手工藝匠、店鋪商人的職業活動，其共同特徵是「操作一套技術」（technique）：熟識規則，巧妙運用，精準確實，少有疏失，不再外求他物[47]。

從生活需求、生活水準、社會生活之參與程度到熟練一套技術，箇中轉折的認識論假設為何？安德瑞·杜奎（André Ducret）分析，哈布瓦赫師學柏格森，雖說他批判一八九六年的《物質與記憶》，卻也於一九二〇年在〈物質與社會〉（Matière et société）中申論：勞工在工廠裡的關係網路只有物料與器材；至於商人、工匠、雇員等，則可將顧客全視為領著一張號碼牌的人，換言之，被物質化的人身，因此，他們不過比勞工階級略高一籌。專門處理檔案的書記官，其人際關係網路的物質面，顯然遠超出身居上層資產階級的法官。整體而言，中間階級是不均質的複數名詞，對自己的社會位階之想像或高或低，但最後的省思，哈布瓦赫則寫在一九三八年的〈解析決定著個體在日常生活之活動的支配性動機〉。

（三）以集體心理學、莫斯、技術，以及記憶乃知識範疇論之

今人常主張：涂爾幹力除個體層次之心理作用，哈布瓦赫卻反之突出社會活在人心中的事實。今人難以體會的是，在涂爾幹提出不可化約為個體層次的整合性理論之後，後繼者如何使之

更細緻，例如，呈現各社會團體同中有異、異中有同的社會事實？視參與社會生活之程度為生活水準之高低的說法，或許是一條出路。

回到與心理學之糾結此一問題：涂爾幹的《自殺論》常忽略蒐集與計算數據的過程，混用所指有別的資料，《論自殺之因》則彙整了空間更廣、時間也更長的數據，統計工具的使用技巧也更精緻。涂爾幹的資料以十九世紀為主，正是工業化、都市化、個人化加劇，社會結構重整的時代，於是統計數字都呈現出都市自殺率高於鄉村的現象。哈布瓦赫的數據屬二十世紀，自殺率已有整體下降的趨勢，一戰後又持續下滑。先後這兩研究合併後，符合所謂的極大化假設：自殺率升高到某最高程度後，就不會再上升。另外，涂爾幹常以單一變數來說明現象，故必產生城市有別鄉村等二元對立的狀態，哈布瓦赫注重變數之間的加乘作用，於是，新教徒在都市中更像新教徒，天主教徒在鄉村裡更像天主教徒，跨國、跨時代比較便顯得更合理一致。涂爾幹排除自殺未遂者，哈布瓦赫則證明未遂者以女性居多，但男性之成功率較高：未遂者，似乎僅指向心理企圖，顯然有損成功者所代表的數據。社會學的地位已定，哈布瓦赫的任務是向世人展現社會學能檢驗出自殺現象中更多眾人不知的「知識」，故大可刪除利他自殺等類型說，直言那是為國捐軀無關自殺；併入未遂者，揭示社會活在人心中之極限。總之，若要論及個體與社會之間的關係，自殺此現象也可說明這一層關係是透過個體表現出來的，無須動輒以社會失序為理由，每每強調

47　可參考第七章的技術活動與人際關係兩大生活區域。

社會決定個人。

以現象學取向來闡明哈布瓦赫之思想沿革者強調，莫斯、哈布瓦赫、西米昂等均重新考量「社會」，而非一味跟隨涂爾幹；例如，各集體表象是如何在個體身上塑造出各特定的心理狀態？假若個體是屬於某社會團體，究竟這種社會歸屬的生活內容是怎麼一回事？如何研究？擴及集體時，又該如何解釋？瓊—克理斯多夫．馬賽勒（Jean-Christophe Marcel）指出，涂爾幹在申論個體表象與集體表象之關聯時，將由個體出發的社會學名之為應用或集體心理學：其實，涂爾幹即已點出另一條出路。於是，西米昂偏向社會心理學，哈布瓦赫與莫斯偏好集體心理學一詞；莫斯致力於方法論的創新，哈布瓦赫引進新課題：記憶、自殺與社會階級。

莫斯強調涵蓋各社會層面的整體社會事實（fait social total），所有個體層次之事實都只有將各社會層面全納入考量後才有意義——此即整體人（homme total），但又以心理現象與生理狀態兩層面為優先。其集體心理學的前提是，心理層面之社會事實都必須回歸到群體意識，也能反映其共同行為、共享環境。至於對生理狀態之考量，莫斯拒絕以特定的才幹、本能來看待整體人，但整合軀體、心態、靈魂、社會、道德、物質等。論及「技術」（technique）時，莫斯指出的課題是：一整套運動、舉止，常以雙手操作，有系統，代代相承，都是為了達到物理性、化學性、或有機性目的，慣常又極具效率的作為。因此，技術都有超乎平常、超乎社會的特質，是讓整體人回應生活環境需求的物質工具，足以用來區別文明。其「軀體的技術」（technique du corps）之說乃集生物、社會、心理學之大成：在每一社會中，每個人都能夠以慣常不變又合理一致的方式來使用身軀，例如，坐姿、睡姿、走態、吃相、吐痰、怎麼蹲在地上、如何游泳等。這是拜教育權威之賜；但如果個體在舉手投足間都悠然自在，顯然是由於強大的社會學理由操作著這些社會事實[48]。同樣顧及「物質」與「技術」，哈布瓦赫的整合面學說卻是發揮在社會階級參與社會生活的程度[49]。

馬賽勒再論，以哈布瓦赫的集體心理學來分析其社會生活之參與程度說時，可見兩大成分：一是集體記憶，二是精神狀態中的空間性集體表象。涂爾幹主張自殺是脫序的集體表現，哈布瓦赫則以為這是個體的團體歸屬感稀釋，乃個人動機作祟，其機制則如：自殺者逐漸與他人話不投機；他心中的那把尺指出，別人對他興趣索然；他逐漸成為被降級的個體；既然別人看不到他，他便從同儕的集體記憶中消失了。將個體逼向死角的個體動機因素、心理狀態、認知內容都具有集體知識的形式，也是藉由記憶、回想而表現出來：誰還在乎我？在此癥結點上，集體記憶是以社會生活為基礎之個體心理狀態的起點。反言之，記憶也是知識的首要範疇，人際關係的必要成分：因此，個體所知所覺都是社會學的研究對象。一九三八年於索邦大學的「推論的集體心理學」（La psychologie collective du raisonnement）該課程中，哈布瓦赫申論，乃是高階官能如推理、判斷等促使低階官能如感受、情感等的表達成為可能，但無論如何，記憶都是必要條件。

48　可對照伊里亞斯的文明化歷程的第一部。
49　希冀此段落能提供讀者對比之素材。

直到一九三八年的《社會形態學》，哈布瓦赫方提出社會生活烙印於地理空間的主張：各團體是如何分布在城市的不同區域，土地利用之結構因果又為何。於此，他似乎再度與莫斯、柏格森隔空喊話：在集體知識中，物質形式是集體表象的源頭，提供社會生活一個軀體般之想像的依據：當人們感受到與他人是一家人的時候，每個人都可在腦海中看到屋內家具的擺設，誰習慣坐在哪個位子等。對於一己軀體的感受，軀體是停歇在空間哪個角落的情感，或對於所屬團體之活動的感知，哪些人是在哪裡做哪些事等，都是個體與團體之精神生活的基礎。馬賽勒總結，自一九二〇年代，哈布瓦赫試著以統計數據解釋社會團體中的個體動機時，便已顯示出其社會形態學中的人口分析交織著集體記憶說、集體心理學，以及有關於科學知識的概說。

（四）以宗教社會學與社會空間論《記憶的社會框架》，又，社會記憶還是集體記憶？

伊爾緒根據哈布瓦赫於一九一八到二五年的學術出版和書信往來，重新衡量哈布瓦赫與涂爾幹之關聯，此一路線，截然不同於視哈布瓦赫具詮釋、現象學或實證作風的論調。一九一二年，《宗教基本形式》付梓——副標題是「澳大利亞的圖騰系統」（Le système totémique en Australie）；十三年後再版，哈布瓦赫則出版了《依涂爾幹之見的宗教情感之起源》（*Les origines du sentiment religieux d'après Durkheim*）和《社會框架》[50]。當年六月，哈布瓦赫將書稿交給出版社後，寫信給莫斯說道：「在我的想法裡，《社會框架》這本書是追隨涂爾幹最後那本書所提出的結論，換句話說，這本書是跟從其知識與範疇理論（théorie de l'intelligence et des catégories），但也可依附在您與他合作的原始分類（classifications primitives）等議題，以及布隆德勒的研究之下」。然後他又強調，其目的是為了在論及「心理學議題」時，能宣揚「我們的觀點」，可惜兵馬不足，難以擴大戰場。

依伊爾緒之見，若《社會框架》是依附在涂爾幹的宗教研究，此可追溯到一戰剛結束時，當時李維—布留爾主持《哲學學刊》（*Revue philosophique*），他邀請哈布瓦赫寫一篇關於涂爾幹學說的文章[51]。在重新研讀涂爾幹之作品的過程中，哈布瓦赫不時與妻子嘆道，對涂爾幹的仰慕之情愈加深刻，深覺自己完全處於學說之核心：典型的涂爾幹是屬於社會分工與社會學方法論，後期的涂爾幹則是高居自殺研究，以及二十世紀初道德倫理、宗教社會學等舞台的學者。在這篇邀稿裡，哈布瓦赫特別強調涂爾幹學說中有關於知識、宗教之社會學研究的重要性。之後，當哈布瓦赫在史特拉斯堡執教時，他不只開始講授人類學、神話、犧牲、宗教等議題，對比伏斯岱勒．德．古朗吉（Fustel de Coulanges）所著之《古代城邦》（*La cité antique*）[52]，以及葛蘭言（Marcel

50 該年尚有一篇資本主義的清教徒起源，請見附錄。

51 此即一九一八年的〈艾彌爾．涂爾幹的學說〉（La doctrine d'Émile Durkheim）。

52 參見本書第五章。

Granet）的中國研究心得[53]，也在其他刊物上發表所思。漸漸地，在這些領域他也累積出不少心得，一九二一年起，便在相關學刊上評論宗教社會或歷史等專題研究。至於出身哲學與精神病學的布隆德勒，他也是李維—布留爾的學生，因此，向來致力將宗教社會學的研究成果轉注到心理學領域。一九一〇年當李維—布留爾發表《低級社會的精神機能》（*Fonctions mentales des sociétés inférieures*）時，他隨即表明，精神病學家從此都必須覺悟到，人活著必受社會影響；四年後，在其博士論文〈病態意識〉（La conscience morbide）中，布隆德勒進一步將此社會學觀點之心理學延伸到病態心理學中，主張心理狀態都是社會化的結果。

隨後，哈布瓦赫投入原始社會、夢中的分身等研究，原因在於當時諸多學者主張，夢中分身無疑是相信靈魂存在此一說法的起點。一九二〇年時，他寫信請益好友皮耶宏，理由是因為他在涂爾幹的宗教研究中找到線索；在信中，他又強調，涂爾幹主張夢境複製了近期的回憶，但以他自身經驗而言，他也曾夢到死去之人，卻從未在夢中想到過去與現在之別。一九二二、二三年，哈布瓦赫先後發表了〈詮釋原始社會的夢〉（L'interprétation du rêve chez les primitifs），以及〈夢與圖像—回憶——記憶的社會學理論初探〉（Le rêve et les images-souvenirs, contribution à une théorie sociologique de la mémoire）[54]，皆是源自涂爾幹之《宗教基本形式》的第二章中對於泛靈論的批評；他寫給皮耶宏的信中所引述之涂爾幹的字句，後也成為《社會框架》之第一章的開場白。在追溯這段因緣時，伊爾緒發現，當時哈布瓦赫必須在兩大理論中做出選擇：一是個體在夢中所見是真實的回憶，因此，記憶就是回憶的保存，乃純個人範圍的；二是，夢中所見並非回憶，無關分身說，以致於記憶便是社會產物。此外，一九一二年時，涂爾幹正是以理性論述來回應柏格森純精神又反理性之說；於是，哈布瓦赫必須抉擇。他跟妻子寫道，他必須超越柏格森，必須提出一套記憶理論；多年後，他也跟皮耶宏坦承：我曾是柏格森的門生，如今卻走到這般與其論點截然相左的地步，天知道我是下了多少功夫。哈布瓦赫的技巧是，將涂爾幹依澳大利亞原始社會之泛靈論而提出的理論，即有關於知識的理論（大意是，原始社會中的夢假定了宗教是既定存在的事實），移植到當時歐美人的夢境是否乃回憶再現的議題上。

除此之外，在一九二〇年代，若說學者已承認個體受社會影響，社會學解釋之範圍大小，則因與心理學的關係而各見高明；時人未必樂見社會學伸展到個體心理學的版圖。所以，當諸多學者都在涂爾幹的《宗教基本形式》裡看到探討心靈與精神生活之理論概念的可能性時，以記憶做為研究對象便是一石三鳥：為原始社會的社會學研究改版，在社會學與心理學的論戰中爭鋒，在堅持最嚴謹的涂爾幹教條之路線、或遊走到社會心理學之可能中擇一。又，無論持抽象思辨者如柏格森，或是實證路線如皮耶宏等，沒有人否認心理狀態的運作無不挪用最低比例的記憶：皮耶宏在一九一八年時已聲明，他跟柏格森立場相同：記憶坐居意識中心，正是精神生活的全部。二

53 參見第二、五章。

54 同年尚有〈社會學家的筆記——有關於中國的道德與原始信仰〉（Carnet de sociologue: Sur les mœurs et les croyances primitives de la Chine）。

三年〈夢與圖像—回憶〉發表後，卡普龍（Albert Kaploun[55]）即表示這篇文章對個體心理學造成威脅，尤其是將時間、空間都賦予社會特質、進而搭起社會框架之舉。

李維—布留爾直到一九二二、二七年才出版《原始心態》（*La mentalité primitive*）、《原始靈魂》（*L'Âme primitive*）。在評論《原始靈魂》時，哈布瓦赫並不是以正宗涂爾幹社會學派的角度，而是他自己的集體心理學的語言；二七年給妻子的信中，他氣憤說道，李維—布留爾如孔雀般驕傲，自恃為涂爾幹社會學派的老大。若說記憶此一議題成功地將涂爾幹社會學之心態研究轉向當代社會，在《社會框架》之後，哈布瓦赫並沒有放棄原始社會、原始經濟、中國人和希臘人的宗教信仰等議題，並持續發表專題論文或受邀評論他人著作，顯然地，這些努力不受後世矚目[56]。

至於《聖地地貌學》，則是再明確不過的宗教研究，已無原始社會心靈的痕跡，搶攻的不只是心理學陣營，還囊括了第三共和時期最盛行的古代和中古史。這是哈布瓦赫生前的最後著作，一九四一年出版時並未引起回響，戰事紛擾或許是主因，今有學者懷疑當時哈布瓦赫甚至匿名寫書評；至於其他漣漪，不過就是宗教史專家都指出引用資料嚴重不足。一九七一年其子皮耶決定再版，戰前被歸為哲學叢書，終於正身為當代社會學系列；二〇〇八年再修訂，並加上數篇評論。七〇年代時，哈布瓦赫尚未成為記憶的代名詞，卻因巴斯堤德宣稱其《巴西的非洲宗教》乃受《社會框架》啟發，《聖地地貌學》便悄悄擠上宗教社會學之林。

哈布瓦赫曾於一九二七、三九年兩次造訪巴勒斯坦、耶路撒冷。這本書探討的是基督教徒到耶穌基督出生死亡等地點旅遊、朝聖的現象。哈布瓦赫區分了三類遊客：一是，自第四世紀起，不帶批評，熱擁虔誠之心者，目的是為了目睹奇蹟發生之處；二是心有懷疑者，查看各聖蹟發生之處是否的確符合傳說；三是如哈布瓦赫之學者，時逢科學批評的年代，以社會學家的調查方法論提出以下問題[57]：西歐信徒造訪福音書所述之景時，已是耶穌死後三百多年後，這些福音傳統是怎麼形成的？哈布瓦赫針對基督教史上的關鍵事蹟、代表人物在聖地的行為舉止，重覆對比不同的文獻記載、證人言詞、旅人話語、俗諺、學者評論等，考證在地理空間上如何一一造就出層層堆壘的遺跡，例如，十三、十四世紀時發明的十字架之路，在十七世紀時變成包括了十四個景點的朝聖之途。

以當今標準而言，這本書乏善可陳，布洛克的批評至今依然一針見血：假使哈布瓦赫已假定、也真的以為基督教傳統在第四世紀時已成形，何必一路追查到現代時期？事實上，這本書可貴之處，寫在其副標題：集體記憶的研究。針對不同宗教團體的記憶法則，他提出：回憶累積法則，不同的事實堆積在同一地點上；同一地點分裂成數個景觀，各自述說不同的事蹟；同一事蹟

55 參考本書第一章。

56 哈布瓦赫於前言開場白描述一個愛斯基摩族的小女孩淪為奴隸，流落大西洋兩岸的軼事。歐洲自十四世紀起即流傳著被野狼「養育成人」的幼童，並以十八世紀為最，他只是不經意地挑出一個十八世紀的法國在地版嗎？

57 於此難不憶起孔德的知識發展三段論：宗教神學由拜物、多神到一神教；啟蒙時代抽象純思辨的形上哲學說；十九世紀的實證科學論。

發生在不同地點，於是彼此競爭；事件、傳說、評價、教誨等層層包覆；諸體制化回憶內部出現各級張力與壓力，例如，三大一神教對聖經的解讀，各宗教團體各擁其聖書。此外，就宗教與記憶之關係而言，早在《社會框架》的時代，哈布瓦赫已申論宗教是世代延伸時的創新工具，換言之，與孔德、涂爾幹社會學派之實證科學信念相左：社會學之父揭櫫的是，社會生活隨著世俗化、現代化而逐漸掙脫宗教的禁錮。

當今學者論及該書時，強調的卻是這本書證明了空間是記憶承載運作的首要之處，否則便是用以佐證哈布瓦赫的人文地理空間觀：於此，爭論點在於，其記憶空間說，是否可追溯到一九〇九年的〈巴黎的土地徵收〉，或者三八年的《社會形態學》才是起點；受芝加哥學派啟發的主張，有多少說服力？如何證實？但都市社會學與空間社會學還是兩回事，且後者也可旁溯在一九二〇到四〇年代捲起「生存空間說」（*lebensraum*, espace vital）的德國經濟學傳統，對此，哈布瓦赫絕非不知不覺。

突出哈布瓦赫之記憶空間說的學者可以賈依森（Marie Jaisson）為代表。在哈布瓦赫之眾多發表中，記憶與空間的關聯之所以成為焦點，首先是因為諸多論述都可同時歸於這兩關鍵詞之下，另一可能原因卻是相當隱晦的：空間主題乃《集體記憶》的最後一篇，完成比例最低，各草稿觀點互斥，誠如納梅爾所言：這是很難詮釋的篇章，哈布瓦赫似乎試著要與時間之記憶說建立一種平行論調，卻又無時無刻地要讓空間成為整個概念系統的基礎[58]。

依賈依森之見，涂爾幹本人並沒有發展出明確的社會空間說；其次，如當時學者，哈布瓦赫的整體路線是純思辨的，從某一研究對象跳到另一研究對象時是出自哲學啟發，省思和觀察之間無章法亦無解釋。以記憶該主題而言，賈依森也以《社會框架》為出發點，重申該書主旨是反柏格森：柏格森主張，過去有兩種存在形式，一是慣常記憶（mémoire habitude），這是人類智力因當下溝通而有的反應，以語言形式表達；二是純粹記憶，限於個體範圍，以圖像累積而成，個體若要捕捉這些記憶圖像，則必須孤立自己，並鑽向個體意識之深處，此可謂個體主義之典型論。哈布瓦赫以《社會框架》提出反駁：個人思想都脫離不了時間、空間、語言等社會框架，共同塑造出集體記憶後也回饋給個人回憶。這是最典型的涂爾幹學說：個人與集體記憶都處於相同的社會環境，記憶都是因就社會團體在現在此一時間點的要求而重新建構出來。

從《社會框架》到《集體記憶》，個人記憶與集體記憶的時序關係是截然不同的。一九二五年時，「思想起」就是在個人記憶中找到呼應集體記憶的成分；但在《集體記憶》的年代，回想是兩大記憶互動，這是由於個體同處多個社會團體，個人記憶同屬多個集體記憶，且回憶是以過去來重現現在。此一論調的根據是：此乃哈布瓦赫之哲學思辨的慣性表現，先後串起來就是一套記憶運作系統的理念化過程；其次則是，該理念化過程也呼應了特定的社會條件：維琪政府時期以政治為志業的哈布瓦赫苦思，如何塑造出一個動員全法國人民的記憶（mémoire nationale）？換言之，此非單純出自理論本身的邏輯考量。

58 突出記憶之空間說的學者，對於《社會框架》和《集體記憶》的詮釋，幾乎照單全收納梅爾的觀點。

同馬賽勒，賈依森也透視到，哈布瓦赫於一九三八年成就的《社會形態學》可追溯到涂爾幹於一八九八年提出的「社會形態學」：土地、人口與社會體制共同組成了社會[59]。哈布瓦赫區分了兩類社會形態，一是物理性的，探討諸社會團體與土地的關係；二是社會性的，諸社會團體的結構如性別、年齡等。兩大社會形態合併之後便是：個體思想必須能感受到自身軀體與空間後方能維持平衡[60]。最後，在《社會框架》與《社會形態學》中，空間是物理性的，社會團體的各項生活功能都以獨特的空間形態表現出來，例如，宗教空間如教堂者絕不與市場之經濟空間混淆。該物理空間直接體現於《聖地地貌學》，這是記憶理論的首次應用。至於《集體記憶》，其空間是雙元又抽象：空間保障社會團體的延續，社會團體也保證對空間持久不變的詮釋。空間已非教堂、田地、法庭等實物，而是社會性的，包納並決定了語言與時間：例如，在經濟活動此一社會空間裡，期貨市場位居中心，有其運作時間表，商販市場位居邊陲地帶，有另一時間表，兩空間各有象徵，互有交換：該社會空間是由一套多層次、卻又抽象不可觸的社會關係建構出來的。於是，社會團體之生活觸角都可經由內部的層層關係表現出來，卻也是在物理空間的框架下，社會團體內部的層層關係可持續地運作。

最後，集體還是社會記憶，集體還是社會框架等：集體還是社會？這只是「小題大作」嗎？本書最後三章節與結論的兩大詮釋說法，可凸顯出此一名詞選擇的認識論途徑。學者皆有共識的是，一九二五年時哈布瓦赫點出個體同屬不同的社會團體，個體記憶同屬多個社會團體之記憶。諸學者間的差別在於，例如，依伊爾緒之見，哈布瓦赫點出了個體的社會化過程是透過記憶來運作的，記憶可因此視為研究社會演化之工具；只可惜，當初之論戰常疏忽這一點，僅集中在與個體心理學之爭鋒。

另一詮釋路徑以納梅爾為代表。他依據哈布瓦赫留下的草稿來修訂《集體記憶》時，以近乎文學比較和精神分析的手法，處處比對草稿內字裡行間與當時的政治環境，在他筆下，哈布瓦赫以政治為優先志業。他的說法，常被套用在探討哈布瓦赫之記憶說與空間、時間之關聯者，或用來強調哈布瓦赫的「現代性、後現代性」。關於《社會框架》最後三章節與結論，納梅爾的主張是，假使哈布瓦赫面臨的是個體記憶同屬多個社會團體之記憶，先天下之憂而衍生的難題便是，如何整合不同之社會團體的集體記憶，進而打造出一個集體記憶，換言之，將多元的集體記憶轉化成單一的、全法國人民的集體認同，而目的，不外乎是抵抗納粹、法西斯主義、維琪政權。依此論調，集體是一個單數形容詞，近同全法國的，而社會，則是複數的，用來區別不同的「社

59 部分學者視哈布瓦赫乃「都市社會學之先鋒」，甚為空間社會學之啟蒙。例如，二〇一九年出版的《空間社會學》（*Sociologie des espaces*，主編 Sophie Gravereau、Caroline Varlet，Armand Colin 出版社），其中〈社會形態學與空間建構〉（Morphologie sociale et construction spatiale，作者即前兩主編）一文主張：涂爾幹點出社會形態學的方法論，莫斯繼承之，卻是經哈布瓦赫的研究得到證實，並啟迪後世空間形態學（morphologie spatiale）之可能。例二，〈後期哈布瓦赫的「空間主義」〉（'Le spatialisme' du dernier Halbwachs）則強調，哈布瓦赫一生都志於社會團體與空間的關係，見《空間與社會》（*Espaces et Sociétés*），第一四四—一四五期，二〇一一年。

60 此說呼應前述「以集體心理學論之」。

會團體」。另一方面，《集體記憶》便順理成章地成為如何轉化多元之集體記憶為單一集體記憶的解答，而為了解釋《社會框架》到《集體記憶》之間的天差地別，納梅爾說道，在一九二五年時，哈布瓦赫是持進步論的樂觀派，因此，過去的記憶都可於現在重新塑形，三九年起，現在是卑微的，只有過去的回憶才能挽救現在。納梅爾揣摩出來的《集體記憶》，以及哈布瓦赫的反維琪政權之寫作計畫等說法，卻有極大的破綻：《集體記憶》的各版本草稿在二戰前已大致完成了。

《集體記憶》是哈布瓦赫死後才出版的。先是一九四七年發表於《社會學年鑑》，名為〈記憶與社會〉，所謂的「完整文稿」是由哈布瓦赫的胞妹提供。五〇年集冊，由法國大學出版社以當代社會學叢書之名發行，六八年再版；然而，各章旨意常互相牴觸，前後難以連貫。九三、九四年間，哈布瓦赫的家人提出「原稿」，與當初所謂的完整文稿有極大出入；總之，修訂版於九七年印行，納梅爾題前序、告讀者書、後跋；除了首篇〈音樂家〉已於三九年發表，其他各章乃時期各異之草稿的整合。納梅爾寫道，先前版本的章節標題未必是作者的決定，甚至不是他的字跡，次標題和摘要確定是後人所訂。九三、九四年的原稿可分成四份手稿，並非是已齊全、等著交給出版社的完稿：無前序，無結論，段落篇章互不連貫，甚至互相衝突。每份手稿無編號、無頁碼，重複修改之編目和日期都極為紊亂，同一段落可有六次修改版本，字跡也似乎有兩三人之多，篇章間的順序全任由後人解讀。不過，在比對哈布瓦赫之私人札記的筆跡後，可確認出大部分的手稿乃於三五至三八年間完成，至於四一到四四年間則止於修潤。

在〈前言〉中，納梅爾為眾人多年之惑解答：一般均以為《集體記憶》乃《社會框架》的延續，不然就是一本關於時間的專題論著，此乃誤解又誤會。在〈告讀者書〉中，納梅爾坦承，三二到三八年的手稿並無過多疑難，但後期文稿，尤其是空間該主題，則疑點重重，原稿中諸多片段均不見於四七年等版本。〈後跋〉中，依哈布瓦赫之私人札記，納梅爾以一九三八年為分界點，將其思想與關懷分為前後兩期；另外，他一一解讀四份手稿，途徑則是對照哈布瓦赫之私人札記和當時的政治情勢：換言之，以下簡述並非原稿之摘要，而是納梅爾自述如何詮釋每一份手稿。

第一份起自一九二五，止於二七年：實際上，原稿已遺失，但重謄於第二份手稿。基本上，該時期多屬《社會框架》的餘波，但省思似乎沒有付諸文字，原因或許有二，一是哈布瓦赫準備重拾涂爾幹之自殺研究，二是他將遠赴芝加哥大學。第二份名之為一九三二年的手稿，記載了柏格森因反對愛因斯坦的時間觀而提出新論，哈布瓦赫便因此潛心摸索此一最新檔的理性主義大戰，並於三四年發表〈社會學法則〉；令人好奇的是，他將布隆德勒對於《社會框架》的評語一字不漏地全抄下來，但布洛克的批評卻一字不提。

第三份手稿則介於三五到三八年：納梅爾的解讀僅限於〈音樂家〉一文，主張此乃新的理論出發。至於最後四三到四四年的手稿，似乎可一言以蔽之的是，哈布瓦赫琢磨著該如何修葺、銜接全部的稿子以呈現出一本主旨明確的論著。在有關於空間記憶之撰文裡，內容多半借自二五年之後的發表，尤其是《聖地地貌學》、《社會形態學》兩大主題。如此倉促乃現實所逼：他準備再次闖關法蘭西公學苑，他必須拜訪每名「法蘭西選民」並提出「政見」。

另外，若依納梅爾對於哈布瓦赫之四大本私人札記的解讀，自一九二五年起，哈布瓦赫興致勃勃地準備《社會框架》的後續，他有意在索邦大學講授該書，這是意氣風發的哈布瓦赫。但自三八年起，他則寄望以一本科學論述來撫慰政治創傷，就此，納梅爾重謄哈布瓦赫於三八年三月的自白：

前天我六十一歲了……友人從史特拉斯堡打電話給我……德國軍隊已進入奧地利……為了避戰……我們的反動派是那麼地驕傲，又是那麼地愚蠢，大家都不知道什麼叫做身為法國人了，為了他們一己的利益和階級頭銜，他們犧牲了自己的國家……我希望我還能夠投入工作，希望完全忘記了內外政治後，能帶給我一些安慰，讓我的思緒更平靜……

哈布瓦赫在這之後投入的工作，納梅爾斷定就是《集體記憶》：一部抗戰作品，先是反對納粹，後是反擊與德國政權合作的走狗，自四〇年起，又是為了反抗維琪政府外圍的年輕左派分子，四〇年十月，哈布瓦赫寫道：

妹妹潔安（Jeanne）與哲學教授米榭爾．亞歷山大（Michel Alexandre）結婚了，他們兩個都是堅持和平主義的人（pacifiste）。我已經很久沒有他們的消息了，從此以後，我們各自這兩條路便不再有交會點了……

戰後卻是哈布瓦赫的妹妹提供所謂的完整文稿。納梅爾評道，倒楣的哈布瓦赫生前避而遠之這一票和平分子，死後卻是他們率先刊印他的抗戰血淚。

第三部分　哈布瓦赫的記憶社會學

「哈布瓦赫的記憶社會學」若為「社會事實」，該如何以社會學論之？《社會框架》付梓百年至今，哪些社會學研究可謂霑其雨露？

（一）記憶的三大研究典範

學者瑪莉—克蕾爾・拉法柏（Marie-Claire Lavabre）長年研究「記憶」，並在二〇〇七年提出記憶的三大研究典範說。七〇年代前，記憶並非社會科學的關鍵字，而後卻在政界、媒體、學界紛紛掀起「記憶現象」。若視之為理論概念，不得不坦承的是其濫用範圍，諸典範間亦無相通互補之處；若視之為社會現象，則無處不燃起保存記憶，否則稍縱即逝的義務說。概念與現象混淆後，走出法國，漫延全歐，甚擴及全球，此乃由於工業化、都市化、人口流動等現代生活經驗以及戰爭經驗的普遍化；概念模式雖倍增，與一般性理解之差距反加擴大。

第一個記憶研究典範以史家諾拉為代表：提出「記憶所繫之處」（**lieux de mémoire**）的概念，以代替集體記憶一詞；且在九〇年代以「記憶所繫之處」為題，主持編纂一系列的史學研究；廣受好評之餘，卻也加速記憶現象之泛泛說。諾拉等學者自一開始便以史家技藝為記憶提出定義：記憶是以過去的存在作為表現形式，但表現形式並非歷史；歷史是一套學問，講究必須受過史學訓練才能駕馭的研究方法論。再者，「所繫之處」顯然比「空間」更能符合科學操作的要求。此外，記憶一詞在人文和社會科學史裡淵源已久，卻在法國史學形成一研究典範，相較於年鑑學派之心態史（**histoire des mentalités**）研究毫不遜色，這段淵源有深刻涵義：哈布瓦赫撰寫《社會框架》時，已在史特拉斯堡大學執教，眾人皆曰《社會框架》是反心理學、反柏格森的，但未嘗不是要跟年鑑學派一比高下？何以布洛克不得不提醒哈布瓦赫，涂爾幹社會學派沒資格指點年鑑史學的成員；而後在《集體記憶》的篇章中，為何依然有〈集體記憶與歷史記憶〉之題？不到半世紀後，法國新史學（**Nouvelle histoire**）、心態史多少以反駁該文為起點。

第二個典範屬精神分析領域，以保羅．里柯（**Paul Ricœur**，一九一三—二〇〇五）為代表：里柯點出當代法國努力不懈地投入記憶之舉止，個體如群體彷彿都因過去而創傷難撫，若非二戰犧牲品，便是其他無辜祭品似的，都追求透過一個最終的隆重葬儀來重整記憶，遺忘，再出發。該典範與歷史學的記憶典範經媒體、輿論翻攪後，又不時激盪出更多的記憶訴求與政治決心。第三個典範，則以哈布瓦赫為焦點：雖說哈布瓦赫積極參與當時社會主義擁護者的活動，最終死於集中營，但今人對哈布瓦赫的緬懷卻不免是集體記憶的效應，他本人已成為二戰之記憶現象的追悼對象。二戰後多族群共生共榮向是政治難題，每有人提問該如何由複數的集體記憶過渡到一個均質單數的全國集體記憶，此時此刻，哈布瓦赫便被點名：此舉方便性不免是由於《集體記憶》重哲學思辨，無具體的社會時事或歷史經驗，自由表述的空間任人發揮。

若並列第二與第三典範：哈布瓦赫曾研究《夢的解析》，是否因此有所啟發？克勞汀・阿洛架（Claudine Haroche）指出，哈布瓦赫的母親收到《社會框架》後，回函寫道：「我在裡面看到你偏愛的作者，普魯斯特、柏格森、佛洛伊德。」阿洛架主張，哈布瓦赫因社會學之故而導向個體如何因社會體制而成為社會的我，記憶如何參與此一社會化的整合過程；佛洛伊德則因精神分析而講究壓抑、本我、自我、超我，強調其疏離面，三個我各有其記憶內容與深度。兩人以不同途徑提出相同的普遍性問題，都透視到個體與集體之互動關係，也混用集體、社會、團體、群眾等名詞；但哈布瓦赫是由個體、家庭擴大到宗教、階級等不均質的社會團體，佛洛伊德則由家庭內縮到親子關係、我。兩人都體認到遺世獨立的個體此一現實，哈布瓦赫強調貝多芬耳聾卻證明了社會體制和社會活動的存在，外在社會始終正面又活潑；佛洛伊德看到的卻是內心衝動受到群體壓抑，群體以人際關係的負面形式而間接地呈現出來，彷彿個體面對團體時只有危機感，卻又淡淡地以壓抑態度來忘卻團體的存在。簡言之，由佛洛伊德拍案的主題將導向內縮的我摸索真實自我的歷程，在哈布瓦赫的世界，卻可擴大到福音書故事之起源：真假無所謂，重點在於社會表象的解讀：集體記憶是如何覆蓋、改寫記憶所繫之處。

（二）音樂家的集體記憶裡的互動關係模式

依納梅爾之見，《社會框架》裡是發生過的真實回憶，《集體記憶》中則是抽象的文化記憶，意即與多元的集體記憶互動的意識，且此互動取向是受到辛默爾的啟發。在《社會框架》中，語言是優先框架，到了《集體記憶》，由於個體與集體兩記憶雙向交流，考量的是互動模式。在《社會框架》與《集體記憶》之間，先有三九年的〈音樂家〉，後有四一年的《聖地地貌學》；一般認為後者是以《社會框架》為基礎的個案研究，之前已以空間概論之，於此僅簡述〈音樂家〉[61]。

該文也發表於《哲學學刊》，共有五大部分。首段寫道：

我們對一個字的回憶跟對一個聲音的回憶是不一樣的……關於字的回憶往往符合某一模式或外在提綱，如果不是早已融入社會團體的語音習慣……不然就是以印刷形式表現出來……對大部分的人而言，當他們聽到的並不是言詞之類的聲音時，他們是無法跟單純的聽覺模式比對，這是因為他們沒有這類聽覺模式。

哈布瓦赫隨之解釋何以會彈奏樂器，看得懂樂譜，聽到樂曲就有樂譜浮現腦海中的人乃音樂家社群的成員：其音樂記憶（mémoire musicale）更廣泛，也更穩定確實。再者，樂譜是約定俗成的符號，一套慣用的音樂語言，音樂家只要照著符號的意指就可重新演奏出樂曲，不會丟失該有的節奏或細緻主觀的情感。不過，這套語言是記錄在紙上，而非放在人的腦子裡。至於交響樂團，諸成員彼此配合，每人都熟知自己那一段是插進別人的那一段的什麼地方；樂團也是分工合作的社會組織。然而，團員間有一部分的動力是視覺的，在其軀體和腦子以外的：看著樂譜，每個人的進場時序、演出內容被連貫起來。假使音樂家被剝奪了樂譜這套記錄聲音的工具，他們很可能就無法在記憶裡放置數量龐大的回憶。

在第二部分，哈布瓦赫點名柏格森：符號若有任何意義，都是由於早已被再三重新定義；音樂此聲音模式是在個體意識之外，藏諸社會中，而非只是生理性記憶。第三部分是全文重點：若想記得聲音，則有兩大學習方式，一是不求甚解、大眾化的（populaire），二是精通技巧，達到造詣深厚的程度（savante）；這兩者間毫無交集，但可透過節奏（rythme）此概念而見真章：此非大自然所賜，大自然的任何曲調都沒有依照固定的節拍；節奏是社會產物，人在工作時唱的曲子都配合著人的軀體姿態、動作：曲子給在場工人一個模式，節奏則將曲子與動作連貫起來。所以，問題在於，世俗者與音樂家的節奏感，哪裡不同？一般人去聽完音樂會後，若非什麼也不

61　以下摘譯乃筆者個人的選擇，難無疏漏要義之處。

記得了，不然就是拼湊出破碎不整的旋律：這便說明了，任何曲子都可被拆解出一段旋律、一組音調。

為何我們只記得這一段聲音，而非其他？這是由於我們馬上就捉住節奏……曲調，節拍速度，一整段早已聽過，幾乎再熟悉不過的布局。一曲樂章之所以深入人心，往往是由於曲子裡有著最通俗又最大而化之的成分……但當初作曲家譜出來的時候並非如此，而是後來才變成這樣。當華格納的〈女武神的騎行〉（La chevauchée des Walkyries[62]）出現在軍樂的節目單裡的時候，或是當有些人用跟所有其他抒情歌曲都差不多的高低音或感情來唱著〈春覺〉（L'Éveil du printemps[63]）時，某些精通音樂的聽眾無論再怎麼努力也無法以整體的角度去想像這些被挪用的部分，更無法把這些部分放回原處，這一切都不是華格納的錯……他沒有辦法禁止大眾竟然只記得他的作品中某些看起來像是要拿來歌唱而編寫出來的片段。

透過寂靜無聲的空檔、小節、音程等概念，哈布瓦赫澄清，音樂家的節奏不同於一般人，他們對節奏和節拍的要求比所有其他人都更嚴格。音樂家的世界是只有聲音的世界，但在其他人的世界，對於樂音的感受都是與其他事物連結在一起的。雖說一般人也會從音樂裡拆解出某些旋律，音樂家去借用旋律時，無論來源為何，都只是出自樂音的考量而已：他們從截然不同的作品萃取出輕重比例不等的成分後，依照音樂規則譜出新曲。

在第四部分：我們可區分對於樂章或音符的回憶，也可辨別出由這些樂章或這些音符而交織出來的聲音的回憶；此即音樂規則的認識與執行。至於音樂激起的觸動，那是另外一回事。綜合這兩層面：音樂家社群是由人組成的；音樂家的記憶滿貫著你來我往的映影。貝多芬耳聾後的創作不是依靠回憶，而是利用整個音樂社群的語言，他沒有與世隔絕，反比任何人更加投入音樂家社會。另一方面，在欣賞音樂時，第一方式是投入一個只有聲音的世界，另一方式是讓思緒隨著樂音起伏。這是何以舒曼問道：直到哪個程度為止，器樂足以表達出思想、事件？哈布瓦赫又讓舒曼說道：卻是在深入到和聲音樂此境地時，音樂才能表達出最細緻之感情中難以言喻之處。

在第五部分，哈布瓦赫提醒讀者回到全文起點：符號在記憶中的角色。若以音樂為例：演奏音樂不是靠著回憶，而是音樂家群聚一堂後去演練一套規則分明的符號系統：

> 這些符號都代表著音樂家社群給予每一成員的指令。符號的數量繁多，這是由於聲音拼裝成的組合數量可觀，這些組合本身也形成套裝，每一組套裝在時間流程中又各有其位……這是為何音樂家需要在眼前安置一疊疊紙張，且白紙上各符號指令及其先後順序

---

62 源出華格納一八七四年的歌劇《尼伯龍根的指環》（Der Ring des Nibelungen），常被改編到電影配樂裡。

63 一八九一年由德國劇作家法蘭克・魏德金（Frank Wedekind，一八六四—一九一八）創作的諷刺戲劇，副標題是「一齣少年郎的悲劇」（完整標題：Frühlings Erwachen: Eine Kindertragödie）。

都以黑墨寫出，固定下來。音樂家的大部分回憶都以這種形式保留下來，換言之，在他們的身軀外，在那些跟他們志同道合，也就是只關心音樂的人共同組成的社群中……這些符號與規則若有任何道理可言，都是相對於音樂家此一團體，也只保留在音樂家之間，原因在於這些符號與規則構成了音樂家社群，乃該社群的一部分。這是為何我們可說道，音樂家的回憶都保存在一個集體記憶中，而該集體記憶則在空間、時間中擴展，音樂家社群到哪裡，集體記憶就到哪裡。

哈布瓦赫接著比對符號在記憶中占有一席之地的他例，例如，劇場、教堂裡的回憶中介都是文字記載形式。然而，這些社群不能與音樂家社群畫上等號，這是因為其用字、台詞、音效、朗誦等，是為了呈現文學劇作的精神，或作為宗教感情的載具，然而，音樂家只掌握聲音，在此愛樂世界，每個人只因創造或聆聽聲音的組合感到滿足。之所以如此，卻是由於聲音無法以影像、思想為載體，聲音只能以聲音的形式來表達，組合出來的聲音的意義就在形式本身。

最後一段寫道：

坦誠而言，音樂是唯一受此條件限制的藝術，這是由於音樂的表達完全是在時間流程中，音樂並不依附在任何其他物體上，若要掌握音樂，就只能不斷地重新演出。這也是為何，沒有任何其他例子可讓我們如此明確地體會到，除了將集體記憶的所有資源都一一搬上演奏廳之外，根本不可能將成堆成疊的回憶，連同這些回憶難以言喻之處，最精雕細琢的環節，全一一默背下來。

若無弦外之音，哈布瓦赫強調的是符號在記憶中的角色，而若以音樂之集體記憶為例，符號就是樂譜。雖說樂譜是回憶的載體，但由於聲音本身既是符指，也是意指，而且，這樣的現象，又以人為方式組合出來的和聲最突出，以致於音樂家的集體記憶只能以持續不斷的聆聽與彈奏之聲音模式來呈現、再現。

若再回到納梅爾解讀哈布瓦赫生前原稿一事，尤其是第三份、寫於三五到三八年間者，他說明，這是原稿中最具分量的，卻盡是修改痕跡，難以斷定修改日期，因此又使得詮釋這篇早已在三九年發表的文章更加困難。納梅爾總結，這篇文章應是哈布瓦赫構想中的《集體記憶》一書的起頭，理由是音樂家社群此一用詞不斷出現在《集體記憶》的其他篇章中，特別是以空間為題者。

先前曾述及，當今學者都注意到《社會框架》的最後三章節：其解讀方向，或朝向個體在社會團體中社會化歷程、後天學習的議題，或偏重於統合各團體的社會記憶，轉化成一個擴及全法國人民的集體記憶。後者即納梅爾的志業論，他強調交響樂團乃一隱喻，用意是為了呼應這個最高層次的集體記憶的要求，象徵著去整合各樂譜和各樂團對同一樂曲的不同詮釋手法，也藉由樂譜去統整口耳相傳之音樂記憶的不同意涵。納梅爾視《集體記憶》為哈布瓦赫隱晦不顯的政治藍圖：哈布瓦赫以華格納的〈女武神的騎行〉被軍樂團借用之實來突出納粹的文宣政策。另一方面則是理論之隱喻：納梅爾表明，多元之集體記憶的問題等同如何解讀華格納一再被後人更新的樂譜；若要抵抗被扭曲了的音樂，便須擁有更優越的音樂理解能力。納梅爾強調，音樂家的記憶是《集體記憶》的研究對象，但載有此記憶者是智者組成的社會：音樂家此智者的語言是樂譜，乃高層次又具統合力量的科學語言。最後，納梅爾在〈告讀者書〉和其他撰文中皆強調，哈布瓦赫有意藉音樂家社群之例點出一個「智者社群」（société savante）的概念，理由則是《集體記憶》中出現畫家、幾何學家、數學家社群等詞。

不少學者都指出哈布瓦赫的音樂記憶承自辛默爾的音樂論述，卻鮮有人說明契合點何在。前已提及，一九二九年哈布瓦赫為韋伯寫紀念文時，曾提到韋伯的音樂社會學。以下便以韋伯、辛默爾之音樂研究對照哈布瓦赫之音樂家的集體記憶。

韋伯的《音樂社會學》[64]是由後人出版的，一九九八年才有完整的法文譯版，出版社聲明三重點：這是韋伯唯一的社會學著作；以音樂來呈現歐洲最典型、最形式化的內在理性特質；韋伯本人音樂造詣深厚。最後這一點，很重要性嗎？

在高等社會科學院任教的艾曼紐．貝德樂（Emmanuel Pedler）向以音樂社會學研究著稱，也是韋伯該專題著作的法文版譯者，他於二〇一〇年之論文中提示，韋伯、辛默爾、哈布瓦赫的研究主旨近似，全都強調音樂家的世界，以及音樂世界本身的內在價值，三文的相同命運都是後世不解、誤解，何以如此？貝德樂主張，當今社會學家乃專業分工下的產物：在百多年前，物理學家可身兼生物學家又精通音樂分析，當今之社會學家只能累積不同的專題社會學，例如，在職業、教育、文化社會學中遊走。專家導向造成專業學者往往無法掌握單一文化領域內象徵性生產的現象，尤其是無法以行動者、施為者的立場來考量象徵意義。再者，這種「外行專家」導向影響了對於眼見事實之技術本身的社會學切入、描述、推理、解釋能力。例如，鋼琴是可在一串樂音延續時，同時彈奏出另一串樂音，此非作曲家或演奏者的意願或能力之故，而是該樂器之特性；樂譜可控制樂曲進行，容許音樂家演奏或不斷重新演奏樂曲，也可讓後世盤整出所需的樂器項目。但外行專家往往看不到這些基礎技術之物質層面[65]。

韋伯這本書分成兩部分，第一部分約九十多頁，尚未完成，主旨是以技術層面來探討歐洲十六、十七世紀是在哪些背景條件下產生出理性唯美的和聲音樂；第二部分僅有十多頁，簡述樂器的技術、經濟、社會發展史。在第一部分，韋伯先是說明歐洲音階此特定的理性化現象，可遠溯古希臘的畢達哥拉斯（所謂的八度音始祖），也近接喬瑟夫．柴爾里諾（Gioseffo Zerlino，一五一七—一五九〇，數學理論之三和絃的創始者），後則質疑和聲音樂之理性化程度的極限，進而提問在此追求理性、協合之和音的世界觀之下，如何能理解歐洲以外地區的音階或調性？緊接著

64 德文書名：*Die rationalen und soziologischen Grundlagen der Musik*，字面是「音樂的理性與社會學基礎」。

65 筆者之所以大費周章地摘譯〈音樂家〉，無非是希望提供讀者原素材，進而比對納梅爾的「抗德志業說」，以及貝德樂提醒之高手各有門道，但有圈內人（ésotérique）、圈外人（exotérique）之分。

韋伯提出三大議題：多聲部音樂的理性化；音樂記載工具與方式，這是歐洲音樂理性化的關鍵；歐洲音樂的原則，例如，十二平均律造就出歐洲音樂特有的類型，如交響樂、歌劇、弦樂四重奏等。至於第二部分的主題，包括了弦樂器、教堂管風琴與鋼琴，樂器製造技術之沿革，以及樂器是否介入專業音樂家與邊緣非音樂家之間的關係；值得注意的是，後世學者常將第二部分獨立出來，有意忽略第一部分。

歐洲理性化歷程與該理性之歐洲特質乃韋伯整體研究計畫的核心。以音樂為例，雖說可分成一方是理性形式的音樂，另一方是突出表現性的非理性化音樂，但他強調的是整體音樂文化，這兩面向並非各自獨立，而是互有競爭與滲透，而且，這種表面看來一分為二的現象彷彿被規則化了，更非舉世皆然的音樂文化發展過程。所謂音樂變得理性精明具知識傾向，無疑就是音階之理論模式走向數理計算之途：十二平均律的音程規則造成音高、音距相等，但實際上，卻又從未確實如此；基於對此類音樂特性的追求，人聲演唱或學習弦樂器時，往往以學習鋼琴做為先決基礎，理由則不過是因為現代鋼琴的製作完全符合該平均律的要求。總之，理想典型的理性化音樂表現與衝突都是多元的：例如，交響樂團內部各樂器實乃衝突多於合作，以交響樂之特質來衡量樂器時，每一樂器的考量都是出自對任何其他樂器的權衡；相較於管樂器，弦樂器往往過於強大。然而，追求理性化未必等於犧牲美的追求：以小提琴製作走向完善之過程而言，在十六到十八世紀的改造中不只挑戰交響樂團的原則，也挑起演奏者之間的競爭。若以阿爾康傑洛·柯瑞里（Arcangelo Corelli，一六五三—一七一三）現代小提琴技巧之父以完美為一生目標為例，其成功前提是當時樂器製作已超出時代所需，於是小提琴的潛力在於，操作時，能讓樂曲的進行達到最高的自由程度，並使整體美學的追求延伸至今。

韋伯的研究主旨，似乎與音樂家的集體記憶相差甚遠：韋伯身為精湛的愛樂人，經驗研究取向濃厚，信手拈來皆專業術語，哈布瓦赫則以聲音的組合，這類含糊不清的描述來代替「和聲」；討論交響樂團時，雖視角各異，似乎也沒有韋伯扣人心弦。在深入對比之前，先探辛默爾的音樂研究。

一般學者皆以辛默爾一八八二年的博士論文〈音樂的心理學與民族誌探索〉（Études psychologiques et ethnologiques de la musique）為討論基礎。又，當今學者多主張，辛默爾的社會學理念既非巨觀之整體社會，亦非微觀的個體分析，推敲之處位於個體間互動所在，於是，社會學便是研究各類互動形式的科學。值得注意的是，此一探求無所不在（intégrale）之互動形式的研究取向僅限於年輕時期的辛默爾。

因此，這篇少年辛默爾的作品並非學說提綱，雖分析音樂的社會意涵和社會功能，最終要突出的是個體之間貫徹到底、無所不在的互動關係。因此，其音樂美學乃以人際關係為底：若音樂是感情的表達，實於演奏、聆聽時方激起情感，故音樂之美先是一個活動實踐的問題，其形式便是個體間的音樂交流（communication musicale），感情相通：由於主體總是堅持一己的意識才是真實的存在，所以個體是在本身找到音樂表現的源頭，但基於個體互動此一事實，音樂表現的源頭卻必須由他人來觸發。最後，音樂是分工合作的文化（culture partagée），只存在於同一個詮釋社群之內，即所謂之圈內人，包括專業演奏者和愛樂者，感情則於不同個體間交流，而非停歇在每一個體的自我中，換言之，音樂的象徵是來自每一施為者的貢獻，共同創造出來的新音樂形式和人際互動模式也同時回饋給音樂社群整體。

哈布瓦赫似乎更貼近辛默爾的分工合作之文化模式、音樂交流等想法，但不可否認的是，這三篇論文都導向一個音樂家活動的關係學說與分析模式，並強調共同實踐的事實：先有樂器、樂譜等可操作性的物質基礎，後有去生產、操作這些器物的匠人與樂人，以及享受聆聽成果者。總之，音樂演奏與樂器製造是不可切割的事實。最後可追究的是，哈布瓦赫之音樂家的集體記憶說，突出符號在記憶中的地位的想法，與這一切有何相關？甚至也可追問，〈音樂家〉與《社會框架》真是各說各話嗎？

貝德樂提例說道，十七世紀起義大利歌劇家開始對外公開發行其劇作、樂譜。因此，原本樂譜只是一個記載工具、記憶所繫之處，卻因此成為交流目的本身，在專業樂人、業餘愛好者之間流通。而且，這些人組成一個詮釋社群，樂評成為專業，冷嘲熱諷或掌聲不絕於耳都成常態，這些激盪鼓勵作曲家、劇作家再版、修訂原樂譜，以致於諸多原版樂譜早已因市場運作而遺失，卻未必被嘆遺憾：以此視之，音樂不就如哈布瓦赫所言：

……音樂的表達完全是在時間流程中，音樂並不依附在任何其他物體上，若要掌握音樂，就只能不斷地重新演出……

……這些符號與規則若有任何存在道理可言，都是相對於音樂家此一團體，也只保留在音樂家之間，原因在於這些符號與規則構成了音樂家社群，乃該社群的一部分。這是為何我們可說道，音樂家的回憶都保存在一個集體記憶中，而該集體記憶則在空間、時間中擴展，音樂家社群到哪裡，集體記憶就到哪裡。

這些描述是否呼應《社會框架》突出外在社會「框架」之意旨？是否符合夙昔於當下整裝、再登場之事實？是否乃個體在社會團體中後天學習、社會化歷程的描述？樂譜不就是集體社會活動之縮影？在強調分工合作之事實前，社會分工必須先完成；但倘若《論社會分工》已成定局，其實也不需再多琢磨[66]。

另外，集體記憶之於音樂，理性化之於音樂，真無異曲同工之處？後世學者在韋伯學說中辨識出工具理性、價值理性，豈不猶如《社會框架》中技術活動、人際關係兩區域之說，樂譜不正是工具與價值理性、技術活動與人際關係兩區域的二元加乘？若再言互動關係：韋伯的分析模式注重權衡關係內部權力與利益的消長，以及長時期造成的特定文明化效果；少年辛默爾強調個體間多層次的互動模式，意即贈禮與回禮是多次方循環，起點或終點均非重點。相對地，哈布瓦赫以交響樂團為例的關係互動似乎僅點到為止，我們卻必須強調，記憶此一交換載體也是交換內

66　哈布瓦赫主張節奏乃社會產物，「為何我們只記得這一段聲音，而非其他？」不正是後天學習、社會化歷程之故？

容，而且，同韋伯、辛默爾都直指圈內人的交換關係[67]。

（三）從哈布瓦赫的記憶出發的社會學

音樂家活動之互動關係說揭示了社會學的基本課題：個體與群體的關係。以下便以此為題，簡述哈布瓦赫的記憶論所張顯之社會學主張，以及實際應用的個案。

當今論及集體記憶時，學人常以自由心證的手法來解讀其定義，哈布瓦赫在《社會框架》中提出的基本想法，並不符合多數人的想像。在前言中，他說道：

> 正是就這一層意義而言，或許存在著集體記憶（mémoire collective），以及記憶的社會框架（cadres sociaux），而且，也是當我們的個人思緒再次鑲進了這些架構裡，又緊接著去加入這個集體記憶時，這一個人思緒才擁有回想起層層追憶的能力。

拉法柏論道，依此前提，該記憶說的兩大層面是：個人記憶的運作總是在某社會框架的範圍內，一個人若能回想起過去，其實是跟所有其他人一起思想起；此外則是強調所謂的集體記憶的運作與表現，家庭、宗教與階級等團體是如何保存過往回憶。這兩層面卻又在集體記憶的兩大概念中搖擺：一是群體之整體性，社會團體乃是以群體之姿去回想團體的集體記憶，該集體記憶不只與每一成員的個人記憶有別，也約束著每一個體記憶；二是組成群體的個體：所有的個人記憶的總和是否互無衝突，意即集體記憶的一致性。最後這一點，即個體與群體的可能衝突，實乃個體去表現集體記憶，而非反之，故此衝突無可避免，以致於在《集體記憶》中哈布瓦赫強調，假使每個人都去參與一個更大的團體的集體記憶，例如，民族、國家的集體記憶時，事實上，卻是位於個體與民族國家之間的中介團體方能更直接地影響每一個體的日常生活與思想，民族國家的歷史與個體經歷是鮮有交集的。

思索上述概念的框架早已在《社會框架》中提出：究竟過去是保存在每一個體記憶中，還是永無休止地於現在此一時間點上重建？記憶是個人私事，還是團體拋出了集體基準點後，個體才能以集體之見來回想過往？答案卻也寫在同一本書中：回憶是無法保存的，只能在現今重新整建；是集體給予每一成員時間、空間、語言等工具後，個體才能重建過往，賦予意義。換言之，集體記憶具有選擇性、規範性等特質。總之，該記憶社會學的三個基本構想是：過去是於現在永無止盡的重建工程；遺世獨立的個體是不存在的，個體必須擁有社會提供的基準點後才能憶及過往，個體記憶成為集體記憶的一部分後才有意義；記憶擁有某些社會功能，過往之所以被喚醒，

67 另一導向音樂社群內部之互動關係說的論著即伊里亞斯的《莫札特：一個天才的社會學》（*Mozart: Zur Soziologie eines Genies*），描述在宮廷社會裡，臣僕之身的莫札特，以及提供奉養、創作、演出機會之王公貴族，這兩者間的不平等權力關係。換言之，實不須琢磨智者、世俗之對比，社群內部即有衝突，本書第五到第七章處理之社群記憶的消長，在道統中創新亦是一例。

其實是為了使當今之社會表象更合情合理。這三大條件都齊全後，集體記憶便促成個體記憶、團體認同的可能。因此，「緬懷過去」此一集體舉動遠勝於事件本身的真偽，當今的社會條件也必然使過去扭曲變形。不斷更新的社會條件都是具物質基礎的特定地點與時間點，在此框架內，社會團體找到自己認同的社會地位；由於時空條件必是複數又屢屢變動，以致於集體記憶必然具多張面容，但集體記憶依然蘊藏著社會整合的可能。

羅傑．巴斯堤德（Roger Bastide，一八九八—一九七四）專研宗教社會學、神祕主義等，一九三八年他到巴西接任李維史陀的教職。據後世考察，在三五到三九年間，他與哈布瓦赫多次通信，哈布瓦赫建議他，就宗教社會學，參考韋伯、莫斯為宜，統計、經濟等則可略之。六二、七〇年，他發表了《巴西的非洲宗教》、〈集體記憶與就地取材的社會學〉，表明多受哈布瓦赫的啟發。他幾乎是唯一與哈布瓦赫同一年代，曾以文字交換意見，公開承認參考了哈布瓦赫之記憶論述的法國學者，而且又以田野調查之人類學方法論檢驗此記憶說，尤其是在《巴西的非洲宗教》時期。不到十年後，他看到的是已洗淨涂爾幹鉛華的哈布瓦赫，但巴斯堤德自己也融入了李維史陀的就地取材、因地制宜的概念（bricolage）。

遠在四九年的〈社會團體與傳說的傳播〉（Groupes sociaux et transmissions de légendes），巴斯堤德便已應用「社會框架」的概念。該文是為了調查在聖保羅地區諸社會團體之間，傳說的散布是個體記憶所為，或乃個人想像之舉？語言（法、義、西、葡、英裔等移民後代各有語言，但葡萄牙語又是他們的共同語言）、年齡、性別三變數又各有多大的影響力？首先，在操作語言此一因素後，結論是語言毫無影響力，傳播力量的主要來源是各社會團體特定的集體表象；再操作性別、年齡兩變數後，則顯現出性別、世代之異都表現在巴西社會的集體表象中，並以隱晦手法左右著傳說之形式與內容，簡言之：時間啟動遺忘巨輪，衝擊也因此成為創傷。巴斯堤德總結：最重要的是當代社會的層層結構，與之對立者，就是圖騰主義，換言之，集體價值、社會表象、再三更迭的理想典型都由於社會結構的改變而產生變化；隨後，人們為了讓這一切變化都變得合情合理，就產生了遺忘；但遺忘讓集體價值、社會表象、理想典型都變得殘缺不全時，便無法再鑲進「記憶的社會框架」裡。

六七年的〈美洲黑人〉（Les Amériques noires）討論非洲文化之種種特徵是如何在巴西的奴隸社會制度中保留下來，尤其是，那些最單純的回憶深受巴西當地生活環境的衝擊，難道不就是注定流失、遺忘？巴斯堤德假設，非洲記憶若要繼續在巴西流傳，條件就是發明新的體制性社會框架。拉法柏強調，哈布瓦赫的記憶框架說是用來補強巴斯堤德的主張，尤其是，集體記憶此一概念提供思索個體、體制兩者間的互動，以及心理、社會兩因素的權衡關係。

巴斯堤德最出色之處，無非是提出遺忘此社會事實，既可突出其個人觀察，又巧妙地呈現出哈布瓦赫之記憶概念的不足。首先，整體社會環境的改變促使非洲宗教和相關記憶在巴西逐漸變得薄弱無力，但哈布瓦赫的主張正是，在那些保留下來的回憶裡，只有那些無論如何社會整體仍持續不斷地修補其最新框架的回憶才能重建。問題在於，如何能體會到哪些回憶是被保留下來後又重新修整出來的記憶？巴斯堤德因此假設，一個非洲村落若能在巴西保留下來，集體記憶就有可能源遠流長：哈布瓦赫的提示是，個體若要追思過往是無法不透過社會團體的思緒；哈布瓦赫的疏忽則是，遺忘是由於社會框架消失了。巴斯提德指出，哈布瓦赫過於堅持涂爾幹的個體與群體對立之二元說，過於強調外在社會約束單一個體的事實（再三陳述遺世獨立的單一個體是不存在的），卻忽視了團體是各有結構，並包括了解體、重組等形式。巴斯提德主張社會團體之結構遠勝於團體本身，群體是由個體組成的，因此個體是諸社會團體的交會點。反之，涂爾幹門人只見群體，於是團體乃不同個體的交際處。巴斯提德總結，集體記憶若是社會團體的記憶，則必然於各團體成員間流傳散布。這是為何在大城市中，類同非洲村落之社會結構更容易被重新組合出來，例如，位階各異的大小宗教派別，因此，相較於鄉村地區，非洲宗教之集體記憶更容易在大城市中推陳出新。

巴斯堤德對於哈布瓦赫之記憶論述的補強可總結成：提出遺忘，記憶裡存在著空洞此一事實；集體記憶就是在一更高層次的組織裡安置諸個人記憶之位置的問題。巴斯堤德說道：

> 正由於集體記憶是一種去回想到過去的記憶結構，因此，在那裡面，可能裂開的破洞都讓人誤以為是大有名堂的空白；此一塞滿空白的意識就是所謂的重新粉刷，說穿了，不過是因地制宜、勉為其難的修繕和補綴。

第四部分　回首《記憶的社會框架》

（一）《記憶的社會框架》於法國社會學的意義、出版軼事

在二十世紀初，以記憶、表象、意識、心態等作為社會學研究的課題都是革命性選擇：皆為含糊不清又深具魅力的字眼，不僅跨學科，也在特定領域各擁傳統。記憶因此成為社會學搶攻其他地域的工具，並有助奠定其科學地位。以哈布瓦赫個人而言，或許基於此立言效力，書中不見引述任何其他社會學者；當哈布瓦赫與莫斯表明，這是他對涂爾幹的追思與總結時，便更具深意。

根據哈布瓦赫的私人札記，他從一九二一年起便開始籌思本書。二二、二三年的〈詮釋原始社會的夢〉、〈夢與圖像—回憶〉各自發表於《正常與病態心理學學刊》（*Journal de psychologie normale et pathologique*）、《法蘭西海內外的哲學學刊》（*Revue philosophique de la France et de l'étranger*）。他預設的讀者是圈內同儕；但多年來，學者或出版業者都認為這是一本社會學論著嗎？一九二五年由斐利斯·阿勒康出版社（Félix Alcan）發行時，它被歸在「社會學年的研究成果」（Les travaux de l'Année sociologique）；五二年由法國大學出版社再版時，收於「當代哲學

系列」；七六年再換出版社，再次定位，被納入政治哲學叢書[68]；九四年起，以一般大眾為讀者群的阿勒邦．米榭爾出版社（Albin Michel）則列入「人文沿革」系列。

（二）當年書評：心理學家布隆德勒與歷史學家布洛克

當年本書付梓後，論戰皆集中於個體心理學與社會學。部分學者在哲學、心理學等期刊上發言，認同「社會影響」，或稱道作者藝高膽大。實際上，眾人譏諷哈布瓦赫乃極端的涂爾幹學派；柏格森嘆道，在讓個體消解成群體此一路徑上，哈布瓦赫已無藥可救。哈布瓦赫坦承，這本書也可依付在布隆德勒旗下，難怪後來他把布隆德勒的回應全抄下來。布隆德勒承認該書提升了社會心理學的地位，以精神生活此一研究課題而言，社會學從此贏得完整的發言權，但直搗失語症的策略則為過甚之社會學教條的表現。兩年後，布隆德勒主張發展一門嶄新且綜合生理、集體、個體三取向的心理學；至於哈布瓦赫，一九二八年也是寫給莫斯的信中，他說道，正在撰寫《論自殺之因》，也將比涂爾幹本人還更忠於涂爾幹的想法。

相較於其他評論，布洛克的書評簡潔有力，既非章節摘要，亦非禮數應付，布洛克更提醒眾人，哈布瓦赫先前的社會階級考察呼應著該記憶研究。或許這也是為何這篇評論最常被當代學者引述，提出的見解似乎也是哈布瓦赫整體記憶研究之最大弊病之一。布洛克謙稱，僅能對第五章起的內容略舒己見，隨即點出：每一個體都同屬數個規模不等的社會團體，因此最根本的問題就是，諸集體回憶（souvenirs collectifs）是如何在團體內部由上一代傳給下一代？擴大而言，此即存在於個體與群體間多元又多層次的人際關係此一事實，布洛克指出，哈布瓦赫提出的解答，不僅是目的論，也常是模糊不清的擬人手法，例如：

……這是為何社會整體總是試著在其記憶中，把所有可分化個體與個體之聯繫者，以及加大諸團體之間距的力量，全一一排除……

……（社群）它便不得不去吸收新的價值，換言之，去求助與其自身需求、眼前趨勢等都呈現出更正面相關的任何其他傳統[69]。

布洛克又問道，「集體的」，此一涂爾幹學派的慣用詞，是否真能套在記憶上？

……要讓維持之時間長度遠超過社會團體內任一個體的生命時限，而且又都能夠「牢牢記住」，單只是讓組成該團體的不同成員都能在某一時間點上，在他們的腦海中，保留著與團體之過往相關的種種表象是不夠的；更重要的是，最年長的成員能兢兢業業地將這些表象

68　叢書名稱是Archonte，意指古希臘城邦的行政首長。

69　各摘自結論、第七章。

都傳給年輕成員。提出「集體記憶」之說無可厚非，但我們不可疏忽的是，上述這些被稱之為集體記憶之現象中的其中一部分，其實不過就是人與人溝通交流的事實而已。

巴斯提德等學者都贊同布洛克：哈布瓦赫忠於涂爾幹的整體論，往往疏忽結構組成等要題，因此略而不論記憶的傳遞、將錯就錯的記憶等事實。布洛克建議，法學傳統等課題正是拆解記憶傳遞失誤的最好切口，例如，所謂淵源不可考的習慣法等，難道真的沒有新點子在不知何時何地被一一安插在內？同樣地，基督教從創建教會體制到新教改革此一漫長時間，不知歷經多少變革，但哈布瓦赫視若無睹：《聖地地貌學》是最常被提及的典型例子。最後，布洛克指出第七章中諸多假設都不符合當時最新的歷史知識，例如，貴族階級之誕生與形成並非遙遠古代的產物，而是十二、十三世紀左右，並與八到十世紀的法蘭西王朝之官僚體系息息相關；權責功能推動貴族階級的生成也是過時主張。總之，貴族史是相當繁雜的問題，以為三言兩語便可盤點出重心實過於自負。

至於為何不見哈布瓦赫公開反駁布洛克，亦不見於私人書信、札記中抱怨？納梅爾解釋，這是由於布洛克以術業仁德而言，皆是眾人仰慕的英雄，哈布瓦赫難以相爭。在七六年的版本中，寫序者附和納梅爾，強調哈布瓦赫之所以研究各社會群體，不只是探索科學或專業所需，更是基於政治志業，卻因此犧牲一己性命。

（三）「Cadres sociaux」之所以為社會框架

相對於當今動輒以「階級」來稱呼「社會團體」，哈布瓦赫在本書中最常用的是複數的「社會團體」：「團體」即groupes或sociétés，「社會」則常與「集體的、共同的」混用；groupe或société以單數表達時，其實是指上下文都很清楚的「那一個群體」。有時用多義詞milieu，兼具「環境、出身」等意，或以「圈子」（cercle）取代。總之，少有單數、具統整意涵的Société，「等同國家、民族，或相當於一個文化總體的社會」之類的Société實不見書中。另有vie mondaine、relation mondaine看似突兀的說法，顯然地，並非上流社會、名流界之意，這或許是百年後的人們難以想像的改變，但說穿了，不過是更開放擴大的人際關係；然而，此一社會生活之分量加重、規模伸展，不正是本書點到為止之處？另一筆者觀察，安薩爾亦曾點出：哈布瓦赫常以「建立」（construction）代替「重建」（reconstruction），安薩爾解釋：依哈布瓦赫之言，「記憶此一過程假設了心智同時去進行具建設性、卻也非常理性的活動[70]」，於是重建、建立兩者反之亦然，都是以現在為基準：這正是本書之首要論點。

至於本書標題中「cadres sociaux」一詞：其中文翻譯，值得大做文章嗎？

約定俗成直接用「社會框架」是保險作法，但同時喪送了所有疑點。孰不知譯者無法遊刃

---

70 見本書第一章。

每一作者之專修，能倚靠的只是感知到問題點的敏銳度，繼之，解決疑難的最快手段也不過是字辭典。綜合cadre一詞的本義、引申義，在本書中可解釋成「環境、背景、範圍、界、圈子、架構、前提」等。質疑中文的「社會框架」一詞之意義在於，這不符合書中進步樂觀之氣息。而且，哈布瓦赫用的是複數的cadres sociaux，故「社會框架」少有統一均質之意，在翻譯過程中容易出現依上下文而擇詞的情況。若譯者自認可穩當地以「社會框架」為最後安排，並非是由於「框架」一詞多少充滿了束縛壓抑等色彩，故在此「社會框架」內，人皆身不由己——這是涂爾幹社會學的觀點，也是最通俗正規的認知，可謂字面直譯卻歪打正著的最好例子；之所以選擇「社會框架」，是由於筆者體認到哈布瓦赫是涂爾幹堅貞的門生，這本書是一九二五年前後他對大師的緬懷，隨後數年依然堅守陣線，勇往直前。

「社會框架」一詞在理解哈布瓦赫第一本記憶論述時，有其特殊意義[71]；以原文而言，哈布瓦赫選擇一個曖昧不清的家常字眼，安薩爾視之為高超創意。以法國社會學之發展過程論之，「cadres sociaux」只是一個描述性用詞：巴斯堤德曾為某一章節冠上〈巴西之非洲宗教的嶄新社會框架〉（Les nouveaux cadres sociaux des religions afro-brésiliennes）；接任哈布瓦赫在史特拉斯堡大學教職的古爾維奇（Georges Gurvitch[72]），他也是柏格森、莫斯、李維–布留爾等的「圈內人」，曾在一九五九年的著作中套用該詞：《社會學知識的社會框架》（*Cadres sociaux de la connaissance sociologique*）。這兩個「社會框架」與《社會框架》都是具有限制範圍的生產背景、架構、環境。何不直接用「結構」一詞？古爾維奇與李維史陀對於結構主義的爭論，或許值得深究。古爾維奇曾引述阿宏的說法：社會學總是在尋找它自己的「框架」，且由來已久。

(四)章節側讀

這本書各章節標題並非只是點出關鍵字，往往即命題總結，實無須再整理要義。不可否認的是，相較於當今認知神經科學等學科對於記憶之認識，前四章的論述實非如意之作。

第一章結尾提到盧梭的兩本書，一是盧梭寫給成年人看的，說明應該如何教育幼童，另一是自我告白，也是寫給成年人看的；這兩本書對比著第三章裡成年人寫給小孩子看的童書。這些文學作品的寫作和閱讀經驗，以及歌德、巴特勒等作家本身的經驗都是生活經驗的描述，都是用來反證柏格森的哲學論理。第三章以成年人拾起幼時念過的童書來烘襯出孩童的物理空間狹小，但想像空間無限，成年人卻又反之；此一對照不只凸顯了涂爾幹學說中集體規範的存在，也襯托出

---

71 哈布瓦赫從未提出明確定義，在第一章中，他說道：「時空環境中的基準點，歷史地理和人生經歷或政治生活等基本概念，普遍經驗的內容和一般看法等等諸如此類，而且，我們都可以愈來愈詳細明白地說出一番道理，但在過去某一時期，那可能只不過是某一事件的空殼子。」

72 一八九四—一九六五，原籍俄國，經東歐、德國後抵巴黎，於波爾多、史特拉斯堡（一九三五年起）執教，維琪政府時期被剝奪法國國籍、教職，故往美國發展。戰後回到法國，成立社會學研究中心、學術期刊，向被視為引入德國思潮、美國經驗論卻後繼無人之一代宗師。

此一約束力是隨著「長大成人」之歷程而逐漸增強。若說家庭等初級團體是首次社會化之處，學校、工作場合等次級團體則是再次社會化的起點，哈布瓦赫以成年人翻閱童書時的失落來帶出記憶扭曲的事實，彷佛社會化歷程必然模糊過往回憶，卻也點出了首次到再次社會化此一過程裡，社會人之思想、知識的形成與轉化，最後再以老者記憶之翻轉來總結過往回憶如何在當下陳述中由虛幻變成真實。哈布瓦赫引述安納托勒・佛朗士（Anatole France）：

> 為了能體會到不再復返的某一時代精神，為了能沾染到過去人物在昔日歲月中的當代氣息……困難之處，未必在於應該知道什麼，而是在於應該不知道什麼。假若我們真的要活在十五世紀，那麼很多事情都應該把它忘了：科學、方法論，所有讓我們變成現代人的元素！我們必須忘記，地球是圓的……從此拜倒中世紀的宇宙論專家的跟前，他們教誨我們這個世界是在七天之內被創造出來的。

從流落大西洋兩岸的愛斯基摩族的小女孩、《環遊世界八十天》到老年的盧梭與歌德等，這種以時事、歷史、文學中失憶、回憶和記憶重建等現象之描寫，以及橫跨童真與科學等觀察來處理記憶乃知識範疇的手法可謂奇特。結論中，依然可見對此現象的描述：

> ……我們對於法官的想法，總是伴隨著我們過去所知的某些法官的回憶，或至少是整體

社會對於某些我們不知其名的法官所作出之判決的回憶……

記憶揭示了再次社會化深受第一次社會化的影響，但成為集體常識後又不斷以現今規範修訂、再版。

第五章拒絕典型的功能論，陳述家庭是同時吸收了宗教、農務、法律、交際等活動的社會體制：相較於伊里亞斯指出宮廷社會的本質乃公私不分、公私合一；截至第七章為止，哈布瓦赫力陳家庭乃新社會體制尋求新舊合一前的社交駐點，卻未說破與社會思想或社會變遷的關係何在。第六章點出神話到教理傳統，這一整個以宗教做為人類精神生活之精髓走向理性思辨的轉變過程，意即一整套交織著情感衝突之知識範疇的變遷。以宗教體制來闡述理性化過程是尾隨韋伯的策略，符合孔德的知識發展之三段說，以及科學知識並非宗教之反面，且源自教院的史實。值得注意的是，哈布瓦赫每每以記憶的擴大來強調家庭與宗教組織微量漸進的創新過程，但如前所述，個體同屬家庭與宗教兩組織時，這兩集體記憶是如何交叉運作？以個體為朝外開放的聚點，還是以社群做為內縮的起點？若在此嚴正考量辛默爾堅持之個體間無所不在的互動，是否只不過是由二元對立轉向二元折衷？或應更徹底地，斟酌布洛克和巴斯堤德的提示，「集體記憶……人與人溝通交流的事實而已」，「在一更高層次的組織裡安置諸個人記憶之位置的問題」。

誠如布洛克所言，第七章是一篇差強人意的貴族階級史，但哈布瓦赫不是史家，寫史也非初衷。若論社會學子的典型反應，第七章側寫成就主義之模式的沿革，也模仿韋伯的新教倫理說；

記憶儼然成為價值之承載工具、動機與行動之內容物，在此黑箱內，主張庶民的集體記憶是沒有過去的存在，乃至窮人之道德楷模必然外借，且從上層階級剽竊，顯然是易起爭議的說法；單只是置於家長制的資本主義此一前提下，是否充分？技術活動與人際關係兩區域之交叉對比實乃生活水準即社會生活參與程度的轉譯，且呼應著韋伯之歐洲文明理性化歷程的論述；哈布瓦赫以戲劇比擬這兩區域之交錯，後世揣摩這與高夫曼的劇場理論具親近性，意即突出日常自我但除卻歷史，此一提示可有真章？哈布瓦赫主張法官求助集體記憶以了解法條，後人解說回憶乃文化資本，倚靠回憶則是慣習，兩揭示前後唱和，各有多大的張力？或許必須承認的是，百年來的社會變遷理論比社會變遷本身還緩慢。最後，這一整本書始終洋溢著積極正面的氛圍，究竟這是哈布瓦赫某一人生階段的性格反映，或乃其社會變遷理論之預設？

譯者陳秀萍寫於法國E.D.B.

莫里斯・哈布瓦赫的生平與著作年表[1]

一八八七年
- 出生於蘭斯，後舉家定居巴黎；先是就讀米謝勒高中（Lycée Michelet），後轉亨利四世高中，柏格森乃其哲學教師。

一八九八年
- 考進高等師範學院；同年柏格森也升為該校講師。

1 其生平大事各文獻資訊偶有出入，筆者以莫里斯・哈布瓦赫研究中心為首要依據。據吉勒・孟堤尼（Gilles Montigny），〈莫里斯・哈布瓦赫的出版目錄〉（Bibliographie de Maurice Halbwachs），《研究與文獻》（*Études et Documents*），莫里斯・哈布瓦赫研究中心，第十二期，二〇一七年，哈布瓦赫生前和後人代為出版之總量，專題著作與論文合計一三六冊（篇），書評和學術評論共四七二篇。以前者而言，其量，集中於一九一五年之前和二九到四〇年這兩時期；其質，二五年為分界：經濟社會學最多產，二五年之前又略勝於之後，次為普通社會學、社會形態學，但以二五年後取勝；犯罪與道德統計多於二五年之前，宗教研究於二五年之後加倍。其評論性文章，不到百分之二十的量是寫於一戰前，三分之一寫於一九三七到四二年。整體而言，一戰前的發表多為學術評論，一九二〇年代起加速專題論文發表、集冊出版。本年表中的著作標示標準是：哈布瓦赫曾於一九三八年的《社會階級的心理學初探》中自列一紙發表清單，其內容全部標示，並補充本文提及之作品。後人代為出版，哈布瓦赫早年於社會黨刊物之撰文，書評和評論，三〇年代為國際聯盟（現聯合國前身）和國際勞工組織所做的調查報告，訪芝加哥大學期間在報刊所撰之專欄等，一概略之。為節省篇幅，出版社、學術期刊之名稱均略之；編排順序以事蹟為先，次為專書，後為論文。

一九〇一年
- 取得哲學科的中等教育高級教師學銜。
- 至隔年五月在阿爾及利亞君士坦丁城（Constantine[2]）的法國高中執教。

一九〇二年
- 在蒙佩利爾的高中任教。

一九〇三年
- 至隔年於德國哥廷根大學（Université de Göttingen）擔任外語助教；學習德國政治經濟學。

一九〇四年
- 受委法蘭西科學學院、倫理與政治科學學院科學考察團，研究主題：萊布尼茲的作品。

一九〇五年
- 加入涂爾幹領導之《社會學學年》的編寫團隊。
- 〈社會經濟學之需求與趨勢〉。
- 〈有關於階級之社會學提問的立場的幾個觀察〉。

一九〇七年
- 《萊布尼茲》，一九一六年再版；二八年修訂版。

一九〇八年
- 至隔年在蘭斯的高中任教。

一九〇九年
- 榮獲博士獎學金，於柏林研讀，居留兩年期間擔任社會黨《人道報》通訊員；因報導警察暴力而遭驅逐。
- 法學博士論文：〈巴黎市一八六〇到一九〇〇年的土地徵收與土地價格〉。

一九一〇年
- 在杜爾（Tours）的高中執教四年。

一九一二年
- 文學博士論文：〈勞工階級與生活水準——考察當代工業社會裡的生活需求之優先順序〉，一九一三年修訂出書，七〇年再版。
- 〈均值人的理論——論柯德勒與道德統計學〉，原為文學博士論文的補述，一九一三年出版，二〇一〇、一三年修訂、再版。

一九一三年
- 再婚（妻子 Yvonne Basch）。

一九一四年
- 至一九一八年在南錫（Nancy）的高中任教。
- 〈法國一九〇七年時的勞工與農業家庭預算〉（Budgets de familles ouvrières et paysannes en France en 1907）。

一九一五年
- 至一九一七年於軍政部任職（首長為高師院的學弟阿爾貝·托馬斯）。

一九一八年
- 擔任卡恩大學文學院的哲學講師。
- 〈艾彌爾·涂爾幹的學說〉。
- 〈維爾弗雷多·帕雷托的普通社會學學說〔第一冊〕〉（Le traité de sociologie générale de Vilfredo Pareto〔le vol〕）。

一九一九年
- 擔任史特拉斯堡大學社會學與教育學教授。

一九二〇年
- 〈物質與社會〉。

2 自十九世紀中葉起淪為法國殖民地。

一九二一年
- 〈工藝美術中的勞作本能——探究托斯丹・范伯倫的社會學〉（L'Instinct ouvrier dans l'art industriel: Étude sur la sociologie de Thorstein Veblen）。

一九二二年
- 〈詮釋原始社會的夢〉。
- 〈社會學家的筆記——有關於中國的道德與原始信仰〉。

一九二三年
- 〈夢與圖像—回憶——記憶的社會學理論初探〉。
- 〈統計實驗與機率〉（L'Expérimentation statistique et les probabilités）。

一九二四年
- 與莫里斯・費瑞雪合著《通俗易懂的機率計算》。
- 〈巴黎十七到十九世紀擴展計畫〉（Les plans d'extensions de Paris du XVIIe au XIX siècles）。

一九二五年
- 榮獲法蘭西科學學院孟堤雍統計獎。
- 《記憶的社會框架》，一九三五、五二、七六、九四年再版。
- 《論涂爾幹的宗教情感之起源》。
- 〈論馬克斯・韋伯的資本主義的清教徒起源〉（Les origines puritaines du capitalisme d'après Max Weber）。

一九二六年
- 〈中國朝代史與宗教傳奇——論葛蘭言先生近發表之著作〉（Histoires dynastiques et légendes religieuses en Chine, d'après un livre récent de M. Marcel Granet）。

一九二七年
- 赴開羅擔任法國高中會考評審，後參觀巴勒斯坦、耶路撒冷。

一九二八年
- 《百年來巴黎人口與道路開發走向——兩張地圖為索引》，此乃一九〇九年的發表，補增新章節與結論。
- 〈論呂祥·李維—布留爾的「原始靈魂」〉（Lucien Lévy-Bruhl, L'Âme primitive）。
- 〈論夏樂·布隆德勒的集體心理學〉（La psychologie collective d'après Charles Blondel）。

一九二九年
- 首次角逐法蘭西公學苑教席，因莫斯參選，主動退選。
- 〈馬克斯·韋伯：人與作品〉。
- 〈自殺與精神疾病〉（Le suicide et les maladies mentales）。

一九三〇年
- 參與瑞士達佛斯大學國際研習計畫（cours universitaire de Davos）。
- 訪美芝加哥大學社會系。
- 《論自殺之因》，莫斯寫序，一九三五、二〇〇二年再版。
- 〈美國勞工家庭的預算〉。
- 〈希臘人的靈魂表象：軀體與精神的分身〉（La représentation de l'âme chez les Grecs: le double corporel et le double spirituel）。

一九三一年
- 〈外國經濟學者的作品，五：郭特勒·馮·歐特理廉斐德〉（L'Œuvre de quelques économistes étrangers. VI. Friedrich Gottl von Ottlilienfeld）。

一九三二年
- 遴選為法蘭西倫理與政治科學學院的通訊會員。
- 遴選為全國科學經費管理處社會科學部門下的人文科學專責局（Comité technique des sciences humaines, section des sciences sociales, Caisse nationale des sciences）的委員。

- 二次競選法蘭西公學苑教席，因史特拉斯堡大學同事費弗爾參選，主動棄權。
- 〈芝加哥，居民感受〉，一九七九年，收錄於伊夫・葛拉夫梅耶、伊薩・約瑟夫主編，《芝加哥學派——都市生態學的發源》。
- 〈論薪資之實驗性理論——論法蘭西斯・西米昂的著作〉（Une théorie expérimentale du salaire d'après le livre de François Simiand）。

一九三三年

- 替西米昂於工藝美術學院（Conservatoire des Arts et Métiers[3]）代課政治經濟學。
- 《勞工階級之生活需求的演變》。
- 〈美國與德國勞工家庭的預算〉。
- 〈社會學法則〉。
- 〈決定出生性別的統計調查〉（Recherches statistiques sur la détermination du sexe à la naissance）。
- 〈美國富商：約翰・捷克布・阿斯特〉（Un grand marchand d'Amérique: John Jacob Astor）。

一九三四年

- 遴選為科學研究高等委員會（Conseil supérieur de la recherche scientifique）第八部門（專責哲學、社會科學）的正式委員。
- 主編涂爾幹學術刊物的第三系列，並改名為《社會學年鑑》。
- 〈大柏林：巨型都市聚集或大城市?〉（Gross-Berlin: grande agglomération ou grande ville?）。
- 〈英國新馬爾薩斯主義之濫觴〉（Les débuts du néo-malthusianisme en Angleterre）。

一九三五年

- 成為國際統計學會正式會員。
- 巴黎索邦大學代課社會經濟史（三年）；三七年，取得正式教授頭銜，主講科學方法論與邏輯；三九年起，主講社會學；隔年主講社會經濟史。

- 三次競選法蘭西公學苑教席，敗北。
- 〈一戰期間和自一戰起的法國結婚率〉（La nuptialité en France pendant et depuis la guerre 1914-1918）。
- 〈生物因素與人口〉（Les facteurs biologiques et la population）。

一九三六年

- 與阿勒斐德・索飛（Alfred Sauvy[4]）合著，《人類：以數字論之》（*L'Espèce humaine: le point de vue du nombre*）。
- 〈法蘭西斯・西米昂的方法論：理性主義者的經驗論〉（La méthodologie de François Simiand: un empirisme rationaliste）。

一九三七年

- 〈社會經濟的歷史：社會階級〉（Histoire de l'économie sociale: Les classes sociales），《索邦大學課綱》（Les cours de Sorbonne），一九四二、四六再版。
- 〈全球與各大洲人口〉（La population de la terre et des continents）。
- 〈經濟科學的方法論：社會學家的觀點〉（Les méthodes en science économique: le point de vue du sociologue）。

3　該國立學院創於一七九四年，管轄同名之博物館；請勿與其他兩所名稱相似，皆於二〇二〇年創立的天主教私立或國立高等工程技術學院混淆。

4　一八九八—一九九〇，哈布瓦赫的學生，專研經濟、人口、社會學，曾在法蘭西公學苑教授人口學，全國人口研究中心（Institut national d'études démographiques）的首任所長。

- 為貝爾納·蓋爾茲柏格（Bernard Gertzberg）所著的〈萊布尼茲思想中創造物有限的問題〉（Le problème de la limitation des créatures chez Leibniz）寫序。

一九三八年

- 擔任法國社會學學社（Institut français de sociologie[5]）主席。
- 《社會形態學》，一九四六、二〇一五年再版。
- 〈社會經濟的歷史·集體心理學〉（Histoire de l'économie sociale · La psychologie collective），《索邦大學課綱》，一九四二、二〇一五年再版。
- 為涂爾幹之《法國教育學沿革》（*L'Évolution pédagogique en France*）（再版）寫序。
- 《解析決定著個體在日常生活之活動的支配性動機》，一九五五年改名為《社會階級的心理學初探》。
- 〈中國的分身與葬儀觀念〉（La notion du double et esprits funéraires en Chine）。
- 〈推論的集體心理學〉（La psychologie collective du raisonnement）。

一九三九年

- 與友人共遊巴勒斯坦、耶路撒冷。
- 因《社會形態學》榮獲法蘭西公學苑法彼安哲學獎（Prix Fabien）。
- 〈個體與集體意識〉（Individual and Collective Consciousness）。
- 〈生活類型，消費與需求〉（Genres de vie, consommation et besoins），《一戰前的法國到今日法國》（*De la France d'avant-guerre à la France d'aujourd'hui*）。
- 〈音樂家的集體記憶〉。

一九四〇年

- 〈經濟與人口社會學〉（Sociologie économique et démographique）。

一九四一年
- 《福音書中家喻戶曉的聖地地貌學——集體記憶的研究》，一九七一、二〇〇八年再版。
- 〈社會學家，賽勒斯當・布格列〉（Célestin Bouglé sociologue）。

一九四二年
- 〈伊斯坦堡百年來的人口〉（La population d'Istanbul depuis un siècle）。

一九四三年
- 競選成功為法蘭西公學苑教師，教席名稱：集體心理學。

一九四四年
- 岳父母在里昂附近山區被反猶太祕密民兵暗殺。
- 五月被任命為法蘭西公學苑之教師；七月繼兒子皮耶之後，被德國祕密警察逮捕；八月關進德國布亨瓦德集中營；隔年三月病逝。

---

5 創於一九二四年，主力乃涂爾幹學派之成員，六二年告結。

哈布瓦赫及其哲學教師亨利・柏格森於亨利四世高中校園合影。（兩人分別為由前起二排左六、左五。）一般以為哈布瓦赫在《記憶的社會框架》中多次反駁柏格森的觀點，因而兩人結下梁子。然而實際上他們始終保持友好密切的書信往來，哈布瓦赫亦是柏格森的得意門生，在此照片中相鄰合影。

特別感謝哈布瓦赫後人Lise Halbwachs慷慨授權收錄此珍貴照片；亦感謝高等師範學院名譽教授、莫里斯・哈布瓦赫研究中心研究員克理斯瓊・伯德洛（Christian Baudelot）及本書譯者陳秀萍居中協助。

參考書目

Roger Bastide,

— *Les religions africaines au Brésil: Vers une sociologie des interprétations de civilisations*, PUF, 1962 ; Gallimard, 1998.

— *Mémoire collective et sociologie du bricolage*, Année sociologique, vol. 21, 1970, pp.65-108.

Christian Baudelot,

— *Maurice Halbwachs, un sociologue d'aujourd'hui*, https://www.youtube.com/watch?v=DVZm6QJT-yI.

— *Ethnographie des pratiques d'un savant. A propos de Maurice Halbwachs, Écrits d'Amériques*, En temps et lieux, EHESS, 2012.

— (Marie Jaisson) *Maurice Halbwachs, sociologue retrouvé*, Figures normaliennes, ENS, 2008.

Marc Bloch,

Mémoire collective, tradition et coutume. A propos d'un livre récent, Revue de synthèse historique, XL (nouvelle série XIV), 118-120, 1925, pp. 73-83.

Charles Blondel,

Maurice Halbwachs. Les cadres sociaux de la mémoire, Revue philosophique, vol 101, pp. 290-298, 1926.

Pierre Bourdieu,

L'Assassinat de Maurice Halbwachs, Visages de la Résistance: La liberté de l'esprit, La Manufacture, 1987, pp. 164-170.

Yves Déloye, Claudine Haroche(dir.),

Maurice Halbwachs. Espaces, mémoire et psychologie collective, Sorbonne, 2004.

— Yves Déloye, Claudine Haroche, *Avant-propos*, p. 11-14.

— Pierre Ansart, *La créativité en Sociologie*, p. 17-31.

— Marie-Claire Lavabre, Roger Bastide. *lecteur de Maurice Halbwachs*, p. 161-171.

— Jean-Christophe Marcel, *Les derniers soubresauts du rationalisme durkheimien: une théorie de l'instinct social de survie chez Mauss et Halbwachs*, p. 51-64.

— Gérard Namer, *Halbwachs et la mémoire sociale*, p. 107-113.

André Ducret,

Halbwachs, lecteur de Weber, ou comment définir les classes moyennes, Carnets de bord, vol. 10, 2005, pp. 15-23.

Maurice Halbwachs,

— *La mémoire collective*, Albin Michel, 1997.

— *Max Weber: un homme, une œuvre*, Annales d'histoire économique et sociale, 1e année, n°-1, 1929, pp. 81-88.

Claudine Haroche,

La psychologie collective: Maurice Halbwachs, Freud au Collège de France, 1885-2016, https://www.college-de-france.fr/fr/agenda/colloque/freud-au-college-de-france-1885-2016/la-psychologie-collective-maurice-halbwachs.

Thomas Hirsch,

— *Vie Posthume. Maurice Halbwachs et la sociologie française, 1945-2015*, Revue française de sociologie, vol. 57, 2015, pp. 71-96.

— *Maurice Halbwachs et la sociologie religieuse-Des Formes aux Cadres sociaux de la mémoire*, Archives de sciences sociales des religions, vol. 57, 2012, pp. 225-245.

Dominique Iogna-Prat,

Maurice Halbwachs ou la mnémotopie. Textes topographiques et inscription spatiale de la mémoire, Les Annales, Histoire, Sciences sociales, 66e année, n°-3, 2011, pp. 821-837.

Marie Jaisson,

Temps et espace chez Maurice Halbwachs, 1925-1945, Revue d'histoire des sciences humaines, 1999, pp. 163-178.

Marie-Claire Lavabre,

— *Paradigmes de la mémoire*, Transcontinentales-Sociétés, idéologies, système mondial, n°-5, 2007.

— *Maurice Halbwachs et la sociologie de la mémoire*, Raison présente, vol. 128, 1998, pp. 47-56.

Jean-Christophe Marcel,

Mauss et Halbwachs: vers la fondation d'une psychologie collective, 1920-1945, Sociologie et sociétés, vol. 36, n°-2, 2004, pp. 73-90.

Karl M. Van (dir.),

Sociologie-Textes essentiels, Larousse, 1992 :

— *Marice Halbwachs*, p. 381-394.

— *Georges Gurvitch, Les cadres sociaux de la connaissance sociologique*, p. 437-454.

Laurent Mucchielli, Jacqueline Pluet-Despatin,

Halbwachs au Collège de France, Revue d'histoire des sciences humaines, 1999, pp. 179-188.

Gérard Namer,

— *Préface: un demi-siècle après sa mort...; Avertissement; Postface*, (Maurice Halbwachs) La mémoire collective, Albin Michel, 1997.

— *Le contre-temps démocratique chez Maurice Halbwachs*, Cahiers de Psychologie politique, 2007.

Jean-François Orianne,

Collective ou sociale ? La mémoire neuve de Halbwachs, Revue de neuropsychologie, vol. 10, 2018, pp. 293-297.

Emmanuel Pedler,

Les sociologies de la musique de Max Weber et Georg Simmel: une théorie relationnelle des pratiques musiciennes, Année sociologique, vol. 60, 2010, pp. 305-330.

Annie Topalov,

Freud avec Halbwachs: les conditions d'une inscription symbolique, Le Coq-Héron, vol. 204, 2011, pp. 154-159.

Christian Topalov,

Maurice Halbwachs et les sociologues de Chicago, Revue française de sociologie, vol. 47, n°-3, 2006, pp. 561-590.

George Weisz,

L'idéologie républicaine et les sciences sociales. Les durkheimiens et la chaire d'histoire d'économie sociale à la Sorbonne, Revue française de sociologie, vol. 20, n°-1, 1979, pp. 83-112.

前言
Avant-Propos

我最近隨手翻閱了一本過期的《大觀園》（*Magasin pitoresque**）雜誌，然後看到了一則頗不尋常的瑣聞，故事是一七三一年在沙隆（Châlons†）附近的樹林裡，發現了一名九歲、或是十來

---

* 譯者注：該雜誌是由篤信聖西蒙主義（Saint-Simonisme）、曾任記者、後為國會議員的法國出版界泰斗艾杜瓦爾・夏爾同（Edouard Charton，一八〇七—一八九〇）創辦、發行，一九三五年停刊。現今多主張夏爾同的出版動機是取材、模仿當時英國的《一塊錢周刊》（*The Penny Magazine*）。《一塊錢周刊》每週六出刊、定價一塊便士，鎖定勞動大眾為主要讀者，文章均佐以木刻版畫。《大觀園》也志於開啟民智，提供貫通天文地理的知識與新聞，但其撰稿者則擴大到當時享有盛譽的藝文人士，例如喬治・桑（George Sand）亦曾為之執筆。這兩雜誌均以木刻版畫為插圖取勝，間接刺激了原已走下坡的版畫技術，也培養出諸多影響後世深遠的插畫高手。

† 譯者注：應是Châlons-en-Champagne，位於法國東北部的馬恩省（Marne）。將近三百年來，不少「野史」都記載了這則一七三一年的軼聞（有時則與其他地名混淆，尤其是Châlons-sur-Saône，該地在Châlons-en-Champagne南方約三百公里之處），但內容有別，只有時間與地點兩條件固定不變。

歲的小女孩。沒人知道她出生於何處、又是從哪裡來的。小女孩把她的童年回憶（souvenir）*全忘得一乾二淨了。後來有人慢慢地去挖掘她提到的一些不同生活階段中的細節後，可以假定，她是在歐洲北部出生的，很可能是愛斯基摩人，另外，她也是在歐洲北部被人帶到安地列斯群島（Antilles），最後又被帶來法國。她振振有詞地說道，她曾經兩度漂洋過海，當我們給她看一些有著愛斯基摩人的小木屋、小木舟以及海豹的圖畫，或是點綴著甘蔗，乃至於其他美洲小島之物產的圖片時，她便顯得極為感傷。她認為，她尚清楚地記得，以前她是某個女人的奴隸，女主人很疼愛她，男主人卻很討厭她，所以就把她送上船了[1]。

我援用這則無法得知真偽的二手報導，是因為它足可讓大家明白，就某一層意義而言，我們可以斷定，記憶（mémoire）是附著在周遭與我們交往的人身上。小孩子在九歲、十歲的時候都擁有豐富的回憶，而且，不論是最近剛發生的回憶，還是幾已陳舊的追憶。如果小孩子突然間被迫與家人分開，被帶到一個語言不通的國家，在那裡，這個小孩子看不到截至那時候為止，任何他熟悉的事物，人們的長相、地景風貌、風俗習慣都完全不一樣，那麼他還擁有什麼呢？這個小孩子離開了一個社會，然後進入另一個社會。除此之外，似乎同時之間，這個小孩子在第二個社會裡喪失了，去回想起他過去所做所為的能力，再也想不起來昔日曾讓他感動萬分的事情，然而，之前當他處於第一個社會時，回顧過去情景卻是輕而易舉的。為了讓一些不是很確定的、又殘缺不全的記憶再次浮現，那就必須在他現今身處的第二個社會裡，至少給他看一些圖片，圖片必須拼湊出過去某段時間與他一起生活的那些人，還有當初他被強迫帶走時的那個地方的風景。

這只不過是個相當有限的例子。如果我們稍微想想看，到底我們是怎麼去記住一些事情的，我們不得不承認，非常肯定的是，絕大部分不傷腦筋就跑出來的回憶，都是當我們的父母親、朋友或是其他人跟我們提起來的回憶。當我們翻閱心理學論著時，我們不免驚訝，裡面是如何處理記憶這個主題，在這類論文中，人類往往被視為一個絕緣體。要去了解人類的心理活動時，似乎應該鎖定個體，然後，就直接去檢視所有聯繫該個體與社會整體，以及該個體與其他個體的連結。正常而言，正是在社會生活中，人們汲取到他所有的回憶，人們隨時都想得起來這些回憶，

---

* 譯者注：作者在本書中並沒有替 **mémoire**、**souvenir** 這兩個常可通用的字提出任何定義或澄清，更何況在本書中，這兩名詞或具一般語意，或游離於百年前哲學、心理學等學科之理論性概念發展的背景中。在大部分的情況下，尤其若是當名詞用時，譯者統一將 **mémoire** 譯成「記憶」、**souvenir** 則為「回憶」。如此交代、不免草率，實相涉之背景知識深廣，遠非譯者能力可及。至於這兩中文詞彙的差別，綜觀各大舊版之字辭典（尤其是譯者手邊一本民國六十三年出版的《國語日報辭典》，即是較未涵蓋當今認知、神經生理等心理學和數位科技等詞彙或字義者）：回憶，追想過去的事情，同「回想」，與回想、回顧幾為同義詞；記憶，心理學名詞，過去的印象重新呈現在意識裡。雖說於此提供之兩字義，不免過於簡單明了，但可取之處，正是在於跳開心理學，以及當代電子科技等定義和應用範圍，直接呼應本書的出版年代，以及在處理這類詞彙時一般性定義之用法。

1 《大觀園》，一八四九年，頁一八。若要論及資料來源，該文作者說道：「針對這件事，一七三年九月（「三」後面的數字沒有標示出來）當期的《法蘭西信使》（*Mercure de France*）有專文報導，另外，我也參考了一本一七五五年出版的小冊子（並未註明標題），裡面提到了這件軼事。」譯者注：《法蘭西信使》是創辦於一六七二年的刊物（前身是《*Mercure galant*》），歷經多次改組、收購、再生，一九六五年停刊。

並且，如常言道，這些回憶令人相見如故，究竟是何時何地發生的，人們也都清清楚楚。讓我們掐指算算看，在一天之中，我們直接、間接地跟其他人提到的回憶，究竟數量有多少呢？我們隨即可知的是，往往只有當我們要去回答別人提出來的問題時，或者是，當我們假定其他人要向我們提出問題時，我們才會去叫醒腦海中的記憶，除此之外，為了回答這些問題，我們設身處地以他人的角度來看待問題，彷彿我們跟這些人是同一個圈子的人，或者是，我們所屬的團體跟他們所屬的團體，都是在同一個世界裡面，接著我們就以這樣的立場來思考問題。可是，倘若我們大部分的回憶都是這個樣子，而且這是確實可信的，那麼為什麼不是全部的回憶都是如此呢？最常發生的是，假若我還記得某些事情，這是由於其他人刺激我去記住這些事情，也就是，他們的記憶支撐著我的記憶，但我的記憶也以他們的記憶為依據。至少在這類情況下，能夠想起昔時回憶這件事，實在毫無神祕可言。既然回憶都是從我身外的世界來跟我招手的，只要我向我所隸屬的團體靠攏，並且至少在片刻間，採納他們的思考方式，那麼這些團體隨時都會提供我重新建構回憶的工具，所以，我實在不必去追究，到底回憶是在哪裡，儲存在哪個地方，是不是在我的大腦裡，或者是在腦海中某一隱密角落只有我一個人才認得通道。不過，為何不是在所有的情況下都是如此呢？

正是就這一層意義而言，或許存在著集體記憶（mémoire collective），以及記憶的社會框架（cadres sociaux），而且，也是當我們的個人思緒再次鑲進了這些架構裡，又緊接著去加入這個集體記憶時，這一個人思緒才擁有回想起層層追憶的能力。讀者立即就可發現，在以下的研究裡，開宗明義即是以一、兩章節的篇幅來探討夢[2]，這是由於我們都可注意到，人在沉睡的那段時間裡，是處於某種孤立狀況，並且，該隔絕之態，至少以某程度而言，非常像是當我們沒有接觸任何人、跟任何團體都沒有往來的樣子。當人睡著的時候，他沒有能力，也不需要再去仰賴此一集體記憶之框架，於是，或許我們可以去衡量這些社會架構的作用程度，例如，當集體記憶的框架不再運作的時候，去觀察看看，究竟個人記憶（mémoire individuelle）是變成什麼模樣。

但是，當我們用諸多其他人的記憶來解釋某一個人的記憶時，不等同是在繞圈子嗎？實際上，是不是應該先去說明，究竟這些其他人是如何回想起某些事情的，然而，如此一來，同樣的疑點還是會以相同方式再次發生。

倘若陳年舊事再現，到底是在我的意識中，還是在其他人的意識中浮現出來，不是很值得追究的事情。到底為何往事重現？假使往事不是被保存著，否則又怎麼會重新湧現呢？一般有關於記憶的理論裡，在探討完回憶形成（acquisition des souvenirs）之後，在處理人們能夠體會到，回憶是可被召喚到現在此一時間點之前，都會先去鑽研回憶的保存（conservation）這一個問題，整體看來，這樣的流程並非沒有道理。如果我們不打算以腦神經的作業流程來解釋回憶保存的問題（雖說是解釋，事實上，還是不清不楚，經常激起強烈的反對聲音），以致於去承認以下的論

2 本書第一章是以下研究的開端，先前已經以論文形式發表在一九二三年元月—二月刊號的《哲學學刊》（*Revue philosophique*），其內容與本書第一章大同小異。

點似乎是不得不然的事情，這實在是因為沒有任何其他更好的說法，這一論點就是，當回憶作為某種心理狀態（états psychiques）時，乃是以一種無意識狀態（états inconscients）的方式留存在腦海中，然而當我們去追想回憶時，回憶就會重新變得可感可知。所以，過去種種，只是表面上看起來變得殘破不堪、無影無蹤。每一個人的心裡頭，都有成串成鍊的回憶在其身影後拖拖拉拉著。只要我們認為妥當，其實我們現在就可以承認，不同的記憶是彼此支撐著，隨時都準備互相支援。我名之為記憶的集體架構（cadres collectifs）者，也只不過是，同一團體裡的眾多成員去合併他們的個人回憶後的一項結果，或是總和。或許，這些記憶的架構，可在事後將眾多回憶做最適當的歸類，某些人的回憶，可因此根據其他人的回憶而整理出時間地點之定位。但是，既然這些架構已假定記憶是存在著的，所以，架構並無法解釋記憶本身之來去。

有關於夢的研究成果已經提供給我們非常有利的論證，足以用來反駁記憶乃以無意識狀態而存在著的主張。不過，除了夢此一主題以外，必須說明的是，過去這件事，也不是我們想像中的那個樣子，事實上，沒有往事再現這回事，更何況，似乎所有研究都指出，過去是無法保存的，過去這東西是我們在當下重新搭建出來的[3]。另外，也必須說明的是，記憶的集體架構並不是在先整合了諸多個人回憶之後，才隨之組裝出來的，這些架構並非簡陋空洞的架子，更不是用來填塞不知從哪裡跑出來的回憶，相反的是，記憶的集體架構確實就是集體記憶用來重新組織昔日某一個景象的工具，只不過，這類過去意象，在每一年代都會與當時的社會主流思想一唱一和。本書第三章、第四章的主旨就是要證明此一論點，處理重建夙昔、確定回憶形成之時間地點

（localisation＊）等問題。

上述探討內容多有批判意味，卻是奠定記憶的社會學理論（théorie sociologie de la mémoire）基礎之所在，再來便需直接去思考，集體記憶這一個問題本身。每一個體去回顧某些過去景物時，總是會援用社會環境此一前提，但事實上，只是去說明這一點是不足夠的。也必須以某一團體，或是結合諸多團體後的角度，來處理這些問題。另一方面，這兩大問題不僅各有重心，其實是一體兩面。我們大可說是，個體站在集體的角度時就可想起過去種種，而集體的記憶則是透過諸多個人記憶才可成形、繼而表現出來。這是為何在本書最後三章節，我去處理家庭、宗教團體和社會階級的集體記憶和傳統等議題。不可否認的是，還存在著其他社會團體，以及其他形式的社會記憶（mémoire sociale）。然而，篇幅有限，只能自我設限於這些我個人認為最重要的主題，我之前的研究成果所能提供的最大助力，也僅限於這些主題。或許也是基於最後這一個理

3　當然，我也絕不否認，我們的印象（impressions）只能維持非常短促的時間，偶爾卻是在很久之後才產生出來的。然而，印象如此這般的「回響」（résonance），跟一般所謂的記憶保存是毫無關係的。印象的回響人人不同，而且，可能也是因事而異，不受任何外在社會因素的影響。這是屬於心理—生理學（psycho-physiologie），該學科有其範疇，正如社會學取向之心理學（psychologie sociologique）也有其專門領域。

＊　譯者注：localisation這個字的本義是確定發生地點的過程。在本書第一、三、四章，指的是如何去找出、確定過去回憶成形時的時間、地點；但在第二章有另一截然不同的字義，意指上世紀初在神經生理學、精神病理學領域中頗為流行的大腦局部區域理論（請參見第二章譯者注）。

由，最後有關於社會階級的篇幅比其他章節更冗長。在此章節，可看到我之前在其他地方都已說明或蜻蜓點水般提示過的幾個想法，故我試著在此做更大的發揮。

第一章 夢與圖像—回憶*

Le rêve et les images-souvenirs

涂爾幹（Durkheim）[1]三番兩次地說道，「我們的夢跟過去的事蹟是一唱一和的；我們在夢中再度目睹了，我們清醒之際，昨日、前日、年少時期等的所見所為；這類的夢境是常有的，在午夜夢迴時占有一席重要之地。」隨後，他嚴正說明，他所謂的「我們的夢跟過去的事蹟是一唱一和的」，究竟所指為何：這牽涉到的是，「回溯時光隧道」，「去想像，人在睡著的時候，經歷了一段他自己也知道早已消逝的歲月」，整體說來就是，激發出「層層回憶，例如，我們在白天時得到的回憶，只不過是以另一種更加強烈的方式表現出來。」乍看之下，此一觀察毫不聳動。

---

* 譯者注：於此之「圖像—回憶」對應之原文乃images-souvenirs（複數）。本書中共有souvenir-image（單數）、souvenirs-images（複數）或倒裝之images-souvenirs（複數，若查證無誤，並無單數之image-souvenir）等寫法，但是作者沒有針對任一拼寫方式提出說明。根據一般法語語法，以連接號銜接之前後名詞各自之分量相等，互相支持、彼此補充，為避開當代生理心理學發展出來之種種名詞，譯者選擇尊重原文之拼寫規則，不作任何詮釋。

1 《宗教生活的基本形式》（*Les formes élémentaires de la vie religieuse*），頁七九。

在夢中，最千奇百怪又最複雜難解的心理狀態（états psychologiques），或甚至被認為穿插著動態活動、消耗了某程度的精神活力等的心理狀態，都是有可能發生的。為何回憶不會跟省思、情緒、推論等混雜在一起呢？然而，當我們進一步去檢視這些事實時，涂爾幹所言就不是那麼確定了。

我自問著，我們在夢中所見者，是不是交揉了種種回憶，而且，我們還把這些回憶都當成是如假包換的事實。針對這個問題，大家或許會回應說，夢境中的每一素材都是來自於記憶，夢，都是在一時之間沒有被辨認出來的回憶，不過，往往在清醒的時候，我們卻可能找到這些回憶的本質和起源。大家都認為這是天經地義的。其實，必須去證明的是（這也正是在之前已提過的段落中，已被確認了的事實），昔日完整的事蹟、全部的場景，都在我們的夢中重新出現，而且，齊全到每一特殊細節都被保留了，也絲毫沒有參雜著其他事件、其他景象的任何成分，更沒有加入任何虛幻不實的元素，以致於當我們醒來時，我們忍不住嘆道：我過去在某某情況下的所見所為都說明了這場夢的由來，不僅如此，我們甚至還以為：這場夢就是確實無誤的回憶，簡單又直接了當地複製了我在某時某地的所聞所為。正是如此，也只有如此，「回溯時光隧道」、「重新活過」生命中某一階段才具有意義。

我是不是過於苛刻了？更何況，以這樣的方式提問後，難道問題本身不是隨之招來可笑的解答？或者，根本也沒有什麼問題可言，因為解決問題的辦法竟是那麼地清楚明白？如果在夢中竟可撩起時空條件如此確切的回憶，為何當我們正在做夢的那個時候卻無法辨認出這些回憶？實際上，往往發生的是，幻覺隨之粉碎，然後，我們就夢醒了。且讓我們假設，過去的場景以非常確切的時空條件在夢中重新演出，裡面帶著一些非常細微的改變，只是改變的輕重程度，恰好到不致於讓我們提高警覺的地步。回憶不就是在那燈火闌珊處，確切明白、真實具體；不過，這時卻也有著某種潛隱的精神活動，它悠悠飄來好抹去幾筆回憶，彷彿是夢神以毫無知覺的捍衛姿態抗拒著夢醒時分的到來。舉例而言，我在夢中看到我坐在一張桌子前，同桌還坐著一群年輕人：其中一個人開口說話；那並不是一個年輕學生，而是我的父母親中的其中一人，但他實在不應該坐在那裡的。光這個小細節，就足以讓我不再把夢和回憶畫上等號，不再堅持夢境複製了回憶的說法。但若夢醒後，我再去把夢和回憶搭上線，難道我不能說，這幕夢境不過是一場追憶？

這等同是說，假使在沉睡時沒有辨識出昔時場景，那我們就無法讓往事再活過一次，還有就是，既然我們不知不覺地去逐一修正這些已發生過了的回憶，以便維護我們的幻覺，以致於這一切經過，就好像是我們事先就已經認出夢中的一草一木，但實際上，它們只不過是、或勉強像是早已發生過了的回憶。不過，首要問題在於，為什麼一絲絲回憶，即使模糊難辨，也會把我們喚醒？其實經常發生的情況是，當我們還在繼續做夢的時候，我們有著正在做夢的感覺，有時候，這樣的事情甚至反覆發生好幾次，一模一樣的夢境，在或長或短的半睡半醒間來回穿梭，以致於當同樣的夢境又重新上演時，我們還可模模糊糊地意識到，這也不過是舊戲重唱：偏偏我們卻不會因此醒過來。另一方面，某一段確切的回憶，它完整無缺地複製了我們昔日生活的某一部分，這段回憶能在睡醒後被回想起來，然而，我們卻沒有在做夢時一眼認出，這樣的事情的確是不可思議的嗎？問題在於要不要去追究，實際上，回想起過去和辨識出（reconnaissance）回憶很可能是毫不相關的兩件事：就此角度而言，做夢就可能是一個「關鍵性」的經驗，尤其假使這一經驗指出了，沒有被辨別出來的回憶（souvenir non reconnu），有時是在沉睡時冒出來的。至少這也點出了，對於記憶的某種層次的理解，就此一理解而可得知的是，其實，回憶不需要被辨別出來就可再次浮現。讓我們假設，在記憶的底層保存著種種過往，既無任何差異，也無任何殘缺，換言之，隨時隨地去重新體驗生命中的任何事件是可能發生的。這成串回憶中，只有其中某一部分才會在清醒時重新出現；這好比如是，在我們搜出這些回憶的那個時候，我們依然與當下的真實人生緊密接觸，以致於我們實在無法不去辨認出昔日年華中的片段。在熟睡之際，與真實人生的接觸是被打斷的，因此，我們大可假設，熟睡時，層層追憶襲捲了我們的意識：在這時候，我們如何能辨識出那就是我們的回憶呢？在睡著這個時候，再也沒有現在這個時間點，我們再也不能倚靠在現在此一時間點上來突出回憶這東西；這是因為回憶之所以是過去式的，並非由於我們是在一定距離以外重新看到過去，而是由於過去是在過往的當下中逐漸攤開的，回憶本身是沒有任何因素可用來澄清，每當回憶浮現眼前時，是不是都是第一次。這就是為何，就理論而言，沒有任何事物可用來反駁，在我們沉睡時，回憶在我們身上施展著一股魔幻般的力量，而且，假使回憶不想被認出來，也不需要帶著面具或是改變自己的面容。

I-i

我們無法在睡夢中回想起昔日生活中一齣齣完整無缺的場景，或是一幕幕工筆細膩的畫面

Nous ne pouvons pas évoquer en rêve des scènes complètes ou des tableaux détaillés de notre vie d'autrefois

四年多以來（嚴格說來，就是從一九二〇年元月份起），我便以一種相當有趣的觀點來分析夢，那就是，去探討，夢是否包含了我們往昔生活中一齣齣完整無缺的場景。結論是否定的，這也是確切無疑的。屢屢可發生在我們身上的是，我們前一天清醒時的某一思緒、某一情感、某一態度，以及某一事件的某項細節，潛入了我們的夢境，但是，我們從來沒有在夢中編織出一段回憶。

我曾跟數名潛心觀察一己夢境之學者交換過意見。卡普龍先生（Kaploun*）寫道：「我從未夢到過一齣完整無缺的場景。由於夢境是一不假外力的舞台，以致於多有添補與修正，而且，

* 譯者注：Albert Kaploun（生卒不詳）曾於一九一九年出版《普通心理學：有關於夢的研究的啟發》（*La Psychologie générale: tirée de l'étude du rêve*）一書。一九二三年時與本書作者多有筆戰，以心理學家之姿，卡普龍曾提問，「（人在）睡夢中與清醒時是否相同，猶如單一個體是否不同於集體社會？」

加油添醋的比例，遠遠超過從近日真實經歷中汲取出來的比例，或者，我也可以這麼說，被融入夢裡的元素，都是從真實生活中提煉出來的。」我曾寫了一封信給亨利．皮耶宏先生（Henri Piéron[*]），以下是其中一段落：「我曾在某一段期間，有系統地去記錄我做過的夢。我從未在夢中經歷過跟在清醒時一模一樣的事情：偶爾我感覺到幾許情思、幾截畫面、幾段插曲，卻多多少少有所出入的瑣事，如此而已。」柏格森（Bergson[†]）則透露他常做夢，但在白天清醒時，他卻從不記得在前一晚做夢時，是否曾一眼就認出他名之為回憶—圖像（souvenir-image）之物。總之，他也補充說道，在睡眠極為深沉時，偶爾他會有一種**感覺**（*sentiment*[‡]），那就是重新掉入昔日歲月中：我後面會再回來討論他這一保留意見。

最後，我也翻閱了絕大部分描寫夢的著作，這些資料順手可及，卻找不到任何我有興趣的內容。佛洛伊德曾以夢之相關問題的「文獻研究」寫了一篇專文[2]，他如此說道：「夢僅僅複製了殘缺的過往。這是一般規則。但時有例外：夢可能讓某一事件重新發生，其精準程度，就跟人清醒時的記憶完全一樣（vollständig）。戴勒伯夫（Delboeuf[§]）提到，他的某一名大學同事（現於維也納執鞭）：他呢，在睡夢中，依然搭車出去做了一趟危險的旅行，然後，奇蹟式地躲過了一次車禍：夢中所有的細節都是已發生過的。卡勒芹小姐（Calkins[¶]）則提到兩場夢境，都是白天清醒時發生之事件的忠實拷貝，至於我自己，有朝一日，若是我在睡夢中重新經歷了孩童時期發生的事件時，我一定會捉住機會跟各位說明。」如此看來，佛洛伊德不曾直接經歷過這類夢境。

現在就讓我們一起來看看這些例子。首先，戴勒伯夫有個朋友名叫古森包爾（Gussenbauer），這是他之前的同事，也是著名的外科醫生，後來成為布拉格大學（Université de Prague）的教授，到底戴勒伯夫是怎麼描述他從古森包爾口中聽來的那場夢呢[3]？「有一天，古森包爾坐馬車出去，後來走上我忘了是從哪裡通到哪裡的一條路，路途中有個地方坡度很陡，是很危險的彎

---

* 譯者注：Henri Piéron（一八八一—一九六四）是法國二十世紀上半葉實驗心理學的創始者，棄絕以內省為方法論或以文學、哲學性討論手法的傳統法蘭西式心理學，力主人類如動物，都應走向客觀具體之行為取向的研究方法（換言之，與柏格森相左）。一九二三年起受聘為法蘭西公學苑（Collège de France）的教師。又，Collège de France自一五三〇年成立起開放講學、自由參與，且不頒授任何學位或證書，故譯為「公學苑」，以便與Académie française有所區別。

† 譯者注：Henri Bergson（一八五九—一九四一）是法國哲學家，一九〇〇年起為法蘭西公學苑教師，一九一四年受封為法蘭西學院（Académie française）院士，一九二七年摘下諾貝爾文學獎桂冠，乃一代宗師。柏格森對於夢、記憶等主張，本書作者多有引述、對比、反駁，在在呈現出兩人立場之別。

‡ 譯者注：基本上，原文以斜體標注的字詞、句子，中文版以粗體標示，以下不再另行提出說明。唯諸法文版本中，以斜體標示的內容並不統一，經查證後，諸版本間不相同者則不特別標注。

2 《夢的解析》（*Die Traumdeutung*），首版，一九〇〇年，頁一三。

§ 譯者注：Joseph Delboeuf（一八三一—一八九六），比利時裔的數學家、哲學家與心理學家，主要的研究領域是生理與實驗心理學、催眠，亦曾專文論述夢此一主題，佛洛伊德（一八五六—一九三九）多次在書中提及戴勒伯夫在催眠與夢的理論貢獻。

⁋ 譯者注：Mary Whiton Calkins（一八六三—一九三〇），美裔心理學家、哲學家與大學教授，乃美國心理學會（American Psychological Association）、美國哲學學會（American Philosophical Association）的首任女性主席。

3 戴勒伯夫，〈睡眠與夢〉（*Le sommeil et les rêves*），出自《哲學學刊》，一八八〇年，頁六四〇。

道。馬車夫鞭打馬匹時，實在太過火了，馬匹就開始狂奔，馬車跟乘客如果沒有差點掉到懸崖峭壁下，就是撞上路的另一邊的岩石，然後便一命嗚呼。最近呢，古森包爾先生夢到他又走了同樣那條路，然後，到了那個地點，他就想起險些沒有要了他的命的那場車禍的所有細節。」根據這篇文章看來，若不是佛洛伊德徹底會錯意，否則就是他被自己的記憶搞糊塗了：他提到的那名教授，極有可能在夢裡又重走了那一段路（另外，他並沒有說他是不是坐馬車，是不是同一馬車等等），但並不是又走了相同的旅程，而且，在此一相同旅程中，又再一次有驚無險地逃過一場車禍。這名教授只是說，在夢裡，一到達事發地點，就讓他想起那一事故。這跟去夢到自己還記得白天時發生的某一事故，是完全兩回事，這也跟發現自己，在夢中，置身於和在白天時完全一樣的場景，而且，目睹了、或參與了相同的事件，是完全不一樣的。如此之混淆，未必不尋常。

藉著這個例子，我們便可談談傅寇（Foucault）提到的例子，那也是二手資料，不過，佛洛伊德想必沒聽過這個案例[4]。那就是，「有一名醫生他替某個病人做了一個手術，在整個手術過程中，因為沒有辦法幫病人注射三氯甲烷（chloroforme*），所以，他就一直抱著病人的兩隻腿，這件事情讓他很震撼，後來連著二十多個晚上在睡夢中都看到同一幕景象：『我看到病人的肢體放置在手術檯上，還有手術當時的醫生群。』白天他醒來後，整幅景象一直縈繞在腦海中，那並非是幻覺，而是甚為逼真生動。每每他快要睡著時，同樣的情景又將他喚醒過來。有時候，那場景也會在白天時浮現，卻比較不是那麼逼真。幻夢般的畫面是一成不變的，正代表著該事件確實無誤的回憶。最後，糾纏不清的畫面終於不再出現了。我們大可質疑的是，讓這名醫生困擾不已的手術過程，在發生之後，以及當他第一次在夢中重新目睹時，是不是相當強烈地壓制著他的思緒，以致於某一截，或者是代表了事件其中一部分的畫面轉化成回憶，縱使該事件已結束了，當事人卻跟這起事件的唯一複製體，或是好幾個複製體沒完沒了，在某一段時間內，這些複製物持續地飄入在睡夢中再三目睹手術的人的想像。事實上，當一段回憶持續地複製好幾回後，這段回憶便不再屬於只發生過唯一一次之事件的時間表；或者，也可說是，在這一段回憶上（我們姑且認定，它就是以這個樣子保留在記憶中），又堆砌了一層或是好幾層表象，但是，既然我們已經在腦海中重新掃描過好幾次該事件，因此，這些表象並不符合只被目睹過一次的事件本身。這是為何應該去區分，關於某一個人的回憶以及關於這個人的形像[†]，這兩者之間的差別，當論及關於一個人的回憶時，問題在於，我們是不是確切地在某時某地看到這個人，在論及關於這個人的形像時，問題在於，到底這個形像是想像重新塑造出來的（如果我們再也沒看過這個

4　傅寇，《夢的研究與觀察》（*Le rêve*: études et observations），巴黎，一九〇六年，頁二一〇。譯者注：Marcel Foucault（一八六五—一九四七）是法國高中哲學教師、心理學家，後為法國南部蒙佩利爾大學（Université de Montpellier）的社會學教授，一九〇六年時在該大學創立實驗心理學的專科實驗室，並力倡心理與社會科學的專科制度化。

*　譯者注：三氯甲烷曾在十九世紀中葉時做為麻醉劑、鎮定劑。

†　譯者注：在此中文的「形像」一詞的原法文是image。作者在前四章節使用該詞的頻率相當高，有時是心理學用詞，例如柏格森的souvenir-image（回憶—圖像），但在大部分的情況之下並不是很講究的多義詞用法，也多止於描述性。譯者酌情或用「圖像」，或用其他與「形像」近義、同義的詞彙，總之，本書幾乎沒有「形象」一詞。

人），或者是來自於對這個人先後多次之回憶所造成的結果。這樣的形像是可能在夢中重新出現的，然而，我們卻不能因此宣稱，我們回想起一段貨真價實的回憶。

以上的觀察，可用來比較彼瑞爾・德・博思蒙（Brierre de Boismont）提出的個案，不過，實際上，是借用阿貝爾孔彼（Abercrombie）的說詞[5]。阿貝爾孔彼說道：「我有一個朋友，他在格拉斯哥（Glasgow）某一家大銀行擔任櫃台人員，有天他在辦公時，有個人到櫃台要求支付六塊英鎊。在這個人的前面，已經有好幾個人排隊等候；但因為這個人實在很吵，說話又結結巴巴地，特別讓人受不了，所以，某一名助理就要求櫃台人員付他錢，好把他打發掉。櫃員便很不耐煩地執行命令，也忘了做紀錄（針對最後這一句話，阿貝爾孔彼寫的是：也沒再想起這件事）。年底時，也就是八、九個多月後，帳簿的收支一直有出入；總是有六塊英鎊的差別。我這朋友絞盡腦汁想了好幾天，就是找不出透支的原因；最後實在累得不行了，他就回家去，躺在床上，然後，就夢到他人在辦公室裡，緊接著說話結巴的人就出現了，瞬然間，這件事的來龍去脈就在他腦海中一一掃過。他醒過來後，這場夢塞滿他所有的思緒，熱切期待可以找出他尋覓已久的原因。重新驗算所有的貨幣紙鈔後，他才明白，原來這筆錢當初沒在日記帳上記下來，而且，正是造成收支不平衡的金額大小。」這是彼瑞爾・德・博思蒙的說法。不過，若以阿貝爾孔彼的說詞為依據時，我們馬上可明白，讓阿貝爾孔彼感到不可思議的是，這名櫃員竟然會在睡夢中想起，不曾在他腦海中留下任何印象的一個小細節，他竟然從未發現，他根本沒有把這筆帳記下來。不過，其實很可能事情的原委是這樣的。這名行員，在做夢的前一天，想起了曾牽動他情緒的那一幕：回憶，往往是被回想出來的，而這段回憶，他則想過好幾次，於是，這段回憶就變成一幕簡明的圖像。另外，有可能，他曾假定過，他也許忘了記下那筆款項。如果這個畫面，以及這個假想，都曾讓他七上八下的，以致於最後都跑進夢裡去，也是理所當然的。只不過，無論是這幕畫面，還是這個假想，都不是所謂的回憶。很明確的，這一切都不能用來解釋，為何在夢中想像出來的事實，會被認為是如假包換的。但其實，有些巧合又更令人吃驚。卡勒芹小姐的觀察都是第一手的[6]。不過，她所有的說詞都可濃縮成是：「卡君（她是這樣稱呼自己的）曾兩次夢

5　彼瑞爾・德・博思蒙（Brierre de Boismont）的著作是《幻覺》（*Des hallucinations*），第三版，一八五二年，頁二五九；他是引用阿貝爾孔彼（Abercrombie）的著作，《探索智力》（*Inquiries concerning the intellectual powers*），第十一版，倫敦出版，一八四一年（第一版是一八三〇年出版的）。我並沒有對照第十一版的內容。譯者注：Alexandre Jacques François Brierre de Boismont（一七九七—一八八一）是醫生、醫院院長，多次受封名譽勳章，發表著作繁多，涉及神經精神病學、植物學、解剖學等，一八七一年巴黎公社事件爆發後，他隨即發言，應立即成立專責機構，統一管理「危險人物」（已發瘋、或接近瘋狂的公社人）。John Abercrombie（一七八〇—一八四四）是蘇格蘭人，一生求學、行醫之地多在愛丁堡，發表之著作不限於醫學，經常涉及哲學領域。他長年居住於貧民區，為窮人治病，其專題研究之發表，也以行醫時之觀察為基礎，尤其強調症狀之觀察必須精準無誤，而且，自然科學之一般原則必須能應用在所有人身上，而非限於少數個體。本書引用著作的全名應是《*Inquiries concerning the intellectual powers, and the investigation of truth: By John Abercrombie. With additions and explanations to adapt the work to the use of schools and academies, by Jacob Abbott*》。

6　《美國心理學期刊》（*The American Journal of Psychology*），第五期，一八九三年，頁三二三，〈夢的統計〉（*Statistics of dreams*）。

到某一事件的某個確切細節，而且，這一事件才剛發生而已（在做夢之前發生的）。這是渾然不覺的想像（imagination mécanique）的典型個案，是再簡單不過了。」她又在注解中補充說道，的確：「若是跟莫里（Maury＊）一樣，把渾然不覺的想像命名成是『疏忽了的回憶』（souvenir ignoré），或是『無意識的記憶』（mémoire non consciente），都不是很妥當。記憶跟想像是有所區別的，尤其，這是因為所牽涉到的事件，都是刻意地用過去、或是私我的角度來看待。」我在這裡並不討論術語或是定義之類的疑點。最重要的是，被拿來影射的那些夢至今仍遍尋無門、毫無頭緒。頗令人惋惜的是，這些夢，沒有任何一個是被照實地記錄下來。更可惜的是，卡勒芹小姐的調查，是在很短暫的時間內，就列舉了很大一筆數字的夢。她連著五十五個夜晚，共記載了兩百零五個夢，差不多是每晚四場夢境；另一名S君，他則在四十六個夜晚觀察了一百七十場夢，但我們有興趣的內容，則無隻字片語。S君他做了將近六到八星期的調查。這樣的條件是很少見的。此外，我們必須明了的是，卡勒芹小姐口中的「某一事件的某個確切細節」，究竟所指為何，還有，才剛發生的那一事件，到底是什麼事情呢，最後，在所發生之事件以及她做夢的那個晚上之間，是不是真的什麼都沒發生呢。

剩下的，就是佛洛伊德認識得一清二楚的那些夢。他引用自己的著作時，從不註明是從書的哪一頁來的。跟之前的其他著作比起來，卻只有這本《夢的解析》大抵符合他想表達的內容：他有一個同事告訴他，不久之前，曾在夢中看到幼時的家庭教師，但教師的神情異於平常的樣子。家庭教師睡在他家某一個女傭身旁（直到他同事十一歲為止，這名女傭都住在這名同事家裡）。

發生事情的地點浮現在夢中。這名同事的哥哥曾經跟他表明過，他在夢中所見，是符合事實的。「他哥哥記憶猶新，因為當時他已經六歲了。家庭教師跟女傭便灌他啤酒，好讓他一醉不醒，但這兩個人忘了小的，那時約三歲左右，正睡在女傭的房間裡[7]。」佛洛伊德並沒有說明，到底這一幕是不是一段明確的回憶，牽涉到一個關鍵的夜晚，以及做夢的人只親眼目睹過一次的某一事件，或者，這一切只不過是一串非常籠統之想法的總和（association d'idées[†]）。佛洛伊德這一次還是什麼也沒說清楚，到底是不是每一細節都在夢中重新上演了。這件事，如果是真的，未必沒有任何意義。我們可以拿來比較其他人提到且屬性相當的個案。

莫里曾說過以下這段故事[8]：「我童年時住在陌鎮（Meaux[‡]），那時我常常去附近一個叫做堤樂泊（Trilport）的小村子」。莫里的父親曾在堤樂泊蓋了一座橋。「有一天夜裡，我在夢中跳

---

* 譯者注：Alfred Maury（一八一七—一八九二）生前曾在法國國家圖書館高任、法蘭西公學苑執教，亦從事考古與歷史研究。當今多認為他對於夢的理論性解析貢獻頗大，對後世或當時之精神分析、神經心理學多有啟發。

7 佛洛伊德，同上著作，頁二二九。

† 譯者注：通貫本書，作者不時使用associations（有時為單數寫法）、以及複數的idée（idea）與pensée（thought、mind、thinking）所結合而成的片語，在上下文中，未必可明確感受到，究竟是一般性或理論性名詞的應用。另一方面，自第二章起、尤其是在第三章，此一片語則是理論性名詞的應用。

8 《睡眠與夢》（*Le sommeil et les rêves*），第四版，一八七八年，頁九二。

‡ 譯者注：位於巴黎市區東北部約六十公里處。

進了童年時光，就在堤樂泊村裡玩耍。」然後，莫里在夢中看到一個穿著制服的男人，這個人告訴了莫里他的名字。夢醒之後。莫里怎麼也想不起來，叫做那名字的人到底是誰。所以，他就去問家裡一名老女傭，她說，莫里的父親蓋的那座橋的管理員就叫做這名字。莫里有個朋友告訴他，在決定回到蒙布里松（Montbrison*），這個二十五年前、他童年時曾住過的地方之前，他夢到在接近蒙布里松這座城市附近遇到一個陌生人，這名陌生人自稱是他父親的朋友，名字叫做T。莫里的朋友知道他曾經認識某個叫做這名字的人，但是想不起來他長什麼樣子：後來，他當然找到了這個人了，跟夢中的樣子很像，只是更蒼老了些。

艾爾維．德．桑德尼（Hervey de Saint-Denys[9]）提及，某個夜裡，他夢到他住在布魯塞爾的聖．古堵樂（Sainte-Gudule）教堂的對面。「我很悠哉地散步著，然後，就繞到最熱鬧的那條街上，兩旁都是商店，花花綠綠的招牌高高懸掛在路過行人的頭上。」他知道他正在做夢，而且，他也記得，他還不曾在夢裡去過布魯塞爾，所以，他就特別用心地去觀察其中一家商店，希望往後再遇到的時候，能夠一眼認出來。「那是一家賣針織品的店鋪……我首先就注意到，招牌兩側如手臂般彼此交叉，一支是紅的，另一支是白的，都高伸出來，掛在路上，就像一頂巨大、棉織、有條紋的呢帽的底座。為了能夠記住商家的名字，我便看了好幾次；我也注意到商店的門牌號碼，那是在一道尖拱型的小門的上沿裝飾著一個書寫線條互相交錯的數字。」幾個月後，他去布魯塞爾，卻遍尋不著「那條招牌五顏六色的街道，以及夢境中的小店」。好幾個年頭便溜逝了。有天他去法蘭克福，「在他年幼的時候」曾去那裡好幾次。他隨之走進了猶太人區

（Judengasse）。「一股讓人摸不著頭緒的模糊記憶（réminiscences），逐漸占據我的心頭。我急切地想知道為何有這般奇特的印象。」然後，他便想起他在布魯塞爾時那毫無收穫的尋覓經驗。當時他站著的那條街，正是夢中的那一條街：同樣繽紛五彩的招牌、同樣的人潮、同樣的騷動。他看到了屋子，「與舊夢中所見完全一樣，我好像回到六年前，似乎也一直沒清醒過來」。

所有這些夢都有一個共同點：全是孩提時的回憶，不知從什麼時候起，便已忘得乾乾淨淨了，因此，即使一一在夢中飄出來，卻無法在醒來後重新捉住它們；它們不時浮現，混雜在睡夢中，為了能看清楚它們是否吻合過去曾接觸到的事實，我們必須讓其他人的記憶來協助我們，或者回答我們提出的問題，提供給我們客觀的驗證。

極為可能的是，再現的，並非是完整無缺的景象，而不過是一個名字、一張臉孔、一條街、或是一棟房子的圖樣。這些都不是我們習以為常的經驗，在睡夢中，我們只是看到回憶的某些殘

---

* 譯者注：距里昂西南方約八十公里之遙。

9 《夢，以及主導夢境的方法》（*Les rêves et les moyens de les diriger*），巴黎，一八六七年，頁二七。譯者注：Hervey de Saint-Denys（一八二二—一八九二，全名應是Marie-Jean-Léon Le Coq, baron d'Hervey de Juchereau, marquis de Saint-Denys：之所以為baron〔男爵〕，乃承繼其父的貴族頭銜，又為marquis〔侯爵〕，則是他認其叔伯為義父後而繼承的頭銜，又，作者誤植為Denis，已更正）是法國漢學家，曾因法蘭西公學苑的教職任命而與競爭對手法庭相見，翻譯諸多中國古籍和文學作品，數本短篇小說集直到近期依然再版中。但他最常被人津津樂道的，卻是有關於夢此一主題的研究，佛洛伊德亦不諱言深受艾維爾・德・桑德尼的影響。

缺模樣，但我們並不會因此感到震驚，這是由於它們都是最近才發生的事情，或者，這是因為我們都明了，在醒過來之後，我們對於這些斷簡殘篇，還是具有一定程度的駕馭能力，總而言之，這些殘缺不全的東西，會基於某些不明原因，而滲入我們的想像活動的結果中。相反地，我們卻也不得不承認的是，孩童時期的回憶都是刻板印象居多，如同艾爾維・德・桑德尼所言，童年記憶從一開始就是印板—圖像（cliché-image），以致於自從這些圖像都烙印在「我們的記憶泥板上」之後，我們的意識便再也無法認識其他事物了。當這些印板—圖像再度浮出時，我們如何能否認，破繭而出的，的確是最遙遠的逝水年華中的某一篇章、某一片段呢？

我無法肯定這類模糊的童年追憶，的確就是我們所謂的回憶。若說我們在清醒的狀況下，根本想不起來童年時的些許片段，難道不正是因為我們能從童年歲月找到的東西，都縮減成籠統不一的印象、輪廓不全的形影，以致於根本無法提供給所謂的記憶任何半點清晰的根據？一個小孩子腦袋清清楚楚的樣子，跟一個做夢的人的意識狀態，以諸多觀點看來，其實是很類似的，如果我們能保留下來的童年回憶是那麼地稀稀落落，很可能是基於同樣的理由：這兩大領域，童年歲月與午夜夢迴之際，都有些許被遺落了的回憶，而以我們正在討論的議題而言，其實這兩大領域都跟同一事實唱反調：相較於其他生命階段，童年與做夢時不同之處，就是事件起落紛紛，卻都沒有被收納在井然有序的時間流程中，但是，白天腦袋清醒時的回憶，卻都是一一安插在這些先後時序中。若說能在我們最幼稚的歲月培養出大致準確的感受力，這些感受甚至精確到，一旦它們留下回憶，而且，這些回憶走出時光隧道時，就像上述諸多例子所言，它本身就已經是那麼地確實，整體說來，這是令人難以想像的事情。在莫里提到的第二個夢境中，夢中的映像與真實面孔之間的相似程度，終究也不是出自同一個模子：在二十五個年頭後，人的面容是不可能沒有任何改變的：或許，若說真實人物與夢中形影是相似到一模一樣的程度，這難道不是因為夢中形像本身已是如迷霧般撲朔？艾爾維．德．桑德尼是斬釘截鐵地認為，後來親眼看到的房子，的確就是夢中所見，而這不過是基於從他夢醒後，他就用心地一筆一畫點出每一細節。我們應該去追究的是，到底艾爾維．德．桑德尼是在幾歲的時候看到這棟屋子？如果說，「在他年幼的時候」意味的是他五、六歲之際，他竟可以從此保留著如此清晰不二的記憶，說來是極不可能的事情，理由則是因為人在五、六歲的年紀時，只能感測到事物的大體輪廓[10]。另外，艾爾維．德．桑德尼沒有透露的是，當他再度看到那棟房子時，他是去跟夢中的畫像做比較：而且，緊接的就是，他覺得，他當時的身心狀態跟六年前做夢時是一模一樣的：如此自信滿滿的記憶並不令人感到驚訝。事實上，我們必須承認的是，童年印象與夢中所見形像是極為類似的，以致於夢中的形影重新勾勒出來的，似乎就是童年中的印象，但我們卻不可說，這兩者都是那棟房子精準無誤的複製

10　根據比奈（Binet）的說法，小孩子僅從七歲起才有能力去指出圖像中的缺陷，也就是說，他可看出，畫中的圖樣看起來像是一個人，但卻少了一隻眼睛、一張嘴巴，或兩隻手臂。請參考《心理學年報》（*Année psychologique*），第十四期，一九〇八年。我曾測試六歲小孩，實驗結果符合比奈之說。譯者注：Alfred Binet（一八五七─一九一一）是上述之《心理學年報》之創始者，鼓吹實驗心理學，也是心理計量學的先鋒，首位在法國奠定可有效施行之心理測驗的專家，後來發明之智力量表亦是當今智力測驗之基礎。

品，換言之，我們不可說，童年印象或夢中形像都是如假包換的回憶。所有這一切起落，彷彿在夢中，我們再一次看見了，或我們相信我們看見了，在之前的夢境中看到的東西。當然，我們必須去解釋，為何這些景象都只在睡夢中才重新浮現，為何人清醒時的記憶卻無法直接觸及。無疑地，這是由於這些都是非常粗糙的表象，但相對地，我們的記憶，卻是一架過於精準的儀器，一般而言，也只有跑進這台儀器之偵測範圍內的那些事物，才會被認為是理所當然的，換言之，只有那些可做時間、地點定位的事物才會被記憶鎖定下來。

另外，當我們自己以現今的樣貌出現在夢中時，雖然不知是哪張臉孔、哪件東西，以及，過去目睹的某一事件、還有相關事實之鉅細靡遺的細節，紛紛都在夢中飄來眼前，其實，整幅圖畫早已變樣了。我們並不能說，在這一幅圖畫裡，一段真實回憶，以及目前我們對於自我的情感是平行並列的，實際上，這兩大元素是彼此熔接成一體，而且，因為既然我們只能以當今的相貌來想像自己，於是，那些臉孔、物體與故事，便不得不變容，如此我們才能在凝視著它們的時候，看到它們的存在。很可能，我們都可以想像，肉身的我們，不僅只是浮盪在背景中，其實，最後幾乎整個樣子都融化掉了，而我們的分量，也因此變得淡化軟弱，以致於終究可被視而不見，減縮成一張幻影，這就好像是一座鏡台，即使鏡前形影紛紛擾擾，歲月卻再也不會有長短[11]。不過，人做夢的特徵之一，就是我們總是在裡面進進出出，我們若不是採取行動、再三思索，就是在眼前所見之上投射著我們當下立場之特殊情懷，例如，恐慌、憂愁、驚愕、侷促不安、好奇、興頭漸起等等。

就此觀點而言，莫里曾提及的兩個例子便顯得深具啟示，那就是，在夢中出現了我們都知道早已經死去的人：「十五年前，L先生逝世後的一個禮拜……我很清楚地在夢中看到他……他的出現讓我非常驚訝，我便很好奇地問他，為何都已經被埋葬了卻還能夠重回人間。L先生便解釋給我聽：大家都猜得到，他的說詞違背常理，而且，裡面還混雜著我最近還正在研究的生機理論（théories vitalistes）*。」在這個例子裡，莫里感覺到，其實他在做夢。但在另外一個例子裡，他很確定他沒做夢，而且，他確定真的看到L先生，也問L先生為何會出現在彼時彼地[12]。另一方面，莫里也注意到，在夢境中，我們都不會對最令人無法置信的詭異事物大驚小怪，例

11　卡勒芹小姐曾注意到，在某些例子裡，「對於一己身分認同的感覺會明顯地消失。我們想像自己變成別人，或者，我們是自己的化身，於是乎，我們就會看到或聽到另外一個我」（同上著作，頁三三五）。莫里曾言，「我深信，有一天在夢裡我變成一個女人，而且還懷孕了」（同上著作，頁一四一，注腳）。如此說來，回憶就更扭曲變形了，因為我們竟然想像出另外一個人也可能看得到的事實。

*　譯者注：這並不是一整套嚴格的科學理論思想，但比較像是在不同的年代，對於生物體的不同概念性主張，因此，在西方「思想哲學史」此一背景下，常可遠溯到古希臘時期。但若嚴格論之，在法國傳統裡，則是十八世紀於法國南部蒙佩利爾大學（向來以十三世紀即已成立的醫學院著稱）興起的學說。其主要內容是，每一個體都賦有一套生機原則，該原則主宰著靈魂以及物質這兩大生命現象，而且，生命現象是不能化約成物理—化學般的作用，也始終施展著一股不能縮減成慣性作用的力量。簡言之，這套生機說是與生物體的機械式理論說法相左。

12　莫里，《睡眠與夢》，頁一六六。

如，跟已死去的人交談之類的事情[13]。總之，即使我們對這些弔詭事物毫不在意，卻也可以注意到，我們至少都可察覺到這類事情。卡勒芹小姐說道，「在她和另外一個人一共觀察到的三百七十五個例子裡，他們在夢中看到自己的時候，沒有一個例子不是在現今這個時間點上。當在夢寐中浮現起童年時期住過的房子時，或者是出現了一個好幾年都沒見到的人，為了避免產生錯亂，做夢當事人的年紀看起來都沒有減少；無論夢境發生在何處，特徵為何，當事人的年紀都是他現在的年紀，其一般生活條件也沒有任何改變[14]。」

賽爾蓋伊夫（Serguéieff）眼盲已經好幾年了，他在夢中看到自己置身於彼得斯堡（Petersbourg）的冬宮中[15]。亞歷山大二世大帝接見他後，便建議他重回軍隊。他聽從命令，然後便去見他的上校，上校回說他隔天就可以上任。「可是，我還沒時間去找一匹馬。——我馬房裡的馬可以借你一匹。——不過，我的身體很虛弱。——軍醫可以免除你的任務。」到最後關頭時，他才跟上校提出最根本的問題點，提醒說道，由於眼盲，所以根本不可能去指揮一個騎兵連隊。賽爾蓋伊夫從一開始的時候就不覺得有什麼不可能的，也就是說，在一開始跌入夢鄉中，以及後來在整個夢境中，他現今的個性一直融入夢中。因此，在夢中，我們根本就不會徹底拋棄當今的自我，這便足以說明，若說夢中的景象幾乎忠實不二地複製了一幅過去時光的圖畫，終究說來，還是跟回憶不一樣的。

截至目前為止，我們只討論了醒來之後還記得的夢。沒有其他的情況嗎？或許基於某些意外的原因，所以有些夢我們根本想不起來，除此之外，難道不是由於夢境本身的性質，以致於我們根本無法記得它們？假使剛好就是在這類夢境中，當事人已渾然不覺自己當今個性究竟為何，而且，也是在這類夢中，我們重回到過去，夢中的過去跟昔時又完全一模一樣，這時候，我們便不得不承認，在某些夢境中，追憶是可成真的，但只要我們沒夢到它們，我們就會定期地把它們忘掉。這正是柏格森暗示的，他主張，淺眠時的夢境是我們能夠記得的，他似乎也堅信著，沉睡時，回憶便成為夢的唯一內容，或至少是一個可能的對象。

不過，艾爾維．德．桑德尼主張，當他多多少少難以從或深或淺的睡眠中清醒過來時，他也注意到，在深沉睡眠中，夢則更「生動」、更「清晰」，同時也「更緊湊」，於是乎，一方面，或許這將是一項證據，並因此顯示出，我們能夠記得熟睡時的夢境，另一方面，沒有任何線索

13 同上著作，頁四六。

14 同上著作，頁三三一。

15 賽爾蓋伊夫（Serguéïeff S.），〈睡眠與神經系統〉（Le sommeil et le système nerveux），收錄於《清醒與睡眠時的生理學》（*Physiologie de la veille et du sommeil*），巴黎，一八九二年，第二冊，頁九〇七等。上述之例可用來比較柏格森提出的某一非常怪異的個案（出自〈論在催眠狀態中佯裝無意識的現象〉〔De la simulation inconsciente dans l'état d'hypnotisme〕，收錄於《哲學學刊》，一八八六年），某個處於催眠狀態中的女人，為了去執行一項假定她擁有異於常人的能力才做得到的動作，便玩弄詭計，因為她很清楚，她根本沒有這項特異能力。譯者注：Serguéïeff（生卒年不詳）一般拼寫成Serguéyeff，其《清醒與睡眠時的生理學》之第一冊（一八九〇年版本），於二〇二三年時在法國已單冊出版。

指出，沉睡時的夢，遠比在淺眠時的夢，負載著更多的回憶，而且內容也更精確[16]。的確，我們可提出的回應則是：從我們開始去叫醒一個人，到這個人真正醒過來為止，中間已經過了一段時間。即使這段時間是很短促的，但有鑑於夢境的進展非常快速，所以足以讓很多夢在相當於熟睡與清醒這一段過渡時期中產生，只不過，很多人都以訛傳訛，誤以為夢是在之前沉睡時這一段期間形成的。假若我們在一轉瞬間塞進歷時看似相當漫長的夢寐，其實，也沒有任何事物足可證明，我們便因此捉住了所謂的深沉睡眠中之幻夢。另外，或許也必須質疑某些非常典型的觀察，在那類案例中，當事人自認為，在夢中，參與了某些在真實人生中歷時漫長的事件，往往實際上可拖延數天、或是數個禮拜之久的事件，但在夢中，僅是數秒間就在眼前飛逝而過。究竟到哪個程度而言，可說這個人參與了這些事件，又是到哪個程度而言，可說這個人只不過是草草瞄了一眼？卡普龍先生說道，他曾經「好幾次觀察到，不僅僅我們做夢的速度並沒有比我們清醒時的思緒還來得快，而且，夢相對說來，是很緩慢的」。對他而言，夢的速度似乎「跟現實行動的速度差不多[17]」。艾爾維．德．桑德尼說道，他有一陣子常常去叫醒一個正在大做美夢的人，以致於這個人呢，即使還睡著，也能夠提供給他一些基準點，他「不時觀察到的是，一旦馬上就去問這個人究竟夢到了什麼，他的回憶從來就不會超過五或六分鐘以上。」總而言之，這跟清醒時間維時大約幾秒鐘的說法相差甚遠。艾爾維．德．桑德尼又補充說道[18]，「還經常發生的是，在五到六分鐘之久的時間裡，潺潺流過我隨即看出正是我自己一串串交揉後的種種想法，那是打從我開始昏昏入睡起，一直到我真的從已成形的夢中醒來為止，也就是，從絕對清醒到完全熟睡之狀態的這段時間。」總之，有關於夢如迅雷般的觀察，我們可據以得出，熟睡後任何夢境都不記得了的結論，卻也可以很輕鬆地提出反駁，去證明出完全相左的提論。

現在我們可以開始討論一些爭議較少的資料。在所有的夢裡，某些盡是殘破之圖影的拼湊，以致於我們只能在醒過來之後，在記憶深處的某一地方，或好幾個角落，努力地詮釋這些圖像的起源，卻也無法保證這番努力是否有效。另外則是一些毫無任何線索的回憶。在這兩者之間，總

---

16 艾爾瓦根・斐德（Heerwagen Friedrich）曾在〈夢與睡眠的統計調查〉（*Statistische Untersuchungen über Träume und Schlaf*）、收錄於馮特（Wundt）的《哲學研究》（*Philosophische Studien*），第五期，一八八九年，這一篇論文中記載著，某一涵蓋了約五百名研究對象的調查結論指出，當我們睡得不是很深沉時，夢境更生動、也更容易回想起來。唯獨女性是例外。再來，值得注意的是，該調查在提出問題時，用詞都模擬兩可。譯者注：Wilhelm Wundt（一八三二—一九二〇）乃出身學術世家之哲學家，是首位在德國大學設立心理學實驗室的醫學專家，該實驗室幾乎培養了所有十九世紀末、二十世紀初的德國實驗心理學健將，馮特本人也常被視為歐洲與北美兩地之實驗心理學之父，以統計數字為證，使之導向實驗科學之途。《*Philosophische Studien*》則是附屬於馮特帶領之實驗心理學研究領域旗下的科學期刊。

17 卡普龍，《普通心理學：有關於夢的研究的啟發》，一九一九年，頁一二六。另可參考《莫里的夢》（*rêve de Maury*）的相關批評，例如，德拉居・伊夫（Delage Yves）所著的《夢》（*Le rêve*），南特出版，一九二〇年，頁四六〇及其他。至少以某一普遍程度而言，德拉居先生並不相信夢如「迅雷」般。譯者注：Yves Marie Delage（一八五四—一九二〇）是著名的法國動物學家、比較動物解剖學、生理學專家，諸多法國當地與法國境外之研究學社的重要成員，專題著作產量豐富；除了拒絕達爾文學說，也反對當時相關之基因研究所提出的新解。

18 同上著作，頁二六六。

有中介之物。我們何不假設，串聯的回憶並沒有因此告結，在這些了無痕跡的回憶之外，總還有另外一些回憶並非如此地不清不楚，緊接著，則是某一類型的夢境，裡面收納的，全是簡單又單純（已發生了）之回憶？針對這一類型的夢境，我們或許會提出某些詮釋，例如，說是回憶之所以無法完完整整地再度浮現，全是生理感受作祟的緣故，而且，雖然這些生理感覺是很模糊的，卻足以滲透到夢寐裡，並讓我們持續地感受到外在的世界：不論與外在世界的接觸面是不是愈來愈小，但無論如何，外在世界裡的任何一絲一毫的事物都無法左右夢中層層形像的排列順序，到頭來就是，成串成鍊的回憶順著昔日的時間順序一一重新登台演出。可是，即使我們可以把夢境中的景象做上述之分類，卻也沒有任何事物可逼迫我們去接受，竟然可以如此斬釘截鐵地從夢的領域跳躍到純粹無他物之回憶的領域。我們大可說，回憶這東西，若以上述觀點來定義的話，並無輕重深淺之程度可言：某一精神狀態，它或者是回憶，或者是其他東西：但絕不會是其中一部分是回憶，另外的，則是其他東西。或者，我們也可主張，有些回憶是殘缺不全的，然而，並不會在同一場夢中，殘破的回憶又去混合著其他成分，理由則是，縱然某一段回憶是殘缺的，但只要我們去把它掏出來後，它就會成為所有其他事物的反面，就如同往日對立著今日，至於夢，對我們而言，它所有的篇章看起來，都彷彿是現在進行式。一名演出中的舞者，他僅以腳尖觸地，同時也給人飛揚的印象，但其實他依然難以擺脫重心引力的法則以跳離這個世界，同樣地，夢也無法跳脫這類條件的約束。因此，我們並不能總結出，就夢而言，有些夢，相較於其他夢，是更類似於我們的回憶，另有一些夢則是毫無雜質的回憶。斷然地從某一歸類過渡到另一歸類，坦白而言，如同是在本質相違的範疇中跳躍。

假若人在深睡時，最典型的精神活動是去回想起層層疊疊的回憶，如此說來，在入睡前，不只必須轉移對於當下時間，以及正在我們腦海中流轉的即時回憶（souvenirs immédiats）的注意力，也必須拋棄各形各色的回憶，並在感官能力可觸及的瞬間，去凍結記憶的各級活動，整體說來，這不免是非常怪異的事情。然而，這正是某些人做過的事情。卡普龍先生認為，他曾經觀察到，人在剛跌入夢鄉的時候，都會經歷某一發呆恍惚的狀態，在那時候，「若要去回顧回憶是很簡單的，而且，持續性高、產量豐富」。不過，緊接著，則必須去「克制清醒時的活力」，隨之，我們就會進入一種狀態，「產生一股真空又虛脫的力量，它把我們深深扣住：在那空虛中有一道澄音，甚或是其他帶著節奏的形影」。在這之後，卡普龍先生又指出，人將進入某一特殊狀態，但他強調，是在經過長久練習之後，才能捕捉到這卡在真實的夢境之前的特殊狀態。「所有使之韻動的因由都消寂了，然後，我們便悠悠地眼觀著一幅幅極簡、短促的畫面，宛如流轉不止又一閃即逝的開花景象……這些畫面都是相當簡潔實在、各自獨立、歷歷分明……似乎我們身歷了某一特殊之潛伏系統（人在清醒的時候，面對真實時的意識）的瓦解過程，其組件，在消失之前都使力地振動著。就如同此一系統的諸多元素（例如，方位此一基本觀念，或是我們周遭的人、我們見過的人，諸如此類的概念），都迸射出它們最後的一絲閃光[19]。」因此，那些被用來歸

19 同上著作，頁一八〇。

類、裝置人清醒時才有的形像的「蘿蔔坑」都應該消失不見，如此一來，一套新的系統化作業方式才有可能實現，也就是，做夢這套系統化模式[20]。可是，這些「蘿蔔坑」也都是當我們處於清醒狀態時，用來回想起種種回憶的地方。於是，似乎人清醒時的感知與回憶、這一整體系統，是我們進入夢鄉時的絆腳石。

相反地，如果我們有時不知道是不是該醒過來，或者、如果有時我們在片刻間還是清醒著的，也就是處於某一中介地帶，那既不是真的在睡夢中，也不是矇矇醒著，這是因為我們無法去躲避，安置著最後在夢中所見之形影的坑坑洞洞，也就是說，人清醒時之思緒的諸多架構，與夢中的諸多架構，彼此是不協調的。以下夢境的例子，或許很清楚地呈現出此一不協調的問題：「這是一場令人感傷的夢。我跟一名年輕人在一起，他長得很像我一名學生，那時我們兩人在一個房間內，大概就像是監獄的候客室之類的。我是他的律師，我應該跟他一起草撰（？*）有人吩咐我：就你所能，盡量多描述些細節。不知是犯了什麼罪，這名年輕人將被吊死。我為此哀嘆不已，我想到他的父母親，我很希望他能逃過一劫。——夢醒之後，我依然悲傷不已、深感憂愁，以致於我還一直思索著如何能幫他找到生路（假使他的確陷於此境）。我想像，我正在一座大城市裡，然後，思路又把我帶領到猶如廣漠的區域裡，到處是高大的建築物，建築物裡頭有商場、餐廳等等（這是我經常在夢中看到的景象，一成不變，跟我人清醒著時的回憶毫不相干）。但是，我很清楚，同時之間，在現實生活裡，在我居住的城市裡，我從沒有去過像那樣的地方，地圖上也從沒標示過。」我之所以會處於如此之狀態，很可能是由於夢境之濃濃憂愁的關係，以致於當我醒過來後，依然無法自己，始終淹沒在夢寐之惆悵中。我深深以為，我同時處於兩座不同的城市，其中之一是夢中所見，然後我就強迫我自己，在其中之一的市景裡，去尋找另外一座城市的景象，但終究白忙一場。

I-ii

人的諸多思想框架在清醒時和在做夢時的差異
Différence entre les cadres de la pensée de la veille et du rêve

夢中所思與清醒時之所思，這兩者之間，有著根本性的差異，它們各自並非在相同的架構中發展。這正是莫里、佛洛伊德這兩大學者的見解，即使他們各自的構想不盡相同。當莫里把夢跟某些形式的精神錯亂（**aliénation mentale**）互做比擬時，他的看法是，在這兩種情況下，當事人

20　非常幸運的是，德拉庫先生（Delacroix）已替夢中所見景象的組織模式下了定義：「心理系統瓦解的多重可能」。〈夢的邏輯結構〉（La structure logique du rêve），《形上學與道德學刊》（*Revue de Métaphysique et de Morale*），一九〇四年，頁九三四。譯者注：Henri Delacroix（一八七三—一九三七）是哲學家、心理學家，柏格森的弟子，曾在多所大學執鞭，後為巴黎索邦大學的文學院院長。

*　譯者注：原文於此是括號內打一個問號。

是活在一個只屬於他自己的世界，在那裡，人際、事物、言詞等等之間，都彼此建立起層層關係網，但只有對他而言才具有意義。做夢者，如同瘋瘋癲癲的人，跳出了真實的人世間，忘卻了諸多物理規則甚或社會慣例，非常可能的是，當事人正走在一條內心獨白的路途：同時，他也打造了一個物理與社會世界，在那裡，出現了嶄新的規則、慣例，卻也不停地修訂。然而，當佛洛伊德賦予夢中所見之內容一個滿載著諸多徵兆的價值（**valeur de signes**），而且，又努力在當事人不欲人知的憂愁中，去挖掘此一價值的意義時，說穿了，其實也是了無新意。事實上，假使我們依然堅持佛洛依德在夢境上大做文章的內容，我們不免會因其毫無意義又雜亂無章而感到驚訝。只不過，對我們而言，一無可取的東西，對其他為之絞盡腦汁的人而言，卻是另外一回事，而且，他們認為，有一套夢的合理邏輯可用來解釋所有這些互相矛盾之處。另外，或許可確認的是，佛洛伊德也不打算就此歇手；他煞費苦心、努力思量著，如何以做夢當事人不欲人知的煩憂苦悶來詮釋夢境的表面內容；他甚至想出，當事人為了在夢中表達出一己欲望已被滿足了，但又因為必須掩飾其欲念之本質，以致於還有一個第二個我（**un second moi***）在此內心劇場（**théâtre intérieur**）中極盡禁止之舉，所以，當事者又必須去躲過監察、顛覆層層猜疑：於是乎，夢的象徵性格便不得不然。偏偏佛洛伊德提出的諸多詮釋既複雜難解也游移不定：往往必須把大白天醒著時發生的某一事件與夢境中的某一作為互相配對，還必須引進種種想像不到的意念，並再加以結合成組，更何況，佛洛伊德往往也不是只堅持著某單一詮釋：他把某些詮釋系統重疊在其他兩套、三套或四套詮釋系統上，當他歇手時，又刻意暗示著，其實他還可提出其他可能的關係配套，若他不再多言，也只不過是因為畢竟必須做個了結。這便意味著，人清醒的時候，我們看到的形影就是形像本身，每一形影只代表著一個人、每一物體只會出現在某一特定地點、每一動作只會有一項結果、每一句話也只有一個意思，若非如此，人們在漫漫萬物中將不知所措，彼此無法和平共處，在睡夢中，符號象徵取代了每一現實，但這些符號卻又不受上述規則的約束，嚴格說來，這正是因為在夢中，我們與外在事物都不再有任何瓜葛，與其他人也再無任何關聯，我們只跟我們自己打交道：既然任何人、任何物理性力量都無法阻礙我們只跟我們自己打交道，所以，無論是哪個語言、哪種形態，都能表達此時此刻出現在腦海中的任何蛛絲馬跡。

因此，夢中的世界與人清醒時的世界之間，存在著根本無法理解的矛盾，我們在其中某一世界中的所為所思，都可在另一世界中保存著如游絲般的回憶，這是怎麼做到的？白天醒著時的回憶，我們常說那是某一完整場景被忠實複製後完好無缺的回憶，它是如何在我們稱之為夢、在那一系列圖像—幽靈（images-fantômes）中找到落點的？這如同是，我們打算，以只聽從個人任性之為的事實範疇，來打造出遵循著物理與社會法則的真確事實之範疇。再來，若以相反角度來看，我們又是如何在夢醒之後，還能保留著夢中回憶的任何一絲一縷？這些浮光掠影錯亂無章，它們是如何鑽進我們清晰的意識呢？

* 譯者注：佛洛伊德的人格理論有三個我：本我（Es / Ça / Id）、自我（Ich / Moi / Ego）、超我（Über-ich / Surmoi / Super-ego）。一九二三年佛洛伊德出版了《自我與本我》（*Das Ich und das Es*），本書則於一九二五年出版。

有時，醒來之後，我們腦海中依然保留著夢境中某一鮮明無比的景象，但我們並不知道到底記憶是如何做到的：就像潮水退卻後，卻依然有些小小的水塘淺躺在岩石上。而夢中畫面，有時候，卻是由於在它之前已有其他畫面，才因此互有區別：每一景象都可鋪陳出一則故事，每一畫面都是所有其他畫面組成的連環畫的序曲；偶爾，這些圖像獨自漂流在沒有任何方向的時光隧道裡；無前無後，再也無法看清楚，究竟這些圖畫彼此間是如何互相聯繫的。總之，若說事後，我們以某一幅景象為起點，接著大致去依循在意識中一一延伸出來的線索，偏偏在這之前的一切，我們卻是什麼也摸不著。我們也很清楚，這些畫面絕非無中生有：我們可感受到，在那將每一畫面與過去隔離開來之螢幕的背後，在我們的記憶深處，佇立著一堆堆回憶。只不過，我們卻無任何工具可用來捕捉這些回憶。每當最後我們終於看到了螢幕以外的天空，或者，當每一畫面本身，一開始是混濁不清的，然後逐漸變得愈來愈清澈，甚或是，在睡夢中，我們透過了某一圖像而分辨出某些事物、事件的輪廓，且因此明白這些事物與事件是發生在該圖像之前時，記憶如此矛盾之作為，不免讓我們百感交集。在每一夢中景象本身，乃至於緊隨在後的其他景象，其實，我們都沒有任何支點可用來讓我們回到每一場景發生之前：在某一圖像以及之前的圖像之間（這是為何它看起來像是起點），並無任何具體明白的關聯。我們是如何從某一畫面跳到另一畫面的？每一畫面以及所有與之相伴隨者，成群結隊後，勾繪出一幅大體合情合理的圖畫，圖畫中不同的組件彼此扣合、彼此支撐，宛如一封閉世界——我們始終無法明了的是，當我們被困在裡面，而且所有穿梭在內的路徑都可帶領我們進入那個世界的時候，我們竟然可以在走出某些角落後，又緊接著鑽進其他地方。這如同是從某一張地圖跳翻到另一張地圖，我們卻不是很清楚，到底通道在哪裡，所以，我們也不是很明白，為何後面這張地圖像是不得不使盡力氣般擠向前面那一張：對我們來說，即使這是空間的某一嶄新面向之存在證明，但其實還是混濁不清。

不過，當我們回想起夢的時候，記憶真的扮演某種角色嗎？那些嘗試著描述睡夢中種種影像的心理學家都承認，這些映像漂浮不定，所以，必須在一醒來後就馬上記錄下來：否則，難保我們不會用一堆事後重建的事物來取代夢境，以致於最後再怎麼說都不免是扭曲之物。總之，所有經過大概就是以下這麼一回事。當我們醒來後，我們隨之回頭去翻看夢境，我們總會覺得有一系列的影像，其中某些異常逼真鮮活，但全在腦海中懸而未決，就像是在一灘剛攪拌過的液體裡的顏彩。就某程度而言，我們的心智都還沒跳脫出來。我們都知道，如果我們不急切地把所有心智狀態之注意力都灌注在這些影像上，那麼它們就會漸漸地消失，而且，我們也已感覺到，其中某些形影早已消散無痕，再怎麼努力都無法把它們再次捕捉下來。於是，我們便把它們固定下來，把它們當作像是我們的感官世界以外的事物，也正是在這個時候，我們把它們放進人清醒時的意識之中。從此之後，當我們再次想到它們時，湧現的，並不是醒來的時候所看到的形影，而是那些形影被固定住的感官感知。我們大可相信，記憶觸及夢境的門檻：但實際上，那是間接的，那是透過被我們順利地固定下來的那些東西，也都是我們往後可辨別出來的事物；那是清醒時的形像，全是醒來後的記憶重新打製出來的。當然，有時候，在夢醒後的白天裡某一時刻，或是更晚之後，某些沒有被我們成功固定下來的夢境，在我們一清醒時卻馬上湧現。即使如此，過程卻是一樣的：它們依然出現在腦海中，然而不知基於什麼樣的原因，我們的心智並沒有熱切地抱住它們，只有在瞥見到它們的時候，我們才注意到它們的存在，如果我們不刻意地把它們固定下來的話，它們便從此徹底地消失殆盡。

因此，在上述過程中，裡面其實有著我們所謂的針對某一夢境的回憶，而且，可區分出兩個截然不同的階段。第二個階段是一套記憶的過程，其流程與所有記憶大同小異：我們取得一段回憶，將之保留下來，我們會想到它，也認得它，最後在我們清醒的時候，我們替它在時空中找到一個位子，然而，我們卻是在人醒著的時候，捕捉到這段回憶，也就是，間接地在前晚睡眠中捕捉到的，在睡夢中，我們都知道我們做了這場夢，只不過，很難指出確切的時間點；至於第一階段，簡單說來，那就是在我們清醒的時候，某些浮光掠影在腦海中漂蕩，但那並不是回憶。

針對最後這一點，我必須在此稍做說明。其實，回憶不就是如此嗎：一截勾起過往的影像，然而卻揮之不去？總之，柏格森提出的主張是，雖說回憶—習慣（souvenirs-habitudes）或者是回憶—運動（souvenirs-mouvements），都相當於不時也重複縈繞著我們的心理狀態，至於回憶—圖像，則相當於只發生過一次的心理狀態，換句話說，每一截回憶—圖像都有日期，都可在昔日年華中找到一個明確的時間點，如果我們接受柏格森此一論調，我實在是不明白，夢境中的形影，若以它們在我們清醒時展現出來的樣子而言，是如何能夠套進他提出的回憶類型中。

夢境中的形影並非是回憶—習慣，這是因為它們僅發生過一次：當我們感覺到它們的時候，它們並不會讓人興起某種似曾相識的感受，當時的感覺也沒有伴隨著某些我們經常把弄的事物、或是來往的人們[21]。不過，那也不是回憶—圖像，這是由於它們都無法「在昔日年華中找到一個明確的時間點」。很可能地，我們都是在事後才去安置一個時間點；我們可斷定的是，當我們睡醒的時候，那些浮光掠影都是在剛結束的那個夜晚中製造出來的。但究竟是什麼時候的事？誰也不知道。假設我們都忘了去標注，到底這些形影是從哪一個時間點到另外哪一個時間之間出現的，偏偏（有時例外地）在好幾天或是數個星期後我們才想起它們，其實也沒有任何方法可讓我們找到它們發生的日期。

實際上，在這裡，我們並沒有任何基準點可資參考，但若沒有任何基準點的話，所有清醒後發生之事件的任何回憶都是不可捕捉的。這便是為何當我們想起清醒時發生的事件或是回想起夢中所見的景象時，這兩種回憶方式是不同的。若說我們都曾感覺到（雖說可能是一番幻覺），我們的回憶（我所謂的回憶，牽涉到的是，人清醒時的意識）都是以固定不變的順序安置在我們的記憶深處，又，若就此而言，昔日一整序列的形影，相較於現今眼前的一系列的形像或是幻像，也就是我稱之為外在世界之事物者（objets du monde extérieur），都是一樣地客觀實在，這是由於這兩大系列都被套在穩定不變的架構中，而且，這些架構都不是我們一己所為的後果，卻都從我

21　卡普龍在先前提及之著作中的頁八十四、頁一三三說道，我們無論是在夢中還是清醒的時候，都「認得出來」某些事物與人們，也就是說，我們都明了，到底我們看到的是什麼，他的說法是正確的。不過，就夢的所有場景之整體而言，並非全然相同：在夢中，相反的是，每一場景看來都是煥然一新的，都是即時發生的。

們的身外約束著我們。因此，若說回憶可重覆激起某些短暫情懷（這卻是比較罕有的，在時光隧道裡的定位也比較模糊），尤其是當它們反映著我們生命中的某些故事時，其實回憶不僅讓我們回到過去，也引領我們進入某一時光，把我們重新安置在某一群體生活的氣氛中，即使我們自己也會撿到其他一些逝去歲月的斷簡殘篇，但回憶激起之群體生活的氣氛，的確是存在著的，且就在我們的周遭。這跟我們試著去感受到別人的情愫，繼而又確切說出一己感受，其實是一樣的事情，或者是，我們利用別人的記憶來方便充實自己的回憶，縱使只是拼出其中一部分而已，但終究說來，跟上述所言，也是一樣的事情。這並不只是因為隨著時光流逝，過去某一段時期與現今當下的距離會愈來愈遠，以致於愈來愈多的回憶都離我們遠去；其實，這是因為我們已經不再跟相同的人一起過日子：雖然有些人可作證，也都可提醒我們那些已消逝的陳年往事。有時候，只不過是因為遷居、換工作，或是家庭成員改變了，甚或遭逢重大事件，如戰爭、政治革命等，進而徹底改變了我們的生活圈子，以致於昔日那麼幾段歲月，最後僅剩下一小撮追憶。反之則是，去拜訪年少時期曾生活過的地方，意外地遇到童年玩伴等，都會喚醒我們，讓我們的記憶「鮮活起來」：我們的回憶並沒有被撤銷；只不過是這些回憶都保存在別人的記憶裡，而且，都是以未曾改變的樣貌儲存著。無須感到意外的是，我們再也無法以一模一樣的方式去回想起某些只有我們自己才能感受到的形像，更何況，是以一一在夢中先後出現的那種。

這便可用來解釋我注意到的一項事實，那就是，在夢中，從來就沒有產生過真實無誤又完整無缺的回憶，遑論是跟我們清醒時所能回想起的回憶同一個樣子，而且，我們的夢境，都是由殘破的回憶拼湊出來的，否則就是斷簡殘篇、混雜成堆，以致於我們根本也認不出它們原有的樣子。所以，我們根本不需感到大驚小怪的是，在夢中，我們完全沒有像是在沒睡著時那般確切真實的感受，人醒著時的感官感受，會要求我們保持著一股反思自省的注意力，這些感官感受也會呼應著某些自然而然的人際關係，亦即我們自己，以及所有其他人都有經驗的人際關係。同樣地，假若夢境中的一系列形影並沒有包含所謂的回憶，那是因為若要回想起一段回憶，那就必須能夠推理、比較，並且能夠感覺到跟某一群人息息相關，也正是這些人才能保證我們的回憶的真實程度，很顯然地，上述所有這些條件，在我們睡著時都是不存在的。

以這樣的方式來思索記憶，至少會引來兩大反對的聲音。事實上，有時我們會去回憶過往，這未必是為了重新探索某些故事，縱使多加認識這些故事，或許還是有幫助的，但往往這只不過是為了在思路此一小徑上，重新活過一段已消逝的人生歲月，順便淺嚐那種也無風雨也無晴的愉悅。盧梭曾說道，「經常呢，為了消卻當下的苦痛，我會去回想我生命中的不同經歷，讓我懊悔的往事、感到甜美的回憶，或是令人惋惜的時刻，勾起的每一觸動，都伴隨著在片刻間讓我忘記苦痛的溫存。」我們都明了，往往是透過昔日的種種映像，我們才可與最隱密的自我保持接觸，也正是這一不欲人知的自我最常躲過外在世界的干擾，尤其是來自社會生活的塵埃。我們也一清二楚的是，如此廣闊的回憶，它們若非處於固定不動，否則就是一成不變的狀態，它們彼此依照某一我們無法再做任何調整的順序而靜置在時光隧道兩旁，我們曾經第一次穿越它們，隨後它們便以當初第一次之面貌再現，在任何中介地帶，它們都不會因任何改變力量動搖。另一方面，這也是由於我們都相信，回憶就是那個樣子，自始至終都是一樣的面孔，我們都拒絕相信，人的心智是可以回想起所有的思考活動。帶著清晰的腦子去做夢，或是想起什麼來著，在這兩者之間，我們只看到細微的差異。對走向當下時間的意識而言，回憶是格格不入的東西，可是當意識轉頭面向回憶時，回憶便會在意識的眼下逐漸一一攤開來，否則就是入侵意識的內庭，同時又要求意識應該跟真實的事物一樣，不需再抗拒，亦即，一旦我們的精神狀態是輕鬆自在的時候，便不再以任何實用觀點來看待回憶。我們不免承認，上述所言，無論是在靜觀沉思中，還是在層層回憶裡運作時，都是很特別又不常被拿出來使用的官能（faculté），尤其，我們總是試圖去做出某些反應；最終不過是一項毫無作為、靜觀好戲上場的官能，或者是做出適度的反應，程度剛好拿捏到足以讓靜觀好戲的印象不致於不知不覺的。總之，誰也看不出所以，何以回憶是截然不同於夢中形影，也猜不透，為何回憶不會偷溜進去夢境中。

此外，勾起回憶這個舉動，正是讓自己徹徹底底地進入內心深處之舉嗎？我們的記憶，真的是我們一己專有的領域嗎？當我們躲到昔日光景裡，我們是否可說，於是，我們遠離塵囂，並把自己鎖在「自我」裡面？若說所有的回憶都是跟代表著除了我們自己以外的任何人之形影綁在一起（即使這些影像無法構成一完整內容），這是可能發生的事情嗎？大抵無誤的是，我們可以回想起某些我們獨自經歷過的事情、我們曾經隻身遊覽過的景色，尤其是，總是有些感情與想法我們從未告知他人，也一直如祕密般保留在自己心中。但是，若說針對在某一獨自漫步中所見之事物能保留著明確的回憶，那必然是由於我們已把它們放在某一地理定點上，並且在那個地點上，我們已確定了它們的形態、名稱，在彼時，我們曾為之動過腦筋。所有這些地點、形態、名稱、省思等都是一些技巧，但正是透過這些技巧，我們的智能才可捕捉到過往的資訊，如果沒有這些資訊，過往對我們而言，也不過是一團模糊不清的掠影。自然探勘者都必須去記下旅程中不同階段的細節；日期、地圖上的標記、必要的一般詞彙、或者是一些草圖，這些就是他用來固定回憶所在地的釘子，否則，任何回憶將只淪為夜夢中一閃即逝的浮光。

有些人指責我，竟然只是在回憶的最外圍打轉，而且，一碰到記憶的表層就駐足不前。不可否認的是，所有這些不因人而異的指標，其價值，只不過是有助再次尋獲、二度生產那早已煙消雲散的內心狀況（**état interne**）。這些指標本身，並不具有任何可勾起什麼來著的價值。當我們去翻看一本相簿時，或許裡面有些人正是我們的家人、朋友，他們都曾在我們的生命中扮演過某些角色，因此，每一張影像都栩栩如生，都變成一個透視點，讓我們在轉瞬間便感受到昔日歲月中某一或某些特定階段；相簿中或許也有陌生人，我們的目光漠然地流轉在這些早被遺忘的面孔、不再時興的裝扮之上，我們卻什麼也想不起來。不容置疑的是，往往是在某些環境下，我們才能體會到某些情感，因此，對於某些感受的回憶，是無法與當時場景的回憶分開來。並沒有任何內在路徑可讓我們直接了當地去碰觸一些早已消逝的痛苦或喜樂。在〈奧林匹歐的憂傷〉（*Tristesse d'Olympio**）中，詩人要去拾起一己回憶之前，要在回憶中激盪出真切不二的往日情

---

* 譯者注：這是法國文豪雨果（一八〇二—一八八五）於一八三七年十月寫成的長詩。

懷之前，首先去挖掘的，就好比如是其陳年追憶的片段，然而，這些碎片都一直掛在樹梢、圍牆、路上的籬笆等等之上。如果我們想要從某些人事物裡整理出個頭緒，且儘管這些人事物的經常可見且永恆不變的形像，就如同思想、人類活動的一般架構般，都是輕易可尋的，但結果是，我們在昔日曾呼吸過的心靈中尋尋覓覓卻空手而回，伸手不可及的幽靈可比我們的夢寐，一旦不在眼前，便不可觸及。我們不應幻想著，往昔的意識狀態僅有純個人層面的性質，也全都深藏在記憶底層，因此，只要「轉頭面向那一邊」，就可以重新捕捉到它。其實，只有當過去的意識狀態牽繫著一些擁有人際交往之意涵的形像時，我們才會經常去想像，自己身為某某社群成員的事實，例如，「咯吱咯吱響著的車子在夜間歸來」、「讓施捨榨乾了我們的錢財的那一棟破房子*」等寫景，這類寫照，在我們昔日的內心世界中，始終刻畫著痕跡，以致於我們總是可以重新拼出部分剪影。

對於記憶，當今某一主張則是，意識狀態一旦成形了，便擁有毫無時間限制的生存權：意識狀態便以那個樣子延續著，但也加掛在過去之殘留者之上。在這層層意識狀態，以及「當今地圖，或是現在此一時間點」之間，我們必須去想像，心靈是在其中漂流著的。總之，單只有圖像、想法或是眼前的省思，是不足以重新勾勒出一幅逝水年華的圖畫。最後將只剩下一種方法可用來激盪出「純粹的回憶」：那就是遠離現在這個時間點，鬆弛理性思維的發條，任由我們漂向過往，一直到我們觸及昔日歲月的真實點滴為止，而且，這些過去點滴，自從以某種存在形式固定下來之後，便始終以那樣的姿態佇立著，彷彿該存在形式會將這些真實故事永遠套牢。在這些回憶藍圖與當今時間點之間，應該有一過渡地帶，在那裡，無論是感官知覺，或是追憶懷思，都不會以純粹狀態現身，就像是回憶自水底上升，又快浮出水面時，自己會轉化、改變面貌，也會由於閃爍之智能的運作而腐敗。

事實上，我們都可觀察到，是我們的記憶中的心智狀態轉身投向昔日歲月中的某一過渡地帶，但是，這一心智狀態從來沒有觸及過往的中介地帶，而且，該心智狀態往這一中間地區去聚合它所有的元素，尤其是那些應該可以讓它去測量、描繪出該中介地帶的輪廓與痕跡的元素，只不過，就過去之範圍本身而言，這一心智狀態從來就沒有觸及到過去的任何邊緣。因此，既然沒有任何證據可證明這件事，為何仍要假定回憶始終佇立在那裡？更何況，我們能夠說明回憶是如何被重新製造出來的，甚至根本不需要承認回憶是始終殘存著的。

我們的心智藉著某一項舉動（那的確是一種舉動）來奮力地在記憶內層挖掘出一絲絲回憶，嚴格而言，這一舉動看起來，跟心智試著將當下諸內心狀態形露於外的作法完全相反。這兩情況各自之困難所在，實際上，恰好相反，難以相較。當我們去表達心中所想或是所感受到的，往往我們也僅滿足於去使用一般語言中的普通用詞；有時，我們會用比較法；我們努力地去結合代表

* 譯者注：這兩詩句均摘自〈奧林匹歐的憂傷〉。作者摘錄該第二句詩時，將原詩句「la masure où l'aumône avait vidé nos bourses」中的 la masure（破房子）誤植為 la barrière（壁壘）。本書原文（正文、注釋）中偶有這類抄寫、拼寫、列印編排、乃至大小寫混淆等等之錯誤。假若無關其他語言（如書中的德文、希臘文、拉丁文等），譯者查證後，僅標示正確拼寫方式，不再註明、對照原文誤植之內容，也不再逐一指出每項錯誤。

著普遍性想法的詞彙，然後，便愈來愈逼近一己意識狀態的外圍地帶。可是，在印象與表達之間，總存在著一段差距。由於一般性想法和思考方式的影響，個人意識總會在面對著某些非常規性之意識狀態的時候，習慣性地轉移自己的注意力，以致於，若以一般語言來轉達時，往往詞不達意。我們便是用這樣的方式去解釋，為何某些病人在描述他們的感受時，總是顛三倒四的：一般正常人或許都毫無知覺的某些生理感受，但對這些病人而言，則由原本模模糊糊的感知，轉向愈來愈強烈的感受，而且，由於沒有任何言詞是為他們量身訂做的，所以，他們不得不使用毫不適當的詞彙來表達這些感受，以致於到最後就變得愈來愈聽不懂[22]。可是以眾多其他情況而言，結果也是如此的。人在表達時，總有一道鴻溝，其距離遠近，正是個人意識要去適應正常生活條件時的差錯。

反之，當我們追憶敘舊時，我們是從現在、近在眼前的一般性想法、當今社會都接受的語言和基準點等等出發，換言之，就是以各類伸手可及的表達方式為起點，而且，我們會去做諸多組合，目的在於能重新探得逝水年華中的某一漣漪、某些表情中不露神色之處，或某些事件中難以言明者，普遍說來，就是為了去發掘昔日種種意識狀態。然而，此一重建不過是靠攏而已。我們都可以感覺到，陳舊的印象中，總有一些個人因素是無法以上述方式提煉出來。印象總有一些空白，其尺寸大小，正是以當今社會生活之理解去裁奪過去在個人範圍內，並非渾然不覺之生活條件時而發生的差錯。

如此說來，那又該如何解釋，有時候我們會由於這一空白在突然間自己填滿而感到詫異，我們深信早已遺失不見蹤影的一段回憶，卻在最不經意的時刻浮現出來？當我們跌入悲愴的深思，抑或美夢時，我們生命中的某一段時期、過去生活中的某些人物、某些思緒，都沒有與我們現今的情緒相違，也似乎因而在我們的心田中重新滋長：那都不是抽象的模式、細緻的工筆畫、透明無色的生物；相反地，我們都有這樣的幻覺，以為重新拾得了那段毫無改變的過往，而這不過是由於我們自己重新走進了那曾穿越往日時光的一幕幕場景。再者，既然我們一跟真實的過去搭上線後，幾乎同時之間，也跟某些外在事物聯繫上了，我們可以在這些外在事物的外圍打轉，而且，與其只去找到某些遍尋不著的東西，卻是過去抓住了我們，並讓我們透過它而看到諸多已被遺忘的蛛絲馬跡，如此一來，又該如何懷疑其真實性呢？這一次，不再是我們的心智出遠門去召喚過往的回憶：而是回憶向我們招手，它們緊緊抱住我們，要我們與之相認，譴責我們竟把它們忘得一乾二淨。因此，這是在我們的內心深處，猶如在長廊的盡頭，在那裡，只有我們而已，我們卻可以跟自己許諾，陳年回憶將重回我們的懷抱，或者是，我們舉步走向它們。

22　布隆德勒（Ch. Blondel），《病態意識》（*La conscience morbide*），一九一四年出版。譯者注：Charles Aimé Alfred Blondel（一八七六—一九三九）是法國哲學家、心理學教授、醫生，法國實驗心理學之健將，對精神分析之科學可信度多有批評，因《病態意識》一書而聲名大噪。某些資料指出，他在史特拉斯堡大學任教時期與年鑑學派之史家熟稔，甚或因此對年鑑學派之「心態史」（histoire de mentalité）研究多有啟迪。讀者可注意到，本書對於布隆德勒多有批評，故於一九二五年出版後，布隆德勒也毫不客氣反駁，本書作者之回應則可見於《*La Mémoire collective*》（集體記憶，首版，一九五〇年），但其主要內容，卻也涉及他對於史學研究取向的看法。

可是，像這類的填充劑又是從哪裡來的？它膨脹了某些回憶，甚至賦予它們真實生活的面貌。是那些回憶保留了過去的生活嗎？難道不是我們曾去跟這些追憶告知我們現今的生活？或者，其實這是一段從當今時間擷取出來的生活，像是借來的，它能維持的時間，也不過相當於轉眼即逝的激情，或者是一時之間的感傷情懷？當我們從此放手，任憑想像去重新打造一串串的事件，也就是說，跟這些故事牽連在一起的思維感動了我們自己，或者讓我們憐憫起他人時，尤其是當我們又重新回到當初發生這一串故事的地點時，若非不是我們自以為捕捉到了那些曾眼睜睜看著我們漫步走過的建築物的正面牆上的遺跡，或者以為在那些大樹的枝幹上，在老人家凝視的雙眼裡，都曾於同一片刻負載著我們自己，因此留下痕跡乃至同一段過去的追憶，否則便是我們又特別注意到，竟然一切都不一樣了，我們曾經熟悉的古老景物已所剩無幾，以致於我們變得對萬物之跌宕起伏額外敏感，反之，當今某些事物占據了在我們短促或狂熱的迷戀中早已消逝之布景的所在地，若一念之間，一筆勾銷這些事物，似乎不是那麼地痛苦，偶爾也會發生的情況是，由於似曾相識、新舊對照，再加上我們的省思、欲望與懊悔，以致於我們的心理與生理組織備受震撼、產生幻覺，讓我們誤以為的確陷入往日情懷的泥沼中。緊接著，在一番來來往往之後，我們重新整理出來的圖像，便借給我們現今的情懷一種具體實在的感覺，眼睜睜地，此一真實知覺，也將我們一手塑造出來的圖樣轉化成至今仍存在的事物，另一方面，當下的感受，不僅僅依附在這些畫面上，也溶解成昔日歲月中曾形影相隨的情感，以致於當今的樣貌便隨之斑斑剝落。所以，我們便同時以為，過去在當下復活了，而且，我們走出現在，重新回到過去。只不過，這一切都不是真的：我們唯一可確定的是，當我們現今的感情走向回憶、投入回憶的懷抱時，回憶，就如同種種其他形影，偶爾會仿造我們當下的情懷。

I-iii

記憶不會讓過去復活，記憶重建過去

La mémoire ne fait pas revivre le passé, mais elle le reconstruit

究竟到哪個程度而言，過去會真的會帶來幻覺？回憶真的會在我們的意識中帶來種種回憶都是千真萬確的感受嗎？就好像是，回憶宛如某些恍惚的影像，以致於我們把它們跟某些知覺混淆在一起？在有關於夢的解析裡，我們已經討論過這一點，現在則是要更徹底地來看這個問題。有些疾病，或是精神狂熱狀態，都與記憶相關，一般稱之為記憶錯誤（paramnésies），大意是：假設我們第一次到達某一座城市，也是第一次看到某一個人，但我們卻認得這地方、這個人，就好像是我們早就見過了。我們以下要討論的幻覺跟記憶錯誤恰好相反：這意味著要去探究，當我們從一座曾經造訪過的城市回來，或者是，我們想像正身處在一座曾經去過的城市，我們會不會自以為我們又回到當年我們初次造訪的年代了，我們會不會又再度充滿好奇驚異的感覺，卻又渾然不覺其實曾經有過這些感受。在更普遍的狀態下，夢，它或許是被好幾段當下意識乃空無一物的

過渡時期給淡化掉了的幻覺（假若我們並非一直處於夢境中），而在醒著沒睡著的時候，難道沒有任何深深刻畫著記憶的種種幻覺，它們打斷了諸意識狀態的進程，以致於我們把曾經歷過的歲月跟當今現實攪和在一起？

終究說來，一定有些人想盡辦法要去汲取這類幻覺，而且，他們也自以為做到了。有些神祕主義的信徒（mystiques）一再地回味他們的顯聖經驗（visions），似乎也因此讓他們度過好幾次逝去的歲月。最終要追究的則是，那些再度浮現的東西，是否的確為回憶本身，或者只是慢慢拼湊出來的扭曲圖像。假使我們排除了這類想像極可能扮演了主要角色的例子，然後，假使我們開始去思索其他例子，例如，無論是有意還是無心，我們想起了一段原始又完整保留下來的回憶，也就是說，我們還沒有從這段原始回憶提煉出任何感知，因此，假使把對於某一感知或是某一感受的回憶，都當作是該感知或是該感受本身，似乎都是不恰當的。這並非是因為這些在我們清醒時跑出來的回憶牴觸著我們當下的感知，更何況，面對著這類追憶，當下的感知常發揮著裁減濃縮的作用。其實，我們都可因此推測出，我們的知覺感官會消散、衰弱，以致於過去的形影往往又更加強烈，於是便這樣地占據我們的心頭，而且，看起來竟然還比當下的形像更逼真生動。不過，這是永遠都不會發生的。甚至沒有任何東西可以證明，一旦我們的知覺感官衰微了，這便是去喚醒層層回憶的理想條件。我們總藉口說道，如果老人家的知覺感官遲鈍了，那他們的記憶就甦醒了。可是，為了去解釋老人家們比其他人更常去回顧過往，且往往追想起一串串回憶的現象，似乎只需點出，他們的興趣跟他人不同，他們的省思漂流不定，但他們對於現實的感受，其實並沒有降低。更何況，相反的是，當我們更投入現時世界，受到種種外在世界的刺激後，我們的心智將變得更有彈性，精力也更充沛，我們的感覺器官也將更積極活潑，回憶便會變得更清晰、準確、完整，勾勒出來的影像更生動，也更繽紛亮麗。追憶起過去的官能是跟心智清醒時的整體官能緊密相關的：一旦整體心智能力衰微了，追思的能力也會跟著衰退。所以，如果我們並不會把回憶跟當下真實的感官混淆在一起，其實也沒有什麼值得驚訝的，這是因為只有在我們能夠去認出回憶、分辨出回憶與真實感官的差異時，我們才可能回想起任何一截往事。

在記憶這個領域，並非全部的事情都可一筆縮減成是知覺感官與形影圖像之間的戰爭；其實所有的智能（**intelligence**）都在此，倘若智能不出面插手的話，我們什麼也記不得的。伏爾泰（**Voltaire**）大可在其中一篇的《短篇小說》（*Contes*）中，去想像一名因仇敵而喪失王位的國王從此被關在監牢中，後來，那個讓他成為階下囚的仇人又很殘酷地異想天開，打算讓他在片刻中蘢罩於他還是國王的幻覺，而已成階下囚的事情，只不過是夢魘一場。因此，在睡夢中，他便置身於以前之王宮的臥房裡，過去他總是在那裡休息，睡醒後身旁就會有他熟悉的事物與面孔。我們可因此設想出，在清醒後看到的世界，以及回憶所勾起的景象，這兩者可能存在的所有衝突，原因則是在於這兩者或許會彼此混淆。但是，又是在哪一條件之下，我們才可確認，這名已成階下囚的國王並沒有馬上發現這件陰謀？必要條件應是，我們不給他時間去質疑自己的身分，讓音樂、香氣、燈光迷惑著他、麻木他的知覺，換言之，必須讓他維持在某一狀態中，不僅他無法去確實體驗到周遭事物，而且，也無能去辨識出時間的流逝，特別是我們希望他自以為回到過去的那一段時間流程。一旦他的注意力開始凝聚起來，一旦他開始去思索，漸漸地他就會走出使之迷惘的虛幻，而原本，我們則希望他以過去的事實，也就是，以從其記憶浮現出來的昔日景物，來代替他現今的狀況。當今他看到的娛樂表演，跟過去所見的，是幾乎一模一樣，但絕非是在當下所見的場景中，可讓他找到鑑別的原則。只要整幅圖畫仍是懸而不決地沉浮在空氣中，終究而言，這就既非感知領會，亦非追思回憶，而是夢境中的景象之一，此情此景並沒有把我們運載到過去，卻讓我們遠離當今世界與現實生活。唯有當我們把一個人重新安置在他所熟悉的人的身旁時，我們才知道他是誰，換言之，在走出界限分明的領域後，我們才能去想像這個人隸屬的所有群體，才能斷定他在這些群體中的地位、角色，然後，我們才能知道他的身分。不過，當我們要去思考一系列或是整體事物時，無論牽涉到過去還是現在，如果只是一套純粹的感官運作，裡面沒有對比、沒有一般性想法、沒有時間點確定又地理基準點分明的場景，也沒有鋪陳著生活經歷之社會現實場景的表達時，其實是不夠的。只有整體的心智狀態都轉身投向回憶時，回憶才會變得完整又真實（在可能的情況下）。

儘管回憶再現要求某種一般性的藍圖或綱要，因為正是在此藍圖或綱要的架構裡，腦海中先後出現的形像[23]才各得其位，而且，整體而言，這就是記憶的必要條件，其重要性又比感知更迫切，這些都是諸感官自己產生出來的結果，並且，在我們把這些影像黏貼在先前的感知之前，或在我們以一己省思來做疏清整理之前，這樣的結果就已經產生了，不過，另一方面，省思往往是在勾起回憶前便已出現了[24]。即使回憶是突然間跑出來的，它一開始的樣子很粗糙、單一又不完整：在所有的情勢之下，我們都會去思索，想盡辦法要把它看得清清楚楚，就如同我們所言，要去把它「放在某時間、地點上」（localiser）；不過，若是這一省思沒有發生，我們則可自問，與其說是一段回憶，或許那只是一截腦海中閃過又沒留下任何痕跡的浮光掠影。

相反的，在睡夢中，偶爾會發生系統化現象（systématisation）的初端；但是，在其內運作著睡夢中看到的一草一木的邏輯、時間、空間等等的架構，卻是非常不穩定的。我們勉強可稱之為架構：那比較像是特殊的氛圍，最虛幻不著邊際的想法都可在裡面發酵，不過，有關於回憶的想法則難以調解。

也許我們應該在此多加研究的是有關於感情的回憶。論及有關於某一想法主張或是某一知覺感官的回憶時，如果我們把可能附載其上的情愫都撥開丟除的話，那就跟任何一個嶄新的念頭、新穎的感覺不相上下：當下時間跟過去是極為相似的，以致於回憶彷彿不過是一種重複，而非過往狀態的再現。相較之下，感情之回憶則相差甚遠，尤其若是當我們覺得，我們的個性，以及某

---

23 根據卡普龍先生（《普通心理學：有關於夢的研究的啟發》，一九一九年出版，頁八三、八六），「為了能在事後被辨識出來，並確認出當初成形時的時空定位點，回憶湧上心頭時，並非一開始就跟過去一刀兩斷；辨識回憶與確認回憶之時空定位，都是在回憶圖像產生之前就已經有的東西。我們都能看到回憶向我們走來。」實際上，為了能夠再次辨識出來、加以定位，那就必須在潛伏狀態下，我們仍保留著「回憶圖像以往的一般系統（*système général*）」。一段沒被辨識出來的回憶，只是一段不完整的知覺。

24 同上。

片刻中、某一狀態下的個性，是以一種非常獨特、無法模擬的方式表現出來時的種種感情。為了回想起這樣的情感，當然必須讓這些感情在當事人身上重新滋生，而不是以他物代替。假若情感的記憶是存在著的，那就是這些情意沒有完全消失，曾在往日時光倍受考驗。

固然如此，感情，相較於我們任何其他意識狀態，是無法不遵循下列法則：為了能被牢牢記住，那就必須將感情放進一套能代表著社會生活的事實、人物與想法之中。在《愛彌兒》（*Émile*）的某一段落中，盧梭假設師者與孩童兩人都在鄉野中，時值日出時分，盧梭宣稱，在此時此景，小孩子是無法在大自然面前流露出任何感動，至多是一些感官性的感覺：若要讓對於大自然的感情能煥發出來，那必須是小孩子能把眼前的景觀跟過去他曾經參與過的故事的相關回憶聯繫在一起，而且，小孩子也對這些故事依依不捨，雖然這些事件把小孩子跟其他人聯繫在一起，但大自然若能觸動我們的心懷，卻只是由於在我們的想像中，大自然已深深浸滿了我們對於某些人的感情。這是很矛盾的，也不免令人感到好奇，盧梭在十八世紀時自我宣稱是大自然的好友、社會的公敵，但他卻也是那個教導眾人應將社會生活拓展到更廣闊的原野世界的人，若說他啟動了某些人事物，使之彼此搭上線，這是因為在這些人事物之間，及其周遭，盧梭發現到，人是可以去感受，我們是可以去愛別人的。在盧梭的《新哀綠綺思》（*Nouvelle Héloïse*）一書中，我們都看到了感情的撼動力量，讓十八世紀的社會更深刻地了解到大自然，此外，實際上，一開始，那份震撼是來自於小說本身純粹無瑕的浪漫元素，倘若盧梭的讀者可以正眼看待這本書而絲毫沒有任何反感、悲傷或無聊，反倒是對高山、森林、荒涼又孤獨的湖畔等景象深感親切、憐憫與激動情懷，這是因為讀者的想像世界中都已經在這些景物裡塞滿作者筆下的人物，以致於這些讀者就跟盧梭一樣，在有人文造化的自然景觀，以及感情或者是人情局勢之間，看到了點點滴滴的聯繫[25]。

另外，倘若盧梭的《懺悔錄》（Les Confessions）是那麼有啟示性，難道不是因為作者順著時間長河的流程，一一細數他生命中的重大事件和芝麻綠豆的瑣事？他一一點出他去過的地方、

---

25 莫爾內（Mornet），《在法國從盧梭到貝爾拿爾登．德．桑皮爾對於大自然的感情》（*Le sentiment de la nature en France de J.-J. Rousseau à Bernardin de Saint-Pierre*），巴黎出版，一九〇七年。譯者注：Daniel Mornet（一八七八—一九五四）是法國文學史學家、文學批評家，曾任文學院院長、主持文學史學刊，一生著作等身。Bernardin de Saint-Pierre（一七三七—一八一四，其姓名一般多寫成Jacques-Henri Bernardin de Saint-Pierre）是法國作家、植物學家、旅行家，以著墨自然景觀為最。盧梭的《新哀綠綺思》是於一七六一年出版的書信體小說，可說是受到阿伯拉（Pierre Abélard〔或拼寫成Abailard、Aabeilard等〕，生於十一世紀、卒於十二世紀的法國哲學家、天主教神學家，經院哲學之父）與哀綠綺思（Héloïse，生卒亦跨越十一、十二世紀，可謂中世紀首位女性修道院院長、女性知識分子之典範）之真人實事、不倫之戀的啟發，這兩人生前交換之部分書信被收集成冊（《阿伯拉與哀綠綺思的情書》，共六篇），常被視為中古時期的情書樣本。至於盧梭改寫之《新哀綠綺思》，當時曾印行約七十多次，可謂全歐洲暢銷小說之首，甚有諸多讀者寫信給盧梭以探聽小說人物的下落。換言之，廣大讀者真假不分沖昏頭，完全忘了故事情節都是盧梭杜撰出來的，至於書中所欲呈顯、探討的哲學難題，例如，阿伯拉與哀綠綺思兩人痛苦難解的人神省思與掙扎，僅淪為可有可無的布景。阿伯拉與哀綠綺思兩人自一八一七年起被合葬，遷至當今巴黎市區內的拉雪茲神父公墓（Cimetière du Père-Lachaise），此乃舉世最著名的公墓，眾多文人雅士長眠於此，每年吸引超過三百萬名觀光客。又，中文版的《阿伯拉與哀綠綺思的情書》參考英譯本，乃出自梁實秋的譯筆，九歌出版，多次再刷。

遇到的人，當他交代了所有可能之境遇後，他只需要用最平凡的語言來告訴我們，他為這些情感所付出的代價，如此一來，我們是否就可以知道，這一段往日時光究竟還剩下些什麼，還可以再捕撈到什麼，甚至這一切都是攤在陽光底下？實際上，他表白的，是一連串跟他所屬年代的社會生活毫無關聯的資訊，那不過是別人對他的看法，或者是他對別人的看法，也就是那些與他交往的人，對他的評價或許是如何又如何，但就此說來，他跟那些人相較下，也不過是一丘之貉、半斤八兩。若說看來有任何差異，那是以社會生活而言：盧梭認為相較於其他人，他自己的某些缺點、優點、主張、幻想都更強烈明顯，但若想知道這些長短處、念頭臆想究竟是什麼，其實，只要我們睜開眼睛看看周遭，或是想想我們自己就可以了。的確，隨著篇章進展，他對於該社會生活的看法，便漸漸地影響了我們，而對於那樣的社會生活，我們的厭惡之情，卻都是投射在他身上：除此之外，由於我們無法直接碰觸到盧梭，所以，不正是透過他對於他人的想法，且無論是那些與他一起生活過的人或只是點頭之交，才能讓我們對盧梭這個人產生我自己的看法。至於他的感受，當他下筆寫作時便已經蒸發了：在此情況之下，我們怎麼可能認識他展示給我們看的圖畫以外的東西，如果我們眼前沒有任何對比模式的話，又如何可能知道，他是在哪裡重新拼湊出來的？

大家盡可指責我，我不應該把記憶的流程進展縮減成這等重新拼裝的伎倆。其實，我只是挪用可及的資源，以現在為出發點，據此準備過去這段時間在未來的位置，並且，以最普通的方法，將我們的心智導向過往的某某時期。不過，既然這些工具都已安置好了，一旦回憶一一湧現，很可能就不需要再費盡心思、啟動類似推理般的心智狀態，更不需要再去想盡辦法把這些回憶彼此扣住，然後才可以把它們一個一個地掏出來。我們大可假設，一旦回憶潮水滲透到我們為之挖掘好的渠道，它們就會乖乖地待在裡面，並以它自身該有的速度潺潺流動。成串的回憶序列是不停歇的。我們往往很自然而然地說道，隨著記憶的漂流，我們任由過往回憶來牽引我們。在此情況下，與其去運作我們的理解能力（facultés intellectuelles），讓理智暫時停擺，似乎才是更好的選擇。所有的省思都可能讓我們的思路、注意力出差錯：最好是保持平靜安和的樣子，擺出像是個普通看戲人的姿態，遇到一些我們甚至沒有時間去提出來的問題時，我們大可去傾聽自然而然冒出來的答案。另外，若說回顧過往在經年累月之後的一串串作為與事件，我們依然可見其中的輪廓與徵象，縱然這些點點滴滴已失去其當下時間的意義，卻又催促著我們去把它們重新植入可持續更久，同時也比較不具個人色彩，但又更廣泛的整體領域中，這有什麼值得嘖嘖稱奇的？怎麼可能不是這樣呢？理由則是因為在每一分秒的轉瞬間，我們都是意識鮮活的，在每一當下，內在之我的所作所為，只有我們自己才認得出來的，但同時之間，我們也始終密切注意著我們所屬之眾多團體或是諸社群的共同生活。是否該相信，我們只能這樣繞一圈後才能造訪過去，所以，上述所言正是一個好理由？相反地，是否又該去相信，當回憶變得愈來愈清楚、愈來愈豐富時，我們並不因此感到驚愕，而理由並非是回憶被我們重新安置在一個平凡普遍又外在於內心生活的架構中，但無非是社會生活的脈絡特徵等等，在我們串聯成列的內在狀態中都有一己的角落，目的也不在於變得更突出明顯，而是為了使之模糊迷離？換言之，若一個日期、一個地方，在此時此刻，對我們而言，有深切的意義，對他人來說，卻是另一回事。一旦我們可以讓省思單獨處於省思的狀態時，正是省思帶領我們以抽象手法來思索社會生活的脈絡特徵等，但這些社會生活的蛛絲馬跡也是透過省思而去追究出，對我們的所屬團體而言所代表的意義。然而，嚴格說來，當昔日追憶以如此模樣浮上心頭時，我們都會放棄反省思考這些回憶，進而把每一段回憶都當作是不同於其他的回憶。換句話說，回憶是一連串的延續，它們跟諸多破損斷裂的反省架構，或是一般論述背後那些撕裂不全的架構，都是格格不入的。

不過，在此卻必須於兩大構想中做出抉擇。倘若想起某一段回憶所意味著的，並非重新編織出某一段過去，而僅只是重新活過，如此一來，昔日種種人事物都應該整整齊齊地一一跳出來，再度一一羅列在我們的意識中。儘管我們都不承認，無論是哪一事件都存在著斷裂破損之危，但實際上，又該如何去反對，過往每一人事物都曾單獨地在現實上占據了某一時刻、都曾有過某一時段之久？若說這些人事物都保存在記憶中，而且，能以過去之姿態重新湧現，那正是在於這些人事物本身，基於其自身樣貌之故，而不是基於、更不是藉著它們與其他人事物的聯繫，以致於終了我們可以把它們一一召喚出來。另外，在過去某一回憶，以及在夢中再度浮現出來的種種形像，兩者間的差別是什麼呢？而且，這些在夢境中出現的形影，看起來像是從保存在記憶中的一系列圖像裡分解出來的。為何因回憶而生的幻覺，跟在睡夢中形成的幻覺，又是不一樣的？夢寐之所以會跟現實混淆在一起，嚴格說來，正是因為夢境中編織出來的景象，雖然都是屬於陳年往事，卻又不跟過去混雜在一起；無論是知名人物的形像，我們過去曾逗留過的某一地方，或是該地某一角落的寫真，乃至某一段感情、某一態度、某一句話留給我們的形影，全都影響著我們，我們也都相信，它們是具體實在的，理由則是**因為這些映像都是單一獨立的**，它們並不附著在我們白天醒來後的表象上，換言之，並不受感知感官的左右，也獨立於一樁樁陳年舊事之外。回憶則完全不同。它們並非以單一獨立之姿浮現出來。即使我們的注意力和興致都確切地集中在某一回憶上，我們卻都很清楚地感覺到，其他的回憶在一旁漂蕩，而且，其他這些回憶都隨著記憶裡的大方向，以及主要基準點等設置一一排序，整體說來，彷彿就是在我們相當熟悉其構圖的某一圖畫中，某一線條、某一面容被凸顯出來。

因此，我們是可以在兩大概念中做出選擇，進而用來說明，為何、如何我們可以從某一回憶穿梭到另一回憶。若說當我們想起某一段回憶時，我們便又因此再度經歷了過去的故事，那麼我們也就必須承認，我們是千真萬確地把自己丟回到當初事件發生的時候，並且，我們也都明了，那些同樣地從此決定了這些不同時刻之先後順序的理由，也就是，讓這些故事依序一一登場的理由，也都可以被一一回想起來，繼而用來解釋，何以相同不變的背景狀況，也可遵循著跟當初相同的順序，然後一一再次出現。既然我們不從外在世界來檢視這些背景狀況，而且，我們已置身於這些背景狀態中，所以，不妨就由內心隨意使出的把戲來主導我們，任由它自在地把這些背景的布幕一一掀開，但在另一方面，當這一切都與省思或是過去的推理無關時，我們內在之任性也不致於去假定，我們或許將重新衍生出一套理性思維的活動以及諸多具普遍性意義的表象。然而，如果我們並不是又經歷了一次過去時光，如果我們僅滿足於去重新拼湊出過去的景物，那就必須去解釋，那並非是存在的召喚，而是一幕表象。只不過，若要讓每每鮮明、接二連三的每一事件的表象，都依著某道順序粉墨登場，那麼每當我們要去尋找這些符合先後順序的表象時，某一先後有序的想法，就必須已經時時刻刻地刻畫在我們的腦海中。換言之，為了能夠想起一連串的事件，例如，在戰爭爆發的第一個月份裡，究竟我們都在想些什麼，就此疑問，我們必須先去提出以下的問題：被動員之前，或者是，當大家都有沙勒羅瓦（Charleroi）戰役*的消息時，我人在哪裡？從什麼時候起，巴黎開始感受到戰事的威脅？而且，我們的回憶也必須能跟這些日期搭起來，更何況，這些日期都有某社會交際的意義，這就好比如是，我們的旅行，我們停留在此或他地，是更接近了哪些家人、哪些朋友，或者是讓距離更遙遠了，這一切都應該符合這些地點的相關位置，也就是，大家都知道的一般常態。或者，如果各位認為我提出的這個例子雖凸顯了某些普遍事實，卻又極不恰當，那讀者不妨自問，若說是針對只有我們自己才關心的某一事實，或許不關他人，只在我們一己心中才留下傷痕的故事，親近之人從此生死兩隔之類等等，我們是如何去想像好讓它們浮現出來的？假設我們希望能夠回想起，我們曾感受到的某一程度強烈又意義特定的悲愴、痛苦，其實我們是不可能把這些悲苦傷痛單獨地抽離出來，我們必須去繞個彎：起點並不是在整個故事中最私我之處，也不是曾有過的情緒反應，我們首先可去想像的是，接二連三的疾病、臨終前、葬禮、服喪戴孝，或者是垂死病人的家人、親友，乃至他曾住過的地方、在他辭世前我們曾去探望他的那座城市，還有，為了能更詳細地想起他這個人，我們可以去細想他的年齡、職業、他的個性特徵、他給人的一般印象；當然，這一切也無法阻止我們去想起某某最隱私的小事，例如，他不久前吐出的表白，或者是，去想到某些非常具體但又只屬於他這個人的瑣事，例如，桌子上有一封他還沒寫完的信，以致於我們彷彿還可感覺到在井然有序或杯盤狼藉間，還有他蹉跎過的痕跡，諸如此類等等；但只有當我們都想起了地點、日期，還有這些時空線索與他過世一事的相連關係之後，這些細節末枝才能凸顯出某些意義；這是因為這些瑣碎小事本身是沒有任何意義的：不過，睡夢中也是有一堆毫無意義的細節，只是我們都想不起來而已。

我們往往無法想像的是，要去想起某一回憶是多麼傷腦筋的事情。我們都以為只要這段回憶是塞在一串順著時序排列的東西裡，那麼在此回憶之前的諸景象一出現後，就會在某一意識舞台上把這段回憶叫出來。這是多麼可笑的想法，然而，這正是做夢後發生的事情。我們是多夢的；卻有很多人認為他們從沒做過夢！而且有很多夢，我們只能想起一些細節！另外，一旦夢境中的形像都彼此結合後，或許便會遵循著某一特殊邏輯：總之，這些夢中幻影，並沒有跟隨著我們在清醒時所知覺到的事物，一同放置在同樣的時間、空間裡，而且，它們也都沒有依附在時時刻刻都決定著我們對這個世界、社會之整體構想的一般想法之上。若說我們無法替這些夢中映像在白天清醒時的時刻表裡面找到定位，不容置疑的是，這些形影都具有某時間長度，彼此也有先後排序。又，如果一般形影是隨著它們出現的順序一一排列在記憶中，那麼夢境中的景象，可能也是

* 譯者注：Charleroi位於當今比利時，這裡是指一九一四年八月底德法兩軍對峙之役，以德軍勝利收場。又，此乃兵家常爭之地，一八一五年時拿破崙在此一役可謂其一生最後勝戰。

遵循著相同的邏輯，因此，我們只要問問我們自己，然後就可以把它們一幕一幕地找出來：這是之前夢到的，還是後來夢到的？但實際上，正是由於夢中景象彼此之間並沒有任何順時排序的關聯，所以，我們都無法掌握絕大部分的夢中形影。相反地，似乎我們想起來的那些景象都會掩飾其他的景象，以致於我們差點排擠掉其中某些，將之遺忘在一旁，接著我們的思路也險些走偏，終了才在不經意中拾到我們夜生活中的另一大本連環圖畫。所以，假使夢中所見之景象跟清醒時所見是不一樣的，又假使我們可記住絕大部分的夢中形影，而且，假使在我們的生活中，真的沒有什麼空缺是不可彌補的，那麼針對回憶是如何由這一段串聯到另一段的問題，我們就必須去考慮時間的先後連貫以外的任何其他關係。

假如我們可以在腦海中，把承載著生活經歷中最近才發生的大小事件的每一角落都掃描下來，另一方面，卻又沒有在這些事件裡發現任何夢中景象的線索，甚至也沒有任何看似與夢境相關的元素，如此一來，我們怎麼可能在日後以同樣的方法來回想起夢中所見的形影？相反地，當我們想起一座城市的時候，城裡的不同區域、大街小巷、屋舍磚瓦等等回憶都油然生起，許多景物似乎從未消逝，於是，這些景物也可以反過來幫助我們去挖掘出其他回憶！因此，我們便可轉頭面向我們的回憶，然後，去描繪出圍繞在這些回憶的前後左右愈來愈貼近中心點的的曲線，而且，遠在回憶的時間序列出現前，不正是由於在某些基準點之間來來回回後，我們因此重新發現一段又一段的回憶，最後，我們便可依照當初這些回憶可能是在哪裡發生的順序，再把這些回憶整頓一番。

I-iv
總結
Résumé de cette analyse

容我在此做個總結，到底至此分析出來的是什麼樣的結果。這一整個分析都是建立在某一事實上，也都與某一理論相左。這項事實是，我們是無法在睡夢中再重新經歷過去的日子[26]，換言之，雖說我們在夢境中把所有看似回憶的映像都整理得井然有序，蒐集到的，其實都是斷簡殘篇，都只是昔日真實經歷的浮光掠影：在睡夢中，沒有任一事件是僅有它自身的特徵又毫無外來雜質摻夾在內，在夢寐裡，逝去的場景在眼前再次出現時，也絕非完整無缺。我們已一一分析了不少論證相反的例子。有些例子多少是以訛傳訛，以致於難以正確地掌握其要義。其他的例子，

26　呂格爾斯（Lucrèce）早已觀察到該現象。他曾說道，在夢中，回憶顯得更消沉萎縮（*...meminisse jacet, languetque sopore.*），以致於做夢的人有時也不記得夢中某某人看似還活著，但其實很久前就過世了，摘自《論自然物性》（*De rerum nature*），第四冊，行七四六。此一段落來自布拉丁（Pradines）先生之不吝指教。譯者注：Lucrèce（拉丁原名是Titus Lucretius Carus，生卒年約西元前一世紀的下半葉）為羅馬時期的詩人，迄今只留下《論自然物性》該詩歌集，常被視為伊比鳩魯學派之典範，西賽羅（Cicéron，西元前一〇六—四三年）讚譽為集天才與藝術之巨作。Maurice Pradines（一八七四—一九五八）是兩次大戰期間的法國哲學家，其主要研究領域集中在知識與感官等議題。

往往是假定在事件與夢境中，我們的心智曾針對種種回憶反覆省思，理由則是因為我們的心智都曾經想起來一次或數次這些回憶，並進而將這些回憶全轉化成圖像。然而，若說回憶是夢中所見之景象的前身，而且不時如此，但重新出現在夢中的，究竟是景象圖形、還是回憶呢？這兩者看起來都似乎是真的。最後，白天人醒著的時候被忘得一乾二淨的童年回憶，卻經常主導了某些夢，所以這類回憶也常被援用：可是對小孩子而言，這往往是過於模糊的表象，所以，未必能成為貨真價實的回憶。至於其他的細節，在所有討論過的例子以及所有憑空幻想出來的夢中，有鑑於並非當事人昔日的性格，而是當今的性格主導著夢境，因此，夢中再度浮現出來的人物與種種事件的常態，若無變質走樣，則是不太可能的。

於此，我們面對的是柏格森提出的理論，柏格森似乎並不承認，回憶與夢互不搭調乃昭然若揭，柏格森把夢冠上圖像—回憶之名，而且，夢意味著過往本身，保存在我們的記憶底部，至於睡夢中的心智狀態，既然已不再朝向現在，而且，人沒睡著時的活動也變得鬆弛緩和了，於是，睡夢中的心智狀態也應該很自然地變得低沉不振。以上論述是柏格森導出的記憶概念不得不然的結果，另一方面，雖然柏格森也觀察到了，實際上，記憶—圖像並不會在夢中重新出現，他卻依然堅持：「當我們睡得非常深沉時，我們做的夢是完全不一樣的，不過，醒來後，則了無痕跡。我的信念還是傾向於——尤其是基於理論的考量，卻也是假設所導出而不得不然的結果——沉睡時，我們看到的過去顯得更開闊也更細膩[27]。」據他所言，夢中的自我，其實就是「一己過往的全貌」[28]。另一方面，柏格森也在諸多段落中強調，他提出兩大記憶，其中第一個記憶應有的特質就是，將日常生活中的大小事件都以圖像—記憶的形式記錄下來，然後，便放任讓每一項事實、每一個舉動的地點和時間都走向夢中。「假若要以圖像的形式來回想起過去，那就必須有能力去思索我們現有的作為，必須知曉無用之物卻是無價的，也必須願意去做白日夢……（這些圖像—回憶）一旦在意識中衍生複製後，難道不會讓我們生活中的實務面變質，從此把幻夢和現實混淆在一起？或許可確定的是，這些（由自發性記憶〔mémoire spontanée〕保存下來的影像）都是夢中的形象[29]。」在後續段落中，柏格森又言：「這些轉瞬即逝的映像，以其原本的樣貌再度出現，整體的細節乃至生動逼真的色彩，全都歷歷在目，其實這都是沉思（rêverie）時的幻影或是夢中的景象。」最後，他依然強調著：「一個人，與其安分守己地活著，卻總是在夢中編織其存在本我，或者便因此在他眼中、在每一分每一秒間，死捉著不放他往日時光中琳瑯滿目、不盡其數的旁枝末節[30]。」

固然如此，什麼也不足以證明，我們可以不知不覺地從夢過渡到回憶—圖像的場景。夢，即使程度有限，又是如何和這類回憶結合在一起？當我們去思索這個問題時，若說有什麼令人詫異之處，那就是，做夢時，總是有著嶄新又正在發生中之某一項事實的種種特徵，而且，我們也是

27　柏格森，《精神能量》（*L'énergie spirituelle*），第七版，巴黎，一九二二年，頁一一五。

28　同上著作，頁一一〇。

29　《物質與記憶》（*Matière et mémoire*），第二版，巴黎，一九〇〇年，頁七八、與後續段落。

30　同上著作，頁一六九。

在夢中才第一次看到此一事實，彷彿夢正是延續不斷之創作的展示舞台？當柏格森把這兩詞彙，夢（rêve）以及沉思（rêverie），搭在一起時，他其實很清楚，rêver這個字代表著兩項不同的作為，但是他認為，一般性語言是有道理的，理由則是就他看來，無論是做夢，還是沉思，我們的心智運作方式是相同的，若說回顧過往，就是在清醒狀態下進入夢鄉，做夢，則是在沉睡時追憶陳年往事。可是，如此堅定的參照對比，難免不是一場混淆。即使我們的心智可注意到，它能從清醒狀態跌入夢鄉，或者又從夢裡一腳踏進清醒時的遐想，並且它也觀察到，人清醒時的思維是在某些環境內發展出來的，與承載著深夜靜思時之思維的架構毫無關係，但我們依然不明白，為何睡醒後，我們竟然可以記得自己夜裡的幻夢。

我之前也已說明，實際上，嚴格說來必須承認，我們實在想不起來做了什麼夢，或頂多是，我們只記得，那些在醒來後馬上就被捕捉下來的殘影。終究說來，記憶此一過程假設了心智同時去進行具建設性、卻也非常理性的活動，而且，這是心智在沉睡之後完全做不到的事情：記憶只能在某種井然有序又合情合理的自然、社會環境中執行，並且，無論是什麼時候，我們都認得出來，這一紙自然、社會環境的整體藍圖，以及大致方向。所有的回憶，縱使是非常個人的，甚至是關係著只有我們自己才經歷過的事件、從未向任何人表白過的主張、感情，卻都牽涉到我們所擁有的諸多基本概念，所有的回憶也都關聯著某些人、某些團體、某時某地、某些字詞、某些特定的語言表達形式，以及某些推論過程、一般想法等等，換言之，所有的回憶都關聯到我們嚮往之，或是我們隸屬之社會群體裡的物質與道德生活的全部。當我們想起某一段回憶，而且，可以很確定地說出那是在某年某月某日、某地方發生的事情時，一言以蔽之，就是當我們持續地補充內容時，我們不免言道，我們把這段回憶跟所有與之稍有牽連的人事物都扯在一起：實際上，這是因為也跟這段回憶有牽連的其他回憶，都透過我們生活中的人事物或是我們本身，而持續地存在著：例如，時空環境中的基準點、歷史地理和人生經歷或政治生活等基本概念、普遍經驗的內容和一般看法等等諸如此類，而且，我們都可以愈來愈詳細明白地說出一番道理，但在過去某一時期，那可能只不過是某一事件的空殼子。既然回憶是這樣重新拼湊出來的，除非是要作隱喻比擬，否則我們實在不能大言不慚地說，在清醒的時候，我們又重新經歷了過去的事件；卻也沒有任何理由可讓我們斷言，所有我們昔日經歷過的、看過的、做過的，都可以原封不動地保留下來，或者是，現在的時光列車拉拖著我們的過去種種。

並非是在記憶中，但毋寧是在夢裡，我們的心智與社會的距離最遙遠。若說純粹的個人心理學要去尋找一個意識可感受得到一己與世隔絕又可放任肆意的地方，那就必須鑽進夜生活，只有在夜生活中才可能幸運地找到此桃花源。然而，在睡夢中，與其暢快地舒展開來，擺脫掉人醒著的時候的種種束縛，並且重新大量補充流失掉的一些緊密協調又精準確實的內容，我們的意識卻顯得格外緊縮、狹窄：夢中一幕幕的畫面幾乎沒有條理分明的社會表象，於是，這些形像便不過是樸實無華的素材，可用來任意搭配各類組合，另外，在每一幕形像之間，只剩下隨機組合的關係，事實上，就是淪落成毫無秩序可言的變形遊戲。當然，這些形像可能是隨著某一時間順序而一一開展：但是，夢中接二連三地浮現出來的場景與一連串的回憶，這兩者之間存在著諸多差異，如同是一堆整理不出頭緒的原料，彼此層層堆疊後又鬆垮渙散，若能保持平衡，也不過是意外的巧合，也好比是一棟建築物的四面牆，只靠著一些架子來支撐，否則就是靠著四邊的建物來補強。夢，只能靠它自己來支撐，然而，我們的回憶卻都是靠著所有其他人的回憶來支撐，尤其是倚靠在社會記憶其諸多巨型框架上。

第二章 語言與記憶

Le langage et la mémoire

II-i

社會思想的諸多框架是以何種方式滲入夢中：時間與空間

Sous quelle forme les cadres de la pensée sociale pénètrent dans le rêve : le temps et l'espace

前一章節曾提到，人做夢時，與社會同類的接觸就停止了。這句話是不是說得太滿了？在睡夢中，諸多生活與共的團體裡的某一部分信仰、慣例，難道不是繼續影響著做夢的人嗎？或許，很有可能的是，諸多共同的基本觀念是同時存在於夢中及清醒的時候。假設在這兩個世界之間是沒有任何溝通的管道，又，假設要去了解在睡夢中或是在清醒時所感知到的人事物時，我們的心智所擁有的工具是不能在這兩個世界中通用的，如此一來，在睡夢中產生的任何有知覺意識的活動，都將縮減成我們歸諸給某些動物、甚或是年幼孩童的行為，而且，相較於清醒的時候，針對我們夢見的某些人事物、環境場景等等，我們的心智也無法給予它們與白天清醒時相同的命名或是賦予同等的意義，所以，最後導致出來的結果就是，做夢的人根本無法去描述到底夢到了什麼。

我就利用以上觀點來說明一場頗為複雜的夢，以及針對這場夢境已提出的詳細分析，這是在佛洛伊德的著作中可找到的例子[1]：我只篩選那些與本章節的主題有所相關的段落，並在佛洛伊德提出的假設看似有點離題時便不再多言，總而言之，以下內容是遠不及佛洛伊德原本力欲剖析的程度。他說道，他曾治療過一名女子，他認為她患有歇斯底里。佛洛伊德的家庭和這名女子的家庭曾經交往甚深。既然她幾乎快痊癒了，療程於是也中斷了，但是，佛洛伊德試著說服她繼續服用某一「藥水」，只不過被她拒絕了。針對這一點，他曾與一名叫歐托（Otto）的年輕同事會面，歐托用一種讓佛洛伊德頗為不悅的語氣告訴他，女病人好多了，可是，還沒有完全痊癒。佛洛伊德認為歐托受了女病人的父母親的影響，他們對佛洛伊德的治療沒有太多好感。就在同一天晚上，為了自我辯駁，佛洛伊德寫信給某M醫師，這是他和歐托的共同朋友，信中寫的正是有關於女病人伊爾瑪（Irma）的事情。隔天夜裡，佛洛伊德夢見他自己在一間大廳中，他與M醫師、歐托等人常在這間大廳跟諸多朋友相邀會面。伊爾瑪也在場：「我馬上就把她拉到另一邊去，主要是為了回覆她在信中所說的事情，還有就是她一直拒絕服用『藥水』這件事，我也表達了我的不滿。我跟她說：『妳如果還有任何疼痛的話，都是妳自己的錯。』她的回答是：『我已經一隻腳踩進棺材裡了，要是你知道我現在脖子、胃，和整個身體有多痛的話。』我看著她，感到很不安。她看起來沒有血色又虛胖浮腫：我告訴我自己，可能有一些生理器官在作祟。我便帶她到窗戶旁，然後檢查她的喉嚨……我趕緊叫M醫師過來……他檢查了伊爾瑪，也確認了……M醫師看起來跟平常的時候完全不一樣；他看起來很蒼白，走路跛腳，臉上沒有鬍子……至於我的好朋友，歐托，他現在也過來伊爾瑪這裡……M醫師說：『她受到感染了，這是無庸置疑的，但這還算是無關緊要，因為她馬上就會有痢疾，毒性也會跟著跑出來……』我們當下就猜想到感染是從哪裡來的。不久之前，我的好朋友，歐托，才給伊爾瑪打了一針，針劑裡混合著丙醇、丙烯等，還有丙酸、三甲胺（我認為我應該曾瞄到用粗字體印刷的配方）。注射這樣的針劑是不能掉以輕心的……好像針筒不是很乾淨。」

佛洛伊德對這場夢的詮釋，如同是為了實現某一願望，也就是推卸一己責任，然後去建立一個事實，那就是，如果他的治療不成功，原因在於伊爾瑪的某個器官發炎了，最後則是去解釋，歐托做事敷衍、粗心大意，更是火上加油之舉。不過，這裡我關心的，未必是某些現行資料中佛洛伊德給的解釋，更何況，我無法斷定他說的是不是真的。我關心的是，伊爾瑪、歐托、M醫師，以及佛洛伊德本人組成的圈子，裡面有對立的小團體，彼此都給對方某種評價（M醫師是這

1 《夢的解析》，首版，一九〇〇年，頁六七。在布隆德勒所撰寫的《精神分析》（*La psychanalyse*）（巴黎，阿勒康出版社〔Alcan〕，一九二四年，頁一六〇—一九二）一書中，可找到此一夢境的記載，書中也轉載了佛洛伊德所寫的篇章、提出的主要解析。本書第二章正是在閱讀完布隆德勒的大作後才整理出來的，這至少讓我在翻譯佛洛伊德之原文段落時，可以更正確地使用某些專有名詞。

個小圈圈裡最受人尊重的人物；歐托以及其他同事對歐斯底里一無所知，而佛洛伊德則常拿來當笑柄，諸如此類的）；還有就是，伊爾瑪一家人和佛洛伊德的家人等頗為親近的關係，這可用來解釋，為何他跟伊爾瑪很熟，然後，如在以下段落中將加以說明的，為何一說到伊爾瑪，佛洛伊德就會想到他自己的妻子、女兒；最後，正是一連串的醫學、化學等諸多基本觀念建構出一門有相同見解的職業；所以，這也是一個刻畫著職業意識的例子，裡面所有的規則、基本定論都頓成爭議：例如，一大串跟這些規則、定論相關的集體資訊，都潛進了做夢者的意識中，做夢者的意識跟別人的意識都無交集，但這些集體資訊的根據，正是白天人清醒時的社會環境。

另外，只需稍加注意他描述的諸多夢境，再去略做檢查、比較：我們即可發現，絕大多數的夢境都可套用具有一般性質的基本觀念，然後，這些基本觀念又可用來將其夢境分組歸類，例如，哪些夢是牽涉到哪些家人、朋友或同事等群體，哪些夢是跟職業之特點有關，哪些夢則是關係著哪些事實，而其他則可歸諸於感情、工作、學業、休閒、旅行等其他領域，還有就是，哪些夢相繫著具有特定社會意義的某些地點，比如我們住的屋子、一座城市中的某些區域或街道、某些鄉市鎮等等，最後，又有哪些夢是跟特定的一群人相關聯的，舉如小孩子、老人家、商人、上層名流、飽學之士等等。不可否認的是，同一夢境是可同時被列入數個不同的類別中；這又多給了我們一個理由去相信，雖然有人主張夢中景象都是個人創造，藉口則是由於在夢中只有我們自己，但因為同一夢境可同時列入上述諸多類別中，所以，夢中所見之景象，其實都說不上是個人發明。

所以，當我們處於觀望狀態下，在我們的意識裡，夢中景象的背後，至少都有一些想法可讓我們辨識出這些景象，並可把這些景象跟其他一些我們更加熟悉的形影聯繫在一起，換言之，就是讓我們更明了這些夢中所見之種種。不過，想法和形像之間的相關性則不是很確切也顯得更鬆散，而且，這一現象，在夢中又比清醒時還更明顯。上述摘要中，有關於佛洛伊德是如何分析夢的說明，都可讓我們看出此一現象。首先就是伊爾瑪：她站立的樣子，例如，總是用手肘靠在窗子上，這常讓佛洛伊德想到他另外一名女性友人，她跟伊爾瑪一樣都有歇斯底里的症狀：事實上，在佛洛伊德的夢中，伊爾瑪是被這名女性朋友替換掉了。伊爾瑪看起來沒有血色，這一點就跟佛洛伊德的妻子一樣：難道佛洛伊德沒有用他妻子來代替伊爾瑪？不過，伊爾瑪又跟佛洛伊德的長女混淆在一起，這則是由於在佛洛伊德的夢中，他的長女出現了伊爾瑪表現出來的症狀[2]。M醫師很蒼白、沒有鬍子、走路跛腳（在佛洛伊德的夢中）：後面這兩特徵讓人想起佛洛伊德的長兄；在那一陣子，佛洛伊德對他哥哥、M醫師都抱怨連連：因此，M醫師……就是他的哥哥；另外，佛洛伊德也假借M醫師之名……讓他來代替說出佛洛伊德的某一同事曾說出來的話：這是另一個替代。因此，我們必須在同一個名字背後去挖掘出不同人物，而且，這些人物

2　「伊爾瑪的白喉斑塊讓佛洛伊德想起他曾因此為自己的女兒操心，更何況兩人名字發音類似，以致於伊爾瑪反過來成為他的女兒的化身，而隱藏在此化身背後的，就是一名中毒身亡的病人……在針對伊爾瑪的分析中，所有這些人物都彷彿代表了些什麼，然而，他們並不直接介入夢境。這些人物都躲在伊爾瑪背後，而伊爾瑪則成為在一篇簡單扼要的故事中，其他這些變得曖昧不明之人物的化身。」布隆德勒，同上著作，頁一八二。

彼此都可替換。但其實在我們的夢中，絕大多數的事件、事物也都是如此的。

往往在夢醒之後，我們不需大傷腦筋就可以發現，前幾天發生的某一事件在夢中被複製成某一細節：似乎就這一點而言，我們並沒搞錯；往往那牽涉到一個非常誇張的舉動，或是過於分明、險些失去分寸的舉止、太過標新立異的畫面，尤其若是才剛成形的回憶，我們實在很難將這類過度之舉全歸諸於偶發巧合。總之，假若我們仔細想想就會發現，同樣細節也是可以歸納到白天清醒時所經歷過的其他場景，而且，是截然不同的場景。這或許讓我們感到疑惑。在睡夢中，我發現自己站在一支旗桿或是一根柱子旁邊，這旗桿或柱子是準備用來執行某些航空作業。事成之後，我就把那支旗桿或柱子扛在肩上。醒來之後，我便想起，就在前一天，我在弗雷澤（Frazer）《金枝》（*Rameau d'Or**）一書中讀到數則五朔節的軼聞，大致就是節日時期，人們便排成遊街隊伍，連同也安置諸多樹木、松枝、柱梁等等。我不就是如此嗎？這些段落正可解釋我的夢境。另外，我還想起，在同一天，一些家具搬到了我的公寓裡：好幾個人把拆掉的衣櫃、木製地板、椅子扛在肩膀上。這也很可能是夢中景象的緣由。最後，也極為可能的是，這兩說法都不對，而是另一更芝麻綠豆的小事情，在發生當下並沒有引起任何注意力，卻左右了做夢的人的思緒。

如此這般的例子不勝枚舉，我們並不知道，白天時哪些事情、哪些情況，或者的確就是這件事情、那件事情，乃至任何其他可能，會在夢境中重新出現，我們可因此斷定的是，夢中景象的底層，確實存在著某一多少可謂很普遍的基本觀念，至於景象本身，既然它僅限於以形像圖樣的方式去表達出此一基本觀念，而且還會跟它自己做部分重疊，所以，它就更像是一個簡化了的象徵符號，而非生動逼真的圖像，更何況，夢中形影只會去複製出人事物的某單一特定的面向[3]。在上述已經分析過的例子裡，究竟伊爾瑪代表著什麼？如果不過是一名普通病人的話，或許她有某一與眾不同的生理特徵、氣質，但這都不足以讓她只做她自己嗎？歐托呢，只是一個跟做夢的佛洛伊德同行的人嗎？歐托是醫生，但佛洛伊德對他毫無好感，這是由於歐托是個競爭對手，有時兩人的診斷結果卻不一致：但是好幾個人都吻合這樣的情況，這也不是一個猜謎遊戲。歐托在這裡，也不過是個象徵而已。我在夢中看到的航空器材，僅僅提供了吊索機械的大體面貌，也就是說，用來承載運輸、安置建造等等；相同性質的器具，也可歸納到其他不同用途的裝置：運動

* 譯者注：James George Frazer（一八五四—一九四一）出身蘇格蘭世家，雖說秉持之演化理論觀點的社會人類學已過時，《金枝》一書，針對巫術與宗教之研究，依然是經典之作，點出數個歷久彌新之研究主題，例如，至高神聖的國王、會死亡的神明、惡的轉渡、天與地的對立等等。

3　我們可在某些接二連三、彼此緊隨著的不同夢中，或者，可分割成數個段落的同一場夢中找到相關證據，在這些情況下，相同的念頭，無論是具體的還是抽象的，都以相當不同的形式表現出來。舉例而言：「一場荒謬的夢：在一間教堂裡，我站在管風琴上方的平台上。下面有一些人看起來像是另一個時代的人（第二帝國時期？）。然後，我又不得不往下滑進像是腸道之類的東西，那腸子被某一個人拉著，他跟我說，他是（或者，我以為他是）我的身體，而我則是我的靈魂，所以靈魂跑來跟他會合（昨天我才跟好幾個朋友討論到靈魂轉生一事）。稍後，我則身處山區，在一個平台上，跟一群工人在一起：那裡有一個宛如深淵的大洞，沒有任何護欄，有一名工人則身體傾斜地站在那道深淵的上緣。」在我的腦海中應該有一張簡圖，其內容則是像腸道般的樓梯一階又一階排列著，加上一個大洞或者是山上一個大裂口。譯者注：法國第二帝國歷時一八五二—一八七〇年。

場上的木樁、教堂裡的十字架、鷹架、直角型的支架，無論是樹木還是長桿子，都可如此推論；我的夢只不過是某一想法的圖型轉移，然而，這一想法或許包括了所有這一類型的器物。聖經中提到，法老王在睡夢中看到：「我覺得我好像站在河邊，有七隻母牛從河裡上來，又美好又肥壯，在蘆荻中吃草」*諸如此類的，然後，在後面的段落裡：「他又睡著，第二回做夢，夢見一顆麥子長了七個穗子，又肥大又佳美。」繁殖多產、豐衣足食，以及蔬菜瓜果四處垂手可得的大自然等念頭，不免隨即在我們的腦海中油然而生。可確定的是，若說法老王做了這樣的夢，應該不是由於在數天前他看到牛隻走向牧草堆（除了牛隻的數目之外，否則沒有任何線索可讓這一幕畫面變得異常特殊），也未必是（就如同佛洛伊德提出的解釋）在法老王的腦海中總浮現著隱隱的憂愁，也就是約瑟（Joseph）可能不願意跟他洩露天機。其實只需要豐年倉滿、荒年歉收、豐衣足食，以及遍地貧寒等想像都偶然地一一湧上心頭，那麼這些顧慮就會轉譯成某象徵性形式。

不知多少感想都跟夢中的影像混合在一起，當我們睡著後，這些想法不知不覺也未曾間斷地，從純粹又簡單的思緒轉變成圖畫，反之亦然。這正可解釋，為何有時候我們並不是很清楚，究竟在夢中，我們是去推理考究，還是追逐著某一念頭，或者，我們是陷於半睡半醒之間，或者根本已經清醒過來，但是又跌入某種冥思狀態中。當我們上床就寢，就在瞌睡蟲跑來之前，也許會有某一思緒冒出來，或者我們去想到某一舉止動作、某件事情，全部看起來好像跟之前一連串的感想都沒任何關係，然後，就在我們睡著後，如真似假地轉變成實在的動作或故事。假使我們突然間醒過來，或者我們還正迷迷糊糊地跟瞌睡蟲奮戰，偶爾我們會在影像就快消失、蒸發前的片刻再次抓住這一思緒。我們可感覺到，這一影像不過是還沒闖入意識國度的某一念頭的反映，如同就在我們快看不到照射在某些物體上的光芒時，我們的眼睛才瞄到這些物體。

我們可經常發現，某一感情或是某一種生理性的感覺，都會在夢境中轉變成一連串象徵著這一場夢的形影：有時噩夢中盡是扭曲變形的臉孔，我們也常藉著這些噩夢來解釋，在普遍流行的迷信行為中可見的惡魔、不安好心的精靈等，或許這些凶神惡煞正代表著我們的內心壓抑和愁苦煩憂。在噩夢連連時的景象，以及艱苦難熬的生理感官印象之間，存在著來來往往的相互干涉：有時候，當我們突然間從一場非常痛苦或是恐怖的噩夢醒過來之後，我們會陷入某種焦慮的情緒中，一開始，我們會以為這是噩夢造成的，但後來我們卻可感覺到，這一憂慮是由於生理苦痛的關係，而且，如此焦慮的情緒，應是做夢前就已經存在了，甚至反過來，這一憂慮還緊隨著夢寐的腳步，以致於這一憂慮本身是因，而夢，則不過是果。在醒過來之後，若要去捕捉某一念頭，且前一夜的幻夢也只不過是此一念頭的具象表現時，這又是更加困難的事情：人的思緒，其實比感情還更不穩定，它往往會跟讓該思緒圖像化的一幕幕畫面一起銷聲匿跡。然而，就夢本身而言，一幕幕場景的象徵特質，偶爾是不言而喻的，尤其當人的思維過於抽象，以致於無法跟畫面結合在一起，於是便蒸發消散，但在那當下，我們也同時感覺到，思緒爬上心頭後，就吞噬了某些感官元素，當人的思維努力往外界舒展時，它便會嘗試藉著這些感官因子來強化其形式。以下

* 譯者注：本書所有基督教聖經經文之引述的中文翻譯，都取自繁體中文和合本聖經查詢系統。

兩個例子似乎可讓我們生動地捕捉到這一整個過程：

「一開始，那就像是我去計算我自己的身體運動似的，好比如我挑戰我自己似的：盡量不要動，不要去碰到某條毯子等等諸如此類的。隨之，解決方法就以我最近這幾天試著要去找出答案的一道代數問題的形式出現了。」所以，這是還沒入睡之前的思路傾向（attitude intellectuelle，去尋找某一道問題的答案）鑽進了夢裡：但那只是一種傾向，該傾向是不能被納入一整套的數學概念中，即使我尚未入睡前，在思考那道難題時，都是借用數學概念的。再如，存在著可察覺到我躺在床上某一位置的那一種感覺，以及，另一方面，一個睡醒的人的意識應該很清楚他躺在床上哪一個位置，換言之，占據床上某一位置的感覺在整幅圖像上是很醒目的，所以，只要另外一個基本觀念碰觸到這個在床上某一位置的感覺，就可讓兩者彼此滲入，接著，兩者之組合再以極為怪異的某一動作或是某一過程之形像來表達。我再舉另一個例子：「我花了一整個上午的時間來改考卷。然後，我夢到，我跟一名持唯心主義論調的哲學家一起看我寫的文章，也彼此交換意見。我們還一起討論我提出的觀點，換言之，我們那時候的討論從此影響了我之前提出的觀點：我們兩人的思路驟然升高臨眺。說時遲、那時快，我們兩人都站起來，也不知何以然，我們站立的高度是與天窗比肩；然後，我們穿過天窗，爬上傾斜的屋頂，而且一直愈來愈高。」某一思路驟然升高的想法，也只不過是個想法。但若這一想法變成一幅畫面，此外，我還很慎重地看待這一畫面，或許這是出自於我在某一特定地點的感受，而且，還是在某一空間中的感受，然後，這一感覺也出現在我的思維中。醒過來之後，面對著這些腦海中的思維與感官性的感覺，我原本是可以將思維鎖定在某些框子裡（這些框架都是夢境之外的東西，一個一個跑出來、一列排開），同時，另一方面，也把種種感覺都堆置在其他的框框中。一旦思維與感覺，這兩大基本觀念都從框架上脫落下來後，它們便自行溶解消散了：我的親身經歷的隱喻就是這麼來的。

若說諸心理學家都習以為常、都沒有注意到，不加修飾的感想和思緒，在我們的夜生活裡占了重要一席，首先，這是因為他們自我設限，當他們描述自己的夢境時，常僅限於去述說他們看到了什麼、做了什麼，這就好比如是，我們的幻夢的內容都可蛻變成一序列的圖像，就如同是當我們醒來之後、當我們又感應到這個感性世界時，在我們的腦海中閃過的那一幕幕畫面。有關於夢此一主題的著作，幾乎都只著重於事件的經過，相較於人醒著時的事件經過，差別只是夢中經歷都鬆散不一致、怪異可笑。若去閱讀這些著作，即可發現，似乎睡著的人從此只能寄生在另一生物體上，彷彿在夜裡，當事人不知何以就會去變出一個化身：夢的國度裡，無論是哪個角落，如同人清醒時的世界，都是五彩繽紛、敏感銳利。可是，除了這些虛幻難測卻生動活潑又輪廓大致分明的形像之外，以及，有時候，在這一幕幕景象之間的空檔裡，或者是景象的畫面上，夢中常有著模糊不清的表象，而且，這些表象還模擬著思考、反省以及推論等把戲。為什麼我們醒來之後不太容易想起這一切？似乎做完夢之後，我們還擁有的，都是一些跟沒睡著時的場景可互相比擬的內容，還有，為何我們總是假定，在夢中場景之間、在這一幅幅構成夢中景象的圖畫之中，只存在著缺口，而非某種連續不斷的思維呢？這是由於其實連在清醒的時候，我們都很難去回想起一撮撮的思緒。雖然我們醒著的時候的思維未必有一觸即發的生命力，但在這些思維之間，仍有多多少少還算合情合理的關係把它們聯繫在一起，於是，就可幫助我們重整思路。但是夢中的思路都不是很嚴密，就跟夢中的景象一樣：它們欠缺邏輯（或退而求其次，夢中形像遵從的是頗令人困惑的邏輯），況且既無色彩也無構圖，為何如此呢？原因在於它們其實都是一撮撮思維：在所有的心理狀態中，無論是在夢中還是在白天清醒的時候，思想正是最不容易被回想起來的東西。

尤其，當人閉上雙眼，當神經系統對外在世界的諸多刺激不再做出任何反應時，我們的意識只能興起粗糙模糊的視覺、觸覺、嗅覺和其他感官印象，這些印象之粗拙程度，並不足以在印象浮現時提供印象所代表之某一或是整體人事物的基本觀念，因此，人就很容易跌入種種圖樣般的想像。當這些斷斷續續、毫無頭緒、本身又毫無意義可言的浮光掠影湧上心頭時，自然而然地，在記憶底層便會飄來符合這些印象的圖形映像，正如柏格森所言，這些印象至多是「鑲入相對應的形體傾向（attitude corporelle）」。這些印象提供給夢中幻影一個形體，換言之，一個自我更新的工具；因此，這些印象也可解釋，何以一幕幕畫面出現眼前，又為何其先後銜接順序未必合情合理。柏格森又道：「一段段回憶—幽靈（souvenirs-fantômes）終了便大口大口地將顏料、聲音、物質等都吞進肚子裡，也只有順利完成填鴨者，才能吸收我感覺到的那些五顏六色的塵埃，還有，裡裡外外我聽到的各種聲音等等，尤其是，它們與我的生理印象所編織出來的感情狀態（état affectif）聲氣相通。當回憶與感官此一拍檔起跑時，我就會開始做夢[4]。」

這是何以回憶竟類似自四面八方、地域深淵飄然而來的鬼影，這些鬼影爭先恐後地在尤里西斯（Ulysse）挖出來的深溝附近遊獵，急切著要去痛飲受害者的鮮血，方能借屍還魂。只不過，事實上，這些鬼影都懷著尤里西斯從活生生的世界帶出來的宗教信仰的所有元素。想必這些回憶—幽靈也大致如此。在睡夢中襲入我們的種種感官成分，或許帶給回憶—幽靈更多的養分。總之，回憶—幽靈的樣貌、生命，全都是來自我們從心智清醒的世界挾帶出來的念頭或是粗略的想法。

若說，實際上，夢是來自於留存在記憶深層的回憶，以及粗拙不清的官能感覺，這兩者相觸後的聚合物，如此一來，在睡夢中，就必然會出現可被我們辨識出來且被當作是回憶的層層形像，而非僅僅是我們可理解其涵義的形像。更何況，既然那些撲朔迷離、閃爍著五彩斑點又帶著混濁餘音的印象，都已經為那些足以乘載著架構範圍更深廣的回憶，闖出一條通往意識的大道，所以，這並不難，所有的條件都齊全了。雖然如此，我們卻也明白，我們根本無法在夢中形像找到所謂的純粹回憶，也就是說，那類我們在醒過來後依然可被辨識出來，並且可作出時間、地點之定位的回憶，我們可在夢中找到的，僅僅是那類破碎又難以辨認的憶念，這是由於它們都反應著一些過於尋常的基本觀念。有些人又說道，嚴格說來，正是因為回憶乃以驚濤駭浪之姿湧向意識，所以，自我粉碎為泡沫，最終飛散八方的雲霧又於偶然間匯合；然而，在這些新的結盟裡，這些憶念都已流失它們原本各自的特質：這正可以說明，為何我們再也無法辨其雌雄。但為何它

4 柏格森，《精神能量》，頁一〇二、一〇三。

們以這樣的方式自我粉碎，也就是說，為何是隨著甚至我們都已習慣的社會生活、共同思想的諸多分野呢？有些人又說道，留存在記憶底層之回憶的定義，正是由於它們都不在上述之生活和思想的分野所搭成的層層框架內，而且，它們都隨著先來後到之時間順序構成一延續體：所有引進到這類回憶中的邏輯特性，所有賦予給這類回憶之一般性意義，所有套在這類回憶上可謂名符其實的名號，全都是人清醒時之思想的具體事實，也全都來自此一具體事實的諸背景架構。假使在沉睡者的意識中，這類回憶並非源自這些背景架構，我則難以理解，為何夢中所見總是反映出某些至少從這類架構衍生而出的形影呢？總而言之，儘管夢中所見之景物毫無頭緒、連接之處又多空隙，然而，在大部分的例子裡、在任一細枝末節上，未必沒有呈現出任何一絲可瞬間領會的意涵。

且容我繼續以下更深入的分析。究竟這些模糊迷濛卻穿過層層知覺關卡的感覺，是如何在睡夢中把回憶召喚出來的？為了解釋該現象，柏格森提出的理由是，這些感覺在我們的身體內產生了官能性改變（modifications physiques）。另外，他又說道，「感知都是透過模擬運動（mouvements d'imitation）而延續不斷的」，模擬運動也主導了圖像的篩選，「模擬運動更提供給感知以及被重新記憶下來的圖像（images remémorées）一個共同架構」。另外，也是同樣的模擬運動，在或許更廣泛的範圍，去伴同或是跟隨那些迷離模糊的印象，所以，就是這些運動可用來解釋，何以在夢中，回憶可被複製。但是，在這些印象，以及、緊接著，在這些接二連三的模擬運動中，這兩者之間是毫無關聯：那是一連串斷斷續續的印象或是運動，在印象與印象之間、運動與運動之間，沒有任何直接聯繫。如此一來，又該如何解釋，我們可以娓娓道出，這些串在一起的夢境彷彿就是一篇篇的故事呢？又有人指出，被印象喚起的形像，會再去傳喚出其他的形像；印象的任務，在於讓想像力開始發揮作用，而想像力一旦甦醒過來，便會自由自在地運作，直到新的印象又刺激出新的形像，然後，最後某一最新形像一溜出來之後，便堵住了之前一長串的形像開闢出來的路徑，於是，想像力的自由運動便終止了。可是，何以某一形像可叫喚出另一形像呢？若說我們的身體不再介入這一切，那就必須去考慮在聯念理論（théorie de l'association des idées*）中所討論之諸多關係的順序問題。但是，既然這些形像都是回憶（若以回憶—圖像的定義來看），那麼在諸形像之間，便只有順時序的關係而已：無論從一幕映像開始，昔日生活

---

* 譯者注：當今若論及聯念理論（或聯想主義等，也就是未必冠上理論一詞，基本定義是：由某一事物想到另一事物的過程），通常涉及哲學或心理學兩大學科領域，最遠可至少溯及亞里斯多德提出的三大觀念聯結類型：相似、對比與接近；現代時期則集中在如何用來分析諸多有關於記憶的現象：假使記憶是心理生活的基本內容之一。一般多主張聯念主義曾啟發實驗心理學、行為主義，尤其是有關於刺激反應、反射制約、學習等現象的觀察和理論的構成。英國近代諸著名哲學家如霍布斯、洛克、休姆等，乃至斯賓塞都曾在思辨傳統中投入、參與塑造早期的聯念論取向的心理學，法國二十世紀初涂爾幹、布拉丁（見第一章譯者注）亦身處此風潮中。涂爾幹對此議題的討論多集中於一八八三、八四年在桑思高中（Lycée de Sens）發表的哲學理論課程，主張在心理學之研究範疇內，以記憶、想像、夢、沉睡、瘋狂和聯念來分析人的抽象思考本能的現象：簡言之，人類感官知覺之連貫性、人之意念主張的聯想性都保障了思想的延續性。至於布拉丁則曾呼應布留爾（Lucien Lévy-Bruhl，一八五七—一九三九），以人類學範疇、原始思維之傳統切入，討論魔力、信仰與科學之關聯。

中的某一段時期應該都可以重新浮現。只不過，逝水年華並不會在夢中重新來過一次。或許有人會譴責我，擅自以最嚴厲的標準來定義這些術語：在所謂的回憶—圖像中，絕大多數者都一一對應著連同省思的諸多感知、判斷、抽象的思緒，所以，把這類回憶拿來做簡略的對照時，諸多相連關係便剝落了。就此涵義而言，清醒之際的層層關係連結，都會在睡夢中以回憶的形式重新產生。總之，在兩大論述中，必須擇一：論述一，這些有關於物體、關係等甚為家常的基本觀念，持續不斷地介入各類團體生活中，但我們可自由自在地、在任一時刻中，去回想起這些基本觀念，另一方面，這些尋常的基本觀念是另外一類截然不同之記憶的內容，也就是，隨著事情逐一發生時，記錄了每一事件不同於其他之面向，並保存了諸事件先來後到之順序的那一類型的記憶：因此，我們必須去堅持，在被這第二種類型的記憶保留下來的諸多回憶之間，只會存在著順時序的關係：當柏格森論及，若要讓「回憶—幽靈」再度出現，則必須等待某些有利條件時，所涉及的，正是這一類型的回憶。論述二，一般性的基本觀念擁有超乎尋常的力量，在我們清醒的時候，不僅隨時等待著每一思緒的傳喚，而且，還可在夢中所見之形影上有所作為，即使其行動範圍有限，卻是真實不假，只不過，當夢中映像出現時，終究只是浮印在某一描繪著過於簡略之基本觀念的背景上，而且，一半左右的內容都已消逝了。這便意味著，當我們沉睡時，這些基本觀念都駐守在我們的心智中，我們依然繼續在睡夢中使喚著它們，順手可及又隨時可感覺到它們的存在。然而，這也正是我們努力要去建立維護的。

人清醒時的環境架構以及睡夢中的環境架構確實是存在著諸多差異：夢中的架構很可能是來

自於清醒時的架構，卻無任何地方可安裝，於是，便導致了在睡夢中，我們的心智就在如萬花筒般撩目的過程裡，或在翻轉著各類姿態、意義、不同表情、運動的舞步中，隨意去擷取看似有模有樣的東西，繼而揑造出不曾存在的物件，然而，這些憑空而生者，轉瞬間離我們遠去，隨即卻又與我們當下感官所及的運動、形態、聲音、表情揉合在一起。我們清醒時的種種基本觀念，在潛入沉睡中的意識後，便會從意識中自我撤退、自己流蕩四方，隨之又在路上留下部分內容或局部形體：如同用一支粉筆在一平面上描繪著幾何圖案，我們卻失手讓粉筆在此平面上打滑了，以致於來不及畫出圖案的某些輪廓，例如，某一邊面或某一角度之類的。

當我們去注意，在睡夢中，時間和空間究竟是變成什麼模樣時，我們都可感覺到，其實，時間和空間就是支持維護著身處不同之地的人們的思想，使之可保持接觸、建立協議的架構，尤其是，身處不同之地的人們，總希望依據其群體中其他成員的作為來調整一己的行動、遷徙等。我們並不是很清楚，對於一個從沒跟其他人學過如何辨認東西南北四大方向的人，也從沒被教過如何去分辨出諸多局部內容，以便進而去掌握整體的人而言，空間意味著什麼？他是否可辨識出進而理解，何謂前方、後方、底部、上緣、沿岸、左、右、前進、轉向等等？做夢的人卻都了解這一切。以下是某一夢境的片段，在其經過，類似的詞彙層出不窮：「我剛**穿越**過一座大城，有一**大片**低窪地區距離車站很遠，我便從那低窪處走出來，我順延著一條還算是有蠻多人的馬路（路上有好幾家咖啡廳），這條路很**長**，而且，在一座用紅磚蓋成的工廠**後面**，這條馬路順著一道**下斜坡**轉了個急彎，緊接著又有一個讓人措手不及的**轉彎**，過那個**轉彎**時，我差點兒沒往**後**倒仰。

再往下走，有個像是水井的大開口，不過，這開口被一堆切割成形狀不一的紅石塊給堵起來了：還必須繼續往下走才能夠找到薩克斯元帥的臥房門口……」只不過，若說這名做夢的人很清楚他改變了方向或是高度，他可以指出某些事物與他身軀所在處的相對位置，或甚至是物體之間的相對位置，在每一幅景象中卻都存在著一些漏洞，甚至是不合情也不合理的情節。有時候，正是由於我們知道我們身處何處，究竟是在餐廳、客廳或者是實驗室，以致於有關某類房舍、某類型房廳的整體，或是內部陳設等頗為模糊的概念，都已潛伏在我們的想像中。但不時地，我們不知自己身處何地，所以，若是兩腳直接從一家咖啡廳踏進一間小教堂，或者是從樓梯走到某一層樓後，去打開一扇門，迎面卻正好是一條街、一個鷹架的時候，我們也不至於感到驚訝，或甚至是，穿過一連串彼此相通的房間後，再轉身回走時，卻發現一切都不一樣了，例如，從沒有車頂的雙層巴士下車後，因為某些東西忘在巴士裡，所以又上了巴士，卻因此發現雙層巴士的第二層是有頂蓋的[5]。這些混淆不清又古怪不合理的事情，都是由於在夢中，我們並沒有一個完整空間的雛型（一座城市、一個國家），更沒有我們真正所處之地的大致想法，對於這個地點的所屬區域也是一無所知。若要讓我們覺得，我們並沒有迷路，其實只需要在夢中讓我們看到「某一角」，而且，我們可大概說出範圍大小、方位所在，或者是，我們差不多知道在哪個角落有哪些人事物，這就如同是在夜裡點燃一支火把，光度大小恰好可讓我們大致看出身手可及之距離裡的事物雛形，卻無法讓我們明了是不是身處曾走過的熟悉之地。如此這般的空間感，對一個遺世獨立、只活在當下的人而言，已足夠了；他可頂天立地，雙腳前進後退也不會頭暈目眩，不太需要反覆嘗試就可擺出幾個正確有效的姿勢：相反地，若是這個人反過來去遷就此一空間感，他或許無法跟別人解釋究竟他要往哪裡去，遑論在根據他人作為或參考社會生活裡主要基準點的立場後，來調整一己躊躇不前的步伐。

若論及時間，也是同一個光景。有時做夢的人自問，是不是還身處於沒睡著前的地方，相較於此，或許做夢的人更搞不清楚時間。一般而言，我們不會去注意，做夢的時候根本也不會去跟人談到，那個時候是哪一年、哪個星期，但可能會注意到那個時候是哪一天：或者，即使我們知情，也是由於日常生活中某一線索、某一舉止，提供了相對應之時間：假設夕陽西下時我們正好在路上，或者是，我們身處燈火通明的房間裡，我們準備要開始用餐，卻也注意到午時早過，所以，我們便知道那時候是晚上、夜裡還是中午。不過，即使有時候我們去想到一個特別的日期，無論那是不是無意挑中的、是不是符合某一歷史性事件的日子、節慶之日，或只不過是由於有約、有考試、必須處理要務等等，我們最後卻只是想著這個日期，更不會用任何其他日子來代替；就同一套配方般，名符其實似的，但其名義，已不只是代表著一段切割出來的時間，卻毋寧是一個動作或是一起事件，只不過，我們偶爾用可說是非常任意的手法在上面加套一個日期：

5　請參考李納諾（Rignano）著作中的其他例子，《推論的心理學》（*Psychologie du raisonnement*），一九二〇年，頁四一〇、與後續段落。譯者注：Eugenio Rignano（一八七〇—一九三〇）是義大利哲學家、心理學家、社會學家，生前研究範圍廣闊、著作豐富。

彷彿是，為了製造高潮，我們藉口不得不再冠上一個虛假的日期。是否可說成，我們都至少自我想像了某一場夢裡的不同情節之先後時間順序，但另一方面，我們的思緒則完全被當下這個時間點吸收了，以致於我們更急切地去猜想著明日種種，而非去回顧陳年往事？可是，做夢的時候，我們的確有一股先後順序的感覺：我們在夢中無法想起過去種種，甚或是夢境本身嗎？若說，既然夢中某一場景裡穿插了數名人物，更何況我們也注意到他們的所言所為，這便意味著，在睡夢中，不僅我們能夠回想起才剛發生的事情，而且，針對某一事實、某一人物，我們也能回想起過去是否曾目睹了、見過面了，我們甚至可以幻想出，某一子虛烏有的事情曾在過去發生，然後，便用來解釋當下的情景。相反的，被我們徹底忘得一乾二淨的，就是我們從睡著前的記憶一把全捉過來的基準點，以及銜接相串的確切事實，況且，正是在這類事實中，我們平淡無奇地穿插進去最新的或是又被回想起來的事實：我們都很清楚，所謂的在這之前、在那之後，我們都能分辨出，在某些期間，事件進展快速，但在其他時期，則緩慢停滯，而在進展緩慢時，我們伺機而動、迫不及待，我們甚至會感受到，遙遠的過往向我們招手，我們腦海中盡是活在另一世紀的歷史事件或是人物；然而，這些時間性的資訊彼此卻無法銜接：這些資訊都是斷斷續續的、毫無頭緒，偶爾不免錯誤百出。若說當我們做夢時，我們都以為身處於現在這一個時間點上，實際上，那個現在是捏造出來的，更無任何基準可使之落腳在某一時間點上：若說任何斷論都是不成立的，於是，我們大可嘗試以下推測，那就是，既然根本不可能藉由想像或是記憶來重新走過昔日歲月中的任何一段時期，遑論將我們自己運載到未來，所以，我們既非身處未來、亦非活在過去；不過，我們也不是身處於真實的現在，至於何謂真實的現在，那就是，我們自己以及我們的同類，都可根據其他諸多時段和時期來找出我們身處的那一時刻。

因此，在清醒的時候，用來整理種種感知與回憶的時空架構，都可在睡夢中找到相關線索，只不過，往往是零星片段、奇形怪狀，就像是打破了的瓷器，每一碎片都毫無規則可循。夢中景象都是浮現在空間中、時間裡，卻又不占任何空間大小或是時間長短，以致於我們無法整理出時間、地點，並進而歸納安置。更何況，夢中的思緒既無法去回想起任何東西（也就是說，讓我們再活過一次逝去年華且分秒不缺、完整周到），也無法去感應到任何什麼來著，這不就是夢中形影無計可施之處？因為它根本沒有可讓一切都變得合理完整的力量，也就是，在我們清醒時，可促使四分五裂的時空背景得以緊密相契相合的那一股力量。就此，我們或許手上握著千載難逢的機會，正可去測量，一個受到社會團體所創制出來之整體基本觀念的牽制且因此訓練有素的心智，以及，另一個在暫時之間、片面地突破此支配力量之影響的心智，讓這兩者分開來的那個中間距離。然後，我們也可以去檢驗，集體意識的行動程度，若是強大的，究竟是到哪個規模，當該意識行動開始推進時，其深度又是達到哪個程度，為何甚至可制約我們的心理生活，孰不知，即使是身處遺世獨立之夢境，我們依然可感覺到意識的作為，雖說已作用遲緩又力竭，卻似曾相識、毫不陌生。

II-ii

語言在睡夢中的角色

Le rôle du langage dans le rêve

空間、時間，以及就某程度而言，其他可闡明、調整幻夢中所見之景象的諸多架構，全都是負載著扭曲變形又穿鑿附會著諸多基本觀念的形像，但另一方面，正是這些基本觀念讓沒睡著時的人可互相理解。再者，人們聚在一起思考時，都是透過語言這個工具。因此，我們以下便來分析語言在睡夢中所扮演的角色。

我們經常可觀察到，一個沉睡中的人偶爾大聲說話，試著喊出幾個字或是音節，我們也差不多聽得懂；只不過，這並不意味著，當我們從沉睡之人的外表看不出何以大聲說話的線索，其雙唇也沒有任何顫動時，便可假定他其實正在做緘默無語的獨白。有時候，我們若是在他才剛說出一個字、一節句子時去叫醒他，緊接著問他，夢到了什麼，他或許會回答，他並沒有做夢，或去描述一個夢境，但這夢境看來似乎跟他剛才的夢話毫無關係。熟睡中的人，一方面，他的表情很平和，呼吸很規律，臉上無任何抽搐，雙唇更無動靜：一旦醒過來，他卻說做了一場非常恐怖的噩夢。就這些事實，我們只能推論出，人睡著時，依然嘰嘰喳喳說著話，而非一言不語的。事實上，睡醒的人，是在心頭上吭聲，喃喃說道一些詞彙、短句、長句，在腦海中再三反覆或是大聲嘶喊著，尤其若是恰好眼睛看到某些事物，或是突然天外飛來讓他欲言又止的感想，但這時候，他的臉上卻是了無跡象。除此之外，我們未必可確定，當這睡醒的人真的去說出那幾個字時，對身旁的聽者而言，這些字的確蘊含著剛睡醒的人要賦予的意義，或者，這些字是否真的表達出睡眼矇矓的人的念頭，而非其他不知是誰的想法，還有，當這剛睡醒的人不再若有所思，結束那般讓殘缺不全的句子或唉聲嘆氣全脫口而出卻又渾然不覺的狀態後，如果我們在他面前重複他剛吐出的隻字片語，卻很可能連他自己也不知所言何物。另外，若說，唯有在腦海中重複說著某個字的意思後，我們才有可能理解這個字的意思，已是共識，再者，假使我們去做夢者的耳邊說出一個名詞或者是一連串的字之後，隨後便因此刺激出一場夢，而且，該夢境的大意與那些字是有關聯的，於是乎，我們便可知曉，做夢當事人曾在心頭上喃喃自語，甚至我們大有理由相信，此一內心獨白也刺激了一幕幕夢中景象的組成：結果卻是，並非所有的夢都是如此。

我們現在是否可引用某些例子，比如，我們聽到有人說話，我們感覺到自己在夢中說話[6]？

6 或許還有就是，我們聽到別人說話的例子。「我只是再三強調，在睡夢中，那些我們認為我們聽到了的聲音，很可能都是我們自己的聲音，我們聽到的嘶喊，是我們自己的嘶喊，聽到的歌聲，則是我們自己的唱誦。」取自阿蘭（Alain）之論著集（Propos），《九十一章論心智與熱情》（*Quatre-vingt-un chapitres sur l'esprit et les passions*），巴黎，一九一七年出版，頁四五。譯者注：Alain原名Emile Chartier（一八六八—一九五一），是法國哲學家、記者、散文作家，嚴守蘇格拉底傳統、笛卡爾之理性思辨，在法國二十世紀之思潮占極為重要一席。生前著作豐富，諸多皆以「論」（Propos）為題，不乏道德與美學之辯，啟自日常生活之省思或時事短文，頗受一般大眾好評。

換言之，在人入睡後，我們是否可用肉眼觀察此一方法來碰觸到該內心語言（langage mental），它宛如一捲看不見的薄紗往八方漂泊，在深夜裡，藉著四處可及、極具動感又色彩鮮麗的款款樣式而直達意識？我之前已表示過，這一內心語言總是與內心反思的多樣形式糾纏不清，有時，我們也渾然不覺地在內心反思與內心語言中遊走，以致於我們無法隨即確定，究竟我們是去想到了一舉止動作、事件、浮現眼前的形影、交流對話，抑或是，我們自以為已有所反應，的確看到了些什麼也曾說出些什麼似的。可是，一旦這些內心語言的外貌都失去光彩，輪廓也逐漸模糊時，似乎在我們的腦海中便只剩下一個線條簡單的表象，偶爾地，該表象本身便分解成一串詞彙或是句子，然而，這些字詞無法代表某些視覺上的圖樣（〔images visuelles〕，例如，印刷出來的字體），也不吻合帶著聲音的影像（images auditives，假設的確存在著這類圖樣）；我們未必不會用這類字詞來想像：只不過，去思考我們說話這件事，跟在心裡頭喃喃自語，不正是同一回事嗎？

至此，我們進展有限。一個睡著的人在心裡頭吭聲，但是外表看來卻無任何動靜，這是很可能的事情：但這一內心自語是延續不斷的嗎？當話匣子一打開後，是否會影響我們的夢境呢？一個做夢的人也說著話、在內心中說話，是很可能、甚或肯定的事情；但是，內心的語言會不會化約成可喚起意識的言詞，然後，又在排山倒海的形像中，尤其若是牽涉到構成夢境的主要成分之視覺圖像時，會不會半途迷失錯亂？

的確，假若夢中圖像之間的先後銜接，可利用字詞或是發音之間的先後銜接來解釋，我們便更容易明白夢的某些特質[7]。首先，若說夢中一幕幕畫面出現的速度是極為快速的，又，若說這些畫面看似爭先恐後地湧出，且速度之快，使得我們幾乎無法盯著每一映像仔細瞧，難道這一切不是由於內心語言本身也是滔滔不絕？每當我們回想起在夢中看到的一連串事件，我們不免驚訝，夢中景象看似在每一轉瞬間一頁頁般的翻轉，彷彿突然間一幅畫的每一元素都到齊了，還有就是，有時某一人物既無任何過渡便直接變臉了，這一切都使得夢宛如一場令人上氣不接下氣的競賽，琳瑯滿目之物，蜂擁而來，無任何喘息餘地，以致於一段段的思緒無法回頭探看，究竟方才閃過的是什麼，我們無法反省，也無法暫時擺脫任何一截影像以贏得自我意識的一角。不過，若論及加速度之節奏（rythme accéléré）此一想法，沒有任何其他例子是比滔滔不絕之言詞更清楚的，這也是我們可在某些亂語症患者（paraphrasiques）、偏執狂（maniaques）身上觀察到的現象，或者，有時候，當我們急著要在對話中填補可能的空白時，也會發生這類現象。總而言之，存在著某種言語上的譫妄（délire verbal）[8]，這是屬於言談領域內的癥狀，應該可和夢中的視覺

---

7 「夢主要都是視覺性的進程（processus visuels, visualing achivements），佛洛伊德則指出，這些視覺進程，可將諸多字語之間的連結（mots/verbal connexions），轉化成諸圖像之間的連結（《夢的解析》，第六章）」。周舒亞・格里高利（Joshua C. Gregory），〈視覺圖像、言詞與夢〉（*Visual image, words and dreams*），《思想》（*Mind*），一九二二年，七月。譯者注：《思想》是牛津大學自十九世紀末起出版的學術季刊。

8 庫斯摩勒（Kussmaul），《語言障礙》（*Les troubles de la parole*），法文版，一八八四年發行，頁二四四。譯者注：Adolf Kussmaul（一八二二—一九〇二）乃德裔醫學、語言學家，以語言障礙為主要研究範疇，亦是該領域中首先以臨床觀察為方法論之先驅。

和聽覺上的譫妄（délire visuel et auditif）相提並論：我們如何能不去猜測，視覺和聽覺的譫妄，其實不過是言語譫妄對調移位後的結果？

上述之對照亦可讓我們明白，為何夢境中的某部分情節，可組成一氣呵成的圖畫，又為何夢境之形塑，往往是循著某一個中心主題之進展，以及，為何在其他情況下，夢從某一主題跳到另一主題或從某一景象翻到另一景象，但彼此之間卻毫無任何關聯。儘管渙散又不一致，夢依然提供了一連串的事件、言詞、舉止動作等，並且，可取之編成一段段的小故事。做夢者的想像力在編輯這些故事時，都是依循著特殊的邏輯。總之，所表現出來的，都是順著某一方向一一排列著。如同我先前提出之說明所顯示的，這些編排有序的故事，卻都不是昔日歲月的往事：每一則故事裡的元素，或許都取自我們的記憶，但我們將之重新揉合，編寫出印象不同的新意。不是有人說道，最初那一幕場景將會隨後召喚出其他已互相組織串聯的場景，而且，後面這幕景象將會與最初的第一幕結合起來？然而，既然這些先後有序的形像個個不同，為什麼其中任何一個浮現時，我們就能夠回想起所有之前的形像呢？然後，不是又有人說，排在前頭的形像裡的某些成分，會存留在位於後頭的形像裡，這正是為何在這些先先後後的映像裡，總是有某種延續性的理由？因此，夢都是在某一架構內鋪展出來的，也只能傳喚到可擠進此架構的形像，但另一方面，這一架構並非是固定的，它會變形，有時也會自我崩解。可是，又該如何解釋此一架構的組成由來呢？而且，某些形像或是局部的形影，甚至是某些想法、一般之心理傾向（attitudes psychiques）等等，都附著在上面，但其他的，則是曇花一現後，瞬即煙消雲散，這一切之所以如此，難道不是因為在做夢者的意識或是軀體的某處，存在著形像、想法、心理傾向等的附著點[9]？依柏格森之見，所有被呼喚出來、出現在夢中的形像，都伴隨著在身體某處延續不斷的運動：例如，身體關節的運動，尤其是，為了事先準備這些關節運動的腦部重整動作（modifications cérébrales）。自然而然地，難以否認的是，最敏銳又最持久的運動對應著最穩定的映像，而這類映像，也建構出幻夢的虛浮短暫之架構。因此，沉睡後，一旦我們開始在心頭重複某個字或是一串字詞，或甚至是一個、數個句子，緊接著，我們的思緒便會隨著言詞奔往同一方向，於是，夢中的千百形影之間，則會拉出一條跟言詞間的連貫性一模一樣，也就是延續不絕的路徑；至於其他細節，則可援用其他的詞語、句子來解釋，只不過，這些詞語還是不完整的，再三重複後卻依然漏洞百出，另外，它們有可能重新製造出最初那些元素，卻也不過是軟弱無力、破碎流離的空谷回音。

9　例如，我夢到，我人在一間主教教堂裡。在半空中，有一道圍繞著教堂四周的迴廊，迴廊裡有一群人：有些人開始跨過迴廊的石製欄杆。我自問，他們要做什麼呢？是不是瘋了？他們要投身半空中，還是要演練空中特技？或許有一條拉得緊緊的繩索，只是肉眼看不見，然後這些人要在繩索上跳舞嗎？果然，真的就有一個人在空中搖搖擺擺。但突然間，有一棧道穿越了大教堂，像是教堂裡的祭廊似的，棧道非常狹小輕巧，如果不是這些人站在棧道上，否則肉眼幾乎看不到它。——我們可設想到，教堂最與眾不同的表象正是其他表象都可援用的架構，這些其他表象先後排列著，看似張張不同的圖畫，裡面各自描述著相異的情景或是想法，乍看之下，教堂表象之外的眾多表象都彼此相連，內有某一組織構造，理由則是因為它們都必須去呼應教堂的表象。

至於夢往往是前後不一致的現象，這一現象所對應的，正是人們內心語言的混亂。睡著了的人是不受社會的控制。既然睡著的人不期待別人是不是了解他，所以，沒有任何力量可強迫人在夢中要正確地表達。曾有人指出，某些偏執狂，表現出「思想無比混亂，連說出句子也甚至是不可能的事情。把一堆荒謬的字詞全混淆在一起，中間夾雜著諧音、疊韻、韻腳；思緒紛亂又精神失常，他們開始去做上百、甚至是上千的比較對照；突然間，一個字、一個韻腳劈開一條思路，在還沒被抹去前，就已經被另一思路代替」[10]。失語症患者的症狀早已吸引眾人注意，一般人熟睡之際，難道沒有產生與之類似的語言錯亂的問題？至於亂語症（paraphrasie）這一個問題：原本藏在記憶中的字詞，被搬出來用時，往往意義類同或是形態相似，但在句子裡時，未必是放在正確的位置。例如，音節錯亂的問題：每個字原本都是有條有理的單位，內部結構都是飽和的，卻都從每一音素、音節銜接之處瓦解崩散；有時候，甚至會在一個字裡面加入完全不相關的音節[11]。我們有時可發現，在描述某些夢境時，做夢者會引用、說出不正確的字，但他堅信，他的發音是正確的，而且，他還堅持，即使夢醒了，他還一直記得這些字。

最後，如果我們假設，夢，不需要任何中介，便可以自己化約成視覺或是聽覺性的圖像，如此之特徵，確實是令人不解之謎。夢的某些架構多多少少是持久不變的，正是這類架構，可讓我們將夜裡所見全切割成好幾幅圖畫，但似乎除此之外，則有另一類架構，可將所有其他的架構全收納起來，然後，在此架構內，所有這類視覺性、聽覺性圖像都可找到一席之地：那就是，我們的身分認同此一感受。我們都身處於這些場景中，或者，參與了其寫真過程，也就是說，身為萬物之靈，以我們此時此刻的模樣，我們與眼前所見之事物是截然不同的。所以，既然夢境不會與依樣畫葫蘆後便複製出來的純個人回憶相混合，再者，種種形像或許是從記憶中汲取出來的，卻總有剽竊抄襲之嫌且失卻個人風格，因此，我們大可質疑，何以這些形像能夠帶給我們外界的印象，而且，是跟清醒時看到之事物產生出來的印象完全一致呢？為何我們不會跟這些形影相契融合在一起？為何我們不會誤以為，在我們之外的生物體、物件、某某人等等，早把我們置換取代了？若說在睡夢中，我們依然保留了自我此一基本觀念，且就某意義而言，在一幕幕想像出來的場景裡，我們依然占據著舞台中心，這是因為在所有的夢境中都存在著一個共同因素：那並非是這些形像本身的某一成分，那只可能是，當我們在這些形像上面從事某些延續不斷、自動自發，又具創造力的活動時，洋溢出來的一種感受。如果我們假定這些映像，都是受到內心獨白的刺激而產生出來的，或至少在每一分、每一秒我們都感覺到，我們都可在這些映像上冠上名稱，而且，也只有在此一條件下，我們才可以想像出它們的模樣，如此一來，以下的解釋就不會艱澀難

10 庫斯摩勒，同上著作，頁二八〇。最典型的例子，就是莫里提出的三個夢，這三個夢裡都有彼此相連又先後發生的事件，至於連接點，則不過是幾個字：pèlerinage（朝聖）、Pelletier（貝勒提爾）、pelle（鏟子）；jardin（花園）、Chardin（夏爾當）、Janin（賈南）；kilomètre（公里）、kilos（公斤）、Gilolo（吉羅羅），山梗菜屬（lobélia）、洛佩茲（Lopez）、樂透（loto）。李納諾，《推論的心理學》，一九二〇年，頁四二一、四二二。譯者注：Pelletier、Chardin、Janin、Gilolo、Lopez都是姓氏。

11 庫斯摩勒，同上著作，頁二四〇，與後續段落。

懂，那就是，若說做夢者的個性、他自己所堅持的意識，不需外力便會去聯繫成千上萬的故事、圖畫，彷彿一條綿延不絕的絲線，然而，另一方面，這些故事與圖畫，也只跟這條絲線，而非任何他物，有從屬關係。

因此，睡著的人從未停止內心對話此一假設，確實可讓我們考慮到夢最具代表性的幾個特質。不過，嚴格說來，此一內心語言究竟是什麼？一般人都不會感覺到這一個語言發自我們的身軀（至少，也不是很清楚明白，或是可知覺意識到的方式），遑論是不是在我們的身外。其實，截至目前為止，我尚未就此提出任何定義。不過，假使我賦予此一內心語言如此重要的影響力，再者，假使我正是試著透過該語言來解釋，何以在夢中所見景象是一幕又一幕接踵而來，這是基於總而言之，以我的觀點而言，此一語言相等於人做夢時所有可稱之為簡單粗略的智能（intelligence rudimentaire），而且，往往是這一語言讓我們覺得，若說我們對自己做的夢是一清二楚的，理由則只是因為我們可以透過言詞來組織這些夢，況且終究而言，我們都感覺到，我們可以自由自在地使用這些詞語：假若我們都無法感覺到，自己能夠同時地去任意擺布、重複這些言詞，或假若我們也無法用任何其他形式來模擬想像這些言詞，這樣的事情可能嗎？若說我們都已注意到，人都被教育成應該去了解兩眼所見，應該去驗證社會規範所要求的內容，還有，他的聰明才智都灌滿了出自其周遭最切身或疏遠的人們所帶來的種種理念（幾乎都是言語形式），因此，以下我會提出說明，為何我如此堅持綜合性智能（intelligence compréhensive），它動輒介入幻夢之表象，而且，依我之見，該類別之智能甚至會制約夢境的表象，強制訂立先來後到的規則。當然，誠如前一章節分析出來的結果，在人沉睡之後，該社會規範便一竿子全攤開，渙散無力了：人，身為個體，從此遠離了諸社會團體的壓制。人再也不受這些團體的控制。然而，同時之間，他也失去了從這些團體接收到的光芒中的其中一部分。這是為何，當事人無法以一系列合情合理的形式去回憶起，昔日生活中，某一特定時期或特別場景中，時空條件都確切分明的事件。換言之，相較於人沒睡著時的記憶力，沉睡者的記憶在運作時，並沒有相等程度的準確性，也無法處理如同清醒者那般盤根錯節的層層回憶，至於醒著沒睡著的人，他的記憶則具備了所有的智能，也正是透過這些智性才能，清醒時的人可以去依賴集體經驗，這則是因為相較於他一己的經驗，集體經驗更穩定、條理更分明、範圍也更廣。只不過，我不免懷疑，縱使是在睡夢中，或者是，睡著的人的心理生活裡，社會生活的行動力量依然鍥而不捨，而且，雖然這股力量的表現方式並不一樣，卻是可以感覺得到。夢中的人物都不是莫名的捏造，夢中所見之景物也不是空穴來風：夢中的人事物都是從人清醒時的經驗取材而來的，換言之，當睡眠把我們關閉在一個與世隔離的狀態時，我們又重新看到讓我們眼睛一亮、讓我們的感官煥然一新的事物，而那一切，都是在入睡之前與周遭同類接觸後產生出來的。其實不僅如此，不但我們重新看到這些人事物的形像，而且，我們一眼就認出來了。甚至，不只我們一眼便認出平日慣見的事物、熟悉的面孔，縱使在睡夢中溜出徹徹底底出乎意料之外的事件、奇形怪狀或是妖魔惡煞般的臉孔，依然逃不過我們的眼睛，而這是由於我們可以賦予它們意義，可以在白天時再三思量，換言之，去援用與我們所屬之團體裡的人共同享有的基本觀念，進而加以解釋。這便意味著，在社會生活中左思右想的習慣多多少少仍保留在夢中，尤其是能深入到去理解夢中所見之旁枝末節的能力。不過，該辨識能力或理解力，跟我們沒睡著時的辨識與理解能力是有所區分的，例如，夢寐中的辨識、理解力，並不會帶給我們觸類旁通、合情合理的感受，尤其是，睡夢中的樣態、大小事故的發生地點、時間點，是無法重新放置到白天沒睡著時的時間、空間，或者是平日社會生活中的時空。既然夢中所見是如此浮泛、游移，所謂的理解、辨識，又是什麼呢？這意味的是，我們可以在事後做描述，就如同我們在描述白日夢般，換句話說，所謂的睡夢中看到的一景一物都提供了語言表達的可能性：除此之外，別無任何其他意義。

為了讓我的觀點更嚴謹，且讓我們來檢驗另一假設，看我的觀點是否可用來解釋，為何夢中映像此起彼落。首先，我們不得不承認，夢中所見之形像都是直接了當地由甲召喚出乙，宛如一幅幅純視覺性的圖畫，而且，這一幅幅圖畫若非由於諸多其他相同性質的成分紛紛加入，並因此變得更完整，否則便是緊接著去向另一幅純視覺性的圖畫招手，整體說來，宛如電影銀幕上一幕幕的影像前呼後擁、此起彼落。柏格森始終力排眾議堅持這一構想：他認為，分子之間若彼此吸引，原因在於其親近性（affinité），但夢中形像是不能跟分子相比擬的[12]。假若一幕幕形像彼此相連結，而且，看似互相吸引，據柏格森所述，這是由於相同的形體運動把不同映像一一串聯起來。倘若我聽懂了一段對話，而且，這段對話對我而言並不只是一串聲音，這是因為聽覺印象（impressions auditives）在我的內心裡組織了「諸多正在興起的運動，這些運動能夠標示出聽到的句子的抑揚頓挫，也能夠因此在主要的發音關節上做標記」。因此，如果我聽懂了別人要跟我說的一個句子，即使只是聽到句子的開頭，我卻可以猜出後續，這並不是因為聽覺印象直接了當地把其他聽覺印象的回憶都叫喚出來，而是因為我感覺到我有能力把相對應的言詞都說出來。柏格森把這樣的感覺命名為：聽到之言語的動作基模（**schème moteur de la parole entendue**）。若是該基模無法在我們的意識中運行，那麼我們就無法從某一聽到的言詞過渡到下一個將聽到的言詞，也無法從我們聽到的某一個字跳到我們期待的另一個字，換句話說，跳到另一幅畫面或是另一段聽覺回憶。

於此，我不禁質疑的是，在我們心頭上，把聽到的句子「抑揚頓挫般」標示出來的運動，是否也會在我們的意志、養成之習慣之外，**自然而然地**產生出來，或甚至也不受社會生活的影響，而自然而然地運作。無論如何，我們都可以長時間地去聆聽周遭人們說的外國語言：若說我

12　至於馮特，他則反對聯念理論者的主張，他認為這些理論家都疏忽了，諸如此類、彼此結合的心理狀態本身也是來自於最根本的現象：根據馮特所述，假使種種基本元素彼此之間並沒有任何互相結合的預備設置，然而，如此複雜的心理狀態卻可互相結合，這實在是令人不解的說法。不過，這些最根本的現象，則由於其心理特質而與某些運動狀態極為類似，它們也會去「合成」、「同化」這些運動狀態、「使之更加複雜」，卻也受制於這些合成、同化與複雜化的運動，於是，很可能最終也歸併成這些運動之間的連帶關係。因此，兩幅視覺性圖像的結合實在不可能是直接的，或者也不可能是即時的：諸形像的結合是來自於眾多基本趨勢的交互作用，又，這些基礎趨勢是會隨著形像一起作用，尤其是人類雙眼形形色的運動與功能，以及相對應的官能感受。請參見《心理學概論》（*Grundriss der Psychologie*），第十版，一九一一年。譯者注：《心理學概論》首版乃馮特於一八九六年出版的著作。

們既不想也不需要去學這一外國語言，我們便不會繼續去注意周遭是不是還有人說著這一外國語言，這就如同沒學過音樂的人，不需要去訓練耳朵，卻也可以去聽音樂會。相反的，假使在參與一場以外國語言演說的演講會，或是加入外語對話之前，我們已經看過稿子，大致知道再來可聽到的內容，或者是，假使至少我們也透過其他閱讀而得知內容，抑或是，已經有人要求我們去重複念誦這一外語中與主題相關的詞彙、片語和文法，如此一來，難保我們不會突飛猛進！緊接著，我們便會在串聯不斷的聲音中去尋找這些言詞或是形態類似者，理所當然地，我們找到這些字句的速度將會更快速，數量也會更多。這並非自然天成，而是藉由一些自然反應而在我們的軀體激發出字字句句的聲波接收，所以，若說我們成功地建立出一個感覺動作的基模（**schème moteur***），那是來自我們的身體之外，而且，終究是透過人為方式，換言之，我們可讓自己進入一種要去理解句子、詞語的狀態，但是耳朵一開始聽到這些言詞時，只像是混濁不清的聲音。

至此，我只針對心理學家的「聽覺語言圖像」（images verbales auditives）提出反省，但總而言之，這一類型之圖像，在整體的夢中圖像中，只有次要分量[13]。然而，一旦牽涉到的是，難以計數的非語言性的聽覺圖像（images auditives non verbales）、視覺圖像時，相同的說詞卻毫無說服力？當然，柏格森並不否認，所有這些映像都隨著其形體的改變而延伸持續。不過，是否可在這裡提出感覺動作的基模此一說法？若說這些映像，例如，聽覺語言圖像，一旦在我們眼前放映，首先便是以一種連貫不絕的模糊形式時，感覺動作的基模此一說法便是不得不然。假設有一個人，他至今一直活在跟我們現今世界截然不同的環境裡，他若看到如此之連串映像，必然不知所措，他的反應，就跟剛才提及的例子一模一樣，換言之，假若有一個人他聽到周遭都說著他聽不懂的語言。若要去區分這些圖畫以及裡面不同的局部，那就必須去拆解，並標示出最醒目突出的地方。如果僅僅是，不由自主地，而且，只是隨著這些圖畫自行複製的腳步以及自行組合的速度，我們可否分辨出，我們用以複製某些特定圖樣、用以依樣描繪各圖畫之輪廓的動作或是簡略的手勢等等之差別。於是，我們便可承認，事實上，針對每件事物、每幅圖畫，我們都已習慣了它們在我們心中有一表象，宛如一張簡圖，而且，這張簡圖複製出更普遍的概要（schéma）。難道某些文字和語言系統沒有其他起源嗎[14]？但究竟這種景物之表象如簡圖般的習慣是從哪裡來

---

* 譯者注：作者用的是schème moteur，疑似schème sensori-moteur之簡化；sensori-moteur則是感覺器官的—動作，或譯感覺動作、感知運動。

13 該名詞，以我提出之觀點而言，意味著，當我們聽到或者是當我們去表達我們聽到了一些言詞時，我們所感受到的感知。

14 葛蘭言（Granet）說道：「若要論及圖畫，以嚴格定義而言，未必所有的中國文字都是表意文字……不過，一大部分的中國文字，若不是實實在在的圖畫，否則就是單一形式，或是合成形式的象徵性的表象」。另外，他又補充言道：「比手畫腳呈現出來的，對雙眼而言，一開始就是聲音以口語方式描繪出來的一幅畫」。在討論《詩經》這本書所收集到的古老民謠，其中多有雙聲疊韻或是描述性的助動詞，除此之外，葛蘭言還發現一項非常巧妙的布局，那就是「以綜合加乘又獨一無二的圖畫形式來捕捉現實，不僅這已發揮到淋漓盡致的程度，在轉譯這些圖畫時，則又轉載成聲音形式。其中最特別的，就是這一移置的過程，絲毫不會讓已轉譯之圖畫丟失其多采多姿的內容，也正是基於此原因，要去複製圖畫的聲音本身並不是一項符號，而是一張圖片」。整個比手畫腳之模擬效能都將可能透過發出聲音的

的？是如何形成的？於此，我們是否還能夠忽視社會教化的種種影響，從出生起，我們不都是時時刻刻受到社會教化的耳濡目染？不正是社會整體教導我們如何塑造、使用各項物品，社會不也引導我們的注意力去關注在各項器物間，或相似雷同或變化萬千之處，另外，藉由人工繪製出來的圖畫，並透過社會生活而讓這些圖畫在我們眼前開展之後（雖然社會未必教導我們去複製這些圖畫），社會生活亦引領我們，在那些讓我們眼前一亮又自然天成的萬物中，重新去挖掘出形態、組裝後的線條，以及或調合或對比的顏色，最後，不正也是社會生活本身讓我們熟悉親近這些形態、線條、顏色？秉持實用主義之哲學家（pragmatistes）說道，人只會在對其所做所為有助益時，才會去領會到物體或是現實裡的某些性質，換言之，就是當人可以對這些物體或是特質做出回應時；可是，這些哲學家有無充分考量到，人的所做所為的種種方式並不只受限於其生物性本質，而是也在另一更高層次上受制於社會生活的風俗習慣？若說，只有當我們了解了一幅畫作時，我們才會真正地看到這幅畫作，再者，也只有當我們可以拆解出畫中諸元素時，我們才能夠體會到畫作內涵，如果這兩種說法都是真的，梳理每一線條進而拆解畫作之構想若在眼前展開，其實都是受到社會的指導，也正是社會協助我們去學會理解、觀看[15]。最後，即使論及視覺性的圖像，文字此一角色的分量，遠超過概要式的圖畫也遠勝於微微顯現出千姿百態的表象，理由則是因為相較於去運用線條或是動作等，利用文字去描述畫作內容，是更簡單明了，也是更常被援用的方法。事實上，不僅如此，當我們去學習某一略微複雜的動作時，單只是去觀察擊劍者和舞者的姿勢態度以及舉止動作是不夠的，而且，也只有當我們能夠去描述出這些姿勢、動作時，也就是每單一動作，我們都可用一個詞彙來回應，然後，我們去連結這些套在先後動作上的詞彙，進而去組織這些詞彙，於是，最後能夠複製出將這些基本姿勢都聯繫起來的連帶關係，只有到這等程度時，我們才能真正看出姿態動作之間的連帶變化。因此，無論牽涉到的是口語性、聽覺性或是視覺性的圖像（但對於是否真正存在著這些不同類別的圖像以及之間的區別，我仍持保留態度），在看到、明了這些圖像前，我們的心智總是受到某些束縛的，以致於要去明白這些圖像內容的時候，也就是，多少自以為有能力透過文字去複製、描述或是標示出圖像內容的主要特徵之前，我們也是感到綁手綁腳的。

那個字而刻畫入微、入木三分。葛蘭言，〈中國語言與思想的幾個特性〉（*Quelques particularités de la langue et de la pensée chinoise*），《哲學學刊》，一九二〇年，內有兩篇葛蘭言的論文，頁一一七。譯者注：Marcel Granet（一八八四—一九四〇）是法國首位以社會科學的方法論來研究中國農民、封建制度、古代宗教的漢學家。又，葛蘭言的這兩篇論文都可在網路上自由下載；若讀者覺得在此注腳中葛蘭言所言艱澀難懂，可由六意中的形聲字以及雙聲疊韻類型之詞彙（連綿詞）切入。

15 「我們的語言傳遞給我們一整個思想遺產，但另一方面，我們的語言任由我們自由自在地去記錄一己的感動，至於中國人，他們的語言則強加給他們種種現成且不計其數的圖像，以致於中國人都被迫透過這些圖像來想像萬物；而且，在傳述表達時，他們幾乎不會去動用個人資訊，他們去採用的是極為特別且完全由傳統來制定的直覺性資訊；當他們透過一個詞語來描述某一景象時，該景象是以最明確的手法呈現出來，原因在於，這一手法不僅是藉由詞語本身涵蓋的聯想能力，還有就是透過該詞彙的傳統應用……我們甚至可言，在幾乎雷同的展示中，中國人總是看到一成不變的特殊性資訊：最好的證據就是他們的詩詞、圖畫裡超乎尋常的一致性。」葛蘭言，頁一九四的注解。

II-iii

失語症與智力……海德有關於失語症患者之一般性思想錯亂的諸多實驗

L’aphasie et l’intelligence. Les expériences de Head sur les troubles de la pensée conventionnelle chez les aphasiques

然而，要去檢驗上述之論點的最好方式，不就是投入這類令人費解的語言障礙症狀的研究？已不知多少人投入研究，相關現象常被統整到失語症（aphasie）此一名稱，有時則被定義為：失去口語回憶（souvenirs verbaux）？很可能，在某些語言障礙的個案裡，其實是無法辨認或者是不認識文字。我們大可質疑，譬如，還不會說話的小孩是不是能夠區分、辨識出不同的事物。只不過，孩童心理學（psychologie de l’enfant）仍於草創時期。此外，由於除了語言之外，小孩子的表達工具都是極為粗略的，以致於若想去了解小孩子的感知、想法等，是非常困難的一件事。相反地，就失語症而言，在以下討論中隨即可明白，這些患者有關於言詞的回憶並沒有徹徹底底地消失：有些患者依然有書寫能力；有時候，他們不認得某些字的意義，然而，他們念得出來，甚至毫無預警地就去講出這些詞語；他們有時也會拐彎抹角；而且，有時候，其實當事人也只是在說話時有困難而已，諸如此類。另外，這些人直到現在為止都是生活在社會中，他們都曾牙牙學語地學講話，他們都是藉由語言而和其他人建立起延續不絕的人際關係。若說失去語言表達能力或是語言能力衰退，都使之在要去回想起，或是辨識出形形色色的回憶時，多多少少產生紊亂，於是我們就可推論出，整體而言，記憶是由言語決定的。理由則是，話語都是在社會生活的內部草擬出來的，因此，除此之外，我也會說明，當一個人不再跟其他人保持接觸、持續交流時，他回想起事物的能力便會降低。

不過，我們首先可自問，若說失語症現象，即所謂失去言詞的回憶（souvenirs des mots），牽涉到的就是，能讓我們回想起或是表達出這些回憶的聲音，翻譯出這些言詞的印刷字體，或者是能讓我們寫出這些詞語的手勢動作，那麼失語症狀會不會導致智力障礙或是智力衰退，更嚴格說來就是，假使我們忘記某些言詞，我們會不會因此無法去思考，即使只是局部地，或是無法根據周遭環境的慣例來串聯我們的想法。

似乎有兩大基本構想都與上述所言相左。假使我們將重心放在失語症的腦部區域定位（localisation）此一問題上，也就是失語症現象的生理層面，那麼我們很可能應該據此區分出視覺、聽覺、觸覺等等圖像的差別，且無論是動作性的圖像（images motrices）或是發音部位的圖像（images d'articulation）*，還有就是，也應該去為每一類型的圖像找出一個獨立自主

* 譯者注：Gilbert Ballet（一八五三—一九一六，神經學家、精神病學家、法國醫學史學家、巴黎醫學院教授）曾在《內在語言與諸多類型的失語症》（*Le langage intérieur et les diverses formes de l'aphasie*，阿勒康出版社，第二版，一八八八年，第十三、十四頁，與後續段落）一書中引述夏爾寇（Jean-Martin Charcot，生卒一八二五—一八九三，可謂當時之法國臨床神經學權威，後世尤其強調他在精神病學的貢獻，以及對其門生佛洛伊德的啟發，以下注釋將再

的中樞神經系統。不過，一方面，既然我們可以辨識出一個意念形成的中樞神經系統（centre d'idéation †）或是智能的中樞神經系統，我們也可因此去設想到，或許單一損傷就可能摧毀一個或是數個主管圖像的中樞神經系統，但主責意念形成的中樞神經系統未必會被波及。所以，根據局部區域理論（théorie des localisations ‡）的主張，提出下列說法並非是不適當的：我們可去定義出諸多不同類型的失語症現象，每一形態對應的是某一感官類別之圖像產生錯亂，且只牽涉到唯一一個類型，由於在這每一圖像類型中，主管圖像的中樞神經系統並沒有損壞，所以，回憶依然都被保留下來，再者，由於意念形成的中樞神經系統並沒有被波及，因此，每一項智能也很可能繼續運作[16]。

提及」的研究：就神經科學、大腦局部區域理論（請參見以下譯者注）的角度而言，一個字乃是一個複合體，通常至少可拆解出四大圖像。首先是聽覺圖像，這就是耳朵聽到的字（mot entendu）；第二是視覺圖像，這是眼睛讀到的字（mot lu）；第三是發音動作圖像（image motrice d'articulation），嘴巴說出來的字（mot parlé）；第四是線條動作圖像（image motrice graphique），即手寫出來的字（mot écrit）。後面這兩者，同屬「動作」圖像，意指必須透過肌肉器官。因此，發音動作圖像就是，要去說出一個字的時候，必須重複舌頭、嘴唇等器官的動作；線條動作圖像則是，要去寫出一個字的時候，必須重複手掌、手指等器官的動作。作者於此之陳述方式和邏輯與夏爾寇的分類從屬順序不盡相同，因在後文，尤其是隨後之作者注，將重複出現這些名詞，故盼此一補充有助讀者。

† 譯者注：idéation 意指形成意念（口語所謂的「想法、念頭、主意」等）的能力，故也引申為意念形成的結果、過程或行動，簡言之，就是形成思想的過程和行為。

‡ 譯者注：localisation（直譯是：定位、確定地點）一詞，已出現在前言：意指確定回憶發生、形成的地點、時間，作

者將在第四章以專題處理。在此段落，牽涉到的是théorie des localisations cérébrales（大腦局部區域理論），基本假設始自歐洲中世紀末，主張腦部的不同區域各自主宰著不同的心理作用，換言之，猶同生理解剖觀點之心理學，相左的主張則是，人的腦部是一不可切割的整體。十八世紀起，此說開始以解剖動物之觀察為基礎，進而逐漸導向人類記憶與腦部區域之相關研究；十九世紀起，焦點則轉向失語症。以當今二十一世紀初之神經生理學、認知心理學、認知社會學等而言（往往這三門學科已三合一），該理論不免過於簡單粗糙。

16　在研究各神經中樞之作用，以及不同中樞間之關係的學說中，幾乎各家都提出一假說性主張，裡面也都有一個意念建構中樞：尤其是巴金斯基（Baginski，一八七一年），他主張存在著一個意念建構的主要中樞；庫斯摩勒（一八七六年）則在其學說裡，主張有著一個意念創生（idéogène）的中樞；博若德本（Broadbent，一八七九年）提出的是，有兩大各名為「命名」（naming）、「命題」（propositioning）之高等中樞；李芝坦（Litchtheim）認為存在著一個統整諸概念衍生之中樞；夏爾寇（一八八五年），以及布里索（Brissaud）、葛拉斯（Grasset）、莫耶理（Moeli）、寇德施艾德（Goldscheider）等人的學說裡，均堅持有一意念形成中樞。在韋尼克（Wernicke，一九〇三年）提出的學說概要裡，則沒有任何意念中樞的說法。所有這類概說主張以及其他相比擬者，都可參見穆堤爾（Moutier），《布羅卡失語症》（*L'aphasie de Broca*），巴黎，一九〇八年，頁三二一，與後續段落。譯者注：Carl Wernicke（一八四八—一九〇五）乃德國神經學、精神病學首屈一指的專家，向被視為大腦局部區域理論的先鋒。尤其是後期研究指出，大腦某一區域與接收聲波、語言功能有深切關係，這一區域後被命名為「韋尼克區」（aire de Wernicke），此一腦部區域之損傷所造成的語言障礙也稱之為「韋尼克失語症」（aphasie de Wernicke）：韋尼克失語症患者的主要障礙是無法理解聽到的言語、寫出來的句子等。雖以神經科學之研究聞名，韋尼克終究是精神病學專家，故也曾深入探討精神病症的分類與腦部神經中樞之生理結構、損傷或疾病的關係。François Moutier（一八八一—一九六一）因其著作《布羅卡失語症》而享譽世界，但在法國卻未必享有同等榮耀。早期主要研究貢獻在於語言障礙領域，後因學院組織體制、師生倫理等問題而由神經病學徹底轉向胃腸病學，並因胃鏡檢查之研究應用而成為世界首屈專家，晚年則轉向文學寫作。其一生功過或許正是現代法國神經科學、語言障礙研究領域開始綻放光芒之際的縮影或殞星，穆堤爾本人、皮爾．馬立（Pierre Marie〔一八五三—一九四〇〕，穆堤爾的老師，繼夏爾寇、德傑林涅之後，接掌巴黎醫院之神經病學研究教這正是德傑林涅（Déjerine）所堅持且最具代表性之理論的摘要。最特別之處在於，他支持的觀點是，失語症本身便預設著智能可正常運作[17]。只不過，他如此肯定斷然的態度，僅牽涉到某些類型的失語症。他認為，在純粹的動作性失語症（aphasie motrice pure）裡[18]，「正常完美的智能」（intelligence parfaite）將繼續運作。然而，我們不免可注意到，該類型之失語症只不過是字詞構音能力的喪失或是產生障礙（anarthrie*）罷了，而且針對該現象，皮爾．馬立（Peirre Marie†）拒絕為之冠上失語症一詞。相反地，德傑林涅則承認，若論及感覺性失語症（aphasies sensorielles）或是與理解能力相關聯的失語症（aphasies de compréhension），「智力幾乎總是被波及……一般而言，動作性失語症患者表現出更明顯的智能衰退現象……相較於一般正常人，他們的表情也呆板不生動」，至於完全的失語症（aphasie totale）患者，「相較於感覺性或是動作性失語症者，智力不足的現象又更明顯」。另外，不可否認的是，患有純粹的文字閱讀障礙（cécité verbale pure）的人，他們失去了理解成篇文章的能力，然而「智能以及內在語言都完整無缺，臉部表情也絕對正常」。再者（這是我對德傑林涅之主張的次要觀察），他所謂的智能障礙或是智力衰退，與布羅卡（Broca）、圖魯梭（Trousseau‡）所指的，不盡相同：對布羅卡、圖魯梭而

授職位）、德傑林涅（請參考本書以下段落，多有著墨）以及布羅卡四人之間的科學論戰、人情與學術倫理、醫學院體制內之最高席次等紛爭宛如歷史悲喜劇。Paul Broca（一八二四—一八八〇）乃法國醫學教授，現代腦部手術、巴黎人類學會社（Société d'anthropologie de Paris）之創始人。十九世紀中葉之歐洲學界爭執著人類物種起源的問題，尤其，究竟人類物種是單一起源，還是多處多元？雖說布羅卡本人傾向多元論之觀點，卻始終力主其研究會社內部保持

開放自由的學風，而且，研究會社本身不堅持任何立場。除了考古人類學之建樹，布羅卡在解剖學、顯微病學研究等亦貢獻卓越，布羅卡失語症一詞則始自他於一八六一年在巴黎人類學會社的研究發表：同樣地，他亦指出大腦某一區域與語言有密切關係，並徹底左右語言障礙等現象。

17　德傑林涅，《神經系統疾病的徵候學》（*Séméiologie des affections du système nerveux*），巴黎，一九一四年，頁七四。譯者注：Jules-Josephe Dejerine（一八四九—一九一七）是法國神經學權威之一，以臨床解剖學派著稱，尤其是顯微解剖技術、實驗生理學等領域，論文發表豐富、將近三百篇。就感覺性失語症此一主題，其解剖研究顯示，大腦中的確存在著「布羅卡區」，且專掌語言功能；若論及失語症患者閱讀能力降低之現象，其實並不存在著任何專轄閱讀的中樞神經系統。

18　德傑林涅區分出以下類別：第一，布卡羅失語症：「所有的語言表達形式都受損，尤其當開口說話要發音時最明顯」；第二，純粹的動作性失語症：患者無法說出一般詞彙，「但是保留了發音動作圖像；心理層次的閱讀能力是正常的，自然而然地浮現起聽覺圖像的能力也是正常的」；第三，感覺性失語症或是涉及理解能力的失語症，「文字閱讀的障礙、口語理解困難（surdité verbale）都是這類失語症的後遺症」，但也會表現出亂語症以及胡言亂語（jargonaphasie）等現象。純粹的感覺性失語症也在此類別之內，都是純粹的文字閱讀困難症狀，最初是庫斯摩勒發現此一現象，後乃德傑林涅證明指出主掌之腦部區域，至於純粹的口語理解障礙（surdité verbale pure，保留了自主性書寫以及抄寫性書寫能力），是相當罕見的現象，則是根據李芝坦的定義；第四，完全的失語症，這是所有類型中最常見的。

*　譯者注：基本定義是，由於腦部損傷而造成的語言障礙，主要現象是要開口說話時，患者幾乎無法正常咬字發音。

†　譯者注：即前述之穆堤爾的老師，一九二八年起自醫學院之教學、研究領域退出，先是積極鼓吹飲食控制、運動健身等在當時極為新穎的活動與新聞寫作，後投入當時的國際工人法國支部（Section française de l'Internationale ouvrière，當今法國社會黨之前身），並成為該左派政黨最具代表性的知識分子之一，獻身公共衛生之改造建設。

‡　譯者注：Armand Trousseau（一八〇一—一八六七）原為古典文學教師，後成為法國臨床醫師、醫學教授、政治人物，當今巴黎市區仍有一公立醫院冠其名以紀念其貢獻。

言，智力的損傷往往是當人失去了閱讀或是書寫能力，或者同時失去這兩能力的時候；但對德傑林涅而言，「常規性語言」（langage conventionnel）的退化未必會導致智能衰弱；而且恰好相反的是，「若天生語言（尤其是臉部表情障礙）的功能不彰，只會發生在非常複雜的失語症患者身上，理由則是在於，這類衰退症狀都會同時表現出明顯的智力不足現象[19]」。這正是為何，就德傑林涅看來，喪失了辨識印刷字體的能力並不會影響諸智能運作：如此之說法是頗不尋常的，因為德傑林涅也同時指出，感覺性失語症患者都有智力衰退的現象，而他提出的解釋則是，「這類患者都處於不再跟其他人往來的情況」。但是，閱讀這一件事，至少就在患病之前已有閱讀能力的那些人而言，可讓他們與所屬團體搭起橋梁，而且方法多元不一：海報、報章、學校課本、言情小說、歷史著作等等，另外，閱讀也可讓這類患者在極為短暫的時間內捕捉到大量的集體思維，所以，假使這些接觸門戶都關閉了，他們的社會氛圍，以及他們的智商程度，最後都會短縮。

固然德傑林涅承認，在眾多此類個案中，都存在著智力退化的問題，他卻又堅持，這一智力衰微的現象本身並非原因，而是諸語言圖像消退萎縮後的結果。「人思索時，浮現出來的是物件的圖像（images d'objets），而非文字構成的圖像（images de mots）。人奔跑在空無一物的馬路上時，根本就站不穩[20]。」錯亂這個現象，就其初始狀況而言，是感覺官能的，所表現出來的，就是無法去辨識或是無法去想像出耳朵聽到的書寫文字：但若論及智力，至少在患病初期，依然不受影響。假使我們正確無誤地去詮釋德傑林涅此一論點，那似乎就是將失語症患者比擬成一個體力如常，卻從此不知如何使用某些工具的工匠。他的體力看似衰微，其實長期而言，難免直趨低落，然而，若說這名工人無法利用其他工具來完成既定工作，因此給旁人病懨懨的印象，不如說是由於不再使用其體力，以致於從此徹底喪失其氣力。

我們可以從另一角度來思考失語症的問題。假設，與其以大腦局部區域理論作為出發點，我們反倒是去考察，在具體個案中一般學派已區分出來的諸多截然分明之回憶喪失類型，如此我們可觀察到，首先，主張回憶的喪失只是單純地牽涉到某一範圍確切的回憶，例如，只涉及視覺性、聽覺性圖像的回憶，以及發音動作的回憶，這樣的說法是不正確的。正是就這些回憶而言，我們可觀察到，無論是哪一類型的回憶，一旦喪失，記憶幾乎總是表現出其他衰微現象。這便導致了，若要去整理出具臨床意義之失語症類型，可說是不可能的事情（或許，除非是純粹的文字閱讀障礙或是失讀症〔alexie〕）[21]：這是由於存在著參差不齊的個案，諸多不同類型的回憶也證實了，回憶喪失時，存在著諸多難以預料的結合或是類同現象，縱使我們把基本概要學說複雜

19　德傑林涅，同上著作，頁七四。

20　同上著作，頁一〇五。

21　皮耶宏本身並沒有完全放棄腦部局部區域理論，他主張，「口語障礙之症狀，只有在極為罕見的情況下，才有純粹狀態……這是極為罕見的事情」。《大腦與思想》（*Le cerveau et la pensée*），巴黎，一九二三年，頁二〇四。譯者注：alexie是由於腦部某一區域之創傷造成無法辨識出文章中之詞語的意義，又可區分成動作性失讀症、視覺性失讀症等不同類型之文字閱讀障礙。

化，並且去想像，除了一般主要的障礙症狀之外，還存在著一些可有可無的次要性障礙，其實，我們最後只能去堅持某單一學說，卻又未必能從中辨別出幾個主要類型[22]。另外，假使在失語症的諸症狀中，並非某某形式的語言表現能力消失了，並且，猶如馬立所言，「內心語言是以其整體、一概而論的」，所以，最後導致的就是，整體智能亦受波及。即使我們都認為亂語症就是：我們不能說當事人無法開口說話，或是不會使用某些字詞；但是，「腦海中的念頭無法回應具聲音性質的圖像（images vocales），以致於當他們話講到一半且一切正常時，突然冒出幾個意思完全相反的字眼，不僅怪異荒誕，而且讓人完全摸不著頭緒」[23]。另一方面，我們給患者看不同事物、不同之身體部位的圖片等等，患者也正確地說出某些名稱；然後，極為可能的就是，當患者的注意力不再那麼集中時，便發生了我們所謂的文字蠱惑現象（intoxication par le mot）：他剛剛說出的其中一個字突然掛在他嘴邊，然後，他便重複使用這個字來命名每項物體。在這兩種情況之下，出現萎縮的功能，不就是智能的專注程度？但馬立也補充，患者說出的句子無法令人理解時（或所謂的口語理解障礙），牽涉到的，也是智能之專注力問題：而且，這並非是所謂的感覺器官之症候。這箇中原因在於，「患者在一完全正常狀況下聽到一個又一個的詞彙，但他無法掌握的是完整的句子，要聽懂一個完整的句子，牽涉到的是智能理解的問題，而未必是單獨專一的聽覺問題……」不僅如此，「韋尼克失語症所造成的錯亂症狀並非單純限於語言層面，波及到的是整體的智力，特別是經由類似課堂式教學而學到的事物」。我將在以下章節回到這一點[24]。

既然這些語言障礙都對智能造成永久、深遠的錯亂，因此，綜合以上所有的討論後，可提出的結論之一就是，語言並非只是一項思想工具，並非僅是決定了我們所有的智力功能。若說一開始我們對此都渾然不覺，那是由於我們堅持要以生理學語言來詮釋記憶的活動以及記憶的錯亂現象。只不過，心理事實（faits psychiques）就應該以心理事實做為解釋，當我們在這些心理事實上添加另一完全不同領域的考量時，我們只是徒勞無功地把心理事實的研究弄得愈來愈複雜。當我們先是討論連續不斷的動作性反應（réactions motrices），接著轉向表象問題，然後，又去鑽研可讓諸圖像繼續延伸的神經官能反應（mouvements nerveux），或是精神性震動（ébranlements

---

22　這正是皮爾．馬立的論點，當時以三篇論文作首次發表，可參見《一九〇六年的醫學週：再檢視失語症問題》（*La Semaine médicale de 1906*：*Révision de la question de l'aphasie*）但自一八九七年起，在《物質與記憶》一書中，柏格森便已體驗到，也非常具體地指出一般暢行之理論的不足。又，可參考皮爾．馬立、弗（Foix）等人所著的，《神經學，第一冊，失語症》（*Neurologie*，*t.I*，*L'aphasie*）。一般而言，皮爾．馬立做了以下區分：第一，字詞構音能力障礙，這是喪失了外在語言（langage extérieur）後的結果，但這並非是失語症；第二，「這類咬字發音層面的錯亂症狀，相較於喪失內心語言後所引起的障礙現象，是完全不同的……沒有任何其他例子在用來說明發音動作圖像時是更有力的」；第三，韋尼克失語症（就此而言，布羅卡失語症僅是其類別之一，但又混淆了咬字發音障礙的症狀）；以及，「由於內心語言之整體機制受損而造成的韋尼克失語症，若說這是喪失了感覺器官之圖像（images sensorielles）而造成的，其實是不正確的說法」。

23　庫斯摩勒，同上著作，頁二四〇。

24　就同一層意義而言，容我在此引述穆提爾所做的比喻，同上著作，頁二二一。「失語症患者就好像身處異境之中，因此說起當地語言時便顯得十分吃力（穆提爾並沒有說是：無法說話）。我們不免會說，這個人口語理解障礙，因為他實在不明白，為何對方說話說得那麼快，說出的句子那麼長，使用的字的音節又那麼多？當然，事實並非如此。」

nerveux），一方面，我們提出了諸多假設（這是由於我們幾乎從未直接觀察過這些生理官能之反應、震動等，我們的認識是微乎其微的），另一方面，我們因此轉移了對於這類可稱之為心理事實之心理層面的注意力，然而，我們對於這類事實的物質或官能層面卻是一無所知。尤其，究竟語言的大腦機制為何，我們也不知所以然，可是，我們都可以感覺到，在我們講話的時候，我們賦予了字詞、句子一個意涵，換言之，我們的心智並非真空，另一方面，我們也感覺到，我們賦予的意涵是約定俗成的。我們理解他人所言，我們知道他們了解我們，也正是因為如此，我們可以了解我們自己：所以，語言所包含的是某一心智態度，只有身處在某一社會的內部時，如此之心智態度才有可能，且無論該社會是虛擬的還是真實存在的：這正是思想之集體功能的典型。

「語言」究為何物，梅耶（Meillet）曾言，「語言是真確不假的社會事實（fait social）。實際上，語言不偏不倚地滑進涂爾幹所提出的社會事實之定義裡：語言之存在並不依賴著使用該語言的任一個體，固然一旦脫離了這些個體後，語言便只是個空殼子，但就其普遍性而言，語言是在每一個體之身外；語言所顯示的事實是，語言的改變並不在於任何一個體身上，而任一個人層面在使用時的偏差都會引起某種反應」[25]。失語症就其整體而言，就是這類偏差，假若我們承認這類偏差的存在，涉及的便是失語症患者所屬之團體的種種反應，只要任何一名成員不再賦予他說出的一字一詞都包含著其他成員認定的慣用意涵，這樣的舉動都不免讓團體感到錯愕。當我們試著在腦部損傷中，或者是在局限於患者之個人意識範圍內的心理創傷中，去尋找諸如失語症所引起之語言錯亂的原因，我們都搞錯方向了。且讓我們假設，在某一社會中，或許字義都是浮動的，而且也不停地改變，又或者是，無論是哪一群體成員發明了最新字義，都會馬上被吸收應用，否則就是，每每頒布一連串、永無休止的政令來一再修改語言內容：腦筋遲鈍又記憶力很差的人，將難以應付如此之心智運動，還有那些曾經暫時離開某一團體生活，然後又重新歸隊的人，在上述情況之下，將會陷於與失語症患者同樣的處境。相反地，若說某一社會個體不會受到所屬團體之語言慣例永無休止的束縛，那麼他很快地就會去修改他所使用之詞語的意涵，然後替一般常見物體一一發明出新詞彙。這便又猶如梅耶所言：「一個字，不論是從嘴巴說出來的或是耳朵聽到的，幾乎從來就不會因此讓人想起這個字所代表之物體或是動作的形像，卻只會激盪出自然而然的種種傾向，也就是那些能勾勒出該物體或是相關動作的某些領會，但程度也是極為輕微的。當一個形像能激盪出來的力量是如此薄弱又如此不清不楚時，會很容易被扭曲，但卻不致於引起任何反彈」。活在此情況下，相對於所屬團體而言，當事人將會陷於如失語症患者之處境中。實際上，一個語言的詞彙、慣用語、句子等，一旦施加於上、促成其中某些對立著另外一些的壓力終止了，以致於一旦這些言詞、語句等不再彼此支撐，這時侯，「它們便會赤裸裸地暴露在諸多影響力的作用之下，至於這些影響力的目的，則是為了改變語言諸成分之意義[26]」。就此

25　梅耶（Meillet），《歷史語言學與普通語言學》（*Linguistique historique et linguistique générale*），一九二一年，頁二三〇。譯者注：Antoine Meillet（一八六六—一九三六）是法國語言學家，研究範圍擴及梵文、羅曼語、斯拉夫語，以及伊朗、阿爾美尼亞等地的語言，師從索敘爾，後於法蘭西公學苑任教，主題多為比較語言學、普通語言學。

26　同上著作，頁二三六，與後續段落。

一觀點而言，既然失語症可在一正常人身上發生，所以，失語症的原因便不會位於腦部損傷之處[27]。失語症是一種智能障礙，若要提出解釋，則應朝向個體和團體之間的連帶關係裡的深遠創傷。換句話說，在每一個活在社會中的正常人的心智狀態裡，都可能存在著能將種種圖像拆解、重組、使之協調之功能，且該功能可讓每一正常人的經驗、動作舉止都能去配合所屬團體裡的任何其他成員的經驗、舉止。在某些例外情況裡，某一個體該功能產生錯亂、萎縮衰退或徹底消失，於是我們便說他患了失語症，理由則不過是因為該錯亂現象中最明顯的癥狀，就是這個人從此無法自己去用字遣詞。

海德（Head*）曾觀察退伍軍人的失語症，成果豐碩，也提出發表，而我個人上述之論點也在其中找到正面支持。截至目前為止，由於實驗對象已無法配合，或者是觀察結果並不充分，因此，不容許實驗結果朝失語症此一方向提出假說，這樣的情況導致了，失語症患者究竟是以什麼樣的方式來完成（或者，沒有完成）某些多少可謂複雜的操作，其實，我們所知相當有限，尤其某些實驗過程都假定了，當事人須擁有所屬團體一致承認之慣常作為的智能程度[28]。不過，海德依然研究了十一名對象，他們都因戰爭受傷而成為失語症患者，也就是身體非常健康的年輕人，「都非常聰明，比較是活潑有朝氣的人，而未必愁眉苦臉」（隨著症狀的改善），以此角度而言，與一般患了動脈退化的失語症患者相比，差異甚大，這些年輕患者比一般患者的自我分析能力更高，也更能夠配合可說是相當漫長，偶爾也頗為複雜的實驗。另一方面，海德也詳細地研究了，對這些患者而言，在回想起視覺性圖像、視覺性回憶時，或是在協調諸圖像與種種回憶之間的關係時，字句以及其他不同的象徵性表象所扮演的角色：這便意味著，就我們關心之議題的可能解決方式而言，他使用了新的測量方法，也在我們已掌握的內容裡，歸納出令人出乎意料的結果。因此，且容我在此詳細介紹幾個他做過的實驗[29]。

我們都知道，假使我們在失語症患者面前擺出某些姿勢動作，他們往往無法依樣做出其中略

---

27 某一名受試者在實驗過程中開始顯得慌張不安，甚至到突然間忘記字義，或忘記一連串曾在學校學過的基本觀念的程度，或者兩者兼之，緊接著，該受試者便出現了與失語症患者相同的症狀。不過，這類錯亂並非是腦部損傷之故，而是明顯的社會因素作祟。

* 譯者注：Henry Head（一八六一—一九四〇）是英國神經病學醫生，可謂感覺神經器官研究之先鋒、權威，有時他不惜以自己為實驗對象，甚至曾割斷自己某條感覺神經，以觀察神經再生時的官能感受。腦部創傷此研究主題曾深深引起他的關懷，尤其，他認為當時某些主張腦部局部區域理論者已走上極端，對於失語症之研究也失當，一九二六年他發表了兩大冊之專題研究，廣受好評，為語言以及人說話時之智力層面這兩者間建立起明確的神經病學基礎。

28 針對這一點，穆提爾在某一發表的文章中有相當詳細的介紹，以下是其中一例，我們可藉此看出，他是如何鑑定「一般智能」：患者認得各硬幣的正確面值。患者正確無誤地畫出某一樣式簡單的硬幣上的所有線條。至於樣式比較繁雜的硬幣，畫出來的樣子非常不好看，然而，沒有任何疏漏。他的臉部表情算是不錯。至於行軍禮、拇指頂著鼻尖、捉住一隻蒼蠅等，這些都成功做到了。同上著作，頁六五五。

29 海德（亨利），〈失語症與類似的語言障礙〉（*Aphasia and kindred of disorders of speech*），《大腦》（*Brains*），一九二〇年，七月，頁八七—一六五。根據海德，「由於大腦外層表面上的區域性創傷而產生的結構性改變（相較於血栓之後而導致的智力衰退），不僅其腦神經的臨床表現比較不嚴重但範圍較廣，而且也更容易產生斷斷續續的功能喪失現象」。

為複雜的部分，過去我們有時提出的解釋說詞則是，相對應的圖像、記憶都消失了。然而，如此之現象難道不是忘記了言詞而直接造成的結果嗎？這正是海德試著證明的重點，其過程如下：

「耳聽目明」（de l'œil de l'oreille）實驗的內容是，要求患者依樣做出以下的動作，例如：以左手碰觸右邊的耳朵，諸如此類的，實驗條件則是：首先，實驗人員正面對著受試者，然後，一言不語地做出某些動作；再來，受試者面對著一面鏡子，而實驗人員則站在他後面，換言之，兩人都面對著鏡子。於是，我們可觀察到，一般而言，當我們要求受試者去模仿「鏡中所見」時，他往往有較好的表現結果[30]。同樣地，實驗人員正面對著受試者，給他一張圖，裡面畫的是必須去執行的動作，緊接著，同一張圖則是在鏡中反映出來：受試者在第一情況下會搞錯，在第二情況下則不會。最後，無論指示乃以口語表達出來，或者，一言不發地，實驗人員給受試者看一張圖畫，裡面的指示則以印刷字體呈現出來，如此得到的實驗結果，則跟當受試者、標示著必須去執行之動作的圖畫，以及實驗人員都從鏡子反映出來時的結果不相上下[31]。據海德之見，我們可推論出，假若的確無法去執行或是無法做出相同的動作時，原因並非諸圖像損壞了，而不過是因為「默默無言」。這是很可能的，當受試者去執行在鏡子中看到的動作時，模仿是自然而然的，實在也沒什麼好傷腦筋的，受試者並不需要去區分左右，彷彿他的手臂正被實驗人員的手臂拉著[32]。這幾乎就是鸚鵡式言語（**écholalie***）的視覺翻版。但是，「當在我面前的受試者嘗試去模仿我的右手或是左手的動作時，而且我是透過我自己其中一隻眼睛或其中一隻耳朵來傳達指令時，這時候，自言自語是執行動作時的正常過程」。實際上，必須事先就**明白**動作內容，換言之，以一種慣常的方式表達出來或是重新表現出來：至少必須先組合出某些詞彙，例如：右方或是左方，並在某程度上，以自我對話的方式去解讀看到的動作。針對這一要點，某一受試者聲明，「我總是這麼想，那就好像是我去翻譯一個我說得不是很好的外文。」一般而言，「所有那些不得不以字面方式來表達的想法，或是以象徵性手法（約定俗成的）表現出來的內容，都很難

---

30 在第一實驗狀況下，九名受試者多多少少都出錯，其中四人在第二實驗狀況中則正確地做出所要求的動作，除此之外，一人在第二狀況中只勉強地依樣畫葫蘆，兩人稍微弄錯，另一人之錯誤則極為輕微，至於最後一人，在第一實驗狀況中錯誤百出，在第二狀況中則差強人意。

31 海德區分出以下四類失語症，首先，語言類型（無論是口語還是書寫，都很難找到要使用的字詞），字面類型（字詞的使用錯誤，對字詞的字面意思一竅不通），語句類型（胡言亂語：字詞的發音、說出句子時的速度，以及文法運用，全都錯誤百出），字義類型（受試者根本不懂字詞、句子的意思，無法理解實驗人員要求他完成的某一動作的最後目的，也不明白實驗人員給他的是一個指令）。字義類型之受試者無法回答任一測驗。字面類型之受試者，當他們是「照鏡中所見」來依樣畫葫蘆時，錯誤較不嚴重，但卻無法執行口頭或是書面指令。以上觀察尤其關係到語言和語句兩類型的失語症患者（雖然他們在執行口頭或是書面指令時，偶爾會出錯）。

32 我們可假設，受試者知道他應該伸出相同的手臂，並伸往同一方向（只有字義類型之失語症患者看似完全不明白指令要求：這也是為何他們無法「照鏡中所見」依樣畫葫蘆），而且，我們也可假設，他依然對一己的舉止動作和鏡中反照出來的動作，保存著對稱協調的熟悉感（不過，某些動物也有這類對稱感）。

* 譯者注：或譯為「模仿言語」，原指重複某思維時的一種官能性感受；後引用到精神病理學、心理學，專指一個人再三重複對方說出來的話語，尤其是最後面的音節、字詞，或是模仿他人的動作舉止。後來擴大延伸到物理、音樂、美術等領域，都有回響、重複、返照之意涵。

確切做到」。這是為何，反過來我們也可觀察到，同樣的受試者可順利執行口語或是書面指令，也就是，嘴巴說出來的言詞或是書寫出來的文字，更何況，在給予指令的時候，必要的象徵性符號也都會同時提供給受試者。最後，這也是為何，若要求受試者去寫出動作內容，且無論是真人做出的動作或是畫出來的動作，對他而言，都是相當困難的，而且，即使他可在鏡子中看到這一個動作：「撰寫意味著，必須把文字加諸在那畢竟就是一個沒有口語說明的模仿動作上」[33]。

對於某一動作或是一連串的動作有清楚明確的印象，以及，已經一覽無遺某一圖畫或該圖畫之複本，這兩者間並沒有甚大的差別。我們可預期的是，失語症患者在畫圖時不會很順利，幾乎根本是做不到的事情。為何如此呢？這是不是由於他們在畫圖時，圖樣的形像或是有關於圖樣之種種細膩又具體的回憶，都已經從腦海消失了？柏格森曾注意到，有文字閱讀障礙的病患，也就是拼音字體的視覺辨認能力至少局部受損的人，「當他們試著去抄寫字母時，往往無法掌握所謂的字型線條的**調動**。他們任意地從任何一筆順開始，然後在筆畫間隨時去檢查是不是跟樣板有出入」。更令人詫異的是，在聽寫的時候，他們的書寫能力往往毫無任何障礙，有時他們也可自發性地寫些東西。所以，這些人所喪失的，並非是相對應的圖像，毋寧是「去拆解感受到的物體之內部聯想的習慣，換言之，透過一種動作性傾向（**tendance motrice**）來描繪出某一物體的基本輪

33　本章節在我尚未拜讀德拉庫所著之《語言》（*Le langage*）一書前，便已定稿，《語言》一書的主題之一正是失語症，其中也提出了一些證據。論及上述段落中，我介紹了海德設計出來的實驗，德拉庫評道：「無須針對實驗觀察之事實

提出反議，我們卻可提出與海德所言截然不同的詮釋。」就此，德拉庫引述慕耳格（Mourgue）的論文，〈抽象思考之錯亂〉（*Disorders of symbolic thinking*），《英國心理學刊》（*British journal of Psychology*），一九二一年，頁一〇六，以及范．浮爾寇（Van Woerkom）撰寫的幾篇文章，各發表於《神經學學刊》（*Revue neurologique*），一九一九年，以及《心理學學刊》（*Journal de Psychologie*），一九二一年。德拉庫說道：「在海德的鏡子實驗裡，面對著醫生的受試者，未必需要告訴他自己，應該把感應到的右邊動作轉移到左邊，然而，他必須有的是空間感以及在空間中的方向感；他必須能夠倒轉一整個空間輪廓，他還必須分析、拆解、重組。如此之操作會讓語言變得複雜，卻也可以在沒有言語的環境下完成。」另外，他又補充：「就如慕耳格、范．浮爾寇所言，他們都非常有道理，那就是，對成人而言，相較於去翻閱一本地理圖冊，或生活中的方向感問題，海德的實驗並不需要更多的內心對話……反而是在空間中擺設轉移等能力，受試者常有困難。」——可是，德拉庫並沒有提到海德提出的反證，也就是說，當受試者接收到口頭或是字面指令後，他是有能力去執行指令的。我們似乎可猜測出，當受試者缺乏某些資訊以用來進一步了解，究竟實驗人員要他執行的是什麼動作時，所牽涉到的，正是一些可表達出要旨的關鍵字眼。不過，我們可問道，這其實是兩件不同的事情，假使受試者無法表達出他看到的動作，那並不只是因為他不知道該用什麼言詞來表達，而是因為、並且也是最重要的一點，那就是他沒有辦法「倒轉一整個空間輪廓？」且讓我縮小範圍並試著來回答這些問題，一旦受試者明白口頭或是書面指令，這時候一共關係到三件事：這些指令是來自受試者之外在世界，給予指令的實驗人員也知道，對受試者而言，指令是外來的，以及，受試者或許有能力執行指令。當受試者想像著，他自己即將要去執行某一個動作，其他人已經先做出來一個動作，或者是別人做出來之後，便輪到他也跟著依樣做一次，在這些不同情況下，其實全都有著轉換移置的過程。至於言語性的表達，條件在於受試者掌握了言詞意義，也就是說，他能夠辨認出慣常意涵，一般說來，言語的表達便足以讓他了解上述這類轉換倒置的要求。另外，在往後的討論中，我們將有充分理由來設想，在一空間中尋找方向時，言語性表達不僅是一充分條件，卻也是必要條件，或者，換言之，主張空間之象徵性質的人都假定了一套有關於空間的慣例，但是，如何能夠在不使用任何言詞的情況下制定出慣例呢？譯者注：Raoul Mourgue（一八八六—一九五〇）雖出身醫學背景，後師學柏格森，研究領域則集中於生物學哲學，尤其是直覺等議題。

廓，以藉此表達出對於某一個物體的視覺感應」[34]。與其說是受試者的構圖描繪之動作性傾向發生問題，我們不妨假設，受試者有缺陷之處，其實是外形輪廓本身的基本觀念，且無論是簡單的圖樣、字體（例如，i就是一槓、o就是一個圈），抑或是線條、字母彼此之間的相對位置。雖散落於海德諸多不同的觀察研究中，我們卻也可結論出，有些受試者無法畫出某些物體，原因在於這些人無法以一種大概輪廓的樣子來想像這些物體，然而，同樣的受試者卻可以在沒看到相關物體的條件下，自發性地把物件畫出來。以致於值得去嘗試的是，例如，要求失語症患者自己畫出物件的基本外形：這正是海德提出的假想。

舉例而言，某一名患者的床擺在某一房間內，然後我們要求他在一張紙上指出各個不同物體的相對位置。他完全做不到。海德於是在一張紙上畫了一個長方形，緊接著便跟受試者說：「你的床就是在這裡」。這名受試者可以正確無誤地指出房間內其他床鋪的位置，甚至補充某些細節：但是，他無法指出在那張紙上那些床是擺在什麼地方。例如，測驗一開始時，他完全不知道該從哪裡著手，不知該選擇何處做為基準點。緊接著，實驗人員畫了一個長方形，再來，把他的注意力轉移到他的床上，於是，他便想起床鋪四周的東西：非常可能的是，他可以想像出，當他躺在床上時，他看得到哪些東西，所以，當他左右四處張望時，他就可以一個一個描述出他看到的物體之樣子。可是，他卻無法將這些物體的形像「縮減到一個抽象模型的大小」。他沒有輪廓概要的基本觀念，以及，幾乎可肯定的是，他也不認識可讓他描述出物體之間的**相對**位置的詞彙。另一名受試者後來也開始畫起一張房間簡圖，只不過，圖內琳瑯滿目的細節全都以正視圖的角度畫出來：這意味著，即使趁著腦海中還有各物件的回憶，但他無法在一張圖上抽象地想像出每一物體的方位、距離等等[35]。至於第三名受試者，「雖然雙眼緊閉，卻毫無困難地指出窗戶、壁爐、洗手台、櫥櫃、房門，以及其他家具的位子。可是，如果要求他說出，相對於壁爐時，洗手台的擺設方位是在哪裡時，或者是壁爐相對於房門的位置時，他則一塌糊塗。不過，如果是讓他改口說成，『壁爐是在這裡，房門是在那裡』之類的，他則可正確無誤地一一指出」。「他相當清楚這些東西是擺在什麼地方，我們可確定的是，這些東西都可浮現在他腦海中，但是，他沒有辦法表達出這些物體之間的相對位置[36]。」總之，無論如何，對這些受試者而言，這些物體的形像絕對沒有消失，換言之，既然患者可以去描述這些物體，甚至把看到的樣子都畫出來，如此患者並沒有喪失去辨識出這些物體的能力：他可指出，相對於他的位置，這些物件的擺設位置何在，但無法指出物件彼此間的相對位置。若要能順利指出各物體之間的相對位置，由於他也不認識可用來表達相對位置、距離的詞彙，以致於他必須擁有的是，在一張平面圖上大概地想像出相對距離與方位的能力。

---

34 《物質與記憶》，頁九九。

35 在「字義類型」（參見前文，頁九七，注釋一）之失語症患者中，沒有任何一名受試者可以把他們都相當熟悉的房間畫出來。其中一名，在受傷前是很出色的畫家，他一開始時很順利，但忘記了窗戶和房門；而且，他把他坐的椅子放在壁爐旁，但實際上，椅子是在房間正中央。「他忘了擺在他正對面的桌子，卻強調了數個細節，例如，我的體重計、我的打字機，但其重要性是可有可無的。」同上著作，頁一四七。

36 同上著作，頁一四六。

某些失語症患者也有精神盲（cecité psychique*）的症狀（這類情況是很罕見的），他們往往都喪失了方向感，以致於即使已經練習了好幾個月，他們還會在自己的房間內弄錯方向[37]。至於皮爾・馬立與弗兩人所觀察到的，因戰爭受傷而造成的失語症患者[38]，「我們可觀察到，他們經常搞不清楚方向：在路上、在房間裡，搞錯方向，即使是簡單的方位也常想不起來」。相較之下，海德之觀察對象從沒有迷路的問題：只有其中兩三名，也是症狀最嚴重的，他們告訴我們，馬路上的景象常讓他們心神不寧。只不過，即使是那些從不會迷路的人往往也無法解釋，究竟他們為何會從甲處走到乙處。其中一名受試者還能夠想起路上幾棟建築物的樣貌，甚至這些建築物之間的遠近距離，他也稍微記得；可是，他無法指出應該走的是哪些馬路。他強調，「問題是，我想講的話，我必須用一小段、一小段的方式來表達……就像這樣，我必須跳來跳去」，然後，他用鉛筆在兩黑點之間畫了一條很粗的線條，「就像是一個從這裡彈跳到那裡的人。我都看得到，但是我沒有辦法表達出來。事實上，這是因為我認識的路名不多。實際上，我想不起任何路名」[39]。所以，他還是能夠回想起事物的形像，可是，若是要他想像出來全部的事物以及事物之間的層層關係，那他就必須能夠用語言表達出來。換言之，種種形像都在四處八方漂蕩流散，以致於每一形像都只能代表它自己；與之相反的是，每一個字都能夠輕而易舉地讓我們想起另外一個字。當我們不認識任何字的時候，那就好像是思路的每一脈絡都被打散了。

另一方面，或許也應該區分字詞本身，以及由字詞組成又帶著簡單要義的句子，還有就是具有更普遍性質的基模：形態、姿勢、距離、時間長度等的象徵性表達，其構成，猶如一套語言要素，但也像是抽象又直觀的符號系統。海德曾順利地將這類符號抽離出來，方法則是去觀察，究竟失語症者是如何調整時鐘的。如果指令內容是根據另外一個時鐘來替手上的時鐘調時？這是一個機械式的模仿動作，所有的失語症患者都正確無誤地完成了。但如果是依據手寫文字，或是遵照書面印刷的指令呢？有些受試者不太知道怎麼看時鐘（因為他們無法馬上找到文字標記），但一聽到或是看到文字指示後，他們卻完成指令了。其他的，則無論是去調整指針以調出時間或是看鐘面時間，全交白卷。「並非是他們沒有相關於時間的知識（他們會說，這是吃飯的時間，或者，這是我們到達這裡的時間），他們缺乏的是抽象的表達工具，其實，連他們自己也很清楚這一點」他們分不清楚大、小指針的差別，或者是無法區別**少一刻鐘**、**一刻鐘**這兩者的差異，以致於也根本不知道，小指針是隨著每一分鐘之增進而在一個小時的範圍內照比例前進：他們都知道每一整點鐘的說法，至於如何去呈現出整點鐘概念的慣常方法，則一無所知。這是為何在第二種情況之下，雖然受試者都聽到了相關字眼，而且，這些相關詞彙在其他狀況下，或許他們也大致了解其要義，卻不足以用來呈現出整點鐘這個抽象的表達，最後導致患者無法完成指令要求。至於在第一種情況下，時間之抽象表達概念並沒有受損，這是為何患者都看得懂時鐘，至於文字，這是從

---

* 譯者注：或寫成 cecité mentale，這是指一個人的視力正常，看得到東西，但卻無法辨識出來。這個名詞似乎是夏爾寇發明的，強調一個人因腦部損傷造成無法去利用視覺感官的感應。

37 柏格森，《物質與記憶》，頁九八。

38 有關於因戰事受傷的失語症患者，請參見《神經學學刊》，一九一七年，二—三月。

39 同上著作，頁一三四、一三五。

患者身外進入他們的意識，正因為意識依然清楚，所以，患者都能理解或進一步詮釋文字的意義。

以上所有觀察都不免讓我們懷疑，失語症患者喪失的，未必是記憶，毋寧說是將這些記憶放置到某一架構範圍內的能力，問題在於此架構本身；若沒有這一個架構，失語症患者便無法以非個人角度，以及多少頗為客觀中立的言詞，來回答周遭環境向他拋出的那些定義嚴格的問題：實際上，若要讓答案，相對於問題，是言之有物的，那就必須讓當事人站在跟提問之團體成員相同的觀點上；然而，針對這一點，似乎那就必須讓當事人忘卻他自己，讓他一己的思緒向外擴展，但思緒之表達是不得不透過某一抽象的再現模式，而這正是失語症患者所喪失的。

當然，不明白字面或是口語指令意義的失語症患者不僅很少，甚至也不明白那其實是一個指令的，就更少了。總而言之，無法執行或是回答一項指令的原因，往往是由於混淆顛倒了指令、要求，以及執行、回覆等立場，以致於受試者未必能夠回應所有的要求。若要一個人走出自己的國度，且驟然間便去站在其他人的立場上，那就必須要有自己、他人是有所區分的概念，以及，存在於我們與他們兩者之間的關係網路亦是不可混為一談的認識：此乃初級且程度最低之抽象標記與人際交流的表象，幾乎可確定的是，這一表象是不會完全消失，但很可能會變得微弱、萎縮，以致於發揮作用的機會便微乎極微。在上述所有的研究個案中，我們便可發現這一能力變質走樣的例子。若說受試者原本是無法自己直接做出動作，卻可以順利地模仿出「鏡中所見」，我們大可想像，很可能這是因為一方面，既然有鏡中照影之助，所以，他便不需要去辨別實驗人員的右邊、他自己的左邊是否有所差別，另一方面，這也是因為在這一情況下，他是否真有必要跟實驗人員劃清界線，更何況，實驗人員跟他已在單一面鏡子的照影中二合一。假使這名患者看不懂時鐘，或是當實驗人員以口頭或是字面方式提示後，他便能掌握言詞意涵，正確地調整鐘面時間，理由都是因為兩指針的位置以及鐘面時間的分割，這兩者間的關係乃出自一套社會慣例，而若要掌握這一套慣例，則必須能站在團體成員之立場上，但這對這名失語症患者而言，卻是相當困難或幾乎不可能的。假使他依然保留了某些稀稀落落之物體的回憶，或是能回憶起某些房屋、零星分散的建築物，但卻無法判斷出這些事物彼此間的相關位置，也無法繼而在一張紙上畫出這些事物的相關位置，這是由於除了這些事物各自的雛形之外，他必須有能力以非個人角度去想像出諸多情況；對於活在同一社會之眾人而言，如果他們期待彼此能互相了解，尤其當他們討論著空間中的地點、位置，這些超乎他們一己之力的事物時，上述之基本觀念是絕對必要的；一旦沒有這類基本觀念，失語症患者便無法去協調自己因感性事物而被觸動的感覺，以及他人因景物而生的感動，抑或是他人可能因此產生之情懷；實際上，他是再也無法站在別人的立場上來看世界[40]。一個人再也找不到一字一詞，意味著，或者他無法隨心所欲地利用或組成詞彙與片

40　在某些非常典型的實驗中，例如，所謂的三張紙實驗，這樣的現象是相當明顯的。該實驗內容是，先給受試者三張大小不一的紙張，緊接著告訴他，例如，當指令一下達後，則必須保留最大的那一張，最小的那一張給實驗人員，中間尺寸的那張則丟掉。不過，當我們告知受試者測試內容，而且必須稍待片刻才能開始時，他會迫不及待地去準備再來應該去執行的動作：假使他只有兩張紙、兩個動作，或者他多一隻手臂的話，他鐵定會成功的。由於他不得不去想像，似乎這三個動作中的其中一個是必須由另外一個人來執行（另外一個他自己），但他又無能為力，所以最後便宣告失敗。

語，或者是，當他聽到這些言詞後，他卻無法捕捉其要義以及串聯起來的句子，不過，這都只是喪失了另一更為普遍之能力的特殊徵象：所有約定俗成的象徵標記，都是人際智能（intelligence sociale）的必要基礎，便從此多多少少與失語症患者疏遠了。

我們愈是深入去研究失語症患者，我們愈能體會到，其能力或是無能為力，以及可用來歸納之類型是繁不勝繁，若要解釋何以有如此多之類型，那則是由於這些解體、破壞、局部保存等多重多變模式背後的環境架構。論及這些「思維、抽象表達的片斷形態」時，海德注意到，這些零落形態都顯示了，「它們並非是單一元素，它們是完整之心理過程的組成要件，且該過程可屈就這些組成要件而切割分離」。隨之，海德提出了一個非常巧妙的比喻：「當一個人的腳受到巨大創傷後，一開始，他可能根本無法走路。可是，一段時間後，我們便可注意到，隨著受傷的部位是腳跟還是腳指頭的差別，他的走路方式將有所不同。他後來採取的走路方法，並非是他原本正常走路時的要件」，他適應創傷後的走路方式是完全另一套，受制於他的腳盤不能完全平放在地上。現在且讓我們假設，他的行走方式是周遭的人教他的；如果他的走路方法再也不能跟別人一樣，這是由於他無法跟別人一樣去統整自己的動作、保持一己平衡：假若我們要求他的行走方法跟別人一樣，不僅他無能為力，而且他還必須忘記，我們要求他去模仿同儕，否則他便無法順利地以他自己的方式來走路，例如，去使用其他的肌肉、其他的支點等等，換言之，若要跟別人一樣自立立強，他必須能自我啟發，進而去描繪出另一張只對他自己有效的藍圖。

這是為何有關於失語症患者的分析往往讓觀察人員驚訝萬分。這類錯亂的特徵是由於喪失了某些類別的言語圖像，或是其他如聽覺、視覺圖像的緣故嗎？長久以來，大家都相信就是這麼一回事。若論及詞彙，那就是當要去念出某些詞彙，或必須遷就某些條件進而用來解讀這些詞彙時，這些字詞便看似消失了，然而，當這些環境條件都不具任何效力時，這些字詞卻又重新浮現了[41]，為何如此？同樣一名受試者，當實驗人員給予指令時，他無法抄寫文章、拆解句子、畫圖樣、勾勒草圖，甚至也看不懂時鐘，可是，另一方面，他其實會寫、會讀、會畫圖，也能夠在時間、空間中自主自發地找到方向，換言之，當其他人不強制要求失語症患者，當沒有人強迫他去把句子拆解成詞彙，也沒有人指示他去抄寫句子時必須把冠詞、連接詞都刪掉且非得如此時，他則知道如何念出句子，這不是很奇怪的事情嗎？失語症就是一般智能已衰退萎縮？長久以來，大家也都相信就是如此。實際上，智能並沒有全部損傷，但表現出來的能力或無能為力這兩徵象結合後的變化，卻是相當的怪異。患者甲無法指出每一貨幣的面值，卻可以正確無誤地做出等值交換；患者乙已忘記了數字，卻沒有忘記加減乘除的規則；患者丙下西洋棋時表現優於一般，卻再也無法玩橋牌；至於患者丁，他還會寫自己的姓名、住址，卻不會寫跟他住在同一屋子裡的母親的姓名、住址；還有一名士官，他可以在一紙很大張的地圖上指出戰事的更迭（這樣的表現假

41 巴黎塞勒貝堤耶醫院（La Salpêtrière）曾有名患者是文盲，為了能夠跟實驗人員指出他是六月出生的，則在一紙月曆上，用手蓋住七月的最後幾個字母。海德曾強調，如果我們先給失語症文盲看不同顏色的顏料，他能夠在後來去挑選出顏色相同的印刷卡片。譯者注：六月、七月之法文各是Juin、Juillet，前三個字母是相同的。

定了，其智能具備了某一相當程度、約定俗成的場景安排），卻無法參與同一主題的對話（雖然這名士官並非不明白相關詞彙、片斷的句子）。終究說來，這是由於這些人再也無法理解某些慣例，但其他規則對他們而言，卻依然保有一般的意義。

II-iv

總結
En résumé

一言以蔽之，活在社會群體中的人都有某些環境架構，這些架構都被用來固定回憶，或是做為尋找失去之回憶時的工具，沒有任何記憶是在此環境之外的。這也是我們在探究幻夢、失語症後得到的結果，換言之，透過某些最具代表性的例子，尤其是當記憶的場域開始萎縮退減後的狀態。在幻夢與失語症這兩大研究主題中，其環境架構都出現扭曲、變質、局部毀壞的現象，但各自朝向不同的方式，所以，若去比較夢與失語症，將可讓我們看出這些環境架構的兩大不同層面，猶如兩大不同的元素卻又都是該架構的組成要件。

當然，存在著諸多不同類型的失語症，也因此決定了記憶喪失的不等程度。不過，失語症患者忘記他仍是社會成員之一，則是非常罕見的事情。失語症患者相當明白，在他周遭的人們、跟他說話的人，都跟他一樣，都是社會成員之一。失語症患者也十分注意周遭人們的言語：面對著這些人，他流露出羞澀、不安的情感，他有時感到困窘、受辱，他也會苦惱，有時由於他無法維持他在該社會團體中的分量或是難以挽回面子，所以他也會發火。不僅如此，他認得出來不同的人也會給他們貼上不同的標籤。一般而言，他可以回憶起他自己過往生活中的主要事件（有別於喪失記憶的人〔amnésiques〕），在某一程度上，也會活在過去，可是，他卻無法賦予其他事件一個大致完整的樣子。他某一部分之記憶整體，也就是儲存著生活事件、不同人物之回憶者，則依然與集體記憶保持接觸且受集體記憶的控制。他試著勉強自己去讓別人了解他，並且也去了解他人。他猶如身處異鄉，不會說異域的語言，卻認得該國度的歷史，但也沒有因此忘記他自己的身世。然而，數不盡的一般基本觀念都離他遠去。更嚴格說來，他已經不明白某一大部分的社會慣例究竟意指為何，即使他也明了這些規則是存在著的，只是他雖努力去遵從慣例，終究是白忙一場。一個耳朵聽到的字、一個嘴巴念出來的字，在他身上，都不再由於捕捉到了言詞的意涵而同時激發出某一感情；若在他眼前掃過諸多物體的圖像，他卻無法一一冠上名稱，換言之，他無法辨識出這些物體的本質、用途。在某些情況之下，他也無法區分出，究竟牽涉到的，是他自己的思維還是他人的想法，亦即無法將某一動作姿態或是某一事物的基本觀念、輪廓或象徵，提升到一個社會表象的層次。針對某些細節，他自己的思維與集體記憶間的橋梁早已斷裂。

相反地，人在睡夢中時，不知多少形像在腦海中一一掃過，每幅畫面也都被做夢的人一一「認出」，換言之，夢者之心智了解這些形影所代表的意義，當下便掌握要義，甚至也感覺到可以給每一幅畫面冠上一個標題。這也是為何，既然話語是理解事物的工具，所以即使人睡著了，他還是保留了言談說話的使用餘地。他能夠辨別人事物、動作舉止，也能讓自己站在一個社會群體的角度來斟酌度量這些事物與談吐。我們可假設，倘若一個睡醒的人遇到一群正聒噪說著到底在夢中看到了些什麼的做夢者：他不會不明白他們說的話，因此，這便如同是某一社會交際之開端。不過，不可否認的是，沒睡著的人是很難順利地去協調兩個做夢的人他們各自擁有的思維內容，以便最後產生出如巴斯卡（Pascal）所言的，一群做夢的人聚在一起做夢[42]。清醒沒睡著的人也不太可能將兩個做夢的人的獨白裁剪成一篇對話。實際上，若要做到這一點，或許，就必須讓做夢者的心智不再自我局限於去操作從社會環境借來的種種基本觀念，而是其每一思路都能循規蹈矩地遵從社會整體思維都引以為準則的秩序條理。若論及社會，它的確是以集體來推想的：社會，它將基本觀念一撮一撮地綁在一起，至於團體，它則是人物、事件聚合後更為繁複的表象，然而，這些表象本身，則又隸屬於更加複雜難解的基本觀念中。做夢的人當然能想像出跟沒睡著時所遇到的人們、所發生的事件都極為類似的人物、故事，可是，在夢寐中，他完全想不起來這些人事物各自的樣貌，更何況，這些人事物本身最具代表性的細節，在他沒睡著時，都可交織出對他而言這些人物各自的氣質個性，以及這些故事的事實依據。至於那些隨著夢境之奇幻歷險而編造出來的內容，則虛無一物、膚淺空洞、不合情理也變動無常。換言之，夢境的造化條件似乎就是做夢的人需具備的條件，一方面，雖說夢中人非常關切決定著言詞意涵的規則，以及裁斷著每單一物體、每單一圖影的意義，但另一方面，夢中人卻是再也回想不起來，在空間、社會環境中，決定著諸多地點、故事之相對位置，以及各個人物的諸多慣例，更何況，夢中人也不求循規蹈矩、遵守慣例。夢中人是無法自己走出夢境的，就此而言，他也無法以集體的角度來設想社會記憶之首要篇章的內涵，那就是，一撮撮聚合起來的人物、故事、地理區域、時段、日常生活中各類別之物體、圖像等等。

且讓我趕緊補充一點，那就是，上述夢中人與失語症患者之區分只是相對而言，而人之記憶的兩大面向，無論是在失語症中還是在睡夢中，不時也各據一角，但另一方面，不免也相扣合一。若論及語言錯亂症狀非常嚴重的失語症患者，我們其實很難知道，諸事件的記憶是否還保存著，而且，是就哪個程度而言，患者可認得出來不同的人物。但若論及症狀較輕微者，基於他們由於詞窮，以致於無法述說他們過往的生活，而且，與他人的交際往來也減少了，所以，他們可能對於時間、地點、人物都只是保留著相當模糊的印象。另一方面，儘管我們都大致認得出來在睡夢中一一湧現的形像，其實，卻都只是浮光掠影、霧裡看花：在夢寐中貫穿者，盡是矛盾反常之事，在夢中我們動輒衝鋒陷陣，挑戰物理定律、社會規則，又若論及在夢中我們給每一物體編

42　「有些人懷疑，假使我們做夢時是成群結隊的，而且，無獨有偶地每個人的夢境還彼此配合，但說來相當稀鬆平常的就是，我們都是孤獨地邁向老年，卻還不相信違反常理之事？」巴斯卡原本在第八條中補充了這一段，後來又刪掉了，參見第一冊，哈斐出版社（Havet），頁二二八，注釋。譯者注：一般多以為Blaise Pascal（一六二三—一六六二）僅是一名劃時代、悲劇性格的哲學家，或勇於挑戰當時之宗教權威，其實他也精通物理、幾何、數學、機械，且是少數能跨越學科領域、提出綜合論見之人。他乃詹辛教派（jansénisme）之健將，關於該教派，讀者可參見第五章。

織出來的意念，以及我們在清醒時可能衍生出來的基本觀念，這兩者間的關係卻是相當疏遠的。儘管如此，一個簡單的基本觀念、一個複雜的基本觀念，以及一個單一物體、一群聚合起來的物體，每每之間的界線何在，且若再論及觀點問題，同一類別的事實、特徵，難道不能用甲某或是乙某的觀點來審視嗎？我們可相當確定的是，假使我們可能由於做夢或是患了失語症這兩大截然不同的理由而與集體記憶脫節，那麼在此集體記憶中，便應該存在著兩大慣例系統，而且，在正常情況下，這兩大慣例系統都同時壓制著人們，有時兩者甚至聯手合作以壯大自己，卻也可能各據山頭。我之前已提出說明，做夢的人是不可能去重新編織出錯綜複雜之事件的相關回憶，尤其如果相關事件並非彈指之舉且在廣大空間裡擴展開來；這是由於可讓清醒的人在腦海中去掌握到這類多重複合體的慣例規則，早被他忘得一乾二淨。相反地，他卻有能力回想起片斷的圖像，並一一辨識出來，也就是能掌握到其要義；這則是因為他依然保留了，可讓清醒的人去給每一物件命名，並且藉由物件名稱來區分出物件彼此之差異的慣例規則。因此，諸語言慣例是集體記憶中既是最基本也是最穩定的架構：另外，既然語言架構也讓所有儘管不是非常錯綜難解的回憶一一穿透，以致於只保留了我們的社會表象中斷簡殘篇般的細節、零星不整的要件，所以，它也是出奇鬆散的框架。

第三章 重建夙昔

La reconstruction du passé

III-i

成年人扭曲的童年回憶

La déformation des souvenirs d'enfance chez les adultes

假使曾讓我們的童年歡天喜地的一本書，突然間滑進手裡，又由於告別童年後，便再也沒摸過這本書，這時候，我們不免有幾分好奇，也不需等待陳年舊事甦醒過來，或是內在心靈返老還童，我們隨即翻開一頁頁書扉。光只是去想像這樣的情景，我們便以為可再度身歷幼時的心靈。當年捧書拜讀的一幕幕印象，在這一片刻之前或在此時此刻，會在我們心中掀起什麼漣漪嗎？那說來大致清晰的主題，幾個多多少少頗具風格的典型例子，某些情節特別引人入勝，或讓人落淚、或讓人捧腹大笑，有時，某一版畫或者是某一頁面、某幾行字，都在眼前勾勒出一絲絲的回憶。實際上，我們這時都可感覺到，根本不可能靠著思緒就可重新描繪出一長串帶著細枝末節的故事或是貫穿數篇章的記事，更何況，若要每一細節、每一篇章的大小尺寸都能符合整體之比例，然而，另一方面，成珠鍊般的刻痕、線索、描繪、發想和省思，卻逐漸在讀者心中雕琢出一張臉孔、一幅風景，或化整為零地一起闖入某一場景的關鍵地帶。如此之感受，未嘗不是由於我們都體會到，在今日模糊的回憶，以及童年印象之間，豎立著一道高牆，我們也都知道，我們的童年印象，曾經生動活潑、鉅細靡遺、壯大盎然，我們期待，漫遊字裡行間時，能夠在這裡，多耽擱補給些什麼，或是在那裡，澆灌出一株新生命。

可是，往往後來發生的，卻是下面這麼一回事。我們覺得好像在看一本新書，否則就是這本書被改寫了。我們猜想，過去書中某些頁數、段落或是細節，應該都漏失了，同時，可能不知誰又做了補充，這樣的猜疑，都是由於我們對這本書的興致或是省思，都是建立在一大堆不同面向的行動與人物之上，而且，我們自己心知肚明，其實，根本無能為力再去添補些什麼來著，另一方面，現在書中的故事看起來，都不是那麼精采，而且，更呆板、遲鈍，這些杜撰的故事已不止褪色三分；我們也不明白，為什麼這些虛構的故事當年曾緊緊深扣我們的情懷，究竟是怎麼一回事？我們的記憶，很可能會隨著我們的前進腳步，一一去捕捉湧現出來的那一大部分，唯獨轉瞬間，它們又以一新樣貌消散流逝。整個過程就像是以一個不同的角度來觀看一個物體，或者是，探照燈以不同方式打在這一物體上：陰影和光亮的部分，因此重新分配，導致每一局部的濃淡明暗都改變了，我們認得出來每一區塊，但是，我們卻無法斷定，這些區塊是否跟過去一模一樣。

看似最明顯之處，亦即我們以下要著手分析的，那就是在重新閱讀這本童書後，衍生出來的想法與省思，而且，我們都很確定，小時候第一次翻閱這本書的時候，絕對沒有這類想法或反思的影子。我們可假設，這是一本寫給小孩子看的書，裡面沒有過於抽象的情節，也不致於超乎幼童的理解程度。然而，如果這是說給小孩子聽的一段故事或是遊記，講故事的人則不是小孩子。作者是個成人，他編輯、組合各類真實情節、人物的動作舉止和談吐言行，編纂要點是小孩子能理解、產生興趣，但另一方面，由於所有小孩子都是生活在一真實世界，也被要求在社會人群中立足發展，所以，作者編寫故事的時候，也是為了送給小孩子一幅巧似真實世界、擬似現實社會的圖畫。無可避免地，雖然對象是小孩子，但作者說故事時卻是大人口吻，他必須在情節中插入，否則至少如暗示般，關係著人類與大自然的種種理念，或許，這些理念都不是他自己的發明，而是一般共有、普遍的，但若沒有這些理念，小孩子則沒有能力超越自己，或者是沒有欲望、不知何以需要突破自己。如果該名作者是個內行人，他便會不留痕跡地引導他的讀者從已知邁向未知。他會利用小孩子的現行經驗、平凡的想像，但循序漸進地，為他們拉開一道道新的地平線。可是，他也不會立即就把小孩子拉拔到一個無法自己爬上去的程度，他會要求孩童去朗誦林林總總又一知半解的詞彙、句子。無論如何，重點是，讀者不會因為一遇到難題便闔上書本，他大致明白所言為何，然後便可愈行愈遠、加速超前。我們經常可注意到，幼童往往可欣然接受，就理智而言，最令人不解的情況和解釋，之所以如此，只不過是由於這類狀況、解釋，在幼童眼裡都帶著一般正常事物、故不得不然的特性。因此，一旦一項確實前所未見的事實或是物體出現在他們眼前，然後，我們引導小孩子進入他們的已知世界，讓他們的好奇心得到滿足之後，他們便不再跟身邊大人發問，或者，便不再自問自答。只要再過一段時間，當這些已知範疇的存在本身讓他們感到驚訝好奇時，於是必須就每一項事實一一提出解釋：截至目前為止，在他們眼前所見的事物裡，或在他們第一次聽到的故事裡，他們都可找到令人眼前一亮的嶄新事物或者是舊瓶裝新酒的新組合，並因此感到心滿意足。

相較於大自然裡所發生的現象，假使我們跟小孩子提到社會規則、習俗的時候，他們散漫被動又無所謂的態度是非常明顯的。火山爆發、颱風過境、暴風雨來襲，或甚至是最常見的自然現象，例如雨滴、四季更迭、太陽的運轉、植物和動物生態之多樣化等等，都讓他們又驚又喜；他們央求我們給他們一個大致清楚、差不多完整的解釋；他們一再提問，對於可能本身便隱藏著答案的旁枝末節興趣盎然；不僅如此，所有他們因此學到的東西、觀察到的事物，都被納入一套簡單粗略的系統中。相反的，他們對於千奇百怪的社會習俗、社會條件，則是照單全收，或許，根本從沒吸引過他們的注意力。要去跟一個小孩子說明，什麼是外人、富人、窮人、工人，是相當困難的事情。當我們跟他們提到社會體制，舉凡賦稅、法庭、商業交易，他們便更容易分心，我們也可感覺到，他們根本興趣缺缺。盧梭主張，小孩子不過是個小野人，應該被送到大自然此一課堂裡，另外，所有我們跟小孩子提及的、跟社會人群有關的事物，對他們而言，都不過是無關緊要的廢話，就此而言，盧梭一點兒也沒搞錯。當小孩子注意到社會階級區分時，往往只是由於階級分化是以令人眼睛為之一亮的形式表現出來。修士、士兵，是衝著他們的正式禮服、制服；

肉匠、麵包匠、馬車夫，則是由於在他們的活動裡都有一些工具，而這些器材刺激著小孩子的想像力。然而，對小孩子來說，在這些表面事物、具體形像之間，所有這些行業與活動的現實，都是空洞無謂的。在他們眼裡，這些行業都是天生的類別，跟動物界的分門別類是同一層次的問題。幼童可欣然接受一個人生下來就是士兵或是馬車夫，就好像人可以出世便是狐狸或是野狼。對他們來說，正式禮服、體格特徵都是成為一個人的必要條件，而且，也足以用來定義何以人之所以為人。小孩子都相信，只要他揹起槍械、穿上獵人的靴子，或是戴上海軍軍官的帽子，就可以變成他們，而且，他也馬上擁有了他在這些人身上注意到的理想特質。

不過，社會交際這一領域，小孩子可完全將之拋諸腦後，這卻可能是最讓成人掛心，也是最關心的主題。但又怎麼可能不是如此呢？因為每當成年人有機會跟他的儕輩接觸時，他便以萬端繁多之姿察覺到，究竟他在所屬團體中的地位是高還是低，其分量輕重的變數又為何？當大人跟小孩子借來一本書，例如，居樂．凡爾納（**Jules Verne***）的小說，然後在瀏覽之餘，試著讓自己回到過去，對成人而言，這或許不是一件簡單的事情，但最後，他可能還是找到了過去、陷入其中，而且，確實重新拾得他依然記憶猶新的童話樂趣，回味無窮。一旦書中人物浮現眼前，我們並不只是默默看著他們登上舞台，我們也留心品味著，究竟到哪個程度而言，這些人物都

---

* 譯者注：Jules Verne（一八二八—一九〇五）是享譽國際的法國科幻小說家，著名代表作如一八七三年問世的《環遊世界八十天》（*Le Tour du monde en quatre-vingts jours*）。

是「似曾相識」，究竟他們是屬於哪個社會團體，他們的言行談吐、舉止動作，是否符合其環境要求。畢竟距離上一次翻覽這本童書時，二十、三十年的光陰都已流逝，我們不免會因其衣著打扮、用詞遣字、行為舉止之過時、流入俗套而感到訝異。顯然地，既然寫書的作者並不是針對成人，也不是為了探討道德民風，或是編寫一本心理學風格的小說，而只不過是為了寫一本給小孩子看的歷險記，所以，上述描寫中，成人這些感慨，僅是不合時宜之嘆。當然，我們可能有所遲疑，但我們絕不會譴責寫童書的作者只是簡簡單單地收納改編他生活的地方、所處的年代裡，大體說來有教養的人們的所言所行，或者是，稍微地將眾人以及人際關係都順著輿論之流行風向而潤飾美化。我們卻也都注意到，風行草偃間，總是有著常規慣例。更嚴格說來，當我們用自己的想法、經驗來描述偉大人物時，我們則不免與這些偉大人物針鋒相對，至於小孩子，他們僅有童真尺度，便沒有什麼可唇槍舌戰的，於是，大人說的話全都一五一十地牢記在心。

因此，當我們任由所有別人寫下來的言詞，以及這些言詞在轉瞬間讓我們回想起來的事物，在眼前、腦海中一一閃過時，我們之所以無法立即翻箱倒櫃找出曾幾何時烙印在我們心頭的印象，都是由於我們當今整體之意念在作祟，尤其是有關於社會人群的想法，但也包括了對於大自然現象的認識。猶如安納托勒．佛朗士（Anatole France）在《貞德的一生》（Vie de Jeanne d'Arc）一書的序中所言*，「為了能體會到不再復返的某一時代精神，為了能沾染到過去人物在昔日歲月中的當代氣息……困難之處，未必在於應該知道什麼，而是在於應該不知道什麼。假若我們真的要活在十五世紀，那麼很多事情都應該把它忘了：科學、方法論，所有讓我們變成現代人的元素！我們必須忘記，地球是圓的，星星都是恆星而非水晶穹頂上的掛燈，放棄拉普拉斯（Laplace）的宇宙體系，從此篤信聖．托馬斯．阿奎納（saint Thomas）和但丁（Dante）的科學主張，並拜倒中世紀的宇宙論專家的跟前，他們教誨我們這個世界是在七天之內被創造出來的，還有就是，依據特洛伊城毀滅的故事（La destruction de Troye la Grande）的說法，正是普里阿摩（Priam）的兒子創建了世間諸王國†。」同樣的，假若我們期待能帶著童心去重新翻閱一本書，必須忘記多少事情啊？小孩子不會去判斷一本書是不是一件藝術作品，他不會時時刻刻地去猜想作者的用意何在，他不會由於情節難以置信而把書本擱置一旁，他也不會質疑哪個襯托效果是不

---

* 譯者注：Anatole France（本名François Anatole Thibault，一八四四—一九二四）是法國詩人、小說家，法國法蘭西學院（Académie française）院士，一九二一年的諾貝爾文學獎的桂冠主。

† 譯者注：Laplace（全名是Pierre Simon，marquis de Laplace〔拉普拉斯侯爵〕，一七四九—一八二七）是法國天文學家、數學家、物理學家，曾任拿破崙一世時期之內政大臣、議會副議長等要職。一七九六年時提出宇宙系統論（Exposition du système du monde），乃其宇宙創造假說之要點，特別是有關於太陽系系統之說。Saint Thomas（全名是Saint Thomas d'Aquin，一二二五—一二七四）是義大利神學家，也是中世紀西歐天主教會最重要的神學家之一。Dante（全名Dante Alighieri，一二六五—一三二一）是義大利文學家、詩人，亦被認為是文藝復興風潮的開拓英雄之一。La destruction de Troye la Grande（la Grande通常寫成la Grant）乃中世紀時出版的一本書，也是一齣戲劇創作，書本與戲劇的創作來源都是希臘神話中的特洛伊城戰爭：該中世紀書籍內有豐富的彩色繪圖，被視為當時之不朽畫作；若為戲劇，則是十五世紀之文學家Jacques Milet所改編而成，現流傳之版本都已由拉丁文改寫成當代法文。Priam即希臘神話中，特洛伊戰爭時的特洛伊國王。

是過於牽強、哪個個性塑造不過是表面文章、哪個反省著實庸俗又平淡無味。他更不會在書本中尋找某一社會人群的形影：書頁中人物的神色、談吐作為與所處局勢，在小孩子的眼中看來，就跟樹木的樣態、動物的形體，或者是村落鄉鎮的座落環境等一樣，都是自然天成的。不但如此，幼童不費任何氣力便可進入作者的想像天地，但另一方面，童書作者塑造其人物，使其天經地義地開口說話，自由行動的唯一目的，只不過是為了協助小孩子進入書中人物的靈魂；只要這些人物都具有某種不得不然的真實程度，便足以讓讀者的想像心靈進入書中人物的國度。小孩子沒有任何成人的社會與心理經驗。但這不會造成任何問題。相反地，社會與心理經驗則對成人造成壓力，倘若成年人能順利地解脫此壓力，那麼或許過去的生活印象就會完整無缺地翩然出現。

然而，單只是讓成年人暫時卸下從童年起便累積下來的基本觀念，是否便足以讓當年的回憶都一一翻湧而出？且讓我們假設，手上這本童書，今天已不只是第二次翻閱了，我們過去常常順手一翻，或甚至是，斷斷續續地在不同的人生階段，已經整本看過好幾次了。如此一來，我們便可說，每一次的閱讀經驗都是獨一無二的回憶，以致於全部回憶的總和，若再疊上最後一次的閱讀回憶，便會排擠掃除第一次的閱讀回憶之殘餘，再者，如果我們能順利地將回憶之總和全驅逐出境、一一忘卻、拋諸腦後，我們或可因此追溯到現今已跟隨其他回憶之舞步而消失殆盡的初次讀書經驗，可是，這是完全不可能的，理由則是因為層層回憶彼此堆砌交疊，早讓人分不清、看不明。若就回憶之獨一無二而言，我剛提出的例子是相當不平凡的，過去的閱讀回憶與當今的閱讀經驗是不可相提並論的，在這新舊追憶相交的化合物中，若要抽離出現今之成分並非難事，再一一對照後，便可讓陳舊往事探出頭來。於是乎，假使回憶的確在燈火闌珊處，它應該會再次出現。不過，回憶並不會再現。或許，偶然間，我們因似曾相識之情愫而激動不已：我們卻無法斷定，那看似無比熟悉的情節、雕刻圖畫，是不是從一開始時，便已在我們心頭留下從此繞梁三日不絕的印象，而且，這一印象，是不是從那時候起，便在所有跟隨著我們的基本觀念中搶下一角，如此之猶豫的原因，在於只要我們願意，便可一廂情願地將那似曾相識的回憶一一找出來。事實上，回憶（這相當於一段閱讀經驗以及獨一無二的印象，而且，我們從沒回想起過），會不會不在那裡？

對我們小時候的心靈而言，當年書本中的故事是前所未聞，且因而引領我們走向一新天地，現在、而且就是現在，或許有一個方法可讓我們想起來（我們隱隱約約地感受到），在那時候，究竟是什麼東西衝擊了我們的心智？單只是忘記我們從小所聞所學是不夠的：我們還必須徹底認識的是，究竟我們從那時候到現在都知道了些什麼。童年時，這本書看來內容詳細豐富又扣人心弦，今天卻看似什麼也沒找到，實際上，我們並非中了魔咒。小孩子的心智有其背景架構、慣習成規、模式與經驗，絕不是成年人的那一套，但假若成年人沒有其環境架構、慣例、模式經驗等，他便無法了解書中所寫的內容，或至少，無法明了哪些路徑是指向他已知的內容標的。單只是去觀察今天看來跟我們當時年紀一樣大小的同齡小孩，是不足以用來重新挖掘出早已逝水流的幼年心境。我們還必須確實地認識到，當年我們周遭的人物，當時我們的興趣與味口，究竟那時候，我們沉迷在哪一本書中，在那之前、更久遠的過去，又看過哪些書，尤其是，在我們沉迷於現在手中握著的這本童書之前，我們是不是才翻閱了什麼書，或者在那一段時期，我們也同時翻看著其他書籍。我們是否可假定，從那時候起，一個有關於生活與世界的構想已開始萌芽？總而言之，我們的想像世界充斥著表演競技、形態表情以及應該學習認識的物體，如此一來，就是從那時候開始，在面對著書本裡的故事時，我們才有反應能力，並且去培養出一套恰當的主張。假設我們都有一本日記，裡面日復一日地記載著我們全部的所作所為，如此一來，我們便可以某種外在觀點來研究這一段時期的童年時光，我們也可將當年種種基本觀念之細枝末節一把湊合起來，綑綁成束，該柴束雖說鬆散但也厚實，最終當我們進入昔日某一虛幻空間時，我們卻能精準確實地重新建造出那時候的印象、我們自己的印象。無可避免地，如此這般工程假定了，我們至少還對當年的內心世界保有一模糊可辨的想法。在我們人生的每一階段，我們總保留著些許的回憶，無疑的，這些回憶再三追加，且在層層疊疊的追憶中，我們對於一己身分認同的感受，變得更厚實堅定，宛如一綿延不斷的系譜。不過，正是由於此乃重複延續造成的，也正是由於這些追憶在我們生命中的不同年代，都陸續地加入差異甚多的基本觀念系統，以致於先前原始的面貌與特質早已無影無蹤了。動物的脊椎骨不過是動物的一部分而已，因此，並非僅僅靠著化石裡完整無缺的脊椎骨，便足以重新拼湊出動物的樣貌；且讓我們把這些動物的脊椎骨來跟鑲嵌在羅馬古屋中的石頭做一番比較，這些石頭之所以會鑲嵌在年代古老的建築物裡，是由於它們被當做建材，然而，卻也僅僅是因為這些石頭還隱現著遺跡之遠古特徵的幾抹線條，所以，這些石頭能證明出羅馬古屋的久遠年代，單只是古建築的形態、樣貌，是無法引導我們去做出任何猜測。

像這樣的往事重建是可遇不可求的。更何況，我們擁有不計其數的書寫遺跡或口頭見證，於是往事更建就變得難上加難了。究竟哪筆天外飛來的細節會從記憶中走出來呢？舉例而言，假設我們在夜裡，躲在某角落偷看這本童書，且直到三更半夜，然後，有人問我們，哪一用詞是什麼意思、哪一段落是什麼意義，或者，跟三兩好友，我們嘻嘻哈哈地自導自演某一場景，模仿故事中的某一人物，又或者，在某一耶誕夜裡，我們讀到某一段落，描寫著拉雪橇打獵的故事，而當時屋外正飄著雪，大人也允許我們守夜，所以，外在環境又配合著書中的故事經歷時，便會油然生起一股前所未有的印象，且應該跟我們從此之後所感受到的都相當類似。但無論如何，這只是事後再造。但又怎麼可能不是如此呢？因為，若要將我們確實無誤地重新植入過去的心智狀態，那就必須能夠同時讓我們回想起所有曾經影響著我們的人事物，不僅必須毫無任何例外，而且，也必須包括了出自我們的內心世界，以及來自外在世界的全部人事物，於是，同樣地，假使要復原一歷史事件的真相，不就必須請所有的關鍵人物、目擊者都從棺材裡走出來？

我之所以再三強調上述例子，主要是由於若是要藉著這個例子去捕捉到讓回憶重現的有利條件或是不利條件時，似乎一切看來都非常貼切近人。或許有人會說，在此個案中，期望能再現的那個印象，以及當今這個時間點，位於這兩者間的距離實在太過遙遠，理由則是因為一般而言，當回憶隨著時光的腳步不斷往後退縮時，回憶的面龐也愈來愈朦朧不清，這一現象可用來解釋，為何要去回想過去的回憶時，困難重重，可是，並非由於如此，所以回憶在無意識的狀態中便可安然無事。另外，假使回憶都是一幅幅既逼真又生動的圖像，那麼讓人想不透的是，為何它們在時間上的遙遠距離，竟依然可構成重回當下意識的障礙。倘若理由並非是我們擁有讓回憶再度浮現的天賦能力，也不是由於我們還可求助當今諸基本觀念，倘若理由是因為回憶的存在是自然天成、不假外力的，因此，當回憶重新浮現時，其實所有的回憶都具有相等程度的活動力，所以最終就可結論出，所有的回憶都應該能夠一個一個地再度浮現出來。如果時間的流逝是不可輕忽的因素，這絕對不是由於層疊加錯之回憶的質量，又隨著時間而膨脹擴大。記憶並不像是應該持續不斷地從甲處穿越到乙處。猶如柏格森所言：「倘若為了讓我的意志能在空間中的某一定點表現出來，於是，便可能必須讓我的意識一一突破中間關卡或是障礙點，而這些全部的壁壘所構成的，就是一般所謂的空間中的**距離**，反之，假使要去探究這一過關斬將的行動過程，直接跳過將現今局勢與過去類似之形勢隔離開來的時間關卡，則是相當有益的考量……意識只需一個三級跳就可讓它自己翻山越嶺、直達盡頭[1]。」如果回憶不過是在時間走廊中層層並列的圖像，而且，如果是由於每一圖畫自己的內在推力促使它們前呼後擁地跳出來，那麼就沒有任何理由讓最古老的畫作都只是一閃而逝，而且，還藉口稱道，當相同密度的物體都被丟到水裡時，一開始就被丟出去的，都會沉到水底，至於其他的，則浮出水面。

有人會說，否則，至少必須是我們現在的心智狀態都已待命，準備隨時找回追憶。同樣地，這又猶如柏格森所言：「諸感覺—動作器官都會提供給軟弱無力的回憶、亦即無意識的回憶，可用來塑造出形體、可用來變得具體實在的工具，終究就是，這一工具可讓這類回憶變成在當今時間裡出現的回憶。」倘若如此，為何某些回憶，只不過是因為它們古老久遠，就比較不容易鑽入「網架」之中或是穿越「裂縫」(泰斗級的心理學家都是用這樣的名詞),所謂的感覺—動作器官不是都會指示回憶網架或裂縫所在之處,或甚至還主動去挖開縫隙?之前我們再三討論的例子裡,似乎諸多條件都可配合,以讓處於現在此一時間點的心智狀態隨時找回追憶:仍是同一本書,相同的段落,相同的雕刻版畫;從我們身外的世界跑來的影響作用也一模一樣;我們的視網膜、視覺神經都以相同的方式感應著;內心語言喃喃自語著,在半睡半醒之中重複過去曾經念出來的詞語,這樣的現象也絲毫沒有改變;另外,我們一一捨棄不久前還一無所知的基本觀念或是任何念頭,可說是我們盡了最大的努力,目的則是希望我們的內心世界不再施予大腦、神經元任何影響,而原本神經系統與大腦卻可能以另外的方式來運作。即使如此,卻沒有顯現出任何的回憶圖像。之所以如此,或許是由於我們沒有成功地跟神經器官和大腦組織溝通聯繫,告知它們應該持有的傾向。然而,以生理學角度來看,可能這只不過是表達方式的問題而已,真正缺乏的,或許是其他某一回憶、其他某一基本觀念、某一整體的感情與主張,過去它們都占據著我們的意識,如今卻都已遠去,否則也僅剩下小小的一角。我們可用基本觀念體系(**système de notions**)來代替肢體傾向(**attitude physique**)以及感覺—動作系統這兩大基本觀念。於是,柏格森的主張就變成:假若某些回憶無法再現,這絕對不是由於它們過於陳舊,或者是它們都已逐漸萎縮;而是因為這些回憶在過去都被鑲嵌在一套基本觀念體系中,但如今,這些回憶卻找不到該體系的蹤

1 《物質與記憶》,頁一五八—一五九。

影。

倘若在此討論心理表象，而非肢體形態的改變，並非是無關緊要的事情。根據柏格森提出的假設，諸感覺—運動器官是無法**直接**去促成過去此一狀態的產生或是再造。回憶中，若有任何心理成分，都不是肢體產生的，而是應該被視為在無意識狀態中，早已大功告成的東西，彷彿是某些「功德圓滿」、盡善盡美之物。人類軀體的作用則完全是負面的。若要讓回憶穿洋過海，肉體反而是必須躲開的障礙。可是，我們對於軀體的掌控是不完整的，如瞎人摸象、猶疑難定。普遍而言，任何生理層次對回憶所做的修正都是偶發事件。以致於我們始終可堅稱，假使回憶無法再現，這是因為此乃端賴著腦部的任何微小變化，並因此導致回憶僅存在陰影中。回憶是無所不在的，但它們難以突破難關或是躲開障礙，我們也無能為力、愛莫能助。

現在且讓我們假定，壁壘並非來自人類軀體，而是來自於在當下此時占據著我們的意識的整體基本觀念。如此一來，若說回憶是確確實實被保留著，而且，是被一類似心理屏障一個一個地遮擋、攔截下來，去承認這樣的說法，未免過於勉強。當然，在這些回憶的某些特性，以及我們當下擁有的基本觀念之間，這兩者存在著諸多難以調和之物。然而，既然每一段回憶以及每一基本觀念都是由同一素材打造出來的，而且，無論是回憶還是基本觀念，兩者都是頂著表象這一相同稱號，我們也可想像，在此回憶、此基本觀念，或在彼回憶、彼基本觀念，最終都將慢慢沉澱，宛如握手言和般。更何況，每當今朝之基本觀念與昔日舊有觀念相左時，我們總是努力地去降低當今基本觀念的抵抗力量，並且去刪減、遺忘過去的陳舊觀念，所以，上述針對回憶和基本觀念的主張便更具可信力，而在另一方面，人總是會在某些時候彷彿心不在焉般，在那當下，我們都順利逃避了成年人之種種意念的壓制力量：換言之，在此心理屏障中，有缺口、漏洞和間隙，貼近這些縫隙，卻無法看清心理屏障後的風景，而且除此之外，什麼也找不到，是一件不太可能的事情：其實，只要某一部分的回憶能順利穿越此一心理障礙後，便足以讓其他的回憶也一起跟進，以致於這一道屏障，至少在某一範圍內，便會砰然倒下。只不過，我們都知道，根本沒這回事。若說我們都曾經千真萬確地處於過去的心智狀態，但其實任何人都從沒有過這樣的印象。所以，事實上，這樣的回憶是不存在的。

的確，有時候，我們翻開書頁後可能會說：「看吧，這段情節、這幅雕刻版畫以前我記得清清楚楚，只是後來忘得乾乾淨淨的。」我要藉此說明的是，這樣的反應相當符合前面段落中，我們對於那樣一本童書長年持有的一般基本觀念，然後，由此基本觀念出發，我們或許可以去想像出，針對那一幅版畫、那一情節或不知何處，存在著一段異常鮮明的回憶，但不知何以，這段回憶依然歷歷在目，就此意義而言，我們是從來沒有喪失過重新製造回憶的能力。只不過，回憶再製並不等於再次身處於回憶發生的當下：事實上，與其說是再次製造出回憶，應該說是再次組合出回憶。論及我們的感官軀體時，若有任何真相可言，那就是我們無法從肉體裡面抽取出任何回憶，肉體並不是我們當下表象系統的承載處：當下表象往往揉合著過去舊有之表象，前述之童書正提供了一個內容豐富的例子，有時候，單只是當下表象，即使沒有重新編織出一段回憶，否則至少也足以用來勾勒出一簡單藍圖，對我們的心智來說，這一藍圖幾乎就是回憶的等價物品了。

所以，既然當今的意識本身保留著回憶，又可在伸手可及之處找到製造回憶的工具，因此，讓回憶時時現身並非是必要之務。假使意識無法再次製造出回憶，這不過是因為意識沒有足夠的工具。這並非是由於意識在面對著一截意欲向世人招手之真實回憶時，意識它自己綁手綁腳；而是由於成人心思與孩童心思之間的差距，宛如天淵之別。

III-ii

孩童與成人的思想與記憶的諸多框架
Les cadres de la pensée et de la mémoire chez l'enfant et chez l'homme

當我們處於對歷險記興趣濃厚的年齡時，這時的想像力都比成年人更生動活潑也更自由奔放。小孩子因其敏銳的本質而不失想像力，這股想像力讓他對杜撰出來的故事興高采烈，時而他害怕膽怯、繼而轉抱希望，時又陷入焦躁不安的心境，小孩子在他可忍受的範圍內，穿越各微妙難測又變化多端的情緒。至於成年人，原本便比較不容易落淚，當他看一本書，儘管裡面都是冒險犯難的情節，卻不致於馬上就蠢蠢欲動，但當年他只有十二歲時，早已直搗黃龍府；他早已失去小孩子蓬勃盎然的朝氣，想當時，他不知天高地厚、不懂得虛懷若谷，總以為可以一口氣同時做好幾件事情，甚至隨時扮演好幾個角色。這也是為何小孩子不傷任何腦筋地便可把自己當做歷史上的重要人物：他可相繼且幾乎在同一時間內，先是成為除了指揮一切之外，也需提前審時度勢、肩負重大責任的船長，隨之，他變成如果不是漫不經心似的，否則就是樂陶陶又直接了當的飽學智者，然後，再轉身，便成為沉默寡言、笑傲江湖的少校，冷眼靜觀，從不怒氣沖沖，接下來，則變成年方十六，舉手投足卻表現得像是傲世英雄般的年輕小夥子：他毫不遲疑地跟隨各豪傑闖遍大江南北，跟他們一樣躲在大樹上，等待一望無際、淹滿草原的大洪水消退，再來，同這些大漠英雄闖入澳大利亞的叢林核心時，馬車卻陷入泥沼、動彈不得，緊接著，又船難，因此跟著一群硬漢全被野蠻人逮住：展開每一個新階段時，前面的故事便被洗掉了，所以，當故事結束時，他一轉頭便闢開新章，不知疲倦為何物，注意力和好奇心也從未減分。實際上，他此時的生理和心理發展，對一切都興致高昂，這是凡人對抗大自然的力量，一方是他操作的機械和儀器，另一方是萬象造化苦其心志、勞其筋骨。在年幼時，當他還相信童話故事時，他不知天高地厚，不知對抗大自然時，何為不可或缺、何為強人所難，更不知常人體力是否會耗盡，這是為何他動輒異想天開，以為只要施展超自然神力，大自然便可永保青山綠水、花香鳥語，凡人之力也可無限擴展、永無止盡。年長後，他這方面的想像力已枯竭。而且，該枯竭之想像力也不是別人的。他已知曉，獨處自然萬物中的人可有多少能耐，一旦被狂風暴雨攔截、一旦被野獸猛禽攻擊、或一旦被野蠻人進犯時，只能自求多福。他只是還不知道，到哪個上限為止，社會生活之必然性將約束著每一社會個體的活動。人與諸事萬物的關係，對成年人來說，宛如人際關係之環境條件、承載支架，相反地，在孩童眼裡，人與諸事萬物之關係，僅限於此一關係之本身而已。

諸事萬物在小孩眼中無非都是生動有趣的，這是因為對他來說，宇宙萬象都是高深莫測卻又無關緊要：在小孩子的世界裡，萬物萬象和史上偉大人物的分量是不相上下的。他若著迷於任何英雄豪傑，標準卻只依循著在他看來最重要的優劣順序。階級此一社會概念尚未矗立在他和其他人的中間，也不會因此強制他必須把社會最看重的標準都擺在第一順位。這是為何，原本工人都在小孩心中擁有無上光榮，一旦某天他也成為某一成年人團體的成員，且工人並不被容許加入時，那份工人光榮便褪色消散了。至於財富，在他看來，正是人類成就豐功偉業時的工具，例如，可用來支付遙遠又昂貴的旅行，組織遠征計畫與探險活動，要不就是有錢人可以去蓋工廠、開農場，或甚至在新興鄉鎮、無人之處建造城市。因此，在一個十二歲小孩子的心靈中，有關於人類、世界之構想，且只屬於他自己一個人的構想，便開花結果了，這一構想可幫助他往後在一眨眼間便可了解一篇精采非凡的冒險故事或遊記，幻想自己是書中人物，體會每一人物的喜怒哀樂，而且，就同每一書中人物，興致勃勃地投入個人事業，去幻想構思諸事細節，例如，自然景象、奇國異地、船隻、野獸與綠樹等等，就好像這些事物都是旅行家的國度裡不可或缺的成分，或決定著他們的作為、或左右著他們的情感，以致於這些諸事萬物都具有「人性」，同樣地，在小孩子心靈中，人從來就不是僅僅專注於某一事物特質的機器，人向來就不專屬於某某東西。

成年人的觀點則完全是另一回事：成人都依據他人各自的社會地位而對每個人產生不同看法，成年人或許會因工匠的活動內容而去區分出諸多不同類別的手工藝匠，但實際上，他並不只是去做區分，他也會對照比較這些不等的工匠類別，然後，又全攪和在一起，再冠上大家最常用的工人這兩個字。至於一般事物，若非他以物體是否代表著一筆財富來斷定等級：所有那些人力可取得的，及其誘人的外觀，便馬上消退，取而代之的是，一筆多少帶著抽象性質的經濟價值。否則就是，他特別去注意物體之物理特徵，換言之，關注焦點是遠超出這些物體在我們心目中的效用，既不限於到底我們可不可以拿這些物體來做什麼，也遠在這些物體之危險性所造成的威脅之外，我們總是想像著，在大自然中，究竟哪些物體對人類而言是莫測高深的：這當然是更抽象難解的觀點，與促使科學形成的觀點非常接近。因此，經濟基本觀念和科學基本觀念都成為首要考量。假使成人在物體上又加入了事物美醜之感受，這往往都是因為我們在自然界上投射了社會生活培養出來的意念與意象，而這些意念與意象，對小孩子來說，顯然都是莫名其妙的。這便是可區分出孩童與成年人的人生觀點之差異的幾項重點。因此，若要讓成人童心未泯，單只是去擺脫來自社會生活的整體意念是不夠的，更何況，這樣的舉動不只必須全力以赴，終了也是徒勞無功：若要重拾童心，則必須在大人身上重新灌輸孩童獨有的基本觀念，或甚至是再度去激起一個感性心靈，因為成年人的感性已經失去自發本能般之感知、赤子之天真情懷。假若一名偉大的作家、出色的藝術家能捏造出某一河川倒著流回水源處的幻象，假使在描述過程中，連他自己也以為他重返童真了，這是因為遠勝於所有其他人，他依然保有了跟過去一樣的觀看以及感動能力。然而，這並不是一個死皮賴活的小孩子；這是一個不折不扣的大人，重新創造出他自己本身、他周遭、整個已消失的世界，然後，他便走進了幻想虛假遠勝於真相現實的圖畫中。

就如我們之前分析過的，假若孩童與成人的思想竟導向如此相左的方向，原因之一在於他們各自的體能和感性的本質。除此之外，成人與小孩子各自所處的外在與社會條件差異甚大，以致於成年人難以一廂情願地便可重拾赤子之心。雖然在十到十二歲時，對於社會，我們仍只有相當粗略的認識，但我們多少都屬於某些範圍有限的團體，例如，家庭、學校同學或是玩伴組成的小圈圈。我們住在一間公寓，所以，白天大部分的時間都在某些房間、某一花園或是某些街道度過；也是在此狹隘局促的背景中，發生了許多令人難以忘懷的事情。這是由於我們跟某些物體、某些人日復一日的接觸，以及，周遭親朋好友不厭其煩的叮嚀，以致於相較於其他，這些人事物不可取代的形影，終於深刻地烙印在我們的心靈。在《詩與真》（Wahrheit und Dichtung）一書中，青春不再的歌德（Gœthe）追憶起童年時的種種印象。他說道，「當我們想要去回想起童年時經歷過哪些事情時，我們很容易跟從別人那裡聽來的童年記憶混淆……我卻非常清楚地感覺到，當時我們住在一老房子裡，這房子共有兩棟建築物，不過，彼此有通道可往來。有個螺旋狀的樓梯可以通往不同樓層的房間，所以，雖然房間都在不同樓層，但只要走樓梯就可以從這個房間到那個房間。對我們小孩子來說，我的最小的妹妹和我，我們最喜歡的地方就是寬敞的前廳。在大門旁邊，有一高大、網狀的木製籬笆，穿過這籬笆，馬上就是馬路和外面的世界。這道像籠子般的木籬笆把好幾間房子串聯起來……女人家常坐在那裡縫補衣裳、打毛衣；煮飯的女傭人在那裡揀生菜：透過籬笆上的網眼，住在不同屋子的人可彼此交談；於是乎，那些巷道在天氣好的時候，就帶著幾絲南方氣息。」緊接著，他描述起他的祖母的房間，她從來沒有離開過她的躺椅，又提到，從老房子的後面，放眼就可以看到鄰居們的花園，這些園子延伸到城牆之遠，至於三樓的房間，他就是在那裡念書寫功課、看著太陽滾落西山，最後，老舊房子裡所有陰暗的角落都讓每一個小孩子感到有股毛骨悚然的魔力。這便是他童年時的生活天地。然後，他發現了大城市，美因橋（**pont du Mein**）、舊市政廳廣場（**place du Römer**）*等等。他也述說著，當時讓人印象深刻的國內大事，還有為何他開始關心最重大的事件，例如，里斯本的大地震、腓特列二世（**Frédéric II**）進駐薩克森（**Saxe**）以及西利西亞（**Silésie**），他也依稀記得，那時他的家人對這些事件的感受†。這一切，就是他度過生命中某一時期的背景環境，但終了，他只保留著幾絲若有似無的回憶[2]。另外，直到哪個程度而言，一幅幅影像之輪廓的清晰程度、一絲不苟的寫作技

---

* 譯者注：文中所指的大城市應是法蘭克福，內有美因河穿越而過，Römer是已有六百年歷史的建築物名稱，乃過去的市政大廳。

† 譯者注：腓特烈二世（一七一二—一七八六）在一七四〇到一七六三年間曾三度進攻哈布斯堡王朝所轄之西利西亞地區（大部分的版圖相當於現今波蘭西南部，一小部分的版圖則屬捷克、德國），十年後又聯合薩克森再攻哈布斯堡王朝。

2 「一個八十歲的人可以清楚地回憶起他生命中少數幾件獨一無二的事件，至於最近十五天內的事情，卻一問三不知。他只能很粗略想起這裡、那裡幾件雞毛蒜皮的瑣事，那只相當於六個星期或頂多是兩個月左右的時間長度，就好像所有他能想起來的那些事情，都只不過是他想出來的那些空洞貧乏的內容。至於他口頭經常重複的那些瑣事，他的心智狀態已與過去的回憶打平了，以致於他只記得最近常嘮叨的那兩三件事情，頂多再加上事情發生的一貫方式，或者他是如何應付的，——除此之外，別無其他……任誰也無法記得我們童年時經歷過的事情的百萬分之一。」薩謬爾・巴特勒（Samuel Butler），《生活與習慣》（*La vie et l'habitude*），法文版，頁一四八，請參見後續段落，頁尾之注釋。

譯者注：Samuel Butler（一八三五—一九〇二）是著名英國作家，出身秉持維多利亞道德之富有中產階級家庭（父執輩等皆居英國國教牧師等職），一生寫作主題擴及科學、藝術等，卻極盡反道統、違逆既定道德倫理之事。

巧，回應了一個小孩子的世界觀，或者是作家心目中，一切都是那麼地明亮清晰又層次分明的構思？一棟我們曾經住過的房子，往往在我們的記憶中所留下來的，未必像是可在一張建築師的平面圖上標示出來的大小房間的錯落位置，但毋寧是，各形各色的印象，假使我們想把這些印象有條有理地串聯起來，它們未必可以彼此銜接，或許有時還會互相矛盾。無論如何，在宇宙空間中有一狹窄的世界，在那裡，小孩子的意識被喚醒了，然後，即使經過漫長歲月，這一醒過來的意識卻從未踏出任何關卡。至於成人，的確，他住的屋子、城裡他最常去的地點，往往也構成一背景架構；但是，他非常地清楚，那只不過是某一廣大區域中一個界線分明的區塊，而且，他也相當明了，究竟這一區塊在這一區域中的比例大小是多少，乃至於這一廣大區域的整體，究竟是可延伸到何處，因此，相較之下，鎖定了成人思想世界的空間架構是更開闊的。對於收納了他的肉身軀體之老死的小圈圈，他將有無限依戀，他住的房子、房子所在的那條街、那個區里，也讓他偏愛不捨：可是，這並未因此構成一個內在封閉的世界，更未因此封鎖住他所有的思緒、憂愁、感情：他的所作所為都騰空飛奔到外面的世界，外在的世界也都深深影響著他。反之，小孩子可在很漫長的一段時間內，絲毫不認為需要把自己的小宇宙放入一個廣大世界中：他的想像力、他的敏銳性，早引領他在無垠天際裡樂逍遙。

另外，當我說到一個空間性的環境範圍時，我從未明指那像是一個幾何形體。諸多社會學家已指出，在許多原始部落，人們未必將空間想像成是一個均衡勻稱的環境，而且人們還會區分出不同的區域，標準則在於每一區域被賦予的神祕自然力量：某一地域、某一方位乃由某神明掌控，繼而部落裡的某一氏族便將此區域當作是他們的身分指標。同樣地，某一屋子裡的不同房間，裡面的某些角落、某些家具等等，或者是屋外的周遭環境裡，某一花園、某一街道的轉角，都由於這些地方非常容易喚醒孩童鮮活生動的印象，而且，在他的心靈裡，這些地方跟家裡某些人、他常玩的某些遊戲，曾經發生的一些固定重複事件或是單一事件等，都連結起來，但也由於小孩子的想像力去串導、改編了這些人事物、地點，所以，都使之抹上一筆感性的粉彩：那並不只是一個背景環境，而是家庭生活的各層面，一方面，那是一個小孩子的社會生活的全部所有，另一方面，該社會生活卻可濃縮到家庭生活之範圍而已；這些家庭生活的諸多層面，讓家庭生活本身趣味盎然，卻也讓家庭生活單調乏味。似乎，對成年人而言，情況也大致相同。當他離開曾經久居的一棟房子時，他總以為似乎因此把他自己的一部分拋諸腦後：就實際而言，由於此一環境範圍消失了，以致於所有承載於上的回憶也可能跟著煙消雲散：不過，成年人並不會讓他自己的思緒封鎖在其住所的界限內，或僅是他曾經充滿回憶的那一時期，更何況，這些回憶會繼續存活，這些回憶會去貼附在其他物件、其他地點，以及其他可走出一己屋外的反思之上：至於他住過的房子，他極有可能繼續保留著多少可謂豐富多姿的回憶，理由則是因為他或許會在其他地方重新找到他曾經遇過的人事物，況且，在成年人眼中，一棟房子是一個鑲嵌在大框架裡的小框架，既然大框架將會永遠存在著，所以，也將會隨時讓他想起那個小框架。小孩子則會基於更多的理由而對搬家感到憂傷，尤其如果他是在乳聲乳氣的年紀離開居住多年的房子時，原因在於到那時候為止，他所有的生活都是局限在家裡，以致於依附在一磚一瓦上的回憶，便是他所有的回憶：曾經和他一起生活過的人事物的數量，假使某年某月還可再重新找到的話，屈指可數：房子拆了、家人四散或香火熄絕，年幼稚童只能靠他一己之力來保留過去屋宅的影像，以及所有貼附其上的東西。更何況，這一影像不著邊際地高懸著，這是由於他的思緒無法跨出那一個界定了房屋之形影大小的框架，而且，該影像在所有其他影像構成之總和整體中，究竟占了多少分量，他所知微乎其微，終究說來，當那個家屋的形影正要煙消雲散時，他才開始認識那個所有其他影像所組成之整體。

III-iii

記憶諸框架何以能再造回憶

Comment les cadres de la mémoire permettent de reconstituer les souvenirs

我們暫且在此停駐，以進一步解釋，就哪一層意義而言，記憶之諸多背景架構的消失或是轉變，將會使我們的多年回憶消失、轉變。就此我們可推出兩大假設。第一假設是，位於記憶之背景架構以及發生在此範圍內的事故之間，只存在著某一觸點般的關係，此乃由於這兩者各自的構成不是來自於相同的成分，就比如一幅畫作的外框以及框內的畫布這兩者間的關係。我們也可想像成是一條河川的河床，兩邊河岸僅能靜觀河水潺潺流過，除了河水表面的反射之外，無法寄望任何漣漪。第二假設則是，位於記憶之背景架構以及諸事件之間，存在著一模一樣的本質：這些事件都是回憶，但記憶之架構也是回憶製造出來的。層層疊疊地，在這兩者之間存在著某一差異，那就是回憶都是比記憶之架構還更穩定，但回憶之存在與否，則只仰賴著我們在分分秒秒間去體會其存在，然後，我們又去利用它們，以進一步地再度找回、重新組裝出陳年回憶。我以下選擇的是該第二假設。

正是柏格森提出了第一個假設，他的依據是來自兩大各自有別的記憶，其中第一種記憶，它保留了僅發生過一次的真實事件的回憶，另一記憶，它則涵蓋了經常重複發生的行為舉止、人事活動，以及一般司空見慣的表象[3]。假使這兩大記憶是真的如此不同，那先決要件就是我們

3 這兩大記憶的區別，是柏格森提出之心理學的基礎要點，然而，二十多年前，《到處也無》（Erewhon）的作者，薩謬爾・巴特勒在《生活與習慣》（一八七七年付梓，法文翻譯版於一九二二年出版）一書中已提出類似說法。根據巴特勒，「記錄在我們的記憶中的深遠印象有兩大生成方式……首先是透過事物或是透過我們並不熟悉的組合結果，這類印象以可說是在相隔不算短的時間間距後在我們眼前呈現出來，並造成某些影響，我們或許可說，那是一下子地、非常地劇烈……另一生成方式則牽涉到非常微弱的印象，卻多多少少重複浮現，假若沒有這些來來去去的反覆過程，可能老早就從我們的腦海中消失了……最容易被牢牢記住的事情，都是那些最不常去做的事情……否則就是我們最常做的事情，然後，就變得非常熟悉了。這是由於我們的記憶往往受到兩大力量的影響，一是新鮮有趣，二是流水帳般……不過，由於日常例行之故而在我們心頭刻畫出來的印象，而且又能讓我們回想起這些印象的方式，相對於只發生過一次就留下的深刻印象，以及能讓我們回憶起該印象的方式，這兩方式是大不相同的……若論及第一類（流水帳般的），在我們的記憶中，這類印象的數量繁多，具有極大的重要性，但往往是當我們本身去體會到、有意向他

有能力或至少可回想起（據柏格森之見，回憶再現時未必以其原有的面貌），我們曾在過去想像出純粹無雜質的回憶，換言之，這些無任何雜質的回憶，就其每一區段而言，都與任何其他回憶有所差別，而且，絕對不會與柏格森所謂的慣常記憶（**mémoire habitude**）相混淆。不過，當他在某一段落中，提出某一時刻之回憶的說法（每一個時刻的回憶，都是就其性質而言，獨一無二的），例如，當我們去閱讀或是再三複習某一學過的課文時的回憶，然後，他又把這種某某時刻下的回憶拿來對照比較，在仔細閱讀完全部每一篇課文後，從此把這單一篇課文牢記在心的回憶，柏格森說道：「這一篇篇的課文都一一在腦海中出現，而且，各自有其鮮明的個性：往後每一篇課文又在眼前浮現時，我同時也看到了**當時學習背誦時的環境背景，而且，這些背景還把文章牢牢套著**；每一篇課文都與之前的以及之後的文章有所不同，差別甚至在於每一課文在時間中所占的位置；每一篇文章都迅速地在眼前飛逝而過，宛如我人生歷程中一篇已蓋棺論定的故事……有關於某一特定文章的回憶，例如，第二篇、第三篇等等之類的，則**沒有任何**習慣所屬的特質。至於圖像，也必然是一出現時便刻畫在記憶上，原因則是在於其他的文章，以定義而言，已構成完全不同的回憶。這就像是我生命中的一大事件；主要在於這一事件承載了一個日期，而且，終究就是不會再出現了。」我已再三強調：倘若「當時學習背誦時的環境背景，而且，這些背景還把文章牢牢套著」，這是由於有關於各個專有名詞的意涵，隨著領悟之別，我們或許可能被導向差別甚大的結果。對柏格森而言，這所牽涉到的，必然是讓一篇文章與所有其他文章有所區分的環境背景：這一篇文章因新穎別緻而更顯生動有趣，而文章新奇之處則可能是，學習背誦該文章時不是在同一地點，我們當時被打斷了，我們當時疲憊不堪等等。可是，假使我們將日復一日的肌肉運動，以及所有在我們的神經系統中所產生的改變結果全都棄之不論，若非這些運動與改變結果不是一模一樣，或至少這兩者，在所有的學習背誦過程中，都逐漸朝向某一相同的結果，否則所有這些文章，在諸多差異之外，應該都存在著某些雷同之處：都是在同一地點背誦的，都是在白天時，都是跟著一樣的同學，或者都是在相同的房間，都有父母親、兄弟姊妹陪伴等等。或許每當我們念誦文章時，我們對所處之環境背景所投注的注意力，每次都是不一樣的。不過，假使我們採納柏格森的理論說法，我們便可假定，每次念完文章後，都會對應著一個界線明確的回憶，非常清楚明白地跟所有其他文章的回憶分別開來，於是，以此類推，專屬於每一篇文章的回憶就這樣產生了：倘若我們一一去檢查每一篇文章的回憶，正是透過此回憶之製

人說明時，我們才想起來這類印象。實際上，往往我們並不知道是從什麼地方、用什麼方式、從什麼時候起，讓我們去學到了一切。」法文版，頁一四六—一五〇。緊接著，在後續段落中，巴特勒又說道，「很多人都相當熟悉荷瑞拉斯的《詩集》（Odes d'Horace），甚至到倒背如流的程度——這是不厭其煩、再三重複後的結果——即使多年後，他們依然可以隨意地念出某一首詩作，但究竟是在什麼樣的背景環境中學到這首詩的，卻什麼也想不起來了……他們幾乎不需絞盡腦汁就可順口念出家喻戶曉的詩句，以致於如果他們的理智沒有清醒過來的話，他們也不知道自己是不是還記得這本詩集的內容；更何況，這本詩集看來像是他們出生時就學會了的東西。」同上注，頁一五五。譯者注：《Erewhon》是巴特勒最著名的作品之一，erewhon是個變位字，重新組合nowhere這個字本身包含的三音節後所得到的結果。Horace是西元前一世紀古羅馬詩人，拉丁原名是Quintus Horatius Flaccus。

造過程，於是，念誦每一文章時的背景環境也就同時被重新組合出來了，並且，事實上，乃此環境架構讓原有的狀態復原，否則至少也是這一架構可讓我們去想像，當初回憶發生時的可能狀況，尤其，若論及當時回憶被塑造出來時的背景條件（在此相對應的是，沉穩確定的回憶），以及，到最後終了，也是該背景架構容許我們在某一能力範圍內，且在極具影響力之表象的配合之下，去重新塑造出回憶，總而言之，誰看不出來，其實就是這麼一回事呢？我們可否反駁宣稱，不應該照本宣科地去看待前面列舉的例子？曾有如柏格森之輩，提出兩大形式極端的記憶類型。在現實生活中，我們都不曾遇過這兩極端形式的記憶類型，但曾有過的是，中介形式的記憶類型。縱然在那類圖像占有極大重要性的回憶裡（意即，當每一圖像都是獨一無二的），我們依然可挖掘到比司空見慣、家常便飯還更令人習以為常的基本觀念，且這些基本觀念不免最後牢牢固定在我們的心頭上，整體而言，我們也無須對此現象大驚小怪。且讓我們現在嘗試著去想像幾幅景象，其內容，必須是前所未見、舉世無雙，發生的地點，則是跟過去經驗所認識的地方毫無任何關係，發生的時間點，並不是在一般的時間進程內，也不是位於我們過去生活中的某一段時期。或許我們必須去探勘的，正是這樣的情景，必須留意的是，這幾幅想像之場景絕不可和前前後後之基本觀念的印象相混淆，而且，必須讓它們相較於前前後後之基本觀念的印象，以更加穩定的方式保存在意識中：例如，與書本有關的基本觀念，或是相關於印刷字體、書桌、老師、父母親、課文等等的基本觀念。緊接著，再讓我們假設，若類似之意識狀態即將出現，日後還能想起這些意識狀態的可能性有多高呢？我們可從哪個地方下手呢？這些浮光掠影跟夢中的影像是不相上下的，全都高懸空中，漂浮在沒有任何定點的時光隧道裡，正由於我們無法將之定位定點，以致於當夢中形影走出那半睡半醒狀態時，也就是，當人剛睡醒而這些幻影仍沉浮不定時，其實，它們也無法以歷歷在目的姿態再度現身。

或許有人會回應說道，必須去嚴格區分兩件事情：一方面，有所謂的空間、時間架構，而且，這也是一般的社會架構。這一穩定又極具影響力之表象整體可讓我們確實地、在日後某年某月某日、自由自在地回憶起往昔生活中的重要片段。不過，另一方面，在最初一開始的印象本身存在著某些要件，它們足以讓我們日後當印象又被重新塑造出來時，將此印象放置在某一空間、某一時間，以及某一社會環境中。就此，我們很可能會成為某一幻覺的受害者，不過，柏格森卻早已提出警告，那就是當我們去思量對照一系列接踵而來卻又界限分明的心智狀態時，我們往往會將之轉變成，就空間、時間以及無太多雜質的一般事物而言，一個延續不斷又與眾不同的表象，然而，那不過就是跟我們過去諸多印象攪和在一起後，交雜了眾多觀點的一個總和而已。我們的回憶未必會像是一幅幅互不相干的圖像，也未必像是一串珍珠項鍊般，一個珠子緊接著另一個珠子而串聯在一起的樣子：或許比較像是一個畫面又另一個畫面的那種延續性。假使大家不反對，不妨說成是，這些畫面會呈現出一幅空間、時間和社會背景都無斷層的樣子，宛如波光粼粼般的畫面。不過，儘管其延續性，在此一系列的觀看角度，以及一整束沉穩不變的基本觀念之間，依然可能存在著某種差異，該差異區分出，一方是個體獨立的心理狀態，就其性質而言，是每每不同，另一方則是一般思想的背景架構，縱使時光流逝，這些架構依然不會有任何改變。

因此，我們現在便面臨著一個相當矛盾的結果：我們大可說，層層印象產生的時候，印象本身即已附載著兩大成分：首先，那就是，所有可讓我們表達出這些印象的元素，所有可以讓我們認識到印象在時間進程中之位置的元素，以及，相對於其他印象，且無論是我們自己或是他人感受到的，可讓我們判斷出所有這些印象乃相同或相異之元素；另一方面，這些印象本身卻是難以言喻的，正猶如柏格森所言，只有我們自己才能感受到這些印象，「無可相比、妙不可言之處」、「令人傷感的顏彩」。在記憶的無意識狀態中，最後這些印象所留下的，且以「回憶—圖像」的形式而表達出來的，則只不過是此一妙不可言、繽紛之顏彩。嚴格說來，我們日後再也想不起來的，正是這些無以言喻之詞或絢麗多采的顏色。除此之外，其他剩下來的，或許會再度浮現出來。論及此，我們所能保存的回憶，只是跟早已遺忘的夢境不相上下。

另外，為何當我們想起圖像—回憶（假設它們可持續維持著）的時候，它們竟可以去貼附在過去與之相隨之基本觀念的架構上，而且，這一架構又是我們當今意識的要件之一，以致於假使在這些圖像以及此一架構之間，其實並沒有任何聯繫點，或是任何可維持現況的共同元素？當我們論及幻夢時，我們常可注意到，若要去解釋，何以一大部分夜裡的圖像都會消失，往往是由於這些夜間形像在白天清醒時的世界裡都沒有任何落腳處，所以，最後導致成我們生存的這個世界，以及我們在這個真實世界所擁有的表象，都無法掌握這些在夜裡遊蕩的形影：若說，終了只有睡夢中的形像轉變成可被回想起來的回憶，這是因為白天醒過來之後，我們的注意力、反省內容都鎖定在睡夢裡的映像，而且，在這些映像消散之前，我們又在上面添加了醒來之後才產生的形影、想法。某些心智狀態，以理論而言，被柏格森定義成宛如我們生命歷程中獨一無二的事件，如果我們去思量這類心智狀態中的其中一個，再者，如果我們也將此心智狀態中的所有表象成分都剝離丟棄，但須顧及的是，對此一心智狀態或是任何其他心智狀態而言，這些成分都是共有的，而且，這些成分又可在上述所有心智狀態中導入一個組織系統的開端，如此一來，最後我們面臨的就是，我們再也無法去分辨出這一心智狀態跟某一夢中映像這兩者間的差別，另一方面，我們也無法明了，如果這一心智狀態自己保留下來了，究竟它是如何自我複製，又該用什麼樣的方法，我們才能將之鎖定在某一個時空定點上。不置可否地，對柏格森而言，這正是真實狀態無法突破的一大限制所在。柏格森主張，某些圖像之所以能夠自我複製，原因在於，「（出自我們當下感受到的）某些已完成的動作或是才發生的某些動作……假使原本舊有的映像，依然可在這些運動中自由延伸，它們也會利用這個機會偷溜進我們當下的領悟中，甚至自我適應」[4]。所以，儘管有時候視覺圖像是獨一無二的，但在所有的圖像中，總有一個動作層面，且正是藉著此一動作層面，映像可維持某一肢體傾向。只不過，猶如我之前已解釋過的，假若我們又討論到軀體，假若我們沒有持續鎖定意識狀態此一關鍵點時，我們或許無謂地繞了一大圈，而且，讓問題變得愈來愈複雜難懂：所謂的軀體傾向，歸根究柢而言，就是對應著一套組裝結果，該組裝結果的定義要件則是，以個個都深具意涵的文字來表達的表象，但同時之間，這一組裝結

4《物質與記憶》，頁九六。

果又決定了軀體之器官系統中的某些運動。至此，我們或許可宣稱，儘管有時圖像是獨一無二的，但在所有映像中，總有一個普遍性質，且正是透過此一普遍性質，圖像可去貼附在展現於意識中的一整束基本觀念。總之，我們因此再次捕捉到且重新搭建起，圖像與背景架構之間的延續性，而且，由於此一背景架構是一個不折不扣的心理狀態之產物，所以，我們也可據此說明，在架構與圖像之間，是可建立起實質性的交換，或甚至是架子本身便可重新塑造出圖像。

III-iv

老者記憶與往日情懷

La mémoire chez les vieillards et la nostalgie du passé

由於一般成年人總是被當下的要務綁住，所以，對於過往，了無興趣，也無追戀，如此之說法似乎是順理成章的。假使有時他們扭曲了童年記憶，嚴格說來，不正是因為他們刻意將童年記憶全鑲入當今生活的層層羅網中？但對老人家而言，這又是另一回事。他們已不再戀眷功業，對當下興趣缺缺，所以，若說要讓過往如當年原貌再現，老人家的條件是最優渥的。只不過，若是過去的故事能夠復原再現，這是因為它們一直停留在那裡，在某一個角落駐足。我們總認為記憶的保存是不可能的，早已銷聲匿跡，這難道不正是一個令人驚訝的證據？

盧梭在《懺悔錄》中寫道，「我離開博賽（Bossey*）已經快三十年了，回憶如游絲，根本想不起來那一段日子是否美好。然而，自從走過少壯，日漸老邁後，我卻感覺到那一段童年回憶逐漸更新，其他的，則慢慢地消逝不見，我可以感受到這段幼年回憶深深刻畫在記憶深處，刻痕之一筆一畫，日復一日嫵媚動人、強而有力；彷彿我已領會到生命將離我遠去，所以，我試著重新捉住它的開端。」

柏格森曾指出，存在著兩大類型的記憶，一是由習慣構成且始終轉向行動作為，另一則有意無意地對當今生活不再感興趣，假若真是如此，那麼我們就可以去想像老人家的處境，他們對一般事物、人情的實務層面意興闌珊，也日漸感覺到可以從此解脫工作職業、家庭的束縛，以及，更概括而言，放棄社會生活中豐功偉業的追求，然而，同時在另一方面，他們也感覺到，重新回到過去倒也無妨，何不在遐想世界中讓昔日歲月重新來過。柏格森又說道，「假使我們的過往歲月幾乎都是隱而不見的，這是由於當下作為之必然性抑制了過去的存在，一旦我們對豐功偉業興趣索然，這一段逝水年華便擁有了突破意識底線的力量，從此我們便似乎可投入夢想世界。[5]」

實際上，當老人家回想起他的童年記趣時，他並不是在做夢。大致說來，做夢是少壯成年人的事情，原本這些成年人的心智都被現實生活追著跑，但有時候，他放鬆精神任其自由翱翔，因

* 譯者注：此法國市鎮緊鄰日內瓦，盧梭十來歲時曾被託付當地某牧師堂。

5 《物質與記憶》，頁一六七、一六八。

此飛進童年國度，這時候他便很像是一個做夢的人，理由則是因為就現實而言，在他日常的例行公事，以及，跟他現今活動作息所加諸之桎梏毫無瓜葛的夢中景象之間，差距實在太大。不過，無論是老人家還是一般成年人，都沒在做夢（就我們已經下的定義而言）：這一類的白日夢，對成年人而言，是放鬆心情的娛樂，對老人家而言，則變成是不折不扣的正經事。一般說來，他並不滿足於乖乖等著讓回憶來敲醒他，他會試著去澄清每一細節，動身去查問其他的老人，他翻箱倒櫃找出泛黃的紙張、久遠前的信件，尤其是，當他並不急著要把當年種種都寫下來的時候，他只是去講述他還記得的。總而言之，老人家的確是比一般成年人還更關心過去的往事，這卻未必意味著，比起他年輕力壯的時候，現在他可以追想起更多的回憶或是捕捉到更多的塵封影像，更何況，這些古老圖樣從年少時光起便深埋在無意識狀態，以致於若論及「擁有了突破意識底線的力量」，其實，也僅限於此而已。

假使我們讓老人重回社會，雖然他早已不是有勞動力的成員了，然而，一旦他被賦予一個新的社會角色，這時候，我們更可體會到，何以一段長久以來已被遺忘的童年時光，會突然間在老人家心頭激起未曾有過的漣漪。在諸多原始部落，耆老都是傳統的守護者，這並不只是由於相較於他人，他們更早接觸到傳統，但或許也是由於他們是唯一有空閒去跟其他遺老請教以制定傳統細節的人，並進而在成年禮中傳授年輕人傳統要義。我們的社會也是如此，我們認為，基於年長之故，所以老人家累積了豐富經驗，也滿腹陳年回憶。因此，當陳年舊事都被視為共同財產，而老人家則是受託人時，白髮老人如何能不對這一段過往興味濃厚，又如何能不勉強自己毫不猶豫地去擔當此一重任，終究而言，從今以後，這未嘗不是他唯一可覬覦的榮耀？當然，不可否認的是，對一個走近生命盡頭的白髮人而言，生命的滋味是沉靜中帶著半許苦澀、幾點悔恨，然而，更令人感到五味雜陳的是，其中有那麼幾分似乎可跳脫時間盡頭的幻覺，似乎在異想世界裡可重新爭取到現實無法惠賜的禮物，否則便是可去喚醒昔日的悲歡離合、舊人舊景物，那都曾是自己留下的足跡。不過，這樣的滿足、幻想、轉置倒位，無論年紀大小，誰都可以辦得到，也不是只有老人家才偶爾有此需要去享受回憶帶來的溫柔庇護。另外，我們應試著去解釋，為何無可避免地，每個人都會在某一段時期特別沉溺於過往中，而且，因此導致在轉瞬間，年輕人、成年人，猶如老年人，都對記憶格外狂熱激動。無可置否的是，當一個社會整體託付給耆老們去保留過去生活痕跡此一重擔後，這將策動他們投注所有剩下的精力去回想陳年往事。雖說我們有時冷諷熱嘲某些老人家倚老賣老，並濫用長老的發言權，但其實所有的社會角色都不免會自賣自誇。如果我們過於聽從經驗的建言，我們可能停滯不前。老人對這一類玩笑話都很敏感，當他們說著小時候的所見所聞，總是唯恐我們以為他們只是兒戲一場，以致於後來就閉嘴不談了，甚至他們只是擔心能不能跟得上一般成年人的腳步，如何能平起平坐，唯恐無法去勝任一個早已力不從心的角色，最後真的落到不稱職的地步。老人家是值得我們關心的，且讓我們穿越時空，卡里克勒（Calliclès*）曾經跟蘇格拉底說過同樣的話：「當我看到一個小孩子他還結結巴巴地咿啞學語

* 譯者注：一般認為他是古希臘的政治哲學家，後出現在柏拉圖編纂的《對話錄》中，被塑造成反對蘇格拉底的典型人物。

時，我不免感到順心暢意，我覺得在這個年紀這是很親切可愛、堂堂正正又合情合理的事情⋯⋯假若我們聽到的是一個說話結結巴巴的男人，或者是模仿結巴鬧著玩的男人，事情就會變得很諷刺，在這把年紀，這是十分下流的作為，應該被世人唾棄。」總而言之，如果老人比一般成年人還更在意過去，這並非是由於在此年齡回憶如潮水般高漲不退：相較於他們年輕時，他們並沒有更多的童年回憶：而是他們體會到，在社會生活中，此時若不去利用所有的手段以重拾昔日風塵，更待何時，更何況這些手段方法是早就存在、備而不用而已，只不過是因為在這之前，他們一來沒有時間、二來沒有閒情逸致。

假使一群老人彙整出來的昔日風華並非面目全非，其實，這是無可厚非的，原因則是在於他們投入重建工程時，他們或許並不是非常公平公正地對待現在這一時間點。進行如此之再造工程時，除了深受社會整體的影響，以老人為主的社會群體有其偏見、有其偏愛，也會同時施予壓力。但是，這也不過是一個更為普遍廣泛之事實中的一小層面，以下我要探討的正是此普遍事實。其實，不只是一般的白髮老人，而是所有的人（當然，這將因年齡層、性情等之差異而有別），感嘆光陰似箭之餘，都會跟希臘哲學家一樣，直覺地採納了某唯一態度，那就是人生的黃金時代並非是接近終點時，而是在起點上。雖然在人生跑道上的某些時期，我們或許主動地離群索居，雖然我們也未必確定，是否願意讓我們的人生照實重新來過一次，有時透過某一時光回流般的幻象，我們之中很多人都深信不疑的是，相較於過去，當今的世界更加黯淡無光、枯燥無味，尤其若是相較於我們的童年或是青春時期。幾乎所有的文豪在筆繪當年十五、二十來歲時的浮光掠影時，總是會去提到他們所見所聞的人事物，還有就是他們自己，尤其寫到他們自己時，不免更帶柔情。並非所有的人都有美好的童年回憶，若非幼時便已踩進悲慘世界，面對世間人情之粗暴凶狠、陰險狡詐、不公不義，否則就是童年時的夢想被無情地摧毀，乃至由於荒唐愚蠢的教育方式，而使剛啟航的小舟迷失方向、觸礁淹沒。也有些人描述其父母親嚴厲無情，甚至懷有敵意，亦毫不掩飾其仇恨。盧梭本人，在描寫他小時候還不到十歲時所受到的不公平待遇後，宣稱：「從此我悠閒自在的童年生活便畫下句點。從那時候起，我便再也無法感受到單純無瑕的幸福，甚至截至今日，我依然感覺到，我童年時奇妙美好的回憶就此戛然而止。」普遍而言，即使怨恨、懊悔、怒氣多年後依然不滅，即使多年後事過境遷，再回首還是令人悲傷、氣憤或是恐懼害怕，似乎這一切以及這一切所造成的結果，都應該由於日後更清新蓬勃的氣息而顯得消解淡化。至於生命過程中最陰險幽暗的層面，似乎風雨依舊，不曾讓人有撥雲見日、雨過天晴的爽朗。面對這一遙遠的世界，有些人始終記得當時吃苦受難，如此抽刀斷水水更流的吸引力，對於那些走出難關，並以為似乎不該再回首前塵，但在當今尋找自我最好的一面的人而言，未嘗不是一件難以理解的事情。這是為何、除非某些例外，我們大可宣稱，絕大部分的人在絕大部分的時候都是敏感多情的，尤其若是面對著我們所謂的往日情懷。

這一看似迷離虛幻之物是從哪裡來的？但首先，這可真是幻覺一場？猶如盧梭所言，幼童和年輕人都是絕對地卑微弱勢，相對地，卻也很強壯，且比成年人更強大，尤其若是他們的元氣精力遠遠超過需求時。這一旺盛的活力創造出令人難以忘懷的千萬印象。當我們更年長，或甚至是當我們感受到，渾身有一股充沛無限的活力，且社會生活處處燃起生機，並敦促我們舉手投足間給予回應時，我們或許便應該有自知之明。以致於在那外在世界的桎梏上，又添上我們強加給自己的信條。只有當心頭之千萬印象失去其中一部分的內涵時，這些個人印象才會屈就於社會生活所指指點點的樣貌。活在社會中總有令人懊惱之處，這便是為何成年人總是再三感嘆孩童時期的煩惱。

但首先，這便假定了，我們過去之生理器官印象的回憶，是強烈到足以拿來跟現在的感官感覺相提並論。儘管什麼都逃不過記憶的羅網，但我們過去對一己軀體的感覺卻可能是漏網之魚。透過省思、一連串的客觀比較，我們或許能夠向自己擔保身體活力大不如前是必然的。只不過，抽象的比較根本無法解釋什麼不是深思後的悔恨，而可能不過是深層的感情狀態，亦即一股熾熱的情感且往往令人心碎。另外，若以社會評價此一角度而言，充沛的體力、諸感官之不由自主的特質乃至旺盛的官能等，都不是最重要的：雖然我們失去不少，但另一方面，社會生活要求我們看清楚我們從社會生活獲得的東西，甚至也要求我們必須視之為首要珍寶。

於是乎有人說道，實際上，對於過往的哀悼往往是一場幻夢，那僅是記憶的傑作，或者，更嚴格而言，想像力的產物。據柏格森之見，回憶再度浮現的條件在於是否能夠左右我們的舉止作為：就此涵義而言，不僅能想到過去生活悠遊自在的時刻，能夠回想起不幸事件未必不是沒有助益的好事。總之，就發呆空想這樣的情況而言，並非是行為舉止，而是感情去把過去回憶都喚醒。當然，有些情感是悲傷的，另外一些則是溫存、喜樂的。對我們有幫助的，是去鼓勵、滋生歡樂的感情，降低消解感傷的情懷。這是為何，每當我們處於歡樂喜悅的狀況時，我們總是習以為常地在我們的記憶中挑選出相符合的景象，並且，只保留那些看來順眼、想來歡心的映像：這也是為何，沉思空想常是一連串讓人身心舒暢的意念和形影。當然也有令人落淚的沉思，而且可能發生的是，一股難以忍受的情懷導致我們跌入促使該情懷久久無法消彌的層層回憶；可是，我們也往往能夠很快又順利地從一己思緒中得到排解，經常這是透過一股直覺本能，除非在某些病態個案，否則該本能會指引我們去躲開，所有消耗或是無謂地浪費了我們精力的事物。因此，這也解釋了何以我們會忘記過去令人難以忍受的事情；這是為什麼熾熱的愛戀改變了我們對於愛人的回憶，而且只會保留著愛慕本身能持續不斷的成分。

但說到沉思默想這件事，即使我們可因此喚醒回憶或者完全只陷入回憶中，也不應該跟記憶混淆在一起。或者、毋寧是，我剛才所定義的沉思默想跟柏格森提出的記憶形式是有所區別的，但有時候，他會給該記憶形式冠上空想沉思這類名稱。柏格森所指的，並非是整理過後或是挑選出來的圖像—回憶，而是依時間先後而排列著的一系列記憶圖像，況且據柏格森之見，在記憶深層中，記憶就是以這種序列方式保存著。一旦想像力征服了回憶，並加以改造，使之成為美好之沉思默想的原料，此時此刻，其實，想像力也已將回憶轉化成回憶—習慣，並且也讓它們徹底地從順時序系列中解脫出來：但實際上，想像力是無法觸及該回憶之順時序列（若依據柏格森的假設），因為該序列以不變應萬變，它涵蓋了所有的心智狀況之範圍，或幸福美滿或悲哀傷痛，且無論想像力使盡多少力氣，無論是要去排除或是淨化內容，都無法撼動該序列。假若我現在宣稱，我上述要加以澄清的差別，其實無關緊要，也就是說，實際上，當人們回想起過去時光時，並不是要去利用過去，而是希望讓過去復活，但即使如此，他們也無法觸及圖像—回憶的最後那一底層，另一方面，人們卻還是持續地做白日夢、希望過去復活（就我剛才下的定義），但我的反駁則是，從今以後，實在沒有任何理由去相信圖像—回憶是保留在記憶的最底層，首要原因是因為保留記憶是毫無用處的，第二個原因則是，沉思只是一個特例，沉思默想不過就是，從現在這一時間點上開始重新建立過去的回憶，否則就是，利用已塞滿當下意識的基本觀念和感知等等而玩弄出來的把戲。

於是，我們便更加明了這類挾持著過去卻又大行拆解之實的遊戲本質，或許，實際上，在發呆沉思時，即使我們的想像力已複製出過去，然而，我們並沒有忘記，沉思默想本身依然深受當下社會環境的影響。就某涵義而言，冥想般的記憶（mémoire contemplative）或者是記憶—沉思（mémoire-rêverie）都可幫助我們走出社會：這是我們可順利地讓自己與世隔離的少有機會之一，原因在於我們的回憶，尤其是最遙遠的回憶，都是屬於我們的，然而，那些可在我們身上，而且就跟我們一樣，都可嗅到這些回憶的人，若非已離世，便是已流落他鄉。總之，如果我們藉著沉思來躲避當今社會人群，其實，這是為了讓我們處於其他人群之中，置身於另一個人類環境中，原因不外乎是因為我們的過去都塞滿了我們認識的人的面孔。就這一層意義而言，若要躲開某一社會人群，條件不外乎是讓此一社會去跟另外一個社會相左對立。我們或許贏得了孤獨，在大自然中尋找同儕拒絕給予我們的安撫慰藉，或甚至是淡如水之交情：唯有當我們相信能在社會中找到人際交情的種種氣息時，社會才會跟隨著我們、接納我們，並賜給我們對於社會的諸多期待，至於人際之氣息，那或許是社會中可與我們的情感相合相應的某些層面，否則也可能是，我們在社會中安置一群似真似假的眾生。

因此，當人以為他只是自己一個人，只面對著他自己而已的時候，其他人便出現了，然後，緊接著，便出現了跟這些人有關的社會群體。現代社會加諸在人們身上眾多束縛。這些束縛若沒有直接在每個人身上發揮作用，卻跟原始部落加諸在其成員上的單方面壓力具有同樣的強度，更何況，透過這些約束緊緊纏繞著每個人之後而衍生出來的多元、複雜又形形色色之利害關係，層層束縛便潛入、深深地鑽進最底層的自我。的確，不可否認的是，種種約束都看似尊重每一個體獨有的性格。既然某某已履行其主要任務，他便應該可自由自在地生活，任隨他愛怎麼想就怎麼想，隨他自己的意思來塑造他自己的意見。社會似乎在他內心生活的玄關前便止步了。但是，社會眾生也很清楚，一個人若逃離社會生活，也不過是表面功夫，而且，或許當某某人看來要遠離社會人群的時候，卻正是這個人最容易培養出社會人（homme social）的人性光輝的時候。

當今這個社會，以及讓我們陷入沉思中的那個社會，兩者主要的差別何在？首先，靜思中的這個社會無法強制我們，而且呼之即來、揮之即去，更何況我們可自由選擇，究竟是要沉浸在過去的哪一段時期。我們在不同人生階段認識的人物，或許他們真的彼此不同，或許他們在我們面前表現出完全不一樣的個性，總之，我們可以自己去選擇，究竟希望走進哪個社會環境。至於在當下這一個社會裡，我們的位子並不會改變，依其席次決定了壓制著我們的種種束縛的性質，但記憶，它則給我們一種幻覺，似乎我們都生活在不致於把我們幽禁在內的團體中，而且，只有我們心甘情願的時候，這些團體才能壓迫我們。假使某些回憶讓我們感到渾身不舒服，並且我們都不得不拿來跟現今生活中無法脫離現實的種種感受相對比，我們卻還是有某些餘地的。另一方面，我們也可以勇於突破。不僅我們可以毫不勉強地策動自己，去積極參與這些可能給我們壓力的團體，等加入了一個之後，再去加入另一個等等，但也可以深入到每一團體的內部，甚至我們也可決定，只是在精神上與之同在，如此一來，當今讓我們感到難以忍受的人為束縛，其痛苦指數就不會那麼高了。這是由於在我們回憶中的那些人都不存在了，否則就是多少也遠在天邊了，以致於在我們眼裡看來，他們只是代表著一個已凋零的社會，總而言之，那是一個跟我們現實生活的社會截然不同的世界，絕大部分的教條都已一筆勾銷。另外，過去的束縛、當今的束縛，兩者間顯然有諸多無可較量的差異。可想而知的是，我們對於過去之生活束縛的想像，不僅片面不全也偏頗不公。我們可以回想起，過去生活裡，跟我們現今生活的時空都大不相同的地點、時間，這是因為我們把這些時間、空間全都放進一個把它們鎖得死死的框架內。可是，我們怎麼可能在同一時間內，一一感受到這些背景環境都彼此互不相干的社會制約?往往在這時候，我們僅考慮到一個環境背景，就是那個由當今社會之種種戒律而組成的架構，因此，其他的架構可能便被排除在外。人與人之間彼此維繫著，也維持著親愛友誼、互助團結等人際關係。但同時之間，他們彼此也是競爭對手：正由於如此，興起了痛苦、害怕、敵意、仇恨等等。不過，今日的競爭已取代了過去的競爭；我們都很清楚，這兩競爭彼此不相容。現在的人考慮的是即刻或遙遠的未來：我們可盼望滿盈的幸福，但結果可能是不幸連連，幸或不幸，有時也難以區分。至於過去的人們，他們的生活、作為都較無大風大浪，穩固地安置在一範圍清楚分明的框架上，我們也可輕易感受到善心好意或是狼心狗肺之別：只不過，我們已無任何指望：在我們的心頭上，這些人已無法激起憂慮、敵意，乃至任何憧憬：我們可以不欣賞他們；我們卻也無法討厭他們。總而言之，昔日社會中最令人難以忍受的層面都被遺忘了，這是由於只有當束縛壓制著我們的時候，我們才能感覺到束縛的存在，所以，依此定義而言，過去的束縛都不再發揮任何作用了。我們總是相信，我們的心智是在承受社會壓力的時候，去重新拼裝出種種回憶。當今社會左右著人之精神所向時，竟然可讓過去改頭換面，甚至到讓我們嘆息悔恨的地步，這不是很莫名其妙嗎？盧梭曾就天主教說道：「與其讓人民的意志從此對國家忠貞不二，天主教反而讓每一意志都背離國家，簡直是太陽底下無新鮮事：我沒看過其他比集體意志還更適得其反的東西。」現在輪到我們了，我們難道不該說：對於過去的崇拜，與其讓人們的心靈都深繫著社會人群，反而讓他們背道而馳：以社會利益而言，還有比這更弄巧成拙的嗎？另一方面，與其珍惜人間生活，天主教徒鍾愛的是另一個選擇，對他而言，這一最終選擇是至少跟人世間的生活一樣地真實，他也將之寄望於未來，其實，人都很清楚，逝者已矣，所以，他不得不去適應這唯一的現實世界，也就是他現在活著的那一個。他若轉向逝水年華，也只是斷續之舉，向來也不久留。另外，人活在社會裡，總是像一緊繃的發條，我們如何能對此視而不見呢？更何況，人的生活範圍的大小，並不超過跟他同一時代的所有人的生活範圍，甚至不過是他周遭人們的生活範圍罷了，而千斤重的憂愁始終壓在他頭上，強迫他必須去迎合他人的習慣、他人的品味、他人的信仰以及他人的利益，他大可向社會法則彎腰鞠躬，卻仍無法逃避，彷彿是天長地久、永不間斷的義務，以致於在社會生活中，他只能想到讓人喘不過氣的體制，沒有任何普遍又自動自發的活力引領他走向社會。因此，當他宛如旅行家般，停止腳步以重整旗鼓、重調方向，以辨識出來時路的時候，他卻發現，之前所有的疲憊、努力、揚起的灰塵、以及是否能夠準時抵達或是否能夠到達目的地的憂愁，都曾讓他無法冷靜思考，綜觀而言，這樣的體會，說來也不是壞事。是否有人說道，如此之觀點讓視野放得稍微更廣闊，其實，更符合事實？或許吧。當我們以事後之明來評議我們過去的伙伴、朋友、家人等等，我們或許會更公平些。至於社會，在此時此刻，或許只讓我們瞧見最不吸引人的那幾個層面：往往是在時間流逝後，在靜觀省思、塵封追憶中，我們的印象才會改變。我們方明了，我們過去最親愛的人，同時也讓我們無法消受。人類整體並不只是遠比我們還更強大的現實存在，彷彿就是一種精神上的摩洛克（Moloch*），要求我們犧牲所有的一己偏好：我們卻也是在此現實存在裡，領悟到了一己感性生活、經驗累積、意念主張的源頭，也是在此現實中，可找到一範圍廣闊、深不可測且無人可置否的利他主義。涂爾幹很清楚地觀察到社會這兩大面向，也明顯做出區分。若說他首先強調的是該制約層面，這是由於要為一門科學起草時，必須暫時以可被輕易地從外在捕捉到的徵象來定義某些事實。例如，喜樂這一感情表達的是，社會機制的作為透過人身而表達出來的結果，是種種個人傾向和社會風俗習慣不期而遇的聚首以及參差不齊的結合，至於苦惱或是壓抑的感情，相反地，則兩者之間至少有部分牴觸之處，涂爾幹因而主張，我們之所以能一眼認出什麼是社會事實，是由於它們壓制著我們、處處約束我們。然而，涂爾幹也承認，沒有任何集體作為不在人們身上產生雙重作用，社會集體的力量往往隨著我們的欲望而轉舵，而且，無論如何，種種集體力量都會在我們的個人存在層面助長、豐富我們從其他人身上學到的抒情方式、思想模式。相當自然的是，一旦被壓抑的感覺消失了，與人群接觸的種種好處便顯露出來了，在這時候，我們甚至捫心自問，對於這些曾介入我們生活的人，我們究竟有多少虧欠，於是，我們幾乎開始後悔，為何當年、一切還來得及的時候，卻沒有如此之醒悟。因此，就某一意義而言，我們重新拼裝出來的這一幅題之為夙昔的圖畫，為我們描繪出更符合現實的社會景象。但就另一層意義而言，以該景象或許複製了陳舊的領會而言，這一景象是不確實的：同時也是不完整的，這是由於看來礙眼的線條都被擦拭掉或者淡化了，否則就是在上面過度塗鴉了新的線條，然而，我們卻都不曾注意到，這些線段是我們自己補上去的。總而言之，社會集體總是興沖沖地要求我們轉頭往後看，然後，便向我們展示它手上所有的見面禮，只不過，社會集體需要肯定其至高權威，所以，它便必須將這些禮物全鎖在櫃子裡。大家都心知肚明的是，社會集體敦促我們將過去生活中競爭之粗暴以及律法之不仁全拋諸腦後，我們當今的競爭對手、義務責任都已

* 譯者注：這是流傳於上古時期，今地中海東岸低地沿海處的信仰與神明，該神祇乃牛頭人身，要求人們奉獻出他們的第一個新生兒，然後卻將之丟進火焰中。引用該神祇之名時，通常意味著某個人、集體機制強制他人付出不成比例的代價。

大不相同了。更何況，我們還記得的那些人，並不是現在每一天都有往來或與之發生摩擦的人，但無論是過去的那些人、當今的這些人，都是有人性善惡的人，也是同一個繼往開來的社會接納了所有的人。我們都屈服於集體社會之艱苛要求下，然而，一旦我們自以為還清楚記得，社會曾在過去赦免了我們不知什麼來著，我們便原諒了社會之不仁。社會集體有時突如其來地便將人們一口氣全逮住，這時候，人們並非無法故意視而不見、淡然處之。然而，相反地，他們更加尊崇集體社會，而且，在現今不復存在之過往習俗、生活方式中，他們探測到理想世界的寫真集，也因此加深擴大了對集體社會的依戀。若說，我們可以去回想起昔日生活中那份單純又簡單的快樂，但是，對於那些只貪求透過記憶來鑑定眼前之立即行動者來說，這份喜樂卻是莫須有的事情，這是因為在他們眼裡，陳年往事的顏色和當今的色調都沒有任何改變，或者只不過是，他們根本無能為力去想像過去種種是如何又如何，以致於對集體社會之繼往開來的走向是一問三不知。這是為何社會有時強迫人們，不僅在思想上去重新編織出過去生活中的大小故事，而且，也逼使眾人實際動手去修補潤飾逝去的往事，或將之裁剪切割、挹注添補，於是乎，我們都相信片片段段的回憶全是貨真價實的，但實際上我們是跟過往回憶換取一個現實上並不存在的回憶威信。

第四章 確定回憶的定點

La localisation des souvenirs

IV-i

辨識回憶、確認回憶的定點。推理在確認回憶的定點過程中的角色。集體的基準點

La reconnaissance et la localisation des souvenirs. Le rôle du raisonnement dans la localisation. Les points de repère collectifs

一般心理學家通常會去區分出他們所謂的回憶的辨識（reconnaissance des souvenirs）以及確認回憶的定點（localisation des souvenirs）這兩大問題。何謂確認回憶的定點，這是指我們心裡有數，很清楚到底是在過去什麼時候取得了某一段回憶。至於辨識的問題，則是指一種感覺，我們感覺到，遇到的某一個人在過去已經見過了，腦海中突然閃過的一幅畫面在之前已經看過了，然而卻又說不上來，究竟是在什麼時候見過此人、什麼時候看過這畫面。當心裡有數的想法，再

加上似曾相識的感覺時，這便是一段被辨識出來，同時也被確認出定點位置的回憶。因此，一方面，已被確認出時間定點的回憶竟沒有被辨識出來，這是不可能的事情，不過，很多的回憶僅只是被確認出來，對其落腳處，我們卻是一無所知。另一方面，只有去確定回憶的定位點這一個問題是牽涉到心智的理性活動，這是由於若要找到某一回憶在時光隧道中的位置，那就必須投入相當多的省思。相反地，辨識是一個自動自發的流程：例如，當我們感到有一種熟悉的感覺時，往往也會讓我們同時感覺到，回想起某些字詞，通常那也是我們會說的某一個語言的詞彙，至於當我們有那種似曾相識的感覺時，往往是由於出現了一截影像、一件物體、一個臉孔，但是，熟悉和似曾相似這兩種感覺都無關意念，也不需要動腦筋思考。這也是為何，只有當回憶的定點被確認後，才能去考慮在記憶的國度裡是否有理性推論的問題。

若說理性推論意味的是心智的某類型活動，它可讓我們了解別人的想法，也可讓我們和其他人推心置腹，但我在此不得不說明的是，根據絕大部分的心理學家的看法，有關於記憶的幾個關鍵問題，包括了從取得一段回憶直到回憶的辨識等等，都是透過純個人層面的心理、生理兩過程來解釋。若說還是不得不去考量到，我們都是經由社會環境而習得諸理念想法、慣有的思考方式等等，心理學家的看法則是，社會此一層面的介入，只能用來解釋心智是如何確定回憶之時間定點的問題。我們都必須在空間、時間中去探尋，究竟回憶是如何在我們的生活群體中以我們所知的樣子被編織出來，也就是說，每當有任何令人印象深刻的事情，我們都不免追問，到底是什麼時候又是在哪裡發生的。在沒有任何疑問產生之前，我們的回憶都被封鎖在我們自己的世界裡，一旦有疑問，它便可能會溜出來，以便能夠跟別人的回憶相唱合。於是，這便假定了，個人記憶是早已存在的事實，但如此一來，眾人回憶若一唱一和，整體而言，則是無關緊要的事情；眾人回憶若可互相對照，或許可以幫助我們去調整自己的回憶，卻無助於回憶的衍生創造。

針對心理學家的這些說法，我在此提出的反駁則是，他們把回憶辨識和回憶定位這兩大問題點互相對比，於是，感情便與意念誓不兩立，這其實是錯誤的作法，他們繼而又主張，無論是回憶辨識還是回憶定位，各自都不需透過另一方就可以自己成立，這也是值得商榷的。當然，假使定位點的問題意味著，可讓我們確實無誤地重新找到某一段回憶成形之時間點的過程，然而，卻有層出不窮的回憶，我們無法找出定點，而且，根本也從沒想過要去確認其時間定點。不過，這其實只是一項牽涉範圍更為廣大之過程裡的某一特殊狀況而已。就所有的回憶，我們都大致可說出，否則便是確切無誤地指出，當初某一段回憶發生的時間和地點，或至少，這一截回憶是在什麼樣的條件下成形的，換言之，我們大概知道，到底這一段回憶是跟哪些其他回憶在相同條件下形成的，所以，到底這一段回憶是屬於哪個類別，也是可知數。舉例說來，我實在不知道到底是在什麼時候學會了某一個語言中的這些或是那些單字，但我很清楚的是，那時候，我身處在說著這一個語言的人群之中。我也實在不知道到底是在什麼時候聽到了某某奏鳴曲，但我很清楚的是，當時我人在一演奏會裡或者是在會彈奏樂器的朋友家裡，也就是說，我身處在某一個因愛好音樂而組成的團體裡。換句話說，我始終可指出，究竟是在哪個社會生活領域裡，某某回憶因此誕生了。我剛剛說的是，「我始終可指出」，原因在於，如果我們需要去判斷出回憶發生時的定點，這是為了回覆他人提出的問題，或者是我們自問自答時，這時候，就好像我們是從外面的世界來檢驗過去的回憶，彷彿這些回憶是別人家的事情似的。假若我們是孤單一人，不僅我們絕不會去尋找某段回憶之確切日期，而且，我們也不會去自問自答，大致而言，這一段回憶會帶領我們回到過去什麼樣的條件、什麼樣的形勢或者是什麼樣的背景，換言之，追根究柢說來，我們根本沒辨識出這段回憶的生辰八字，只不過，對孤家寡人而言，這些疑問都無關緊要。當我們遇到一張陌生面孔，然後，我們絞盡腦汁，是否曾在某處見過面，卻只是徒勞無功時，這並非是因為我們被無關緊要的好奇心沖昏了頭，其實，原因在於我們想知道，該不該跟這個人打招呼問好，以及如果這個人停下腳步想跟我們聊聊天，或如果我們是在朋友家遇到他的，我們並不希望把他誤認成另外一個人，甚或我們只不過是想跟他表達我們的善意。至於似曾相識的感覺，這類成見是司空見慣的。這意味著，要去辨認出某一段回憶時，同時之間，我們也做了第一次定位點判斷的嘗試：我們的腦子在不同的社會群體裡兜圈子，家庭、朋友、旅行時遇到的同行者、孩時玩伴等等，我們自問著，這個人到底是屬於哪個團體，我們想破頭，到底當初是怎麼認識的，當初兩人認識這一件事情，並非了無痕跡，而且這件事的緣由，肯定是跟我們曾經參與過的團體或是現今還有聯繫的團體藕斷絲連。另外，有時候不過就是只要想起某一項重點就夠了：那是高中同學、那是交際應酬認識的、那是一名同事等等，然後，就畫下休止符了。實際上，我們都知道，什麼是與回憶共處的必要原則。這類一般生活中的回憶定位點，幾乎可和似曾相識的感覺相混淆，相較於心理學家眼中定義嚴格的回憶定位點，其實，兩者只是程度的差別。任何回憶的辨識都是回憶之定位的開端，換言之，一旦論及去判斷某一回憶的定位點時，必然關係到邏輯推演，否則至少也是左思右想。

另一方面，典型的心理學模式區分了回想起回憶、辨識出回憶、確定回憶的定點等等，彷彿這是前後相接的不同階段，而且，先後次序始終不變，這樣的主張，經常、而且或許往往也不是沒有破綻的。馬上就辨認出某一回憶，真有這樣的事情嗎？就此意義而言，那不就是，只要某些形影一出現在腦海中，根本不需動任何腦筋，我們馬上便感覺到，其實之前就看過了？郝浮汀（Höffding）支持這樣的論點。他也舉出諸多例子：「一張面孔，或者，還更簡單的，一張面孔上的一條皺紋。要不就是，我在夜晚的天空看見一道顏色罕見的光芒（Farbennuance*），可是，我又覺得好像之前已經看過了。再來，有人講了一個我說不上來的外文詞彙，但這個字裡面、有一個發音是我認得的。否則就讓我舉出幾個內在經驗（expérience interne）的例子吧，在我身體內突然興起某種生理器官般的觸動或是一股生氣勃勃的感受（Stimmung des Lebensgefühls†），而且，感覺上非常地熟悉[1]。」我們可立即看出，這些例子牽涉到的，都是極為簡單直接的官能

* 譯者注：德語詞彙，法文字面直譯是nuance de couleurs，各種顏色的濃淡深淺程度。
† 譯者注：德語詞彙，法文字面直譯是humeur / du / sentiment de vie，感覺到生命的心情。
1 〈論辨識回憶，聯念理論與心理活動〉（*Ueber Wiedererkennen, Association und psychische Activität*），《科學哲學季刊》（*Vierteljahrschrift für wissenschaffliche Philosophie*），一八九七年；雷曼以相似性（ressemblance）來反駁回憶辨識之相關理論，至於郝浮汀，他雖不反對相似性，卻主張以接近性（contiguïté）來解釋辨識回憶的機制：阿勒斐

感受，「沒有加入任何其他元素」，以致於在這些感受還沒油然興起時，我們根本無法去整理出其基本要件，也無法去思考，究竟這些要件是如何互相組合的：因此，似曾相識的感覺是無法透過反思而得到解釋：換言之，回憶之辨認是發生在所有的嘗試之前，也遠在確定出回憶的定點之前。根據雷曼（Lehmann）的說法，在郝浮汀舉出的例子裡，只有一個可謂極為簡單扼要的：那就是「在夜晚的天空看見一道顏色罕見的光芒」；但即使在此情況下，雷曼依然認為，若立即就辨識出某一段回憶，原因則在於腦海中出現了一個名詞：「一個知識程度頗高的人絕不會對顏色一無所知，當他看到一道顏色頗為細緻微妙的光芒，即使那個顏色是很罕見的，卻沒有至少差不多的名詞湧上心頭，則是不可能的事情。[2]」雷曼隨即舉出一連串的實驗結果，並藉此說明，當我們給每一道顏色冠上一個名詞時，我們就更容易辨識出不同顏色[3]。

在分析這些論文之前，我曾觀察到自己某一回憶之辨識經驗，相當類似於我們現在正在討論的例子，請看以下描述：「幾天前，在弗拉爾貝格（Vorarlberg*）附近的山谷，大約是傍晚六點左右，我正望著法呂拉山脈（Vallula†）；好幾座如鋸齒般的頂峰在天際畫出一道極為怪異又刺眼的藍光，同時天上也飄著兩三朵玫瑰紅般的雲彩。突然間，我想到另一幅曾讓我陷入沉思的山景，那是在某個夜晚，獨行回來的路上。在那頃刻間，我實在想不起來那幅山景是在什麼地方，然後，我卻看到我自己，正在觀看有著同樣微妙色彩的天空，也是夕陽西下的時刻，那是在聖．杰爾維（Saint-Gervais‡），距離畢歐納賽伊山口（col de Bionassay）不遠；緊接著，我又想到，這個地方我去過好幾次了等等之類的。我感覺看到一幅懸浮在虛無飄渺間的畫面，卻跟剛才在眼前揭幕的山景幾乎一模一樣。這一切經過就好像是某一段回憶湧上心頭，當下卻沒有任何時間、地點、背景等線索可幫助我去回想起這段回憶：我花了大約一分鐘的時間在腦海中剝繭抽絲，整理出有憑有據的地點、時間，並最後找出這一段回憶的背景架構。」

或許有些人贊同柏格森的說法，也就是，當下的感受若能促使我們去回想起某一影像，理由是相當簡單的，這不過是由於該感受和這一影像極為類似罷了。實際上，在我們諸多的圖像──回憶中，「就形態而言，那些可以嵌入當下傾向裡的，相較於其他的圖像──回憶，將會遇到比較

德．雷曼（Alf. Lehmann），〈有關於回憶辨識之評論與實驗性研究〉（*Kritische und experimentelle Studien über das Wiedererkennen*），出自馮特的《哲學研究》，第五期，一八八九年，以及第七期，一八九二年：第二篇論文是雷曼繼郝浮汀的批評後所提出的回應。譯者注：Harald Høffding（一八四三──一九三一）是丹麥哲學家，研究領域廣闊、但以知識理論、相對論哲學觀、宗教、倫理學、生理心理學為重心，一般視之為實證主義者，且跨批判學派。Alfred Lehmann（一八五八──一九二一）乃丹麥實驗心理學之先鋒，生涯初期始於馮特之實驗室，他在丹麥創設的心理生理學實驗室可謂該領域的全球首創。雷曼與郝浮汀常被相提並論，均為北歐實驗心理學之傳奇人物。

2　同上著作，第七期，頁一八九。

3　同上著作，第五期，頁一四二。

*　譯者注：位居奧地利最西部的邦省。

†　譯者注：位居奧地利西部將近三千公尺的山峰。

‡　譯者注：全名應是Saint-Gervais-les-Bains（否則為另一市鎮），位居法國阿爾卑斯山區，著名之白朗峰乃在該市鎮之管轄下。

少的困難；再者，假使其中某些可度過難關，則是圖像類似於當下感受者方能成功闖關」[4]。只不過，我曾說過，我並不討論肢體傾向、軀體障礙，而只單純考量當下心理之背景環境此一層面。因此，很可能發生的是，讓我們驚訝不已的相似性，或許未必是由於當下印象，以及我們假定一朝將會再度出現的舊有印象這兩因素，而毋寧是，由於現今當下的心理狀態之背景，以及另外一個也是由相對而言頗為穩定的基本觀念所構成的背景架構這兩大緣故，而且，相似性若能發揮作用，則是我們在每一當下時刻，透過熟悉之表象整體中的某些成分去想像出來的。換言之，且讓我們假設，日落西山前，我們望著天空的時候，出現了一幅極為怪異的印象，然而，在眼觀當前景象之際，我們卻可能已經想到，老早就已出現過的一些情景，並可因此讓我們對眼前的怪異印象感受深刻：這一極為簡單的想法便足以讓我們相信，我們早就看過這樣的景觀；其他的省思則可能讓我們想到，當初這樣的體會發生時的時間、地點等情勢背景。柏格森曾注意到，「一個再次襲上心頭的領悟，若能讓我們想到原初的感受發生時的當下情景，條件則必然是，原初感受是由與之雷同的當下狀態喚醒的」[5]。假若這些情景都是獨一無二的，領悟到的印象也是獨一無二的，而且，這些情景也只跟這一印象有連帶關係而已，那麼柏格森的說法便是正確無誤的。事實上，這一說法是不正確的，而且，假若這牽涉到的是某一架構或是某一普遍傾向，那麼這些架構、普遍傾向應該也能喚起其他的架構和普遍傾向，而不是只跟這一印象有連帶關係而已。很可能我們都會懷疑，為何這一多少由於當下感知而產生出來的傾向，會讓我們如此確切地回想起某一陳舊印象而非任何其他某某印象。但是，沒有任何證據可顯示，這一傾向並沒有喚醒其他印象：其實，是我們的推論省思引導我們走向塵封的印象。

儘管如此，這類出其不意、迅雷不及掩耳般的回憶辨識的例子並不多見。有人說，若要能想起某一回憶發生時的日期，那就必須是，這一回憶事先就已經被確定了。其實，在回想往事時，常常發生的，不就是左思右想著發生的日期，繼而在腦海中一一掃過看似空殼子般的人生階段？若要快速瀏覽過浩如星河般的回憶，最穩當的方式，不就是披荊斬棘、順沿著深溝，一一重探來時路，換言之，將人生切割成數個主要階段後，重新掃描一次，一年一年地、日日月月地往前追溯，直到重新拼湊出，我們在一天二十四小時裡，每個鐘點都做了些什麼事情？因此，在諸多情況下，確定回憶的定點過程不只是發生在辨識回憶之前，也是在追想起回憶之前，而且，似乎定位過程決定了回憶能否被想起來；因此，單只是判斷回憶定點本身，便已包含了可被辨認出來之回憶的某些組成原料：這是一段省思，它批著想法之類的外衣，卻已將具體又敏銳的事實都收納在內。就這一層意義以及眾多例子而言，的確是判斷定點此一層面可用來解釋回憶。

心理學家在記憶此一議題中都看到了一種純個人層次的活動形式，假若他們反對上述推論，則是再自然不過的事情了。對他們來說，是回憶可用來解釋定位點的問題，而且，單只是回憶本身便足夠了。且讓我們攤開一個人全部的回憶。然後讓我們假定，在回想起某一段回憶後，他開

4　《物質與記憶》，頁九七。
5　同上著作，頁八九。

始在所有的回憶中去尋找這一段回憶的位置。他只要能夠考慮到整體的回憶，一一檢視所有的要件，就可以在裡面找到這一段回憶，也可以因此找到這段回憶的位置。假使不先去考量回憶本身，他一無必要，二也不可能去想像出每一段回憶的位置、順序：存在於個人意識中的，只是回憶而已。至於回憶的位置、彼此之間的關係、順序，這都是極為抽象的基本觀念，當回憶浮現腦海且歷歷在目時，這些基本觀念可能也會閃過心頭，但往往這些基本觀念並不依附在回憶上，也不仰賴任何其他條件，彷彿無中生有般。所以，這些觀念也不能作為我們的起點。我們必須想像自己潛入成疊成塊的回憶核心中。

柏格森提出的回憶定位理論（théorie de la localisation）正與泰恩（Taine*）的定位理論內容相左，他提示：「猶如我之前強調的，確定過去某一段回憶的定點過程……絕不在於鑽進如疊塊般的回憶堆中，並非像是從一個袋子裡，拉出一團團彼此距離愈來愈貼近的回憶，然後，我們的目標回憶就剛好在裡面卡了一個位子。就這樣伸手插入盤根錯節般的回憶中，我們能有多少運氣？事實上，定位此過程倚賴的是一股**向外擴展**的力量，記憶，它始終是以一整體姿態來運作的，在持續向外擴展後，記憶便讓內部的回憶伸展蔓延在一愈來愈廣闊的平面上，以致於最終在一混濁不清的泥沼中，那找不到自己位置的回憶便嶄露出頭角[6]。」

為了明解柏格森此一論點，我不得不在此提醒讀者，柏格森曾以一種圖解方式來比擬精神生活：好比如是一個倒立的三角錐體，錐體頂點則和一個平面相接：這一個平面代表著空間或者是現在這一個時間點，至於精神生活和空間的接觸點，就是此時此刻我對一己身軀的感知，換言之，就是感覺到一種感覺—動作系統的平衡。另外，他也假定了，在三角錐體的底部上，聚集了我們所有的回憶。在這一底面上，「記錄著過去生命中的所有大小事件的任何蛛絲馬跡」。也是在此底面上，「所有的回憶都基於某種接近性，彼此一一與先來後到的大小事件連結在一起，沒有哪個回憶不是如此的」。然而，在最先來的、最後到的這兩端點之間，「事實上，從未真正建立連結」，我們的心理生活總是在一系列的中景距離中游移不定，所代表的，正是各記憶形形色色、尚未定型的可能狀態[7]。這些中景距離或說是這些切面，是如何組成的，究竟代表什麼意義呢？一般而言，記憶本身，「以其整體單一的狀態，促使我們的過往能往前推動，進而將它整體之絕大部分都推入現今的行動作為中」。隨著該推動力是強大還是微弱，我們的心智就會多多少少地與當下時間產生疏離，記憶便隨之多多少少地自我緊縮壓抑，但又不會因此自我分解。當記憶更加壓縮時，我們的回憶便呈現出更平凡無奇的樣子，但當記憶膨脹時，回憶就變得更富個人色彩，為何如此？原因在於，當我們愈靠近行動開端時，我們的意識就愈容易貼附在類似於當下感知的種種回憶上，彷彿要去完成某一行動似的。這便是為何，當我們要去確定某一段回憶的定

---

* 譯者注：全名乃Hippolyte Taine（一八二八—一八九三），歷史學家、散文家、藝術、哲學評論家，一八七八年獲選為法蘭西學院院士，著作等身、主題廣泛，最馳名者如《當代法國的起源》（Les origines de la France contemporaine），編寫時間長達近二十年。下文注釋中所引述之《論才智》一書，乃一八七〇年付梓，主題為心理學與精神分析。

6 《物質與記憶》，頁一八七。

7 同上著作，頁一七六。

點時，記憶的膨脹（dilatation de la mémoire）是必然的。在每一截然分明的切面上，都有一套不假外求、有條不紊的步驟，「其特徵是，由於某些回憶具有強大影響力（souvenirs dominants）的本質，所以導致其他某些回憶倚靠在上面，如同支點支撐著」[8]。因此，確認一段回憶的定點，意味著，讓這段回憶去查看它本身是否擁有影響力強大的回憶片段，「這些影響力強大的回憶宛如燦爛的恆星，加上其他前來依附的回憶，全部組成像是廣大無垠的星雲」，要不就是，由於這段回憶它隨時會去貼附在影響力強大的回憶上，所以，確認一段回憶的定點，也等於是讓這段回憶去尋找具有優勢力量的回憶片段。另外，「隨著記憶的膨脹擴大，這些耀目的恆星便不斷地衍生」[9]。因此，當我們改變行動方向，逐漸走向過去時，我們便會遇到一廣闊的平面，過去的回憶也會隨之從這一平面上釋放出來，就好像一旦夜幕低垂，我們就會看到愈來愈多的星星。

不過，柏格森的解釋並不具說服力，這是由於他的論點裡有太多偶然，尤其是，他的說法假定了，我們在一轉眼間便可掃過所有的回憶，目的卻不過是要去找到其中某一個，總之，柏格森前前後後的解釋都不是唯一可資參考的說法。一個觀察員爬上高處，希望能因此探測到某一村落的位置，是否有人會說，如果眼前的景觀愈廣闊，涵蓋了愈多細節，而且，如果觀察員也能參考更多的細節時，就愈容易找到村子？事實難道不是由於觀察員可眺望整幅景象，細節也都因此消失了，只有重要軸線才凸顯出來，以致於其實在他眼前攤開的是一張簡圖，上面只有主要軸線，他也只能從這些軸線下手？所以，若要去找到這一村落的位置，不正意味著必須透過一連串的推演，例如：假使觀察員是朝南的話，村落是不是在東方？這條馬路若是通往那一個方向，村子是不是就在那個角落？假使村子是位在兩河川交界處，我卻只看到一條河水，所以我就應該順著河流直到發現另一河川為止，諸如此類的。同樣地，我們絞盡腦汁想知道，究竟是在哪些條件下認識了某某人，我們會先去回想跟這個人有關的重要事件、關鍵時期，然後，我們便開始提出如下列之問題：他那麼年輕，所以絕不會是在某某時期之前認識的；但也不可能是在某某時候，因為那時我人在國外，否則鐵定是永難忘懷的印象；也許是在某某特定時機，而這是因為他從事某類工作、他有那樣的朋友，那時我也從事相同工作或者那時我也跟這類人物往來。

或許柏格森未必不承認，在某些情況之下，又或許在大部分的情況下，我們是用上述方式找到某一截回憶。只不過，根據他的說法，還有其他的情況，根本不需要任何推演過程，例如，如果牽涉到的是一段無任何繁枝細節的回憶，就像是一個變成啞巴的陌生人，他身上沒有任何跡象可讓我們知道他是從哪裡來的，當我們沒有任何參考基點時，我們便會感覺好像在腦海中，以迅雷不及掩耳的速度，把人生各階段都一一掃視過，否則也是穿越了過去每一重大時刻，似乎人生各階段都支解成鐘點時分。然而，這或許不過是個幻覺：一方面，沒有任何回憶可以縮減成如此單調、短暫的形像，裡面竟然沒有任何成分可啟發我們的省思，或者是，無法在該回憶裡擷取到任何一般吻合或是不吻合某些地點、某些時刻、某些形勢背景的基本特質。另外，當我們去追想

8　同上著作，頁一八六。

9　同上著作，頁一八七。

昔日生活中最不重要的事件時，實非一一掃過，而是概略式的、分組成群或是系列般的。柏格森自己也曾強調過，當我們閱讀的時候，其實，我們並沒有看到每一個字母，當我們與人交談時，我們也沒有聽到每一個字，但只要我們可以辨認出其中幾個重點，而且，假若我們願意的話，便可以從這些重點著手補充、重新建構；回憶，為何不也是這麼一回事呢？否則，我們又如何能夠「以迅雷不及掩耳的速度」把人生各階段都一一掃視過？李柏（Ribot*）繼阿貝爾孔彼之後，也引述了萊登（Leyden[10]）醫生的例子，「當他想要去追溯他曾經讀過的文章裡非常特定的一個片段時，唯一可行之道，就是把整個段落、**從頭**再讀一次，直到他找到他想要去追溯的那個地方」。另外，當我們背誦一篇文章時，往往都能夠掌握住快速的節拍，這是由於整體說來，背誦這件事可化約成韻律或者是韻動般的雛形；但若想要感受到，代表過去生活之大小事件裡那一幅又一幅的畫面以及畫面上每一旁枝末節，那也必須是這些事件都曾經經歷了一段或長或短的時間。猶如李柏所言：「假使為了捕捉過去某一遙遠的回憶，因此必須穿越從當時到現在發生過的一連串事件，記憶是無能為力的，理由則是整個過程的時間實在太漫長了[11]。」因此，問題並非是去找回某一截徹底消失的回憶它原先的位置，要去辨認出這一段消失的回憶前，首先應著手進行的，也不是去貼近過去所有支離破碎的回憶；回憶本身總是帶著某些標記，而這些標記正可幫助我們去找到回憶的位置，至於過去，在我們心中，總有一個多多少少簡化了的模樣。

另外，同樣是根據柏格森本人的說法，在不少情況下，去找出一截回憶之定點的方法，就是去整理調度，讓包含了這一片段的所有回憶或至少涵蓋了該片段的那一部分，都依照時間順序重新顯現，除此之外，別無他法。這似乎意味著，在諸回憶之間，除了時間的先後次序以外，別無任何其他關係。或許有時候，就從某一事件起，我們往上游回溯或是往下游順延，亦即牽涉到該事件之先前或是後來的時間，這便可讓我們隨著探勘的腳步，在所有遇到的事件中，找到該關係事件的位子。然而即使如此，另一可能性卻是，記憶的過程並非僅僅基於回憶之間的接近性，而且因此我們便可涉過一段又一段的回憶，記憶的過程毋寧是隨著省思的腳步，而讓我們找到一整串有組織系統又彼此相連接的回憶，況且，假使回憶之間的確是如此相依相偎著的話。同樣地，當我們去分析一幅古老的馬賽克壁畫中某一截片段時，該片段的形狀、內部交錯的線條，有時便足以重新拼湊出整幅壁畫的圖樣，或至少涵蓋了這一截片段的局部。所以，我們也可以從當下每個時刻所掌握到的基準點出發，這是由於這些基準點就像是一串推理過程中的邏輯術語，再者，這些基準點都是彼此一個接著一個，它們整體就像是一幅逝水年華的簡圖，一旦掌握到這些基準點後，我們就可以愈來愈準確地斷定出某某回憶在過去的時間定點，而且根本不需要因此去一一

---

* 譯者注：Théodule-Armand Ribot（一八三九—一九一六）出身哲學專科，卻常被視為法國心理學成為獨立學科的歷史推手。反對折中主義取向的精神哲學，一八七五年他創建法國的《哲學學刊》，除在巴黎大學教授實驗心理學之外，一八八八年起，亦在法蘭西公學苑執教心理學。與泰恩等人共領當時的學術風騷。《記憶的疾病》一書揭示了李柏法則（loi de Ribot）：記憶喪失的過程是由不穩定的狀況轉成固定永久。

10 《記憶的疾病》（*Maladies de la mémoire*），頁四五，注釋。

11 同上著作，頁四五。

點名所有與之有連帶關係的回憶，這是因為我們是順延著框架上的線索而展開行動的，而非如瞎貓碰到死耗子似的去撈捕「盤根錯節般的回憶」。

針對這一點，泰恩的記載中寫道，他藉著某個例子來說明，當他辨識出，而且找到某一段回憶的定位點時，他如何試著去尾隨一步又一步的心智活動。「我在路上無意間看到一張熟識的臉孔，然後，我告訴我自己，我曾經見過這個人。在同一片刻間，這張面孔往過去的時光隧道飛奔而去，就在那裡面上上下下、沒任何標的地浮游著。這一面孔在我腦海中停留了幾秒鐘，緊接著，新的細節碎片就黏附在上面了。之前當我看到這臉孔時，當事人的頭是禿著的，穿著工作服，正在一工坊內作畫；那是某某誰來著，也不知是哪一條路。究竟是什麼時候看到他這個人的？既不是昨天，不是這個禮拜，也不是最近的事情。現在我正好也在這條路上；上次遇到他時，他告訴我，那天他正等著好分配剛冒出來的嫩葉。那是春天快來之前。但到底是哪一天呢？那一天，上他家門之前，我在公共馬車裡，還有街道上，都看到了黃楊木的枝葉：所以那天是聖枝主日！——你必可注意到，在這張臉孔的背後，有那麼一段旅程，在通往過去的路途上，這段旅程或往前逼近或往後推延；在腦海中吐出的每一個句子都是一個轉捩點。受到當前之感官的衝擊，也受到淡而無味、慢吞吞地、重複最近生活腳步的總體圖像群的影響，這一臉孔突然間往後退縮跑了不知多遠的距離。就在這時候，諸多精確的碎片又貼在這張臉孔上，卻也交錯著一幅幅線條簡單的圖樣，就是那種用來代表一整天、一整個星期之久的圖樣，然後，這臉孔又往後退縮一步，跑到今天這一整天、昨天那一整天、前天那一整天、上星期的日子以外，不僅如此，甚至還銜到用來構成我們未來回憶的那一團不知是什麼東西的外面。再來，有個畫家術語闖進來，於是，那張臉就又馬上往後退了，退縮到近乎準確無比的一條界線以外的地方，那是一條標示著綠葉圖樣的線條，也用來代表春天這個字眼。又過了一會兒，又冒出來一個新東西，也就是黃楊木枝葉的回憶，面孔便又移動了，但這次沒有往後退，而是往前移動，貼近了月曆後，它便佇立在某一定點上，但一會兒停在復活節後的那一個禮拜，另一會兒又停在封齋前四天的五個星期之前，由於這兩推力彼此方向相左，一個往前，另一個往後，便互相抵消，最後終於停擺了[12]。」

就這樣，那一張臉孔最終在「盤根錯節、縱橫鑲嵌」之中找到定位。卻也有可能，如柏格森所言，實際上，如此之過程是為了能在昔日歲月中，用**瞎貓碰到死耗子般**的方法，去撈捕「一團團彼此距離愈來愈貼近的回憶，然後我們的目標回憶就剛好在裡面卡了一個位子」。真若如此，莫非不是由於泰恩的描述並不完整？「有個畫家術語闖進來」，這是偶然，還是理性推演的結果？的確，如果只是偶然之舉，實在讓人想不透，為了什麼樣的理由，當初這一造訪中的某一項細節，而非成千上百之細節中的其他幾個，讓他印象深刻、難以忘懷。可是，只要實際上該細節並不只是一個細節而已，那他就不會由於是跟畫家有關係或者基於畫家本身，而感到驚訝，例如，這一所謂的細節，若是一條重要線索，可當作是我對畫家（或是擅長風景畫的畫家）的一般性看法、我對某一特定畫家的看法，或甚至是我將在後續段落中討論的圖像、基本觀念等意念，

12《論才智》（*De l'intelligence*），第二冊，第一卷，第二章，第六段。

再者，假若這一細節並不只是一個小細節而已，它便會促使我們想到春天、綠葉、聖枝主日等不同方向。另外，誰知道這一項理性推演是不是以下列方式進行的呢：「這名畫家總是盡量在鄉村度過大部分的時間，所以，當我在他的工作坊看到他時，正是他不得不待在工作坊的時候，而原因則不過是因為春天還沒到；所以結論就是，那時候是春天之前。」再來，緊接著，「究竟是哪一天我才有空去看他呢？是星期天吧，因為其他的日子我都很忙。應該是復活節之前的某一星期天，理由則是因為那是春天之前，例如，聖枝主日那天。」因此，黃楊木枝葉的回憶就這樣油然出現了，毫無任何意外可言，而不過是順著一連串還算合理的推測而已。在巴黎、聖枝主日這一天，還有春天，對一個巴黎人來說，應該會被再三強調，持續受到注意，這就如同對泰恩那樣敏銳的觀察員而言，無論是鄉村變化多端的景觀，或是都市人潮構成的景象，這些種種基本觀念中人們最熟悉者，絕對會吸引他且受到關注。

依李柏之見，辨識出一段回憶，就是在諸多基準點之中找到該回憶的位置。他說道，「所謂的基準點，就是意味著一起事件、一個心情，而且，我們相當清楚它們在時光隧道中的位置，也就是說，相較於現在這一時間點的距離，這些基準點可用來測量其他時間距離的遙遠程度。這些基準點都是一些知覺意識的狀態，因其密度，故比其他知覺狀態更能有效地對抗遺忘，也因其錯雜，故具有激發出各類關係，增加復活再生之機會的本質。它們若能脫穎而出，絕非任意偶然之故，他們徹底左右著我們[13]。」所以，這類意識狀態便必須以相對持久的方式，從一整堆的知覺狀態中脫離分解出來：因此，我們如何能不承認，所有的意識狀態整體組成了一套關係穩定的系統，而我們若能從某一系統跳躍到另一系統，絕非偶然，而毋寧是透過一大概邏輯都很合理的過程，而且，類似於一理性推論的過程？非常可能的是，「這類意識狀態的價值都是相對的，在某一小時內它們是某一個模樣，在一天、一星期、一個月裡則又是另一個模樣；然後，若停擺不用了，便被淡忘了」。最後可追問的則是，為何、對誰而言，它們是相對的，它們是否可被疏通整理出其主觀判斷之比重，並成為我們的憑藉依靠。針對這一點，李柏又說道：「一般而言，這些基準點都有其純粹個別的特質；但其中有些呢，則是家庭、小型社會群體、國家的共同因子。」然而，當李柏試著去說明這些基準點之「個別」特質時，他又區分出「諸多不同系列，都差不多回應了組成日常生活中的眾多事件：日常煩憂、家庭事件、專業事務、科學研究等等」。換言之，這些事件左右了我們的處境，但不僅限於我們，也包括了紛紛擾擾之團體中的其他人。正由於身為這些團體的成員，所以，我們能夠想像出我們自己的樣子，而絕大部分我們據以作為參考的基準點，都不過是這些團體生活中最引人注目的事件而已。

或許，我們也必須考慮到，這些真實事件猶如餘音繞梁，都曾縈繞在我們的心頭上。一場婚禮、葬禮，通過考試或是被淘汰，都在我們個別的知覺意識裡，刻畫著或深或淺的情感。甚至有時候，不欲人知的內心事件才是搶先常駐記憶深處者，且在我們眼裡，始終是最閃亮或是最黯淡的星星，它提醒著我們，在我們生命中，何處是主要的斷層、哪裡是關鍵的轉捩點。就此意義而

13 同上著作，頁三七。

言，屬於同系列之基準點之浩翰，就同世間人物之繁多，但至少有些人是能夠自我反思，深刻感受到自己。即使如此，若想要尋得這類知覺狀態的蹤影，還是必須去思考度量且經常反思回想，若說我們都不曾將這些知覺意識固定在對他人而言也是意義非凡的基本斷層上，卻是絕不可能的事情。當巴斯卡說到他改信詹辛教派時，他很清楚地指出年月日，他也記得發生地點（例如，納伊橋〔pont de Neuilly*〕）。這類事件，往往未必是由於其感情層面，而多半是基於外在條件的結果，因而從此在過去生活中留下不滅痕跡。實際上，舉例而言，這經常是我們的個性徹底轉變後的標記。但就此，我們的朋友或是其他人，也都注意到我們的行為發生變化：對他們來說也是一樣的，這是他們和我們的關係改變過程中的一個重要日期，針對這一變化，他們的評價影響著我們的回憶，傳遞給我們的回憶一個不變的訊號，以及就某程度而言，若沒有此回憶為見證，則不可能存在著任何客觀性。一般而言，這類內心事件若要成為我們生命中的基準點，條件則是我們將之與成為團體生活之基準點的某些年代、某些地點畫上等號。

以下便是一個確定回憶定點的例子，我們可感覺到，感性的回憶看似扮演了最重要的角色，但實際上，卻是在經歷了一連串建立在集體基準點（或在空間、或在時間）上的省思後，才被重新找回，其價值也被重新確認。

「我住在史特拉斯堡，即將出發到巴黎去當考試評審。我自問、回想著，去年差不多同一個時期，我也擔任同一甄試的評審，那時候我借住在巴黎的什麼地方呢？我是不是孤家寡人地去歌伯朗區（quartier des Gobelins），我母親的公寓正在那裡，或者是跟我的妻子、小孩一起到我丈父、丈母家，他們住在雷恩街（rue de Rennes）附近？某一段回憶突然浮現了：時逢同一季節的某一天早上，我看到我自己在蒙巴爾納斯火車站（gare Montparnasse）附近的一家咖啡館裡吃早餐。當時正是盛夏三伏天；然而，在此朝晨時刻，咖啡館的遮棚上吹來一股清風，讓人感覺好像大海近在眼前。天上沒有任何雲彩，附近商店的櫥窗、一堆磚塊、堆在小推車裡的青蔬鮮果，看來都跟地中海沿岸或是阿爾及利亞的城市一模一樣。街道慢慢喧譁起來，人們不慌不忙地出門上班去，彷彿是為了多多享受這股涼風以及如此明亮的光線。我感到心花怒放，神清氣爽。這段時期我終日忙亂、身疲力倦，這是極少數讓我感到幾分偷閒暢意的時候。是由於這段回憶的情感色彩非常濃厚，所以便深深地烙印在腦海中？總之，這是一個個人基準點，可讓我肯定，在巴黎的時候，我住在我岳父岳母家（在雷恩街附近），而且是孤家寡人一個，原因則是由於其他人，包括女傭，都不在家，所以我就沒辦法在家吃飯。那時我的妻子提醒我，A非常地疲倦，所以家裡每個人都跟他一起去不列塔尼半島了，而我則待在巴黎直到考試結束為止。可是，在他們出發之前，我借住哪裡呢？另外一段回憶，同樣令人百感交集，是另一個個人基準點，則頃刻間湧現心頭。有天晚上，吃完飯後，我回去我丈人家。我那時非常地疲倦，尤其是非常擔心A的健康狀況……我試著逗他玩，然後，我就倚靠在陽台上。附近這一帶興建了不少現代化的建築物，因此，舉目都是建築物日照下的陰影，但也在我心頭製造了一股壓力。站在六樓上，我的目光溜進

＊　譯者注：位居現今巴黎市區西方，始建於十七世紀初。

狹小的巷道，就好像鑽進安靜無聲、單調乏味的的坑洞裡。在我面前，有扇窗戶敞開著，於是，我可看到，在一間照明光亮的飯廳裡，有個臉色陰鬱的老先生正在看報紙，他孤單一人，面對著只收拾了一半的桌子。眼觀這一切，跟我當時悶悶不樂的心情都是同一個調調。總之，我現在想起來了，在那一段時期，我在我母親家吃飯，這是因為那時她還沒離開那裡，然後，每個晚上我去丈人家，待到第二天早上為止。」

然而，我的層層思緒的確是這樣纏繞糾結的嗎？是因為我還保留著那段期間的這兩段回憶，一頗為輕快、另一則令人感傷，卻都歷歷在目，以致於我能把住在巴黎的這兩段期間的回憶，中間還塞著其他家人都動身去不列塔尼半島的一段插曲，全都定位在「空間裡」？我並不這麼認為。原因在於，去回想這段發生在蒙巴爾納斯火車站附近的早餐回憶之前，我已自問著，究竟我是不是借住在我丈人家、雷恩街附近。難道不是雷恩街、那一區的街景，讓我想到蒙巴爾納斯火車站，以及那家咖啡館的露天咖啡座？難道我沒有想到或至少在同時之間想到，那時應該夏日炎炎，考試快結束了，所以不由得感到可輕鬆自在了，還有我可能很快就可以到海邊去跟家人會合的想法。我所陷入的層層思緒，其思路是純粹邏輯推理的過程，但或許是這些情思的總和讓我想到這一段感傷的回憶，而非片段的傷感回憶勾起了全部的思緒。同樣地，當我問著自己，在第一階段到底我是住在哪裡時，我有兩大假設：我住在我母親家，但到岳父家吃飯，或者相反。若是第二種情況，我應該是晚上才到我岳父家。如此一來，我就應該會看到A……而且，我記得他那時候正在生病。我還能回想起飯廳、敞開的窗戶、陽台。這一連串熟悉的景象，當然就是可自然而然地勾起那一晚之回憶的背景，那時我感到無比悲傷。又再一次地、在這裡，乃是在一連串的推理之後，我才順利地重新拼湊出某一素材完整之情傷狀態，而且，事實上，是根據這一感情狀態與其他環境背景的諸多關係。另外，很可能的是，從那時候起我已經好幾次回想到這一切，假若在那段期間，在當時所有近乎精確無比的回憶中，卻只有這兩片段特別醒目，這是由於相較於其他回憶，並透過有條有理的思路後，這兩片段是更牢固地依附在我當時之處境的背景架構上：這是為何只要一想到當時這些背景條件，我就可以找到這兩段回憶的定位點。另外，相反地，由於這兩片段都是落在序列串聯之省思的交會處，以致於這兩截片段也可以協助我去釐清這些糾纏交錯的愁思。但如果沒有可用來擔保回憶再現的背景條件，我是不可能僅靠著回憶本身而找到回憶的定點。

IV-ii

最近剛形成之回憶的活力與熟悉度。為何我們幾乎保留著每一截才剛成形的回憶

Vivacité et familiarité des souvenirs les plus récents. Pourquoi nous les retenons presque tous

若說在討論回憶的定位過程，以及更普遍說來，在解釋記憶這東西時，我們多少有所遲疑，這是因為其架構看起來都過於一目了然、過於簡單扼要，與之相關聯的基本觀念又寥寥無幾，以

致於這些架構無法幫助我們以近距離捕捉到昔日生活的殘枝末節。若是一張地圖上只標示出幾座最大的城市，如何在上面找到一座小村落的位置呢？假定有兩座彼此距離遙遠的城市，例如，巴黎和里昂，這兩座城市是如何讓我們想到某一個村子，但又何以不是座落其中的其他市鎮呢？同樣地，在時間流程裡的兩基準點之間，我們該如何去為某一特定事件做時間定位，是不是只要隨意地去點出一大筐的所有其他事件，一一查看，一直到我們發現其中某一事故恰好跟我們的搜尋目標非常接近為止？

因此，假使架構這一字眼意味著，涵蓋了日期、地點等資訊的一套靜止不動的系統，所以，每次我們打算去確定過去某一事件的發生時間，或是去尋找其內容時，我們就可以去設想這一整體的架構系統。即使我們承認記憶可能會出乎意料地膨脹擴大，基準點的數量卻未必不會沒有限制，也未必不會不符合預期中的數量，否則，我們就無法立即去裁斷出某一過去事件發生時的地點、日期。柏格森本人也注意到這一點，因為他承認，當我們要去捕捉某一回憶或是回憶的發生日期時，記憶在我們眼前一一浮現的，是我們生活中的所有事件，否則也差不多是所有事件的總和。但其實，或許不需要如此地徹頭徹尾。就記憶的架構一詞，我所要指出的，未必只是我們在每一分每一秒都可體會到的全部基本觀念之整體，更何況，這些基本觀念多多少少都還保留在我們的意識領域中，記憶的架構一詞所意味的，其實更是我們可藉以作為出發點的那些基本觀念，而方法則是，我們的心智進行了類似簡單推論的一道過程。不過，隨著牽涉到的是，我們才剛經歷過的最近時期或是遙遠的時光，我們可藉此方式而重新觸及的事件數量將有極大差異。換言之，隨著我們與當今時間之距離是遠或近的差別，架構的網眼大小也將有別。

實際上，記憶能以出奇的精準度來將最近發生的事件都儲存下來，例如，今早發生的以及昨天、前天的等等：在這些期間內，我可事後回想起所有的旁枝末節、背景環境；我有辦法每一小時、每一小時地，或幾乎是每一分鐘、每一分鐘地，重新拼湊出我的行為舉止、思路、印象的先後順序，尤其若涉及的是最近某一天的事情。但過了幾天之後，情況便有所不同了，回憶開始出現漏洞，有時則是混淆不清，似乎全都消失不見了，或者應該說是，幾天之前的回憶、幾個星期之前的回憶，都不再有差別：某些重大事件的事實、某些關鍵人物的臉孔，在這灰暗不明的布景上顯得異常突出，但彼此卻又有著忽近忽遠的間隔；假使我還記得一連串的事件，整體卻如縮影般，我再也無法重新掃視所有組成或是相隔的內容，如果是事發隔天起便去回溯每一細節，或許我還有辦法做得到。

有人說，我們現今的感受，只不過是最近才發生的一連串順時序之圖像的最後截角，因此，透過某種連續一貫的思路過程，我們是可以往前回溯，從現今當下回到最接近的過去？就如同電報員他可以馬上再去解讀一次紙條上早已列印完成的一連串訊號，但其他後續訊號的內容則持續地傳進來？可是，為何我們是在這裡停下來而非那裡？又為何在不知何時，紙捲看似撕裂了？假使所有的圖像都存留在記憶裡，一張一張地按照發生的時間順序排列著，但我們卻無法再三重複地從過去一路走回來，實在令人難以置信。假若這是做不到的事情，理由則是因為這樣的比喻是錯誤的，假若我們可能一一回想起，最近這一段期間之內發生的大小事件的細節，即使也只局限於最近期間這一段時間，其實原因並不在於回憶是否還被繼續保留著而已。

且讓我們站在另一個角度來看待問題。之前提到的記憶的架構，可幫助我們在回憶都流逝後，重新復原這些回憶，但猶如我之前已指出的，這些架構並非是純粹個人層面的：對於屬於同一團體的人們而言，記憶的架構是共有的。假使這些框架可延伸擴展到最近的事件，並將全部事件都收納在內，因此我們就可以隨意地抽出任何一起事件，並且無論哪一起事件都可做為基準點，但又假若所有的事件都擁有相同的重要性，這是因為團體之整體本身就可收納所有的事件，而且對該群體而言，所有最近剛發生的事情都有著差不多相同的重要性。我們都可體會到為何如此。首先，在空間裡諸多團體都僅有一相對的穩定性，例如，某些成員從未停止遠離家園的腳步，又，某一成員之切身經歷，對所屬團體而言，利害關係可能只是一陣子而已，又，只要諸個體之間的距離並非遙遠，每一成員反應出來或是否可回應之行為、狀態，都可影響到其他成員的立身處世之道或是待人接物的過程。另外，每一團體之諸多改變，並非只是基於促使其中某些成員與團體疏離的原因而已：更何況，在同一個社會群體中，每一個體的角色、處境都是不斷地改變。有時候，只要某一事實併發出來，就可在某一成員的感官或是感情狀態留下一難以磨滅的震盪。只要這一事實的物質性後果、心理創傷仍在團體內部迴盪，該團體就不會遺棄這一項事實，並在它所有的自我想像中保留一個醒目的位置。一旦某一起感人肺腑之事件的社會效應都已耗盡，團體便不再有切身之痛，但當事人依然無法自已。一起喪事，儘管是近期才發生的事件，就此意義而言，相較於任何其他更重要但不奢求任何眾人關注的憂傷事件，也只不過是另一起社會事實罷了。當一起喪事已淪為塵煙，便只剩下當事人仍耿耿於懷：這一喪事，已脫離了社會群體之當下立即的意識反應。但是，對於諸多不是那麼重要的事情，情況卻也是相同的。我剛結束一趟旅行，我還很清楚地記得，火車上同行旅客的面孔、言行，以及所有其他旅程中的大小故事。再過幾天，大部分的回憶，都將如所有的前塵往事被徹底遺忘，且儘管這些陳年舊事並非無關緊要。如果這趟旅行在某一短暫期間內，依然讓我有記憶猶新的感動，這是由於這些同伴與我共同組成了一個小圈圈，該小圈圈的脈動維持到我們各奔東西，每一成員又各自融入其他團體為止，但有時或可超越此一限制：我們可以相約在當初相逢的城市敘舊，甚至找來共同的朋友一起加入；我們彼此也都注意到了，在你來我往的交談中，我們的行為舉止在旅行結束後多少都有些改變；所以，旅行中巧遇的同伴就應該跟我們一樣，在未來短暫時間內，更有正面理由對我們充滿好奇心，反之亦然。於是，若根據這條思路，我們不免想到，每天報刊上記載了不知多少五花八門的個人軼事，但在轉眼間便成過往雲煙：在某一天、幾個鐘頭長的時間裡，這些報刊故事都不免溜進了團體內每一成員的心裡頭，換言之，鑽進位居第一層次的社會意識裡，而且，跟更重大的事件相比，也占有同樣的重要性，例如戰爭、政治危機、改變生活習慣的發明等等，只不過，這些是早就發生了的事情。猶如羅斯金（Ruskin*）所言，有些書籍在特定時機去翻閱，則

* 譯者注：John Ruskin（一八一九—一九〇〇）是英國維多利亞時期的作家、藝術評論家，於牛津大學教授藝術，但也反對當時主流經濟學思潮，如曼徹斯特學派，投入多項社會改革運動。普魯斯特與之聲氣相通，宣稱其乃一代精神導師，亦將其作品翻譯成法文。

別有滋味，原因是因為這些書很快就會變得淡而無味，但其他書籍卻是一輩子分分秒秒都可伴君側：「或一時書簡，或終生之卷。」不過，我們也可注意到，我們順手翻閱一份報刊時的關注與好奇心，並不減於埋首投入一本歷史專書時：值得注意的是，在一非常短暫的期間內，無論是一般報刊還是歷史論著裡記載的事件，都可能會影響到我們的作為或改變我們的心情，所以，無論是閱讀報刊或是歷史性書籍，兩者都具有相同程度的重要性。另外，若論及最近才發生的大小故事，社會群體尚未往後退一步，還無法看清，以致於無法將這些事件依重要性大小來做分類：所以，社會群體便收納大小事件，全都囤積保留著，但也只能夠依照事件發生的時間順序來安置。因此，假若某人將過去幾天、過去幾個小時他吐故納新之間，所發生過的大小事件之先後順序、繁枝細節一五一十地全記在腦海裡，這並非是由於這些事件所對應的記憶圖像還來不及遠離意識的管轄範圍，也並非是由於這些圖像沒有穿越到心智中某一區域，以致於沒有以無意識狀態的手段、非個人一己意願所能掌握的過程，來保存著所有先前的回憶，這毋寧是由於，所有這些事件都是依照邏輯推理的關係而被管束綑綁著，所以，我們都還能夠循著一連串的合理推論來一一拾起這些事件，宛如這都還是讓每一團體成員都興致勃勃的事實。

我們都已經非常習慣地把牽動人心的具體事實，以及我們都渾然不覺的推理過程（這是一連串的發現、對照比較、歸類排序、預期推測、概觀般的見解等等，都被一把一把地抓起來，而且，似乎跟所有的知覺感受相隔開來），當作是彼此風馬牛不相及的兩件事。隨著新鮮事物被一一發現，我們也一一拾起，並藉機大做文章。在發抒省思的過程中，我們也為一已層層疊疊的印象建立起不計其數的外在關係，這可用來解釋，為何不需要這些堆砌印象重新浮現，但我們就可以在心中一一再度走過這些印象在腦海裡留下的且大致持久的痕跡。然而，為何我們卻無法輕易地重新找到反省思考本身的痕跡？更何況，還更久遠前的印象，都曾經是個人省思的內容物，且就假設而言，我們也是根據同樣的過程，而將一連串的推理概要、理性置換都轉換成腦海中的印象？似乎眼前面對的，正是跟剛才完全一樣的難題，把圖像替換成省思的背景架構後，依然無濟於事。為何當我們回頭，往過去回溯，那只不過與當下時間有一小段距離而已，但這一框架似乎就出現裂痕了？

我住在一座城市的交通樞紐附近。每天我出門散步時都走到不同的區域，它們彼此之間的距離或近或遠：因此，我走遍了城內的每一角落，現在我想到哪裡就走到哪裡。可是，為什麼我無法以一種毫無間斷的方式，去想像出街道、建築物的特徵，或者是每一家商店、每個門面各自獨有的特色？我能想像出來的，再怎麼遠，也只限於某距離之內，而且，還有一種漂浮不定的樣子。又，我可以像是藉著某些先後連貫的場景而走入街頭巷尾，假若要走到這些場景的所及範圍之外，我是不是應該去參考一些彼此不是銜接得很流暢的基準點，為什麼截至目前為止，基於種種原因，這些基準點在一幕幕根本看不見的景觀上，卻似乎被襯托得更加醒目？我經常以不同的來回方向在我家附近散步；經過這麼多次不假思索的經驗後，我可以把這些熟悉的景象逐一以多種不同的方式分門別類，我甚至可在腦海中以多種方式重新組合這些景觀，且無論是以哪個景觀為基準點。且讓我們站在現在這個時間點上：似乎情況顯得大不相同，或許還完全相反。愈是最近才剛發生的事情，或許就愈不可能在腦海中重新浮現，相對之下，我的思維應該是比較經常圍繞在過去舊有的事件上。不過，就如同我家附近的屋舍形影，一旦我想到、隨之一想起這些形影，然後，它們在眼前浮現時，則記憶猶新、如數家珍，宛如昨天才剛落幕的寫實劇目，我可以一筆一畫地勾勒出細節，例如，我住的那條街上星羅棋布、相鄰無間的屋舍、門面、商店等等。相反地，若要重新翻出我經常回想的塵封往事，我則必須去參考時光隧道裡的基準點，雖說諸多事件共同堆砌出一團團的史蹟，但不僅無人感應到這一團團的事物，連時光隧道裡的基準點也與之毫無交集。

或許有人會說，於此，我混淆了形像或生動逼真或如數家珍這兩層面。當我在腦海中重新看到我經常路過的那條街的景象時，種種物體全都被替換成一幅簡圖，裡面包括了所有我曾注意到的特徵，但這簡圖並不等於，我第一次注意到這些細節時，油然興起的官能感受。這一簡圖是索然無味又生硬死板：相反地，我僅看過那麼一次的某某建築物的形像，再度浮現眼前時，則記憶猶新般，幾乎就是令人怦然心動的感覺。附近某一條街，這一個基本觀念是慣見無奇的，但那是一個基本觀念。遙遠記憶中的一座建築物的形像，則未必是一個基本觀念，反而是一幅生氣盎然的景象。緊接著，且讓我們來思考，在時光隧道上或近或遠的事蹟：最近才剛發生的事件並不常被回憶逮住，這是為何當我們去回想到它們時，它們更容易直接了當地衝擊著我們的想像世界。但是，才剛發生的事件卻非我們熟悉親切的事物，跟遙遠陳舊的回憶恰好相反：在我們的記憶中，前塵往事已被回想過不知多少次了：但每一次都因此抹掉其中一部分的痕跡：遙遠的回憶比較不生動逼真，卻比較清楚明亮更加「收放自如」：它們都更平易近人。總之，在這兩種情況下，我們都可找到相同的背景條件、相同的規則。

可是，我們未必會感覺到，我們只經歷過一次的事件、只看過一次的臉孔，會在我們的記憶留下更加深刻生動的映像，再次湧現腦海時將會更加逼真寫實，而遇過好幾次的事件、臉孔或是經常追憶者，記憶圖像則較不深刻，重新浮現眼前時也較死板。這或許是由於可用來重新拼裝出記憶映像的背景架構（用以沉思的參考框架，具客觀決定性質的架構），是更緊縮的，因此，復原後的影像本身看來便更豐富多采，只不過，那是生氣盎然般的厚實豐沛，而非真實內容更加充分實在：這是一幅任由我們加油添醋的影像，這是因為實際上，其素材乏善可陳；我們可以睜眼直觀此一記憶映像，在其邊框內加進成堆成串從官能感受或是任何其他記憶圖像借來的特徵、片段，或甚至是補上不合情理的線條：該映像並不會因此變得更具體實在。另外，假使記憶圖像經常被召喚出來，所以影像畫質就會比較生硬，以及，假使內容流失了，精確度則會相對提高等等，這都不是可靠的說法。或許，當我們經常、或是連著好幾次去面對著同一個物體時，很可能地，我們的注意力就會降低；我們的好奇心也會變得遲鈍衰弱了。但是，這未必會連帶導致出，當我們又再次去想到這件物體時，我們卻比較不容易想起所有原本的細節，以致於難以想像出一整幅相當於物體本身的圖樣。這幾乎就是說，一名畫家花了很長的時間去靜觀沉思他自己畫作上的每一細節，然後，相較於任何其他人，他們只不過瞄了一眼而已，但畫家本身得到的回憶圖像卻是更黯淡、更不完整。其實，假若我們只匆匆瞥了一眼，腦海中是不會剩下多少東西的[14]。有人說，一個突然襲來又前所未見，而且，以後再也不會出現的印象，將會留下異常生動又清晰分明的回憶，理由則是因為那是獨一無二的事實。可是，的確是由於該印象乃獨一無二的關係嗎？難道不是由於它撩起我們的興致，於是，在我們心中，激起餘波盪漾的浪花和一陣陣讓我們無法忘懷的省思？當我們第一次抵達一座城市時，我們抱著好奇心以及尖銳的注意力去觀看眼前的屋舍、偉大建築物等等。我們會因此留下更深刻逼真的回憶，尤其相對於，假使我們長期住在那裡，儘管經常來回，卻未必正眼瞧過，回憶也就薄弱了。但於此，這個對新城市之建物的回憶更歷久彌新的例子，牽涉的是一股刻意延長的靜思冥想，隨之也興起形形色色的省思，所以，便相當於一股再次翻新的體驗：這並非是獨一無二的印象、曇花一現的故事。畢竟，假若我們把回憶之熟悉與否，用我們可否主動地讓該回憶重新浮現的能力作為定義標準的話，於此，又該如何說服我們自己，最近剛發生的事件竟在心中以如此特別的方式表現出來？所以，與剛發生之事件相吻合的回憶不僅更生動也更令人感到親切。

容我在此特別強調這一點，並回到剛才已提出的問題。為何最新的回憶更令人感到熟悉，而且，假使這些回憶代表的是只發生過一次的事件，那麼似乎相較於遙久前的事跡，我們比較不常去想到這些剛發生、只發生過一次的事件？實際上，最近發生的事件並沒有再度發生：久遠前的事件也沒有。最後必須追究的就是，相較於久遠前的事情，我們是否的確沒有再次去回想剛發生的事情，事實上，我們是否曾經、也比較經常去回想過去的事情。

我們有理由相信，即使不去再度喚醒最近的回憶本身，我們也至少把與之相關的某些省思重新瀏覽了好幾次。每次我們把過去某一印象重新放進我們現今意念的框架裡時，這一參考架構可轉換印象，然而，印象本身也會調整架構。於是，在我們的時間、空間範圍內，便產生了一嶄新時刻、一全新之處，這也是我們所屬團體的新樣貌，可讓我們感到煥然一新。這就是為何，每有大小事件發生時，由於過去事蹟而修葺出來的基本觀念都會被翻箱倒櫃地找出來，然後一一重新改寫直到千秋萬世。假使那只不過是先前的事實過渡到日後必然的結果，我們就會永遠處在當下，且只有當下可言。然而，實際上，我們必須持續不斷地從某一參考架構移轉到另一參考架構，後面的架構或許跟先前的略有差異而已，但畢竟是不一樣的：這就是為何我們必須日復一日地、一而再、再而三地去重新想像該架構的絕大多數的成分，原因不外乎是由於一切都在改變中，儘管只是些微的變化，已被修正了的成分和所有其他尚未被修正者之間的關係，卻會因此產生變化。因此，當我今天去看一個朋友、出門去漫步、瀏覽報章等不同的時候，我便又想到了今天早上、昨天等等，然後，我就可以把今天的事情全都各自安置在時光走道的某一個位子上；我又想到我最近去過的幾個地方，於是，便可根據這些地方，把我今天去過的地方或者是我人在的

14 與柏格森不同的是，巴特勒主張，「雖然我們常自以為，我們幾乎可回想起某一突發印象中的所有大小細節，事實上，我們想得出來的內容並沒有那麼多〔意思是：就此印象，我們能回想起來的細節是比我們想像中的還少許多。〕」而後，巴特勒又強調，記憶猶新者實乃「差強人意的碎末」。除非牽涉到的是「讓人感動萬分」的印象，透過沉思反省，這樣的印象便會油然生起，或者牽連到的是簡單明了的印象，裡面空無一物。同上著作，頁一四八、一四九。

地方，都排在某時間定點上；我想像著，最近這幾天，我見過的朋友、在路上遇到的人，以及或遠或近的朋友圈子裡，大家都興致勃勃的大小問題，而且，我已經和朋友討論過這些問題，乃至我已知道或已明了某某人已開始注意到這些議題，這都可讓我和朋友對當下提出的可能新作法，或者是針對我手上、眼前的一篇文章或一本書，產生更清楚明白的想法。若論及最近才產生的回憶，我相當清楚，它們緊緊扣著同一時期內的其他回憶，我也知道，新生的回憶可協助我去重新找到同一時期內的其他回憶，同理可證的是，當我們快速地瀏覽過一套有點兒漫長的數學推演裡的主要術語，我們都知道，我們可以利用其中任一術語來重新導出任何其他也包括了相同理念的邏輯推演。因此，這便可解釋，為何我們的思緒，總是在最近才剛發生的種種事件上不停地打轉，又為何我們都不免感覺到，自己的思緒無時無刻不緊追著才剛流逝的那段時間，但實際上，卻是我們的思緒決定了最近發生的事件是否再度浮現眼前。就此意義而言，最近才剛發生的事件，也是最令人感到親切熟悉的。

假使在時間流程中距離相近的記憶圖像，可互相呼應到這般程度，圍繞在我們周遭空間裡的記憶圖像，也同樣能匯聚成一承先啟後的串聯。這絕不是因為時間或是空間上的近距離，足以激發出一股強烈的吸引力，而毋寧是因為大體而言，近距離方便表達出一股更緊密的聚合力。我們最近遇到的人、看到的東西，以及所有我們周遭的人事物、舉目可及的左鄰右舍，至少都跟我們一起組成了一個暫時的社會環境。這些人事物影響著我們，或說是，可對我們產生某些影響，反之亦然。這些人事物幾乎就是我們每天開門七件事的一部分。這是為何，即使制衡機制出乎意料地斷裂了，行動導向驟然間產生巨變，以致於社會生活的延續性便被打斷了，然而，我們總是可輕而易舉地回想起最近發生之種種。某一家庭裡有人過世了，一個國家宣戰了，我們的思考領域、省思內容，或許也將移位，但我們去回想起近期內的回憶圖像的能力，且以連貫不絕的方式一一往前追溯的本事，並未因而降低。無論一個社會受到的危機衝擊有多大，人們依然彼此往來、交談，家庭也不會突然間就瓦解。一個社會群體潰散了、流落四方了，這卻無法阻礙其成員以跟過去相同的緊密方式繼續互動，而且，只要他們最後感受到的那一股趨力還存在著，便一切如常：最後那一股趨力，就是最近這一股趨力。倘若要讓這一切有天差地別的變化，那就必須讓社會在某一天消失，然後隔天又以另一種形態出現，或者，某一社會成員臨死前是某一社會生活形式，復活時卻是另一生活形式。因此，這可用來解釋，最後的那些回憶消失了，在這些回憶中，無時無刻不塑造著我們的思維裡最堅韌的經緯線者，或許也都是那些從遠處望過來、在未來看起來最無關緊要的，然而，在過去曾經伸手即可觸及時，卻非可有可無。

假若才剛成形的回憶可在腦海中停留一陣子，而且，記憶不會立即做篩選的話，我們卻未必對每一段回憶都感到興味盎然，理由也不盡相同。儘管有些回憶在我們當今的思緒中溜達過，卻是遺世獨立，與他者無任何關係，或說，至少外表看起來是如此：舉例而言，我不認識的人、偶然擦肩而過的人的衣著打扮、外表長相，一個陌生人來訪，一整串與我毫不相關的主題，但我或許在路上、在某辦公廳無意間撞見、碰到，或者我在某人家的客廳裡心不在焉地聽著。另有一些近期的回憶，則回應了一些並不緊急的動機，乃至在當下那一瞬間才冒出來的需求或是好奇心，所以，也都不是我意識中的第一要務：例如，我特別注意到貨架上有某些水果或是其他食物，然後，我就告訴我自己，過幾天再過來買。一齣逗趣的演出吸引了我的目光，以及，一匹非常高大壯碩的馬套在車上，旁邊卻是一隻瘦小的驢子，一座稀奇古怪的招牌，像小丑般的化妝：我跟自己說道，我要描述這一切給我的孩子聽，逗逗他們。我收到一封信，裡面建議我參與某一我不認識的協會：那或許是慈善活動，不然就是政治或科學組織，我還沒閒空去參加這類活動，可是我挺有興趣的，所以，我會刻意去牢記我看過的信件內容，希望以後有空的時候再來考慮考慮。最後，在過去這幾天，這一攤攤無關緊要、芝麻綠豆等小事的流水帳裡，我們總會記得其中一些對我們來說，遠超過這些輕於鴻毛的瑣事：例如，我收到家人的信件，或是生死之交般的友人的消息；或者是，我做了一件籌備已久的事情，也得到長期以來期待的結果，或相反地，感到無限惆悵等等、諸如此類的。在這些五花八門的事情中，我們都認為它們是不可拿來互相比較的。不過，有時候，最不起眼的事物卻會讓我們把其他事情都忘了，在那幾刻鐘內，我們卸下了心頭重擔：例如，我們走出病房，正感到憂傷或失望，路上卻正有人在表演賣藝，某一重大事件如巨石般壓在心頭上，再加上報紙上的頭版消息，這一切，以及一些我們始終無法忘懷又令人不忍的影像，都同時烙印在記憶裡，幾乎全都攤灑在同一平面上。看來如此漫不經心般的心態，其實隱藏了基礎穩固的意念：發生在我們周遭的這一切大小事件，只要我們不知道後果會是什麼樣的時候，我們皆無法以事不關己的態度來對待。至於結果究竟如何，或許很快就水落石出了，且不需太多時間就可敲定：往往在幾個鐘頭內、一或兩三天內，我們就知道沒什麼可指望的。但是事發之際或剛發生的時候，誰也說不準，所以只能聽天由命。因此，當議會第一次召開時，所有要在第一會期發表的議題、所有要討論的問題、所有的發言，都有相等的重要性，以致於所有的議員每一個都當仁不讓、躍躍欲試：因為誰也不知道哪些議題將會成重頭戲，哪些議員將因其政治嗅覺、能言善道，或僅因其某一獨到之處而鶴立雞群。事實上，我方才一一舉出的例子有時會大風吹、人算不如天算：我可能會在跟陌生人客套寒暄的過程中，無意間得到一些風吹草動的消息，卻足以用來修正我某些拖了好幾年的計畫，或是改變了我某些由衷的感想；望著貨架時，普通小販或是炒作商人可能突然想出致富的點子，藝術家、作家順手拾起一項研究、一張圖畫、一紙諷刺漫畫或一條消息，然後，一時之間感到莞爾或一陣激動。我們心之所向，便這樣瞬間粉碎但又不斷地重新復原。在某些小說中，作者鉅細靡遺地描述著我們在杯觥交錯的聚會上都曾有過的每一段思維，或者，連著好幾天內發生諸多事件後，我們可能會有的諸多想法，在那字裡行間、那稍縱即逝的片刻中，一紙印象浮現在我們眼前，我們不禁以為那一幕畫面是大致正確的，以致於主要的故事情節都被淹沒或沉沉浮浮在蜂擁而來卻無關緊要、可有可無的想法中，所以，從頭到尾，我們都沒有捉住小說的故事主軸，同時又難以否認，的確是有一個故事主軸。

若說最近形成的回憶，或應該說是與這些回憶關係密切的種種思維，造就了一個不斷地瓦解、繼而又重新撐起的架子，那麼我們去回首這近在眼前卻又漸行漸遠的過去時，我們就會更加接近我們的思考範圍的界線之外，於是，與其將我們帶回當下此一時間點，我們將步上歧路，從此不再鍥而不捨地緊追著我們現今的煩憂。才幾天前讓我眼前一亮的事物，若非是我已整理出我覺得順心滿意的內容，否則就是我很肯定，這些東西現在已經沒任何價值了。但是，這一逐漸抹煞的過程雖不均勻，卻是以相同的速度在四面八方中進行。若根據我之前已討論過的內容而言，時間上或近或遠的特質，只有當時間是用來表達屬於某一社會群體的時間單位或是地理情勢之單位時，才有意義。由於我們在同一時期內都可屬於諸多不同團體，所以，我不得不提醒各位讀者，一般而言，當團體愈是緊密地拉住我們時，我們就愈可能輕而易舉地回溯到其過往歷程，甚至到遙遠的事蹟，一切得心應手，彷彿那都是最近才剛成形的回憶般。因此，我們直到現在所討論的那一個記憶架構，由於它持續不斷轉換的過程，以致於現在此一時間點產生滑動，但除此之外，此一架構也必須時時刻刻地去適應這些格局較小但延伸性更長的社會團體架構，比如在我們周遭生活裡，除了範圍廣闊又變化多端的那一個共同群體，我們所有遭遇到的或是可能遇到的人，卻都關係著局限性更大但也更穩定的社交團體，例如，朋友、同事、教友、同一社會階級的成員、同一村落的居民、大家庭和小家庭等等，尤其不該遺忘的是，我們的出身社群，正是它讓每一個人都成為他自己。

在大城市裡，彼此不期而遇的人們往往最不在意，究竟是跟誰擦身而過。繁華都會中、大街小巷裡，來來去去的人潮，表現出來的是一幅分崩離析卻又有些「自動機械化」的社會景象。街頭景觀跳躍到我們眼前，卻未留下持久深刻的痕跡，同樣地，街頭留給我們的大部分印象或是回憶，都跟社會生活中最重要的那幾個領域毫無交集。我們的社會生活假定了，團體是持續不斷地維持著的，我們的存在與團體的存在是一體的，我們若不是自由出入這些團體，若即若離，就是一拍即合、隨時到場加入。我們一眼便可認出這些團體的前塵往事，以及方便我們去鑑別、定義這些團體的事件、人物，這是因為我們的思維似乎總是不時地轉向這些團體所在位置的門面之一。這不免讓我想到一棟蓋在公園正中央的房子：在四周近在眼前之處，羊腸小徑或分或合，延伸四方、互相交叉，每一條都可引領我們到達差不多相同的地方；同樣地，最近才發生之事件所激發出來的絕大多數想法，都不至於離現在此一時間點太遠，也不會把我們帶到太遠的地方；可是，如果我們假設這棟房子是位於好幾條路的共同起點，或是位於好幾條路的交岔口上，並且，又可讓我們到達不同的村鎮、城市：這些大馬路穿越了各羊腸小徑組成的網絡，但每條馬路的來往方向並未因此而改變：只要順著馬路走，總會把我們帶到更遙遠的地方；我們也可想像，在房屋四周，雨過天青時，我們可看到樹林間的空隙、公園以外的景色，或甚至是其他公園的範圍之外，樹叢、山丘、某些馬路的局部，以及其他屬於這一整體且是我們之前已注意過的細節。同理可循的正是，若論及一連串的家庭回憶、跟當今某些朋友的陳年往事或是近期瑣事，則將衍生出一幅幅此起彼落的回憶圖像，是它們描繪出我們永不歇息之活動歷程的主要幹線，見證了我們的感性生活、愛恨情仇的大風大浪，也穿越了最近形成之回憶的表層，而且，是以直接了當的途徑帶著我們去闖蕩，換言之，藉著相連成串的省思，在成堆成壘毫無相干的思維中，在更遙遠之過去的高山峻嶺中，搭建起一套更緊密相連卻似乎也更死板嚴峻的體系。另外，當我說這些途徑是直接了當的時候，我的意思是，它們遍及各地，翻過山巔、涉過峽谷，不會迷失、不會多繞路、不會拐彎抹角，也不會在峰迴路轉之處暗藏柳暗花明之景：這些道路跨越每一點、每一線，彷彿是帶領我們飛過每一間隔斷層的上空：我們的注意力，卻只鎖定這些道路交叉串聯的地方。換言之，我們的記憶，當它不觸及我們伸手可及的過去時，例如，每一家戶的陳年往事，記憶是不會重新激盪出過去事件的繁枝末節或是人物面孔上的皺紋，至於時光隧道裡橫向排開的一系列回憶圖像，它也只是視而不見。然而，在另一方面，之前我已強調過，我們總以為最近才發生的事情是重要不可或缺的，只要我們仍是近在咫尺就占有一席之地，年代、事件、日期、人物等等，都可被家庭擺在其昔日歲月中的首要位置，且以最強韌的力量要求家中成員最無微不至的關注。因此，與之前截然不同的其他參考架構也悄然搭建起來，不同之處在於，僅涵蓋了一小部分最醒目的事實，跟先前已築起的框架以頗為寬闊的距離相隔開來，但兩者之間，卻還是有些類同之處：與之前的架構相仿的是，後來的這些架構也是來自人們的記憶，但人們的記憶倚賴的是，包圍著每一個人的大小團體，以及這些團體最關心注意的意念想法與回憶形象。

IV-iii

聯念理論與確認回憶定點。形形色色的社會群體都承載著集體記憶，社會群體有多少，集體記憶就有多少。

L'association des idées et la localisation. Les divers groupes collectifs sont les supports d'autant de mémoires collectives

總而言之，當我們要去尋找在過去某一段回憶的生成定點時，我們可能會遇到其他相距不遠的回憶，這些回憶圍繞著我們要找尋的目標，也協助我們去確定目標的所在地點，柏格森也已明確指出，這樣的過程絕非偶然。但在另一方面，實無必要去假設，我們必須一一回想起可復原昔日所有事件、所有映像的每一段回憶，且直到我們找出目標回憶為止。柏格森本人也注意到這些「影響力極大的回憶」，它們橫跨已流逝的時間歷程，每一段影響力強大的回憶都承載著其他不同類屬的回憶，所以，這些具支配性力量的回憶宛如起點，我們可一一靠近仔細瞧，檢查在其中流轉不停的其他回憶，最後便可找到追蹤目標。不過，在柏格森的想法裡，這些影響力強大的回憶未必就是基準點。這類回憶不過就是用來決定我們應該去回想起來的回憶之大小順序、強弱密度，如此便可方便尋覓中的回憶儘早浮現。這一切發生的過程就好像是，為了要去找出某一座城市及其所在地，我們先後一一攤開比例尺愈來愈準確的地圖，直到其中一張地圖終於標示著我們要找的城市為止。這便是柏格森所謂的記憶的擴張或是膨脹。影響力強大的回憶便等同於基於影響規模或是居民多寡而各有特色的城市，大小城市之別可用來區分不同的比例尺，以致於可確定的是，我們可在同一張地圖上找到其他鄰近城市或者是規模相等的城市。不過，這些城市的參考價值卻是到此為止而已。否則，假使只要列舉出這些各有特色的城市，於是便可找到預定的目標城市，那麼不就等於是，我們只要將注意力集中在這些比較特殊的城市以及這些城市與目標城市的可能關係，便大功告成了，所以，若在同一時間內也打算找出所有其他城市的話，也就是說，攤開地圖、一一過濾裡面所有的內容，則是無濟於事的舉動。

但似乎這樣的方法，若非過之，便是不足。一方面，這樣的方法預設了，若要去找出某一段回憶，就必須找出所有其他有相等重要性的回憶，更確切而言，去翻出在過去歲月中擁有相等重要性之所有事件的相關回憶。在前面的分析中，我也已說明了，一大堆事件、人物面孔曾在過去極為珍貴，其中大部分很快便消逝了，以致於今天，無論是絞盡腦汁、榨乾所有的知覺，都不可能讓它們再次浮現眼前。這是痴人說夢話嗎？這些過去的回憶可一一鋪陳開來而成為記憶的背景嗎？雖說無數的回憶在我們的腦海中一一掃過，當我們要去擷取出其中隱而不現的那一片段時，我們都相當清楚，其實這些數不勝數的回憶，遠比過去任何一當下時間之回憶的數量還少許多，然而，腦海中的回憶卻是才剛溜走之昨日星辰的餘光。或許有人猜疑，實際上，這些不正是現在此一時間點下，我們以為最重要的回憶嗎？其實，這是因為我們以現在的角度來觀看這一切。誠然而言，並非過去此一整體依然在我們身上施展著一股壓力以進而深入到意識層面，也不是沿著時間先後順序的過去事實可確實無誤地重新演練出過去的故事，然而，卻是這類事實裡的其中某一部分，可回應我們當今的要求，因而可重新復原。它們回到眼前的理由，並非是基於它們自身的本質，而是由於跟我們今天的意念、感知等有所關聯：所以，追究的起點並非是這類回憶本身，而是它們與當今的關係。

另一方面，上述的人海戰術也是枉然：這並無法讓我們去找到某一段回憶的定位點。事實上，首要問題是，應該從過去的哪一段時期開始尋覓呢？為何是在這裡，而非那裡？為何是從某一張比例尺較大或是較小的地圖的某一區段著手，並且還預設那是唯一可能之處，然而，為何不是其他地方呢？這樣的選擇，是偶然之舉嗎？我們也不得不承認，我們鉅細靡遺地從比較不精準的地圖轉換成更詳盡完整的地圖，但隨之，地圖愈大張、城市數目愈來愈多，我們也更容易迷失。為何我們是從某一知名城市出發、從某一影響力強大的回憶開始，而非任何其他呢？又為何從某一城市出發後，是往某某方向前進，而非任何其他方位呢？如果我們不想瞎子摸象，那就必須在腦海裡，事先已經有著目標回憶與其他諸多回憶之關聯的基本觀念，也必須先去思考這些關聯的特徵。為何在一座城市的街頭上找出一個人是困難重重的事情？那是因為壅塞了大街小巷的人潮本身是游移不定的，而且人潮內的小圈圈彼此來來往往、川流不息，以致於我們要去尋找的那一個人跟這些小圈圈之間，沒有任何確定或穩定的關係。我們必須撥出時間、想出方法，去觀察城市裡每一個人的面孔，或至少就其身高體重、衣著打扮等等，是否其中某一個人的樣子吻合了我們要去找的那個人的條件。我們若是去他借住的旅館、去過的郵局、博物館等等，或許找到人的機會會更大，原因則是因為實際上，基於某些理由，我們可在這些地方找到他或是看到他。我們可大致用先前的例子來思考這個問題，也就是，如何在一張非常詳盡的地圖上找到一座小村子：我們很快便可發現，假使我們找到這座村子，往往不是因為在令人眼花撩亂、星羅棋布的城市中，我們一眼就瞄到這座村子的名稱：而是藉著一連串的特徵、分析，決定出理所當然的所在地，我們隨之也可指出該所在地點，甚至根本不需要查驗地名。

舉例而言，與其只有一張內容非常詳盡的地圖，我也可以借助好幾張某一地區的地圖，全都是有條有理的，第一張標示著山川流水，第二張是省縣市等行政區域圖，第三張則是鐵路交通、重要火車站等。假使我知道某一城市位居某次級的行政區域、某一條鐵路上、鄰近某一河川，很快地，我便可大致找到城市所在地點。似乎，記憶的運作方式，也大致如此。記憶擁有諸多非常扼要的架構，經常可拿來當作憑據，以致於有人說，記憶總是背負著這些架子。但總之，記憶可隨時重新建造這些架構，這是因為這些架構都是由持續涉入參與記憶之思維，以及其他眾人之思維的基本觀念所搭建出來的，而且，這些基本觀念，就同語言之諸多形態，擁有無比權威，管束抑制著記憶。

為了確定某一段回憶的定點位置，那就必須自始至終地把這段回憶貼在所有其他定點都是已知數的回憶上。秉持聯念理論的心理學家都主張，若要進行這一搜尋過程，我們只需要，以目標回憶為出發點，然後去一一回想起在時間或是空間裡，跟該目標回憶都非常貼近的其他回憶。就此，我已提出反駁，理由則是，要去思索位於某兩端點之間的接近性關係的條件就是，假使這兩個端點都是已知數；換言之，我們的注意力僅集中在某兩端點上，而非任何其他點線面，假使包含著某一目標回憶的那一連串以順時序方式排列著的端點，沒有在我們的腦海中出現的話，想去找出該目標回憶之定點，無非是痴人說夢話。另外，我已說明了，讓近期成形的回憶能彼此相串的原因，並非是因為它們在時間流程裡延續不斷，而只是因為這些回憶屬於某一社會群體之共同思維的其中一部分，而且，我們和這一群體此時此刻依然交際往來，否則便是過去這幾天彼此都曾熱絡過。因此，若要能夠一一回想起某些回憶，只要讓自己站在這一個群體的立場，去擁護該群體的利益，且去跟隨其思路傾向。假使我們想去找出久遠前的回憶的定點，方法也是完全一樣的。我們必須把這些遙遠的回憶放置在和其他社會群體共享的另一回憶群組上，而這些群體不外乎就是我們的家庭等等，彼此關係更緊密也更持久。至於，若要召喚出這一整體的回憶群，同樣地，我們只需要採取跟該群體成員相同的立場，讓我們的注意力集中於在該群體思維裡，總是位居首要地位的那些回憶，而且該群體向來是以這些回憶為出發點，然後沿著僅屬於這一共同群體的邏輯思路，最後便可重新覓得或是重新建造出來所有其他的回憶。就此觀點而言，最近成形的回憶或是久遠前的回憶，彼此並無任何差別。所以，若要討論遙遠的回憶，實在也不需借助以相似性為理由的聯念理論，遑論若要分析近期的回憶，以連結性為根據的聯念理論，也只是多此一舉。當然，家庭回憶與任一家庭的關係，都是極為類似的。然而，家庭回憶就其他關係層次而言，卻不盡相同。在此情況之下，相似性僅只是某一共同群體之利益和思維的象徵。絕非由於諸多回憶大同小異，所以，便可在同一時間內都被喚醒叫出。毋寧是由於同一個團體對這些回憶感到興趣，也有能力在同一時間內一一回想出來，以致於回憶內容就變得大同小異。

針對如何判定回憶之定點的問題，為何心理學家想像出諸多與我的主張截然不同的理論，關鍵在於，人們總是在同一時期內隸屬於諸多不同的社會團體，因同一起事件而衍生出來的回憶，都可在諸多記憶架構上找到一個位置，而且，這些架構也來自於各有天地的不同集體記憶。心理學家將注意力集中在個體之後則發現，回憶可在個體思維裡以千奇百樣的方式彼此相連結。以致於這些連結模式又被心理學家以相似性、連接性等標準，歸類成某些具一般屬性的組別，終究而言，這並非是有力的解釋。否則就是，另一方面，心理學家終於明了，由於社會個體形形色色，以致於回憶之聯念模式也是千變萬化，故繼而主張，回憶形形色色、千變萬化的源由是來自每一個個體的先天、後天生理傾向：這一假設異常複雜，難以檢驗真假，結果是讓我們遠離了心理學領域，但總而言之，這一假設本身也只限於基本觀察的層次而已。事實上，確切無疑的是，回憶都是以系統般的方式表現出來。這是因為回憶在腦海中彼此連結時也彼此呼朋引伴般，某些回憶結合後便可促使其他復原重生。至於回憶彼此相結的多元方式，則是來自於人們互相結交往來之多樣化。若要對每一筆回憶都了若指掌，如同回憶在某一個體思維中浮現出來時異常親切似的，那就在於是否能將這一筆回憶放置在所屬團體的思維裡。若要能確實明白回憶的相對力道，尤其是，究竟種種回憶是如何在個人思維中做拼裝變化，那就必須讓個體回到他在同一時間內所隸屬之諸多團體的懷抱中。

當然，不可否認的是，隨著一己個性以及命運造化之別，每個人都有其一己記憶，且非他人所屬。然而，該個人記憶未必不是集體記憶的其中一部分以及集體記憶的某一層面，這是在於就每一印象、每一事件而言，即使看似僅屬於某一個人而已，我們若能持久延續地保存一筆回憶，條件則不過是我們經常去想到它，也就是說，我們將該回憶貼附在我們所屬之社會環境所刺激出來的思想上。實際上，我們不能只是去想像過去的種種事件，但卻不去推演思考任何跟這些事件相關的人事物；但若論及推演思考，那則是將我們的意見以及周遭人物的主張都貼附在同一套意念想法的系統上；又，推論思考也是去檢視，舉目之諸社會事實所特別啟發出來的社會思想，它隨時提醒我們，究竟這些具體現實對社會思想而言，有無意義又貢獻何在。因此，集體記憶的架構將我們最私有親密的回憶一一扣留囚禁，也一一捆綁管束。讓社會群體去深入認識這些架構，則非必要之務。唯一需要做的，只不過是從團體以外的觀點來查看這些記憶架構，換言之，先讓我們設身處地站在其他人的立場上，然後，若要去尋找他人之集體記憶架構，我們所需遵循的流程，就是亦步亦趨地重新走過這些人在我們之前已走過的路。

第五章 家庭的集體記憶

La mémoire collective de la famille

V-i

集體生活的諸多框架與家庭的眾多回憶

Les cadres de la vie collective et les souvenirs de famille

先前章節中皆多論及集體記憶以及集體記憶的架構，當時卻未必考量到單一團體或是諸多團體的觀點，更何況，集體記憶是團體的諸多功能中最重要的領域之一。截至目前為止，我只是去觀察、提醒讀者，在個人回憶裡，存在著諸多涉及社會層面者，換言之，在每個人都可憶及的前塵往事裡，其實有諸多社會形影，但人們往往相信，在前塵往事中，除了一己身影之外，別無他者。總之，現在我們都難以否認，每單一個體，就某角度而言，猶如任何其他個體，無不倚賴著社會，所以，我若主張，團體本身能夠記得過往、憶及過往，乃是合理正常之事，再者，我若賦予家庭一份記憶，而且，就跟所有其他集體機制一樣，也都可被賦予一份記憶，其實只是理所當然的。

這並非是單純的隱喻。平心而論，家庭的回憶可滋生茂盛，亦可伸展到不同的地域，然後進駐到家戶團體（groupe domestique）內不同成員的意識中：更何況，生活境遇逼得有些人遠離家園，然而，每一個人都以一己方式牢牢記得過去共同的家庭生活點滴，就好像大家依然住在同一屋簷下似的。他們彼此每個人的意識，就某程度而言，各守己位、互不相滲，但僅限於某程度而已。雖說個性相違、環境曲折多變，以致於彼此差距擴大，但由於他們曾同住一屋簷下、低頭不見抬頭見，過去近乎永無休止的感想和意見交換的經驗，都曾讓他們多次重新拉近距離，有時候，他們可感覺到這股向心力，甚至比逼迫他們去斬斷所有根連關係的力量還更強大，在屬於同一家庭的成員之間，每個人都可感受到其他人的想法，而且，這些想法宛如繁茂四伸的枝葉，無人可在樹幹旁望見樹蔭全景，除非是向前靠近這些林林總總的每一株想法主張，就像是擁抱異己似的。一個小孩子在一個學校班級裡的時候，只要我們是以學校這個角度來看待小孩子的話，他便像是一個完整獨立的**人本**單位（unité humaine）；同一個小孩子，假使我們先去考慮到他的父母親，又假設小孩子並沒有脫離學校此一環境，如果他跟同學老師談到他的家庭、他住的房子，這時候，同一個小孩子看起來，其實並不像是某一整體中的一小部分或是整體中頗為醒目的一個片斷；這是由於當他人在學校時，他那稚童般的舉止言行，都符合了學校這一背景環境，換言之，我們把小孩子跟學校畫上等號；然而，當他跟自己的家有數呎之遙時，我們並不會把他跟他的家畫上等號，這是因為促使他提到自己父母親的那些想法，以及他所能表達出來的另外一些想法，在學校裡並沒有任何參考據點，以致於其他人都無法明白也無法補充，儘管其實這些想法本身也不充分圓滿。

假若我們是以個人記憶的角度來思考這些問題，我們可能就無法深入了解到，家庭回憶只能讓我們再度浮現起跟某某家人或親戚共處的時光，除此之外別無他物。無論是延續不斷地或是偶然間歇地，這些近距離的接觸都會給人一種接二連三似的印象，而且，每單一印象本身很可能持續並停駐在一段或長或短的期間，不過，這些印象若是穩定可靠的，則僅限於可深切感受到這些印象的個人意識的溝通範圍而已。另外，既然在由不同個體所組成的團體中，總會有幾個人見異思遷，所以，對整個團體中的每一局部而言，整體本身也將因此不斷地出現變化。龐雜之家庭回憶便隨之縮減成一幕幕此起彼落的圖畫：無論如何，這些圖畫首要反映出來的是，家庭成員千變萬化的感情或思想。每個家庭都配合著其成員之動力，並隨之而浮浮沉沉。一個家的生命長度就同其成員之壽命，兩者同進同出，繼而家庭傳統只能依著諸成員之意願而沉浮。

但也不盡然如此。藉由那麼幾個屈指可數的管道，例如，出生、婚姻，或其他方式，我們踏進了一個家庭內，然後，我們便隸屬於一個團體，然而，在一個家庭內，並非是一己感情，而是我們無法裁奪且先於我們而存在的規則和習慣，決定了我們的位階。我們都明確地感受到此一事實，在家人面前，我們不會混淆一己的感想、情緒反應，以及家人加諸在我們身上的主張和情感。涂爾幹說道，「必須徹底區分家庭，以及諸個體之間基於生理的連帶關係而產生的聚合體，在此基礎上所衍生出來之個體層次的心理感情，也可以在動物界發現[1]。」有人說，我們對家人的感情是基於同血緣關係的緣故，這正是一種個體層次的關係，然而，難道這類個體層次的關係本身也將衍生出個體間的情感嗎？首先，若就孩童而言，他培養出對家人深摯的情感，也對家人表達出密切的關懷，但他並不明白何謂同血緣、個人感情等利害關係。另外，在諸多社會裡，親屬關係並不預設是同血緣。不過，對家庭的深情，既無法以母親無私的付出來解釋，亦非父系血親祖先之故，甚或兄弟姊妹朝夕相處之情。在這一切之後、在這一切之上，的確有一股何謂同為家人之情感，既隱晦不明卻又深刻明白，該情感之源頭只可能是在家園內，也只能透過家來解釋。儘管我們的情感、態度，也是由某些個體灌輸或傳授給我們的，那又如何呢：這些個體本身不也受到一份有關於家庭的一般性概念的啟發？夫妻之間的家庭倫理關係，也是基於同樣的概念原則。在古代，婚姻從來就不是情投意合便足夠了的簡單結合。希臘時代、羅馬時期的女子進入一個新家庭時，她也必須接受這一家庭的信仰與傳統習俗。在當今社會，無論是男子還是女子，在結連理之前，都不知道，一旦兩人成立一個新家庭後，將會面對什麼樣的關係，乃至於究竟什麼樣的主張或什麼樣的情感將會約束著他們兩人，也是不可知的。在他們各自過去的生活裡，沒有任何事物可拿來做預測。就此觀點而言，即使是婚後，無論是男方或女方，誰也無法教訓對方自己在婚前也不曾注意過的道理。但是，男女雙方在未來都將遵守傳統規則，他們是在自己的出身家庭中不知不覺地學到這些規範的，如同他們未來的子女，將會跟著他們來學這些道理。因此，我們都很清楚也從不懷疑，當造化作弄時，應該如何面對、如何處理家務。

因此，不得不承認的便是，透過親屬關係而將諸多個體之感想、經驗聚合起來後，之所以是我們理解的那個樣子，還有，我們之所以能掌握到這些經驗感想之相關概念的大部分意涵，然後，這一切又之所以能深入心坎，都僅僅是透過個體參與了家戶團體，或者是，個體屬於家戶團體的成員此一事實。小孩子很早便學會了應該如何面對父親、母親，以及其他親人的態度，若要解釋此一事實，其由來並不只是生活親密、長幼有序，或家人朝夕相處後便日久生情，也不限於因為面對比我們更強大、又是我們依賴的人時，便應該恭敬愛戴，或者是因為常被疼愛關照，故生感恩認許之情等等諸如此類者。種種親情，儘管油然生起、不得自己，卻是依循著早已畫好的路線圖，絕非小我可自主，且整個社會群體都小心翼翼地裁斷出方向。平心而論，沒有什麼比這類情感表達還更不自然的，世間沒有其他領域是比親情還更戒慎恐懼地聽取教訓，我們實在難以否認，這不是馴服順化後的結果。即使是不慍不火的感情，也有大風大浪的時候，只要沒有禁忌限制，人的情感往往或可轉移或有朝一明移轉到其他人身上。家庭竟可如此成功地要求其成員時時刻刻都應該相親相愛，且無論地遙或天隔，每一家庭成員在同一屋簷下時，都無私地付出最多也最深的感情，這已是一件頗不尋常的事情。或許，有時候在家裡，情感的表達未必只遵循著親屬關係的脈絡。有時候，我們更喜愛祖父母，甚至是伯叔、姨姑，且不輸於或遠勝過自己的父親或是母親，或者，相較於自己的兄弟，卻更偏愛某一堂表兄弟。可是，即使我們跟自己承認

1　涂爾幹，這份有關於家庭的手稿尚未對外發表。

了這樣的事實，情感的表達並未因此脫離了家庭結構的束縛：這正是關鍵所在，若非考慮到個體之利害，至少也讓家庭保留此一團體之尊嚴情面以及和諧融洽之景。但也可能發生的是，我們在家庭之外還有朋友；我們喜歡這些人，更勝於自己的家人。不過，若非家庭順利地吸收聚合了這些關係與糾纏，例如，針對某些特定的朋友，我們賦予了他們世代之交的不朽稱號，或者這也是由於我們對他們敞開家戶大門，於是，便幾乎成為一家人，有時則是婚姻促成了姻親關係，但實際上，原本只是兩個體互相吸引靠近而已。不然就是，家庭對這類關係與糾纏甚不關心，彷彿一邊是率性、不按照規矩、想像而為的情懷，另一邊則是家庭再三強調的輩分倫理且無可替換之親情，而在兩彼岸間，無任何中介地帶的可能。最後，另一可能就是，家中某一成員出走了且加入另一團體中，或許，家庭最終還是做出反應，將之踢出家門，或許，它等著浪子回頭，否則便是不耐煩地表現出早忘了這個人的表情。總之，我們的感情若非在家庭此一環境中滋生成長，並迎合其組織要求，否則便是無法與其他家人分享，於是，我們的親人至少也有這等冷眼相待、默不關心的權利。

然而，當我們去比較不同類型的家庭組織時，總不免對既有現實、既定關係感到訝異，尤其，我們一直以為親情是最單純直接又最普遍無奇的情感反應。首先，為人子弟者，隨著父系或母系的親屬原則，決定了他是否可冠父姓，是否可成為父系家族的成員。在一母系傳承的社會裡，小孩子不僅在他幼時，且隨著年歲增長，愈來愈能體會到他在其他男性成員中的地位，他將母親、母親的親人視為關係最緊密的家人，因此，他的父親以及父親的祖先，便與之毫無關係，可略過不談。在我們的社會裡，男子認為他與自己姊妹的親密關係，猶如與自己的弟兄般：我們一般都認為，我們的伯叔舅以及堂表兄弟都是地位相等的家人；在古希臘，曾經家庭只涵蓋了男性成員的男子後代，所以，情況便大不相同。至於羅馬時代的家庭，則包含了廣泛的成員，可透過收養以吸收新的成員，甚至包括了諸多奴隸、受保護者等等[2]。在當今社會，家庭愈來愈緊縮成夫妻兩人所組成的團體模式，這一模式整合了夫妻兩人的情感，隨之也整合了夫妻與小孩之情感，整個加乘後，幾乎便足以用來製造出家裡溫馨美滿的氛圍，可是這股情感中的某一部分力量，難道不是來自於可匯聚家戶團體中所有成員的那股力量，且幾乎就是唯一可匯聚所有人的力量？相反地，在羅馬家庭裡，夫妻關係只不過是讓身為一家之主的男子們可互相團結的關係之一而已，至於其他的團結對象，則不只是擁有相同血緣的男子，也包括了受他保護的人、由他解放而得到自由身的奴隸、他旗下的奴隸、他的養子等等：因此，夫妻感情只扮演了次等角色；為人妻者，視其丈夫為**戶長**（*pater familias*），至於男子本人，在他眼中，他的妻子並非是家中的

---

2 奴隸與受保護者都是家庭成員之一，死後也埋葬在同一墳墓。伏斯岱勒・德・古朗吉（Fustel de Coulanges），《古代城邦》（*La cié antique*），第二十版，頁六七之注釋，亦請參見頁一二七，與後續段落。譯者注：Numa Denis Fustel de Coulanges（一八三〇—一八八九）乃法國史學家，《古代城邦》是他最重要的代表著作，法國史學界多認為相較其前後之史學家，Fustel de Coulanges 不僅在待人處事、教學領域嚴謹自省，尊崇科學研究方法的態度亦同。他本身曾言道，時時刻刻無不戰戰兢兢，在在關切是否違背科學研究方法，是否直接、而且只讓史料的每一細節說話，只相信史料所言，絕不讓當代思想汙染過去的歷史。

「另一半」，而是他帳下眾多角色之一，所以，休妻既無損其家中生機，亦無傷大雅。曾有人以父母親介入之故來解釋，何以羅馬城裡婚姻難保、頻頻以離婚收場的現象，更何況，無論是男方或是女方的父母親，都有權利在雙方同意的情況下解除當初的婚姻協議[3]；但假使離婚將危及家庭組織之存在與否時，這類雙方家長介入之模式則將難以被接受，就如同在當今社會，離婚被視同解散家庭似的。假使我們主張，「當年在羅馬城，每個人在他一生大致有三到四起婚姻」是正常的事情，其實，我們依然「低估了真相、而非誇張了事實」，羅馬城當年如此之婚姻制度正符合了「一波又一波的多婚制」，如此之夫妻感情，與生生世世永不分離的婚姻意念所衍生出來的依戀纏綿，絕不可同日而語。

除了這些可推及整個羅馬社會的共同規則之外，也存在著只屬於每一個家庭的生活習慣、思考方式，也因此管束著、甚或是刻意地控制著每一家庭成員的意見、感情表達形式，古朗吉說道，「在古羅馬時期，家庭崇拜（religion domestique）並不存在著任何共同規則共同模式、或共同禮儀。每一家庭都享有最崇高的自主權。任何外在權力都沒有權利干涉任一個家庭內的祭祀或信仰問題。除了父親之外，沒有任何其他教士。若以神職人員而言，家中父親也無任何位階的疑慮。古羅馬的大祭司可以介入監察的是，家中父親有無執行所有該盡的宗教儀式，但是大祭司沒有任何權利去指示是否該做任何修正改進。**每個人都有他自己的祭拜方式**（*Suo quisque ritu sacrificium faciat*），正是絕對不可侵犯的原則。每個家庭都有它自己的祭典、特殊的節慶、祈禱用語、聖歌等等。父親乃其信仰之宗教的唯一詮釋者、唯一祭司，也是唯一有權力傳授該祭典禮儀之作法給其子弟的人，而且，也只能傳授給某一個兒子而已。祭典、祈禱用詞、頌歌都是家庭崇拜的精華，也是一份遺產、神聖的財產，每一戶家庭都不可與外人分享，洩漏給外人也是絕對禁止的。」同樣地，在當今最傳統保守的社會裡，每個家庭都有它自己的神明，它自己的回憶只有它自己才可以去緬懷追思，它自己的祕密也只能透露給自己的成員。可是，這些回憶，就如同古代家庭裡的宗教傳統，並不只是單純地涵蓋了一系列張張分明、互不重疊的過去圖像。這些回憶同時也是模式、範例，宛如教本般。另外，這些回憶本身表達了每一家居團體的普遍態度；回憶並不只是讓家族內的舊事再現，也規範了這些陳年往事的本質、取向，以及不欲人知之處。當我們說道：「在我這個家族，大家都很長壽，或者是：我們家的人的自尊心都很強，乃至於：我們絕不斂財」，在這時候，我們說的是某種生理或是道德特徵，常被假設成是該家族的內在特質，可透過家族傳承給每一成員。有時候，家族起源的地區、國家，或是某一個性突出鮮明的家族成員，變成是獨特的身分標記此一共同財產裡多少帶些神祕色彩的象徵。總而言之，在這類從前塵舊事掏洗出來的諸多成分裡，家庭記憶支撐起一個架構後，便竭力讓這一架構歷久彌新，因此，這一架構也成為家庭的固有支架。儘管該支架裡塞滿了記載著發生日期的事實，也拼裝著僅

3　保羅・拉孔博（Paul Lacombe），《羅馬社會裡的家庭——道德的比較研究》（*La famille dans la société romaine, étude de moralité comparée*），一八八九，頁二〇八，與後續段落。譯者注：Paul Lacombe（一八三四—一九一九）乃法國史學家、文獻學專家，常被視為年鑑學派之啟蒙大師、事件史學研究之開創者。

有朝生夕死之久的圖像，我們還可以在此一架子上找到，某一家族以及與之交往密切的其他家族等都始終扛在肩頭上的價值判斷，這一記憶布幕確實介入了這些集體基本觀念的本質構成，但另一方面，這些集體基本觀念並不往特定地點移動也不鎖定在某一特別的時間點上，卻似乎居高臨下地俯視著時間的長河。

現在且讓我們假設，我們都記得家庭生活點滴中的某一事件，而且，就如大家所說的，這一事件便從此牢牢地刻畫在記憶中。然後，我們現在嘗試去把這些規範著家族精神的固有意念、傳統價值判斷等，全都拋諸腦後。最後會剩下什麼呢？不過，可能做得到像這樣的裁剪脫卸嗎？甚至在某一事件的回憶裡，去明確地區分出，一邊是「只發生過唯一一次的影像，發生時間與地點也都是獨一無二的」，另一邊則是，大致表達出家人的所作所為以及言行舉止的基本觀念，這是可能的事情嗎？

當夏多布里昂（Chateaubriand*）在他非常有名的一本書中描述著，到底在孔堡（Combourg）的城堡裡，人們晚上都做些什麼事情，那都是只發生過唯一一次的事情嗎？是不是某一個晚上，而不是好幾個晚上，他的父親悄然無聲地來來回回走著，還有就是城堡裡房間的氣氛，整幅景象中，他刻意強調的某些細節等等，都讓他特別感到驚訝？當然不只是一個晚上：但很可能地，他在同一場景裡湊合了不知多少夜晚的回憶，而且，非常忠實地，就是刻畫在他記憶裡，以及其他家人之記憶中的樣子：那是整整一段時期的縮影，一套生活方式的要點。我們可因此依稀看出每一演員的性格，而且，或許就是在夜晚此一舞台上，他們各自去扮演一己的角色，鮮活逼真之餘，也流露出他們平日慣有的舉止、個人生活經歷等等。當然，我們最感興趣的，還是夏多布里昂本身，尤其是當他跟其他人與其他事物接觸時，壓抑在他心頭上的沉重氣氛、感傷鬱悶以及種種不耐煩。然而，誰不會猜想到，若是在其他不同的環境裡，便不致於產生這樣的情懷，或者，即使他誕生在其他家庭背景裡，難道最後表面上看起來，他就不會一模一樣嗎？難道他不會始終沾染著只有在古老法國、巴黎以外之省分的鄉間小仕紳此一環境才存在的那套家庭道統，甚至是只屬於夏多布里昂這一家族的傳統習氣？這是一幅事後復原的圖畫，故與事實相違，若要讓過去的真實面貌從記憶走出，就必須放棄反思，因為正是透過反思，作者選擇了某某身體特徵或衣著的奇異風格，例如，猶他所言，他的父親：「他常穿著一件白色呢絨的長袍，我從沒看過其他人穿那樣的衣服：他的頭半禿，總帶著一頂白色大軟帽，帽身挺直地往上撐著；……他總是把他那乾枯又蒼白的臉頰向前傾斜、朝向我們，卻不曾回答過我們任何問題」，或者，他也提到他的母親，「聲聲嘆後，便整個人躺在一把仿暹羅風格，如怒火般紅豔卻老舊不堪的躺椅上」，他也寫道，「飛竄到一截蠟燭上的銀燭台」，滴答滴答指揮著這一夜間漫步的時鐘，以及坐落西方的小鐘塔，這一整團線索的交集都是被刻意點出，目的在於讓人體會到其父母親的個性，如此與世隔絕的生活是多麼地單調無聊，而且，那個時代，不知多少鄉村地區的紳士都是過著這樣的生活，

* 譯者注：François-René de Chateaubriand（一七六八—一八四八）在十九世紀初期法國內外政治動亂時期曾任歐洲多國外交官職位、外交部長，也是小說作家、詩人、法蘭西學院院士。Combourg位於法國不列塔尼半島。

以及，最終也是為了重新營造出，當時這些家庭晚會的慣常氣氛，竟是如此怪異。當然，這一段描述是作家在事過境遷後才寫出來的；因此，講故事的人必須一一詮釋其回憶，方能交代細節；他說的，未必確實符合他回想出來的內容。不過，若以呈現出來的內容來看，一幕幕場景未嘗不是震撼人心的家庭生活縮影，再者，若作為長年省思以及集體情感之總結而言，那一幕幕場景未嘗沒有反映出陰暗又模糊的昔日歲月，以及令人印象深刻的畫面。

假若在我們家中發生了一起關鍵事件，而我們的父母親都是主角，一幕幕畫面便從此烙印在我們的記憶中，日後這起事件的畫面從記憶漂浮出來時，絕不會像是某一天內發生的景象，也不會像是我們親眼目睹的樣子。我們是重新去工筆畫出那幅畫面，我們在上面增加了從某些時期之前前後後的時間借來的不同色塊。我們現今對於自己雙親之道德本質的基本觀念，以及針對上述之關鍵事件的事後之明，都以強大的力量壓制著我們，以致於我們根本無法往後退一步以求得海闊天空。至於所有的相關人事物也是一樣的，它們在過去的家庭生活點滴中分外醒目，可說是總結了家中生活的酸甜苦辣，也是可用來標示出不是那麼重要的線索和時機的基準點。雖說這些人事物都對應著一個日期，實際上，我們卻是可以在時間流程此一數線上前後移動其時間定點，而且，也不致於因此改變事件本身：相較於之前種種，這些人事物都被放大了，相較於之後種種，它們也早被誇大了。隨著我們一再去回想這些人事物，一而再、再而三地反覆想著，而且，由於這些人事物正位於匯聚了絕大多數之省思的交岔點上，以致於與其使之簡化，它們反而吸收濃縮了更多的現實。因此，在家庭記憶的框架上，都是各類人物、事件充當作為基準點；但是，每一個人物都有一己的表情特徵，每一事件都是群體生活的某一年代縮影；這全都是一幕幕的畫面，也是一截截的基本觀念。然而，我們的省思是如何去替這些畫面與基本觀念穿針引線的呢：或許，再來發生的過程就是，彷彿我們與過去重新連上線。不過，這便意味著，只有倚靠在此記憶框架上後，我們才會感覺到，的確能夠重新拼湊出種種人物與事件的圖像。

V-ii

家庭與宗教社群。家庭與農民社群。家庭情感的特殊本質。

La famille et le groupe religieux. La famille et le groupe paysan. Nature spécifique des sentiments de famille

不可否認的是，形形色色的念頭都會讓我們想到與家庭有關的回憶。實際上，既然家庭是我們度過人生大半時期的團體，所以，我們絕大多數的意念都會跟與家庭有關的想法糾纏在一起。正是我們的父母親傳授給我們對於人事物的第一個想法。在相當漫長的一段時間裡，我們關於外在世界的認識，僅限於外界種種事件對於我們的父母親的生活小圈子所造成的影響。我們可會想到一座城市？城市這個基本觀念可讓我們想起過去跟兄長一起出遊的某一趟旅行。我們可會想到某一門行業？這會讓我們想到家族裡的某某人，他是做這一行的。我們可會想到財富？我們會想到家族裡的某甲或某乙，然後我們便開始估算他們的財產。所以，我們的思路從任一毫不相干的動機出發，隨之順沿著一連串互相連結的意念後，我們的思緒卻因此沉浸在與家人、親戚共處之或近或遠的過往，說來，這並非不是不可能的事情。

在先前段落中，我提出了家庭記憶之架構的說法，若說該架構涵蓋了家庭本身以外的所有人事物的基本觀念，則是絕不可能的事情。且讓我們任意地在一篇文章中挑選出一座法國城市的名稱，例如，隨即出現在我眼前的便是康比涅（Compiègne *），正如我之前已提過了，說到這城市，我便想起曾經和我哥哥一起出門的一趟旅行。於是，再來就可能有兩種情況。首先，我的注意力並沒有特別放在是我的親兄弟的這個人身上，引起我注意的，是這個我們曾一起參觀過的地方，還有我們曾一起散步的森林：然後，我便想起，當時兩人交換著所有因觸景而生的感想，或者是兩人間漫無標的地交談，我猜想，我似乎可以用任何一名跟我毫無親戚關係的朋友來代替我的哥哥，但我的回憶卻未必會因此而徹底改變顏色：我的哥哥不過是同任何一名演員，在此場景中，主要情節並非是促使我們相知相惜的兄弟情誼，如果不是我特別想到康比涅這座城市，繼而我便試著去重新拼湊出更詳細的小鎮風光，否則就是我想起某一主張，那是當時散步時兄弟倆人的交談主題：總之，雖然我想到我的哥哥，但我並沒有因此特別感覺到，回想起我家庭生活中的某一事件。或者，以另一角度而言，藉著這一回憶，的確是我哥哥、身為我的親兄弟的那個人，勾起我的興趣。不過，我若想多推敲出些什麼來著，我馬上感覺到，在我的腦海中，有關於他的種種印象，比起當年在康比涅一起散步時的印象，並沒有更多出些什麼。如果我想在腦海中描繪出他的臉龐，倒不如去回想幾天前看到他的時候的印象。但是，與其去強調他的體態，真正引起我興趣的，是曾經存在於我跟他之間且依然存在著的兄弟情誼，更何況，這份親情也牽涉到其他家人。至於當年一起散步的詳細經過，則漸漸淡化、遠去，否則便是偶爾讓我觸動情懷的憑藉，因為那曾經是讓我們體會到兩人親情聯繫的因緣際會，而且，這份聯繫聚合了我們倆人，以及其他所有家人。換句話說，這一截回憶，無論其內容為何，之所以會成為一段家庭回憶，則是當它由代表著一座法國城市的基本觀念轉換成另一個基本觀念時，才有可能，當它最初在我的記憶中以一座法國城市的觀念浮現時，這一觀念本身也涵蓋在我對法國這一個國家所抱持的基本觀念之中，然後，為了能替這幅記憶圖像鑲一個邊框或甚至是去修飾、改造內容，這個代表著一座城市的基本觀念便逐漸轉換成另一個基本觀念，那就是代表著我的家的那個基本觀念，既平淡無奇也特殊不凡。因此，若說有關於某一個地方的意念將會勾起一段家庭回憶，這種說法並不正確：先決條件是先排除這一個有關於某一個地方的意念，然後，藉由另一意念來反襯、對照被回想起來的記憶圖像，至於後面這個用來對襯的意念，它並不代表著一個地方，而是一群家人，而且，我們可以把這一個用來反襯的意念貼附在這一群家人身上，只有在這時候，這一個意念才會煥發出家庭回憶的光芒。

因此，在所有的基本觀念中，區分出單純屬於家庭，而且，也專屬於家庭的基本觀念，便

---

* 譯者注：位居巴黎東北方約八十公里處，自五世紀起常為王朝行宮座落處，當地城堡、森林亦同名。

顯得更加重要，雖說正是這些關係著家庭的基本觀念搭建出家居生活之記憶架構，但在諸多社會裡，家庭也不盡然只是一群親屬組成的團體，我們似乎也可以把家庭定義成是，家庭所在的那個地方、家庭成員的行業、家庭成員的社會位階等等。儘管有時候家居團體跟某一地方團體有所重疊，或者是家庭生活、家中主要的思維想法都沉浸在經濟或是宗教，乃至任何其他領域中，然而，若一邊是親屬關係，另一邊是宗教、職業、財富等等，這兩邊的確是存在著根本差異。這也是為何家庭有其自身的記憶，就如同所有其他類型的社群一樣，各自有其記憶：家庭記憶中的第一筆是父母親與子女間的親情，若說，有時乍看之下，某些事件分明是屬於其他領域之意念卻依然貼附在家庭回憶上，這是由於從某些角度而言，這些事件是可以被視為家庭之內的大小事故，也就是說，其實，我們就是用這一個角度來思索的。

無庸置疑的是，在某些古老或是現代社會裡，一方面，我們主張家庭經常與宗教團體混攪在一起，另一方面，家是固定在土地上，所以，家庭又跟屋舍（maison）、墳地（champ）結合在一起。古代的希臘人與羅馬人並不特別區分家庭以及祭拜家神（dieux lares）的家廟（foyer）這兩者之間的不同。家廟是，「人類定居後之生活象徵……家廟是蓋在土地上。一旦建蓋好了，就不應該去改變它的位置……至於家庭，就跟祭壇一樣，也是蓋在土地上。戶籍（domicile）的想法，就這樣自然而然地產生了。家庭是倚靠在家廟上，家廟是倚靠在土地上；於是，土地與家庭便搭起密不可分的關係。經年累月住的房子的所在地，就是從沒想過要離開的地方」[4]。不過，家廟之間必須彼此界限分明，猶如每一戶家庭的守護神祭典也是井水不犯河水。「在家廟周遭某一距離內，必須有一道圍牆。無論是樹籬笆、木板擋牆或是石砌圍牆，都無關緊要。無論其樣式為何，這道圍牆標示了家廟界線，從此與其他家廟涇渭分明。這道圍牆是神聖不可侵犯的。」墳墓也是依循著同樣的道理。「人住的房子不應該是一棟連著另一棟，所以，墳墓之間也不應該有任何交界點……死去的人都是專屬於某一家庭的神明，只有家人才有權利祭拜祈福。死人也都占有一片土地；他們就住在這一小片土堆裡，除了家人，任何其他人都不可寄望來跟他們一起廝守。另外，任何其他人也沒有權利剝奪死人所占據的土地，對以前的人來說，一座墳墓是永遠也不能去破壞或是遷移的[5]。」至於墳地，就跟屋舍寓所一樣，周圍也被圍牆保護著。那並非是石頭砌起的牆，而是「一道數呎寬的矮土，上面不能耕種作物，也絕對不能有犁堆放在此。這個空間是神聖的：根據羅馬法律，該空間是沒有任何時間限制的：這是宗教範圍……從這一堵土堆畫出的直線上，每隔一段距離，人們便放置大石頭或是大塊樹幹，稱之為**界標**（*termes*）……堆置在土地上的界標，就像是家裡的守護神如木樁般打入土，標示著這一片土地從此就是家庭財產……一旦依照儀式將界標安置好之後，這世界上便無任何其他勢力可來移動它們」。曾有那麼

---

4 古朗吉，同上著作，頁六四，與後續段落。

5 同上著作，頁六八。「羅馬法律規定，如果家庭出售墳地所在之處的土地，家庭至少還是墳墓的主人，而且，永遠保留著穿越這一片土地以便去完成祭祖典儀的權利。古老習俗裡，死去的人並不是埋葬在墓園也不是在羅馬大道兩旁，而是在每一家庭的墳地裡。」

一段時間，屋舍和墳地根本就是「和家庭融合為一，沒有任何家庭可失去它們或是被剝奪」[6]。這份對於家庭屋舍和墳地的期待，難道沒有再三翻新所有事件的回憶，且無論是俗世還是宗教的回憶，因為既然所有這些事件都是在屋舍和墳地上進行的？

非常可能的是，曾在某一時期，家庭是主要的社會單位，而且，是在家庭此一環境中舉行宗教儀式，宗教信仰可能都因此淹沒在家庭組織中，或者是因就家庭組織而調整。不過，似乎一切研究也指出，這類信仰在權貴家庭出現前就已存在了，或者是、總而言之，諸多宗教信仰是從家庭的外在世界深入到家庭內部。鄔瑟奈爾（Usener）曾指出，除了祖先祭拜之外，或許也在諸奧林匹斯山的古代神明被完全定型之前，羅馬以及希臘農民的想像力，便已讓當時的鄉村地區充斥著力量強大、高深莫測的各路精靈、神祇、鬼怪，農民向祂們祈求生活平安、驅邪除災，特別是保佑每一階段的農事順順利利[7]，換言之，當時這類崇拜並無任何家居色彩。無論祭拜亡魂的起源為何，不容置喙的是，一方面，家庭守護神、家中亡靈（mânes）等之本質，以及，另一方面，鄔瑟奈爾所謂的**特定常駐神明**（*Sonder*）和**暫時短居神明**（*Augenblicksgötter*），這兩面向之間，存在著密切的關係，甚或是這兩大常駐與短居神明的發明，都是從祭拜家神、亡魂模仿來的。總而言之，儘管各儀典存在著種種差異，舉行儀式的地點、主持典禮的祭司等等，大抵都可被涵蓋在同一整套的宗教表象中[8]。

如此思考宗教的方式，便可讓宗教思想與家庭傳統區分得一清二楚。換言之，在家庭中執行的祭典，即使是在這些古人家中，也大致符合了兩大類型的精神傾向。一方面，祭拜亡魂提供家庭再次團結一心的機會，可固定地透過對於死去之家人的回憶而互相交流感情，並因此鍛鍊出更堅強的團結意識，以及維護家戶群體連綿不絕的決心。另一方面，一旦每年同一天，家家戶戶都舉行著大同小異的祭典，大家都追緬亡魂，敬邀亡魂一起分享活人的饗宴，也就是說，人們的注意力都集中在亡魂是存在著的此一事實的根本以及可能的存在模式，他們便因此參與了他們居住之城市裡或甚至是更多地方的所有居民之共同信仰；藉著祭祖此一時機，他們的精神狀態轉向一個充滿超自然神力的世界，在那個世界裡，他們的家人的陰魂只代表其中很渺小的一部分。在這兩大精神傾向裡，只有第一個傾向類型代表著某種家庭追思緬懷的作為：該類型卻又剛好與某種宗教態度重疊，但保持一定距離、不相混合。

在當今社會裡，農民此一共同體之存在本質依然跟其他社群明顯區分開來，尤其是因為農民

---

6 同上著作，頁七三。

7 鄔瑟奈爾，《神明名錄》（*Götternamen*），頁七五。譯者注：Hermann Usener（一八三四—一九〇五）是德國文獻學、神話學專家，尤其擅長古希臘宗教，可謂宗教比較史之先鋒。

8 鄔瑟奈爾曾根據巴布里歐（Babrios）的說法轉述一則軼事，那就是有個務農者，他進城去跟聖明的神祇求助，理由則是因為城裡神明的法力比鄉下的神明更強大。同上著作，頁二四七。古朗吉也曾解釋說道，為何羅馬帝國內的庶民階層（plèbe），「在過去從不舉行任何祭典，卻從此也有他們自己的宗教儀式和節慶」，繼而又補充，「有時候，平民家庭也在家裡擺設了公廳……否則就是，沒有祭拜家神習慣的平民，從此可公開進入城裡的神廟。」《古代城邦》，頁三二八。譯者注：Babrios，或拼寫成Barius、Gabrias、Babrias（端賴根據哪個時代或哪個地區的希臘文等），西元前二到三世紀的羅馬詩人、寓言作家，以希臘文寫作，一般認為他對後世的寓言文學影響深刻。

的工作是在家居生活的範圍內完成的，例如，農場、牛舍、穀倉等等，即使當今農民已不在裡面做農務，這些建築物依然是農民家庭最關心注意的地方。因此，在一般眾人的看法裡，農民家庭跟土地始終合而為一是很自然合理的事情。另一方面，由於農民該社會群體是依附著土地的，以致於界限分明的區域、他們居住之村落等等全部匯整而成的那幅景觀，很早就深深烙印在他們的腦海裡，這一景觀裡，處處有醒目的特徵，區塊、屋舍之間的相對位置，交錯連結的田地等等。住在城裡的人跟農民閒聊時，他常感到驚訝的是，農民可清楚指出每一農民家庭持有的屋舍、田地，繼而又說道：這塊有圍籬的土地是誰的，那座農場又是誰的；石牆、樹籬、小徑、田溝等等，在他眼中都標示著可區分出每一家居單位範圍的界線，當他順沿著田地漫走時，他就會想到，在這些田裡撒籽耕種的那些人，又當他拖著犁走過果園時，他就會想到，再過一陣子要去果園裡採收水果的另外一些人。

不過，雖然對聚集在鄉村裡的農民社群而言，似乎在他們的腦海中都一一呈現著，村落中哪個家庭擁有哪片土地的景象，而且，又可根據每個農民家庭的居住地點、身家財產的坐落處，來決定每個家庭在村子裡的地位高低，可是，卻沒有任何證據顯示，這樣的基本觀念是每一農民的家庭意識中最重要的一點，甚或是，家庭成員在空間中若是愈集中，因此家庭成員之間更加團結和諧的凝聚力也就更強大。現在且讓我們來分析，一旦這兩種人際關係以看似最緊密的樣子重疊在一起時，究竟會是什麼樣的情況。涂爾幹曾研究了男性親屬繼承之家庭結構（famille agnatique，也就是說，在這類家庭裡，只包括了同一男性的男性後代），例如，這是當今依然存在於南方的斯拉夫民族或是過去古希臘的家庭結構，涂爾幹隨即注意到，這類家庭的基本原則是，遺產絕不能流出家庭：與其拋棄土地，寧願跟某些人斷絕往來（例如，成婚女子）。「把事物跟家居社群（société domestique）連結在一起的聯繫力量，遠勝於個體與個體之間的聯繫力量……事物就是家庭靈魂：除非家庭自身摧毀了，否則也絕不會摧毀這些事物[9]。」隨後他又指出，即使在這類家庭體制裡，家庭單位建立在物品單位之基礎上，然而，其家庭成員是否認為，他們彼此之間的親屬關係，以及由於共同擁有土地也共同耕種而產生的人際關係，其實是一模一樣的？答案是否定的。在這裡，再度顯示的是，並不能藉口說道，同一親屬關係的成員彼此住得相當接近也經常一起耕種同一塊土地，於是便混淆了農民思想中的兩大取向，第一取向牽涉到農務、農耕器具，這是朝向土地的，第二取向則指向屋舍的內部、家庭團體等。或許，在土地上勞動，是把同一家庭的成員或是同一親屬關係的家庭成員都聚集起來，然後，在同一地點上執行完成同樣的任務，而非把農務分發到不同地點，就這一點而言，的確是跟諸多工業勞動形式相差甚遠。一個吃苦耐勞的農民，看著他的家人、他自己的房子，可能會說道：「這塊田是我的，這些牲畜是我們大家的」，這時他似乎把農務勞動、家庭觀念混淆在一起，而且，實際上，我們也可能是這麼認為的，理由則是，他的農務工作是在家居環境範圍內完成的，所以，兩者在農民腦海裡是無法一分為二的。然而，事實上，根本不是這麼一回事。儘管他是自己一個人拖著犁，儘

9 涂爾幹，同上。

管他跟其他家人一起除草，儘管他跟這些人一起打麥，儘管他負責照顧雞鴨，事實上，他是寄託在、而且在他腦海中也無法不將自己寄託在整個村子裡、整個鄉村地區的農民社群上，這一整個社群跟他都執行著同樣的動作、同樣的勞務，雖然這些人並不是他的親屬，卻很可能來協助他或是代替他做活。究竟農務是由親屬完成的，或是由沒任何血緣關係的農民完成的，並不是很重要。因此，並非是勞務、也不是土地背負著某一家庭的具體標誌，而無非是一般的農民生產活動本身。讓一群親人因為勞務而彼此拉近距離的理由，跟讓他們住在同一屋簷下的理由是不一樣的：假若遠房親戚裡的堂表兄弟往往可一起做活，但是太年老的祖父母、年紀太小的小孩子則留在家裡，這是基於體力勞動等關係而非親屬關係。在隔壁田裡，當其他家庭利用好天氣去播種、收割的時候，當這些家庭祈求老天爺，問道乾旱會不會延續、冰雹會不會打壞花苞的時候，某一共同生活便甦醒了，同樣的憂愁也掛在每一個人的臉上。這時候，所關係到的是，農民或是鄉村的思想與記憶，也正是這些記憶、思想為農民打開了傳統習俗、傳奇神話、格言警語等寶藏，迫使每個人依著風俗民情裡的時間表、歲時曆、節慶等等來調整生活作息，因此讓固定的休息生養徹底格式化，同時也再三提醒他們，過去的苦日子告誡著他們應該聽天由命。無可厚非的，家庭始終在左右，但在此時此刻，並非是從家庭裡孕育出農民思維。或者，即使家庭與農民思維是不無關係的，但專屬於農業活動的酸甜苦辣、整體純粹的農村基本觀念，若非轉眼即逝，否則多多少少也是可有可無；在整個工作團隊裡，每個人的眼睛都望著血緣關係最接近的親人，心裡想著其他留在家裡的親人；他的地平線僅限於親人這一小小的圈子，而且，在他的腦海中，這些親人在轉瞬間便脫離了土地、農民社群，但置身於另外一個整體社會，那個由親屬關係且僅僅由親屬關係定義出來的整體社會。在那些守靈的夜晚，也是基於相同的道理，屬於同一家庭的成員、朋友、鄰居全都到齊了：彷彿正是農民社群的精神從某一戶流轉到另一戶：然後，朋友走了、鄰居也告辭了：家門關上後，家庭便自我封閉，一股新的精神煥發振作起來，但無法跟其他家庭分享，也不會流出家庭成員以外的圈子。究竟這是如何跟土地的基本觀念融合在一起的，每個農民、每個農村社群所理解的且再三維護的土地概念，又是怎麼一回事呢？

有時候有些人會說，家庭機制的沿革，實際上就是，過去在家庭中執行的宗教、法律、經濟等功能都被一一剝奪的過程：今天家中的父親不再是祭司，更不是法官，甚至，就政治而言，也不是家庭團體的首領。不過，很可能的是，其實從一開始，這些不同功能便已有所區分，總而言之，在過去，這些功能並沒有跟父親之所以是父親的功能混在一起，而且，相較於由其他領域之思想、活動所延伸出來的人際關係，親屬關係完全是另外一件事。家庭功能跟這些不同功能是如何分化的，難道不是從一開始彼此之間便有根本的差異？當然，這些其他功能都有助於強化、修正家庭團結和諧的程度，但若說這些功能可以導引出如此之結果，卻絕對不是由於它們各自原本的本質。親人間可能拆檔，家庭可能分裂，家庭精神可能衰微，原因在於他們沒有相同的宗教信仰，或者是，彼此空間距離愈來愈遠，乃至於他們各屬於不同的社會階層。然而，如此天差地別的原因卻都導致出相同的結果時，解釋理由就是，無論是哪一個原因作祟，家庭的反應都是一樣的。而這樣的反應，若要提出解釋，主要在於各類家庭表象。宗教信仰社群、空間距離愈拉愈近、社會階級的相似性等等，都不足以創造出家庭精神。對家庭而言，所有這些環境條件的重要性都只在於家庭機制做出的回饋。而且，家庭是可以在其自身找到足夠的力量來克服一切，度過所有眼前的難關。其實不僅如此，有時家庭可把這些危機化解為轉機，即使百里外路窄逢敵手，卻也反敗為勝。彼此不得不各居天涯一角的親人，卻可能由於這樣的短暫分離而更相親相愛，這是因為他們終日只想著要如何拉近彼此距離，故盡各種努力以達到此一目的。為了填補宗教信仰、不平等的社會階級在他們之間撐開的距離，他們也因此盡力更加拉攏家庭聯繫。我們不得不承認，親情有其特殊本質，截然不同，外界各種力量必須是相當強大時，才可能衝擊到這份情感。

V-iii

各類親屬關係與家庭史。人名的故事。

Les rapports de parenté et l'histoire de la famille. Les prénoms

這樣的精神、這樣的家庭記憶，可歸納出什麼？曾在家中發生的大小事件裡，哪些會留下痕跡？在家庭這樣的團體裡的成員，他們的腦海中曾閃過不知多少基本觀念，哪些才是最重要的呢？假使我們試著去找出一個可用來讓我們回想起家庭生活之層層回憶的基本觀念之架構，我們立即就會想到各類親屬關係，而且，就是每一個社會各自定義出來的關係模式。其實，我們不時會想到這些親屬關係，這是由於日常生活中，與我們的親人以及與其他家庭之成員的種種關係，都不時督促著我們從這些親屬關係中汲取出某些靈感。這些親屬關係以一套交互連結的系統表現出來，並提供我們一個省思的起點。家族系譜中存在著一套合理邏輯：這是為何各朝代歷史、皇室家族間的繼承、聯盟等歷史故事，可被社會大眾當作是牢記政權統治之相關事件的簡單工具。同樣地，當我們讀到一齣高潮迭起的悲劇故事時，假使我們不認識劇中重要人物他們彼此之間的關係，我們很快就眼花撩亂、一頭霧水。

如果我們的討論範圍僅限於最粗糙原始的親屬關係，坦白而言，用來定義現代家庭的親屬關係似乎便會因此顯得過於簡陋，以致於曾讓我們刻骨銘心的回憶，難以放進這個定義架構內，尤其是當我們回想起自己的父母親之為人處事、言行舉止等，或者，一朝我們自己也為人父母了，然後，我們便想起了自己過去的所作所為、所思所感等等，這些回憶都不免使得用來規範現代家庭的親屬關係，顯得過於簡陋。單單只是去想到我自己有父親、母親、孩子、妻子，便足以讓我的記憶忠實地重新拼湊出他們每一個人的形影，並正確無誤地描繪出我們共同的過去？儘管看來是很簡單的，但其實此一架構並非不是複雜難解，當我們試著去描繪出當今社會任一家庭之簡單輪廓時，我們不免用我們自己家庭之主要軸線來勾勒其他家庭，而且，想盡辦法讓這一輪廓的線條更鮮明、更細緻。事實上，這意謂著不僅我們去想像出不同面貌、不等程度的親屬關係，而且，也去琢磨出我們的親人在此程度範圍或在此情況下的樣子，尤其是他們的形影身態，在家中，我們往往一眼便可認出來。於此，實際上，對於每一個親人，我們抱持的態度是頗值得玩味的，一方面，關於每一個人在家中所占有之地位，我們完全是以親屬關係來衡量，另一方面，在我們眼裡，每一個人也各自有一幅清晰明朗的形像，然後，我們匯集這兩層面，繼而轉化成一束無法一分為二的思維。

倫理規則規定了父親與子女間的關係、夫與妻的關係，沒有什麼可比這些規則還更抽象、更強硬，而且，其嚴苛程度，比自然界法則之必然性有過之而無不及。在某些例外情況之下，這些倫理規則是有可能打破的：羅馬時期的父親有權拋棄子女；法庭也有足夠的權威宣告親子關係斷絕、夫妻離婚。即使如此，親子關係、姻親關係在群體、社會的記憶中始終留下不滅的痕跡：離家出走的人多少都被家人視為該死的混蛋，而且，家庭還認為該自己清理門戶：何以離家出走者竟變成過路人，從此不痛不癢，該如何解釋這樣的現象？總之，只要還是家中一分子時，我們便始終與親人保持同樣的關係，共同撐著一個家族，這是與其他社會團體截然不同之處，在其他社群中，成員經常進出替換，或者有時交換彼此之相對地位。人可更換職業、國籍，社會地位有時上升有時滑落，臣民變成首領，元首淪為市井小民，不信神的人成為教士，教士還俗成不信怪力亂神者。但是，兒子要成老子，只有當兒子也成家後：縱使如此，他依然是他老子的兒子；在這裡，存在著不可逆關係：同樣地，兄弟之間也無法停止兄弟關係：在這裡，這是永遠不散的宴席。沒有任何其他領域中，個體的地位高低看似事先便已全盤決定，完全不需考量當事人的意願、處境。

不過，家庭也不是每個人的個性都顯得最突出鮮明的社會環境。沒有任何其他社會團體是像家庭這般，每一成員都被視為「獨特自成一體」，以致於我們無法也從未設想過，是不是可讓另一個人來代替。就此角度而言，一個家庭未必是一個內部各領域功能都專門分化的團體，但毋寧是其中每一個人都不同於任何其他人的團體。當然，我們都沒有選擇自己的父親、母親，更沒有決定誰是我們的兄弟姊妹，而且，在諸多情況之下，我們只是在表面上看來，選擇了自己的配偶。在家庭這類相對而言頗為封閉的環境裡，每一成員在生活起居中無不你來我往，我們都花了不少時間反省自己，而且，不放過任何角度。於是，便決定了，在每一個人的記憶中，任何其中一個家人個個都是多采多姿、卻又精準無比的印象。因此，家庭該領域不正是社會生活中頗特別之處？在家裡，當家庭成員都用社會規則與信仰來批評自己的親人時，被批評者的反應則是不輕易接受擺布、不甘願受教，也是在家庭此一領域中，我們看待每一家人時，他們並非宗教、政治、經濟團體的成員，我們看到的是，他們每一個人自己的個性、本身的內在，最後，不正是在家庭此一領域中，我們首先考量的，而且唯一顧及到的，就是每一個人自己的樣子，而不是每個人在其他團體中已有的樣子或是可能成為的樣子，更何況，這些家居以外的團體，它們圍繞著家庭卻又沒有滲透到家庭核心中。

因此，當我們想到自己的父母親時，在腦海中，我們同時有著親子關係此一意念，並且也有著關於某一個人之身影神態，至於為何如此，這是因為這兩大取向都非常緊密地融合在當我們面對著每一家人時所採取的雙重態度裡，在面對著每一個人的個人意願時，我們的情感可能是不痛不癢，而原因則不過是由於父親也好、兄弟也好，在家中他們都更有分量，另一方面，我們面對家人時的情感，卻也可能是自然而然、不受拘束的，這樣的傾向則是三思而後行的結果，原因則是除了親屬關係之外，我們也可以在每一家人的個性中感受到，是否去敬愛或憐愛他們的理由。

每當家庭擴大，有新成員加入時，這個家始終會牢記著這一件事。無論該成員是以出生、婚姻還是收養的方式而加入的，家庭會慶祝這一件事，該事件不只有一個日期，當初也是在特殊條件下才發生的：於是，就此產生了永遠都無法磨滅的回憶。過一陣子之後，當我們想到這個如今已完全融入家居團體內的新家人，我們總會記得當初他進門時的模樣，還有當時那些特殊的背景條件，竟可在家庭成員的心中留下深切的感想或是印象。當然不僅如此，每隔一陣子，只要家庭成員的注意力都被這名親人的言行舉止或只不過是其表情神態吸引住的時候，當年那幾段回憶便會油然飄起迴盪：其他家人永遠都不會忘記，這名親人一開始被新家庭接納時之種種，而這一段回憶或這些基本觀念便會決定了，從此之後，每當他讓家人回想起每一印象時，每一個人將會抱持的態度。因此，只要家庭仍保留著某一事件或是某一人物之表情神態的回憶時，總會有兩大取向：一方面，這段回憶便因此勾勒出一幅豐富多采又深邃不可測的圖畫，這是因為每個人都基於最隱私之經驗，而對該事件、面孔之回憶有所體會，所以每個人都可在此一圖畫中看到了某些事實真相；另一方面，每個人也都不得不以團體的角度來審視這幅圖畫，換言之，每個人都被耳提面命般提醒著，親屬關係才可用來解釋為何團體的利益是為每一個家人著想的。

家家戶戶裡總有各類人物、大小事件。似乎我們是以兩種不同方式去回想起來這些插曲，一是，我們去想到特殊的形影圖像，它們各自代表著一件獨特的事實、背景環境：在這裡，立即閃現的，就是每一親人在我們心中保留著的一連串印象，而且，這一連串印象說明了，我們賦予了每一個人他自己的表情神態，所以，我們不致於分不清楚誰是誰；二是，一旦我們喊出每個家人的名字時，便油然生起一股親切感，彷彿某個人在眼前浮現，並且，我們相當清楚，若是相對於其他人或是鄰近物體的位置時，這個人在家中的地位分量：在這裡，涉及的是，親屬關係之遠近程度的基本觀念，言詞本身便可表達出此一基本觀念之內涵。然而，之前的討論已指出，家庭記憶並不會讓人在腦海中直接了當地重新浮現一連串的印象，而且，縱使某些印象湧現心頭，也不會跟當年穿越知覺意識時所產生的印象一模一樣。另一方面，家庭記憶並不在於簡簡單單地重複某些言詞、演練某些動作。最後，家庭記憶也不是這兩類資訊粗略整合後的結果。當一個家庭追念起某些人事物的時候，家人會引用某些字句，對照比喻某些在過去曾是獨一無二的事件或是形像：但是，這些言詞，不過就是發生過程的具體寫照，這些古老的事件或是形像，不過就是某些官能感受或是思維之虛幻不實的表達，以致於這些字句、這些事件與形像都無法構成記憶的整體：家庭記憶是完全另外一回事：但是記憶應該可以帶領我們走向這些影像、故事，而且，同時之間，也一把捉住這些名字。

沒有任何其他事物是比人名還更能表達出有關於這類回憶的想法，人名既不是一般的基本觀念，也不是一張張各自獨立的影像，可是，人名同時代表著一層親屬關係，以及，一個人。一個人的名字就像是一個人的姓氏，都是用來表達某些目的，那就是，似乎在家庭成員之間存在著一套協定。例如，當我想到我哥哥的名字時，我的確借用了一串具體的符號，但其本身，未必沒有任何意義。這個名字不僅是從已被社會妥善規定的一套人名彙編裡選出來的，並且在這彙編裡，每個名字都會在社會大眾的共同思維裡勾起某些回憶（例如，羅馬天主教聖人曆裡的聖賢的名字，諸多歷史人物都據以為名），還有就是，這個名字就其發音長度、每個字母拼出來後的音色、這一名字常見或是罕見，都會因此激起一些與眾不同的印象。當我們選擇名字時，通常並不考慮到要冠上這一名字的人的反應，可是，往往發生的結果似乎是，這一名字從此成為這個人的根本要素之一；說到一個人名，由於我的兄長冠的是這個名字，從此以後，這一人名便有不同的意義，但不僅如此，我的哥哥被取這個名字、而不是另外其他的名字，所以，似乎他看來便完全不同。為何如此呢？假使人名不過是隨著人的模樣，或者隨著可讓我們想到某一個人的一連串影像而打製出來的具體標籤？有關於人的名字我們必須在具體符號之外，去顧及到這一符號所象徵的事物，況且，事實上，符號與象徵這兩者是無法拆解的。假使人名能因此讓我們去區分出家裡每名成員，這是由於事實上，家庭團體需要去區別出每個人，而人名則回應了這個需要，並且，人名還能夠同時擴大到如何辨識的原則與方法。所謂原則，那就是親屬關係，每名家庭成員都因此占有一席之地且無人可取代。所謂方法，那就是習慣地透過名字此一工具來指認出占據某一位置的人。所以，具體化符號之本身，其分量只是次要的：最重要的是，我的思維，以及，在我的父母親心中，代表著我的哥哥的那些思維，兩者能夠協調一致：名字不過是此一協調之象徵，但我時時刻刻都配合著此一和弦的步調，而且，長期以來都是如此：我真正想到的是這一和弦，而且，遠勝於名字本身，即使人名裡的每個字都藏在此一和弦裡。這便意味著，我的思維是特別的豐富卻也很複雜，原因則是，一時之間，當我站在一個團體之思維角度上，我的個人意識便擴大了。我可因此感覺到，在其他家人面前，我只要說出這個名字，於是，每個人都明白我說的是誰，而且，每個人都隨時可和我交談，對於頂著這個名字的人，他們知道些什麼底細。另外，即使事實上我也不追根究柢，這卻不是最重要的：最重要的是，我很清楚，這樣的交談是可能的，也就是說，我總是與家人保持聯繫。所有在我們的腦海中閃過的想法，並無法歸納出大體清楚明白的感受，雖然，我們或許有意願去分析拆解這些想法的內容？針對這些念頭，我們很少打破砂鍋問到底，甚至也缺乏洞察力。例如，假定我現在要把這一問題分析到透徹明白的程度，而且我知道，這可以讓我哥哥的名字轉換成所有特殊又具體的印象，也就是，過去不同年代以來，我的父母親以及我自己從我哥哥身上接收到的所有感想，條件則只不過是重新組合這些印象是否可能。總之，在人名的背後，在某些條件之下，是有可能浮現出層層形影。不過，這一可能性是來自於我們所屬之團體的存在，尤其是其持續力、完整性。這是為何，在不同年代，對我們而言，一個人名始終代表著某同一個人，這幫我們統整了同一親屬關係，雖然如此，團體終究會改變，猶如與共同之親人的生活經驗也是會產生變化，諸多嶄新印象紛紛擾擾，又同時之間，由於曾經一起生活的人們離開世間或由於生者的記憶逐漸掏空，以致於與某親人的生活經驗便凋零萎縮，對於某一親人的回憶，在此起彼落的年代，對每個人而言，未必刻畫著相同的痕跡。

若說我的家人全都離開人間，這會發生什麼事情呢？我可能還是在某一段時間內，慣性使然地賦予每一個人的名字某一意義。實際上，當一個團體長期地把我們吸進到其影響範圍後，我們便會因此充盈飽滿到無法自己，以致於一旦突然間孤伶伶了，我們的反應、思路等，則依然像是籠罩在其張力下。這是很自然的情感，才剛發生的生離死別往往在日後才看得到影響後果。最後，固然最終我的家人都會離我而去，但誰知道，我會不會在天涯某處巧遇陌生的親人，或者是認識我的家人的人，對他們來說，我的親人的名字、姓氏或許依然代表著不可替換的意義？

相反地，隨著喪者走入過去、逐漸消失，這並非是時間之具體測量單位拉長了陰間與陽間的距離，卻是由於在生者與死者之間的中介團體凋零了，這些團體需要用人名來叫出他們認識的人，然而，死者的名字也逐漸被眾人淡忘。祖先的名諱若依然代代相傳、生生不息，則回憶必然鮮活，這是因為今人始終祭祖點香，至少因此維持了如真似假的關係。至於其他的人名，今人則搞不清楚誰是誰，彷彿全是無名氏。似乎在某些原始或是古代社會，每個家族擁有徹底完整的所有權去使用某一限定數量的名字，且必須從這一限定範圍裡為其成員命名：或許這可用來解釋，為何古希臘人習慣給孫子取祖父的名字；但在另一方面，這也表明出，團體在追求其利益、展現其意願時，總會面臨到一些限制，從死者那裡摘下他們的名號，然後用來給生者加冠，等同是剝奪了生者對於死者的緬懷、記憶。一個無法忘懷其雙親已死別的人，終日叨念著父母親的名字，很快就會被他人冷漠對待。這個人從此自我封鎖在其追憶中，不免將昨日社會群體之使命全攬入當今社會之要務之中，終究徒然一場：他所欠缺的，正是這些逝去之社群的支持。一個人若還記得別人都已忘得乾乾淨淨的事情，而且，假若只有他還記得這些事情，這就像是這個人看得到別人看不到的東西。就某程度說來，這就像是一個瘋子，常讓周遭的人大感驚訝又全身不舒服。由於社會群體不免感到惱怒，他便閉嘴了，但又由於經常沉默不語，他也慢慢淡忘了這些周遭人都不再喊出的名字。社會群體就像是艾斐絲寡婦（matrone d'Ephèse*），以死者的肉身來拯救生者。的確，有些臨死者在死亡邊緣徘徊不去，而在某些社會，相較於其他社會，對於死者的回憶則保留得更長久。但最終說來，兩者相去不遠。

V-iv

成立新家庭。家庭與其他社會群體

La création de familles nouvelles. La famille et les autres groupes

我在前面章節曾提到，在所有的社會裡，若有某類型的組織系統統制著所有的家庭，因此在

* 譯者注：這是同名之寓言故事，相傳出自古羅馬時期之作家Pétrone所著的小說《諷刺》（*Satyricon*），但歷經中世紀傳延，多有引用、改寫，近代最出名者，則是法國寓言作家拉封丹（Jean de la Fontaine，一六二一—一六九五）。該寓言故事之摘要是，寡婦艾斐絲不忍悲傷，最後決定要死在亡夫的屍體身旁，在墓園巡視的一名士兵發現了艾斐絲，他不僅成功地讓寡婦打消求死的念頭，也讓寡婦陷入情網。故事高潮迭起，最後艾斐絲甚至準備犧牲前夫的肉身，借屍還魂以拯救士兵情人。

每一家庭中，都發展出自身獨特之精神，這是由於家庭擁有僅屬於它自己的傳統。其實，怎麼可能不致於如此呢？假使家庭不僅保留了聯繫著所有成員之親屬關係的回憶，而且，也累積了家族史中不朽之事件、人物之追憶？家庭之多采多姿，就像是同一界別中擁有林林總總的類屬，而且，既然每一家庭都標榜著，相較於其他家庭，與眾不同，於是，便可能發生，眾多家庭彼此漠視輕忽，或者互相打壓對立，或者你來我往、交情非比尋常等情況，以致於某一家庭之種種回憶的其中一部分也深深地烙印在其他某一或是數個家庭的記憶中。儘管如此，由於社會之普遍信仰之所以能深入到每一家庭之成員中，乃是以每一家庭裡最常直接接觸外界之集體生活的成員做為中介，自然而然地，社會之一般信仰便會被家庭傳統吸收接納，或者，相反地，進而改變了這些家庭傳統。無論產生的是哪一模式，條件都在於，一方面，在一個更廣泛鬆散但統整了所有家庭的社會裡流轉著眾多趨勢，或許這個社會對於時事潮流放任而為，或許從不間歇地規範、控制每一家戶內的生活（例如，很可能就是原始社會的寫真），而在另一方面，上述二擇一模式的另一產生條件，也可能是來自於每一家庭內部傳統的力量，更何況，這些傳統的延續，並非與那些創造、維持該傳統的人們的個人氣質毫無關係。

假使我們沒有離開親人以另立門戶，而且，假使家中有些人物個性強烈、獨樹一格，他們知道該如何與人打交道，並因此在家中保留著自成一格的氣質，另外，如果我們長期與這些人保持聯繫，又，這些人的道德本性以及面對周遭社會時的態度，並沒有明顯變化，於是，他們的言行舉止、價值判斷、待人接物中的諸多細故，則將永遠歷歷在目地保存在我們的記憶中。假若一個家庭承受了來自其他團體的影響，即使僅是輕微程度，不可避免地，將在此一家庭內產生變化，又，出生死亡、婚喪喜慶、老弱病殘等等，都將減緩或是加速每一成員之個人生理活動，因此，總有一天，家庭之內部結構將產生變動。可想而知，諸家庭成員或其中大部分的成員，都沒有看到觸動的火花，例如，某些成員一起老死，與外界接觸愈來愈少，自我封閉在某種幻覺中，宣稱他們自始至終都沒有任何改變，以致於當他們提到過去的回憶時，就好像記憶猶新、如數家珍：他們用來堆放過去回憶的架子，並沒有任何改變，更沒有添加過任何新素材。至於那些並沒有與其他家庭社群或一般普通社會徹底斷絕往來的人，則都可觀察到，他們的家人今日的模樣跟昨日的模樣是不一樣的：他們校正、補充家庭回憶的每一篇章，處處以其他家庭的說法，還有大同小異的主張、一般常識，以及在當時那個時代，跟他們毫無關係，卻在街頭巷尾流傳之諸多言論等等，來對比家中那些老舊又不甚可靠之目擊者的說詞。這是為何，歷史並不限於去複製當代人物對於過去事件的論述，而是，一個年代又接著另一個年代地，修補再修補，這不只是因為歷史總是擁有任何其他在場目擊之見證者，而是因為歷史必須能夠被今人的思維模式接受，尤其是今人讓過去再現的模式。

當婚姻造成某一成員從此退出家居團體時，這一家庭團體往往不致於徹底忘記這名成員；不過，這名成員進入另一個新家庭後，環境造成他無法經常去想到並非近在眼前的親人，另外，新面孔、新事件變成是他感官意識中的首要事務。在古代社會中，往往皆是如此，例如，古希臘和古羅馬社會。當時婚姻並不會促成一個新家庭，而是讓一名新成員進入一個既有存在的家庭：這名新成員，在還沒踏入新家門前，則必須先從他原本既有的家庭退出，如此徹底之斷絕，就像是家居團體要求一個死人從此不可再踏進家門。在羅馬，已婚女子是在她自己的父母親家中死別，如此她便可在夫家中重生。這是為何、至少在那久遠的年代，家庭是最基本的社會單位，婚姻則是一項宗教行為，婚姻有其禮拜儀式，就如同所有足以重整團體結構的祭典。古朗吉說道，「成婚女子依然可參與追懷死者的祭典；然而，她獻上的供品祭物，並非是為了獻給自己的祖先；她再也沒有這樣的權利。婚姻促使她徹底地從自己父親底下的大家庭退出，從此粉碎了她和這一家庭的所有宗教關係。她的供品是要獻給她的配偶的祖先；她屬於配偶的大家庭，配偶家庭的祖先從此成為她的祖先。

婚姻使女子再生。女子透過婚姻而成為夫家的女兒，如法律專家所言，此乃女子之地位（filiae loco）也。女人是不能同時隸屬於兩個家庭，不能同時參與兩個家居團體的祭拜：她是徹徹底底地屬於配偶的家庭以及配偶的宗教[10]。」當然，或許可想而知的是，當她踏入夫家大門時，她並沒有忘卻所有之前的回憶：童年回憶都深深刻印在腦海中；長年累月地，這些童年回憶都由於她與雙親、兄弟姊妹朝夕相處之故而不斷地推陳出新。不過，在當今夫家，她則必須去協調這些童年回憶，因為夫家的種種想法、傳統都不由得她來決定。相反地，一個羅馬家庭因婚姻而接納一名女子後，在女人被接受同化的過程中，該夫家群體原本保持某種平衡程度的思維未必不會有所傾動。女子之娘家的某一部分思維，竟然沒有以女子為媒介而鑽入夫家之思維中，是絕不可能的事情[11]。家庭一脈相傳，往往只不過是憑空想像。對每一家庭而言，婚姻正是與更為廣闊的社會環境，也就是家庭長期有意斷絕來往的廣大社會，重新接線的機會，並因此開懷擁抱嶄新思潮；因為如此，每一家庭便轉化了自身傳統。

「在今天，家庭是斷斷續續的：配偶雙方成立一個新家庭，而其建成就像是蓋在空無一物的地基上。[12]」非常可能的是，透過婚姻，一個人從此踏入一個更高層的社會境界，以致於有時候，婚後便忘了自己的出身家庭，隨之更加強烈地認同另一個可開展出更高尚之世界的家庭團體……當高老頭（Goriot*）兩個女兒，一個嫁給了伯爵，另一個踩進了銀行世家的大門，緊接著，便逐漸與父親疏遠了，在昔日歲月，那受人輕蔑的環境裡的種種回憶，全一筆勾銷。於此，再一次地，我們儘可寫道，婚姻並沒有創造出新的家庭，婚姻只促成了既有的舊家庭繼續擴大，吸收新成員。不過，一旦是兩個出身相等之社會階層的人聯姻時，彼此不相上下的家庭傳統力量便會互相牴觸。男女雙方原先各自的家庭中，沒有任何一方可宣稱他們有權吸收對方家庭的兒子

---

10 古朗吉，同上著作，頁四七。

11 在封建中國諸時代，權貴家族之間的聯姻是家庭對外關係的回應：對每一權貴家族而言，這代表著保證能夠有某甲或是某乙的支持。因此，女子既是抵押品也是這類聯姻的工具，最後她是如何讓自己徹底融合在夫家中，甚至到忘記自己親生父母親的程度？葛蘭言，《中國人的宗教》（*La religion des Chinois*），一九二二，頁四二。

12 涂爾幹，同上有關於家庭、未曾發表之研究手稿。

* 譯者注：出自法國小說家巴爾札克（Honoré de Balzac，一七九九—一八五〇）之同名小說《高老頭》（*Le Père Goriot*）。

或是女兒。理所應然地，可能會發生的、實際上也經常發生的就是，在我們當今的社會裡，家庭逐漸走向僅只於配偶兩人的規模，於是，父母親的家庭最後將走向一個終點，且該終點正是子女成家之起點。這也是為何父母親的家庭以及子女各自組成的新家庭之間，可互相產生頗為微妙的態度問題。一個家庭走到盡頭、不再繼續擴張，但並不因此忘卻了離開家裡的成員，否則，便是仍然依依不捨，而且，由於任何聯繫都是圍繞著這一個家庭，以致於這個家庭至少也會再去強化難分難捨的連帶關係，整體說來，這些現象都相當符合一般家庭的本質。家庭帶給每一成員家園回憶，又，家庭持續讓每一成員去維護這些回憶，也因此，或許這些回憶都灌滿著歲月的張力。至於新成立的家庭，它則立即向未來看齊。新家庭可感覺到，在其背後，有一張道德的空網：這是由於男女雙方都對自己過去的家庭回憶還感到滿意，而且，就男女雙方而言，這些回憶是各不相同的，所以，兩人就無法一起做共同的想像。為了排除不可避免的衝突，若非雙方都接受的規則，否則便不可拿來當做判別標準，於是乎，心有靈犀地兩人都想著，昔日歲月裡並無任何傳統成分可用來鞏固兩人的結合，那便不妨放下這段久遠的過往，任它隨風而逝。不過，事實真相則是，他們兩人都沒有徹底忘懷過去。很快地，一旦他們兩人的身影後，都出現一段還算長久的共同生活經驗，一旦揉合著他們兩人之喜怒哀樂的大小事件，也累積到足以寫出只屬於他們兩人的記憶時，於是，在這些新生回憶裡，便可騰出一些空間給陳舊的回憶，更何況，這時他們兩人也開始著手張羅新家庭的組成，他們的親生父母已不再是門前過路人。只不過，這些陳舊的回憶將被放置在一個嶄新的框架裡。年長的祖父母，開始介入剛成立的家庭之一般日常生活，也將在這些新家庭扮演後補角色。通常是以殘缺不全的方式，彷彿在當今新家庭停下腳步的時候，祖父母便可和孫子女談到屬於他們自身的回憶，便似乎因此敲響幾乎已消失之傳統的空谷跫音：祖父母是無法讓孫子女親眼看到，早已在現實世界裡銷聲匿跡的一整串想法或一篇篇真實故事的圖畫，更何況，若要論及這些堆積如山的意念或是圖畫，那不就是必須將這些意念和圖畫全放進去，此時此刻，他們的孫子女用來整理思想理念的那個大框架[13]。

在兩世代間劈開這般裂痕，且沒有任何縫補、再回頭的機會，面對這樣的現象，並非不需要勇氣，甚至有時候，並非沒有痛苦或內心煎熬。然而，於此，若只是個人意識在發酵而已，所有一切儘可緊縮成一團團衝突矛盾的記憶圖像，其中有些影像以奔向過去的衝力拉著我們不放，或透過我們的童年回憶，或是藉著過去父母親呵護照料著我們時的情感，另外一些影像，則是藉著我們對於當今現在的不捨，換言之，對於當今生活經驗圈子裡剛出生之成員的戀眷。因此，如果現今的官能感受、情感狀況，都強烈到可讓每一個人願意犧牲過去以換取現在的程度，並且，到那種挖空自己，卻不願多少勉強地表達出他們把痛苦放在自己心頭上的時候，我們將無法明白，

13　父系家族制則是完全另一模式，在此制度裡，只要戶長在世，他便是整個大家族的中心點。這個大家族的組成有兩要點。首先是戶長：在整個男性親屬的位階關係裡（僅有男性直系親屬之後代有資格被列入考量），他是最年長的男性直系親屬後代。隨之則是，或是該戶長的所有直系親屬後代，或是該戶長的所有男性直系親屬後代。當戶長離世（也只有在戶長離世的時候），他的兩個兒子（假使有兩個兒子）則分家，各自成立一個家庭，每人各自成為戶長。家庭包括了、而且僅包括了，所有出身自同一個又仍在世之男性直系親屬者的後代。涂爾幹，同上著作。

為何他們感到內心傷痕累累，又為何，有時懊悔惋惜竟是以內究自責表現出來。另一方面，假使壓在他們心頭上的回憶盡是令人心碎的往事，又，往往常發生的就是，這些回憶又沒有什麼好吹噓的，而且，假使在他們眼裡，未來並非亮麗光明時，我們也無法不明白，他們為何能夠犧牲過去以換取現在。

然而，其實並非兩大類形像，一者來自過去，另一者起自當下，而是兩套互相牴觸的思考方式、生活觀念，以及一群互起衝突的人。若說，某一套家庭邏輯迫使一個人只能夠也必須把他自己當作是某個人的兒子，而且，不但他無法反對此一家庭邏輯，他也無法擁抱另一套允許他把自己當作是某人的丈夫、某人的父親等的家庭邏輯時，他或許天長地久般去守護著第一套邏輯背後的家庭，但也可能發生的是，他挺身離開這個家園，然後，去面對著讓孤家寡人心力交瘁的物質短缺、良心譴責的局面。他的思維、他的回憶，卻都無法在一個不能使其心思飛揚奔放的環境裡沉澱下來：換言之，他的思維、回憶，都跟他的熱情、意欲等一樣地長長久久，或者，從此他的生活環境裡的每一角落都方便追憶逝水年華，但是，卻沒有任何集體的信仰、觀念可給予喝采。在一個蒙塔古家族（Montagu）不可與卡普萊特家族（Capulet*）論及婚嫁的社會裡，羅密歐與茱麗葉的故事就沒有痴人說夢話以外的任何可能了。假使我們離開家庭的原因，只不過是為了在遵循著家家戶戶都擁戴的社會規則與信仰之下，去成立另外一個家庭，或者更普遍而言，去進入另一個社會團體時，情況則大不相同了。

當遠離家庭的理由，並不是為了加入另一個家庭，而是為了加入另一類型的團體，例如，在一修道院中閉關時，當事人可在宗教信仰中找到與家庭精神相對立的力量。因此，同樣的事件，若以其他不同團體的角度來判別，就等同是以其他原則來處理，以另一套邏輯來思索。當驟然間，家庭情懷依然在安潔莉克修道院院長（mère Angélique）心頭上澎湃，卻又傾湧盈溢著新的宗教重責之熱情時，她不免想起皇港修道院之閉關日（journée du guichet），或許朦朧間她也看到她一生最難承受之考驗†。不過，這些追憶最終將自然而然地慢慢移植到她改換教派的故事的不同階段中，而且，同時也被納入她個人的宗教思想中：對她個人以及整個宗教社群的成員而言，這很快便成為一項傳統，且同時成為一道典範，宛如真理的某一層面。於此，可說是兩大生活觀念互相牴觸。但若離開家庭的理由是為了成立另一個家庭時，似乎又不盡相同。實際上，一名女子進了修道院，在閉關情況下，即使整體思量不同或者所接觸的是不同事物，過去家庭生活環境下的氛圍是不可能重現的，然而，當一名男子、一名女子互成連理時，相反地，我們大可以為，

---

* 譯者注：這是義大利歌劇家文森佐・貝里尼（Vincenzo Bellini，一八〇一—一八三五）自莎士比亞的《羅密歐與茱麗葉》汲取靈感後，在一八三〇年完成並於威尼斯上演的愛情悲劇《蒙塔古與卡普萊特這兩家族》（*Les Capulet et les Montaigu*）。

† 譯者注：原名Jacqueline Marie Angélique Arnauld（一五九一—一六六一），乃巴黎皇港修道院（Abbaye de Port-Royal des Champs）之重要人物、改革家，亦是強調苦行禁欲之詹辛教派的中堅人物。一六〇九年九月二十五日她重下閉關令，從此其家人無法到修道院探望她。這不僅造成宗教信仰、教規履行與俗世家庭生活的衝突，即使或可視為一種改革，但也隨之掀起哲學智識與修身法則等思潮風浪。

實際上，在他們內心深處，他們要求的是，跟他們在過去的家庭、在過去圍繞著親人的環境中所學到的道理相較之下，相同的邏輯，或甚至非如此之不可之邏輯。總而言之，家庭難道沒有承載著一連串的社會功能，而且，世世代代的男男女女都被徵召去執行這些功能？過去為人父者，若今日已非人父或剛卸下此任，或許是由於他已離開人間，或者是子女已漸漸不需要他的扶持。他的種種回憶何以能不變得蒼白無力，若曾幾何時，他只不過是一個名字、一張臉孔，或僅只是一個難忍百感交集者，或者我們為之感到五味雜陳，而那樣的感情，未必是由於其父職種種，卻更由於那是一個人罷了，此情此意，是來自於人之所以為人，未必由於身為人父，此情未央，卻更深潛到每一個人的內心，而非僅僅淹沒世間為人父者？為人父者此一意念的全部力量，難道不會轉移到那些當今深知將為人父者或被視作身為人父者的身上，而且，不偏不倚，就是為人父者這幾個字的意思？

不過，家庭並非不可捉摸般，不會在轉眼之間突然改變任何內在成分。當一個兒子成家了，他並不會像是一名國王繼承了另一國王之王位後便因而取代了自己的父親。一個家一成立後，就必須宛如新開張的店面，但兩名新人立即便須挺身面對著自己出身的家庭。往往是逐漸地、而且過一陣子後，新的父親、新的母親才會透過在他們之前已執行過父職母職的父母親來認同自己的角色，但此一體會，在他們的眼裡看來，從來就沒有或多或少、互相較量下的相似性。

有人假定回憶可透過遺傳而由父母親傳遞給子女，巴特勒則注意到，世代相傳的經驗卻無法在逝水年華中，繼續流傳到子女在娘胎中被定型以後的時間，這不過是由於從那一時刻起，在父母親以及子女間，便不再有任何有機延續的存在可能。這是為何，儘管生物性的成長過程仍可穩定發展到成年，原因在於這些生物性過程將繼續由承自祖先的久遠經驗帶領著，不過，一旦人到了生育年齡，他則只能靠著他自己的經驗四處冒險，他的身體卻未必能順利地適應他必須生存之環境的種種條件[14]。我們也可主張，反過來說，我們都是透過親身經驗才認識到當年父母親的生活，但也僅限於我們出生後幾年才展開的經歷：在那之前發生的事情，我們多不感興趣；相反地，當我們自己也為人父母後，我們便開始踏上當年曾眼睜睜看著父母親走過的一段又一段的路途，似乎我們也感覺到，我們可以把自己想像成他們當年的模樣，不過，如此之說詞，還是不夠透徹。總會有一段時期，尤其是剛成家的時候，嚴格說來，就是相對於自己父母親的舊家園，想有一番不同作為，理由則只是剛成立的家還很新穎，感覺上，幾乎可以在傳統固有的架構上寫出獨創的記憶篇章。這是為何，總是在過了一段相當久的日子後，就某程度而言，就是當年的新家庭已失去某種原始樸實的衝力後，亦即當這個家也透過自己的後代，因而促使其他的家居團體應運而生，繼而也遠離舊家園時，這個家才開始體會到，它自己不過是個延續體，宛如當年它走出的那個家的一個新翻版。往往是在衰老前，為人父母者最常想念到自己的父母親，尤其是憶及當年父母親也正處於自己當今的年紀時，當年信誓旦旦要不同於自己父母的想法，都慢慢消退了，然後，又似乎隱隱感覺到，他們不過是老父老母的翻版，自己只是踩在他們走過的路上。在忙著

14 薩謬爾．巴特勒，《生活與習慣》，法文版，一九二二年，頁一四三、一六三。

成家立業又養育子女這一整個階段，家庭重心都是導向未來或是被當下牽著鼻子走，它不時便想著要跟既有的家庭傳統告別，藉以證明自己獨立或加強一己自主的程度，以致於再三強調自己家門外，在那更廣闊的社會裡其他當代家庭的生活方式，以作為自立自強的根據。這顯然是另一新生活的運作邏輯與觀念，更加海闊天空，於是，基於該理由，且表面看來似乎不失道理，在家門外，那更廣大的社會中風行草偃的新邏輯，便不時與家庭或是源自家族的回憶背道而馳。

我們的一生裡，除了自己的家庭，我們也同時投入了其他社會團體。例如，我們總有意無意地在家庭記憶裡參雜少許對外交際生活的回憶。有時，我們將家庭回憶放置在可讓當今社會看到過去生活的那些布景上。這便相當於，以其他社會團體的觀點來看待自己的家庭，或反之，以我們當今家庭的角度來看待過去其他的社會團體，否則就是二合一，讓各自屬於不同社會群體的追憶、思維交融輝映。有時候，我們自己或他者這兩大前提中，只有一方占盡優勢，但另一方面，當我們從某一團體過渡到另一團體時，我們便更換了記憶的篇章，同時之間，也更改了一己觀點、原則、利害關係、價值判斷等等。當小孩子開始上學後，從此他的人生，便像是踩在兩條不同的軌道上，他的思想，也就此攤開順沿在兩張藍圖上。假使他並不常跟自己的家人見面，一方面，他的出身家庭就必須發揮所有之前培養出來的固有力量，才能夠保持既有的凝聚力，另一方面，他自己也必須耕耘努力，才不致於斷線，他所倚賴的，就是那股他在小學、高中鍛鍊出來的毅力，也就是，伴隨著我們一生、陪伴我們到人生盡頭的那股力量。同樣的，當年輕人或成年人奔向其他社會環境時，他也可能會因此而與家人疏遠，結果僅在於或高或低之程度差別而已。在我們踏進一個新天地之前，亦即離開家庭之後，我們未必感到失落，尤其是，我們對內心私密生活的種種最感興趣，就某角度而言，似乎生活從此內化了，記憶便跟隨著這一內心生活的腳步：記憶從此封鎖在家園界線之內。相反地，假使我們被外在世界吸引住了，我們便會遠離家園，記憶也將在家門外的世界拓展：從此，我們的生活就是我們的交際圈，我們的人生事蹟，就是這一交際圈的事蹟；我們的每一人生腳步、歡聲笑語並非與別人的腳印、喜怒哀愁毫無相關，我們信手拈來的每一拾影裡都有別人的身影。有人常說，交遊廣闊時就像是一出門就走丟了，這是必須嚴肅以待之的。雖說，或許我們也能逢場作戲，或不過是人在、心不在。但我們卻有兩張面孔，且既然我們涉入世間，我們便同意了，他日若思想起，終究是世情淡薄。這無疑是大部分的人的經歷，他們若參與、融合某一社會團體，那個社會團體便成為他們的生活中心，雖說勞動生活、交際應酬的高峰，正是其社交生活的主要節目，終究轉眼即逝。相較之下，小孩子尚未四處闖天下，老人家則深居簡出，所以，不同之處就是，這些成年人無法彼此心心相印。且讓我們翻開某某行政高官、鉅商、國家元首的回憶錄，裡面都是刻意地總結了與其職業活動相關，故使其終年奔波、不得空閒的事實：與其說這是寫書人自己的故事，倒不如說是一個社會團體、職業社群或是交遊圈的故事。書中焦點未必是內容本身，而毋寧是語氣態度、那麼幾個特別交代的細節（在這些段落，往往我們可發現某一圈子的反應和某一小群人的心思），以及，或許被挑出來的那些事件，正是這些剪影讓個人論述或是親手撰筆的回憶錄完全不同於一般歷史論述，用意則在於述說，某一整群人曾經歷過的事件，以及，對他們而言，意義又為何。當我們說道，作家的個人經歷乃與其作品重疊時，這意味著，他再也沒有走出他自己創造出來的那個內心世界：然而，若是牽涉到一名上過戰場的人、醫生或是教士，我們則認為他筆下的故事所交織的是，個人戰績、妙手回春的瑣事、改宗換派等見聞，與作家不同的是，我們總有意無意地暗示著，這些人都沒有時間為自己著想，而且，其職位預設了何為當務之急，其任務又要求他們善於交際應酬或是隨時待命，以致於他們都忙到忘記了自己。

在諸多時機，許多不同的人們、家庭都一起參與同樣的休閒娛樂、勞務工作、禮拜祭典等等，事後印象深刻的，多半是來自家庭外在世界的事件，而未必是直接來自其家庭生活的內容；這類事件雖被記一筆，卻猶如事不關己的閒事。同理可循的是，例如，在鄰近家庭所組成的群體裡，人情關係交集糾纏，那或許像是農民聚居之村落裡，這些家庭因所居地而更顯親近，否則便像是在上流社會，每一上流家庭都在別人的指指點點中汲汲營營，而且，這些家庭也需要維持、翻新與其他上流家庭的聯繫，並且互相交流其自命不凡的感受。因此，每一家庭的每一成員都持續不斷地在其所屬團體的思維裡，引進切身體會到的人際關係，以及從其他家庭吸收到的觀感、評價等等。家庭記憶會變成什麼模樣呢？家庭在其廳堂內，其實不是招待某單一團體，而是必須向數個團體敞開大門，如此作為之重要性、層次，以及彼此之關係，卻是不時地改變。自從家庭開始去考量到其他家庭的觀點，而不只是它自己的觀點而已，當它面對著它應該牢記且往往應該再三演練的特別事件，其實，家庭最終常只是淡然處之。

足以讓每一家庭喚醒只屬於它自己的回憶，也就是，每一戶家庭之記憶的種種事件之架構，或許若要拿來與其他家庭的自身架構相較時，是很容易看出各有千秋，尤其，如果我們特別強調表情神態、畫面影像時：我們可因此在空間裡劃定每戶家庭的領域，然後，便在每一領域裡，潑灑幾筆特定事件發生時的色塊，彷彿家家戶戶各有天地、互不侵犯。然而，猶如我之前已強調過的，家庭記憶之架構的基本原料，不僅是表情、身態，而是基本觀念，有關於人物、事實的基本觀念，就此而言，全都具有單一獨特、劃時代之意義，而且，這些基本觀念全都具有對某一團體或是數個團體而言，共同思維的特徵。因此，每一家庭自身的傳統都是對照著一幕塞滿干卿底事之基本觀念的背景，另外，若要指出這些基本觀念之間的界線，絕非易事。我們都明了，剛成立的家庭都特別感受到，應該去適應眼前這個別無選擇的社會環境，於是，不再去理會才剛揮手告別、那個父母所屬之家居團體的固有傳統，但刻意去關心注意牽制著眾多家庭之間的人際關係的基本邏輯。由於每一家庭都有自己的故事，猶如其記憶也是逐日豐富多采，所以，這一剛成立之家庭的回憶，以自身樣貌變得更精確後、沉澱固定下來，於是，它逐漸嘗試以自己的手法去詮釋從社會群體引借來的構想。最後，它終究架起自己的邏輯、傳統，看來卻像是一般社會中的道理、道統，這是由於這些邏輯、傳統到處散發流轉，持續地與每一戶家庭調整相處之道，但另一方面，這些家庭內的邏輯、傳統，也是同中有異、推陳出新，這是因為它們都沉緩地滲透到每一家庭獨有的生活經驗之內，其任務便愈加被認定成是為了保證家庭之和諧團結、世世代代連綿不絕。

第六章 宗教團體的集體記憶

La mémoire collective des groupes religieux

VI-i

宗教是遠古人類歷史以神話模式再生產的結果。古老信仰的殘餘在新生宗教中借屍還魂

La religion est la reproduction mythique de l’histoire primitive des peuples. Les vestiges des anciennes croyances subsistent dans les religions nouvelles

人類遠古時代的歷史，若以它在諸多歷史傳統中綿延不絕的樣子看來，其內容乃全盤貫穿了宗教意念。然而，另一方面，我們大可說道，所有多少帶著象徵形式的宗教，都複製了移民、不同種族與部落相融合的故事，以及重大事件、戰爭、建設、發明與改革等史實，而且，這些歷史，也都在篤行這些宗教信仰的社會的起源點留下足跡。

專研古代宗教的專家未必會馬上同意上述之觀點。不過，古朗吉早已注意到卻也不無驚訝，在古代城邦，往往有兩大宗教，若說一是依附在家家戶戶，也因此讓祖先崇拜的回憶連綿不斷，另一則是崇拜奧林匹斯山的眾神，這是在公共場合舉行的祭典，遍及全古希臘，在古朗吉眼中看來，其對象，實乃大自然的力量，其化身，往往是以雕像或是詩歌等形式呈現出來，卻不過是個象徵罷了[1]。古朗吉也同時說明了，隨著上古時代之原始家庭逐漸放棄與世隔絕的生活，以及部落、宗族等等合併之餘又促成城邦誕生之後，古朗吉懷疑，是否因此加快了眾多家庭互相融合的腳步，並且也促成了新興的崇拜現象，另一方面，古朗吉還指出，冠著地名之神祇，不過只是對於這些起源以及演變過程的追緬。古朗吉特別強調，城邦建立的回憶具有堅忍持久之性格，至於緬懷建城者的崇拜行為，則多少帶著神話色彩，往往是某一部落的地方性神明搖身一變後，儼然成為護佑一整座城邦的神靈[2]。

但另一類主張則逐漸撥雲見日：依然是在古希臘時代，假使我們稍微湊近端詳奧林匹斯山諸神祇的身態與氣質，尤其是，若我們多加思量古希臘時期對於各類祭典、節慶之強調注重，以及某些信仰崇拜與迷信膜拜之關懷內容，或許，王親貴族與受過教育者的圈子，他們早已對這一切感到厭煩難耐，然而，他們當時依然與一般庶民朝夕與共，尤其是在他們之中，尚有不少人是鶴立農民社群中，於是，在另一方面，我們便可發現，事實上，在古代社會，有某兩大宗教是彼此重疊著，而且，雙方都緊扣相合[3]：如此之區分，相較於古朗吉的說法，即使最終不過是另一層面的問題而已，表面上看來，卻還是有一套學問。「古希臘宗教可能是結合了克托尼（chthoniens）與烏拉尼（ouraniens）兩大崇拜的結果。所謂烏拉尼崇拜，是具有開明清新之意志的神明，膜拜用意都是為了某某什麼來著（引述原文中標示的是希臘詞彙）：人們之所以獻禮致意，期待的是恩賜膏澤。至於克托尼崇拜，相反地，則是不潔的幽靈，祭典目的在於避開遠

---

1 《古代城邦》，第二十版，一九〇八，頁一三六之注釋。

2 同上著作，頁一六一之注釋。

3 艾爾文・羅德（Erwin Rohde），《靈魂：心靈崇拜與希臘人的自卑意念》（*Psyche: Seelencult und Unterblichkeitsglaube der Griechen*），第五、第六版，圖賓根（Tubingen），一九一〇，首版乃於一八九三年付梓。譯者注：Erwin Rohde（一八四五—一八九八）是德國古典文獻學專家，任教於數所德國知名大學，與尼采深交，力挺其在一八七二年出版、掀起激烈論戰的《悲劇的誕生》（*Die Geburt der Tragödie aus dem Geiste der Musik*）。羅德著作等身，唯有在此引述之《靈魂》一書被譯成法文，該書多次增版印行，至今仍享有權威地位。本書作者在引述《靈魂》一書時，將德文原文Unsterblichkeitsglaube一詞，誤植為Unterblichkeitsglaube（Unter與Unster之別），因此，正確書名應是《靈魂：心靈崇拜與希臘人的永生意念》。又，Psyche一詞，正確的法文拼寫方式是Psyché，源出希臘文，原意是呼吸、氣息、生命，在此相關之字義取向大致有二：一是希臘神話中，某一不具神性、但為人類肉身的公主與愛神相戀，故事高潮迭起，此一神話多少出自口述傳奇，兩千多年來常為美術畫作、雕塑、壁毯、戲劇、音樂創作之靈感。二是在希臘哲學該領域內，意指生命之擬人化，也就是，心靈、靈魂，乃個體生命非物質化、永恆不死之層面，相左著人類肉身之腐朽。此一取向後被挪用於心理學，尤其是精神分析，意指個體行為裡，有意識、無意識之整體層面，相左的即是個體之生理層面；後又被醫學引用，所謂心理、心理現象，但被視為人類器官之一，與其他五臟六腑等器官無任何差別。總之，在十九世紀時，這一個字已同時跨足哲學、心理學、醫學這三門學科，及三學科之科學化過程。又，Tubingeng是位於德國南部的大學城。

離之。烏拉尼祭典，或者、如果我們偏好奧林匹斯山諸神祇一詞，是跟克托尼儀式相疊在一起：這是兩大不同層次的宗教思維[4]。」李奇瑋（Ridgeway）曾試著去建立一套二元對立模式，那就是「克托尼宗教與烏拉尼宗教的對立，其實相等於佩拉吉人（Pélasges）與北方侵入者之間的戰爭，最後，兩者互相滲透，於是，產生了古典希臘」[5]。另外，畢嘎紐勒（Piganiol）也支持此一說法，並且指出，「古羅馬人的信仰與祭典是依附在兩大各不相同又互相對立的宗教上，兩者相融滲透的過程極為不容易，一方是崇拜上天、火焰，另一方則是崇拜土地以及地府裡的神力。土地崇拜是專屬於地中海地區的農民，例如，利古里亞人（Ligures）、薩賓人（Sabins）、佩拉吉人等等，崇拜上天，則是來自於北方遊牧民族」[6]。數不盡的神話都提示著烏拉尼戰勝克托尼的故事，來自北方的遊牧人壓倒了南方在地的農民：這是天神與巨人（Géants，即土地之子）之間的爭鬥；這是戰勝的騎士欺凌著女妖精的傳說（這些在土地上勞動的原始社會都是母系社會）；這是赫克力斯（Hercule）與卡庫斯（Cacus）的傳奇。當克托尼與烏拉尼兩方神祇聯手或者通婚時，這正是諸宗教以及眾文明協商、和解的象徵，只不過，久遠前的世仇依然在有關於眾神祇之

4 畢嘎紐勒（Piganiol），《論羅馬之起源》（*Essai sur les origines de Rome*），一九一七，頁九三。譯者注：André Piganiol（一八八三—一九六八），法國歷史學家，曾在法蘭西公學苑執教，羅馬古史巨擘。Ouranien一詞源自Ouranos（在希臘神話裡，是上天之擬人化化身，生命之泉源），統轄被視為宛如神聖境地的天空；反之則是chthonien，神話故事裡專屬於土地、地底下或地獄裡的精靈或是神明。

5 李奇瑋（Ridgeway），《早期希臘》（*Early age of Greece*），第一冊，頁三七四。譯者注：William Ridgeway（一八五三—一九二六）乃劍橋大學之考古學教授。Pélasges泛指新石器時代、前希臘時期，居住在愛琴海西側一帶（即後續段落、相關注釋中的特薩立地區）的居民。

6 同上著作，頁九四。此一區分相等於，平民之宗教與貴族之宗教相互對立，頁一三二。貴族應是久遠前來自北方之入侵者，平民則是義大利本地的居民。畢嘎紐勒也簡要說明了，何以不約而同地諸多文明的歷史皆可解釋成兩大群居民的衝突，且該衝突在其社會體制、宗教信仰中皆留下不滅的痕跡：例如，弗里幾亞（phrygienne）文明、色雷斯（thrace）文明、高盧、閃米特（sémitique）、迦勒底（chaldéenne）文明，以及阿拉伯、中國、非洲文明。同上著作，頁三一六之注釋。畢嘎紐勒顯然有意強調羅斯托夫采夫（Rostovtzeff）在《希臘研究期刊》（*Revue des Etudes grecques*）發表的一篇論文，一九一九，頁四六二：有關於俄國北部地區的女神崇拜，可解讀為：「來自美索不達米亞地區的入侵者、閃米特人，以及源自中亞和歐洲之印歐民族的侵略者，他們隨身一起帶到俄國的東西，就是對於唯一又至高無上的神明的崇拜」，至於有關於赫克力斯（Héraclès）以及至高無上之女神的神話：「該神話假定了三要點：對於某一女神的崇拜，這彷彿就是當地人的宗教之基石，對於某一男性神祇的崇拜，則猶如侵略者帶來之宗教的基礎，以及，兩者融合後之單一民族與混合性宗教的誕生。」譯者注：Michael Rostovtzeff（一八七〇—一九五二）是專研古代史的俄國歷史學家，擅長古羅馬、波斯、古希臘之社會史、經濟史，俄國大革命後赴美發展，曾任美國歷史學會（American Historical Association）會長。Phrygienne衍自Phrygie，即當今中亞地區、土耳其之安納托利亞地區。Thrace意指出身或居住在Thrace地區（相當於巴爾幹半島北擁黑海南岸、南抱愛琴海北岸之地區，即保加利亞南部、希臘東北部、土耳其西部）的人。Sémitique出自Sémite一詞，古代時期包括巴比倫人、亞述人、希伯來亞人、腓尼基人等，近代逐漸轉向專指阿拉伯人、猶太人，甚至誤用專指猶太人。Chaldéenne源自Chaldée地區，原乃美索不達米亞南部居民，後擴及巴比倫地區。Héraclès是希臘神話之人物，在羅馬神話中寫成Hercule，在希臘或羅馬神話中的經歷與象徵都不盡相同。有關於Cacus的傳說，通常是與Héraclès的爭鬥密切相關，一般將之描述成半人、半獸，擅長吐火、噴煙，平時若非躲在幽深的地洞裡，否則就是在人間、地面殘殺生靈。

傳說中潛伏遊蕩。針對朱諾女神（Junon），哈里森（Harrison）小姐曾注意到[7]：「在古老的阿爾戈（argonautique*）傳奇裡，西拉女神（Héra）是特薩立（Thessalie）地區的女皇，也是英雄豪傑捷森（Jason）的女守護神，實際上，她就是母系社會的古老典型代表；正是西拉女神也就是佩拉吉人的西拉女神，而非宙斯，統領著宇宙；實際上，宙斯根本不存在。即使是在奧林匹斯山地區，在古老的西拉女神廟（Héraion）裡，只有西拉被膜拜，而且可遠溯到主祭宙斯的廟宇之前。」緊接著，哈里森小姐又補充說道，「荷馬本人不是也曾感覺到，西拉女神似乎是被迫出嫁的」，這是何以荷馬娓娓述說著，西拉女神和眾神之父沒完沒了的爭吵，甚至大動干戈的原因？雖然烏拉尼崇拜逐漸走向一神教，宙斯，作為掌管上天與光明的神祇，卻逐漸沒落，假使不是其氣質屬性被移植到其他個性鮮明的神明[8]，否則就是與之相關的祭拜儀式慢慢地受到克托尼禮拜的感染。

至於互相敵對的神祇也因此握手言和，並於今日組成同一個大家庭，然而，其氣質屬性、相關傳說、道德身段，多多少少還是可讓人想到他們過去的樣子，當我們去分析其祭拜儀式時，我們即可注意到，同樣的協調手段都應用在同樣的對立形式上。哈里森小姐抽絲剝繭，推敲琢磨古希臘人的祭典後，說道：「非常明顯的是，希臘宗教包括了兩大不同組別的元素、甚或是對立的元素……『宗教性禮拜儀式』（rites de service）是緊緊依附在烏拉克、奧林匹斯山上的神明等久遠古老的傳統上；『驅邪儀式』（rites d'aversion）則與魔鬼、英雄、地府之幽靈串聯在一起。

宗教性禮拜儀式具有喜樂、理性之特質，驅邪儀式則陰森晦暗，走向迷信鬼神之途。然

7 《希臘宗教研究之導論》（*Prolegomena to The Study of Greek Religion*），第二版，一九〇八，頁三一五。譯者注：Jane Ellen Harrison（一八五〇—一九二八）是古代文學專家、語言家，乃希臘神話之現代研究健將。

* 譯者注：Argonautique衍生自Argonaute一詞，意指伴隨Jason並在其指揮下，駛著輕快的船隻（Argo）到咯爾基德地區（Colchide，約當今高加索地區之喬治亞）冒險尋找金羊毛的人，常被視為冒險英雄。這起軼事最早出現於荷馬之《奧德賽》一書，有時該名詞也被用來指愛琴海地區遠古時期的居民。至於波蘭籍的英國人類學家馬凌諾斯基（Bronislaw Malinowski，一八八四—一九四二）於一九二二年出版的《南海舡人》（*Argonauts of the Western Pacific: An Account of Native Entreprise and Adventure in the Archipelagoes of Melanesian New Guinea*），此英文書名借用該詞，實乃猶如兩千多年來諸多藝術、文學、電影等之借喻。

8 「威爾克（Welcker，他主要是以埃敘勒〔Eschyle〕的論述為根據）甚至提出一項主張，那就是，宙斯這一個概念，意味著天空宛如聖靈般，其實乃一悠遠的根源，所有類型的神祇都是從宙斯衍生出來的。透過不同的考察方式（去研究日曆、月份名稱、主導每一節慶和月份的主神；古老祭祀的痕跡：以人之肉身為犧牲獻禮、以物體為化身的神明；有關於各族群的宗教，尤其是早期即定居者，例如，在希臘的北部、東部，馬其頓人、色雷斯人、俾斯尼亞人（Bithyniens）等），得到的結果卻都是相同的：都是其中四、五個相同的神祇看似最古老……而且，我們可將這幾個神明（除了女性神祇之外）都歸諸為同一個又唯一一個的天神：也就是，宙斯；而且，戴歐尼斯、阿波羅兩神明也都可依循此說。威爾克提出的概念也因此獲得回應。」鄔瑟奈爾，《神明名錄：初擬彙整宗教定義之專有名詞》（*Götternamen: Versuch einer Lehre von der religiösen Begriffsbildung*），波昂，一八九六，頁二七五。譯者注：Friedrich Gottlieb Welcker（一七八四—一八六八）乃德國文獻學家、考古學家。Eschyle，英文拼法為Aeschylus，乃古希臘三大悲劇創作家（西元前五二五—四五六）。Bithyniens即Bithynie地區之居民，約現今土耳其安納托利亞地區北部，緊鄰黑海、西以博斯普魯斯海峽為界，前注釋中的色雷斯地區則在博斯普魯斯海峽之西岸，這兩地區往往以海峽為分界。一般對於戴歐尼斯該希臘神祇的解讀往往不是很清楚一致，但重複出現的主要特徵是，主宰節慶之化身，常被喻為葡萄酒神，帶著自由解脫、精神恍惚、心醉神迷的形像。本書作者在第五章注釋中已提及《神明名錄》一書，唯在本章方註明副標題。

而，當我們細查，歌頌奧林匹斯山諸神之功德的宗教禮拜，以及，向宙斯致禮的狄亞西亞節（Diasia）、歌詠阿波羅和阿爾忒彌斯（Artémis）的塔爾潔莉亞節（Thargelia）、讚美戴歐尼斯（Dionysos）的安德思德里亞節（Anthesteria）等[*]，則可發現，這些儀式，跟我們假定中的奧林匹斯山諸神祇等膜拜對象幾乎沒有太多關聯，甚至毫無關係：這都不是『火燒牲禮』的儀式，亦非喜氣洋洋的節慶、競技；而是如在地底陰府裡，悲淒慘烈的儀式，或是替妖魔鬼怪淨身，甚至敬仰牛鬼蛇神的儀式。非常可能的是，奧林匹斯山諸祭典代表著一種交疊相錯的形式：以致於某些層次無法從其他層次掙脫出來」[9]。

若時逢安德思德里亞節，處處之對比則令人印象深刻：這是春季節慶，向酒神戴歐尼斯致敬。這一節日長達三天。第一天叫做匹托吉亞（Pithoigia[†]，開酒桶的意思），普魯塔爾克（Plutarque[‡]）說道，「在雅典城，他們在裝著新酒的酒桶上鑽洞」。這是獻上每年首批果實的時候。酒桶開了，四處洋溢著新生青春的氣息，直到第二天（這天叫做丘斯〔Choes〕，意指酒杯〔Coupes〕[§]）、第三天（這天叫做希特洛伊〔Chytroy〕，指的是裝種子的罐子〔Pots〕），依然熱鬧不改。正是在酒杯這天歡祝執政官（roi-archonte[¶]）與酒神戴歐尼斯的聯姻。第三天則有精采萬分的摔角演出。在亞里斯托凡（Aristophane[**]）的《阿卡尼亞人》（Acharniens）一劇中，有一幅描繪著這一節慶的畫作。然而，在此歡樂氣氛，令人興高采烈之餘，卻瀰漫著一股悲情。久遠前，安德思德里亞節是弔念所有亡魂的日子。在名為希特洛伊、第三天時，牲禮並不是為了獻給奧林匹斯山諸神祇，而是給愛馬仕・契托尼歐（Hermès Chtonios[††]）。實際上，沒有人享用為了祭典而準備的盛餚：這是靈魂的食物、亡者的晚餐。在第二天、名為酒杯那天，希臘人相信亡者的靈魂會重回人間、與活人相聚首。所以，當天一大早起，他們的習俗就是嘴裡嚼著歐鼠李

---

* 譯者注：Diasia往往被視為雅典城的慶典，以動物為牲禮，依古希臘之年曆乃每年第八個月，大致相等於當今的二月中旬。依神話所敘，Artémis是阿波羅的孿生姊妹，主掌野生動植物、狩獵，具貞潔純樸形像，也被視為月神。Thargelia相當於當今五月或六月的第六或第七天，不僅限於雅典城內，一般主張該節慶名稱來自每年首先開花、後結果成功的果實，或是利用新麥製成的麵包，故具草本綠意之氣氛。Anthesteria則落於現今二月底、三月初左右，偶也被視為古代的萬聖節，字首Anthos意指春天的花卉。

9 哈里森，同上著作，頁十。

† 譯者注：字首pithoi，意指酒甕。

‡ 譯者注：西元一世紀之希臘作家。

§ 譯者注：Choes一詞，本書法文原文誤植為Chocs。Choes源自chous一詞，即飲酒用的器皿。

¶ 譯者注：Archonte一詞，意指古希臘共和時期主持共和政治的主要行政官員，尤其是在雅典城，其職權由終生職，轉變成十年一任、每年一任，最後變成九人聯合執政（一般主張，整個改變過程可用以觀察古希臘時期權力如何由繼承、世襲，逐漸轉向年度推舉制度）。又，九人聯合執政中的首腦人物，其個人名號一則成為九人聯政之簡稱，二則被拿來當作年度名稱。至於roi-archonte（也寫成archonte-roi），roi在法文裡，一般是國王的意思，這裡僅有巨頭、重要人物之意。根據古朗吉於《古代城邦》之說，roi、archonte兩字同時使用時，意指polémarque（主掌軍事事務）、thesmothète（主持法律事務、國家安全）等頭銜，其任務是為了補充九人執政官；又，archonte-roi也可指九人執政官中排名第二的行政官員，主掌宗教事務。

** 譯者注：西元前約三到四世紀的古希臘喜劇作家，有喜劇之父的美名，《阿卡尼亞人》乃其著名創作。

†† 譯者注：Chtonios的字義是巨人，在希臘神話中，他是天神與地神之子。

（bourdaine）的葉子，用松脂擦拭大門：這是所謂的「驅魔避邪」（apotropaïques[*]）儀式，旨於遠離邪靈的魔力。在最後一天，人們便會說道（這句話已成一句俗語）：「你們這些克雷絲妖精（Kères[†]），快滾出門去，安德思德里亞節已經結束了[10]。」

因此，人們逐漸皈依某一新生宗教，並培養出一套比較不是那麼灰暗、但大致完整的世界觀：不過，這些新興想法，卻都是在崇拜冥界精靈之信仰、亡者足以招來厄運之迷信等等這類早已存在的架構上，找到一席之地。在古希臘第五、第四世紀的宗教裡，同時並存著，一方面，彼此之起源時間都距離遙遠的成分，以及另一方面，大體已將這些舊有之崇拜元素都踢除了的當代面貌，除此之外，此一當代信仰並非對其矛盾對立之處視而不見，卻也能夠在這些古老信仰裡看到了過去之社會沿革、道德演變的痕跡，換言之，原始素樸之風俗習慣、迷信作為全都讓位給更先進前衛的信仰活動以及祭典組織。只不過，集體思維的一般規則，基於當時走在時代尖端之概念的立場上，則是將還沒被它剔除掉的古老儀式、信仰全都一一制式化：因此，一整個闡述神話的功業便逐漸扭曲變質，否則就是過去之社會體制的組織形態也漸漸走樣。若時逢歡頌秋天的節慶，也就是帖思默芙里斯節（Thesmophories[‡]），人們便舉行某些祭典，目的在於祈求作物成長、多子多孫：眾多無以名之的神聖物件（這便是雅理托芙里斯〔Arrétophories〕一詞的由來，這名詞是用來命名這些祭典，意思就是扛著沒有固定名稱的東西），全都在遊街祈福時登場亮相：蛇精的畫像，用穀物做成的麵糰捏出人形魁儡、松果，以及豬隻（這是基於牠們強盛的繁殖力）：要奉獻給大地之神的豬肉都被一一堆放在廟宇的地窖（megara[§]）裡；然後，已淨身三日的婦女則沿階走到下方的聖殿（往下走〔kathodos〕，繼而又往上走〔anodos〕⁋），把豬肉以外所剩下的牲體全擺放在祭壇上；所有拿了這些豬隻牲體、然後再去跟種子混攪在一起的人，

---

* 譯者注：法文原書誤植成apotropique，特以修正。

† 譯者注：Kères是希臘神話中代表厄運、死亡的精靈。

10 哈里森小姐甚至主張，雖然匹托吉亞是為了歌詠戴歐尼斯，普魯塔爾克也強調，這天嬉戲遊樂、盡是歡天喜地的玩賞活動，卻不免有幾分殯喪含意：酒桶、酒甕都讓人想到過去埋葬著亡者的古墳；安德思德里亞節裡的酒桶讓悼念亡魂的古禮永久地保存下去，卻批著春祭的外衣，過去收納著亡者的罈子變成了裝滿新酒的酒桶；或者，倒不如說是，這兩大想法是同時縈繞在古希臘人的腦海裡。同上著作，頁四七。

‡ 譯者注：在該名詞裡，phorie此一字尾就是背、扛、提著的意思。

§ 譯者注：Mégara（第一個字母M大寫）是希臘神話中，底比斯（Thèbes）國王的長女（有時，也依據古希臘文而拼寫成Megára），Héraclès（另一著名、也常被供奉的希臘神祈，請參見前頁注釋）因戰功而娶之為妻；此一軼事常被改編成電影、小說等，例如，一九九七年之迪士尼電影《*Hercules*》（Héraclès之英文）。但在這裡，首先，megaron（單數，或寫成mégaron、mégâron）、以及mégara（複數，或寫成megara，當代法文往往直接寫成mégarons）則是指上古希臘時期長方形的建築物，內有固定的火爐，外有前庭，前庭上有向左右兩方延伸的屋頂；古典時期則泛指巨型建築物、大房間，或是皇宮、廟宇。此外，在帖思默芙里斯節時，依習俗，豚豬群必須被快速趕到地穴裡，這些地穴也稱之為megaron、megara。

⁋ 譯者注：在古希臘文裡，kathodos的字首，kata，是下方、往下的意思；anodos的字首，ana，則反之，是上方、往上之意；字根odos，意指道路、路徑。十九世紀初英國化學家法拉第（Michael Faraday，一七九一——一八六七）則同時挪用這兩個字，賦予新意，且改寫成為cathode（陰電極）、anode（陽電極），反而成為當今一般字辭典才找得到的字義。

來年都會五穀豐收。可是，人們又在這些有關於萬物生生不息的儀式上，添上好幾筆傳說色彩：這一祭典（以豬隻為牲禮）是為了紀念厄布樂（Eubouleus），他領著豬隻去放牧，卻連著豬群全掉進地洞裡，那剛好是地獄裡的閻王來捉拿克芮兒（Korê[*]）時，讓她從此消失人間的地洞。堅持理性路線的詮釋手法促使祭典更長長久久，日後卻罩上一層神祕意涵，尤其是在艾列希斯（Eleusis[†]）舉行的種種祕密儀式。

事實上，有時我們可觀察到始料未及的新生現象，或者是，古老信仰猛烈的反撲攻勢。新興宗教往往無法徹底殲滅被取而代之的舊有崇拜，而且，有可能的是，這些後生宗教也未必努力去掃蕩舊成分：它們都可感覺到，單憑它們自己是無法滿足人類所有的宗教需求，另外，它們也信心滿滿地回收利用古老崇拜中仍生氣盎然的元素，甚至使之滲入到它們本身的精神中。但也可能發生的是，整個社會局勢朝向此一動線修正發展，以致於開始流行向過去看齊的新風氣，並且擴大到向來被官方宗教拒絕禁止的內容。另一方面，也不需要誇大想像，以為上述之現象正是逝去的歲月死而復生的表徵，或甚至以為社會整體也將從其記憶中，一一抽出舊有宗教中尚未完全消退的殘餘形式，繼而又用來培養新崇拜信仰的內涵。不過，在社會整體之外，或者，在社會中，某些對既定之宗教系統的種種作為比較不是那麼順從的區域，總是會有一些舊有宗教的殘餘仍保留著，而且，被擱置在社會本身的「記憶」之外，一方面，社會本身之記憶所保留的內容，僅限於被當代新興體制所吸收的部分，另一方面，過去之宗教的殘餘，則在某些苟延殘喘、卻又活得比過去更好的團體中徘徊不去，換言之，諸多陳舊因子依然忠貞不二地貼附在古老歲月的殘磚破瓦上。

若說畢達哥拉斯哲學（philosophie pythagoricienne）在義大利能有如此出色的成就，這是由於「畢達哥拉斯哲學的內涵裡滿載著佩拉吉人或是邁諾斯文明（minoennes[‡]）的影響……該哲學，正是在義大利某些印歐文化最不深入的區域裡吸收了最多信徒：這就是義大利南部、薩本連人（sabelliens[§]）的大本營以及伊樹里亞（Etrurie[⁋]）的天下；假使畢達哥拉斯哲學之信徒單以哲學語言與外溝通，或僅滿足於將地中海地區的各類宗教真理制式化，上述之優勢就無法成立了」。畢達哥拉斯學說與義大利古代之崇拜信仰關係密切。「我們最終只能承認，畢達哥拉斯

---

* 譯者注：或拼寫成Koré（年輕女子之意），全名是Koré-Perséphone，是帶著雙元對立特徵之希臘女神，既是年輕女子也是已婚婦女，一年中，其中六個月與地府閻王（即後文中的黑帝斯）同居陰間，另外的六個月則重回人間與母親聚首。

† 譯者注：位於雅典西北方二十多公里處，現今每四年舉行一次遙祭上古女天神之慶典。

‡ 譯者注：邁諾斯文明位於當今希臘克里特島（Crète），一般劃分成三歷史時期：起自新石器時代西元前六千年，直到西元前兩千年之階段，乃所謂之遠古時期；西元前兩千年到一千六百年為止，乃中世紀階段；西元前一千六百年到西元前一千一百前左右，則為近代時期。

§ 譯者注：一說是古羅馬時期亞平寧山區（Apennin，北起阿爾卑斯山南麓、南至義大利本島末端）的居民；另一則是西元三世紀被開除教籍的異教徒撒伯流（Sabellius）及其信徒或主張。見本書上下文，應屬第一說。

⁋ 譯者注：該名詞意指義大利古代時期之地理區域，大致相當於今日義大利中部、非阿爾卑斯山脈之山區，向被視為「正統」義大利古文明之起源。

從各個不同的義大利宗教借來的成分，可能比從克里特島之崇拜信仰借來的元素還更繁多」，另外，尚可肯定的是，若畢達哥拉斯學說之教條的發展僅限於義大利，這是由於其主張相當符合某一大群義大利人的宗教思維，又，這一大群人，嚴格說來，就是不願意順從羅馬貴族敬仰的神明以及隨之連同發展出來的官方崇拜[11]。於此，我們面對的是，一套哲學學說、一項宗教主張，所謂的「畢達哥拉斯迷信（superstitions pythagoriciennes）」[12]，被引入某一整體社會中或是某一社會團體中，而且，也在該社會或該團體內進一步茁壯，卻與社會中另一小群人，以及位居優勢之社會階級所主導、認可的官方宗教水火不容，另一方面，這一整個畢達哥拉斯學派，卻又與都屬於同一義大利社會、但擴及諸多地區的信仰崇拜沆瀣一氣，而在過去，官方宗教也不是沒有扶持過這些地方性的信仰崇拜。同時，畢達哥拉斯學派、這一新興信仰崇拜未必不是來自外在影響、自外界深入內部之後的結果，以致於我們大可說道：一方面，這不僅是古老信仰之回憶重新浮現而已，而是古老信仰本身持續地流傳人間，只不過，這些信仰多遭摧毀、打壓，然後，又趁著新局面之優勢而贏得分庭抗禮之姿；另一方面，讓這些古老信仰再次茁壯的背景，跟當年誕生時的局勢，是一模一樣的：它們與相同種族、同一文明的社會建立聯繫，彷彿是這些社會重新裝潢地板，為之重修原始面貌，重組同樣的種族以及道德環境。只不過，往往應該發生的事實即是如此：姑且讓我們假定，亞利安印歐民族（Aryens indo-européens）順利攻占南方地區、後來居上，手段則是順水推舟，順應當地之神明、崇拜等要求；然後，繼之而來的，則是地中海地區諸居民猛烈反攻、重回家園；所以，在諸多例子裡，古老崇拜之所以被重新召回，是由於重新創造了當年誕生時的種種條件，而不是由於在社會大眾的記憶裡，舊有信仰之回憶重新浮現，雖說正是這一個社會在過去廢除或吸收了這些信仰。

若說一個社會在其宗教組織裡保存了夙昔之祭典或是古老信仰之諸多元素，這並不只是為了滿足最遲緩落後的團體。尤有甚者，是為了能夠正確無誤地評斷某一道宗教性程序或是某一項宗教成就，在這時候，人們需要、至少八九不離十地，去回想來時路；更何況，眾多新氣象的想法，都在由於與其他主張相左之餘，力求精益求精、進而鍛鍊出來的。這是為何，奧林匹斯山之諸神信仰，彷彿提著探照燈似的，去摸索挖掘宇宙四方以及人類靈魂深處的祕密，因此照亮八方、星漢燦爛，此一光彩遠勝於、儘管在某些陰暗深僻的角落、在某些高深莫測之祕密祭典的本質裡，這些信仰依然與妖魔鬼怪般的動物、或自地府悠然走出的神靈糾纏不清，或儘管在凶惡毒辣的魂魄裡，每每可見受過文明教化的人們與原始部落之民，別無二致。在荷馬的世界裡，儘管海闊天空、明鏡高照，依然躲藏著年代久遠的迷信作為：我們可在篇章裡一窺崇拜亡靈

11　畢嘎紐勒，同上著作，頁一三〇的注釋。

12　「堅持畢達哥拉斯主張的人禁止火葬；他們祭拜瑞亞（Rhéa）、蒂美特（Déméter），畢達哥拉斯主張崇拜女性神明之教條；他們堅持麻布衣裝……他們賦予數字四近乎迷信般的崇高價值……他們還禁止食用蠶豆。」同上著作，頁一三一。譯者注：Rhéa是希臘神話中的女神，乃眾神中的貴族後裔，而非地方性的後起神明。Déméter則是希臘神話中，前述之瑞亞之女，宙斯之姊妹兼妻子，主掌農事五穀，本章節多處提及與農業、土地有關之神明，往往與之有血緣關係，亦是前述之帖思默芙里斯節的主神。

的足跡；即使荷馬看似相當篤信著，人死後、人的靈魂便飄散了，從此不再回頭來騷擾生者，但是，帕特羅克勒斯（Patrocle）死後，其遊魂卻重現人間，且念念不忘阿基里斯（Achille），阿基里斯則獻給該亡魂一場祭典，在在令人不得不想起過去唯人類肉身為牲禮的祭祀*。在涅苦雅（Nekuya†）該篇章中，尤里西斯（Ulysse）逐步走向地獄之景，看似在一簾布幕上，一筆一畫清楚描繪出被綻放出萬丈光芒的雲霧團團繚繞之奧林匹斯山脈，以及，一個由凡眾組成的社會，他們終究依戀著現世性命。為了襯托無人可擋之烏拉克勢力，人們不得不模擬兩可地比畫著巨人們盤古開天之際的豐功偉業，古遠前的神祇，或鎮壓四方、或潰決受辱。

同樣地，為了凸顯基督教教條之原創性，其創建者，尤其是聖保羅（saint Paul），每每與傳統的猶太教比美對照：正是透過從舊約挪用的措詞，以及針對先知預言所提出之闡釋，故使得猶太人一詞僅剩下字面意思，新興宗教深入人心之餘，尚且足以端正自我定位。保羅主張律法統治之道應優先於聖寵之道，人們必須先學會辨別何謂罪惡，如此方能使聖靈信仰、天主之慈悲解放人心[13]。律法並不會由於信仰而鬆散，相反地，保羅甚至相信基督教義會進而肯定戒律。在基督教義的基本篇章裡，在福音書、使徒書信中，信手拈來即是法利賽人（pharisiens‡）與基督徒這兩者之間的對照、正統猶太教與人子（Fils de l'homme§）之宗教這兩方之間的反襯：這其實是道聽塗說，我們儘可總結，事實上，基督教首先就是以信條、教義以及儀式而表達出來的一場劃時代的道德革命，並鋪陳出何以精神至上的宗教戰勝了拘泥於形式的傳統崇拜，同時，基督教宣告一己之普世性格之餘，根本不接受任何所謂之種族或民族，卻又征服了其他擴及全境的宗教。

然而，這段歷史以及宗教本身，很難獲得諒解，若不以猶太教的背景來反襯對照，大部分的人都是一知半解。

尤其，一個社會要去改造其宗教時，則彷彿是在未知中匍匐前進。自一開始，這個社會就沒有預料，該宗教之新興法則一旦奠定後，會產生什麼樣的後果。往往是在風起雲湧的諸多勢力中，社會體制的力量獨占鰲頭，將整個社會捲到浪頭上，繼而又使得整個團體的重心位置乾坤大挪移：該團體若欲繼續保持平衡，就必須挺身去適應此起彼落的新潮流風，涉及共同生活的各個社會體制也須改頭換面。社會大眾都可感受到，這一新生宗教並非徹底絕對地從零開始。面對種

---

* 譯者注：在荷馬筆下，這兩名神話中的堂表兄弟、深交摯友，共同參與了特洛伊戰爭。一般頌詞向來美言阿基里斯英姿煥發、勇氣出眾，而帕特羅克勒斯則忠誠不二、氣度寬容。

† 譯者注：該詞之法文拼法不一（另有如，Nekuia、Nekyia、Néquie），字義是死亡、屍體，實際所指是希臘神話故事中的招魂祭典。這也是荷馬筆下之《尤里西斯》的第十一章章名。

13 「只是非因律法，我就不知何為罪……我以前沒有律法是活著的，但是誡命來到，罪又活了，我就死了。」保羅（Paul），《羅馬書》（*Epître aux Romains*），第七章，第七節。

‡ 譯者注：古代猶太教的一個派別名稱及其成員，該派別之存在可追溯至西元前二世紀，據傳嚴格遵守摩西的戒條、成文法律，也相當重視口述傳統。在基督教《聖經》中，往往被描述成是言行不一、假仁假義的偽善者。

§ 譯者注：在《福音書》中，耶穌曾在三個不同的背景條件中以此頭銜自稱。另外，所謂人子此一說法，亦可追溯到耶穌在世時期的希臘文、阿拉美語（araméen）中，用以自稱「我」、或稱呼「有個人、某某人」的說法。究竟如何解釋此一片語，牽涉到的是，如何詮釋猶太經典中，有關於末世審判與啟示錄裡，耶穌之神性或超驗性格等問題。

種更加廣闊、更加深沉的信仰，這個社會體也試著把這些信仰全部收納進來，但絕不會完全打破當初促成這一個社會體茁壯成長的基本觀念之架構。這是為何，當這個社會不時回首來時路，把剛出爐的種種概念逐一攤在來時路的兩旁時，它也憂心忡忡地想著，如何在新宗教中加入陳舊之崇拜裡的某些成分，尤其納悶著，哪些元素是可被吸收消化的。這一社會體也必須說服其成員，他們其實已經多多少少接受了這些信仰之組件，即使他們只是發現，自己過去曾經刻意忽略這些組件。不過，這一切若是可能的，僅只限於假使這一社會體不迎面衝撞過往歲月，或者，至少它保留了過往中的某些模樣。即使踩在時代翻新的巨輪上，社會依然會到過往去繞繞圈子：正是在層層疊疊的記憶、傳統以及似曾相識的意念中，社會整體將新興元素打包裝箱後，繼而奮力、將之推向未來前景。

事實上，我們可注意到，荷馬筆下的神話故事依然介於宗教勸誡以及文學虛構這兩者之間。姑且讓我們假定，在古希臘，有學識教養的貴族階級嚴格遵從日漸卓越完善的理性主張，以致於在所有信仰中，若靈魂之生死仍有任何妖魔鬼怪的殘餘或黑帝斯（Hadès*）的身影時，則都必須斬草除根，另一方面，這些人也開始想像，無論是活著還是死後，人類都再也無法與神明通靈感悟：因此，在同一時期內，所有宗教性儀典都喪失其威信，但詩意般的想像力，則隨著奧林匹斯山脈及其擁有神力的居民飛上枝頭成鳳凰。假使荷馬筆下的多神論主張希望能夠繼續駐守在宗教領域內，其擁護者，便不得不重新衡量原本幻想著要一筆勾銷的某些信仰。那一時代的希臘人，之所以無法全盤否定傳奇故事、具神性的英雄人物，而且，無法同後來的盧西亞

（Lucien[†]），對這一切僅報以莞爾一笑，原因在於他們依然感同身受到，在不久之前，宗教還不致於如此地人性化，這則是由於在古老的聖殿裡、在過去曾預言成真的地方，仍需要活生生的神明方能靜思感應到原始鬼怪、地方神祇、草本精華等所傳承下來的事物：我們改變了它們的某些特質，但至少在某一段時間內，我們還是不得不保留其神性。

同樣地，就某定義而言，假使基督教沒有以猶太教之後繼者自居，我們大可懷疑，就基督教自身的力量而言，是否足以發展成為一門宗教。當耶穌說道：「你要盡心、盡性、盡意、愛主你的神，這是誡命中的第一、且是最大的。其次也相倣，就是要愛人如己。」[14]我們可清楚地看到，他疏解此一教義，將之推演到近乎純道德層次。而且，基督教的諸多創建者也不厭其煩地拉近舊約中的先知以及基督他一生中的風浪波折與言行舉止這兩者間的距離，並且，讓基督的生平事蹟成為舊約先知的代表典範。正是在根據亞伯拉罕的承諾後，保羅便主張異教徒（Gentils）也可被視為以撒（Issac）的真正後代，換言之，孩子「不是使女的兒女、乃是自主婦人的兒女」[15]，於是乎，每一個都是堂堂正正的繼承者。亞伯拉罕、以撒、雅各（Jacob）他們各自的上

---

* 譯者注：希臘神話中的地府閻王、死神。

† 譯者注：應是Lucien de Samosate（約一二五—一九二），希臘哲學家，修習法律後周遊天下，現今傳世之作品約八十二篇，其對宗教、藝術、固有價值倫理的批評、諷刺備受推崇。

14 馬太福音（*Matthieu*），第二十二章，第三七—三九節。

15 加拉太書（*Epîre aux Galates*），第四章，第三一—三一節。

帝都沒有被「人子」趕出殿堂，或至少，此一至高無上的神明被重新包裝了，卻依然保有其造物主的本質。縱然如此，且儘管從猶太教汲取來的基本教義依然生氣盎然，但隨著基督教日漸繁榮茁壯的景象，當年這一宛如扦插在外來樹幹上的枝葉，便不再引人注目了；實際上，如果基督教之道德倫理仍欲享有宗教地位般的威信，它就必須全然取自傳統意念、體制之素材，並進而改造成信條教理、祭典儀式的層層骨架。

VI-ii

就其他哪些涵義而言，宗教是緬懷過往的儀式。基督教與耶穌受難。古代基督教社會。教會與塵世。神職人員與在世教徒

En quel autre sens la religion est une commémoration du passé. La religion chrétienne et la passion du Christ. La société chrétienne primitive. L’Église et le siècle. Clercs et laïques

不僅如此，宗教複製了過去，又將之轉移到另一方向。於是，我們的注意焦點便不再是神話的起源或是深切的意涵。我們也停止去追究在這些固有傳統背後的一般性事件、移民故事、人群的結合等等，然而，這些傳統可能就是這些經歷的回響。且讓我們以忠誠信徒的眼光來看待這些故事。這並非意味著，從此神話故事便無法提示我們生命中的種種風景、聖賢或具神力之人物的

行為舉止、身態面貌。藉著擬人形像、化身動物或其他形體，我們的想像力終究賦予神話中之萬物異常敏銳的生存形態：它們都是確切存在著的，否則便是曾在某些地點、某些年代現身。它們都曾經在人間寫下生龍活虎的一章[16]。也正是從那時候開始，人類保留了有關於這些神祇、豪傑的回憶，人們也相繼傳述著這些人物的故事，最後，藉由崇拜儀式，他們追念緬懷這些傳奇的相關回憶。

我們若大略瞄一眼不同的基督教儀典，我們隨即可看出，實際上，每一祭典主要都是為了紀念基督生平中的某一階段或是某一事件[17]。基督教年曆（**année chrétienne**）幾乎就是圍繞著復活節時期打轉，甚至紀念典禮之先後順序、講道與祈禱的內容，都是為了重新演練耶穌受難的不同

---

16 當我們仔細考察原始部落居民的祭拜儀式時，根據這些居民的說法，這類儀式都會對某些事物產生影響，我們可發現，這些儀式往往是為了重新搬演某些神話故事的情節，換言之，讓一名英雄或是深具傳奇色彩的祖先登上舞台，並讓眾人追緬，當年這些偉人如何創造了某一神奇的新作為或是前所未見的新技術。有關於這類部落社會中的紀念祭典，可參考伊瑞歐·赫爾（Yrio Hirn），《藝術的起源，心理學與社會學觀點之探查》（*The Origins of Art, a psychological and sociological inquiry*），倫敦，一九〇〇，第十六章。譯者注：該書作者（一八七〇—一九五二）之名應是Yrjö，芬蘭籍文學史教授，發表著作豐富。

17 「神學家與歷史學家始終堅持，禮拜儀式的目的之一，就是提示宗教事件之過往年代，並透過某種戲劇性的表達方式使之在當下重現。沒有任何禮拜儀式不是為了回應此一要求。禮儀年（année liturgique）便是一場紀念典禮。一年一次的儀式構成一循環周期，整體便成為一段擴及全民之史事或宗教史實的紀念。」德拉庫，《宗教與律法》，頁一五—一六。譯者注：禮儀年是從聖誕節之前的第四個禮拜天開始。

階段。以另一角度而言，由於每天都以一名聖徒為主角，所以，基督教年曆可說是為了追念所有獻身參與組織、傳播或是闡釋基督教義的男男女女。若拉長時間期限，例如，每個星期的禮拜天，在這天的彌撒中，每個信徒都應該參與紀念耶穌最後的晚餐此一事蹟。整體的基督教義是建立在一段歷史上，且幾乎相融為一。若說久遠前不信神的人無法拯救其靈魂，這是因為基督教歷史中的種種事件都還來不及登上歷史舞台，而且，與猶太人相反的是，這些基督教教義中的異教徒若要認識宣揚中的先知預言，唯一條件是，預言必須事先發生。猶太人已事先預告了彌賽亞此救世主終將蒞臨人間；至於耶穌的信徒，他們則是耶穌出生、死亡與死後復活的見證人；世世代代的基督徒，從那時候起，便接手了所有這些事件所架起的傳統。既然基督再也沒有重現人間，因此，基督教的所有內涵可說是建立在基督之生平、傳授之教誨的種種追憶上。

然而，既然基督教是徹徹底底地轉向過去（其實所有宗教都是如此的），那又應該如何解釋，它又以一歷久彌新之社會體制自居，聲稱不受任何時間的限制，而且基督真理既是歷史性的、也是永恆不朽的？

假使我們認為，諸宗教體系的主要意義在於其創建者提出的道德教誨，於是，我們便可明白，不同之宗教系統所仰賴的真理都具有永世性質，至於發現這些真理的人的身態、這些人的經歷回憶，則不過是次要的問題。這很可能就是佛教的經驗。「事實上，佛教首重者，就是救贖（salut）此一基本觀念，而且，獲得救贖的唯一路徑就是認識正確的佛法，並且身體力行。大致可確定的是，假使佛陀沒有向眾生揭示何為正確佛法，眾生就無法認識佛法了；一旦真理揭示，佛陀就功德圓滿了。從這一時刻起，佛陀就不再是宗教生活中的必要元素。」這也是為何佛陀不能是天主。「這是因為天主，祂首先就是一個活生生的人，而且，祂是人們必須顧及的、也是人們必須仰賴的對象；然而，佛陀已死，進入涅槃（Nirvâna）；他再也無法介入世人苦樂之任何波折[18]。」「宗教社群中具神性的首領……的確與眾人同甘共苦……以致於，祭祀只不過是該共同生活的一整套永恆持久之表達方式，這樣的想法，對佛教徒而言，是完全講不通的。他們的導師已進入涅槃：任其信徒呼喊叫喚，佛陀是聽不到他們的聲音的[19]。」大體而言，「牢記著佛陀在人世間時之生活經歷，視佛陀的言語如真理珠璣並堅信不疑，服從佛法猶如遵守基督律法（**loi de la sainteté**）般，無庸置疑，這些因素都在佛教徒社群中的生活、宗教情感等等之表達方式造成極大的影響」[20]。不過，佛陀既非仲裁者、亦非救世主。「遠在梵我（Atman*）此一多神教之教理暢行前，崇拜古代諸神明的信仰便已消失了……要自痛苦之現世解脫（délivrance），不再是某某神明之權限；而是遵循著一連串因果的自然法則。」所以，佛陀只能夠是偉大的「行家」

---

18 涂爾幹，《宗教生活的基本形式》，頁四四。

19 奧登貝爾格（Oldenberg），《釋迦摩尼，其生平、教理與社群》（*Le Bouddha*，*sa vie*，*sa doctrine*，*sa communauté*），法文翻譯版，頁三六八。譯者注：Hermann Oldenberg（一八五四—一九二〇）是德國印度學權威，宗教史學家。

20 同上著作，頁三一九。

* 譯者注：或音譯「阿特曼」，原本字義是呼吸、靈魂、自我、精要，印度哲學之基本概念之一。雖然一般主張該詞彙所指的是真實自我、純粹意識，但與心理學之自我（égo）相左，也完全不同於一般佛家講求之無我。

（Connaissant）（在此，無任何形而上的優越意涵），卻也是知識的宣導者[21]：是一名歷史性人物，卻非獨一無二的，原因則不過是由於眾人皆已承認，過去已有數不清的佛陀、未來也是滿街皆聖人；最後，佛陀此一人物之存在事實便被限制在其生與死這兩個日期之間。另外，由於「佛教首重者……就是救贖此一基本觀念」，而且「獲得救贖的唯一路徑就是認識正確的佛法，並且身體力行」，所以，很顯然地，在佛教裡，除了道德之外，存在著某一宗教成分（若無此宗教成分，我們不得不懷疑，佛教是否會成為一門宗教），但是，此宗教成分又將所有的內容都訴諸於回憶。永恆不變的，其實是道德：正是道德跟宗教糾纏不清，而且，又倒過頭來去援引好幾段首尾分明又久遠前便已束之高閣的歷史年代。

基督教則是完全另一回事。基督並不只是行家或是聖賢：祂是神。基督並不自我設限、僅滿足於去指點眾人救贖之路：沒有任何一名基督徒之救贖不是透過基督之介入或是榮受基督積極有效的作為。基督在死亡、繼而復活後，並沒有與眾生失去聯絡，祂每一分每一秒都在教會中。沒有任何紀念禮儀裡沒有基督現身，也沒有任何祈禱或皈依儀典裡不推崇祂。基督犧牲自己、獻給世人其身軀、血液，並不是只發生過一次而已：每當信徒聚在一起領聖餐（Eucharistie），該犧牲過程便徹頭徹尾地再度登場[22]。不僅如此，後面接二連三的犧牲過程，在不同時機、不同地點

21　同上著作，頁三二〇，與後續段落。

22 關於此議題，正是路德（Luther）這一方，以及另一方，卡洛斯塔德（Carlostadt）、茲英立（Zwingli）、厄科蘭帕德（Oecolampade）等人，在一五二三年到一五三〇年間之爭辯焦點。尤其是路德一五二七年在其著作《基督的身體：這是我的身體——反對激進左派》（*Dass diese Wort Christi 'das ist mein Lieb (etc.)' noch fest stehen wider die Schwärmgeister*），所持之觀點，參見《路德文集》（*Luthers Werke*），續集二，柏林，一九〇五，《改革家與論戰選集》（*Reformatorische und polemische Schriften*），第二冊，頁三七一、三七三，以及，頁四一五、四一六、四二一、四二二等。路德堅持——「耶穌基督所謂之食，並非高深莫測的肴饌，但由口進食之喫也……由此可見，其用意在於不惜奉獻一己身軀，並向我們保證其施予；當我們緬懷祂的死亡想起所有祂提出的勸誡時，這一切都不會排除祂與我們同在的事實」。博素偉（Bossuet），《基督新教之教會百家爭鳴的歷史》（*Histoire des variations des églises protestantes*），第一冊，巴黎，一六八八，頁九〇。至於茲英立本人，他偏向抽象意涵，則強調「這並不只是表演而已，也不是毫無意義的故作姿態；而是緬懷追念，以及對犧牲之肉體、四濺之鮮血始終虔誠之信念，這一信仰將支撐著我們的靈魂；然而，儘管聖靈（Saint-Esprit）在我們的心中，罪惡卻一再出現，這正是令人不解之處。」同上著作，頁八五。譯者注：有關於路德一五二七年之著作的名稱，本書誤植為Dass diese Worte：das ist mein Leib，etc.，noch feststehen。Wider die Schwarmgeister（漏字、又誤將某兩字合併成一字），已在上文中校正。又，Carlostadt（一四八六—一五四一）乃德國宗教改革家，往往被視為主張聖靈之力量存在於人類肉身或是大自然的代表人物，其姓名寫法不一，Andreas Rudolf Bodenstein，Andreas Rudolff（Rudolph）Bodenstein von Karlstadt，或簡稱Karlstadt（亦可拼成Carlstadt）。Ulrich Zwingli（一四八四—一五三一）乃瑞士新教改革的主要健將，主張自由作風，尤其是對聖餐禮之解讀有獨到見解，亦是後來與其他改革者意見分合的爭執焦點之一。Oecolampade Johannes Hausschein（一四八二—一五三一）是當時之瑞士、德國傳教士、人道主義者，曾與伊拉斯莫（Erasme，一四六七—一五三六，當今歐盟資助大學生、教師的交換獎學金乃冠其名以紀念其貢獻）共同編纂新約聖經。Jacques-Bénigne Bossuet（一六二七—一七〇四）乃天主教會主教、作家，該著作共計十五冊，乃其代表經典，用意在於證明，雖諸新教每每不同，但共同點不過是翻新求異。

舉行儀典，其實只是相同、又唯一的犧牲事件[23]。同樣地，基督真理，並非是基督在某些特定條件下啟示眾人，便功德圓滿了，也不是一朝冥思默想就可明白其要義：相反的是，神啟從未停止翻新，或者、應該說是，神啟源源不斷，原因則是在於人類若要明了這些啟示，則需要上帝的啟發。研讀福音書、聖經的經文時，若無此超自然般的神啟光明，則可能讓人偏離原本上帝所指示的道路，而非更接近上帝，尤其是當人們注意到某些黑暗的角落以及相反牴觸之處：**這麼多高深莫測的篇章**（**tot paginarum opaca secreta**[24]）。為何永恆之真理竟全是透過人說的話語，但人生在世的時間又相當有限，以致於若要去認識永恆真理，縱然這麼多世紀以來，教會依其教導方針選擇了這些經文，然後不斷地再三詮釋，但最後的結果難道不過是滄海一粟？教義，一如崇拜，是沒有時間限制的：在一時間有限、起伏更迭的世界裡，如此之教義彷彿模仿了永恆卻又亙久不變的上帝，但只要人類之舉止姿態、言行話語、思維想法，都能苟日新、日日新、又日新。

若說，自創教初期的那幾個世紀起，基督教理、儀式的精要便已固定下來，絕非子虛烏有。正是在這一最初級的架構上重新布置了所有其他之物。每當教會必須論斷新的學說、新的祭典、祭典中前所未見的細節，或者是新的宗教生活方式與思想模式時，它首先便自問，這些新事物是否符合原創時期所制定之信仰、是否得體。教理與典儀之精要都訴諸於、或者傾向訴諸於，如何遵循過去的作法。教會始終如一地重複再重複，或者，至少宣稱向來不斷地重複。教會賦予基督教的創教時期、曾激起熱烈回響的作為和言詞，一個與眾不同的地位。儘管已年代久遠，即使我們再去考量到，從一開始，教會便受到其他社會體制之洗禮，並因此先後披上不同外衣，這些卻都被教會置於一不受時間管束之高閣，冠上永恆真理的名號，但實際上，卻是在一整段首尾切割分明的歷史時期中陸續發生的。所以，假若宗教之主旨目的似乎躲過了乾坤挪移法則之作弄，

---

23 「羅馬教會相當重視，禮拜和領聖禮聖餐等儀式之內涵是否清楚明白又生動活潑地表達出教會團結一致的精神。這正是使用聖餅（fermentum）的意義，聖餅從主教彌撒傳送到諸教區的會堂（tituli）裡負責主持彌撒的教士手中；這仍是聖物予聖者（sancta）此一儀式所代表的主要意涵，先前彌撒中已祝聖之物被帶到後續之彌撒中，然後放在祈求和平之主（Pax Domini）的聖杯中。所有位於羅馬的教會皆如此，所有禮拜儀式依然如此，昨日猶如今日，一模一樣的祭品、一模一樣的聖餐、一模一樣的領聖體儀式。」杜煦斯耐（L. Duchesne），《基督信仰之起源》（*Origines du culte chrétien*），頁一九六。譯者注：Louis Duchesne（一八四三—一九二二）不僅是天主教會教士，亦是備受推崇之歷史學家、文獻學家、法蘭西學院院士。譯者注：tituli（複數為titulus）此一拉丁詞多半是指，刻在石板、木板等載體以及建築物等上面的文字。但在基督教歷史裡，也指古代的羅馬城裡，移作祭典崇拜用途的建築物，而且，只有被冠上該詞之會堂才可以舉行基督教儀式，在第四世紀時則成為現今所謂的教堂、基督教會的行政中心。文中的sancta，一般正確寫法應是sancta sanctis（常縮寫成S.S.），sancta慣常之中文翻譯是基督的體血，sanctis則是信友，兩字合起來的字面意思是，「聖物歸於聖人」（les choses saintes aux saints），或者，「神聖者，都歸諸於聖人」（ce qui est saint, aux saints），一般教會的中譯則是：「看，那神聖的事物給神聖的人」；通常主張，東正教會之主祭在主持領聖體、舉揚祭品時，會如此宣布。

24 聖奧古斯丁（Saint Augustin），《懺悔錄》（*Confessions*），第十一冊，頁二。譯者注：該拉丁文句的當代法文可寫成tant de pages secrètes et mystérieuses。Saint Augustin（三五四—四三〇）是拉丁教會之導師，哲學家、神學家、教士，甚或詩人，羅馬教會之創世紀時期的中堅人物。一生筆耕不輟、著作等身，在《懺悔錄》中描述其宗教思想的演變、何以皈依天主教等心路歷程，常被視為自傳作品。

又，假使宗教表象都已固若金湯，然而，所有其他決定著社會思想內容的基本觀念、固有傳統，則與世沿革、改頭換面，這絕不是由於這些觀念、傳統是在時間潮流之外，而是由於這些基本觀念與傳統所依附的時間，若非與之前發生之種種都失去連結，否則至少就是與後來的世界連不上線；換言之，整體之宗教回憶都停留在一個與世隔絕之境地，並且，與還更加久遠之年代以前所形成之千千萬萬的社會回憶都脫節了，以致於教會中人身體力行的生活類型與社會思想，相較於今人的意念主張、舉止作為，可謂差異懸殊。

於此可見，宗教團體的記憶有別於其他社群之記憶，與其說是所有其他社群的記憶都互相滲透、彼此協調配合，宗教團體的記憶則宣稱，一旦拍案、從此便不再更變，或者，便因此強迫其他社群去適應宗教團體已占盡優勢地位之表象，否則就是毫無例外地一概漠視其他社群，它無時無刻不去強調其他社群更迭不定的樣子，相反地，宗教團體卻是永恆穩定，於是，其他社群一概被視為良莠不齊之次要角色。所以，在從此天長地久永不變者，以及居中過渡搖擺者，其差異並非是程度高低，而是本質的問題，我們亦可明了，這一差異代表的是，宗教意識中某一徹底對立的性格。另外，既然所有其他社會生活領域，都是在有限的時間中發展形成的，以致於宗教便必須從中撤出。於是，這便產生了，宗教帶領我們到另一國度的想法，宗教目的是亙古彌新、永恆不變的印象，以及，縱然宗教作為每每發生時，都是在一個確實之時間、地點上，但這些作為透過永無休止的重複運作、統一貫徹的樣貌，卻至少都複製並象徵著宗教永恆不朽、堅如磐石的特質。在一般社會生活中，或許只有某一領域之現象表現出相同的特徵，並且，可讓我們聯想到相同性質的意念：這就是定時發生之自然現象，即自然法則，它所帶來的奇異景觀，在社群生活中，每每激發出不同的代表意義。頗值得注意的是，實際上，諸多宗教在某程度上，都是順沿著四季更迭此一模式的腳步，其祭典儀式、節慶，雖此起彼落，卻都複製了皇天、后土各自之先後歲時的樣貌。縱使是最前衛現代、先進突出、甚或講究開明智識的某些宗教派別，其有關於上天的基本觀念、上天的意旨，卻都更鮮明地朝向天地造化的意念，眾多神學思想之發展，都是參照反襯自然萬物與上天意旨這兩者後的感悟。在天主教中，此一現象尤為突出，就某意涵而言，正是受到萬物造化之啟蒙後，所有靈修主張皆堅持，宗教乃永恆不變。宗教適應了四季更迭之事實，因此，基督信徒的生活腳步便是依隨著世俗年月的步驟，基督教也同時努力在其自身思想範圍內，隨著一己的速度去學習鍛鍊、協調組織四季更迭以及時間分割之集體表象。但另一方面，基督教從未考慮過，讓自然物理範圍升高到象徵著某一隱而未現的層次或另一不知名領域。人類所建立的科學以及所有的基本科學觀念，就基督教之立場而言，與任何其他世俗思想之步驟進展，是毫無二致的：在基督教看來，人類撰寫出來的科學既不確定也不穩定：人的科學因時制宜：人的科學在萬物中必然可挖掘出來的東西，都只是牽涉到人類毫不完美的知識。唯有宗教真理是確實俱到、牢不可破。總而言之，在那一開始即已拍案敲定、永不回頭者，以及僅存在於某一年代、僅在某一時期方有真實意義者，這兩彼岸間，並無任何中介、亦無任何中間時期，並且，只有在某些特殊例外之時期的社會思想，以及自我限定鍥而不捨地去保留、重複製造這些社會思想的團體，才能夠藉著此固定不移之特徵，去對抗著所有其他年代以及所有其他社群虛無飄渺的社會思維。

若說，這就是宗教之主旨，而且，縱然歲月轉移，宗教也篤定了要去保留久遠年代前的回憶，使之歷久彌新，毫不受日後其他回憶之糾纏混淆，如此一來，不容置疑、又可想而知的就是，即使世紀遷移，教理、禮拜儀式的呈現方式卻是愈來愈清晰明確，這是因為如此才能更有力地對抗外來影響，更何況，外來世界的介入，都由於宗教團體與其他社群之差異愈來愈大，而顯得愈來愈危險。儘管如此，雖然捲入其中，且因此備受感念緬懷之道德倫理、社會等沿革，或許都因其深度和廣度而值得提升到首要地位，然而，其他自同一時間起便陸續發生的種種事件，或許，也促使了整個倫理和社會沿革邁向同一路徑，或甚至開啟了人類活動、思想創新的康莊大道。為什麼宗教記憶竟沒有從如此眾多的社會經驗吸取精華，更何況，這些社會經驗，或許並不比創教之前的社會經驗還來得不重要？縱然如此，我並不考慮將宗教此一遺世獨立之特徵分析到如此透徹的程度。總而言之，宗教始終宣稱超然世外，但我實在無法想像，儘管不是不可能，但宗教若曾在歷史上自我封閉，那麼宗教是否能繼續存在。一開始，宗教的確在溫和平靜的社會環境中找到見證、回憶，或甚至是可用來孕育、加強這些見證與回憶，卻又不至於摧毀或是讓宗教嚴重變質的新事實，這是由於那時之社會環境尚未遠離宗教記憶意欲增強鞏固的種種事件，相反的是，隨著遠行腳步愈走愈遠，與宗教事件毫無關係的其他事件便愈來愈繁多，換言之，與宗教記憶毫無關係的回憶，與日俱增。為了自我防衛，宗教團體的記憶在某些時期內，確實有效阻止了其他性質的記憶在其周遭成長、發展。宗教團體之記憶輕而易舉地便可高歌歡頌古老的宗教，這些遙遠年代前的宗教記憶與當時的宗教團體之意旨，有著遙不可及的距離，而且，天長地久以來，只存活在自我封鎖的國度內：宗教團體的記憶吸收了周遭所有路過者的內容物，換言之，所有最近才剛發生的事物，另一方面，宗教團體的記憶也接納了基督教方才誕生時的年代印痕，換言之，當時之宗教團體的記憶也吸收了古老宗教本身最外圍的要件：這就是正在瓦解中的古老宗教的殘磚片瓦，卻溜進了在基督紀元最初那幾個世紀的集體意識裡，於是，當時之基督教的歷史便自己保留了這些遙遠史事之痕跡。宗教團體之記憶甚至汲取了遙久年代前的哲學、法律、政治、道德主張，不僅是殘骸，而且，若非老舊之體系，否則就是散落四方、尚未拼湊在一起的部件。實際上，在當時那一年代，基督教尚未遠離其原創時期，一般人是不太容易去辨別出哪些是回憶、哪些又是當下的意識：過去、現在，全站在同一條線上，理由則是因為福音之歷史劇似乎尚未演到完結篇。大家都等著力拔山河的最後一齣。那時候，任何人都尚未放棄基督重現人間的希望，以及新耶路撒冷宛如人間天堂降世的可能性[25]。至於禮拜儀式，除了聖餐聖體之外，領袖氣質或是聖靈非比尋常之流傳散發，依然占有重要一席：例如，治癒疾病或是其他神蹟作為，乃至顯聖、預言、說方言（glossolalie）之恩賜等[26]。當時的基督教尚未與那一時代的集體思維大相

25　「聖約翰的福音趁著近期廣受民心歡迎之實，更加注意保惠師（Paraclet）憂慮之事物；末世啟示錄提出了對於新耶路撒冷、千禧年統治非常莊嚴壯觀的描述……先知先賢能否藉上帝之名與基督信徒相談的權利則仍然依附在道統、風俗之名下。」杜煦斯耐，同上著作，第一冊，頁二七二。亦請參考此章節有關於一神教的段落。

26　同上著作，第一冊，頁四七。譯者注：glossolalie源出希臘文，字首意指「語言」、字尾則是「喋喋不休」。在基督

逕庭，猶如過往尚未與毫無包袱的當下揮手告別，更何況，由於當時的基督教是在當下此一時間內展開布局，所以，祂仍能堂堂正正地要求任何其他信仰，以致於所有其他社會體制都嚴格遵守其模式。不僅如此，在精神層次，基督教的最大勁敵都宣稱出自跟祂同一個固有道統：記憶雖然不同，然而，有著相同的一連串事件、大同小異的教誨訓示。之所以能夠區分出誰是異教邪端、誰是更正統的後繼者或是嫡派相傳，並非是由於其中某些更貼近當下現在、才剛發生的過去，或是另外一些擠向更遙遠的過往，而是究竟每一教派如何描述、如何理解同一段過往時期，縱然每一教派各有不同的證詞、證人，彼此之手法卻依然相當接近。極為可能的是，同一道統中，某些內容會比其他內容提早被鞏固確定下來：只不過，這些不同要件彼此糾纏不清，以致於整體都陷入一尚未脫離現在的過往，無一部件可因此獨立自主，於是，基督教意識不致於日日夜夜將之逐一盤查，動輒與之唱對台戲。那是基督教茁壯成長的時期，那一時期的集體記憶依然四處散落在諸多規模渺小卻彼此千里迢迢的社群裡：這些社群並不訝異、不憂愁也不氣惱假使不同社群間的信仰未必同調，或是今天的教派跟昨天的並不完全一致：每一派別都努力去吸收不信神的人，與其力求與其他基督教派同心同志，倒不如去宣揚自己的教義。所有集體思維難道不也如此，與其絞盡腦汁去回想過去，何不關心究竟該怎麼過日子？

我們都非常習慣現今基督教的宗教禮拜、教理內容、位階排序、紀律規矩的形式，以致於我們不太能夠理解，當今的基督教會與現世社會之間有著天淵之別的差異，但是，在過去，究竟是到哪個程度而言，基督教會可說是投入現世的，或應該說是、尚未脫離世俗人間，在當時，不知多少主張在基督教會以及現世社會這兩者之間散播流傳，更何況，在那時候，嚴格的法度、形式主義的作法，在履行教規、實踐教會的多樣功能時，並不是備受重視的。當然，「在過去，加入基督教會是一連串後果相當嚴重的程序。在諸多層面，都必須脫離一般的日常生活。舉例而言，去劇場看戲劇表演，還有就是，一般說來，在公眾場合拋頭露面、出入傷風敗俗的場所等等，都是妖魔鬼怪、引人敗壞的開端，切切不可沾染這些惡習。私通則也是基於同樣的道理。理所當然，也必須放棄崇拜偶像之習；不過，若想要避免任何接觸，絕非易事：宗教是深入到過去的人的私生活的每一層面！」[27]。然而，所有基督教信徒都必須放棄的劣行惡習，所有必須敬而遠之的邪端異教者的膜拜儀式，卻都曾在基督教意念的架構裡擁有一席之地。當我們一想到基督教時，我們不能不提到，在日常生活的每一環節上，基督教都嚴格要求基督徒堅持某一非比尋常的態度。大體而言，整個基督教社會幾乎等同是，耶穌基督或者是最初那幾個使徒曾經歷過的那一個社會，在每一時刻，要追究的問題就是，基督一生的故事、使徒所啟發之教誨等等。整個基督教記憶就是圍繞著這個以基督為中心的社會，甚至與整個宗教社群脫節，但另一方面，順手即

教創教初期時，這是指一個人有天賦語言能力，可自然而然地、近乎不由自主地說出外國語言，往往被視為神的奇蹟，或是具領導魅力者不同於常人的語言天賦；後來則是指冥修之神祕主義者在進入出神入化的恍惚狀態後，吐出之無人理解的字句、囈語。十九世紀起，這個字也被心理學、精神分析科學借用，意味精神異常者自己想像出來的字句，往往具有擬聲詞性質。

27 杜喣斯耐，同上著作，第一冊，頁四六。

有不知多少事物，可永無休止地勾起過去的回憶，讓過去的回憶顯得更朝氣蓬勃。這一基督社會是如何完全與世隔絕，值得如此嗎？就某角度說來，創教後十個世紀或是十五個世紀後的天主教徒，對於福音書的理解，未必有剛創教時最初那兩百年的異教徒、猶太人、東方人、或甚至是羅馬人還來得清楚明白：當時這些人想像追求的是什麼樣的生活？在當時，他們所生存的社會裡，他們譴責某些人、某些生活習慣，並因此重新調整自己的作風，在往後的日子裡，當初被唾棄之人事物，還剩下哪些痕跡，究竟哪些可謂確實動人又逼真的回憶是應該被保留下來？就某意義而言，基督教曾經是一整個文明進入至高境界、開花結果的成績；基督教對於人們所關心的事物、害怕畏懼的事件以及追求嚮往的啟示，都提出了答案，而且，這一切牽動人心的人事物，想必無論在哪一個時代，都是人類本性的一部分，只不過，它們僅能以基督教此一形式、宗教此一劇烈程度表達出來。這是為何基督教可以毫無畏懼地，在即使可說是敵對猜忌的環境中，散布流傳、滋生茂盛，而且，這類環境對基督教會而言，向來不是完全陌生的。

另外，基督徒是如何從一開始就有那種當機立斷的感覺，迅即鞏固制定其履行教規、實踐信仰的嚴格方式，如此他們便可對抗周遭世界裡前仆後繼之種種社群的侵擾，更何況，基督徒也期待反其道而行，去跟周遭這些不同社群宣揚其信仰，讓這些人也有樣學樣地過著基督徒的生活？在那一個年代，昔日歲月未必是當下時機的反面，而是未來、在現今已可窺見端倪的未來，被基督徒視為過去之反面。當然，基督教本身也以某一傳統作為依據。整體而言，基督教採納的是舊約此一傳統。「聖經提供基督徒一段歷史，而且，該歷史非比尋常！隨著這段歷史的腳步，我們上溯回到比希臘傳統還更悠遠的年代……我們走進埃及、迦勒底考古學天地裡最古老的地區。我們重回到那窮無止盡、無與倫比的世界，甚至就是萬物造化之原點……我們側身參與了人類族群首次宣揚傳道的史事，以及人類最初那幾個建設的創建過程[28]。」不過，「以色列傳統也左右了基督教思想，使之朝向未來。於此，不需在舊約、新約，以及正統經書、偽造經書之間大作文章。所有那些經歷了同一轉捩點的人事物都讓我們觸及到萬物之極；上帝將自敗部復活，救世主彌賽亞即將現身，或重現人間[29]。」無庸置疑的，基督徒從猶太思想中記取的教訓，就是這一段：猶太思想藉著這一點踩進未來世界，基督徒於是以此為根據。整體而言，在猶太教傳統中，基督徒擷取了最引人入勝的篇章，也就是那些提出最好解答的段落。

甚至，或許也有可能的是，基督教徒的組成，應該是跟猶太會堂裡的猶太教信徒的組織方式相差無幾，這兩群人之間的禮拜祭典當然有相似之處。在猶太會堂裡，猶如在基督教教堂裡，眾人祈禱、朗誦聖經、聽取講解。一方面，基督教放棄了猶太崇拜裡所有最專屬於猶太人的作法，例如，割禮以及諸多儀式性的禁忌、追念亡靈，所有這些對現在此一時間點毫無追戀的作為。另一方面，在已被稀釋的猶太崇拜上，基督教平行並列，實際上，則是上下重疊、層層堆砌了聖餐禮以及神靈啟示等等，完全屬於基督教特有的作法：相較於諸多古老的猶太教規，兩者絲毫沒有

28 同上著作，第一冊，頁三九。
29 同上著作，頁四一。

任何相吻合之處，可是這些久遠時代前的猶太教規，勢必與同一時期、在羅馬帝國諸多角落裡逐漸流行的基督啟示關係密切；當時之基督教神啟之所以來勢洶洶，是由於它們回應了道德倫理以及選擇新宗教的需求；這也是為何在某些時期，尤其若是在大眾生活極為動盪的環境裡，它們的發展是頗為自由的。後來，四處滋生過猶不及的作為，即使是聖餐禮也一樣：「於是，便必須盡量簡化聚餐（友愛餐〔**agape**〕），這正是全部手段的第一步；而後，聚餐便從宗教禮拜儀式中抽離出來，最後則多多少少完全取消。」至於顯聖、先知預言、奇蹟治病等等，「由於這些都不再符合宗教禮拜儀式的正規作法，很快地，便停止了」[30]。這正是為了避免被在非基督徒環境裡風行的宗教行為汙染的第一步。

若說一開始的時候，基督教禮儀也是走在時代尖端，且以某程度而言，也是與那時候諸多社會團體的思想，以及過一天、算一天的生活邏輯一唱一和，如此之說，並非虛構之言。基督教也可以因此無所畏懼地介入塵世生活。當然，基督教與俗世是格格不入的，尤其，基督教自詡代表著看似從外在世界引入的某種道德生活形態，而且，該生活形態假定了，某一種與當時之羅馬社會形成強烈對比的社會類型。儘管如此，為了能在當時的大城市裡宣教，基督教不得不主動建立聯繫，並讓步妥協。與其自我封閉在一以禮拜儀式搭建起來的監牢裡，相反地，基督教必須以反對形式主義為藉口，並在諸古老崇拜祭典中做出選擇。基督教其勸人改宗之熱忱又令人無以言表的性格，促使它不得不讓自己與眾多在同一時期成形的思想主張、意識良知分庭抗禮，或至少擠入在那已撐開的夾縫中。「實際上，在諸多情況下，都沒有被認為與基督教水火不容，即使牽涉到的是教士或主教等的素質。聖希琵安（Saint Cyprien[*]）他當然認識教區主教，而且還認識一大票（拉丁文中所謂的數不勝數〔plurimi〕），這些主教並不反對委外管理教區行政事務，另外，這些主教成天便往市集跑、放高利貸、盡做些排擠斥逐之能事……羅馬帝國時期的皇宮，從尼祿（Néron[†]）到蒂奧克萊姜（Dioclétien[‡]）大帝為止，總是有不少基督徒在裡面。久而久之，這些基督徒不僅接受了管理財政的事務，而且，也介入城市或甚至是省分層次的政治要務。我在這裡要點出的是什麼？大家都明眼看到，基督的信徒全成了祭司（flamines[§]），也就是異教徒的道士……最後呢，在基督徒中，多的是戲子、競技場的鬥士、甚至妓女。[31]」

同樣地，神職人員與非神職人員（laïques）之間的區分，是日後才有徹底的差異，但在創教

30 杜朐斯耐，同上著作，第一冊，頁四八、四九。

* 譯者注：在基督教道統裡，尤其是天主教、東正教世界，至少有四名Saint Cyprien（全是西元三、四世紀到五、六世紀），僅以上下文難以斷定是哪名。

† 譯者注：西元五四—六八年的羅馬帝國皇帝。

‡ 譯者注：西元二八四—三〇五年的羅馬帝國皇帝。

§ 譯者注：此乃古羅馬時期專有之名詞，意指膜拜某單一神祇之信仰教派的道士（或教士），全隸屬於某一共計十五名道士之集體教會社團。其中三名，各屬於信奉邱比特（Jupiter）、馬斯（Mars）、奎里努斯（Quirinus）之教派，是大祭司；其他十二名，各屬其他教別，則是小祭司。根據古朗吉在《古代城邦》一書之記載，只有羅馬貴族中階級最高者方能擔任城邦內的祭司，且因祭司之職能各異而各有不同之頭銜名稱。

31 杜朐斯耐，同上著作，第一冊，頁五二一。

最初那幾世紀間，並沒有太多意義[32]。可想而知的是，「在整個基督教社群裡，教士已經組成一範圍相當清楚的類別……然而，聽告解者（confesseurs）、自告奮勇的禁欲者（continents），也很快取得一特別地位……聽告解者、處女（vierges*）等，由於一再接受別人的歌功頌德，再加上自我表彰，他們隨之也逐漸在基督教社會中組成一貴族統治階級（aristocratie），也就是說，這群人，最終免不了在高層決策人員之前，試著去爭取自己在教會統治階層中的權利」[33]。這是因為宗教道統還相當地年輕，禮拜儀式非常地簡單，教理也不算繁雜，所以在當時的基督教社群裡，並非深切地感覺到，必須去創設一主管單位，藉以擔保神職人員的權責。雖說教士管理著基督社群，但是，其神聖特質與其他信徒並非涇渭分明，整體而言，他們尚未組成一特權階級。單身不婚的神職制度（célibat ecclésiastique）是直到第三世紀末葉才出現的。「在第四世紀時，神職與非神職人員的區分已深入人心，成為社會風氣之慣例。不僅是在崇拜祭典上，而且，在俗世之行政管理機關裡，神職人員是唯一被考慮擔任要職的人……一般俗世之非神職人員在教會面前是沒有任何分量的；他們也一貫保持著順從被動的態度；他們必須做的就是，聽誦經文、聽講道，在神父祝願祈禱的過程中，聽取指示、給予熱烈掌聲，從神職人員手上領受各項聖事，承認他們才是被授與神職任務的委託人、籌辦人[34]。」直到這時候，宗教記憶仍存活在由信徒組成的一整個團體中，並發揮著一定的作用：就公平正義的角度而言，宗教記憶與當時社會整體的集體記憶已混淆不清。那些管理神聖事務者，看似已不需要脫離凡塵，在諸多世俗團體裡流轉散播之紛紛擾擾的思想主張、回憶留戀之間，宗教記憶只是顯得更突出、另成一章而已。教會本身在相當長久的一段時間內，就僧侶之修道活動，以及修道院內，塑造著苦行禁欲之理想僧侶等風氣而言，始終抱持著深厚的猜疑態度，公開詆毀、鳴鼓而攻之。既然俗世人間裡，順手拾起即是基督思想，為何還是必須脫離凡塵？一般社會之集體記憶，只要社會支持又進而發展出連綿不斷的生命體之後，便可自我滋養、自我翻新、自我鞏固、自我豐潤，而且，絲毫不會因此失去社會大眾的信心，為何宗教記憶卻無法在這些相同的社會條件中運作呢？這是由於宗教社群很快便體認到，它鎖定的那些團體逐漸地保留鞏固其自身利益、一己的記憶，以致於在另一方面，與之毫無瓜葛、但風起雲湧的嶄新回憶，拒絕在宗教社群之思想架構上留下隻字片語。換言之，宗教社群自我退縮，進而制定其道統，端正其教理，強制規定世俗之人嚴格順從神職人員構成之位階組織的權威，神職人員不僅僅是基督教社群裡的行政、管理人員，他們也另外組成一封閉團體，與世隔絕，完全活在過去的世界裡，唯一任務就是去紀念那段逝去的歲月。

---

32 參見季寧貝（Guignebert），《古代基督教》（*Le christianisme antique*），一九二二，頁一七八、一七九。譯者注：Charles Guignebert（一八六七—一九三九）是巴黎索邦大學教授、法國歷史學家，以理性方法論研究基督教史事之先鋒，備受推崇。

* 譯者注：在古代，這是指信奉、服伺某神明的單身女性禁欲者，後來在基督教會裡，處女也算是擔任某低階神職角色，其職位、任務都受教會承認。

33 杜呴斯耐，同上著作，頁五三一。

34 同上著作，第三冊，頁二二一。

當今社會中，大部分的虔誠教徒都是天主教徒，在他們的眼裡，宗教性的作為、思想往往是與諸多其他行為、主張混淆在一起，以致於他們對宗教諸事的注意力幾乎是斷斷續續的。假使他們禮拜天去望彌撒，假使在大小節慶的日子，他們也去天主教堂、參與禮拜祭典，又，假使每一天，他們都朗誦祈禱文，假使他們也禁食齋戒，很可能的是，他們並不會特別去想到過去種種事件，尤其，若正是這些事件促成了上述之教規、而這些教規又是為了重新演練事件中的某些重要細節，彷彿是歷經歲月洗禮、始終繞梁於耳的回音。這些天主教徒在意的是，有沒有遵循慣常之作法來拯救自己的靈魂，戰戰兢兢地嚴守宗教團體關心注意的規則遊戲，他們都相當清楚，這些宗教體制在他們還沒出生前就已經存在了，然而，在他們眼裡，這些宗教體制已經成為他們所期待之命運的一部分，他們因此產生的種種想法都是和任何其他主張思維緊密相連著，以致於這些宗教體制的歷史光彩早已暗淡無色，他們也都因此相信，這些宗教體制向來就是眼前看到的樣子，不可能有其他的面貌。這就比如是，一個小孩子並不會去想像，在他身旁的父親或是母親所擔任的角色，以及他們擔負父職、母職時的方式，是否可以用父親或是母親之個人特質來解釋，小孩子也不會去懷疑，這些父母親的角色、職責，雖然從某一天便開始了，卻可能在另外一天就變了樣，以致於最後倫理親情之規則可能就不一樣了。小孩子並不會去區分，他自己的父親是不是跟一般的父親不一樣。只要他沒有離開自己的家庭，只要他不去比較自己的家庭、別人的家庭，尤其是，只要他不跟自己的父母親要求更多的付出或是其他不同的事物，而僅僅停留在一個小孩子大致可感到心滿意足的程度，那麼他就不會去猜想，他們的家庭生活是否有著任何特殊的環境條件，也不會去絞盡腦汁一一回想，父母親自從他出生之後做了多少付出，更不會去想像，在他懂事之前，父母親的生活究竟是哪個模樣。或許可想而知的是，信徒會在其記憶中保留著宗教訓示所教導的某些重大事實，由於履行教規的緣故，以致於他對這些重大事件的注意力，往往是受到牽引的：但基於經常去思考這些事實此一行為，而且，其他信徒也跟著他一起思考，有關於這些事實的基本觀念（**notions de faits**），最終將成為有關於某些事物的基本觀念（**notions de choses**）。以他身為信徒而言，存在著彌撒、聖事、宗教節慶等此一意念，箇中卻也存在著所有其他林林總總、可歸諸於現今社會及社會成員的意念；禮拜天的慶祝儀式，實際上，是湊巧跟停止工作以及具有世俗性格的娛樂休閒活動在同一天發生；當他告解懺悔、或當他領聖體時，假使他的注意力是集中在聖體上，其實正是他自己內心某一靈犀神奇的特徵，以及，自內心煥發出來的一番追求純淨、力求翻新的行動牽引著他，於是，他的思維便會落腳在當下此一時間點，而不是轉身沉浸在過往。或許，不難想像的是，即使只是教士的一句話，都可能在他的腦海中，勾起任何一絲絲基督最後的晚餐之回憶，然而，這一影像很快便若隱若現似的，然後，消失在眼前任何擁有更即時之意象的事物底下，例如，舉行祭典的地點、排場方式、主祭人員、聖餐檯，以及所有周遭伸手可觸者。

在以下的段落，我們暫時略過廣大信徒，但開始思考某一小撮教徒，他們或許是神職人員、也可能是在世之非神職人員，對這一極小部分的人而言，宗教就是生活食糧，他們把所有的心思都放在宗教上，因此，我們可說、這些人的確是與上帝同在。對這些人而言，在宗教以及其他風俗習慣之間，有著根本差別，因為實際上，一般風俗習慣轉眼即逝，猶如可用來組織現世社會、可有可無的工具罷了，但是，宗教的根源則可追溯到最遙遠的過去，任何轉變也只不過表面而已。一個信徒遠離俗世的條件，或是他信心滿滿地、自認為可走進宗教信仰之中心點的條件，不過就是，他的眼光永遠只注視著宗教剛創立時的那一段時間，在那時候，該宗教以及塵世種種，都還沒有建立聯繫。他必須能夠清楚明白地重新體驗到最初的劇本，這是因為所有其他日後的發展，以及其他的宗教事件，都是跟著這一劇本開演的，更何況，其他這些宗教事件的回憶，都已融化在教會歷史此一體制上。當然，每一門宗教都始終有著兩大思潮，一是教條理論，另一是神祕冥修：可見的是，有時其中之一占上風，但轉瞬則風水輪流轉，以致於若最終宗教是出自這兩者之折衷，其實是由於無論是教條理論還是神祕修行，全都奮力上溯河流之源頭，但同時地，無論是哪一方，都可能走偏方向。於此，這是永無休止的衝突，值得我們注意，這也是由於我們都可清楚地體會到，在這些矛盾對立的條件之間，有時集體記憶不得不發揮作用。

VI-iii

基督教會的教條道統與諸神祕修行潮流

La tradition dogmatique de l'Église et les courants mystiques

堅持教條者，往往自詡掌握著並保存了基督教義的意涵與知識，理由則是因為他們知道，動輒引起爭議的術語、主張或是象徵等等，在過去是如何被定義的，更何況，當今他們依然持有概括完整的方法來規範這些詞語、象徵與觀點。至於堅持冥修者，他們則提著內心那盞探照燈，一絲不苟地去推敲琢磨經書文字、祭典程序的深切意涵，就這一點而言，教條主義基本上是從經書與祭典的外部來揣摩，例如，根據教士、教宗以及主教會議的定奪、闡釋等等。以上這一切正意謂著一最根本徹底的區別，我們也可在所有的宗教派別裡看到這一分界點[35]，那就是兩大井水不

35　馬爾它（Jules Martha）曾在其最經典的著作《雅典城的司鐸》（*Les sacerdoces athéniens*），一八八二年出版，明確指出，確切屬實的是，大部分的古雅典城之教士執行其神職的時間僅有一年之久，隨後便恢復城邦市民的身分，「沒有任何條件可讓我們主張他們是神職人員」。即使是終身職的教士，也只有在執行某些祭典的時候，他們才被視為教士，頁一四一。這裡牽涉到的是，司鐸一職實乃城邦的行政主管人員。教士必須服膺法條、行政命令等，以致於他們的權力範圍僅限於當他們握有獨立主權之權限的時候。——固然國家與宗教權限尚未分立，一般民法與宗教法則也彼此混淆。——在某些新教之祕密派別裡，尤其是貴格會（quakers），神職人員與俗世非神職人員之間的區別似乎消失不見了。猶如最初一開始的基督教社群，貴格會之成員都必須是上帝授意之啟發者以及神的選民等等，所以，便矜持不苟地封閉在一己天地，與世俗中人切斷所有非必要關係，就此角度而言，貴格會該社群宛如一修道院組織。另外，貴格會成員虔誠相信神的啟示是源源不斷的：上帝會特別跟想聽其旨意者直接對話，就這一點而言，他們也相當接近神祕主義者。譯者注：Jules Martha（一八五三—一九三二）是大學教授、考古學家，乃古代義大利、前羅馬時代之研究權威人物。貴格會起源英國十七世紀，卻是在荷蘭、美洲大陸吸收了最多成員，強調和平主義、人道慈善事業，近乎苦行禁欲之生活作風。

犯河水的團體，一是神職人員組成之團體，另一則是俗世裡的非神職人員。為何世俗之人在教士會議裡沒有發言權？這是由於在世者屬於另一個社會，或是屬於非宗教團體之社群（更何況這些人都是積極投入俗世之生活），他們參與的是截然不同的集體生活，真正歸宗信教時，也不是依循著相同的傳統、更沒有學習同樣的知識。至於神學道統之權威依據，則是由於該道統被視為教士社群的記憶，在透過一連串穩固扎實地建立出來的基本觀念而且這些基本觀念也大抵合情合理地建立成一套體系，這一教士社群的集體記憶是可以重新建立基督教會原創時期的生活、教誨勸誡，換言之，所有對之有益的，又值得保留下來的內容。

不可否認的，這些基本觀念都是在不同年代裡被釋義注解、而後固定下來，有時，甚至是在距離原創時期相當遙遠的年代。那種處心積慮地要訴諸經文，求證認可經文的真實程度，在眾多經書、猶如在大小祭典中，去辨別哪些是原創的、哪些則是後人增補的，每每補充注解每一段文字被寫下時的日期、每一體制創建的年月日等等，是最近才有的行為，而且，歷史性的批評，並不是在主教會議或是宗教性聚會中被寫下來的，而是在非教會性質的環境中出現的，隨後則反撲，以致於神學家不得不將之列入考量。另外，當我們說到最初那幾個基督教年代、最原始的基督教文字記載，我們假定了，相對說來，頗為短暫的一段時期，但是，正是在那一段時期裡，基督教道統的精髓從此凝固僵化，這是透過無數的翻修整頓以及漫長的適應期，雖說我們今天大略窺見其本質樣貌，然而，宗教傳統本身並沒有保留太多的蛛絲馬跡[36]。因此，存留在經文中或是從此被鎖定在祭典中的集體回憶，並沒有直接複製耶穌的生平或是教誨，而不過是原創時期的基督徒交代給後世的一張清單：從當時那一個時代開始，基督信仰中最原始素樸之訊息，為了能夠灌輸給直到那時仍被其他道統宰制之團體的意識中，便因此多多少少持續地擴大膨脹，也變得愈加普遍平凡；這些久遠前的訊息，早已鑽入過去某些最初之顏色已多少斑駁的布景裡。若要解釋這一現象之原由，無疑地，是因為基督社群不得不做傳教宣道，但也是因為該社群轉變成一個教會體制。與其直呼耶穌之名，或稱呼說是猶太人的先知、那個加利利來的人（Galiléen*），基督教將基督包裝成人類的救世主，於是，耶穌身為猶太人之特徵，對耶穌周遭的人而言，原本是相當親切自然的，但最後都被遺忘了，或者是被移植到有關於耶穌之回憶的專屬篇章中，換言之，從原初那幾世紀開始，有關於耶穌之回憶，便已被置換成一個以過去回憶中的幾個元素為要點的意念，但若要解釋其內容，終究說來，絕大部分都看似建立在最初那幾個社群的宗教傾向、訴求等之上。極為可能的是，那些有關於基督本人、追隨基督的使徒、諸多聖徒以及奇蹟、被迫害

36 有關於保羅在基督教條之形成歷史中所扮演的角色，參見季寧貝，同上著作。「然而，那把我從母腹裡分別出來、又施恩召我的神，既然樂意將他兒子啟示在我心裡……我就沒有與屬血氣的人商量，也沒有上耶路撒冷去見那些比我先作使徒的，唯獨往亞拉伯去，後又回到大馬色。過了三年，才上耶路撒冷去見磯法（Céphas，也就是皮爾〔Pierre〕），和他同住了十五天。至於別的使徒，除了主的兄弟雅各，我都沒有看見。」加拉太書，第一章，第十五節以及後續段落。

* 譯者注：Galilée是位於當今巴勒斯坦的地名，由於耶穌在該地區度過大半生平歲月，故成為猶太教徒對耶穌的簡稱；基督教剛創教時期，也被用來指基督徒。

屠殺、皈依改宗等等基督教道統，在某一段時間內，保存情況應是零散不整的，而且，是在過了很長一段時間之後，才著手梳理整頓，換言之，應該是在見證人已消失殆盡、不再可能做任何直接有效之控制的時候，尤其是無能為力去召集分散四處、各擁一己道統的成員，或進而組織成擁有教理主張、傳奇故事的共同體的時候。若說，每每傳統基督教聚合匯整之處，便可在其知識菁英、社會仕紳口中，聽到諸多不同的思維方式、地方語言、熱烈的感情與惆悵怨恨，實非意外。這就如同，在往後所有的年代裡，例如，文藝復興時期的畫家，給基督教創教時期的人物怪裡怪氣地穿上文藝復興時期的服裝或是一般人心目中的羅馬時代的服飾，還有就是後來的神學家們，面對著基督以及當年推出新概念之創建者的每一句話，再三格物翻究，但早期教會本身對這一切卻視若無睹，或者沒有賦予相等的價值。因此，後來發生之過程便彷彿是，在這類情況之下，原本某一事件僅限於某一個體之意識或是某一家庭內部之小圈圈，卻擴張到一個範圍更廣大之團體的思維裡，隨後該事件的意義，則是以這一團體給外人的主要印象來定義。然而，該範圍擴大之團體，當然是對自己的道統、自己的意念興趣濃厚，而未必是這一事件、亦非這一事件對當初直接目擊之家庭、個人的代表意義。該事件發生時之時間、地點等細節，對當時的人而言，是既具體明確、也生動逼真，而後卻全部質變成普遍無奇的表徵：耶路撒冷成為滿貫象徵之地、寓意豐富之天城，當十字軍啟程奔向聖城時，他們嚮往的是，半懸掛在青天、黃土之間的聖殿，而非風景秀麗之鄉土，換言之，並非當年基督數次度過攸關生死之事件的那個地方。有關於基督的生辰年月日，由於當年將之固定在每年歲除布新之際，換言之，正是另一個歷史久遠的節慶，以致於也讓基督誕生日染上另一層象徵意旨。基督所有的言行舉止並不只是其預言實現而已，但毋寧是新興生命的實例、諾言：這些言詞舉動都必須經常上演，因此，最後便能夠在基督徒的意識中扮演著一定角色，而且，就跟我們一般慣常思維中之種種意念的分量相當。從創教初期那幾個世紀起，一整套基督教神學、倫理道德、哲學思維，便以其獨特之手法，徹底改變了基督之面容及其教誨訓示。

實際上，教條主義者並不在意是否能「重新活在」過去，他們關心的是，有沒有符合教誨之要求，換言之，是否遵從了所有在當今都被保留下來、被重新組織又眾人皆能理解的內容。逝者已矣，無法重現人間，但是，我們可以去想像過去大體是什麼樣的風光，而且，假使我們擁有眾多有憑有據的基準點，又，假使我們設想到的過去之相關成分，能夠激發出更多的反思，且因此，為數更加眾多、一串又一串之思維，能彼此交織往來，如此一來，對於過去之想像的成效便會更令人滿意，甚至可協助我們去重新建構出過去的某些特質。我們對於最初那幾個世紀之基督教思想的認識，都是透過當今眾人一知半解的文字記載。不過，的確存在著某一形式之神學思想，該思想曾與一般世俗思想形成強烈對比，其發展脈絡，則是依循著教會創建初期即已鞏固的架構，另一方面，這些架構非常地牢固，以致於我們可在上面指認出，依據某某事實或是某古老教訓而衍生出來的基本觀念大致是從什麼時候開始的，而且，我們至少也都堅信，這些架構上的基準點都沒有移動過。事實上，在過去，神職人員此一團體向來持續不斷地維持著，在每一年代，神職人員都重新扛起同樣的框架，也都紛紛在這些框架的上面增補其反思，就此層面而言，每一名教士都力求符合道統傳授之訓示。若說並非在每一年代，神學思想都能以相同的程度去吸收前一年代的宗教意識之所有內涵，但可確定的是，在所有的基本觀念之間，以及在這些觀念間不盡其數的權衡關係中，往往是那些穩定不搖的基本觀念，方足以去核定那些並非穩當不衰的基本觀念。對神職人員而言，尤其、至少是那些握有豐富傳統者，為了能夠達成此一道統傳承的目標，最好的方法就是聚眾成群、集思廣益，或者，更嚴格而言，就是攜手促膝一起去回想過去。

因此，就宗教記憶之運作而言，堅持教條主義之神學家，他們所扮演的角色，就跟一般性記憶，也就是經常出現或可隨時湧現在意識中的意念，或是集體回憶所扮演的角色，是完全相仿的，另一方面，這些意念或是集體回憶，以過去某一事實之年月日、本質、乃至於其真相內容而言，都是某一團體之成員一次即敲定或屢次翻整後方達成協議的證據。可是，或許除了這些曾促使相關團體必須對外宣告的事實以及教誨之外，其實仍有諸多其他事件或訓示，但教會與之保持距離且漸行漸遠，以致於慢慢地流於黑暗的角落，最終便無法編織出任何道統體系；往往這牽涉到的，都是教會初創期間的相關人員才有興趣的要點，只不過，往後教會便不再有機會去重新裁奪其輕重，理由只是因為在後來的年代裡，這些要項對後繼者而言已無關大局了。

至於神祕主義，以其有限的可見形式而言，卻是切實地回覆了以更私人隱密的溝通方式來進入觸及神授原則的需要，只不過，對整體信徒而言，這早已是痴心妄想。堅持神祕主義路線者，在描述不同程度的冥修過程時，往往透過主觀微妙之生活進而走到無處不見神明的境界，不知多少平淡無奇之影像，原本沉浸在教會訓示的顏料中，已漸成被遺忘的灰燼，但由於諸多神祕主義者皆踩進山窮水盡之地，紛紛拾起這些無人留念的殘影、且帶得愈來愈遠，以致於當他們宣稱走火入魔的時候，他們當時的精神狀態與任何其他類似狀態，實不相上下，例如，在其他如佛教的宗教經驗也有這類現象，或者，也可透過沉思默想、哲學式的抽象演繹等等刻意方式來進入相同境界。既然人的心靈已經丟棄原本能被全部收受在內的種種影像，況且，刻意地不再去區分客觀事實、主觀微妙的表象，以及林林總總的意念等等之間，是否有任何差別，繼而又使盡全力讓自己融入超驗性實體中，在此精神狀態之下，如何可論及傳統、乃至回憶？神祕主義者關心的，嚴格說來，不就是立即、當下便與上帝二合一？當他想像著基督，當他望見基督，當他和基督對話時，他幾乎總是感覺到救世主降臨人間般，救世主從此進入他的生活、關心照料他在當下的每一思維，啟發並帶領他每一作為之腳步。在這時候，他並不常認為自己被帶到過去，尤其是被帶到當基督依然是人身、還正在吃苦受難的期間。總而言之，無論基督的影像是現在當下的、還是遙久過去的，往往不過是在此時此刻起身走向上帝的工具之一。就這一層意義而言，神祕主張之恭敬虔誠與一般定義下的恭敬虔誠截然不同，亦即，信徒對於宗教的注意力，擺脫了外表形式之牽制，解放了過去與其他信徒共同擁有的思維，從此這一注意力便鎖定在、或任其使之固定在一己內心深處的一舉一動。如此這般地自我封閉，當事人的一己宗教思想，難道不會從此與教會主張斷絕關係，尤其是與教會孕育培養出來的集體回憶，從此了無關係？

不過，倘若個人思想常與傳統唱反調，神祕主義卻沒有與官方宗教對立。首先，基督教教會並不承認，世界上存在著某一排除了最精要之教理主張的宗教生活形式，也就是說，摒棄了基督教最根本徹底的回憶之生活模式。博素偉說道，「事實真相則是，若論及寂靜主義（quiétisme*），對基督教信徒而言，這真是個問題嗎？在諸多步上寂靜主義者的身上，我們是否可去挖掘出某種當事人不正在跟自己討論耶穌基督的狀態？」憑藉己力、立地成佛，縱使陷於與唯一本質虛實不分、雌雄莫辨的地步，卻都是捨棄了三位一體（Trinité）以及所有神聖特徵的路徑。「**為了遺忘基督教之奧義神奇**，又藉口希望讓靈修生活更上一層樓，所以去捏造出一個莫須有的敵人，縱使毫不虛誇，究竟是不是還有其他什麼來著？[37]」所以，藉著進入激動的情緒、心神恍惚的狀態後，一種承先啟後的感受便在神祕主義者身上興起，那看似獨一無二的個人經驗，其實，可在鑲著層層基本觀念之架構上找到痕跡，一來，這些基本觀念並非是他自己發明的，二來，這些基本觀念也不是只有他自己才受到啟發，那都是基督教會所傳承的、向來也是基督教會傳授給他的。因此，若該神祕經驗者宣稱，一道更強烈明亮的光芒在他身上發射出來，其實，這道光束也將同時投射在這些基本觀念上、使之更透徹，進而在他去鑽研基督宗教的奧義時，提供了一臂之力。在他個人的冥思默想或者是他個人內在的顯聖經驗，以及，基督教會的思想中，存在著承上啟下的關聯性。他可以認為，他自己相較於同一宗教團體中的其他成員，得到了更多的恩澤，於是，他有更優越的能力去發揮闡揚眾人共享的道統，而且過程也將更加生動靈活。他是否直接、或者是他相信他直接地與上帝或顯靈的基督建立關係，那又如何呢？他之所以認識基督，實乃由於道統之故；在他想著基督的時候，他也回想起基督。當他努力地去接近上帝，甚至到與上帝二合一的程度，其實他是嘗試著去模仿基督，或者是，他嘗試著去模仿在他之前模仿基督而成績斐然的那些人；一整個滿貫神祕奧義的生活，就是去模仿耶穌基督，如果不是以一己之力，讓福音傳授給他的教誨，重新顯現在其感受、作為上，否則就是讓基督在人間經歷過的事件、顯聖容（transfiguration†）此光榮事蹟以及其他特徵等，都在一己思想中重新顯現。在這般召喚神明的努力中，神祕奧義之記憶湧上，繼而去添補教會傳授之記憶或代替了其中一部分，究竟是不是還有其他什麼來著呢？

若說在宗教史上發生過這類神祕主張之反動，甚或在基督教之演變過程中，神祕主義從未曾停止扮演其重大角色，這是由於信徒或是諸信徒團體，對於官方神學思想之貧乏不足、僵化死板、乾枯冷澀，並非無動於衷。一方面，由於與基督教之創教時期已距離遙遠，教會記憶的組織方式，便必須在一個從未停止轉變的社會環境中，以不變應萬變。換句話說，因此便必須讓不同篇章之宗教真理能彼此銜接配合，而且，還必須能夠呼應流傳在教會外部環境中各類性質的意念主張、信仰崇拜，更何況，這些外部主張不太可能不影響著宗教真理。宗教教條逐漸地匯整成一

---

* 譯者注：在宗教史上，這是一股起源西班牙，後在十七世紀末廣傳法國的神祕主張，當時教宗譴責禁止，成效有限。該潮流的主要內容是，完美虔誠之基督教義的表現是在岑寂清靜的精神狀態中，換言之，透過純然透徹的愛、默想思悟中的上帝，靈魂將因此沉澱淨化、不再有任何牽動。有時一般論述最常強調的，僅是被動式的靜思冥想、無為、不再關心注意個人救贖等問題。反對者強調，該潮流最終將會走向無欲、無為、無知（或反知），甚至捨棄原罪說。

37 此乃德拉庫之引言，出自《神祕主義的歷史與心理學研究》（*Etudes d'histoire et de psychologie du mysticisme*），頁二八九。

† 譯者注：該詞意指改變面貌、改觀，在此則是新約中一則象徵意味濃厚的插曲：基督在彼得、雅各、若望三使徒面前，顯現其身為神明的容貌，同時散發出明亮的光芒。後此軼事則於八月六日慶祝，即顯聖容節。

體系。在主教會議中，對於政治局勢、哲學論述之關切，也牽制著這些最高層的神職人員。我之前已強調過，宗教真理既是一筆傳統回憶，也是一項具一般性質的基本觀念：在神學家的教條主張裡，教條若已轉化成基本觀念，教條的價值便會更鞏固強盛，然而，如此一來，有時則會使得教條很難在基督的生平軼事、最初那幾個使徒的教誨中找到交叉點。不知多少冥修者都譴責教會任由世俗觀點潛入汙化教會，並且也控訴教會沒有忠實遵從基督精神。另一方面，回憶本身的特質即是，一旦回憶無法與當初賦予回憶生命之現實真相重新連線、再造蓬勃朝氣，回憶便會變得枯竭空泛，有如行屍走肉。教理、祭典一旦固定成一套制度後，一代又接著一代去再三回想、不厭其煩地反覆演練，最終將磨蝕耗損、喪失血氣。在教會設定的範圍裡，教理儀式等等所能遊走的變化空間是非常有限的。假若在創教初期，在那一段發明、發展階段，由於基督教新鮮出爐，所以對於教理儀式的想法，不免都強調著須回應人們的想像力量、主觀性的敏銳情感，但隨著教義典儀逐漸流於表面形式、單調無味的手勢，其效應便宛如日落西山了。這正是教條式神學面臨的危機，而神祕主義者的角色，往往首先就是動手校正基督教初創時期的篇章，讓信徒的注意焦點擴大範圍，轉移到福音書裡某些特定的事蹟、人物，亦即那些一開始便被疏忽、進而罕為人知、少受注目的人事物，同時就某程度而言，神祕主義者也重新塑造基督身體上、面部表情裡，某些線條或是某些細節特徵，使之更光輝亮麗、生動活潑：於是，便產生了多樣多姿的崇拜形式，但在倡導神祕靈修者的心中，以及多少也接納這些作為的教會的想法裡，這些多樣不一的崇拜形式，所要表達的是一個宗教記憶的新方向，目的不外乎在於重新掌握，福音書歷史中某某一直被置於次要地位的篇章。十二世紀時，當聖伯納（saint Bernard）倡導，「崇拜救世主肉身必死的奧義，崇拜所有與之生死相繫的人物，例如，聖母瑪利亞（Saint Vierge）、聖若瑟（saint Joseph）」，當聖伯納沉思著「耶穌的人性」，又在他講道時，他不吝因個人偏好、擴大講述聖誕夜、基督誕生等事蹟以及割禮，他將耶穌在加爾瓦略山（Calvaire*）受難此一悲劇搬上舞台，他緬懷瑪利亞守身如玉卻又飽受恥辱，他讚揚聖若瑟謙遜的美德，福音書歷史中被他擺在最醒目之處的段落，都是新鮮奇妙的，因為那都是在教會之創始者所寫定的訓示中，早已銷聲匿跡、或僅略見端倪者，總之，從未被強調琢磨的段落[38]。不過，他的手法又不同於後來的魯道夫·勒·夏

---

* 譯者注：這個字的原意是指，耶穌被釘在十字架上的那一個山丘（第一個字母C大寫）；而後擴大引申成，築有十字架的朝聖山丘，通常教徒在抵達十字架之前，須通過十四道關卡，象徵著耶穌基督所承受之苦難；也常被用以比喻考驗、苦難。

38 我在此詳細地述說聖伯納講道時的內容，尤其是有關於耶穌生平種種神祕不可知的經歷，這是因為從此之後，它們便讓謙恭虔誠之信仰轉向新的方向……一套新的說法，也就是基督的生平經歷，便問世了。至於聖伯納在克萊浮（Clairvaux）修道院的講道，就整體而言，實為某種救世主神妙的傳記。聖伯納「或許也是，在中世紀時期，推動崇拜瑪利亞者，貢獻最卓越的人」。也是他「興致勃勃地以守護天使等議題來喚醒虔誠的基督信仰」，並且是第一個讓「聖若瑟偉大不凡之處、謙遜之美德等，變得更扣人心弦」。布拉（Pourrat），里昂大修院院長，《基督教靈修》（*La spiritualité chrétienne*），第二冊，《中世紀》（*Le Moyen âge*），一九二二，頁七六、八九、九三。譯者注：經歷十二世紀之Saint Bernard不只一人，於此應是Bernard de Fontaine（一〇九〇—一一五三）、Clairvaux修院（位於今法國勃根地）的院長，向被尊為天主教宗教生活之重要改革者。Pierre Pourrat（一八七一—一九五七）該著作於一九一九年出版時之全名應是《教會起源到中世紀時期的基督教靈修》（*La spiritualité chrétienne des origines de l'Eglise au moyen âge*）。

爾特（Ludolphe le Chartreux*），該教士「由於深信聖若望所言，也就是，基督所為、所言，其實，都沒有被記錄下來……於是，他便將福音書裡的故事，改寫成偽典般的論述，或者是以一己想像的假定，加上符合虔誠之心的真理和以假亂真般的說法，來取代福音書」[39]。聖伯納的依據是正統經典，尤其是福音書的第三卷。他挖掘的是教會記憶中的寶藏，目的是要在裡面找到，從最初一開始便保留下來的回憶，只不過，這些回憶尚未被再次顯現，或者，被呈現出來的，卻是極不完整。另外，眾所皆知，尚有其他諸多主張神祕靈修的人，例如，聖奧古斯丁（saint Augustin）、聖方濟各（saint François†），他們各自皆宣稱，他們都是在閱讀聖經的某某段落後，有時不過是順手翻閱而已，全身的精力驟然全部集中於此焦點上，而後便感受到神召之使命，並且窺見基督教義裡煥然一新之處。之所以造就他們不同於教條主義者，並非是由於他們有某股莫名的個人啟發、且相左於教會的教義主張，而是由於他們賦予基督教之創教歷史中的某些篇章新的價值、又推上舞台最閃亮之處，至於教會，則基於某些考量，始終讓這些段落堆積於陰暗之角。

---

* 譯者注：Ludolphe le Chartreux（生卒於十四世紀，但詳細年月日仍有待商榷）或稱為Ludolphe de Saxe（亦有其他拉丁文或德語等名稱），生平投入諸多著作撰寫之教士，但以有關於耶穌基督之生平經歷的書籍最受歡迎，尤其是《耶穌基督的偉大生平》（*La Grande Vie de Jésus-Christ*，即以下注釋中的《*Vita Christi*》），至今仍廣為流傳。

39 同上著作，頁四七二。「也參考某些聖像之圖片、表象，但其實我們的心智卻可透過多種途徑來感受到這些圖像和表象」（Secundum quasdam imaginarias repraesentationes quas animus diversimode percipit...），摘自《耶穌基督的偉大生平》，序言，頁四—五。譯者注：這一拉丁文寫成的短句是布拉在《基督教靈修》一書的序言中，轉述勒．夏爾特在《耶穌基督的偉大生平》中所言。該短句可改寫成當代法文：「…… et d'après certaines images et représentations que l'esprit perçoit de diverses manières」。以下是包含此一短句之整個段落的中文翻譯，以冀促進讀者對此一注釋以及正文中相關段落的理解：「於今，切勿相信，我們能去思索某些傳統所言的一切，例如，救世主耶穌曾做了哪些事、曾說了哪些話；同時，也切勿相信，一切都被記載下來了。對我而言，為了加深諸位的印象，我將跟各位說明，究竟一切事蹟是如何發生的，或者，可能是如何發生的，否則就是根據事情發生的經過，來決定是否值得採信，我也參考某些聖像之圖片、表象，但其實我們的心智卻可透過多種途徑來感受到這些圖像和表象。實際上，若要論及聖經，我們可透過不同方式去思考、闡述、體會，端賴於我們是否相信那是有益的……」

† 譯者注：Saint François d'Assise（一一八二—一二二六，Assise是地名，該城位於義大利中部，羅馬東北方、佛羅倫斯東南方）是小兄弟會（ordre des frères mineurs）、即一般稱之為方濟會（ordre des franciscains）之創始人。聖方濟各出身富裕家庭，但如本書所述，他一生強調承受痛苦、恥辱之必要性，以及秉持簡潔、誠心、無私等德行方能明了神旨。過世兩年後被封為聖人，一九八〇年時，教宗若望保祿二世封之為生態保護運動之主保聖人（saint patron）：方濟會之官方網頁說明，聖方濟各乃是在祈禱中找到愛護、協助他人的力量，也是在祈禱中明白萬物即是一大家庭，彼此乃一普世博愛關係。至於本書以下段落中提到的「貧婦」或一般論述中所謂「聖方濟各與貧婦結成連理」的說法，該「貧婦」並非某一真實人物，而是一種比喻：貧窮並不低賤，反之，甚至如高貴的名媛淑女。同樣地，下文將提到的「乞丐教士」，此非乞丐修行、後成教士（雖說不是不可能），亦非教士淪為乞丐，而是，若以聖方濟各在世時為例，他鼓吹教士、尤其是跟隨他的教士，必須生活在簡樸、近乎赤貧的社群生活中，但又不自我封鎖在教院裡（即，近乎退隱般的生活）。換言之，他倡導的是，以純粹宗教信仰為唯一宗旨的組織團體，但避免、且拒絕體制化制度。又，乞丐教士屬於托缽修會（ordres mendiants）組織，以道明會（ordre des dominicains）、方濟會最著名（但不限於這兩大修會），這兩修會在十三世紀上半葉一成立後，迅即受教宗承認，他們不同於某些拒絕塵埃、在修道院過著隱退生活者，也不同於在教區教堂裡講道的傳教士，在中世紀末幾成三大競爭體系，而且，托缽修士往往是學養深厚的神學家。托缽修會之發展幾乎與西歐中世紀城市加速發展平行並列，全然入世性格、深受歡迎。

儘管神祕主義者是如此宣稱的，聲稱他們並不仰賴當時的教條系統，卻可以和最初期的基督教直接建立聯繫，然而，並非是在他們引述的經文裡，亦非在聖經、尤其是他們再三推敲的那幾個篇章中，可讓我們明白，究竟他們是透過什麼樣的新觀點來看待宗教，或因而找到解釋的理由。恰好相反的是，若神聖經書中某某鮮為人知、或一向被疏忽的層面，紛紛挑起了他們的注意力，這是因為這些層面回應了一些醒悟色彩都多多少少更為強烈之宗教啟發的要求，而且，遠在他們的思維都投向這些經句、流連往返之前，這些神啟的要求就已經在他們身上發酵了。我們何不把靈修之途拿來對立著教條之作法，就好像是，曾活生生經歷過的回憶，與多半已化約成格式條文的道統，勢不兩立似的。諸多神祕主義者發展出一己觀點，在詮釋經文時，他們處處揭露新意，然而，他們並非是經由辯證法則，也不是透過當時教會中人經常應用的理性思辨。縱然這是由於這些人是自由自在地述說信仰是何物，仰賴的是其樸實無華的心靈，但他們也相信，他們掌握宗教之能力無人可比，宛如是在其內心隱密的本質以及諸宗教真理之間，存在著一座祕密橋梁。而且，似乎可見的是，在缺乏比如官方傳統教條主義者所擁有之資源條件下，僅憑一己力量來督促自己重溫基督教之往日光輝時，很可能會導致出遠遠超過神學專家所為，或甚至是當初自己預定的目標。這是由於既然傳統已被捨棄（至少，就他提出新解的那幾個要點而言），那他還擁有哪些來自過去的證人證物呢？難道不就是經書文字？似乎可肯定的是，在他眼中，自聖經裡綻放出一道新的光芒：但此一光輝，究竟來自何方？是來自文字篇章本身，還是他自己？假使是來自他自己，無非就是他也是以現在來詮釋過去，而且，是以他在世時之當今的某一小部分、遠比當時之教會思想還更狹隘的那一小部分。實際上，倘若就某些權衡關係而言，冥修者躲過了教會的壓力，他未必不承受著他生活作息的那個年代、那個社會環境裡某一股更大的影響力。當現代人去閱讀中世紀冥修者的著作，或者是其他一些更接近我們當今所處之時代的作品時，理所當然地，這些現代人都可意會到文字背後的意涵，然而，不免都是現代人的心領意會；至於這些中世紀作家的文筆所欲表達的心有靈犀一點通，若想掌握之，則必須事先置身於中世紀社會，只是，不僅此一中世紀社會早已不復存在，即使想重新搭建，也絕非易事。十二、十三世紀的奧修者，當他們翻看著福音書時，也是面臨相同的處境。他們像是希望重溫舊夢、緬懷追憶的一群人，但是，本身卻從沒擁有過這些往事回憶，況且又缺乏傳統思想可能提供給他們的種種援助。因此，當他們必須朝向逝去的過往來發揮一己感受，表達或個人、或所屬團體之觀點時，他們其實多多少少、不知不覺地也深受所屬團體的影響：沒有任何證據顯示，他們的觀點是更接近真實的過往，而不是更接近教會傳統。當聖方濟各投入濟貧活動時，他與當時毫不排擠財富的教會格格不入，這卻也促使他更加篤信，其作為讓他重新回到福音書的真理之途。只不過，在十一世紀的義大利社會，相對於耶穌的年代，貧窮或許沒有相同的意義，甚至沒有相等的道德力量。聖方濟各所謂的「貧婦」（Dame pauvreté），是一憧憬著中世紀浪漫情懷下的現實產物：但此貧婦，的確是福音書中描述之貧窮的真實寫照嗎？受聖方濟各感召的乞丐教士（frères mendiants），就其特徵而言，或許更接近佛教裡的和尚，而非創教時代之教會成員：這些乞丐教士遵循的苦行生活，或許遠遠超過原創世紀的基督教，遑論當時的教會跟俗世信徒提倡力行的那種簡簡單單的基督教慈善活動。當聖女加大利納（Catherine de Sienne[*]）宣稱，基督的一生，從生到死，只不過是一場漫長的苦難，假使基督曾在客西馬尼（Gethsémani[†]）央求上帝，「讓他躲過這場苦難」，這是因為這一苦難是空洞的，所以，他要求再給他另一苦頭吃，給他更多的痛苦折磨、更煎熬難受，原因則是由於他早已準備好了，聖女加大利納始終相信，我們都應該勞其筋骨、餓其體膚，把十字架背在自己肩上[40]。如此這般如夢如幻，使得彷彿當她受苦受難時、才有基督的滋味，這或許是來自她童年起晨昏定省的宗教榜樣、教誨，但或許也是來自於她自己敏感激動的體質、勞累不堪的身體，她隸屬某一靈修組織，該團體成員面臨苦痛時便自我催眠，連帶也為基督的苦難自我麻痺，甚至到即使整個基督教也僅剩下痛苦折磨而別無他物的地步。同樣地，對於明供聖體（Saint-Sacrement）、聖心（Sacré Cœur）的崇敬，都假定了，可在這些創建者身上嗅到一股非比尋常的氣質：熱愛寓意轉喻、多愁善感、又帶著些許平淡無味的個性、好曲解訛誤、頗為病態的好奇心又加上蒼白無力的想像、顛三倒四無任何體統（這些人鑽頭探看基督的傷口和鮮血，以一般世俗情愛的語言來述說神聖的愛慕），這一切未必完全與初期之基督教相違，然而，以我們可能之理解力來判斷的話，不免只是薄物細故。在所有這些嶄新形式的崇拜中，以及在所有點明了神祕奧修者的啟發中，我們可發現的，無疑多半是，屬於這類新興膜拜之宗教團體的想像力量，而非福音書原初的意旨。在初期的基督教信徒身上，並沒有如同聖女德蘭（sainte Thérèse[‡]）那麼濃厚高昂的敏銳心靈，況且，可確定的是，當紀元初期的使徒、信徒提到耶穌時，他們根據的是方才逝去的回憶、見證，而不是如同聖女德蘭，她是在畫著耶穌會教士溫恭虔

＊譯者注：加大利納（一三四七—一三八〇）是義大利神祕主義者，隸屬於道明會第三會，出身富有家庭，一般論述將其人生分成數階段：首先是違逆既定命運、拒絕婚配，最終父母讓命、認可神召，隨即在祈禱、退隱生活中，發生了靈修之路中不免與疑慮、邪魔搏鬥的過程，直到基督顯現為止。第二階段則是入世服務，當時歐洲黑死病肆虐，四處皆病人、窮人，她一開始獻身時即紛紛有跟隨者同行。第三階段乃所謂之出神經歷，隨後她執筆述說與基督的祕密對話；最後她投入政治調停，一是貴族間的地緣糾紛，二是勸說遠走法國亞維儂之教宗回義大利（教宗隨即過世），甚至後來出現兩名教宗時，她也挺身出面。一九七〇年天主教教會冊封為教會聖師。

†譯者注：位於當今耶路撒冷之橄欖園（該詞可追溯自古希臘文，意思是榨油磨坊），根據新約所載，耶穌在最後的晚餐後，到此花園禱告，隨後被捕，隔夜被釘死在十字架上。

40 佛爾杰森（J. Voergensen），《聖女加大利納》（*Sainte Catherine de Sienne*），第四版，一九一九，頁一四四、一四五。道明會向來偏好肉體折磨般的苦行救贖。例如，亨利・素梭（Henri Suso），直到他四十歲時，其一生不過是一連串的自我折磨。譯者注：J. Voergensen（一八六六—一九五六）乃丹麥作家，產量豐富，專長是天主教聖徒的傳記，他的姓名一般拼寫成Jens Johannes Jørgensen。Henri Suso（一二九六—一三六六）亦出身富裕家庭，但十三歲起，即進入道明會，自十八歲起，即展開極為刻苦嚴厲的生活，甚至視其肉身為束縛，故時人常言，他四十歲時已接近死亡。其宗教主張中，感情成分為首要，尋找溫馨動人之處，直觀思索耶穌被釘死在十字架上的傷痕、瑪利亞所承受的七大苦楚，即本書所言，耶穌承受之苦難開始成為新的信仰焦點。

‡譯者注：天主教中的聖女德蘭，一是西班牙的Thérèse d'Avila（一五一五—一五八二），二是法國的Thérèse de Lisieux（一八七三—一八九七），兩人都屬於加爾默羅修會（Ordre du Carmel）。依照本書隨後之段落，假使作者指的是同一人，則應該是Thérèse d'Avila：常被稱呼為Thérèse de Jésus，二十歲踏進加爾默羅修會時，旋即加入改革該修會之運動風潮，先後在西班牙成立諸多修道院；身為著名之靈修大師之餘，亦提筆寫作自身修行、禱告經驗等等，至今仍被視為冥思祈禱之指南。一九七〇年被封為教會聖師。

誠的圖像前，看到神顯的面容。

面對著眾多神祕主義者，基督教會總是有著複雜難言的反應。堅持教條主義者一開始都是質疑這些宣稱看到幻象的人，這些人往往口口聲聲說是看到傳統宗教思想無法抵達之高點，整體言之，就像是一個地理範圍廣大、歷史久遠的集體社群，其宗教信仰的價值美德、堅韌不拔的性格已經千錘百鍊，卻猜忌著它內部最渺小的團體或是內部某些個體的新發明。然而，基督教會不能不對這些人表示殷勤問候，亦不能視之為外人、外敵，理由則是因為並不只是在教會內部，而往往是在教會裡最深入精神核心之處，成為這些神祕主張運動之濫觴。絕大部分的神祕靈修者都曾經是僧侶、修女，且無論如何，都與傳教士、修士兄弟等等關係密切，也因此深受其薰陶教誨。他們都是被道統吸收之後，而且，其深入程度，遠甚於其他神職人員可及，隨後才又走出道統、置身於道統之外。相較於一般的教士、信徒，他們對於所有滲透到宗教世界、並因此產生種種影響的思潮，都持著更開放的態度，對於可說是已塞滿教條準則、呆板僵化之履行方式的神學思想，他們對其中細微差別之處也更加敏感，在教會中，他們並非圈外人，而且，恰恰相反。往往教士、神學家，他們自身也常感受到教規之履行、當時之宗教教育等等，都已索然無味，主管機關也常鼓勵他們去探求嶄新的意涵、嘗試新的實踐作法，所以，固然這些神祕靈修者未必擁有豐富的宗教知識，但只要他們與教士、神學家密切往來，事實上，他們也的確如此，最終便足以讓眾人點頭承認，神祕主義者實乃切入滲透到神學思想的核心，也參與了教會生活中最緊密積極的區域。當人們把神祕主義之思想都塑造成必然走向遺世獨立，否則就是某程度的幼稚無知、甚或是簡樸無華，其實是嚴重誤解了。相反地，神祕主義者往往必須去鼓舞激勵一門謹慎嚴苛、又麻木不仁的信仰系統，又頂天立地於一神修大家族之肩頭上，宛如是腸肥腦滿、卻又無能自我救濟之基督教會的先鋒隊伍。因此，神祕主義思潮都是集體的，也是基於這個原因，基督教會不能視若無睹。如我之前所言，教會有其自身記憶。假若其中某一成員企圖修正其內容或補注新知，足以讓教會嚴正相待的條件是，如果這一成員並非單槍匹馬，如果他是藉著某社群之名義，尤其是，如果該社群是掌握教義精髓之眾多團體中的能者，換言之，教會首先嚴格要求的是，所有信仰、膜拜的虔敬態度與新式作法，都是以教會自身傳統中的某些成分為依據，並且，自詡實乃緊追集體基督教思想的某一側面。其實，並非只有一個神祕主義傳統，而是有好幾個傳統派別，其中每一個偉大的改革家都可宣稱自己是一代又一代之開路先鋒的傳人，延續了向來不受青睞的信仰思潮，而且，這些派別從基督教創教時期起，便擁有自己的取向、自己的門生[41]。當每位冥修

41 大抵而言，「對於他們的經驗，他們都有著不由自主的熱切感受，而且，非常獨特、非比尋常」。不過，他們都「渴望超越一般的基督教，但又不背離放棄；基督教是他們的起點，也是他們成長蛻變之處；他們的冥修生活都是被包覆在基督教徒追求的生活意涵中。」每名冥修大師都曾恩逢某一神祕道統。聖女德蘭閱讀歐蘇納（Osuna）撰寫的書籍以及「其他如良師益友般的書籍」。圭雍女士（Mme. Guyon）則選擇了方濟各．沙雷氏（François de Sales）的作品。亨利．素梭的導師是艾克哈特大師（maître Eckart）。在《禱告時之精神狀態的指導方針》（*Instructions sur les états d'oraison*）一書中，博素偉言道：「從四百年前起，便可開始看到企圖與上帝結合、追求合乎其旨意的崇拜模式，而且，愈來愈精緻周密，這一切都為當代寂靜主義之途奠下基礎。」圭雍女士則宣稱：「我熱切期待您能前來做詳細的

者因處於出神狀態而激動難耐，或當他察覺到神聖性格中某些不欲人知的面向時，他或許會感受到一股特定之個人恩寵，他正走過前所未有的信仰之途。不過，當他描述著所見之物、所承受之考驗，或者當他打算開創新局或是傳授新知，又或者是當他為自身顯聖經驗提出一串道理時，他的說法，總是不脫離他所主張的，或是他認為向來如此之教會傳統以及基督教條中的某一要點，彷彿最後這一切都終將獲得肯定似的。

這是為何，固然神祕主義之創始人並非單槍匹馬地點燃新的火焰，也沒有隨即帶著火把到教會裡去信步閒逛、揚言要給教理幾道曙光，但若沒有使徒相助，則難保火源始終熾熱：神祕冥修者教導他人，並且以其自身形像來塑造這些追隨者；在團體中，他始終保有鶴立雞群之姿，可是，沒有任何事物可證明，他是唯一的火源，或者，眾人始終如萬叢綠葉般圍繞著他這一點紅。道統、傳奇，總是偏好將史無前例的功德、開天闢地般的作為、乃至於整個社會都可感受到效益的故事，全描述成是某單一人物的功勞。至於宗教精神，它向來將宗教歷史詮釋成神力發威介入之故，因此，若去承認，上帝的作為是藉著幾個神選之民、透過他們的中介力量而展現出來的，還有比這種說法還更自然而然的嗎？當然，誰也不能更有力地證明，上帝是不是搞錯了，或者是，上帝不可能不出錯。誰曾經在過去告訴我們，某某聖徒生平經歷的每一時機，尤其若是觸及個人隱私之細節，或者是有關於那些追隨著該聖徒的門生、朝夕一起禱告的人，這些人是不是在聖徒生前或死後都努力不懈地傳播其道理，或者，退而求其次地，四處宣揚以讓眾人認識聖徒的態度、活動、歷經之苦難、顯揚之光榮？若說，門生訴說的這些故事，由於擔心歷史真理的問題，所以或許曾有人在背後指揮，若真如此，實在是一件令人難以置信的事情。因為門生總是會在意作為成效的問題，所以，門生可能有意無意地梳理過去已發生的事實，希望能因此在虔誠的信徒以及非基督徒的心中，激發出讚美宗教的情懷，並且，又對那些上帝曾在眾人前點頭讚賞的

檢驗，究竟我書寫的內容是不是表達了，對於某些神祕主張之作者以及長期以來備受肯定之聖徒的敬意。」德拉庫，同上著作，頁二五八、二八五、三五五—三五八。譯者注：Osuna（一四九二—一五四一）乃西班牙道明會之神學家、靈修大師，其主要冥思重心是耶穌基督的受難，如何藉著密集嚴格的祈禱來認識自我。針對這些主題，他也撰寫了入門書籍，廣受好評。另外，自一五八二年起，他即加入皇家委員會，籌備訓練派往美洲的傳教士。Jeanne-Marie Bouvier de la Motte（一六四八—一七一七），常被稱呼為Madame Guyon，乃法國天主教之冥修者，其主要的影響力在於當時法國巴黎的上流社會，身為主教的博素偉則大力抨擊她對正統履行教規之生活所造成的危害，尤其當時法國正因寂靜主義之爭而掀起宗教迫害風潮。François de Sales（一五六七—一六二二）原為法國阿爾卑斯山區的主教，眼見一半以上的信徒都轉向基督新教（尤其是喀爾文教派〔calvinisme〕），於是，逐漸捲入當時天主教如何抵禦宗教改革、基督新教四處興起的問題。相左於一般天主教會往往過於政治化的路徑，他提出向來只受喀爾文新教重視之靈修原則，一般認為，在法語世界的教會中，他是精神靈修作者的先鋒之一。Maître Eckart（一二六〇—一三二八，原名Eckhart von Hochheim）是德國籍的天主教神學家、哲學家，其著作雖為宗教作品，且必須從拉丁文或德文翻譯成法文，卻可謂是在法國最受歡迎之中世紀寫作，其魅力在於解脫索然無味的經院言詞，走進一般地方語言之趣味，他也是首位以地方語言講道、授課、寫作的道明修士。至於博素偉的《禱告時之精神狀態的指導方針》一書，其副標題相當冗長：（在此精神狀態中）當今造假之神祕主義者的錯誤嶄露無遺，附錄為這些神祕主義者的判決書（*où sont exposés les erreurs des faux mystiques de nos jours : avec les actes de leur condamnation*）。該著作至今仍流通於法國舊書市場中。

人產生造就、讚揚、愛慕等情愫，更何況，這是因為上帝乃透過他而顯現神力。

若說，某宗教思潮都歸功於某單一開宗祖師，於是，其他真實人物都成為門生，而且，若一一去看待這些門生的生平，或者是讓他們全都會合在一起，但假使沒有開宗祖師爺在場，則只不過是一盤散沙，抱持這樣的觀點，並非不無優點。假若同時有兩到三名創始人，如此將會互相妨礙。我們可能會因此懷疑他們各自的神啟經驗，理由則是上帝若在三個人身上施展相同的威力程度，而且，這三人各自所經歷的，雖說都是偶發的意外，卻又不約而同，整體說來，這是不太可能發生的事情。縱使他們各自的個性、提出的教誨，幾乎大同小異，卻也不是完全相同，誰也無法限制自己或是限制別人不去做比較對照，或是偏愛其中一人，甚至讓他們互相對立為難：總而言之，這些人最終都會被歸納到凡人的旗幟下，也就是說，他們都只能感應到真理的某單一面向：假使他們彼此牽制，每一人都將因此變得更渺小。最後，與其將源源不絕的神妙恩澤以及超自然的美德，全都歸諸於一個人身上，或許必須將這一切都均勻地分配給每一人時，然而，我們卻難以從凡人身上獲得啟發，尤其若啟示對象竟是一個帶著人性的至高無上者。基於這一切理由，祕密會社、修會的成員不免走向將一切的宗教或是道德革新全都歸諸於創始人，而且唯有他一人，即使不難想像的是，事實上這些宗教或道德革新之所以成功，乃是在於這類革新運動都是以一套集體性格的的實踐方式或是信仰崇拜，來與另一套也是集體作風的信仰履行相左對立。

無論如何，一旦個人經驗被視為某一宗教思想潮流的源頭，而且，該思潮將一大批虔誠忠貞的修士、信徒全捲入在內，這時候，基督教會心知肚明，若批准之，收益何在，若制裁之，風險何在。教會考量的理由只有一點：教會畏懼的是，這一個自我宣告為歷史見證的人，是否與所有其他見證人物相違，這是因為這些證人都是宗教信仰的骨架、基督教無可替代的真理所在。只要教會認為新興思潮並不牴觸其他既定者，反之又能滋養現有者，而且，假使這一看待基督教義之新觀點，又能給教會體制的每一角落都帶來更多的明亮光線時，教會便坦然接受：只不過，教會將會努力把此一新思潮吸收到既定體系中，但成功條件在於，假若教會能夠逐漸地將此新潮流中獨到不凡的特點一一抹煞消除：該神祕冥修者將會被冊封成聖人，擠入官方的聖賢名冊中；其生平經歷將成為傳奇故事，其門生都必須向修院生活規章行折腰之禮，至於該靈修大師的諄諄教誨，則會被化約到大眾化水準的宗教理解範圍內。

固然新觀點內含的成分，都是在教會原有的範圍內提煉出來的，假使教會希望能夠吸收這些成分，事實上，後果卻無非是，在它自身的道統上，再增補一連串的添加物，以致於關鍵便在於教會不能因此衰落敗壞。我之前說過，宗教教義是基督教會的集體記憶。遠古時期的教會組織倚賴的是傳播福音的回憶，在當時，仍是才剛發生的回憶，而且，在那時候，教會追念這些回憶時，這些回憶依然漂蕩在事件發生的那個社會環境裡。物換星移、人事已非，基督教社會卻也大致將其教條、膜拜方式等等都制式化，使之完全相左於一般世俗社會裡的信仰、祭拜方式，並且也讓基督教社會本身變成代表著另一套時間邏輯，遵守著其自身的驅動力量。基督教社會在其傳統固有的精神中找到它所需要的力量，用來維護最根本主要的回憶，使之擁有無可替代的地位，另一方面，這股力量也被用來促使它自己在其他團體的生活圈中，持續保存著基督教社會特有獨到之處。基督教社會本身有著一股堅忍毅力以及生生不息的活力，於是乎，它往往毫不遲疑地將一己記憶強加灌輸到其他思想內容、生活形態都不盡相同的社會群體裡，而且，最終這些非基督教社群自身的回憶、傳統，都將一一消失，或者是融入到基督教道統裡。因此，雖然基督教會與塵世截然相對，雙方卻都參與了同一筆集體記憶。大抵可言的是，隨著社群之別，究竟是教士組成的體制，還是每一座教堂裡的非神職人員所形成的會社，或者是信徒的大小聚會，乃至滿足了一般世俗需求的團體，例如家庭、職業團體、法庭、軍隊等等，這些社群各自之宗教回憶的忠誠度、豐富性、強度都不盡相同。在一般肩負世俗需求的團體中，往往諸多世間的功名利祿都與基督教主張混雜在一起，有時候，基督教思維會扭曲這些俗世社群，或是在一有限範圍內使之淪落不振。總之，在基督教道統之先祖對歐洲諸人民造成的影響尚未被質疑的那段期間內，宗教道統的權威依據，往往不只是建立在教會首領的威望上（彷彿那是自然而然的），而且，也仰賴著信徒以及整個基督教世界的支持。雖說宗教記憶將其作為擴展到非神職人員以及世間俗人組成的團體裡，但為了能夠強化鞏固其行動力，縱使宗教記憶口口聲聲揚言單憑一己之力便已綽綽有餘，實際上，它依然必須透過某種教理教義之形式，才能夠回應種種現實世界的需求。以法理而言，無論是教條、還是信仰，都沒有任何改變：由於整個知識思潮等運動都在基督教的羽翼下，找到庇護以及鼓舞的力量，以致於在整個中世紀期間，基督教都沒有進而取代哲學或是科學領域。當時基督教依然可表現出寬容大方、海闊天空的態度。當時整個社會難道不都是信仰著基督教嗎？假使從世俗圈子裡產生出來的主張思想，最終都是流貫到一個廣大的基督教模子，所以，如果這些思想主張的地位，都不免多多少少事先被基督教義搶攻，是否還值得大驚小怪呢？只要基督教會依然可強將基督教道統灌輸給現實世界，如此一來，世間生活模式、歷史故事等等，便會與基督教會的傳統一唱一搭：於是，現實世界的生活形態、歷史傳奇所湧現出來的回憶，從此將是基督教會之訓示教導的肯定呼應，所以，根本不需要去扭曲過去種種，教會便能夠充實一己的記憶，而且，裡面滿載著所有新潮的證人證物。

有時人們都深感驚訝，基督教義竟可以存活這麼久，主要內容都沒有改變，而且，隨著時代巨輪而不斷轉變的社會思潮，竟是寄生在此基督教義的溫床上。這是由於基督教以可說是相當強硬的手段牽制著一般社會團體，以致於這些社會團體的生活都在基督教的掌控之下，而且任何新鮮事物，假若不是從一開始就打著基督教的旗幟，否則就不可能發生。知識、道德倫理、政治等活動，無疑都有其自身之運轉條件：執行這些活動的人大都隨波逐流，但追根究柢而言，這些波動的濫觴都不是來自宗教。然而，只要任何這些活動不是發展到某一程度，沒有進而促使人們警覺到，畢竟這些領域內的要件都無法被化整為零到宗教裡面，那麼這些活動領域就不致於搖旗吶喊其自身獨立性格：這些領域都被收編到基督教一脈相傳的系譜裡，從此看似與基督教相容為一體，或甚至是在基督教義的根源裡去挖掘所需的滋潤甘露。所有的知識科學、哲學思想以及任何思想主張，都因此建立在與基督教道統難分難解的傳統體制上。人們自孩提時期便已相當習慣地在科學、哲學等領域上套著基督教的外衣，以教會語言來述說表達科哲等任何領域的思想。因此，從一開始、且後來非常長久的時間內，都是神職人員去涉足這些科哲等思想領域，所有他們奮鬥出來的成果，也都反映著他們的宗教信仰取向。這段期間內有學養的人、哲學家、國家領袖等等都不認為，僅透過觀察事物，便可以獲得自然世界之原理、諸社會法則等的相關知識。他們學到的是，若要掌握任何一門科學的源頭，唯一方法是去思索相關的意念，換言之，就是透過某一套程序，並且，此程序之內容對象乃至本質，都純然是精神層面的。不過，理智幾等同宗教。這是完全受宗教主宰的領域。神聖事物以及俗世事物之間的區分，變得愈來愈明顯，且走向一條精神理智對立著物質事物的路徑。既然在宗教世界裡，物質事物該領域的大門已關上，精神領域該如何自我滋養，假如不過就是在傳統裡覓食？因此，所有絞盡腦汁的省思，都不是朝向當下現今，而是展望著昔日歲月。只不過人們熟悉的過往卻只有一個，那就是基督教的過往。儘管如此，不可否認的是，思想是無法完全避免物質事物、短暫的現世生活、當下現實的種種壓迫。這一切都將逼迫教會將其道統中的某一區塊靜置在一陰暗角落，例如，其教義中，所有與俗世塵間的意念產生嚴重衝突之處，或者是某些社會體，它們與創教時期的基督教社群相差甚遠，即使這些社會的經驗是非常的簡陋、甚或反常，但如果基督教傳統的某一區塊，無論如何都無法符合這些社會經驗的論調時，教會則必須讓此區塊存而不論。這一切的發生過程，就像是某一記憶再也無法去拼湊出過去的某些回憶，理由則不過是因為今人思維對這些回憶興味索然。假使教會教義的中樞可依然穩如泰山，又，假使釋放出更多的自由空氣，教會並不會因此喪失元氣或任何精華，那麼教會就可能放鬆對某某傳統之禁制。

不過，假使為了能夠依然在俗世社會之社群中穩坐共同思想之寶座，以致於教會必須去修改教條，在另一方面，它也必須考量到，在神職人員組成的體制中，日漸流行諸多不同的宗教需求，尤其是如雨後春筍般的神祕主義思潮：就此而言，也對教會帶來新的考驗以及其他的危險。教會的一般道統是屬於所有的神職人員，以此而言，事實上我們可觀察到，在歷史上存在著一連串與眾不同的傳統，它們有時似乎在某些年代消失了，卻又在其他年代中捲土重來：曾有不少修會，各自都特別執著於基督教信仰或是教義中的某單一層面；曾有不少虔誠的思潮，都導致了一部分的信徒、神職人員或是其他擁護者，變得甚至比教士本身還更慷慨激昂。在基督教的集體記憶內部，同樣存在著不盡其數的集體記憶，且每一記憶載體都宣稱可比任何其他記憶載體更忠實地重新鍛鍊出共同目標，也就是基督的生平事蹟、教訓指示。基督教會從創教之遠古時期起，即面對著諸多這類衝突。以一種更柔和清淡的手法，諸神祕教派都重新製造出古老時代的異教主張，否則便是屬於最近時期的異端。雖說人們所知有限，但我們可大略看出，到底是透過哪些途徑，以致於阿爾比人（Albigeois）擁立的異端邪說，最後竟流傳到聖方濟各的家門口[42]。

42　保羅・薩巴提爾（Paul Sabatier），《聖方濟各的生平》（*Vie de saint François d'Assise*），一九二〇，頁七、四二—四五、五一—五四。譯者注：在法國當代史上，Paul Sabatier有二，一是一九一二年摘下諾貝爾化學獎之桂冠主，另一是歷史學家、神學家（一八五八—一九二八），向被尊為研究聖方濟各之權威。就當代法文之字面意義而言，阿爾比人（Albigeois）是座落法國西南部之Albi該城市的居民，但本書所指，實乃法國歷史中所謂的「十字軍征阿爾比人」（Croissade contre les Albigeois）。「阿爾比人」一詞自十二世紀起，就被用來指稱法國西南部之異教徒，然而，阿爾比城居民未必是異教之濫觴。此一討伐事件本身歷經一二〇九年到一二二九年，雖說當時之教宗出面號召殲滅法國西

十四世紀時的德國神祕教派深受艾克哈特大師的影響，他的著作卻幾乎全被宣判成異端邪說[43]。「路德聲稱自己來自中世紀，如此便可辯說，他自己的神祕主張是完全不受教會管轄。」眾人皆知，詹辛教的信徒大致隸屬於、亦即並非與新教徒運動非親非故。博素偉譴責寂靜主義裡存在著與「西班牙的光明異端派（illuminés）、佛萊米（flamands）或是德國地區那些不發願的門徒（beghards）沾親帶故」[44]。然而，在靈修者，猶如在異教徒身上，若有任何特殊之處，那就是，他們與共同之宗教信仰相違的地方，並不牽涉到世俗理念，更無關現世的理性主義，而是牽涉到更嚴厲的宗教要求，以及另一方面，他們都深深感受到，在基督教裡存在著某些特殊、不合情理的面向。換言之，冥修者的衷願，是帶領基督宗教重回基礎原則、發源地，所以，或許他們嘗試去重新演練古老時期之基督教社群的生活，否則就是宣稱可以撤銷時間的距離、與基督建立直接聯繫，而且就跟見過基督、觸摸過基督的聖徒同出一轍，更何況，基督死後，也曾經在這些聖徒面前重新顯現。就某程度而言，這些神祕主義者都是天主教裡的「極端分子」。往往他們都不認識時間流程的確切經過，抑或是事實真相的意義。相反地，他們對於自己內心深處的宗教直覺忠貞不二，他們譴責基督教會將信仰化約成愈來愈流於形式的祭典，痛斥教會將教義調整成更理性冷靜的教本，於是教會便疏忽了，基督教原本應該是基督生活的第一手揣摩。這是為何基督教會還是必須給神祕教派保留某些餘地。只不過，在基督教辯證如火如荼的年代，只要教會思想以為自己實力充分，更何況，其教義內容豐富多采、其道統嚴格正規，以致於為了能在現世社會中保存其獨立性格和原創性質，教會便利用了神祕冥修者，只不過，教會只給諸神祕主張保留了教義傳授中某一次要地區，唯有在此區塊範圍內才能自由詮釋：基督教會既沒有在禮拜儀式也沒有在教條訓示裡，分配給神祕教派主張最光榮顯要的地位。假使哪天冥修大師主導著教會，那就代表著傳授福音、教士、教務會議等偉大傳統都逐漸枯竭凋零、流離失所。

南部之異教徒以及相關之城市和教區裡支持之保護者等等，但實際上，乃法國北部的國王勢力，與當時之西南部的地方貴族勢力的政治抗爭。以宗教意識形態而言，這是第一場在純天主教領土範圍內的軍事討伐；但以法國政權爭奪史而言，則是北部國王政權徹底征服西南部之傳統封建領主，西南部從此成為法蘭西國王之版圖的象徵。至於某些專家汲汲於阿爾比人、阿爾巴尼亞人，這兩個字之字形、字義大做文章，藉以強調法國西南地區之異教徒思想深受阿爾幹半島影響，則為無稽之談。

43 布拉，同上著作，第二冊，頁二三三，與後續段落。

44 德拉庫，同上著作，頁二六八。譯者注：佛萊米一詞是指介於法國、比利時、荷蘭交界處，但也常被用來強調居住於比利時境內的荷蘭人、荷蘭語言和荷蘭文化圈等等。Beghard，以泛義而言，也可拼寫成bégard、béguin、béguard、bogard。但其實現今多半寫成béguin，基本定義是：屬於某一修院組織卻又沒有發願的男性。嚴格而言，béguin不同於beghard（完整寫法是béghard orthodoxe），後者雖逐漸被聖方濟各修會組織吸收，後來卻常被指責是異教徒、叛徒。béguine，陰性名詞，經常用來稱呼比利時地區，群居在修道院內，過著一般之宗教修習生活卻又都沒有發願的修女；另一說法是，冠著同名之修女會被解散後，又被聖方濟各之組織吸收的第三會。

VI-iv 總結 En résumé

在此可提出的結論就是，在基督教，猶如在所有其他宗教，禮拜儀式與信仰總是每每不同。禮拜儀式包括了一整套的動作姿態、話語言詞、祭祀用品，全都是固定不變的物質形式。以此觀點而言，神聖經文都帶著儀式般的性格。從一開始，這些經文就不曾修改過。在每一次祭典中，這些經文都被字面地重複朗誦，於是，文字與祭儀乃密不可分。朗誦福音書、使徒書信、祈禱文等，與跪拜、奉獻、祈福手勢（geste de bénédiction[*]）等等，都具有同等價值。禮拜儀式或許是宗教裡最穩定的成分，這不外乎是由於祭典每每利用物質以進行一套程序，又永無休止地重複操作，而且，儀式性程序、教士體制等都確保了，無論何時何地，禮拜祭典永遠相同一致。一開始時，禮拜儀式大抵是為了回應、紀念某一段宗教回憶的需求，例如，猶太人的復活節（fête pascale[†]），基督教徒領聖體。創教初期的信徒在舉行祭典時，都相當明了這些祭典的出發點，換言之，他們仍保留著宗教事件的第一手回憶，而在舉行祭典時，則重新去排練此一事件，總之，創教初期時，禮拜與信仰是交融為一體、相互輝映。歲月如梭，人們與源頭的距離已遙不可測，但我們仍可大致接受，禮拜儀式的主要精神依然不變，猶如當初的說法。也有可能的是，基督教社群散落四方，形成眾多地區性聚落，亦即在擴大的過程中，基督教社群吸收了那些保存著、並且加入了部分在地習俗的團體，其實從一開始，即使是基督教的禮拜儀式此一領域，也常被感染影響、修正重整。總而言之，一旦基督教會統一制定儀式規則後，人們便忠心耿耿，永遠不再去修改。至於經文，教會的態度也是一樣的；經過一段猶豫不決、起伏不定的時期後，教會主管機關制定出正規經文的清單，從此其內容便不再充實增添，也不再有任何刪除修剪的爭議。不過，若論及如何去闡釋這些禮拜祭典承載的宗教信仰時，則是完全另一回事。創教不久後，宗教歷史中某一部分的回憶便逐漸消退、遺忘。有關於祭典、經文的回憶，或許依然歷歷在目，但這並不足以用來提出解釋。既然某一部分的慣常作法、規矩準則都已隨風而逝，於是必須提出說明：這便產生了教條。或許，至少在一開始的時候，在教會裡存在著某一項傳統，用意在於確保昔日之思維以及當今之想法這兩者之間的連貫性。縱然宗教團體與世俗社會相違，但多半說來，宗教團體內部團結一心，每一時代的神學思想，也多少受到時代精神牽制下之辯證法則的啟

* 譯者注：或稱為signe de bénédiction（signe在此不是符號的意思，而是手勢、示意性動作），在諸多宗教信仰裡，皆有神明的示意性動作、手勢、身體姿態，用以表達祝聖、祝福等。例如，佛教裡，佛陀的蓮花指；基督教裡，基督右手置於胸前、無名指與小指往掌內收縮；或者是右手向右方平伸；另外，一般傳教士則常有雙手臂向身體兩側敞開的姿態，與巴西里約熱內盧山頂上的救世基督像之姿幾乎相同。

† 譯者注：一般寫成Pessa'h，慶祝古埃及時代以色列奴隸重獲自由，中文通稱此節日為逾越節。

發[45]。有關於教條的反省，是難以脫離其他省思模式；更何況，俗世思想不斷演變，往往也與俗世體制的沿革腳步同進同出：宗教性教條的沿革則更緩慢，表面上看似不變，然而，教條是不可能一旦靜置於溫床上後，便永不滑動。教條是來自於一連串前後交錯、層層疊疊的集體思想彼此堆砌、交融後的結果：教條是理性的產物，但以上述之含意而言，每一時代的理性精神也都在教理上留下足跡；無怪乎神學思想頻頻回首過往時光，尋覓所有曾經觀照著先先後後之祭典、經文之起源點的目光。神學思想的重建工程總是倚靠在數張藍圖上，但它努力去調和諸多宗教真理，彷彿它只是以某單一建築藍圖作為依據似的，而這一紙獨一無二的藍圖，不外乎是以諸位創教先鋒、眾多經文作者為主題。

只不過，禮拜儀式與經文所掀起的問題，並不只是理性詮釋與否而已。遠甚於此的是，人們與原始之回憶早已失去聯繫，完全不再有回憶停駐在意識中的可能，以致於每一次的詮釋，都促使人們愈來愈偏離原本的意旨。事實上，宗教感情都是來自於基督與其聖徒的朝夕相處，以及直接去思索基督與其聖徒的人格氣質、它們各自的生平經歷後的結果，所以，雖從感情出發，我們意欲取而代之的，卻是一整個完全建立在基督教會之權威上的基本觀念之體系。當神職人員、信徒等人閱讀經文或是參加禮拜時，或許教會並不會強迫他們務必去細心斟酌教會向他們提出的解釋說明。其實，完全相反的是，教會鼓勵所有的神職人員、信徒，透過一己的堅誠信念以及身體力行等無窮活力去接近上帝[46]。可是，就這一點而言，基督教會從不會以一般性的具體指示，來推薦神職人員與信徒任何效率高超的規則或建議。基督教會乃一集體組織，且由於如此，基督教會總是挺身走向人類思想中最堅定的集體性格，換言之，走向概念、意念等路徑。這是為何，在基督教、猶如在所有的宗教，幾乎在每一年代、在更上一層樓的團體中，都會出現要求學習更密集緊湊之宗教生活形式的現象，而在此現象中，正是人的感情被賦予了更重要的地位。主張神祕主義之冥修者探求神聖事物的意涵時，並不自我設限、僅在教會所傳授之內容裡去挖掘寶藏，尤為甚者，是從展現在他們身上的感情中去尋覓，特別是當他們參與了這類事件時，那彷彿就是，

---

45 「教會提出的概念，常被視為上帝向人間揭示的信條，這些概念並非從天而降也未經證實，遑論是否以完全符合當時出現發生時的模樣，而保留在宗教傳統中。歷史學家看到的是，在努力不懈地鑽研神學思想之後而詮釋出來的宗教事實……人的理性總是不斷地向信仰提出種種問題，而傳統固有的信條則歷經了一而再、再而三的反覆詮釋……」羅西（Loisy），《福音與教會》（*L'Evangile et l'Eglise*），頁一五八、一五九。「在一個歷久彌新的社會裡，傳統保存著既定真理此一遺產，人類理性則持續不斷地努力，促使昔日真理能夠適應思想以及科學知識之最新狀態，而在這兩者之間，教會體制單憑一己之力便可在這兩者間保持平衡。」同上著作，頁一七三。「神學猶如上帝向眾人啟示之教義，它不斷地去適應人類整體經歷過的種種不同文化狀態。」羅西，《聖經研究》（*Etudes bibliques*）。譯者注：Alfred Loisy（一八五七—一九四〇）乃法國天主教神父、神學家、聖經注解專家、法蘭西公學苑教授，其研究與寫作側重經文之歷史批判，至今仍暢行市面，向被視為法國天主教界之現代化危機的代表人物。

46 「基督教會並不要求以最虔誠之信念去堅守履行教規的方法，彷彿這些施行方法就是絕對真理的最適當表達似的……宗教實踐之手段是信仰的附屬品而已，信仰本身才是宗教思想的主軸：實踐手段不能作為此一思想的整體內容，因為宗教思想的內容正是上帝、基督以及基督的功業；每個人都可援用不同的方法來自由地去發揮此宗教思想。既然所有的靈魂以及所有的知性都大不相同，所以，信仰之細微差異也存在著窮無止盡的變化，然而，基督教會才是唯一的信仰導師，窮無止盡之信仰差異也須遵從教會象徵力量之統一。」羅西，《福音與教會》，頁一七五。

他們可以直接觸及他們每每緬懷紀念之事件或是神聖人物本身。當然，鮮有信徒可看到上帝或是與上帝二體合一。基督教會向來提防著，「在沉思默想中靈光乍現之任何小我的上天啟示……冥修時，幻覺是家常便飯；幻覺常被誤認為是進入超驗、神靈之狀態，實際上，不過只是人為抄襲或魔鬼的剽竊」[47]。有時，當一再出現的幻覺都被重要的團體證實了，換言之，當基督教會認可其集體性格正反映著基督教之記憶，幾乎與教會遠古時期的傳教史蹟有相等地位時，教會便會正視這些神啟、感悟、顯聖經驗，冠之以見證人性格，否則也與其他前例具有相等價值，至少認為這一切都是值得嚴肅看待。

似乎有人說，只有教條式傳統才擁有集體記憶的屬性，至於宗教傳統，它接納了神祕主義者的神啟經驗後，往往歸諸為見證，所以，假使宗教傳統也彷彿具有集體記憶之特質，卻塞滿了記憶錯誤之殘餘？可是，追根究柢而言，基督教會並不會承認，上帝的啟示在傳播福音的時代已經顯現過了，以致於再也不會有第二次了，教會更不會接受，它的角色也因此縮減成只是盡可能地、忠貞不二地去保留那一時代的回憶。的確，基督教裡有著範圍難以衡量的第一手歷史主題，任誰也難以想像，僅僅透過思索、省思之類的努力，隨之就可以去整建出基督教教條等等。不過，這些主題已透過無數的辯證過程而達到精緻細膩的程度，同時也轉嫁成充滿知識色彩的基本觀念，而且，這些基本觀念與鑽研神啟的神學系統並駕齊驅，以致於向來人們總是認為神學即是理性的神學，而在一整個經院哲學主導的期間，人們也相信，以理性方法論去驗證宗教是一條可行之路。但不僅如此，在一連串先後連貫的事件之外，且遠遠超過這些事件本身，基督教世界打造出該宗教的神聖人物，而且，使之成為宛如可超越時空限制、亙古不變的超自然物質。從此之後，對信徒而言，當今宗教並不僅限於去緬懷過去：自從基督復活之後，基督便時時刻刻出現在教會的每一角落。於是，基督教會便可宣稱，新的神啟隨時顯現，而且，彷彿也不致於自我矛盾。不過，教會並非沒有盡最大的努力，以便將這些最新的歷史資訊歸納到舊有的主題內，繼而又移植到教義體系裡，換言之，吸收到固有傳統裡。以另一角度而言，基督教會並不承認這些新資訊的確前所未聞：它寧願假定，其實，從第一道神啟之後，我們並沒有隨即體會到神啟的全部內容。依此意涵而言，雖然諸多表象僅是在最近期間才引起教會的注意，但是，教會卻是利用這些表象來充實、闡明原先舊有的回憶，終究而言，這些表象也都將成為回憶。因此，即使宗教記憶始終將自己隔離在現世社會的牆外，然而，它依然遵從所有其他集體記憶的法則：宗教記憶並沒有保存著過去，而是重建了過去，它利用的是物質性的痕跡、禮拜儀式、經文篇章、從過去傳流至今的道統，不過，它也利用了最近時期的心理、社會等主題和資訊，換言之，宗教記憶也挪用現在此一時間點來重整過去。

47　布拉，同上著作，第二冊，頁五〇八。

第七章 社會階級與階級傳統

Les classes sociales et leurs traditions

VII-i

貴族的價值系統與貴族家庭的傳統。封號與權責。種姓貴族與法袍貴族*

Le système des valeurs nobiliaires et les traditions des familles nobles. Titres et fonctions. Noblesse de race et noblesse de robe

---

* 譯者注：在此標題中，有兩個關鍵詞：noblesse de race（種姓貴族）、noblesse de robe（法袍貴族）；隨後段落將相繼出現 noblesse de sang（血親貴族）、noblesse d'épée（刀劍貴族）、noblesse parlementaire（最高法院的貴族）。首先，race 一詞，在法文裡的本意是：一群屬於同一家系、同一家族的人，尤其是指權高位重的大家族，例如，不同家系之法國國王所隸屬的家族。換言之，這是相當正面的用語，具有出身高貴的意涵，甚至引申用來形容行為舉止高尚、宛如貴族（aristocrate）的人，直到二十世紀初，該用法依然暢行。至於一般用語所謂之「貴族」，本書中相對應之法文則有：若指「人」，則有 aristocrate、noble；若指「體制」，則是 aristocratie、noblesse。簡言之，aristocrate 一詞出自

每個時代都有一些基業是當時的社會做得到的，而且，做出來的成績比其他時代的社會還更好。在更早的時期，社會未必感到有此需要，或者，它毫無能力。更晚之後，整個社會的關注力則投射在其他人事物上，因此，也無法顧及旁騖。尼采曾注意到，宗教生活首先便假定了，人需要有許多空閒的時間，數個世代以來，尤其是在當今汲汲營營的社會裡，費心費力的工作已經剝奪了這些空閒時間，人們也逐漸喪失了直觀宗教的本能，所以，大部分的人已不明了，為何宗教是有用的，至於個人存在等大哉問，深感奧祕玄妙之餘，以為自己心中有數，便已心滿意足了：「限於工作勞務之實，又限於閒暇安逸之心，人們已經沒有時間撥給宗教了，更何況，他們甚至也搞不太清楚，宗教是一起勞務，還是一件樂事。[1]」或許，這也是由於人們還是感覺到，宗教在當今社會猶如在其他社會中，依然有其功用，以致於人們不免懷疑，假使投身到其他事物，放棄了宗教，我們是否仍有創造發明的能力，所以最後我們還是對宗教敬畏再三，對於是否去更動履行教規之作法這樣的問題，也表現出猶豫不決的態度。對於諸多我們保留至今的過去之人事物，其實也是一樣的，甚至，我們也相當清楚，整套傳統價值體系早已不符合當今的法律、政治以及道德條件。究竟過去之人事物是否還有任何重要意義，我們未必有確定的答案，但我們卻非常恐懼（或許這是不需要的），一旦一筆勾銷，我們可能再也沒有任何信心，再也沒有任何創造力量去建設出相等分量的事物。這是為何我們對種種慣常模式、象徵符號、風俗習慣依依不捨，甚至對於種種禮拜儀式，我們也是念茲在茲，這也是因為祭典儀式來自宗教信仰，假使想保留宗教信仰，我們就不得不日復一日地重複操作這些禮拜祭典。這一切終歸是昨日種種，但社會演變之時代巨輪，正是後浪推前浪、永不止息，方能維持至今。假使我們一再強調舊有事物之年資歷史，假使我們再三抗拒著某些人，尤其是，去抗拒這些人，他們要將在現今生活中毫無用處可言的事物全部抹煞掉的企圖，又假使對這些人而言，過去種種只剩下拿來凸顯現今種種的價值而已，實際上，這正是因為過去事物，的確跟當今截然不同。這所牽涉到的問題，正是讓整體社會依然扛著過去的負荷。之所以如此，這則是因為我們期待逝者不朽、持續發揮效用，以致於我們

---

aristocratie：一套政體制度，政權交替限於少數一群人手中，其合法性往往僅基於出生地位、財富或是某項才能，尤其是軍功，這個字經常與封建王權制度一起套用。本書之中譯為「貴族統治體制、貴族統治階層（或貴族統治階級，本書作者在第六章〈宗教團體的集體記憶〉述及禁欲者、聽告解者、處女等人，在教會統治體制中最終摘下一席時，便是引申用這個字）」。Noble原本是指一個人由於出生或是被封官授爵而晉升軍武階級，而後封建王權又授予某些具世襲、獨占特權性質之權責或職位（fonction），但另一方面，之後封建王權授位範圍擴大，不限於軍武，故逐漸產生其他屬性之特權階級。的確，這兩套詞彙往往互成同義詞或近義詞。但，aristocratie通常應用在具政權統治意涵之背景或上下文中，noblesse則偏重社會階級、身分高貴崇尚之意味；這也是為何本書、本章節大量出現noblesse一詞，而非aristocratie。本書作者隨後在諸多注釋中鋪陳、說明各類noblesse之由來、演變、互起衝突之處；大致可總結成：noblesse de race，意指因為先天地位、出生之故而成為貴族的人，通常是透過父系繼承，特權常可追溯到封建前期，中文常譯為種姓貴族；於是，往往與noblesse de sang（血親貴族）、noblesse d'épée（刀劍貴族）互換、混淆。Noblesse de robe則是由於執行某些法律、文書等職務而晉身貴族、特權階級者，往往被拿來與軍武階級作對比、反襯，也常與noblesse parlementaire（最高法院的貴族）混為一談。

1 《善惡的彼岸》（*Jenseits von Gut und Böse*），第三章，段落五八。譯者注：這是德國哲學家尼采於一八八六年出版之哲學論述，台灣讀者似可參考至少兩繁體中文版翻譯。

持有謙恭卑微之心，始終戀戀不捨。

實際上，保留過去的事物可能是有用處的，在某一社會中，當社會變遷之浩大工程如火如荼進行時，某些社會體制或甚至是社會結構裡某些最基礎的部位，卻依然在某一期間內穩如泰山、屹立不搖，或至少看似毫無改觀。並非是由於社會全體成員深刻體認到，他們若賦予新興體制某些方便，就可能得到某些實際利益，於是乎，整體社會便從某一社會結構跳躍到另一社會結構。遠在這些新興體制上軌道之前，而且，確實在相關團體中發揮作用前，相關之社會成員如何能洞察到星星之火？當然，在一段時間之後，基於所謂的「理性」動機，社會成員便會依戀順從著這些新興體制，之所謂理性，是因為至少在社會成員的眼中，一切看似合情合理，只不過，這必須等他們嚐到甜頭，自以為確切體認到利害之後。假若相關的社會成員還沒走到這地步，新興之社會體制就無法強制要求這些成員，去把舊有體制之崇高威望轉嫁到新體制上，且同感光榮，所以，這是需要一段時間，尤其是等到新興體制大致鞏固之後，然而，卻又看似被原先舊有體制掩蓋著。或者，有時是靠著一系列不著邊際的修整工程後，新興體制的真正面貌便撥雲見日了：例如，現代英國的民主政治制度是長期壟罩在前世紀之體制下逐漸醞釀出來的；或許也可說這是一起革命，它猛然衝破雲端使青天乍現。

有時候，有些人會把現代政治體制拿來跟之前的政體、也就是之前在西歐的政體做比較，繼而又宣稱，封建體制（régime féodal）已被一套官僚體制（régime bureaucratique）取而代之[2]。換言之，一套中央集權的行政系統（administration centralisée）逐漸在封建領主及其封臣身上施加愈來愈多的壓力：統治主權在中世紀時分割、散落在無數人手中，從此則集中於中央。不過，此一演變，乃是經過諸多世紀，在封建制度形式的羽翼下，持續進行後的結果。在非常漫長的時間內，在封建官吏（fonctionnaire）能夠以其職能（fonction*）的實際作用來合理化他們的權力和位階之前，那時他們的威信實已建立在貴族頭銜、特權、權利之上，而這些封號、特權等的依

2　馬克斯・韋伯（Max Weber），《經濟與社會》（*Wirtschaft und Gesellschaft*），收錄於「社會經濟學綱要（*Grundriss der Sozialökonomik*）」叢書，第二冊，圖賓根，一九二二，頁六五〇、與後續段落。

*　譯者注：fonction一詞，首現於中世紀末，本義是「執行」，進而在十六世紀衍生出：執行一項職務（charge）；進而延伸成職務、職位本身。雖說在社會學的基本概念、理論演進中，該詞乃一關鍵名詞（例如，fonction、功能，fonction sociale、社會功能，fonctionnalisme、功能主義），但在本書裡，即使作者偶爾提到涂爾幹（通常被視為功能論、結構功能主義之開山祖師），作者是否的確有意以功能論之意涵來使用這個字？在典型的功能主義之解釋觀點下，功能一詞，往往充滿生物之器官機能的意象，所以，一項社會事實之存在或是履行完成一項社會行動時，都著眼於其效果，亦即，對於穩定的社會秩序之影響程度。在本章節中，以法國社會階級變遷之沿革而言，該詞大致有兩取向：一是，當一個人身為某一社會團體的成員時，分配給他、歸屬於他的活動，最典型又極端的例子就是，在種姓階層社會裡，人可被區分成從文、從武、勞役（工、農）等類屬，因此常有「本分」之意。第二則是，專屬於某一個體的活動，經常帶著專門技術、行業的意味，即職能；也正是在取向中，反映了上述之原義的引申，意指專門隸屬於某一項職務、某一職位的特殊活動和活動性質，並轉向職責、權責之意。本章節貫穿法蘭西王權體制時期數百年之社會階級變遷，該詞經常實指charge、office（捐納而來的終生職務、終生官職或官爵），以法袍貴族之輩為典型代表，正融合以上兩大取向之詞意。因此，始現於法國大革命前夕的fonctionnaire一詞，雖因上下文而有調整，也刻意使篇章風格更中性，但實際上，官僚、官吏之說法，或許比公家、公職人員或公務員更實在。

據，則是來自於當事人本身的特質、個人功勛（這些屬性往往與為了執行公務而須具備的條件大不相同），否則就是來自於其祖宗八代的個人稟性與功勛，只不過，這些光榮仍虛張聲勢似地流傳下來且造福後代。沒有任何其他事物可更清楚地說明，在這段期間，必須去喚醒相關社群團體的記憶，然後，又為了日後能夠讓眾人俯首稱臣，所以便大肆宣稱，辯說這一切都是根據確實提供之服務的效用，以及行政官員或是公職官僚的能力。中世紀時形成了一套以貴族價值（**valeurs nobiliaires**）為重心的制度，其憑據是顯貴家族的歷史，也正是這些史事都曾刻畫著其成員之生平裡所有威望顯赫之際的回憶，以及他們的名號、徽章、英勇的舉止，乃至彼此之間的聯盟，還有他們以封臣之姿為領主捨身效命、繼而又被授予頭銜等史話。對我們而言，確切明白地去說明表達這些貴族價值的來源、本質，以及所激發出來的情感等等並非易事；一言以蔽之，這些價值是建立在歷史事蹟以及多少已陳舊斑駁的傳統之上，然而，這些傳統向來保留在顯貴家庭等社群中，而且，與王權國家的通史密切相關。

我們大可就這些封建關係整理出一套理論，更何況，似乎在這些關係裡，有一套隱而不見的邏輯逐漸浮出水面，甚至王權制度本身也曾利用此一邏輯以保護自身某些權利[3]。不過，若說，自一開始，封建領主及其封臣便把這套制度視為一抽象理論，則是不太可能的事情。對他們而言，將他們聯繫在一起的利害關係，毋寧有如友朋之交、拔刀相助之情誼、欽佩景仰之歷史見證等等，在一相對而言頗為穩定的社會裡，這些關係都拉近了鄰近的家族或是親屬間的距離，在他們眼裡猶如在其他人的眼裡，這些關係也都顯示出在一整體中某某人之位階高低，至於與此位階相關的回憶，則一代傳一代。難以否認的是，在這些家庭的背後，的確有一些具體實在的事實支撐著其社會地位：那就是每一家庭擁有的錢財，或者是其家庭成員所擔任之職務的性質，這都導致他們不得不依賴著其他位階相近的家庭，或者是促使他們與位階更高層的家庭交往聯繫。同樣地，封建領主的權勢，乃是建立在冊封給他人、名之為采邑之土地的數量、擴及範圍，以及，在國王位居顛峰之封建位階體制中，該封建諸侯的位置究竟在哪裡，換言之，封建領主的權勢，也是決定於他與國王相隔之距離遠近。可確定的是，在一開始，這些土地財產、地位權勢的分配，彷彿都是依據每個人的天賦、個人特質等條件，換言之，都是分配給值得享受成果的人。若說在

3 艾斯邁（Esmein），《法國法學史》（*Histoire du droit français*），頁三一三，與後續段落。譯者注：Adhémar Esmein（一八四八—一九一三）是法國法學教授，擅長羅馬法、教會法，往往被視為法國二十世紀上半葉秉持自由主義作風之法學專家，以及法學史、憲法史教學之創始先鋒。發表之眾多文章，尤其是涉及研究方法論、研究課題等領域，多散見於諸多專業期刊，包括他參與創刊者；相對之下，討論這些主題之專題論著則相當有限，市面可見有二，至今仍是研究法國第三共和政治體制的權威。然而，依本書作者之記載方式，除非實際查證內頁，否則難以得知所引述之內容究竟是出自下列何書：一是，《一七八九到一八一四年的法國法學史基礎概要：法國大革命、執政府時期、法蘭西第一帝國》（*Précis élémentaire de l'histoire du droit français de 1789 à 1814 : Révolution、Consulat & Empire*），一九一一付梓，該書收錄一九二〇年之前發表之文章。又，執政府時期是指一七九九到一八〇四年，法蘭西第一帝國則為時一八〇四到一八一四年，正是拿破崙掌握憲法執筆權、集權中央、邁向專制帝國之關鍵時期。另一艾斯邁的著作是，《寫給法律系大一學生的法國法學史之基本課程》（Cours élémentaire d'histoire du droit français à l'usage des étudiants de première année），一八九二出版、再版無數，至今通行者乃一九一二年之版本。

極為漫長的時期裡，對於金錢收入過於優渥的某些專職行業，一般人始終存在著相當負面的評價[4]，這是因為在獲得的財富以及擁有財富的當事人這兩者之間，看似僅存在著一層極為表面的關係，所以，如果社會地位的高低是以錢財多寡為判斷基礎時，那無疑是以事物之位階高低來取代人與人之間的階層高下。恰好相反的是，封建領主、抑或是向封建莊園主購買或承租土地的平民（tenancier*），他們之高貴屬性，是與土地聲息相應的：在田地、森林、豐收的土地背後，大家看到的是領主的個人面貌。當我們想知道誰是眼前這片田地的主人時，回話的正是在田裡工作的人：「這是卡拉巴斯（Carabas）侯爵的†」，這是土地本身的聲音。田地、森林、山丘、草

4　「所謂有違貴族道統的作為，就是訴訟代理師（procureur postulant）、代書（notaire）、文人、商賈、各行各業但不包括製作玻璃之工匠等等所從事的活動……當人們因為貪圖金錢而去做這些工作時，便又擴大了貴族道統之沉淪範圍：因為正是卑鄙可恥又骯髒汙穢的利潤違背了貴族道統，相對地，正派人士就是以利息地租過日子，或至少絕不出賣自己的心思與勞力。」駱伊梭（Loyseau，一六二七年仙逝），《論封建領主土地權、同業公會與廉潔之顯要頭銜、終生職務》（*Traité des seigneuries、des ordres et simples dignités、des offices*）。「總而言之，假使法官、律師、醫師，以及藝術專科教師（professeurs de sciences libérales）等，並不違反這些人擔在自己肩上的貴族道統，這仍是由於他們是靠著自己的身分（estat）來掙錢過日子：換言之，這仍是一群只酌收酬金的君子（除此之外，他們是勞心工作者，而非靠雙手做粗活的人），而非唯利是圖的受雇者……至於農耕者，他們絲毫不牴觸貴族道統，其實並非如眾人所想，以為農耕所得之功利有失體面；不過，沒有任何其他活動是比出身沒落之貴族去擔任侍從（gentilhomme）的作為還更不得體，自私自利之餘，只是貪圖金錢罷了。」相反的，「例如，佃農，他們胸無大志、替代他人農耕；這類活動往往有貴族道統在背後幫腔撐腰，卻是有如待價而沽的商品。」實際上，都是粗俗卑微的行徑。引言出自

查理・貝諾斯特（Charles Benoist）所著之《工作組織》（*L'Organisation du travail*）一書，第二冊，一九一四，頁一一八，與後續段落。譯者注：Procureur postulant是從中世紀末即通行之終生官職，執行的事務是，代表提告或是被告人提出訴訟（postulation），往往簡稱為procureur（當代法文裡，這個字指的是檢察官）；相對的，律師僅負責辯護。Notaire之字源是，書寫者、祕書。在古代基督教史裡，是負責速記殉教權狀的祕書；中世紀時，乃隸屬於封建領主或某法律機關下，負責撰寫具法律效力之文件的人。在當代法國，雖已無任何世襲特權，卻是受名額保障之專業。對大部分的法國人而言，代書的專任職務是負責處理遺產之計算、分配、文件記載保存和登記、送交國稅機關等過程，且是唯一有權代理遺產繼承業務者；故類似台灣的代書，又不盡相同。作者在此引述之Sciences libérales，不知是否為arts libéraux（字面意思是，自由藝術）的另一種說法？此乃起自遠古希臘、羅馬時期，學習三門語言專科，如文法、辯論、修辭，以及四門數學專科，即算術、幾何、天文、音樂，統稱為七藝，是日後學習更高深學問的基本學科。Charles Loyseau（一五六六—一六二七）出身富有農家，繼承祖父出資而購得的律師職務，完成法律研習後又取得法界職務，在巴黎外省任大法官（bailli，代表國王或領主執法）後，最後回到巴黎，以律師公會之首席律師、會長為其生涯畫下句點。本書作者標示之相關著作，實為三本，各是《Traité des seigneuries》、《Traité des des offices》、《Traité des ordres et simples dignités》。又，Charles Augustin Benoist（一八六一—一九三六，一般通稱Charles-Benoist）乃記者、外交人員，曾任第三共和時期之國會議員，著作豐富、以政治哲學著稱。又，estat乃état的古字，在此指的是一個人的身分，例如，是否為合法的婚生子女或為私生子，是貴族身分還是一般庶民，約十八世紀中葉起被état之拼法取代。

* 譯者注：這個字原指封建時期，封建領主之采邑下的荒地或是新開墾土地，租借給平民後，同時收取年貢或其他特權費用。法國大革命之後，曾在一短暫期間內，可用來指大地主；二十世紀初起，也可指佃農。

† 譯者注：一般說法多是，此乃Charles Perrault（一六二八—一七〇三）編纂之童話故事裡，〈穿靴子的貓〉（*Chat botté*）替牠的主人（磨坊主的幼子）捏造出來的不實頭銜，現用來指人假冒公侯伯爵人物的戲謔性說法。至於Carabas一詞的來源，說法不一，或可追溯到古希臘時期，或乃針對耶穌基督之戲稱，或來自遊戲或源自傳說之精靈等。

原拼湊出來的，是一張極為個人化的面容：該面容是來自它反映出來的封建領主家族的舉止姿態、生平事蹟，這些家族在這些森林裡打獵，在這些土地裡漫無目的地閒遊晃蕩，在山丘頂建蓋城堡以監視四周道路，然後，又藉著軍事爭戰、國王的賜予、繼承或是聯盟，於是，在某一特定年代又添增了另一筆財產。假使換成是任何其他人、其他家族擁有這些產業，結果將會完全不同，呈現出另一迥然相異的面貌，既不會讓人激盪出相同的感情，也不會喚醒相等的回憶。一夕間，當這些封號淪落到公共領域，於是，有些人就可以去買下這些頭銜，實際上，這便等同是，出身庶民的家庭從此可搖身一變取代血統純正的貴族家庭，而且，儘管可在封號頭銜之繼承延續性上大作文章，並且又試圖去掩飾這些人物或是系譜的更動，整體社會卻還是可以感受到這些變化，對於所謂貴族出身之財產主的敬重，也將不如從前。然而，只要這一制度還是存在著的，它便是建立在財產擁有人是無法被其他人取代的想法上，此外，這一想法意謂著，財產擁有人之所以能行使其擁有權，乃是基於僅屬於他個人、他的家庭或是他的血統的種種特質。

於是，這是相對於該年代之社會位階制度而言，一幅異常地具體分明又特殊不凡的景象：名號、頭銜代表著家族之過往、財產之地理位置、與其他顯貴家族的人際往來關係，以及與諸親王之宮廷的親近程度。這正是「特殊性」與特權的黃金年代。所有的人物以及所有的團體，假使能夠自我發明出具歷史意義的權利，便可在此環境中取得一席之地：大小城市紛紛取得各等憲章，裡面記載著因某一國王登基而取得某特權的日子，否則就是由於某某諸侯的決定而擁有某豁免權的時間。當一貴族家庭滅絕消失時，便是一整個傳統萎縮沒落，也是歷史的某一篇章，從此被徹底遺忘：而且，我們無法用另一家庭、另一傳統來取代它的位置，這跟官吏走了一個、再補一個的邏輯，完全不同。而且，既然人必歸西、毫無例外，於是，封建社會（société féodale）也必須隨時填補空缺，方法就是不斷地更新效忠誓詞、新奇時尚的技能，以及更新穎突出的英勇事蹟。光只是舊瓶裝新酒，已是不足夠的：但由於人物本身、其舉止作為以及有關於其事蹟的種種回憶，都逐一拼裝出此社會生活的諸多背景架構，以致於當氣絕人亡或是家業衰敗後，這些框架也一一散落消失，隨後便必須再去重新打造，或因循同法、或嚴守同規，只不過，未必會有一模一樣的形態，外表看來也不盡相同。

在君主專制（monarchie）接近尾聲的那幾個世紀裡，革命掀起、繼而現代政體登上歷史舞台，卻並非在驟然間就會有盡忠職守的人才，更何況不久之前他們還墨守成規，在**封號頭銜**前汲汲營營[5]。這是為何，尤其是在十七、十八世紀，當中央集權制度愈來愈完善，封建領主漸漸

5　根據李特瑞（Littré）的研究，封號（titre）這個名詞表達了一種正大光明的屬性、一個備受推崇的爵位。故言之，「他擁有公爵（duc）、侯爵的封號」——或許，事實上，這些備受景仰的尊號與久遠前的職權密切相關。「這些層次最高等的領主（擁有廣大的封邑）全都頂著獨特的封號或者是顯赫的爵位。首先便是公爵階等（duchés）、伯爵階等（comtés），於此，諸侯之采邑與封號之由來，很容易就可辨識出來：其由來，都是出自卡洛林王朝之君主專政（monarchie carolingienne）時代的最高等行政區域，公爵、伯爵都是將公家職務占為己有。其下（以爵位之高低順序而言），則是男爵階等（baronnies）：這則是一項新發明，封建制度形成後的時代產物。男爵階等完全不符合卡洛林王朝時期的公家職務之要求……男爵階等首先只是出自權勢梟雄，隨後則演變成封建領主制度最完善時的主要位階。頂著冊封頭銜的采邑中……也包括了……子爵（vicomtés）與城堡領主（châtellenies）兩位階。於此，這兩項封

地被卸下所有的權力時，君主專制卻高居封建體制之外[6]。當絕對且集權中央之君主專政體系完成後，時人便推出新論點，內容則是，君主專制已擁有所有的專職人員，而且，似乎新興政體之活力很可能僅是出自一般利益考量，如此粗淺印象的說法[7]，另外，國王已有資產階級相伴隨，這些人已經財富滿貫又學養出眾，其中不少都執行著法律、財金等職責，正是執政所需的必要元素。實際上，國王也充分利用這些元素，不時號召人才、為之效命。國王善用資產階級的才能[8]，但他也相信，自一開始便強制他們在顯貴環境中見習是當務之急。曾已有人注意到，十

贈職務原本是毫無封建色彩，僅是後補性質，後成為正式封號。在法蘭克王國之君主專制（monarchie franque）體系中，子爵是伯爵的後補；至於城堡領主，一開始，則是男爵的代理人……」艾斯邁，《法國法學史》，第十版，頁一八一。然而，公家職權分配給頂著封號的諸侯，只不過是瓜分統治主權的徵象之一：換言之，公家職權便假定了一個封號，光只是去設立職務名稱而已，是不足夠的。什麼能證明某某職權是具體存在著，那就是像土地這種東西，「公家職權總是包含了采邑，若非封建領主賜予的食邑，便是國王贈封的封邑」，同上著作，頁一八〇。譯者注：Emile Littré（一八〇一—一八八一）是法國哲學家、辭典編纂專家，出身資產階級，研讀醫學，參與古希臘醫典翻譯之餘，最後投入多項法國語文、文學史、字辭典之撰寫、編纂計畫。另外，他與當時法國哲學家、社會學始祖孔德（Auguste Comte，一七九八—一八五七）交情匪淺，不僅曾出版鼓吹實證主義思潮，尤其是以孔德為首者，一般也視之為實證主義先鋒。卡洛林王朝歷經西元七五一到九八七年，以查理曼帝國為高峰，後期衰微、帝國分裂，封建制度取而代之。至於法蘭克王國，是指自第三世紀起，定居於萊因河下游，多少已被羅馬帝國吸收之法蘭克人在西歐建立的諸多王國；若以法國朝代通史簡言之，便是羅馬高盧一地在蠻族入侵、西羅馬帝國衰微後，取而代之的麥洛文王朝（四八一—七五一），以及卡洛林王朝。

6 因此，在十七世紀時，巴黎外省的行政管理單位都被派駐了督察（intendants），這是貨真價實的官僚，負責監督審查

所有的公家服務單位，除此之外，在外省，封建時期之君主體制下的司法總督（sénéchaux）、大法官（baillis），以及君主政體較溫和時期（monarchie tempérée）的王室總督（gouverneurs），也都被保留下來。然而，這些欽差總督，原本是軍區總司令，向來在貴族階級的上層遴選出來。十六世紀時，「駱伊梭藉此看到了，新的封建政治體制正在萌芽中。就這一點而言，他完全搞錯了」。在十八世紀時，這些人的職務是真正的冗職，而且，俸餉優渥。艾斯邁，同上著作，頁五八九，與後續段落。譯者注：就狹義而言，monarchie tempérée是法國十六到十七世紀曾風行一時的政治思潮，主要意涵是藉著某些體制，尤其是有代議合法性的議會來牽制、縮小國王的權勢，亦即與絕對王權相左的體制。

7 眾所皆知，自始至終法界人員就有意無意地透露出，國王行使其權力是顧及「共同利益」（從十三世紀起，博瑪諾〔Beaumanoir〕便提出此說）。譯者注：Philippe de Beaumanoir（一二五〇—一二九六）任職當時法國中央山脈地區的大法官、西部的司法總督，被授命編纂民法、匯整當時各區域的地方法律、風俗民情，該著作常被視為現代法國法律之基石。正是在此著作中，他強調國王權力神授、至高無上，以共同利益為考量；其說法並非無但書，後世研究，若引借之，常以這些但書為焦點。

8 「卡佩王朝的君王，驕縱自負、深居宮廷，但從一開始便聘用私人、機密的參謀，這些人往往是從學養深厚的神職人員中遴選出來，否則就是從法務人才裡拔擢，尤其是利用褒揚法規研究成績可圈可點的時候。」這些人進入朝廷（Curia regis，最高法院〔Parlement〕之前身），從路易七世到菲利浦·奧古斯丁（Philippe Auguste）時期，都有舉足輕重的分量。「羅馬法、教會法都開始滲透到宮廷事務的處理程序中，於是，宮廷事務顯得更加微妙艱深，但非專才者則懵懵懂懂、一竅不通。」這是為何最高法院人員逐漸沾上專職專業的色彩，然而貴族階級的高層、高級神職人員卻覺得被孤立排擠（除非是面對著他們同儕時）。艾斯邁，同上著作，頁三七一，與後續段落。譯者注：卡佩王朝（Capétiens）始自九八七年、繼卡洛林王朝之後，開朝君王為Hugues 1er Capet（朝代名稱取自其姓氏），該王朝止於一三二八年，當百年戰爭登上歷史舞台時。路易七世是卡佩王朝第五任國王（一一〇八—一一三七），菲利浦·奧古斯丁（一一八〇—一二二三）則為第七任。法文之parlement，一般字義即當代政治三權分立制度下的國會、議會，但在舊王權體制時期，則別有它意，也常以大寫的P來書寫。直到十八世紀為止，固定成員是王國內位階最高的貴族，通常是國王命召後，共商國是。但在十八世紀、直到法國大革命為止，實乃享有特權之最高法院。

七、十八世紀時，一大批貴族都是後起新秀，當時種姓貴族、血親貴族（noblesse de sang）、刀劍貴族（noblesse d'épée）在整體的貴族階級中已不再占優勢，不少已在先前數個世紀的爭戰中戰死，或者是為了償還債務，不得不出賣財產，最終難逃破產之命數，否則就是無法適應新的經濟背景條件。這批人，在那個時代，還是緊緊捉住過去之末班車的風塵不放，他們以為如此方能及時看清新興制度的運作邏輯。為了能夠替他口口聲聲所誇耀的、那龐大浩蕩的行政體系募得相當款項，也為了能制服其臣民、從此忠心不二，專制君主想必大力借重貴族階級之傳統威信；至於握有金錢與知識的資產階級，為了能夠執行有權有勢的職責，為了能夠在法律裁判、財金會計等部會中擔任諮商等職務，必然極力進駐貴族的城堡中，掠取貴族的家族徽章、捐購貴族頭銜。因此，嶄新的結構便在舊有結構的羽翼下，萌發新芽。我們甚至可說，新的基本觀念都是長期扮演舊有觀念的角色後，才得以獨當一面：當今的社會體制都是奠基於一深厚底層之回憶之上，就其中諸多體制而言，若要深入人心，只是去證明其效用高低並不足夠：就某程度而言，這些體制必須退步三分，讓眾人窺見，其實道統乃矗立於後，讓眾人相信，固然這些體制志於替代原有的舊制度，卻沒有立即捨棄舊的道統，而且在靜心等待中，新體制尋求新舊合一的可能。

儘管如此，絕不要以為這裡所牽涉到的，只不過是一件再簡單不過的騙人把戲，或者當局者只打算愚弄無知的臣民，甚至是讓人民相信，上層階級代表著更高等的人種，而理由不過是因為上層階級可誇耀列祖列宗且列祖列宗就是鐵錚錚的證據，否則就是因為上層階等世代相傳又持續不斷地翻新一整套生物與精神屬性，而且這些專有屬性世世代代、生生不息，也使其成員的個人價值更上一層樓。在高貴純正的血統、此一虛而不實的說法之下，頂著封號的人的心中，始終有股真誠的信念：他們確實相信，他們所屬之團體是最難能可貴的，無法被任何其他群體取代，同時也是社會體制中最生氣蓬勃、貢獻良多者，就某一層意義，不外乎等同是社會之所以存在的理由。我們必須去分析解讀這樣的信念，這並非可歸諸成一套集體性虛榮的粗淺伎倆，但此信念之基礎，則是來自於一套可謂大致屬實之貴族階級本質、角色的評估。

在封建體制下，封臣必須相隨輔佐領主：戰爭時期，封臣以肉身性命、長刀短劍相捨、出征作戰；聽命出席以提供謀略；輔助領主使正義伸張。假使有一個社會團體可作為封建社會的縮影，那就是該團體成員都履行著不同的權責，至於哪些權責，那就是，所有可保障該團體之必要完整性的職務，甚至使之成長茁壯、勢力更加龐大的職務，還有就是，可維護既定秩序、使團體維持某程度之一致性的職務，以另一觀點而言，每每履行這些權責時，該團體之每一成員都可因此更加深刻地體會到，究竟是什麼樣的君臣關係、什麼樣的效忠宣言，制定了其階等的上下位置，奉行這些職務時，卻也是其名譽聲望的見證，尤其是聲名遠揚之際，此外，更是在貫徹這些職分時，讓他與同儕同行，讓他有機會去完成儀式中的一舉一動、高舉其旗幟、胸前別上徽章、大聲宣言、高誦傳統格言，在那他異常熟悉的環境中，與任何其他成員同心同德。甚至可確定的是，長久以來，隨著社會變得愈來愈包羅萬象，正是在他們的活動中，這一次要層面反而躍升到最重要地位。每次去履行這些權責時，去區分出哪些是儀式、閱兵、排場等，哪些又是技術性的，並非是不可能的事情，緊接著便可以去傳喚神職人員、司書、法律顧問、工程師等等，然後，交代給這些人所有不致於讓貴族階級之屬性受到威脅的事務[9]。若稍加觀察，我們馬上就可以明白為何如此，那就是，每一社會功能都限制著社會生活，進而使之變得綁手綁腳，彷彿是一股迫使每個人遠離社會核心的離心力，但另一方面，一旦每一項社會功能都被卸下社會在上面層層包覆的慣常形式時，最後將只剩下赤裸裸的自己。每當要去實踐諸多社會功能中的某一特定項目時，事實上，人們便必須至少暫時地放棄其他的項目。人們只擅長某些特定範圍，視野便因此縮小了，更何況，為了執行權責，人們必須輾轉迂迴，讓一己的思路、大小作為，從此轉向社會生活中物質需求之強制壓力倍感急迫高張的地方。在戰爭時期，必須留心的規矩往往就是，把人當作是大而化之的物理性單位；必須動員調度軍隊、補給軍需，但不忘考慮到每一地點之距離遠近、地形地勢等；此外，亦須顧及武器、彈藥、防禦設施等。若論及法律領域的建樹，則必須以相同一致但又極度抽象的方式去定義生命體以及法規應用之環境條件：例如，有關於繼承之相關法規，則需計算親屬之親等程度，固然這牽涉到的是某種慣見類型的家庭結構，但其法律架構卻是可以納入所有類型的家庭，進而可將財產分配到某範圍內的親等親屬。所有的法律都假定了將人、行為、情勢、物件等依外在可見之性質分門別類，舉目不移不易的是，法律是一門腳踏實地的作為，以外在旁觀者的立場，來考量每一個體以及他們之間的人際關係，然後，嘗試將這些關係制式化，化約納入到一板一眼的應用規則。當人們處於被告或原告兩情景，立在審判官面前時，他們便成為不得不被拿來斟酌模擬、分門別類、進而貼上標籤的生命體。至於刑法，或許也試著將提告人、被告人過去的社會地位都納入考量；隨著各地方省分之別，風俗民情與法律規章也都不盡相同；有時也存在著宗教法庭等等。可確定的是，即使是在此一年代，所有被判作奸犯科或頂著滔天大罪的人都曾出庭法院，而且，法院裁判的，不是當事人的人格，而是其作為，或者，法院斷定，當事人的人格因其作為而產生變化，從此這個人便被列為違法犯紀、罪大惡極的品類。再論及財務的評估、計算，賦稅的徵收，以及公務人員、官吏的酬勞，退役者的年金等等，顯而易見地，這一切都訴諸於測量揣度的操作、具體實在之物質的轉換，且在這些過程中，我們試著在人與人之間抽離出使之不盡相同的元素，結果不外乎就是，他們的收入、債務、債權等從此與國庫藕斷絲連。我們也可看出，所有執行這些權能的人，他們看到的人都是歸化於某些團體的人，他們關心的，往往是這些團體成員的外在屬性，而非每一成員之人格特質，他們把這些團體內的成員視為可歸納到不同範疇的單位，而且，在這些範疇裡，直觀自發之人類團體是毫無商榷地步可言。一旦權責功能被化約到這等程度且程度愈加擴大時，貴族階級便變得愈來愈超

9 在中世紀的行會（corporations）裡，「到一般民間之典禮現場觀禮的義務浪費相當多的時間，以致於一窮二白的手工藝匠都非常樂意把這些機會讓給經濟寬裕的藝匠，讓他們在這類隆重盛大的場合中，以豪華的排場代表行會出席」。亞仕雷（W. Ashley），《歷史與英格蘭經濟學說》（*Histoire et doctrines économiques de l'Angleterre*），第二冊，法文版，一九九〇，頁一六六。我們也可參考對於在倫敦僕役、雇員等等穿的制服（livrée）的一般性說法，這曾是一股民主運動的標記，但隨後講究精緻派頭之穿著，從此「變成是民間望族的圖騰」。因此，行會中最富裕的成員漸漸變成執行這類典禮儀式的能手。譯者注：W. Ashley（一八六〇—一九二七）是英國歷史學家、經濟學家，湯恩比（Arnold Toynbee〔一八五二—一八八三〕，經濟歷史學家，其姪子〔Arnold Joseph Toynbee，一八八九—一九七五〕則是擅長通史、比較史之歷史學家）之高徒，其著作至今在英國學界仍有一定影響力。

然度外，此乃自然而然之事。實際上，貴族階等是奠基於另外一套評價制度之上：對於貴族階級之評價，所考量的，並不是可用來將個體放進某些框架中之其中一個的屬性，也不是繼而又讓該個體跟諸多其他貴族一較高下，對於貴族之評價，所斟酌的，是可讓個體在周遭人物襯托下更顯突出的屬性，即使是與同儕相較，也要授予該個體與眾不同的桂冠且僅有他一人當之無愧。一般用來將人們歸納到不同類屬的技術性規則，例如，有些人因此成為軍事人才、法律顧問，乃至所有去分配或徵收稅務的專員，或像是刑法等工具，都不適用於貴族階等；就原則而言，貴族階等只講究榮耀、特權、頭銜等等，換言之，僅有社會意義的基本觀念，其中沒有任何具體物理性質的成分，無法用來測量、計算或推演出抽象的定義。

以另一角度而言，每個貴族人物、每個貴族家庭，都與貴族階級整體中的其他家庭難分難捨，若非是某個家庭認識其他所有家庭（或者是大家都認為，這個貴族家庭應該認識所有其他的貴族家庭），否則就是所有其他家庭都認識這一個家庭，對其祖宗八代、在貴族階等中的權勢地位、姻親聯盟等都了若指掌。兩名素未謀面之貴族顯要，一旦有機會認識，在一番交談之後，應該都能夠互相認定，自己與對方都是同一大家族的成員，且將有幸再度延續過去的親屬關係或姻親交情等。於是，這都假定了在貴族階級裡，所有與傳統、回憶相繫相連的人事物，將世代傳衍、生生不息。在其他的社會群體中，似乎完全沒有這類現象，我們不得不承認，長期以來，貴族階級乃是集體記憶的承載者。平心而論，貴族階級的歷史並非全都是擴及全部領土範圍的歷史。不過，在任何其他事物裡，卻找不到香火如此不絕不息的生活與思想，在任何其他領域裡，也沒有任何家庭的地位高低，單單只是基於它自己以及其他成員，對其過去歷史的認識。在商賈、工藝等階級裡，以及在資產階級之上層圈子裡，人之所以為人是由於其工作、專業、權能：此乃階級本身自我定義而出的。貴族則不能被社會權責淹沒，他不能只單純地成為一項工具或是一顆螺絲釘，他是社會群體中的一項成分或甚至是該社會之組成本身。

對於公家官吏的評價，往往是根據他現今履行的職務；我們都寄望他能適應現今環境，處理每一任務時得心應手：很可能地，我們也會去考慮他過去的職責，但也僅限於過去職務能否保障當今的能力要求、技術之熟練程度。至於一個貴族人物之位階高低，相反地，則是基於其封號之久遠與否。但若想評估一項封號，首先必須持保留態度。這名貴族之面容是否突出醒目，須藉由一串貴族家庭匯聚而成的歷史長河來襯托，否則便是與一幅圖畫相對照，畫中古今交織，猶如一紙詩文，歷代以來在此篇章上留下的修改遺跡，已膠漆相融。於此，實際上所牽涉到的關係，不只是人與人之間（就此一層次，或可擴展到一半的物理與技術意涵），而是團體與團體間、社會價值與社會價值之間。然而，此一類型之價值，包含了一連串的判斷，也是來自諸多思想的結合，這些思想跟所有頗為複雜的意識狀態一樣，都需要時間的鍛鍊，這些思想也表現出像是回憶的樣子，至少像是當下狀態似的。似乎可確定的是，每個年代都有一套思維方式以及一整個評價制度，並用來商研當下時機、眼前人物等，我們甚至大可以為這些思維方式、評價制度是跟著貴族階級而來的，就像是某些基本觀念，既是貴族的家常便飯但也適用於非貴族階層。而且有時還必須相信，這些基本觀念直到現在依然存在著，也保留於現今貴族生活之本質與該貴族類型之內涵中，至少像是其存在理由之外衣。不過，在這一套涵蓋了諸多意念的體系裡面，即使我們想不起來其中某某成分的來源為何，卻依然可挖掘到幾套邏輯，但另一方面，這一套意念體系，其實只是過往追憶的轉嫁。當一個貴族在其城堡的走廊裡，望著祖先肖像冥想沉思時，他同時也看到了祖先建蓋的長牆、高塔，他一定可感受，他當今種種都是眼前已作古之先人的豐功偉業的賞賜。於是，悠然間，他將自己當下的情懷投射到昔日風塵中：他彷彿看到，一名已銷聲匿跡、貴族出身的宮內侍從，後來卻開創出一正大光明之家系，看起來好像就是他自己的面容，在後世讚譽的燭光中搖曳生姿。

因此，當社會逐漸分化成某些團體，且在團體內，每個人都被假定成可去執行多項權責的時候，此時此刻，在這一個社會裡面，便還有另一個更狹小的社會，我們大可說，這一個較小的社會扮演著保存、維護傳統，使之生生不息的角色：這一微型社會努力眺望過往，或者是，在現今此一時程中，去尋覓那些承載著過去的人事物，這一微型社會參與當今社會功能分工的唯一方式且它唯一在乎關心的，就是把當今所有的社會功能全捲入固有道統中，繼而在社會功能之轉變路途上，確保社會生活綿綿不絕[10]。事實上，當一股離心力量將這批命數已定的人，全捲入到一項

---

10 「巴黎最高法院（Parlement de Paris）理應是……自始至終都交織著……兩大要素……一個封建法庭（cour féodale），以及一個皇家司法法庭（cour royale de justice）。第一要素、即封建法庭是由法蘭西最高等封建貴族（pairs de France）所組成，第二要素、皇家司法法庭則都是法院裡的行政官員（magistrats du parlement）。」艾斯邁，同上著作，頁三

六五。聖西蒙（Saint-simon）也曾指出，「法蘭西公爵和最高等封建貴族之顯要職位，以其本質而言，超出常規也獨一無二，此乃融合後的顯職，既有采邑也有官職。公爵是位高之僕役；最高等封建貴族則是權責重大的官員。」而後，聖西蒙又補充說道：「最高等封建貴族此一職位，不僅當事人被指定為任命證書之被授位者（impétrant），而且，連帶地，此職位肩負著一項始終不變的使命，其男性後代子孫、永無止盡地，只要家系香火不滅，與其再去接受其他任何委任職務且無論是什麼樣的職務，總會有一名男性後代子孫被任命繼續此顯職，且只有一名可被委任」。《回憶錄》（*Mémoires*），第二十一冊，頁二三六—二三九。譯者注：Saint-simon（一六七五—一七五五）全名是Louis de Rouvroy duc de Saint-Simon，乃法蘭西王權時期的近衛騎兵、公爵、貴族議員、（路易十四）宮中侍從。離開軍旅、進宮任職後，曾與當時主張政治改革者相當親近，攝政時期（即一七一五至一七二三年，奧爾良公爵攝政時期，以輔佐年幼的路易十五）結束後，隱居撰寫回憶錄，陳述一六九一到一七二三年絕對君權與攝政政府之點滴。該回憶錄在聖西蒙死後即被查禁，一八三〇年方付梓，法國文豪左拉曾形容，該回憶錄實乃人性吶喊，猶如巨人站在高崗上的獨白。又，法國另有一名Claude Henri de Rouvroy，comte de Saint-Simon（一七六〇—一八二五，本書作者在本章節接近尾聲之處將提到該人且有所發揮），則是頂著伯爵頭銜、曾任軍職的哲學家、經濟學家，即烏托邦社會主義風潮、聖西蒙主義（saint-simonisme）之始創者，與前述之聖西蒙乃遠親關係。至於pairs de France一詞中，pair這一個字的字源是，在封建時期，同一封建領主的宮中侍從，尤其是主管司法事務者，另一要點則是，若這些侍從涉及不法，只有同階等的其他宮中侍從可參與裁判。另一常見之字義，則是專指法國一八一四到一八四八年期間的國會議員。但於此，pairs de France是另一專有名詞，指的是舊王權時期的一套榮譽封號，專門賜給國王的參謀，全法蘭西共計十二名，其中六名是有公爵、伯爵封號的神職人員，另六名是無神職的公爵、伯爵。就字面而言，這十二名參謀與國王平起平坐（國王的同儕），實乃其附庸，但比其他封臣、貴族等都更高尚。又，magistrat的字義是擁有行政或是司法權責的政治人物，故有「法院裡的行政官員〔magistrats du parlement〕」之說法，正是行政、立法、司法、乃至宗教等權力不分的寫照（如前面段落、注釋中的Parlement一詞），除本章節之外，作者在第六章討論神職人員與非神職人員之區別時，即可窺見。Impétrant指的是，向國王、教宗等要求封賜頭銜、特權、專職的人，與捐納制度不盡相同。

職務核心內，使之被完全吸收，進而讓他們把非當務之急的目標，全忘得徹徹底底，且無論是年代已久遠、但帶著同樣本質的目標，還是當今的目標、但本質相異者，在這時候，則必須讓這一股離心力去對抗其他的力量，正是這些其他力量緊緊捆綁著這批人，讓他們始終面對著這個過去與現在緊密相連的社會，而且，在此社會中，諸多相異的社會功能彼此相扣、互相平衡。且容我在此，依據此一觀點，來繼續討論幾個重大的專門活動領域，例如，戰爭、立法、司法等。過去人們常言道，當這些重大又專門的活動領域，例如，其中某一領域或者是該領域裡的每個部門，已複雜到那種足以日日夜夜地徹底消耗某一社群之成員的程度時，這些活動領域便牽制著這些人，讓他們始終駐足於某一偏促又緊縮的社會生活區域，之所以如此，理由則不外乎是因為技術性規則引進了不少的呆板技巧，而且，雖說公家官員或許還是跟諸多人物來往打交道，卻都是跟被簡單制式化的人。不過，這僅是該微型社會成員諸多面向中的其中之一，而且，或許是最表面浮淺的面向。為了領導作戰，單只是命令、紀律、從軍營中發出軍事指揮方針，是不足夠的，技術性屬性是無法代替個人特質。軍事將領不只需要表現出與眾不同的個人氣質：他還必須擁有爆發性的靈感，發明創造之餘又可出奇不意地畫上神來一筆，這些特質都預設了軍事將領須深知人性，可隨時修正重組諸多主張，具有機靈活躍的記憶、永不停止運轉的想像力等等。然而，這些特質只可能在社會生活極為緊湊的環境中培養出來，在這類環境裡，過去與現在的種種想法可彼此交會，生活在此背景下，似乎不僅可與當今的團體也可以與過去的人類社群建立聯繫：於是，精神鍛鍊得愈來愈敏銳，足以立即看穿每個人與眾不同之處，亦深刻體會到榮譽感、責任心，以及頭上頂著的名號、封號，這一切都讓當事人頂天立地、氣概非凡，在其心中，隨時湧現著他所代表之團體所擁有的源源不絕之資源。若論及立法者、參謀、法官等，也是一樣的。一條法律並不只是一項簡單的工具，為了制定某一法律時，不能單單只是去考量到所牽涉的面向、法條數量多寡、影響範圍，以及須克服的抵抗力量等等。我們也不能說，法律不過是技術切磋後的結果，更不能說是那些與會商研的人，不過是把他們的法律知識、過去施行法律的經驗貢獻出來、互相分享而已。立法者必須擁有公正不阿的氣質（當我們聽說，某人乃立法圈子裡的人時，這個人便應該享有這樣的評價），只有處於所有人都尊崇此一規範的團體內的時候，才可能培養出這項氣質。讓眾人心之所向的某種公平正義，是為了讓每一個人都能享受到他應該被尊重的個人聲譽：此一公平正義感是建立在對於某些家庭的特權、成就，都有著一股嚴謹確實的鑑賞力，而且，此一公平正義感可用來制定不偏不倚的法律，並推廣到社會體制的每一角落。假若封建領主任命旗下侍從擔任參謀，這並不是為了安插一個技術人員的頭銜：而是為了在同為貴族之共同體中，共同傳承、維護那股互相尊重的共同精神，並且，讓每個人都勿忘在莒，封臣對君主宣示效忠之義務，正是貴族才有資格具備的特質。只有貴族才能夠將這股精神導入法律條約的字裡行間，由司書、法律參謀一筆一筆地依法撰寫，之所以如此，只是因為這樣的感受，僅僅可能是在漫長又豐富的集體生活經驗中逐漸培植茁壯，換言之，只有在一貴族共同體中才有可能發生。最後同樣地，任何退而求其次的實踐程序、任何規則之彙編，都不足以用來培訓出一名審判官：在提告人以及被告人之間，總是存在著極大的落差，所有事件之背景環境總是不盡相等，以致於根本無法將所有的個案狀況或是所有的當事人，都納入某些相當簡單粗略的類別中，因此，也無須寄望是否司法程序可化約成一套流水帳般的行政程序。更甚於所有其他人，司法審判官應該能夠以道德標準來審查人們的行動舉止、所作所為。這些審判官是在哪裡學到這一切的？難道不就是在法庭之外的某一個地方，在那裡，法官、律師、被告人等等，共同組成一個人為環境，在此環境裡，所有人、所有的喜怒哀愁，都在程序以及文書之慣有語言形式背後銷聲匿跡了，而且，司法專業的陋習雖不時做精神喊話，但其僵硬呆板之程度，卻可能徹底貫穿判決條文。因此，雖說到處的司法部門都高喊著，除了技術性技能之外，亦須三思而後行，卻非司法本身便足已解決這樣的局面，理由則是因為司法須給自己一個交代，以致於往往沒有三思而後行。儘管如此，我們卻可明白，必須是在一個異常特殊、與司法專業獨有的考量毫無任何瓜葛的環境中，人們才能夠去學習辨別、評斷人類價值中妙不可言之處。但也正是於此，人的思路總是一而再、再而三地停滯在某些人、某些團體上，尤其是那些擁有一己面容、享有一己歷史的人物，況且正因如此，棘手難為反轉成青出於藍。這正是為何，在很久以前，法袍貴族（noblesse de robe）就已經出現了[11]。司法審判官被任命去裁判諸多問題，而且是那些若對社會局勢無深厚理解者則無法掌握的問題，所以，有時候便必須回溯過往時光，挖掘過去的判案，因此，人們很早前便已堅信，這些法官不能只是簡簡單單地成為貴族的附庸，也無法跟一般貴族共享近乎並駕齊驅的地位。

貴族體制曾走過兩大彼此相左的路徑，也因此逐漸地翻新其組成。一方面，貴族是代表著非常古老之道統的那群人，他們從久遠的過去一路走來，既無更新逝去的歲月、亦無豐富其內容，

因此，他們再也無能為力去博取國王、甚至更高等領主的恩寵，或者透過與其他豐功偉業之家族

11 在亨利三世時期，一五八二年間，某一有關於人頭稅（tailles）之條例裡，仍只承認兩大貴族體系，「首先，一是那些出身世家、種姓貴族者，另一是祖先曾獲國王授爵詔書（lettres d’anoblissment）者。但從此之後，另一準則也被引用，國王不僅可藉由頒發權狀（lettres）來封官授爵，這是最普遍平常又快速簡便的方式，國王也可以採用另一默許般的方式，那就是，當父執輩中如父親、祖父等，都曾持續地為公家服務，例如，擔任高等司法官職或是其他勤務等。」德拉洛克（De La Roque），《貴族協約》（*Traité de la noblesse*），一七六八，第三十一章，頁二二，該出處記載於艾斯邁，同上著作，頁六七九。自一六一三年起，尚．羅雪特（Jean Rochette），在《法律疑難與實踐》（*Questions de droit et de pratique*）一書，頁二三（同上著作，艾斯邁，頁六七六），即已指出：「在一般庶民之間，采邑也是可以互相分攤的；總之，最高法院（cours souveraines）之參謀的後代，向來以公正恰當的方式來平分封邑，他們都因其身分（*estats*）而成為貴族。」另外，在《雷斯樞機主教的回憶錄》（*Mémoires du Cardinal de Retz*，一八二〇年版本，第一冊，頁二三六）一書中，我們還可以讀到如下之段落：「（王子陛下）向我保證說道，再也沒有任何方法可以制服這些肆無忌憚又蠻橫粗野的（最高法院裡的）資產階級，但是這些資產階級始終跟國王抱怨連連。」譯者注：亨利三世（一五五一—一五八九）既是法國瓦洛王朝的國王也是波蘭國王，因被刺殺而身亡。Gilles-André de La Roque（一五九八—一六八六）是騎士（此乃比男爵低一級的貴族頭銜，可參考本書後續段落）、封建領主，但以撰寫諾曼地地區之貴族系譜、國王傳記等而留名青史。後世評論多半認同，他正是從十七世紀下半葉起，主張以嚴格法律規定來重整貴族體制、以剔除假貴族的代表人物，他尤其反對，若只是由於口頭證實父執輩曾為貴族，後代即為貴族的默許方式。雷斯樞機主教（一六一三—一六七九）原名是Jean-François Paul de Gondi，曾是毀譽參半的人物，但後來逐漸退出政壇、投入寫作，向被視為當時最偉大的作家、傳記家之一。至於lettres d’anoblissment，嚴格而言，這是國王的一紙公開性、特權詔書，針對某一特定問題（授官銜、任命等等），向臣民說明其意願。一般而言，公開性詔書暗指第三者可提出異議，而後該詔書則須登記建檔；若不須登記建檔，意味著國王意願不需向天下公開。

的姻親或聯盟等手段，以贏得新的封號頭銜，並藉此吸引他人對其家世產生好奇心，或是提醒他人其存在地位，總之，他們根本無法撐起家業：以致於他們離群索居，偶爾方若有似無地與其他貴族來往交際；其他貴族漸漸把他們淡忘了，他們也因此忘記自己是誰，直到最後只能去從事讓自己滅亡的職務，也就是那類只有資產階級之輩才願意承擔的官職。十六、十七世紀之際，所有古老的種姓、血親、刀劍貴族都因此沒落沉淪。因此，一部分的貴族集體記憶便隨之消散於風塵中：就這樣出現了一堆深坑，愈鑿愈深，一座座的牆面，紛紛傾倒崩解。專屬於這類家族的回憶，從此不再出現於社會集體生活之潮來潮往，在已更新之貴族記憶的架構中，也沒有任何立足之地：若要能苟且度日，那就必須將這些逝去的追憶聯合搭建在其他更年輕的回憶上，而且，讓雙方交流關係多元多樣；另外，也應讓雙方共同的思想，尤其是當下最新風潮，無獨有偶地、回頭去重新刻印過去的足跡。相反的是，專屬於這些古老家族的回憶與個人回憶竟是大同小異，個人回憶往往與當前時事所趨疏遠離間，也與一般慣常主張之分分合合格格不入，以致於再也沒有誰會去回想這些回憶、也沒有誰會再去想到這些點滴：此時此刻，這些回憶便消失了，這不外乎是因為在那些苟延殘喘之處或偶有浪花激起之地，再也沒有任何必要元素可去編織出任何追憶。的確，人們向來無法肯定，如此這般的消逝是不是永遠的[12]。偶爾出乎意外的時機，卻可能讓人們的心思再三流連於某些情勢中，以致於眾人重新想起這些過往追憶，這就好像是，偶爾出其不意地，我們會想到一些早被淡忘的朋友，原因不過是由於他們出現在我們遊走的路上，若非不是他們改變了自己的地緣，否則就是我們眼前的軌道讓我們更接近他們。同樣地，我們認為早已沒落消失的某些貴族家庭，在走過一段風雨如晦的漫長日子後，竟重新擠上席位，重振家族封號之光榮、重新擦亮家族徽章，這也不是不可能發生的事情。在這一時刻，貴族的集體記憶，從久遠的日子起連它也忘記了自己、連它也以為自己早已腐朽，卻從此重新拾起一段又一段的回憶。如果重新編織回憶的可能性繼續存在，這些回憶即可再現於集體記憶中。在走過漫長的險路後，這一貴族家庭之所以能重拾光榮、反敗為勝，之所以能重回到貴族體制，靠的卻是過去不存在的、但在最近開通了的路徑，而且，當這個家庭踏上這條新道路時，諸多其他過去未曾是貴族的家庭也在路上：首先，例如，這個家庭或許由於經商而致富，然後爬升到幾乎接近貴族圈子的角落，謀得一官半職，又順利繼續高升後，最後被授予爵位。貴族階級承認了過去被以為早已消失不見的某一成員，現在它則可以假定，這名成員在模糊不清的庶民面孔下，始終保留著貴族氣質，宛如有時我們自以為，在不可捉摸、無知無覺的狀態下，似乎早已遺忘了的回憶，卻還是存在著的。事實上，這名成員當今的貴族氣息，只不過是表面上看起來跟過去的貴族特質相仿。社會記

12　「貴族氣質將逐漸沒落……原因在於喪失貴族資格，換言之，因此淪落到某種與貴族身分完全不相配的生活方式……總而言之，問題在於去追究，到底貴族氣質是已消失遺落了，或者，只不過是在喪失資格時隱藏起來了……然而，即使貴族資格曾徹底根除，國王卻可以一紙平反詔書（lettres de réhabilitation）、重贈封號。」艾斯邁，出處同上，頁六八〇。「然而，我們必須再三強調這一點，貴族特質絕對不會由於喪失貴族資格而滅絕，而只不過是懸而不決地高張著，所以，宮內侍從等貴族後代永遠都腳踏實地，只要他不放棄資格權利，他隨時可重新歸隊。」駱伊梭，出處同上，頁一一八，轉引自貝諾斯特。

憶的架構總隨著時代更迭而改變。在過去，社會記憶裝載的是戰爭的豐功偉業，所有可用來充實騎士精神的基本觀念，以及所有可牽動人們的注意力，大致包括了非技術性、非關金錢報酬等備受激賞的活動。而今（接近舊王權體制〔ancien régime *〕尾聲的時候），社會記憶則史無前例地膨脹擴大。在這段時期，就所有可攤在檯面上的社會記憶之價值而言，社會記憶尚未接納那些高人一等之智識活動、非凡傑出的能力、身經百戰似的才華，除非這些知識、技能、才幹披上宮廷朝服的外衣，或者至少看起來像是在貴族圈子裡頗受歡迎，更重要的是，不以追求純粹的金錢財富為唯一目標。不過，金錢財富、天賦才華、技術才能都日益成為在貴族階級裡，炙手可熱之新興活動的基本條件，也因此改變、重新規範了位階順序之高低，而在當時此一年代，為了能持續地維護其階級光榮，貴族階級則必須一方面擴大排場，但另一方面，了然接受所有新興的社會功能職權，以及原先早已存在的分工，只不過這些舊有的權責仍持續分化中，因而變得更複雜多元、專門專職。在這一階段，所謂的貴族特質假定了，必須擁有物質性財物、金融預算，以及，至少以人際關係的形式而言，有管道進入行政體系中的高層。不具備任何這些條件，單只是頂著一項頭銜，已經不管用了。並非只憑著來自於個體自己的力量或光靠著一己修養（或者是靠著過去修得的恩澤），就可明明德。從此之後，無論是同一個家庭重新找回曾喪失的封號，或者是這一頭銜被另一個家庭取而代之，這都無關緊要了。最重要的，不過是頭銜封號一脈相承的傳奇，以及封號在世代相傳時，所代表的個人特質也會跟著傳給下一代的迷信，以致於今天頂著某些頭銜的人還是可以老王賣瓜，誇耀天生賦有久遠前首先贏得這些封號的人的膽識氣度。

上述那家業與個人稟性可世代相承的想法，正是讓庶民難以晉升貴族階級的障礙，另一方面，也導致了當某一平民百姓名不符實地取得一項封號，繼而順利地變成鳳凰後，將混淆視聽，讓眾人更難以辨別，依照有時效限制之指示而成貴族者，以及貨真價實的種姓貴族或因國王詔書而被冊封的貴族等等之間的差別[13]。實際上，愈來愈常發生的現象（這正是我想強調的第二路徑）

---

* 譯者注：此乃法國通史之用詞，但非定義嚴格之專有名詞。一般通指法國一五八九年、亨利四世（Henri IV）國王掌權起，直到一七八九年法國大革命爆發為止，相當於波旁家族中之卡佩系執政時期（波旁系之卡佩王朝，與歷經十世紀末到十四世紀初的卡佩王朝，是兩大不同的王朝；另一種說法則是，卡佩王朝衰亡後，先後興起的是瓦洛系的卡佩王朝、起自一三二八年至一五八九年，以及後來的波旁系卡佩王朝）。舊王權體制該名詞具有相當明顯的逝者已矣，新紀元已啟動，即現代史篇章已開寫之意味。多人主張乃因托克維爾（Alexis de Tocqueville，一八〇五—一八五九）於一八五六年出版之《舊王權體制與大革命》（*L'Ancien régime et la Révolution*）的引用而開始流行，但實際上，依史家考證，自一七八九年末起，時人已大量應用該詞；若說所謂的舊王權體制因大革命而畫下句點，但起點是在什麼時候、是否有明確之起點等等，各有說法，實因專制君主體制或史觀角度等問題，難以簡單之權力交替作為唯一的定義標準。最後，該詞字面只是「舊體制」，但因「體制」一詞在社會學有特指意涵，故加上王權兩字，強調這裡通常牽涉到的是政體制度，而非社會體制之意。

13 必須區分這類情況，以及由於國王之授爵詔書而受封為貴族者，這兩種情況的差別。國王有權頒予平民貴族權狀（lettres de noblesse），這類證書「之權限，使得擁有權狀者，乃是與種姓貴族完全相同，而且其專有特權可世襲傳授給後代子孫」。另一方面，「古老的授予形式多是透過騎士勳章資格的頒贈，此一方式向來保證著國王的利益；這類形式與授爵證書是相等的。不過，後來騎士資格之頒贈，則是委任曾先後由國王授命的騎士團，例如，星宿騎士團（ordre de l'Etoile）、聖米歇爾騎士團（ordre de Saint-Michel）、聖神騎士團（ordre du Saint-Esprit）以及聖路易騎士團（ordre de Saint-Louis）」。艾斯邁，出處同上，頁六七八。譯者注：相左於前面段落中的授爵詔書，lettres de noblesse

就是，平民百姓的後代、史上不見經傳的人物（換言之，就是集體記憶裡沒有承載著任何逝去遺跡者）等等，都闖進了「高尚尊貴」的階級，至於為何他們會被尊稱為貴族，理由不過是因為人們稱道看好、激賞仰慕他們和他們的祖宗八代。事實上，平民百姓並不會由於買下一座城堡，取得官職、銜號之後，便可在一有深遠歷史之名門望族家內登堂入室，區區庶民是無法鳩占鵲巢也無法李代桃僵，從此成為古老望族中的任何一人，更不能宣稱某某人是他自己的列祖列宗。在貴族階級不得不擴大換血工程、更新招生程序的時候，貴族社會本身也不得不遷就這些指鹿為馬的後果，緊接著，便想盡辦法讓這些無名無姓、無主無依、無父無母，但投石問路後卻擠入貴族廟堂的人，變得堂堂正正、光明磊落；最後的結果即是，貴族社會多多少少必須修訂、改裝貴族之集體記憶的層層架構。

該貴族社會可依兩大途徑來達到修訂集體記憶的目的。首先，它可一刀兩斷、改寫過去。實際上，之所以能證明貴族資格的，就是往前回溯一代又一代，然後發現某一祖先曾經立下開創出尊貴家系之偉大事蹟。假使這樣的豐功偉業並不存在，人們可以無中生有、一手捏造出來。如此膽大妄為、捏造事實的造假舉動，的確將會嚴重打擊真材實料之貴族的利益，這些正牌貴族也毫不客氣地檢舉控告。當某些人捏造祖宗系譜時，這些系譜都應該符合其他家族現存之系譜的內容，此外，也應該與直接相關之家庭本身、但可透過其他來源而得知的內容相吻合[14]。但是，

的定義較模糊，字面意思是，法國國王認可某人是貴族或是貴族後代的官方文件，首紙特權狀出現於十一世紀。另

一意涵是，同儕團體對於某人之特殊能力、某事件之高超價值的公開認可。又，上述這四個騎士團均兼融軍功、宗教兩價值觀，但最重要的是，聽命於國王，分別依序成立於一三五一年（向被視為有文字記載以來，法國最古老的騎士團，但實乃效仿英法百年戰爭初期一三四八年在英格蘭成立的嘉德騎士團〔ordre de la Jarretière，Order of the Garter〕）；一四六九年（聖米歇爾該名號之選擇，實為表揚英法百年戰爭期間，同名之修道院的軍功表現；自十七世紀末起，逐漸轉向獎勵藝文、科學人士，尤其是聖路易騎士團成立後，此傾向愈加強烈）；一五七八年（依前述之國王亨利三世之命）；一六九三年（依路易十四之命、於凡爾賽宮）。

14 「法國史上首位冠上龐夏爾棠（Pontchartrain）此一姓氏者，他是國務卿、回憶錄作者，至於其父親，只不過是這一座城市的初等法院（présidial）的參謀而已。至於其先祖，眾所皆知，不過是庸俗的資產階級，或許這也是為何安瑟勒姆神父（Père Anselme）的後代子孫，偏向避重就輕、重新改寫系譜，極盡美化十六世紀末期之前的先輩，使之變成高尚崇貴的人物，曾經與馬爾他騎士團（ordre de Malte）或者其他類似組織共患難的特使，也是同出一轍、如法炮製。」聖西蒙，《回憶錄》，第二十一冊，頁三八〇，注釋。譯者注：Pontchartrain是賜給冠著Phélypeaux之名的士族的某一旁系之姓氏。Phélypeaux該世族源於當今法國西部羅亞爾河區域，十七、十八世紀舊王權時期，門出國務卿（十多名）、中央政府部長（多名均於路易十四統治時期）、高級海軍將領（派駐當時法蘭西殖民之北美洲名為西印度地區）、高等法院院長、外交大使等不計其數，人數之多、記錄之高，遠非其他名門可望。至於旁系Pontchartrain，聖西蒙在《回憶錄》中大書，Louis de Pontchartrain（一六一三—一六八五，即上文中『首位冠上龐夏爾棠此一姓氏者』）是真材實料的文官、能人，至於其子，則不過是世襲父業的官僚子弟；此一家族在路易十五時期甚至被譏為霸占部長職位的門閥。Présidial一詞，專指法國一五五二至一七九一年的初等法院。至於Père Anselme（一般通稱之全名應是Père Anselme de Sainte-Marie），原名Pierre de Guibours（一六二五—一六九四），是法國舊王權時期之系譜學專家，研究發表之專題著作在當時廣受好評，尤其是多次修訂增補法蘭西王族等家譜歷史；十九世紀末在法國通史研究之專刊上，曾有學者如巴斯雪（Armand Baschet，一八二九—一八八六）指出，聖西蒙之《回憶錄》撰寫計畫深受其人、其書之影響。最後，Ordre de Malte在當今法文裡，可指將近三十多個天主教或新教修會、慈善協會等，這裡極可能是指Ordre de Saint-Jean de Jérusalem（耶路撒冷聖約翰騎士團），乃十一世紀末於耶路撒冷成立之宗教醫護救濟組織，向被視為當代其他同名之救護醫療組織的前身。

貴族社會也可以徹底轉移其注意力，不再關心那些與現時當世距離遙遠的事物，進而將其記憶之視野廣度僅局限於最近這幾個世代。正是這一趨勢日漸盛行，成為貴族社會整體的選擇[15]。簡言之，這便意味著，我們都可注意到，去承認、而非否認某某家庭是貴族後裔，更能符合人們最近之回憶的反應，即使人們也都相信，事實並不是這麼一回事。正因為如此，有時人們會去修正他們的個人回憶，目的不外乎是為了配合他們當下所思所欲，往往此一作法乃順理成章、水到渠成，要點是先掌握最近的回憶，至於為何是最近的回憶，藉口則是，若要直接回溯到最古老原初的回憶，則是根本不可能的事情，所以，就變成利用最近的回憶來重新改編最久遠前的回憶。可是，隨著貴族社會整體逐漸放棄那些最古老的回憶時，封號頭銜以及君權等以位階之年資長久與否為基礎的社會價值，便不再備受景仰，這樣的結果，將會使倚賴著這些價值的貴族階等廣受衝擊，換言之，讓那些最原始古老的貴族資格沉淪荒滅；令人肅然起敬的道統將因此黯淡無光，貴族思想中最根本的觀念也將同時失去光彩；正因為如此，貴族社會裡，舉目若非猶豫觀望、奮力抵抗，否則就是退縮不前。正是如此之兩難，方使聖西蒙的《回憶錄》裡所描述之種種衝突，充滿了艱深的意涵，那正是國王的私生子以及流著正室血統之王子彼此之間的爭鬥，那也是刀劍貴族以及法袍貴族之間的相奪。那些一板一眼地捍衛著封號頭銜、悠久血統的正牌貴族，當然深刻地體會到，假使將貴族之集體記憶的廣度縮小，勢必也將扭曲其內容，久遠年代前的史蹟、人物將因此變得一文不值，後代之下場相同，然而，隨著眼前正熱門的事蹟、當今最新潮的人物都紛紛站上舞台最前端，時勢所趨、前呼後擁，箭在弦上，一切都無法挽回了。

對古老的貴族造成最大衝擊的，卻是新貴族的誕生。因此，在新的康莊大道上開啟一扇扇的人類活動之窗：相對於原本既定之社會功能分工，新的分工、青出於藍，原只是無關緊要的，卻後來居上、勝於藍；假使舊士族對這些新興活動不感興趣，而且，其思維、記憶對於新生領域的所有成果都避而遠之，但其中總是會有幾個小圈圈的人反其道而行、一頭栽入，甚至培養出幾個菁英。只要有那麼少數幾個人在某一權責分工領域立下幾株個人建樹，就可以讓他們自己以及後來的繼承者，在萬綠叢中脫穎而出，進而促使整體貴族社會為這些人保留一紙記憶專章。實際上，在每一時代，人類社會都會將那些最令人感到興味盎然又貢獻最豐富良多的活動擺在最前端：過去是戰爭，眼前則是行政、司法，以及各等法院的職務、掌管財務的官職等；冠蓋滿京華，他們全都是羽毛未豐的新貴：資產階級萌生出自我意識，其記憶的鉛字，全鑲在其成員中立下汗馬功勞者所承擔之一官半職且曾刻意標示出來的框架上。倘若舊士族因此逐漸地被新貴族掀

15　「通行全法國的規定是，只要能夠證明，連續三世代都擁有貴族封號，便足夠了，甚至身分受到質疑時，也無損其效力；不過，在某些省分則強制規定，該證明內容須包括連續四個世代。原則上，證明方式是出示書寫文件、原件正本；假若無法符合此規定，四名證人的證詞也可相抵。這也因此導致了一個問題，那就是：假使沒有具時效的文件可證明貴族身分時……有些人還是承認當事人的貴族資格，但是，一般輿論則持相左意見。所謂連續三世代都擁有貴族身分便可被認定擁有貴族封號的作法，使當事人規避了更完整齊備且合情合理的證據，況且事實上，這樣的作法也無法證明其身分之真假。假使勁敵有辦法往上追溯，證明對手家庭竄改文書，如此一來，原先那種想必如此的說法便沒有任何效力了。」艾斯邁，出處同上，頁六七七。

起的風潮淹沒了，以另一角度而言，在封號頭銜之外，究竟差別何在，究竟是什麼可用來區分，一邊是律師、法官，或甚至是富有、活躍又學養出眾的商人，而另一邊則是最高法院之參謀，或者是足可被授予貴族封號之官職的領銜人？[16]實際上，這些人彼此間都因家庭聚會、通婚等而交往密切，他們在同樣的沙龍碰頭，他們看同樣的書刊，他們參與同一個社會生活，在那裡，人們閉口不談加官晉爵等令人喜又令人憂的話題，在這個社會裡，其社會成員只對他們自己感到興高采烈，只關心有資格踏入廟堂、躍升為自己人的成員，只笑看那些搶盡鋒頭的人，進而讓屬於此一社會之意識變得更敏銳犀利、喜新厭舊、渲染擴張。「一場無人可擋的大風吹，導致整體官場的職人全變成貨真價實的達官顯要，否則也是法理上站得住腳的顯貴。兩大詔書（一六四九年、一六五〇年）公告於世，首先是將貴族資格賞賜給所有最高法院的官員，隨後，任職二十年之後，便可從法院官員晉升為審計法庭（Chambre des comptes*）的長官……這兩紙詔書從未被貴族批評過，卻使得貴族此一社群的自我保衛防線降低。相反的，正是那些沒有因詔書而被任命升官者，讓這場改革不了了之。在財政部、審計法庭任職的財務專員、校對員、助理稽核等強烈抗議竟沒有被安排升官發財，種種特權只有院長、高級長官、律師等才有份額。換言之，這兩紙詔書在原先同一鼻孔出氣的貴族成員中突然間拉出一條界線。[17]」

此一「靠著一官半職而起家的貴族」，或許在日後便大門關起，自十八世紀起，它也的確成為一個社會種姓。「最高法院裡的所有席次都被頂著官位的家庭霸占著，就像是他們的世襲采邑似的，而且，他們戒慎恐懼地防衛其階等」。然而，這種使盡力氣將頭銜貼到職位上的心態，實

際上，卻是自相矛盾也不合常理[18]。古老貴族的身分純粹是個人資格的層次，千百年來，這些個

16 「往往律師的兒子、如果他的財力足夠，他會偏向去捐輸購買一個審計官或是最高法院參謀之類的官職……就此一角度而言，實際上，律師席次是通往最高法院的便道……（檢察官）此一團體人多勢眾，連同律師或甚至是位居高等席次之最高法院官員，全都擁有同為刻苦耐勞之社群所培養出來的同僚情誼，朝夕相處之故，又進而加強此一風雨同舟的情感。此一權職積極主動、利益取向……對這類以經商起家，向來有傳統經商頭腦的資產階級而言，儼然是順理成章之出路。因此，檢察官此一專職，正是小資產階級邁向各等法院之官職的路上，最主要的人際關卡。」胡普涅勒（Roupnel），《十七世紀的城市與鄉村——第戎地區人口研究》（*La ville et la campagne au XVIIe siècle: Etude sur les populations du pays dijonnais*），巴黎，一九二二，頁一七〇、與後續段落。譯者注：Gaston Roupnel（一八七一——一九四六）是法國作家，主要之長短篇小說、個人研究都是集中於勃根地，其鄉村研究專論向被視為該領域之權威。

* 譯者注：該審計法庭成立於一三二〇年，任務是審查國王旗下之財政官員的帳目，並管理維護皇家領地。

17 胡普涅勒，出處同上，頁一七四。

18 「擁有一官半職的社會階級，以及我們通常名之為最高法院的貴族（noblesse parlementaire）此一階級，其實完全不一樣……並非由於擔任司法或是財政的高等職務，所以便可視之為貴族……絕大部分在最高法院任職者的家庭，早已晉升官家貴族（noblesse de fonction）之階，卻從未改名換姓、從未在原本之姓氏前冠上任何介詞。他們的貴族資格（qualité）是出自他處……讓人方便邁向行政貴族（noblesse administrative）之官職，是無法只靠著該職位之權責之故，便被授予貴族頭銜，這是一項既涉及個人也影響到公眾的頭銜，過去的語言稱之為資格。事實上，大部分晉升到最高法院的家庭，往往很久以前就已經具備此一殊榮，其溫文儒雅的氣度遠超越了頭銜以及行政作業之嚴厲要求。所以，這些家庭可輕而易舉地在頭銜封號與行政官職這兩領域間遊走穿行。」胡普涅勒，出處同上，頁一八二。譯者注：直至今日，法國一般民間深信，貴族世家的姓氏總是帶著介詞（De），因為此乃擁有封地、采邑之標記，實為無稽之談。

人資格之內涵，都已根深柢固在整體貴族社會的記憶中，然而，貴族社會本身是無法自己區分出輿論現況以及信仰狀態這兩者之間的差別，更何況，古老貴族正是在這些信仰中誕生茁壯。在這些人為創造出來的道統且人力不斷維護的名義之下，一場蛻變過程逐漸完成了，不僅促使擁有官職頭銜的官人走上時代最尖端，實際上，是這些人的出身階級，而且是一整個階級，全成為時代舵手，這也是為何他們的階級屬性堅強。若說古老貴族過去曾向天下廣招英雄豪傑，現則故步自封，實不為過，之所以如此，這是由於此一社群已無法繼續滋養出使其奠下基礎的種種稟性。古老的貴族社會只能活在老邁的根基上，且逐日凋零萎縮。因此，隸屬於某一已徹底封閉之年代的久遠記憶，在其周遭，再也找不到任何事物來自我補強：為了抵抗外在日新月異的回憶，它只能自我封閉在逝去的風塵中。相反地，風起雲湧的資產階級則敞開大門，受到當今社會鼓舞啟發的能人才俊都可自由進出。因此，最近、以及當下發生之種種事件的記憶是無法沉澱僵化的。這類記憶的功能之一就是，促使其記憶架構去適應接納層出不窮的新回憶：這類記憶架構本身正是由這類回憶組成的。在此過程中，最高法院之貴族扮演著一種無中生有之角色的說法，並不是很嚴謹：那就是，一般人都習慣在這批新貴上添加隸屬於資產階級之特質，而且，這類特質又因外表頂著一些頭銜而顯得價值不凡，但其實這些頭銜，不過就是他們繳給貴族階級的貢品，打躬作揖、不敢不慎。這一套說法全是無稽之談。一旦基本觀念體系，也就是，資產階級傳統建構完整之後，這一套謊言便毫無用處且礙手礙腳。貴族社會整體從此放心地讓久遠的過去，全跌坐在無人知曉的角落，連帶地，一整套評價系統以及在評價指標上游移徘徊的人物、舉止等等，也迅即無人問津，如此一來，社群整體便可踩在近期發生的過去，且在現今腳步裡，看到剛發生之過去的足跡。

VII-ii

專職專業之生活與社會生活。社會體制中哪些領域可讓階級傳統承先啟後。有關於職能權責之記憶，以及有關於金錢財富之記憶。社會對於錢財的評價。傳統資產階級與累進財富者。

Vie professionnelle et vie sociale. Dans quelle partie du corps social se transmettent les traditions de classe. Mémoire des fonctions et des fortunes. L'appréciation sociale de la richesse. Classe bourgeoise traditionnelle et riches progressifs

我們都可觀察到，在當代社會，頭銜封號等已不復存在，社會階級之間的藩籬被打破，降至近乎零點的程度，然而，若非貴族階級，否則至少是盛行於貴族社會間的精神生活、社會活動等，卻同似曾相識燕歸來。

不可否認的，當今社會、遠甚於過去，看似一各類功能愈來愈特殊化但諸功能間整合得近乎天衣無縫的總體。當我們想到封建社會，眼前首先亮起的，就是貴族階級，此一階級代表的，其實是一種生活方式、一套思維邏輯，而未必是某一集體體制中的某一體系或是某一機制：充其量，我們大可說，貴族階級的功能是維護傳統，或甚至是製造傳統；事實上，貴族階級自認為他們是社會加冕的產物，或不僅如此，還更像是整體社會生活的濫觴，在這時候，我們是否可用社會功能一詞來論之？一般社會體制中，諸多嚴格說來彼此相異的社會功能，其實還反過來，在貴族階級跟前卑躬屈膝；只不過，貴族階級向這些社會功能伸手示意的理由，僅限於當它要在這些不等之功能機制上，刻畫一己至高無上之優越性的時候：固然絕非因具備了優秀官吏等特質，便足以被授予貴族身分；但是，另一方面，至少在執行某一權責任務時，當事人必須表現出才能卓越的樣子，擔當此職、綽綽有餘，而且，當事人也在在展露出其個人素養；又，也應該是當事人悠然駕馭著此一職能，宛如一項可自我標榜的工具，而非為此汲汲營營、焦頭爛額。即使是戰爭時期，軍事將領赴湯蹈火、衝鋒陷陣，若依然敗北，卻可自然而然地登上最尊貴的寶座，相對地，將領雖摘下勝果，但作戰期間貪生怕死，絕非尊榮之舉。但今天，我們或許會說人心不古、背道而馳。今日已不再是，權責之存在是由於人的關係，當今趨勢看似是，人之存在是由於職務的關係，而且愈演愈烈。總而言之，每一項社會功能之存在，都配合著所有其他社會功能之存在，假若集體意識賦予某些人類群體更高的正面評價，然而，當人的活動對整體社會體制貢獻良多時，最大受益者還是人本身。

不過，我們依然不可掉以輕心。我們總是可用兩大角度來看待一個人：首先，人被指派一項任務，所以，宛如社會中的一名專責人員；另外，人是家庭社群、應酬往來之交際圈或是其他團體之成員，這些團體都不隸屬於任何其他團體之下，所以，每一團體各自之活動，都只是為了它自己，都只是為了維護一己的大小利益，以及，所有可以促使團體精神生活更多采多姿、積極緊湊的事物。倘若以此觀點來思量都會區域的社群，我們的注意力便可能同時因而遠離了當今社會中的貴族階級以及大都會地區的農民，就某程度而言，他們都代表著落伍迂腐的生活形態。最讓人感到驚訝的是，隨著個體愈來愈投入專職權責中，其實，當事人也愈來愈感覺到，必須限制自己專注於工作職務中的時間長度，縱使在其他的時間他仍是屬於其他社群，可是，在這些並非投注於專業職務的期間內，他如果不是將一己職責忘得一乾二淨，否則就是依然念念不忘、忐忑不安。我在此提出的問題即是：家庭、應酬交際圈等等這些社群，相對於職業團體而言，所扮演的角色，跟過去的貴族階級，在相對於公家官僚、公家職能之下，所扮演的角色，難道不是一模一樣的？既然貴族階級曾是固有傳統的載體，而且，集體記憶也透過貴族階級而活現再生，難到不就是在當今職業圈子以外的社會生活中且就此一社會生活現今呈現出來的情景而言，整體社會因此保存、塑造其過去的回憶？

諸位大可反對我、進而說道，實在不需要在社會功能以外的區域，去探勘可在社會功能之範圍內尋獲的事物。姑且拋開技術層面，並非由於不是最具分量的行政領域，所以該領域就沒有培養出任何固有道統，所有人一踏入某一專職專業起，便開始學習如何應用某些規則、實踐方式，但同時之間，他也任由自己放心沉浸在可名之為合作團結之精神中，而這股精神，正猶如職業團體的集體記憶。如此這般之精神，將隨著年歲之增長而成形、茁壯，理由則是因為此一社會功能乃其自身載體，且長期以來便是如此地自我滋長，至於執行著這些職務的人，他們彼此之間交流頻繁，所以，這股團結合作的精神，也是來自於這些人執行、完成相同作業流程之故，或至少是相同性質的作業，他們始終可深深感受到，他們各自的作為，其實互相支持著，而且，都是為了同一道使命。然而，另一方面，之所以讓他們彼此拉近距離的理由，卻是由於他們的職能與社會體制中的其他職務截然不同，於是乎，基於共同專業之利益考量，便不能彼此不聞不問、唯恐最後走向沉淪，而且，甚至必須進一步去標示、強調出他們的專業與其他專業之相異點。在履行其專業權責時，公職官僚於是與其他人展開互動關係，此時此刻，某一個人心中的想法猶如其他另一個人腦袋中的念頭，都被某一立即又特別的目標吸引著，也就是在當時、他們相逢際會此一時機，只不過在那當下，每一個人看待此一目標之觀點則不盡相同。官僚人員往往一心一意想著要去完成其權責所代表之任務，此一權責加諸在他身上的強制性，相較於同一專職的任何其他人而言，大小程度是相等的。至於對方，被治理的一般人民，如果他依然按照著其社會環境、所屬之家庭或階級層次等等之慣習，其反應，則未必是心悅誠服地遵從每一公職領域務必貫徹到底的規定要求。顯然地，這正是某一團體之成員、即公家官吏此一團體，以及其他團體之成員，針鋒相對。因此，我們不免懷疑，若這類接觸的時間久了、往往也一再發生，對於這些被指派了既定職務的人而言，由於總是面對著其他團體之成員，也面對著其他人被諸多其他不同的思維、感情牽著走的事實，難道官僚人員之專業精神不會因而變得鬆弛懶散、軟弱無力。面對著往往集體信仰、傳統都恰好與之相反的其他人群，為了能夠抗拒這些相違之心態，官僚人員則必須自立自強，向屬於他們自身團體的信仰、道統援求解決之道。

換言之，若以司法體制為例，它不得不在其自身成員以及司法人員必須依法裁奪之其他團體之間，架設起層層藩籬，而目的不過是為了能夠抗拒外在環境之影響力，並排除原告人的狂熱情緒、胸中成見：這正是為何，在法庭中，司法人員藉其衣裝打扮、席位所占據的角落，以及種種法院部門之機制，在在都是為了讓法官此一團體以及相對於所有其他人之間的距離，變得更尖銳醒目；這也是為何，法官與提告人之間的溝通，不同於在其他團體之間以對話進行之方式，而是透過審訊的模式，或者依循某些其他方法，例如，書寫，否則就是由訴訟代理人、律師等等來擔任中介。但這還是不夠的。非司法人員等所組成之團體加諸在司法團體上的壓力，應該是強大到促使司法團體打造出一股可相左的傳統力量，而且，在內的每一成員，都應該儘量地去沾染此一傳統力量。可是，此一道統是怎麼來的，是誰創造出來的，難道不就是司法團體本身自己發明的？法律原則以及整體之裁判慣例，都代表著史上眾多優秀傑出的法律學家、法官等的集體貢獻。司法精神以及所有的審判法官都應具備的各項特質，都在史上幾名偉大人物身上發揮得淋漓盡致，乃至其中數人已成司法楷模。身為法官者，都相當留心這些回憶，為了掌握某一法條之意義，法官必須回溯到過去所賦予之種種詮釋，換言之，去喚醒他們自己的記憶，即使法官不厭推理、論訴，但事實上，他們未必可自我警覺到他們總是自我封鎖在一己的思維中，且由於該思維模式，是在過去某一特定日期被引入、設定，所以，這些思維模式也每每表現出某一久遠年代之標記：不知多少法學思想都承載著數不盡的歷史篇章。不過，所有這些傳統、先例，所有這些已轉變成司法慣型之儀式，總是以某些人的名諱為依據之司法權威，乃至某些儼然顯得更莊嚴隆重的辯論形式等等，所有這一切，難道不是司法功能部門自己衍生出來的產物？不正是在司法此一背景中，這些傳統一一誕生？人們不也是在此一環境中，替這些傳統標定價值，將這些不同的傳統習慣，逐一建構成一套系統，又隨著嶄新的司法行為一一成形、盛行，所以，這些傳統也逐漸定型，而後調整又轉化？所有的社會功能都是如此的。假使我們去一一喚醒某一整體公職官僚所擁有之整體傳統的集體記憶，我們不免嘆道，有多少社會功能領域，就至少會有多少集體記憶，而且，每一記憶都是在每一領域內部各自形成的，但不過就是透過專業活動此一簡單伎倆而已。

所以，乃是在社會功能以外的領域，也就是，在人們都不執行其專職專業活動的社會領域裡，最重大的集體記憶得以萌芽抽枝，也是在此環境內，集體記憶備受呵護，若有人要反駁我的說法，他們所能提出的主張，大抵就是我在上面段落所要強調的。而且，此一反對論調若有任何效力，只不過是當職業生活圈，以及家庭和交際生活圈，彼此相隔兩立的程度，是強烈到足以讓這兩大生活圈子內部的種種主張論調都無法滲透到對方領域。一般而言，事實並非如此。在本書之前的研究中我已證明，在都市社會裡，工人階級之所以與其他階級團體截然不同，乃是由於在工業部門的工作環境裡，工人所接觸的，都是物件，而不是人。相反地，所有其他行業的執行過程中，都是在人與人組成的環境中，所以，原則上，面對的都是人際交往關係。以致於當這些階級成員去上班，或者當他們離開工作地點、然後回家，他們只不過是從某一團體生活跳躍到另一團體生活，無論是在這裡或是在那裡，沒有任何理由可要求他們不保留自己的社會人（être social）之本質。當這些團體來來往往時，無可避免地，他們會把某一團體從他處引介來的思維方式帶到另一團體內部，反之亦然等等。然而，我們已可預測到的是，在專業分工愈精細的環境裡，對於家庭以及人際應酬範圍的講究關心程度，將會更偏重強烈，尤其若是相較於專業精神等等之習慣，在社交圈、家庭生活範圍的深入程度而言。若要在一般社交領域、家庭往來等環境，讓人們對司法界、政治圈、軍隊國防等領域裡發生的大小事件都感到興致勃勃，那就必須先抽離這些事件的技術以及專業層次的意涵。當人們以專業術語來討論某一訴訟事件時，這些人不致於還去爭辯各項法學定義之細節，除非是由於這些細節牽涉到某些道德或是心理學層面的疑難；以專門行話來討論訴訟事件時，人們總會談論到律師的才華，去分析這些律師之所以慷慨激昂，有時人們會去大書特書律師的個性，否則就是去強調某一讓人落淚的場景，彷彿是在看一齣舞台劇表演似的。事實上，在以上所提到的司法、政治、國防等領域所發生的大小事件中，人們像是突然間找到新的精神食糧，尤其像是把這些事件都還原到當初發生之現場，然後一舉掃蕩辦公廳裡的灰塵，將行政過程中令人厭煩的規定全拋諸腦後，打破原本牢不可破的技術堡壘，如此一來，社會事物（choses sociales）之彈性與可塑性便可重新浮出水面。當我們踏進家門或是在閒聊之際，我們很容易就會忘記自己的專業，當我們忙著工作時，我們也會忘了家庭或其他閒雜人等。實際上，在家裡或是與朋友漫無邊際地談天時，一般令人憂喜的事物、那些讓絕大多數人掛心的大小事情，總是會壓倒其他議題、獨占鰲頭：就是在這時候，社會人際以最單純素樸的形式展現出來，也是從這時候起，人際往來如旋風捲起、掃過每一個團體。當人們在家中或與人閒話家常時，常常看來像是變成另一個人似的，然後，當他們在專業場合與他人碰頭時，他們就會把在自己家裡或是與人閒聊時的想法、觀點或任何其他不同的評價方式，又全帶進來，大體而言，其實，這都是很自然而然的行為。這也是為什麼，即使是在執行其專責職務的時候，他們依然對家庭及其他任何團體社群忠心耿耿，就某程度而言，這些工作環境以外的團體都是具有次級力量的社會團體。若論及人們的專業活動以及一般性的社會交際應酬，這兩者之間的對立，事實上，並非是彼此格格不入，也不是在某些時候，兩者無法互相支援。一個法官很可能會去審判一名曾在交際場合中巧遇到的人，或者是一名律師很可能會去替一個在閒話家常之地而認識的人辯護，或者是，這個人基於某些特質，例如，其出生地、年齡、表現出來的氣質、談話或是衣著方式，甚至由於其外貌，而讓法官或是律師想起家中某一個人或是朋友圈中某某人。當一名法官與一起審查某一案件的其他法官共同商議時，或者是，當這名法官在聆聽某某律師辯護時，又或者是，當他聽到其他法官、律師席中任何一名律師口中吐出的司法名詞之字字句句時，有可能在那個時候，在他眼前浮現的是一個人的面孔，他隱約看到這個人的社交圈範圍、這個人的家庭、朋友、人際關係，隨之，又更歷歷分明地看到這個人的過去，然而，在眼前這個世界，只有這個人的家庭、朋友，還保留著這一個人的過去。

且容我在此強調這一點。工廠的大門在工人眼裡大致代表著，將其日常生活中的兩大區域一分為二的防線。假使工廠大門是半掩半開著，無疑是經過一天的勞動，而非走進大門之前的時候，於此更可看出：在他慣常去思考或是不去思考的範圍，流轉著無可替代的人際往來，湧現而出的是，工人在工廠之外、在社會中生活之處。當他重返工作場所，他可深刻感受到，他先將某一世界全拋諸腦後、繼而走入另一個世界，在這兩個世界中，卻無任何交通往來。然而，當一名法官或是律師走進法院時，即使是在聽審時或是任何其他全神貫注於其職務的時刻，他卻從未有那種從此與其他團體，尤其是在走進法庭之前或之後、與之一起消磨度日的團體，一刀兩斷、不相往來的感覺。其他這些團體現身與否，是否距離遙遠，事實上，完全無礙於他是否會去想到他們，或者是不是依然身為這些團體之成員，而且，當他回想起曾裁判過的案件、眾人欣賞與否的特質稟性、大家都興致勃勃的作為或事件時，其他這些團體現身與否，都無關緊要。因此，隱而不可見的是，所謂的權能，往往被當作是一套整體性的活動和技術性思維，實際上，卻都是沉浸在一無任何技術可言之活動和思想環境中，而且這一環境盡是純社會人情的觸感。

極有可能的是，公家官吏的真正角色是，在一個講究技術的組織裡，導進這一整個在專業領域之外的社會生活。剩下的，不過是其專業活動裡最不重要的、最輕而易舉的，也就是，可以退而求其次、讓下屬來代勞的。法官猶如律師，以及所有其他相同性質的公務人員，都是在非比尋常的情況下，才被要求提出一己意見，尤其若是所牽涉到的事物，無法以一般慣常之技術層面來解決時。實際上，技術都只假定了一般性規則：技術是不通「人情」的。一般而言，官僚都是以彈性和信心來自行調整以下這兩大範疇之基本觀念，一是技術性的、一般性的，另一則是人情的、社會的。人們都是在社會交際之場合（家庭環境、寒暄應酬的地方）裡碰頭，建立起人情關係，然後，又相繼以每一個人的特質互相品頭論足，以致於在整個團體成員的心目中，其實每個人都有他自己的一席之地，任何其他人都無法取而代之。在這類社交場合中，我們都已習慣，針對種種舉止行為、言詞意見、氣度個性中的個人層面，鎖定某些細節，然後發表一己想法，我們每個人都能依據相當複雜的規則，來替每一套價值觀做高低排序，繼而又逐一地去思考斟酌這些價值觀點。這類社會環境的角色，不偏不倚地，就是去思索某一評價內容、去維護某一精神，而且，這是透過任何方法、無所不用其極，例如，在家庭中，便是利用教育、傳統等方法，在一般交際應酬中，便是藉著談話、意見交換、感情流露等技巧，並且去對比參照自不同的年代、地理區域、社會人物引借而來之種種主張、經驗之相異處，最後，倘若是在學養豐富的文化圈裡，則是經由他們所閱讀的戲劇、文學等作品。

當然，當今這類交際場合，已完全不同於舊王權體制時期的貴族社會（société noble），再也找不到一套頭銜封號乃位階分明的制度，而且，此位階順序，同時也曾代表了某一社會階級的簡史。雖然今天我們已不再像過去始終堅信著，讓某些家族更高人一等的貴族資格是透過血統而世代傳承的，然而，輿論卻依然支持這類價值判斷。在巴黎以外之省分的大小城市，其發展，往往躲過了巨大之經濟浪潮的衝擊，然而，特別是在十九世紀初期，在這類城市興起了某一類型的資產階級社會（société bourgeoise），其成員，並非相當富裕但小康自足，這類資產階級之價值模式，通常是依附在貴族階級之價值判斷模式上，而且，至今依然如此：這些人再三強調家族之歷史；這段歷史之輝煌價值，則是根據年代之悠久程度、與其他家族之姻親聯盟等。至於在現代大都會，由於彼此築起人際關係之人群往往來自大江南北，對「社交社會」而言，在其記憶中，將如此眾多之家庭繁衍、旁支雜系的關係全確定下來又從此不再更變，是一件愈來愈繁重的難題。

不過，我們倒是可以在當代此一社交界中找到幾個團體，它們可說是古老貴族階級之殘餘，在那幾個小圈圈裡，對於頭銜之尊崇依然如舊，如此之態度，可謂新興貴族階級之濫觴，事實上，此一濫觴之源頭，是出自對於人際關係以及姻親聯盟之獨尊，還有就是，對於富可敵國之強調、時勢英雄之名號的崇拜。但是，普遍而言，資產階級經歷如此穿金戴銀、照單全收的成長期後，卻喪失了穩固內部位階等級的權力，也就是，制定出可讓後代子孫在上面找到自己一席地位的指標。資產階級的集體記憶，在深度上所喪失的（於此意味著，回憶之悠遠程度），可說是在廣度上贏回來。但至少，一般所謂之資產階級家庭，依然因其社會門面而著稱，換言之，其社會功能、家庭財富都是使其坐穩寶座的原因，除此之外，另一個可能原因則是，資產階級家庭所持有之專職功能，容許他們深入到社會人際關係交錯盤結的區域內，更何況，其自我社會意識也愈來愈強烈，而且，隨著其家庭財富成為其身分標籤，又可用來滿足各種需要之餘，其實，為了滿足這些需要，整體資產階級團體不惜付出最大代價。既然必須等待一段時間之後，上述之整體情況才能穩定下來，換言之，輿論大眾之認可並非一蹴可幾，這便意味著，在諸多不同的群體社會中，存在著一套時至已久的社會階層順序。這是由於必須讓社會大眾去虛心領教或心甘情願地承認，這一套階層順序深入潛進到慣有之精神、具體之事實（例如，才剛成形的傳統，即使不是年代久遠卻依然還是一項傳統），如此一來，這一套評價模式才能生效。我們不得不承認，在當今諸多社群範圍裡，某些家庭依然享有使之高人一等的聲望；只不過，此一聲譽往往是最近才確定的事情，對這類家庭而言，為了讓它自己還有就是社會大眾，都記得其黯淡的過去，其實它自己以及社會大眾都念念不忘，它隨時都可從高處狠狠地摔下來。

我將社會思想減縮到這等評斷系統，或許有人會因此指責我，竟然將社會思想導向如此狹窄之出路。讀者以下可明白，我完全沒有縮減社會思想的任何層面。想必大家都不得不承認，猶如古老貴族階級中關於封號頭銜之記憶，在我們當今社會環境中，有關於職能權責、金錢財富的記憶，其實正是社會整體對其成員品頭論足時的判斷基準。只不過，該記憶並非依附在職務的技術層面上，也沒有倚賴金錢財富的任何物質層面。

法官、法庭顧問、上訴法院院長等等這些名號，是在交際場合中還是在法庭中聽到的，都會在聽者心中引起不同的共鳴、浮現出不同的印象。對於訴訟雙方、對於一般公眾，這些稱呼都代表著社會權威，但也或許是當前的、無關乎個人的權威，他們都是執行某一公職的專員：因此，我們不免更加注意其衣著打扮而非其個性；我們也不在乎他們過去的經歷為何，他們是不是很久以前就占有目前的位子。我們可依據法庭內的其他成員、法院書記底下更低階的人員、被告人、律師團、一般大眾等的立場來下定義，於是乎，法院便是一個純技術層面之利害關係的匯聚中心，但也像是一台儀器中的某一零件，而且，似乎當天、或者前一天晚上，我們就應該可以組裝出這台儀器般。

法官、法庭顧問、上訴法院院長這一切稱號都包裹著一個人，也就是一個活生生的人，以及他出生的環境、生活經歷的地方。對於一般社會大眾，相反的，這些稱呼都代表著出自久遠年代前的社會尊榮，或者是五味雜陳之回憶的反映，但其中某些片段卻是相當的古老，另外，這些稱號也激起對於某一特定背景環境之印象，那就是培養出絕大部分之審判法官的出身環境，或者，這些名號也撩起了一般人對於經常接觸法官的人的印象，法官往往是跟這些人聯姻結親家，最後，法官、法庭顧問、上訴法院院長等等這些名詞，都是我們熟知的某些特定人物，我們都相當熟悉他們的面貌、身材，因此，可說是、他們自己把他們的專業擬人化了。於是乎，無論是因為我們自己本人認識某某法官或是攀親帶故的關係，或者只是因為我們聽到的故事、閱讀到的文章，就這樣，在我們每一個人的心中都興起了，彷彿是對於我們熟悉的每一名法官的性格或是道德類型的想法，而且，這一個想法，不只濃縮了一名法官該有的行為舉止，也促進了法官是同時帶有個人層面也有社會層面這兩大特質的想法：這些特質之所以是個人層面的，這是由於並非所有的人都具有這些個人特質，而擁有這些特質者，每個人的程度高低又不盡相同，又，這些特質之所以是社會層面，這是因為社會大眾都知道什麼是法官該具備的屬性，都知道該如何評斷一名法官的特質，而且，種種這些社會層面之特質，都只能以整體社會已裁定的樣子來表達。恐怕我們從沒想過要去想像社會已裁定出來之法官該有的樣子；這些法官該有的身段所象徵的是，去表達出法官特質的時機。相反地，我們只會去想到這些法官應有的特質：這也是為何，對於在社交應酬場合認識的法官，我們跟他們談笑風生、同桌共餐，我們可看出，就其才華、對於人性的認識、其洞察力、其穩重程度等，究竟這名法官的斤兩有多重。即使人人心中都有類似盤算，但我們卻經常出錯，這是相當可能的：在所有的年代、所有的社會，幾乎向來如此的，那就是，對於某一職權的評價總是預設了，執行該職務的人應該具備某些個人特質。過去古老的假想預設了，一個人之所以能履行某一權能，是由於這個人具有某些天生的（或是世襲而來的）才幹，這一假想也促使我們，把法官此一體制自行在歷史上推演出來的特質，全投射在每一名法官身上：隨之，每一名法官都是依此來看待自己也據此來互爭上下。這些特質代表著身為社會人的價值，同時也是身為公職人員的價值，這也是為何，當某一社群團體去思量其某某成員所擔任的職務時，除了權責之外，還有就是此一權責所預設之特質，更何況，其實，該社群最在意的就是這些特質，原因在於這些特質代表了，人之所以為人並不只是為了執行任務，而且也是為了能夠活在一己家庭和人際社會中。所以，在過去的貴族階級中，人們將頭銜封號與功能職權區分得一清二楚，而在我們當今種種社群團體中，職能權責在某一層次上，呈現出技術性活動之面貌，在另一層次上，則表達出各類特質屬性，且又與專業專能之社會價值毫不相干。就此意義而言，功能性職權，在某一程度上而言，與封號頭銜是旗鼓相當的。然而，社會整體本身是從哪裡盤整出這些特質專有的基本觀念，難道不就是從傳統引借來的？

同樣地，代書估價出來的財富數字是一回事，某一類型的生活方式、某種炫耀誇張的揮霍程度等所象徵之社會地位，則是另一回事。金錢多寡的差異，尤其是在匯聚了同等社會階級之成員的團體內部，再加上利益衝突，往往造成人與人之間的對立，而非去撮合他們互敬互愛。另外，假使我們只是去考量到，每個社會成員所擁有的金錢多寡，那麼這個世界上，便沒有任何東西可用來凝聚、建立起一套基本觀念或是社會評價體系：這是因為如此一來，人，於是溶解在他所擁有的財物裡，最終跟一般物品相容成同類。當我們去某個有錢人所擁有的土地裡逛一圈，當我們在他家門前停下來，或是當我們去估算他的財產總值時，我們不免情緒激動，彷彿是去看一場撼動人心的表演，這是因為在這時候我們開始去想像那個財富萬貫的人的模樣。在財富之中，隱藏著一道顛撲不破的原則；不過，這一原則並不涵蓋在物質性的財物裡，而隱藏在取得或擁有這些財物的人的身上。假使在有錢人和他的財物之間，只存在著一絲絲難以意料的關係，假使我們從不會去設想，一個富有的人之所以富有，只是因為他有這方面的才幹，那麼社會整體（在此，社會總是意味著，在某些環境裡，鮮少有技術性、利益導向的活動，在這類環境中，人們偏重人與人之間的交際關係，而非人與物品之間的關係）就不致於在評價一個人的時候，往往還去考慮到這個人的財富多寡。

假使我們去想像封官授爵的儀式、采邑與非采邑之土地間的差別[19]，以及生前或是死後的財

19　「與封建采邑（fiefs）相左的是，一般庶民所擁有的封地（tenures roturières）是沒有任何貴族資格意味的土地。」一開始，向來秉持的原則是，庶民既然身為庶民，就不能擁有采邑，即使擁有了封地，也不能因此升格為貴族。後來，這項規則被打破了：庶民依然是庶民，卻可以取得領地。「逐漸地，法律的制定是朝向該原則，卻未必沒有反對聲浪；最後是在十六世紀透過一五七九年的布盧瓦條例（ordonnance de Blois），才變成內容精確具普遍效力的法條。」艾斯邁，同上著作，頁二一一、二四四，與後續段落。譯者注：tenure一詞在封建時期的字義是，一種土地讓與的模式，但是被授與人只有暫時的土地使用權，並沒有因此成為土地的所有人；也常被用來指封建領主讓與附庸（或附庸的附庸）的土地，領主可因此徵收租金、特權使用費、年貢等等。本書諸多譯成「庶民」一詞之處，相對應之法文詞彙是roturier，該名詞源自陰性名詞roture：一個不是貴族的人，常引申為無名小卒，或者是，擁有某財物之狀態，換言之，如本作者注所言，擁有土地但不是貴族的人。基本上，若追溯到十世紀左右，這一名詞在義大利、西

產轉讓規則等等，為何人總是被列為優先考量，為何被擁有的財物乃象徵著擁有人的個人特質，乃是一種醒目可見的表達方式，又為何財產之所有權狀只不過就是一紙權狀，這卻都是貴族社會的寫照。這也是為何，在相當漫長的一段時間裡，貴族對於報酬率高、商業以及工業生產等專職活動，始終興趣缺缺（在法國境內），在這些活動範疇裡，顯而易見地，是社會功能分工讓人獲利。一筆財富的由來，若是一望可知，兩三句話就可解釋得一清二楚時，那麼這筆財富便失去某一部分的魅力。一個有錢人解釋著為何他冒犯了一群有頭有臉的人：實際上，當他指出工作成果或是手段伎倆等實無任何祕密可言時，他是貶低了財富；這就好像是我們去跟神職人員宣稱，如何透過相當簡單的集體心理學伎倆，便可捏造出一齣傳奇故事，或者如何又如何便可打造出一名聖賢之類的，其後果，不免就是引起眾怒難赦的公憤。財富（fortune）這個字，依然保留了部分原意*：那些擁有財富的人，看起來就應該像是得到命運之神的恩寵，而且並不是由於他們的財物，而實在是因為他們的八字好，打從他們出娘胎起，天生便擁有某種奇妙不凡的本性，而這一本性，在一般大眾心裡，正是讓有錢人變得跟其他人完全不一樣的原因，這些有錢人都像是受到神召似的。或許，經驗都迫使我們不得不承認，大富翁遲早會失去他們的財富，窮人一朝會變成大富翁，但卻無任何其他指標可告訴我們，這些人是不是曾做了某些改變。當我們目睹有錢人如何招財有道時，我們往往不吝在瞬間便至少保留了一份敬意：有關於他們過去財富的種種回憶保佑了他們；他們生活的那個世界，大概就是，假若某個人的財富縮水了，只不過是個不可信的大笑話。坐擁金山銀海的特質，並不會由於財富的多寡而喪失，就像是貴族資格，即使貴族頭銜被廢止了，該資格依然不死。至於那些一夜致富者，或者是靠著某些一目了然之手段而發財的暴發戶等，似乎他們並沒有充分的名義，以致於無法讓頂著官爵封號的階級、那些很久以前就擁有相等財運的人接納他們。在宗教領域也是一樣的，有些聖徒再也變不出奇蹟，至於其他，則盡是怪力亂神的把戲。

因此，一筆財富就經濟意義而言，即刻間，它便賦有它本身的意涵，但另外一方面，在幾天之內、甚或幾個鐘頭之內，靠著股市炒作，或是坐下來、在幾分鐘之內賭個幾把，不僅可以累積財富，也可以讓一切都煙消雲散，所以，就社會意涵而言，財富是不可計量的，只有在云云眾生的環境裡，而且經過一段時間之後，才會引起眾人側目。實際上，即使某某人出示財產權狀

班牙以及法國南部的原意是，新開墾的土地，然後轉變成是，為了能得到耕種某一土地的權利而繳給封建領主的特許稅。至於roturier，這已是中世紀後的用詞，相對於roture，字義已更明確也略有差異：屬於某一社會階級的人、自由人（homme libre，既非一般奴隸、亦非農奴），但非神職人員也不是貴族，通常是住在中世紀城市的城市居民、農民；該名詞之要義在於強調，一個沒有貴族資格或貴族身分的人、沒有貴族之高雅舉止的人。又，Blois是位於法國中部、巴黎西南方的古城，與附近整個羅亞爾河區域內諸多城市相仿的是，都因中世紀末期、非防衛性風格之城堡建築著稱。

* 譯者注：fortune一詞源自希羅神話中，主宰著人類命運無常的神祇，依該神祇之任性意願，或賜給人類幸福或施予苦痛厄運；後引申為意外、機會。雖說財富、巨產之字義，是從原意中的「好運」衍生出來的（這卻是最晚發展出來的意涵），但在一般用法中，常有偏財之意，讀者可在作者之推論、鋪陳中體會到，該詞始終隱藏著「厄運難逃」的意涵。

或者是打開保險櫃，讓裡面的財物昭然若揭，藉以證明他家財萬貫，但輿論中所假定的、隱藏在金錢之後的種種特質，並不會因此受到認可，也經常被認為有違常理（或者是根本不可能）。儘管如此，就此一角度而言，不同之社會階層各自對於財富的條件要求，是不盡相同的。路人甲看到相對而言非常簡單的證據，便已感到宛如鐵證如山，也就是，不需要花費太多時間、精力，就可拿得出來的證據，例如穿金戴銀，做了一番重要決定後、露出對自己大略心滿意足的表情，從此出入某些特定的公眾場合、卻不再流連其他的公開場所，使用某些特定的交通工具等等。如果是在有那麼一丁點上流社交意味的場合裡，人們往往根據外表打扮、舉止姿態、用字遣詞、談話內容等等，來彼此品頭論足：於是，這便需要更長的時間、更多的機會以及更多的學習和經驗，才能夠讓自己自然而然地，無論就哪一個角度看來、無論這些團體所要求的條件是什麼，都能表現得大方得體；在這一個社會裡，另有一套進退禮儀，這往往要求更多的演練機會，以致於在集體記憶裡，往往更深刻地勾勒著眾生百態，眾人也因此對那些不願花太多時間雕琢、甚至穿著邋邋遢遢的人，睜一隻眼、閉一隻眼。在一個人際關係更緊密的環境裡，人們見面的機會更頻繁、方式也更親密，在這種情況之下則必須表現出，我們認識不少人、不少家庭，另外，除了必須表現出，我們幾乎對每個人的底細都了若指掌，還有就是，我們也相當清楚，此一社群是如何看待每個人的底細。在此一社會背景裡，人們往往不計較有錢人那種粗魯的言行舉止，或甚至傲慢無禮，乃至裝模作樣、刻意表現出俗不可耐的樣子，在此裝腔作勢的姿態中，有時我們可一眼看出，在其他社群裡，這種行為將會被當作是出身低賤的表徵，否則就是旁觀者也忍不住這麼想，然後便指望著，他不致於不知禮數，更何況，對每個新進成員而言、針對每個新場合來說，這些禮節總是令人更加為難，之所以如此，這是因為每一條對應進退的規矩，都是以為數眾多的回憶做為基準，也都只保留在團體之內。因此，隨著我們愈來愈融入社交圈內的不同核心地帶，在那裡，我們長期觀察每個人，深諳每個人之來龍去脈之餘，心中必有數的是，人們的舉止姿態、品味、禮數、個性與眾不同之處，不只一再演變，而且，變得愈來愈微妙艱深。

然而，這些約定俗成的規矩是以什麼作為基礎的？相關之回憶又是什麼，這究竟是怎麼一回事？又是哪些人，把那些被假定是隱藏在財富之後的特質，全變得維妙維肖？工業鉅子或是財務金童的種種才華（以社交觀點而言），對社會而言，有任何貢獻嗎？另外，難道沒有某些財富，除了可以世襲、由商界裡的人來管理，而且又不要求財富的擁有人，務必從事某某活動、必須具備某些才幹？

在此，容我重新回到剛才指出的，所謂才華或者是某些人比其他人高出一等之類的議題，也就是之前討論到，社會是如何依據人們的職業活動來將所有人分門別類。我曾說過，社會若特別強調某些行業的特質，這純然是以社會自身的觀點，而且，此一觀點並非是技術考量，而是以傳統為出發點，又，社會在斟酌這些行業特質時，只是以對社會有益的觀點為依據。這些行業特質，與所謂唯利是圖的特質，可能是相同的嗎？**基本上**我們大可說：為何不是相同的？

讓我們姑且假設，在某一個社會裡，沒有任何財富是天生的，但是，所有精力充沛又能夠刻苦耐勞、努力不懈的人，卻多的是發大財的機會。在某些社會階級、某些年代、某些國家，這樣的時機是確實存在著的。例如，英國十六世紀之際，從事商業買賣、手工藝製造的階級等，以及在美國整個漫長的拓荒開墾、建設營造時期。我們可大致看出，在這些社會，克己自制的精神在某些唯利是圖的職業活動上被發揮得淋漓盡致，而且，此一精神本身也可能是相當崇高、備受肯定。某些社會學家早已注意到，重大的工業成就和資本主義，都是首先出現在新教徒國家，繼而又在這些國家成長壯大。是否真如某些人所堅信的，這是由於在這些新教徒國家，大部分的人或至少是第一批登上冠軍寶座的，都是央格魯—薩克遜人（race anglo-saxonne），比起其他人，他們不僅精力更為旺盛、態度也更積極正面（更**就事論事**〔matter of fact〕）[20]？或者，原因在於，雖說這些人都相當推崇第一代白手起家者，但他們依然堅持基督新教之道德倫理、宗教訓示，尤其是，基督新教之教義教導他們熱愛為付出而付出，以致於在經濟領域中，資本主義活動再生產出來的，正是在宗教領域中，清教徒活動（activité puritaine）所生產的[21]？

---

20 托斯丹・范伯倫（Thorstein Veblen），《工藝技巧中的本能》（*The Instinct of Workmanship*），紐約，一九一四，第二版，一九一八。亦請參考本人拙作，〈工藝美術中的本能因素〉（*Le facteur instinctif dans l'art industriel*），《哲學學刊》，一九二一，頁二九九。譯者注：Thorstein Veblen（一八五七—一九二九）是美國社會、經濟學家，最主要的專論著作為《有閒階級論》（*The Theory of the Leisure Class*），藉此指出，炫耀性消費乃以工商鉅子等社會階級為核心，亦是使之截然有別於其他社群的社會生活現象，除此之外，亦鋪陳論證，此一生活風格實乃無法適應最新社會變遷之表徵，甚是妨礙社會沿革更新的阻力。范伯倫對資本主義的解析、批評，截然不同於一般的馬派路徑；另外，范伯倫也以社會變遷、知識社會學、社會心理學等取向，深入美國財金、企業等研究議題。又，其為美國、加拿大於三〇年

代興起之技術官僚運動（Technocracy movement）的主要健將之一：主張以技術官僚作為政府體系之根本，換言之，相左於代議民主、黨派政治，但也堅決反對共產主義、科學政治。該運動後因經濟大蕭條、第二次世界大戰爆發以及政府禁令而消退，戰後組織縮小、唯影響力不減，此可視為范伯倫較不為人知、社會烏托邦主張的一面。最後，本書作者在此引述的書籍全名應是《工藝技巧中的本能與工藝美術學科的現況》（*The Instinct of Workmanship and the State of the Industrial Arts*）。

21 這正是韋伯（Max Weber，一八六四—一九二〇）在《宗教社會學論文集》（*Gesammelte Aufsätze zur Religionssoziologie*）頁一七至二三六，以及《新教倫理與資本主義精神》（*Die protestantische Ethik und der Geist des Kapitalismus*）（圖賓根，一九二〇，這本書最初依序出版於《社會科學與社會政治檔案》〔*Archiv für Sozialwissenschaft und Sozialpolitik*〕一九〇四—一九〇五）所提出的論點。根據韋伯的主張，「資本主義精神」應是清教教義（puritanisme）的第一手成品。資本主義活動預設了一整套的道德屬性，例如，堅毅的性格、鍥而不捨的投入、棄絕享樂或任何半點閒逸之心，以及井然有序的職業生活組織，而這一切道德屬性之由來，是基於當事人終而復始地查證某一事實，也就是，他是否活在恩寵的狀態中。另一方面，相反地，布倫塔諾（Brentano）在《現代資本主義的濫觴》（*Die Anfänge des modernen Kapitalismus*），頁一一七至一五七，以及《清教倫理與資本主義》（*Puritanismus und Kapitalismus*），慕尼黑，一九一六，則主張，職業責任感、資產階級之責任感（Handwerks und Bürgerehre，Berufspflicht，Bürgerpflicht）都是源自行會體制，但就此一觀點而言，在宗教改革運動（Réforme）的前後時期，並沒有出現任何斷層現象。假使清教倫理的主張，曾在某一段時間內，成為資本主義之研究假設，這是因為，「在歐洲的西北部，小資產階級（petite bourgeoisie）長年抵抗歷任國王、貴族統治體制，最後終於贏得暫時性的勝利……於是乎，小資產階級必須在某一教義中找到一項強而有力的根據，顯耀上帝的光榮之餘，尚可用來將職業性工作轉化成一股內在力量，另一方面，小資產階級也譴責，把貴族統治體制當作是上帝造化之神聖傑作的主張，實際上，此乃汙衊上帝之榮耀」，頁一四七。又，「清教倫理是小資產階級深具傳統主義色彩的經濟倫理，箇中反映出來的是，中世紀後期的手工藝匠的思維想法。」頁一四八。在這裡，有一項重大的歷史研究議題，但無法以一條注釋的空間大小來分析或提出解決方式。我要強調的，未必是針對此一唯利是圖之經濟活動之最新研究觀點的起源，而毋寧是，在舊王權體制時期尾聲的那幾個世某些民族性傾向猶如某些宗教態度，或許都預設了一套努力不懈又心甘情願的勞動生活。勤儉樸素、誠實敦厚、刻苦耐勞，這種種美德，在古代諸多的社群團體與道德主張裡，都占有重要地位，但或許是在以清教徒為主的央格魯—薩克遜社會的諸多社群裡，留下更明顯的印記。不知何時，這些美德榮登社會價值階梯中的最高等寶座，於是，不再被視為務實作風之商人腳踏實地的特質內涵。一旦這些德性脫離了職業範圍，然後走進家庭與朋友之間的人際關係，以及所有人們在收款櫃台、辦公室以外的人際交往網絡，也就是，人們不再為獲取利益而勤奮工作的時候，於是，這些美德就可能建立起一套高低位階體系。當我們隸屬於某一階級的時候，由於我們可能多多少少賺些小錢，所以，我們就會多多少少受到該階級成員的青睞。這一筆財富，或許會保障某些特質常駐在我們的身上，而且，假若又正是在這類社會中，這些特質被認為是唯一的致富條件。不過，我們在此考量這些德性特質時，則必須剝離其商業或手工藝活動的外表：所涉及的，未必是這些特質能幫我們賺取到的金錢，而毋寧是這些德性所預設且堅持到底的道德和社會成就。我們也不得不承認，往往是在富裕階級而非其他階級裡，可觀察到更堅定的自制程度、自我犧牲的精神，對於堅持一己的行為舉止、意念想法，持有更篤定的態度，對於誠信敦厚、廉潔正直，保有更敏銳堅貞的信念，在朋輩之間，更講究忠誠無私、永無二心的情誼，家庭倫理也更根深柢固，對於素樸單純的道德倫理，絕不讓步等等。對這些富裕的人來說，貧窮幾乎等同不知廉恥，而窮人法條（législation des pauvres*），往往是把乞丐當作是罪犯來處置。這些觀念都保留在集體記憶中，以道德經驗為基礎，或至少也展露在富有人家的美德表現中。我們可在這些記憶、經驗表現中，找到無論是德行完美的君子還是高尚情操之作為的反應和回響，而且，這些道德楷模，不僅強而有力地衝擊著眾人的想像力，其深度甚至遠超過可在公眾場合、家庭或是友朋間聚會、乃至報章雜誌、文學作品中可找到的且原本就已耳熟能詳的講道訓示、告誡勸導等等。或許在某些時期，如此之資產階級、清教意旨濃厚之道德實踐，可想而知地正艱難地面對著其他的道德選擇，這是因為在當時的情況之下，迫切需要英雄楷模，以及一股幾乎不合情理的力量，

紀裡，在廣大的資產階級內部，此一倫理價值的存在、擴張等具體事實。譯者注：《社會科學與社會政治檔案》此一德文學刊專載政治、經濟、社會科學等領域之研究論文，一九〇四年創刊、一九三三年即告結，韋伯本人為創刊人之一。Ludwig Joseph Lujo Brentano（一八四四—一九三一）乃德國經濟學家，德國社會主義健將、社會改革運動之主持人。

* 譯者注：若以法國為例，在過去的舊王權體制時代，尤其是十七世紀直到法國大革命為止，歷代王權政府多次頒布法律條例、章程、特許證書等等，以用來管束、處置貧窮（pauvreté）、乞討（mendicité）、流浪（vagabondage）等社會邊緣人口的相關問題。若說設置濟貧收容所是常見的有效解決方式之一，相關人口之定義、分類、容許之權利範圍、處罰方式等卻常有更動，在在顯示政府單位無能為力，或問題龐雜之難度範圍遠超出一般想像之事實，例如，究竟何為「窮人」（pauvres，常有所謂善良或是不善良的窮人，貧窮依然被視為屬於精神層面的問題，而未必是擁有金錢財物而已）；「貧窮的乞丐」（pauvres mendiants，就所謂的乞丐而言，則常有是否歸屬於某一教區的問題，或者，是不是離開了原教區，有沒有固定住所等爭執點）；「沒有殘障的乞丐」（mendiants valides，有時未必被視為窮人）；「流民以及不效忠於任何主子的人」（vagabonds et gens sans aveu，常是需要被接濟的人，〔不效忠於任何主子〕形同無父無君，在舊王權體制時期的尾聲，往往被視為罪大惡極者）等等。

如此方可用來維護意欲堅持之道德行為，並可不時地高高舉起勝利旗幟，這一切，終將刻畫出更深層強烈的回憶。此一道德主張在昔日歲月裡導致出來的行動，無論是正面或是負面作為，卻都影響深厚，因此，也都在僵化刻板的舉止上、牧師帶著濃厚的鼻音大喊時的聲音裡留下印記，甚至是在某些三思而後行卻又故作姿態的人物身上，也可瞥見影子。如此之社會的理想典型，應該就是一種家長制的資本主義（capitalisme patriarcal），在這類社會裡，工業生產和富有的商業階級都在道德層次、鍥而不捨地激勵著窮人，並教導窮人向來被他們擺在門面前的諸多德行：克勤克儉、謝絕享樂、熱愛工作。實際上，既然窮人家都很貧乏（pauvres*），理所當然地窮人家天生就不具備這些品性；在窮人階級裡，並不存在著任何可天長地久的道德傳統；所以，窮人家的道德楷模，便不得不是從上層階級引借過來的。若誇口說道，僅僅靠著一堆新穎的頭銜就可以組成新的貴族，我們不得不說，那已是全然失敗。其實，這裡牽涉的關鍵點，是從中世紀末期，在諸多城邦、手工藝匠與商人的圈子裡，逐漸興起的新道德範型：如此之道德品性，不知多少職業道德專家都前仆後繼地去挖掘任何具體表現，但事實上，卻不過是一項歷史事實。此一道德中的諸多基本觀念，實際上，都可在工業與商業階級之歷史中找到源頭；即使到現在，當我們想到這類美德時，我們都會在記憶中去回想，尋找出當初那些曾大聲疾呼、身體力行的前輩：至於該如何解釋，為何直至今日依然再三強調財富之重要性，就某一部分因素而言，是由於人們常有一種印象，那就是，諸多美德的現代概念都是從富裕階級萌芽滋長，而且，往往是在富裕階級裡，可找到歷史最悠久、最常被津津樂道的模範。即使經濟條件多已改變，當今每個人或甚至是每個戶長都只能靠自己的努力來賺錢發財，但傳統，卻完整地保留下來。

重視人權、個人尊嚴與個人獨立自主等自由派色彩之教條，與商人、手工藝匠所堅持的且啟自封建時期之財富概念而發展出來的教條，是完全相反的，然而，此一封建時期的財富觀念，卻又是建立在講究純正血統之權利、封號頭銜占有至高無上之優越地位的教條之上，不過，總而言之，先前段落所解析之資產階級的金錢道德觀念，之所以能贏得優勢地位，卻很可能是在此一觀念已不符合任何事實的時候，尤其是當人們可以靠著一些社會救濟過日子，因此可寄望來日賺錢發財的時候[22]。不過，輿論對於有錢人那種大家長制意味的美德以及種種道德管束的觀感，其實，從很久以前就懸而不決地漂浮在工業製造、商人等階級的集體記憶裡，那是一段符合了太多人之親身體驗的回憶，以致於在當代諸多社群團體裡，依然具有一定的說服力。該集體記憶，不時由於某一個人或是某一個家庭，在煎熬多年後，一夜致富，讓旁人目瞪口呆的例子，而變得更歷久彌新，這類暴發新貴彷彿是在長期克勤克儉、吃苦耐勞後，終於獲得獎賞，這一青睞，全然是看在金錢的分上，比當事人的出身高低所能贏得的尊重，還更穩固牢定，更何況，富有人家的美德，都可透過家庭教育而傳給後代，這也是為何要去解釋後代子孫的殊榮時，還多了一套更

---

* 譯者注：Pauvre這個字當名詞用時，字義經常僅限於欠缺錢財的窮人、貧民。但當形容詞時，除了金錢短缺而導致之貧困窮苦的意涵之外，還有貧瘠、缺乏、短少的意思，例如，形容一個人才情不高、一篇文章內容乏善、土地不肥沃等。尚有一字義則是，形容一個人很可憐、值得同情，或者是很差勁、窩囊。

22　范伯倫，同上著作，頁三四〇。

合情合理的說法。一言以蔽之，儘管眾多暴發戶、不勞而獲的例子，常讓人垂頭喪氣，再加上不少好說教者，常稱呼這類橫財是腐化人心的作為，但還是有很多財富萬貫者的生活邏輯就像是市井小販般，他們有條有理、斤斤計較自己的善行、惡行，任何結果都分毫不差，就像是帳本上收入、支出等數字，換言之，他們把那種在執業過程中培養出來之自我要求的種種感受，轉嫁到自己的私生活，也就是一己的社會生活裡。

人們對於財富的敬意，並非在於財物之多寡，亦無關乎到應是誰擁有這些財物，而是由於我們往往假定了，擁有這些財物的人，也擁有一些長處，而且，這個人還多多少少被認為是賺來一己財富的始作俑者。在金錢的量尺背後，必須有一把個人成就的量尺，這兩把量尺必須大致對稱，如此我們才可能在金銀財寶之前打躬作揖，猶如在社會價值之前折腰事人。不過，物質性財物之所以不同於財物之擁有人，還有該擁有人之特質之所以不同於物資之數量，這是因為假使財物以及財物之數量多寡是可知的，也可在當下一五一十地計算出來，財物擁有人以及這個人的品性，卻是在時間長河中潺潺流暢、培育成長，所以，一個社會若要去評價一個人及其德行時，必須非常熟悉這個人，而且，從很久以前便開始打量觀察，或者是，這個人及其作為，早已在整體社會之記憶中留下標記。這正是為何在封建社會且直到法國大革命前夕為止，人們往往拜倒在特權之前，原因在於特權的背後就是頭銜封號，而頭銜封號保證了一個人的存在價值。當商人、手工藝匠等所組成之資產階級開始邁向致富之途時，這些人是不可能釣到任何冊封官銜的。不過，在從事這類專業活動的時候，況且，為了保障事業成功順利，除了必須具備技術性的才幹、知識，更何況其中的精要都是可以學習、培養的，其實，從一開始，便要求當事人必須具備某些個人特質、僅屬於當事人的品性，而且階級整體都可以透過一套人際倫理規則的薰陶，來加強這些個人特質，且傳授給每一個人。這類必備德行也是經由每一職業之行會組織，並在其範圍內，而被制定出來，況且人們也因此培養出，利用這些道德規則來評斷他人的習慣，於是，這些慣有的傳統規則很快就變成另一套新的道德指標。現今我們往往對擁有財富者表現出幾分敬意，這往往是基於隱藏在財富背後，勤奮不懈的精力、誠信忠實又省吃儉用等等表現，都被視為成功致富的必要特質。當然，很快地，經濟環境等條件已不同過往，但諸多資產階級之所以富綽有餘，則是由於、或者不過是因為繼承父母的遺產，或者是因為刻苦耐勞，否則實在是因為好運連連。縱然如此，過去的觀念依然存在著，或許這是由於這些觀念還能符合某些事實，即使只不過是整體事實中的其中一部分，否則，也可能是因為富有階級在這些觀念裡，看到讓一己的財富變得理直氣壯的最好理由。我們往往也承認，那些繼承了一大筆資產的資產階級，通常也因為他們所受的教育以及環境的薰陶，而同時繼承了資產階級的一整套美德。另外，在一筆功業裡，很難說得清楚，哪裡是由於技巧成熟精練的緣故，哪裡又是由於努力奮鬥的關係？明智的行為，是所謂的技巧精練，還是所謂的良行美德？我們也可能以為，既然誠實敦厚有時就是最好的致勝技巧，所以，以一種高層次的角度看來，誠信猶如技巧，兩者乃是一體兩面。深具功利主義色彩之道德，大抵是在商賈買賣此一沃土中滋生出來的產物，其唯一目的，就是讓只講究商業利益的經濟活動，在道德層次上變得合情合理，更何況，功利主義之道德品性，通常就是將買賣收支平衡與否的原則，應用在日常生活的種種行為上。風險本身既然預設了勉強自己犧牲受罪、淡泊名利，所以，也是名列在此功利道德之清單裡[23]。在所有的年代，總是有某些行業比其他行業更招搖。同樣地、非常可能的是，史上第一批行會組織，便是誕生在那些冒險犯難的商人所組成的巡迴隊伍裡，他們走遍大江南北，但無論哪裡都可能遇上帶刀持槍的歹徒、土匪等等[24]。有關於利益的現代觀點往往都肯定，甘冒風險也值得被獎勵，就跟付出努力或是不要一口氣把錢花掉一樣，都是應該被認可的：我們隨手就可輕易找到一些吃苦耐勞、棄絕引誘的元素。總而言之，即使必須撒下瞞天大謊，人們總是會順利地挽回面子，或至少也找回裡子。若社會整體大抵都很看重財富，這是因為社會很敬重那些有錢財的人；但社會之所以敬重有錢人，理由則是因為社會整體都預設了，這些人身上都帶著某些道德特質。

只不過，相較於我在前面段落定義出來的財富類型，其實，另一截然不同的財富類型早已問世了。遠在中世紀，假使行會已開始管理規範位於每一城市內部的商業與手工製造活動，行會卻無法強制外人確實無誤地遵從其慣例或是其倫理道德，即使正是這些外人負責聯繫統整不同城市的市集。當後來進入現代，發展出擴及全國領土範圍之經濟體制時，連同也刺激出另一新興類型的商業、工業活動，於是，在這兩大類型的商人、工業製造與企業主之間的對立，也愈來愈明顯。

在每個時代，總是有些生財之道被人稱為是傳統老路，另一些則名之為當代門道，尤其在每一經濟體制轉變的時期，新的資產階級靠著新手段致富後，便登上歷史舞台。一個依然死守傳統的富有階級，縱然此一傳統可能對應著一段不久之前的社會狀態，換言之，就是已落伍的社會狀態，但就生財有道這件事而言，該富有階級還是不得不讓位給其他人，特別是讓位給那些腦子裡已有其他想法的人，這些人知道如何適應最新的條件。然而另一方面，在所有大致發展到某一程度的社會裡，我們都可發現，在某些部門，生產者以及買賣商人的活動，長期以來，便是在某些範圍之內擴展成長，但在其他部門，生產與買賣的發展，大起大落卻是唯一規則：例如，股市、金融此一環境，最新潮的工業製造、商業貿易，或者是舊產業變化出新類型的結社、組織方式。換言之，在諸多不同的經濟功能裡，有些功能是為了促進其他相關者之間的溝通聯繫（在日漸複

---

23 一五一五年由教宗萊昂十世（Léon X）在拉特朗（Latran）所主持的主教會議，如此定義高利貸：「高利貸就是在使用一件物品時，雖然這件物品本身並沒有生產出任何東西（反之，一群牛羊、一塊土地則具生產能力），卻貪圖能因此得到利益，且儘管借方並沒有付出任何勞務、沒有花費任何金錢，也沒有冒任何風險。」亞仕雷，出處同上，第二冊，頁五三四。譯者注：Léon X本名Jean de Médicis（一四七五—一五二一，Médicis是當時義大利佛羅倫斯一代權傾朝野的門閥望族），十三歲時即任主教。Latran相當於當今羅馬市區某一區域，內有數座建築物在天主教歷史中上演了數起最重要的事件。

24 皮瑞恩（Pirenne），《荷蘭王國的古老民主體制》（*Les anciennes démocraties des Pays-Bas*），頁三一。譯者注：Henri Pirenne（一八六二—一九三五）是比利時重量級的歷史學家，著作等身，在二次大戰前夕付梓之七大冊的比利時通史（現今之荷蘭王國曾是比利時的省分），乃其代表作。在其所有著作中，可統整出的要點之一就是，他非常強調經濟因素的歷史地位，例如，中世紀的城市都是商業城市，都是讓物質性生產轉變成財富的地方，另外，他也堅持歷史事件在漫長時間、廣大空間內之連貫性。

雜的社會裡，這類功能扮演著愈來愈重要的角色），並且使之保持平衡。在這些圈子裡，只有驟然間、一切都失去平衡時，才可能從中獲利：所以，這便必須有識時務的慧眼，雖步步權衡卻也當機立斷，否則就難以從中牟利。

新富新貴出現之後，原有的富裕人家不免百感交集。對這些人而言，直到不久之前，之可以用來解釋生財之道、之可以證明財富是取之有道的，種種人們可窺見到隱藏在金錢背後的東西，無非就是嚴守紀律、勤奮勞動、交易時遵守誠信、謹慎至上等等的一貫原則。眾所皆知，商人、手工製造業者從很久前就開始從事其勞務，向來也遵從其行會的種種傳統規定。至於這些新興經濟活動，根本不受舊有行業的規範，而且，裡面的人，看來似乎也不受任何傳統慣例的約束。這些新人無懼任何炒作風險，外人也絲毫不明白，他們贏得的利益，相對於付出的代價，是否成正比。這些新秀似乎也毫不在乎商業、手工製造業等產業性質，也就是，對於他們手上所處理的大小事務，似乎一竅不通：他們在意的，不過就是他們投入資本的企業、公司等組織是否以金融為第一考量，換言之，可以一口氣賺到一大筆金錢。他們未必關心這些企業、公司本身，其思維至多也不過是去了解這些組織的運作規則，進而可去計算出利潤多寡，他們並沒有更多的腦容量可用來投入更多的心力或更深層地參與其中，以致於像是以企業為家、處處留下其身影似的。他們之所以那麼快地就適應了最新的環境，其實是因為他們在做決定時，不會受制於舊有環境累積出來的經驗，更不會感到牽絆，至於為何如此，不過就是因為直到他們似乎闖進了一個新的圈子為止，他們從來就沒有在這個新圈子與任何其他人一起生活過。至於資產階級本身，猶如我之前的分析所顯示的，總是根據一套頗為狹窄的道德理念來找到自己的定位，或是用來裁判其他成員之地位高低，縱使這一套道德理念的內容，盡是資產階級表裡不一、自私自利的溫床，但是對資產階級而言，不免還是一套道德原則。至於在新富新貴身上，根本看不到資產階級自己講究的那一套操守，相反的，新人表現出來的，完全是南轅北轍的德行，以致於資產階級能在這些後起之秀身上看到的，不過就是傷天害理的作為而已。

正是如此五味雜陳的感受，導致了原先舊有的資產階級，不惜去譴責新的致富之道以及以此維生的人。但同時之間，尤其是當原有之資產階級不得不接納這些新面孔時，他們也不得不接受另一項事實，那就是，這一套前所未有的獲利方法以及隨同之慣習、道德、社會信仰等，都不是虛而不實的幻象。如何能夠否認這些人也是有某種社會屬性，換言之，也都曾向某一套集體生活邏輯學習傳統作為、生活態度，否則他們如何能夠順利地創造出一筆筆財富，並且繼而在社會生活中有板有眼，但又以人盡皆知的方法來消耗這些財富？活在同一年代的猶太人早被排除在行會之外，諸多都是中間商，或者以放貸維生，但其經營條件往往被當時的市販倫理（morale marchande）抨擊，再不然，那時的猶太人就是在出售貨物的時候，往往比其他人更出色，總是有辦法以更高的價格賣出，我們大可唾罵他們是寄生蟲、無恥之徒：以經濟觀點而言，他們沒有生產出任何財富（至少表面看來是如此）；以他們簡約樸實甚至吝嗇小氣的生活形態，而且在當時那個時間就是金錢的社會裡，他們卻奉行著隨波逐流的信仰，假使他們都被世人接納了，卻很可能只是被當作極盡惡行之徒，若非破壞摧毀、就是放蕩腐化，總之，誰也看不出來，到底他們是憑什麼樣的條件賺大錢的。當經濟體制從市集規模和手工藝製造之規模，過渡到工業資本主義形式，擴及全國地理範圍的經濟生產規模時，又，當金融運作等級又更上一層樓時，在這一轉捩點中，猶太人曾擁有的且猶如其唯一起點的財富，就再也無法視為一簡單可笑的寄生蟲活動。另外，縱使眾人抨擊新富新貴的生財之道，卻從沒有人出面否認，這些新人也很可能透過他們的手法，去生產出更多的財富，滿足更多人的需要，節省更多的時間、精力。更何況，縱使眾人指責時興的新點子、新倫理，卻也無人否認，終究這都還是一套道德倫理、意念主張，換句話說，這都是一個社群團體能夠調應出來的思維方式、處理手段，以致於相關之社會階級本身，最後便全盤吸收了。因此，假若去主張，鼓吹這些新方法、新點子、新倫理的人是一群忘本不念舊的人，並非易事。然而，這些新貴是從哪裡學到這些態度、品味？既然他們的經濟組織、生活類型，相較於原有之資產階級的經濟模式、生活方式是完全相反的，因此，就不可能是從資產階級本身取經。所以，應該是從其他的社群團體學來的。

假使我們假定，既然這些新貴完全不懂古老之資產階級傳統，而且，他們的注意力僅單純鎖定在社會脈動的最後一波、最新潮的需求、最新穎的生產方式，還有假使我們又以為，這些新貴根本不需要以過去作為基礎，或者是，若尾隨他們的腳步，我們便會到達某一未知地，或是看到某一沒有任何集體記憶之影子的社會活動藍圖，其實，我們就大錯特錯了。讓這一切假想都成立的條件在於，假若牽涉到的是，古老之資產階級的集體記憶，而且，也僅限於某一程度而言。首先，這群深具進步觀的資產階級或者是深受資產階級影響的新兵，一共包括了古老資產階級的成員或是其後代中走在時代尖端者，他們熱切希望能投入最時興的事業、最新潮的主張。在其身後之傳統中的某一區塊，卻跟著他們踏進了新潮思想之大廟堂，然後，可能發生的便是，或許一部分的陳舊框架依然屹立不搖，甚至擴展版圖、生氣盎然，彷彿是現代新思潮融入了古老的文化，或者反其道而行，最新潮的框架儼然成為傳統成分的背景。

尤其，若是論及堅持保守路線的資產階級，他們往往沒有察覺到，在某些時刻，被引進到某一社群內部或是社會階級裡的生產方式、想法主張、慣例習性等等，都只是表面上看來新奇別緻，但實際上，卻是早就存在的東西，而且，早就在其他鄰近的社群團體、社會階級裡蓬勃發展，甚至這些生產方法、主張、習慣等等，也都是以傳統作為行動依據，只不過，往往是以其他團體的傳統為藍本。一個社群團體若要適應新的生活條件，便必須重整其結構，至於方法，或者它針對內部諸多不同區域，去修正彼此之位階和權力關係，否則便是與其他相鄰之社群團體做局部地或是全面性的結合。有時候，資產階級的集體記憶沒有針對新的議題提供解答或沒有能力提出解答，尤其若是所面對的難題，乃史上第一遭的時候。一個人在面對困難時，假使他在一己記憶中，找不到任何類似情況或雷同個案的相關回憶，他便會求助周遭的人，否則就是乾脆放棄個人記憶此一工具，然後開始應用理智做推論。一個社群團體也是一樣的：首先，它會求助其他團體，或者是，去請教在團體內部與外面團體的聯繫最密切的那一撮人；換言之，它求助其他團體的集體記憶。這也是為何，絕大多數導致工業製造以及商業走向革命之路的新方法，其實都是從外面的世界引借來的；例如，製造業若是發現了一套精巧考究的技術，其實真正發現新技術的人，都是在製造業中那些與學界保持聯繫的人，還有就是與關心研究、遠甚於應用的工程師等交往密切的人，否則也是那些膽大藝高的製造業者，這些人也早已習慣與企業主頻頻往來；有時候，製造業者是從其他業者身上汲取到靈感，就像是到異域取經似的；現代資本主義（capitalisme moderne）或許根本就是在傳統的工業製造、商業買賣裡，灌入眾多且愈來愈多的金融方法論：換言之，手工製造傳統以及傳統商業買賣並沒有指出，應該如何適應現代工業製造環境的條件要求，於是，便求助銀行家的經驗，或者是介乎於金融與工業之間的人的經驗，尤其若是這些人有辦法結合這兩個世界裡的不同傳統、不同方法等。是否有任何其他可能呢？在一個處處受制於舊習的社會裡，與之完全相左的新風氣是如何出現的，又，面對新潮流時，種種試驗無可避免地一開始都是個人範圍的，難道不會立即受到箝制？這是另一層次的問題，但猶如面對的是另一套想法主張，所以，人們便應該去準備這類試驗，於是，新的社會風潮便會自由自在地掀起。之所以如此，這是因為在社群團體認為不需做任何改變的領域裡，它往往不會馬上看到可動手修正的任何蛛絲馬跡，因此，它就會任憑這些主張想法、方法手段，在它看來與之最無關緊要的活動區域裡自由伸展，如此一來，它便不需擔心受到任何外界汙染。

我們現在暫且認定，這些新貴在花錢消費、奢侈享受，或甚至是文化領域，也都擁有某些高人一等的才幹，而且，這些才幹之積極活耀，就跟鞭策他們賺進大筆錢財的才幹一樣突出。另外，就跟在手工業製造、商業買賣這些領域一樣，他們在早就被別人搶光的位子上找到一角，在社交圈，他們也摸索到早被他人持有的社會地位。無論是在哪個領域，似乎看來他們都是以現在此一時間點作為行動依據。就像是他們去探勘過去並不存在，或者是沒有以現今狀態而存在著的功業。同樣地，在交際圈裡，他們帶進去不少使自己顯得更新穎別緻的生活方式、思維方法，而且，既然這些作法是當今看不到的，所以，就不可能有任何傳統固有形式。種種的環境條件都刺激他們、鼓勵他們，在富有階級所屬的團體裡，去加快觀念想法、道德倫理的演進腳步，更何況他們個個才華洋溢，這樣的事情一點也難不倒他們。尤其，在這樣的一個社會裡，對於社群整體都興致勃勃的東西，整個社群便無所不用其極地推陳出新、力求日新月異，在這時候，這些適應力非凡的新富新貴，以身作則、打破成規，又敦促其他人也趕快順應時勢，所以，他們又比任何其他人更受歡迎。其實，沒有任何人要求新貴中的任何一個人必須在某一領域表現出高人一等的才情，或者是在藝術、文學等活動範圍，擁有迥異特殊、經年累月的高度興趣。一個學養豐富的文人、一名藝術奇葩，猶如名遍天下的拳擊手、電影界的「閃亮之星」等等，他們都可以在某一時間點上將公眾的注意力，全然導向某一套論調、某一類型的天才、某一種技巧、某一拍片動機；但其實社會之所以會欣賞他們，不過是因為他們總是輪番上陣，因此，每一個人都可在浮而不實的新奇事物上再添上一筆，又因為這些新寵兒個個都不盡相同，所以，又可讓整體社群的地平線無止盡地向外擴張，還有，因為這些名人五花八門，因此，又促使社群成員去採用一套又一套難度愈來愈高超的技巧，於是，社會生活的腳步便愈來愈快速。就此一角度而言，剛嶄露頭角的資產階級，在這樣一種社群生活裡，是應該受到尊重的。既然在參與投入、展開作為此一範疇裡，他們真正有興趣的，只是那些前所未聞的東西，因此，在想法主張、需求、品味、流行等範疇裡，他們只會被最新鮮新奇的事物吸引住。所以，在財富背後，其實人們真正敬重的，名義上是在社會地位上高人一等，但事實上，未必是社會在過去賦予富有人家的那一套道德品行，而無疑是可用來為新富新貴下定義的那種靈活快捷又柔軟強韌的精神。

於此，無論是針對此一現代社會或是初露頭角的新富新貴，我們考量到的，很可能只不過是一種從外界投射又正規正矩的觀點。若說新奇的事物使人不安，熙熙攘攘的活動不免讓人摩拳擦掌，堅持傳統路線者，便因此焦躁難耐，整體說來，這不過是水土不服的症候表現。面對著在過去逐漸摸索而制定出來的社會體制、意念主張，社群整體感到困窘為難、緊繃焦灼。至於這幾群趕時髦、求進步的富裕世代，若說，他們只關心眼前發生的事情而已，其實是有待斟酌的說法，或若說他們睜一隻眼、閉一隻眼地，爭先恐後地擠向社群整體前前後後、同時之間或甚至是不斷地為他們打開的每一扇大門，也是有待商榷的。相反地，如同我以上之說明，他們往往是受到某些集體驅動力的鞭策，而且，這些力量雖有時來自遠方，卻都是有名目的。

當古板的資產階級吃力地維護著，可與其他團體隔離開來又密不透風的層層藩籬，特別是針對那些沒有繼承著可與之相比擬，既綿延長久也精緻華美之固有道統的團體，但是，另一方面，這些新貴也毫不遲疑地將古老階級成員拉到外面的世界，讓這些老骨頭都暴露在形形色色的交通網際上。這些新人向來擁護的點子和習慣，都是從不受資產階級之種種觀念所管制的世界借來的，例如，藝壇、政圈、戲劇界、股市、新聞界、運動社群等等更五花八門、更開放自由的團體，而且這類環境猶如中立不偏的淨土，群聚了五湖四海各類人物。且讓我們想想在路易—菲利浦（**Louis-Philippe**）統治初期，逐漸展開其資產階級生涯的聖西蒙主義路線的工業鉅子（**industriels saint-simoniens**[25]），他們的腦袋裡盡是一堆與此一中間階級（**classe moyenne**）毫不對襯的社會人際主張以及社會運動試驗的想法，根據托克維爾的說法，這些人的觀念，「相雜了一

25　請參考喬治．維乙樂（Georges Weill），《聖西蒙學派及其至今之影響》（*L'Ecole saint-simonienne, son influence jusqu'à nos jours*），巴黎，一八九六，〈地中海體系〉（*le système de la Méditerranée*），頁一一二至一一三，以及第五章〈非洲的聖西蒙主張〉（*Les saints-simoniens en Afrique*），第七章〈路易—菲利浦時期的聖西蒙主義〉（*Le saint-simonisme sous Louis-Philippe*），亦可參考夏勒緹（S. Charléty），《聖西蒙主義的歷史》（*l'Histoire du Saint-Simonisme*），第四冊，巴黎，一八九六、〈聖西蒙主義者之實踐〉（*Le Saint-simonisme pratique*）。譯者注：Georges Weill（一八六五—一九四四）是法國歷史學家，除在大學任教執鞭，也是投入社會主義、聖西蒙主義等社會運動者。至於擁護聖西蒙主義之工業資產階級分子（industriels saint-simoniens），於此之saint-simonisme之創始人，即先前注釋已提及的Claude Henri de Rouvroy，comte de Saint-Simon（一七六〇—一八二五）。該思潮之要義乃以經濟、社會知識為基，強調最多數人的福祉，故有效之政治體制的任務，在於提升最多數人的經濟社會生活品質。此一重點對當時、後世諸多哲學、政經人物及其相關思潮、運動影響深重（國際主義、科技官僚主義、社會主義等），例如，恩格斯（Friedrich Engels，一八二〇—一八九五）、馬克思都曾坦言，身受聖西蒙主義之啟蒙，且遠遠超過法國其他任何社會主義之主張。一般論及Louis-Philipe（一七七三—一八五〇）時，總是提到他是法國最後一任國王（一八三〇—一八四八）、奧爾良公爵（Duc d'Orléans）之子、贊成法國大革命主張這三點。其執政時期通常名之為「七月王國」（Monarchie de Juillet）：綜合君主制與共和兩體制，協調貴族統治與資產階級執政兩大路線，簡言之，一套菁英統治制度。Sébastien Charléty（一八六七—一九四五）是法國歷史學家，除在大學教學該領域有完整資歷外，亦投入藝文活動，一九三二年被任命為法蘭西倫理與政治科學學院（Académie des sciences morales et politiques）之院士，亦曾大力鼓吹現今位於巴黎南區的大學城（Cité Universitaire）之構想。

般市井小民的想法或者是貴族統治體制的精神，確實看來冠冕堂皇、引人入勝，但若只是靠著他們自己的主張，其實不過是去創造出一個毫無美德善行也無任何偉大建樹的政府」。在鋪設史上第一條鐵路、籌措資金以組織公開性活動、建設跨越國界的運河、炒作大都會裡的建築物和土地以及發展銀行體系之前，都是透過與諸多哲學家、學者、藝術家、中下階級之民意代表等等的接觸之後，這些持聖西蒙主義之工業鉅子才慢慢地培養出，去設想偉大不凡的計畫、繁雜多元的技術方法等習慣，而如此之藍圖與技術，都回應了某一類更先進、但很可能範圍也更廣大的社會組織形態，且遠非當時的西方社會形態所能企及。在這類不屬於傳統資產階級的團體裡，時髦現代的主張，往往都是在抵抗固有道統之約束下，所產生出來的防範性或攻擊性反應；這些主張想法之所以能存在，或者是之所以能漸進形成，都是從外界力量開始干涉的時候開始的；所以，其實在這些想法的背後，也是有一套又一套的傳統意念。另外，假若這些觀念主張轉嫁到一資產階級思想此一範圍（以一狹窄之定義而言）以及其新貴團體裡之後，卻煥發出前所未見的外貌，其實也不需為之感到驚訝。既然這類思想模式、反應方式的內容是空無一物，它們怎麼可能開拓出一條康莊大道？諸多守舊人物都是這麼想的。其實這類不要求任何傳統依據的思考模式、反應方式，只有可能是理性推理出來的產物。眾多漸進派人物都是這麼認為的。實際上，理性代表著從一門比較狹隘的傳統脫穎而出，隨之又轉向另一門更寬闊的傳統，並且，在此更加寬廣開闊的傳統裡，不僅是某一社會階級，事實上，是所有的社會團體的過去經驗，都在此開花結果。因此，一旦新興團體尚未與舊有團體交融合一，而且，一股包容力更強大的社會意識，才剛從新舊團體之間稀罕難得又青黃不接的權力關係裡掙脫出來，以致於很難一眼認出，在此社會意識本身或是在其背後，是否存在著任何集體記憶，終究說來，實無須為此感到大驚小怪。

同樣地，在舊王權體制接近尾聲時，資產階級乃是躲在貴族之羽翼下，方能博得眾人那麼一丁點兒敬意，這並非是由於世人推崇當時之資產階級單純又別無他物之財富，這是因為當時之社會風氣依然相當敬重賜封之頭銜，但資產階級之功業尚未被承認，今日之情景也是一樣的，新暴發戶總是淹沒在舊有之財富類型中，而且，還口口聲聲喊著乃出身同樣的道統。事實上，在同一個環境範圍內，是不可能同時存在著兩套讓金錢財富合理化的作法，因為這猶如兩套道德倫理，兩者都可用來成全富有人家的特權，以及，特別是當眾人目睹其功業、油然興起敬意時，用來讓這份敬意變得合理可親。這也是為何現代工業家與企業主都不惜讓世人以為，他們賺取的利潤都是兢兢業業、個人努力不懈的回饋，但事實上，他們也大可將此一企業成就，包裝成是他們的社會交際往來的結果。一個社群之管理者，其任務正是追求該集體之利益，他可以很清楚地體會到，他就像是一個促進內部團結的專職人員，假使他又代表著、他又比所有任何其他成員還更清楚共同利益之內容時，那麼他人對他的看法將會更加崇高。然而，不只是在資產階級內部、抑或是在任何其他社群內，位居此職之管理者也相當明白，一般輿論，其實都還不到欣賞他的專能才幹之貢獻價值的地步，對於某些意願表達的集體本質也是一知半解，亦即、總而言之，一般大眾並不承認專職管理人員之道德倫理。但最後社會輿論不得不接受，而且，還共同去祖護家財萬貫者之傳奇，搖旗吶喊著富人特權有理，正言這恰是努力不懈、勤奮工作、放棄個人享樂的回饋。

最後則是資產階級本身，在經過一段時間之後，也漸漸地養成保守心態，一種故作高傲姿態又墨守成規的態度，但其實，這番循規蹈矩又安分守己之心境，反應出來的，正是一個表裡不一之社會階級。不過，另一方面，隨著有利可圖之活動日漸披上集體形式之外衣，奠定財富基礎之所謂的賞罰回饋（mérite）此一固有觀念也隨之演變：新的想法、新的經驗，也隨之引進。資產階級的集體記憶必須適應現代的環境條件。有朝一日，當社群演變到跟過去完全不同的時候，也就是，當諸多傳統都萌芽探出頭來時，社群便再也無法從自身汲取出任何必要成分以進行重建工程或自我強化、自我修復。於是乎，它便不得不去吸收新的價值，換言之，去求助與其自身需求、眼前趨勢等都呈現出更正面相關的任何其他傳統。只不過，通常是在其舊有的基本觀念之沃土上、在傳統思想的籠罩之下，如此嶄新之評價系統才能緩緩地滋養、孕育而生。

VII-iii

技術活動區域與個人人際關係區域。技術與職能

Zone de l'activité technique et zone des relations personnelles. Technique et fonction

若要總結本章節，一如我在先前篇章中所提出的結論，社會是可界定成兩大區域或是兩個領域，一個可名之為技術活動區域（zone de l'activité technique），另一則是個人人際關係區域

（zone des relations personnelles，例如，在家庭中、交際圈中等等）。另外，顯而易見的是，大家都曾堅決地以為這兩大區域是涇渭分明，一邊是從事職業性活動的時間和地點，另一邊則是不從事職業性活動的時間與地點，但實際上，這兩大區塊是互相交錯，而這不過是由於，例如，當公職人員在執行其職務時，並不會因此忘卻了，他們過去在另一活動區域裡的人際交情，或者是他們日後可能有的人情交際。換言之，技術性活動並不會與職業性活動混淆不清。然而，應該如何定義技術性活動呢？有關於這一個問題，便是在於去認識、應用，在每一時期強制加諸在公職人員身上的規則、告誡，以一般語言而言，就是執行職務時須遵從之行為表現、言詞對話以及舉止動作。因此，一項技術往往表現出負面性格：技術意味著必須執行的內容，否則便不算是大功告成。假使教師不依教學進度來授課、法官不依既定模式來做出判決、銀行行員以一不合法的利率來交易，在所有這些例子裡，這些活動都將因此功虧一簣。技術很可能在很大的範圍內都是依據舊有的規則，且無論是書寫的或是非書寫的規則，另一方面，技術卻也有著幾許賣弄的成分，或者講究既定程序、小心翼翼又墨守成規，雖說也是隨著各項技能而有差別，卻是可在每一個技術人員組成的團體中發現如此之現象，而且，似乎還貫徹始終地在團體內部相承相授。這是否即可名之為集體記憶之物？可是，那些執行這些規則的人，總是受限於當下行動，往往試著去了解這些規則之相關規定，而不是窮追著規則之起源，更不是每每便呼喊著應該去認識來時路。往往在執行這些規則時，幾乎就是一套機械流程，例如，某些習慣一旦被納入組織體系之後，就無法與直覺性行為做出明顯區分，而且，似乎隨之成為我們的個性本質中的組成要點。同樣地，當我們踏進法院，或當我們走進銀行之辦公室，我們似乎還是可以在空氣中嗅到某些這類心態之氣息，或者是當我們去觀賞《自以為有病的人》（Malade imaginaire*）這齣表演時，縱然當今醫生的打扮穿著已大不相同，也不再出口成章說著拉丁文，卻依然惹得我們捧腹大笑。遠甚於一項從過去繼承而來的遺產，其實，此乃專職專業的必然產物。例如，刻板的學院精神在一學者組成之小型體制中悄然而生，或是在巴黎以外省分的青年才俊中悠然興起，然而，此一學究味並非是他們之中的任何一人從外面的世界帶進去的，更何況，他們的聚會還只是頭一遭而已。再者，政爭結束之後，軍官人員等幾乎徹底換新血了，職業軍官專有之脾氣卻全然再現，幾乎毫無改變，同樣地，即使總是間斷地交叉著好幾段和平時期，卻總是有一群自然而然、歷久彌新的軍官將士，換言之，無論是在哪個時期，總是存在著一股軍人才擁有的共同氣質，或許可藉著躲在戰壕下、生活在軍營裡等經驗，來解釋此共同氣質，然後，退而求其次地，或許可用軍事傳統來解釋。有關於這類日復一日的技術流程，也就是每一職能的特有精神中，或許變得狹小可笑、或扭曲變形之處，假使我們用放大鏡去檢析，呈現在我們眼前的，正是最樸實單調的形式，換言之，就某些職務之特殊精神而言，正是某一技術的諸多原則、背後的思維，都徹底深入技術人員之心靈時，更何況，這些技術人員也傳授他人這股特殊精神，另一方面，無疑地，我們也可發現，這正是技術之相關規則之起源、演進的相關歷史知識，不僅精準詳細也深博廣大。只不過，這一整套教學都是導向實際施行此一層面。這是相當實用的，例如，即將擔任法官者，一開始都是先研讀羅馬法（droit romain），這是因為羅馬法中的法律原則、法條，都是以相當簡單明了的形式表達出來，而且，羅馬法也常被視為法律之典型模式。然而，就這類歷史性資料本身而言，在法官的腦海中代表著什麼？他有多少機會去用到羅馬法？他會想到羅馬法條嗎？事實上，法律通史、法學傳統之研究等，只有一小群人，或為學者專家、或為高級公務人員等，才會深感興趣，一旦牽涉到修改法律此一技術問題時，往往便會徵詢這些人的意見，大眾也期待他們積極回應：但若是在現有架構的範圍內去履行職務時，法律通史、法學傳統等等，則愈來愈無用武之地。一條規則，猶如一項工具，通常是應用在被假定成不僅不再有更動，而且也整齊劃一的現實上。我們該如何去遵守每項規則，規則的公權力又何在？假使在規則裡，我們只看到，在每一當下的時機中，一套暫時的適應模式，然而，所謂的當下並不是永遠存在著的，不知哪天又千差萬別了？想必當然的是，這些規則都是在人身之外的，也是從人身之外進而強制加在每一個人身上，就每一個體的角度而言，看起來只像是社會整體的傑作。這些規則既非物理法則亦非具體實在的力量。可是，就規則之刻板呆滯以及普遍性而言，這類規則難免不就是從物理世界之法則、力量模擬來的。可被我們感受到、存在於規則背後的那股社會意志，被固定鎖死也徹底簡化：社會規則拋卻了每逢不同時機便臨機應變的可能，無論是在哪個時間點、哪個角落，即使是在制定出規則的那個團體內

---

* 譯者注：此乃著名之法國演員、劇作家莫里哀（Molière，原名 Jean-Baptiste Poquelin，一六二二—一六七三）生前最後一齣作品，且為芭蕾舞喜劇。劇情摘要乃男主角是一名剛愎自用、獨斷專行的丈夫、父親，然而卻任憑家庭醫生的擺布，甚至到半身不遂之地步，他臨終前的願望則是愛女和一名醫生結連理。

部也是一樣，毫無任何改變的餘地[26]。舉凡所有的社會影響勢力，外表看來帶著技術氣息的，往往也是把不具社會屬性之事物的機械運作模式模仿得最維妙維肖者。

不過，假使好幾項社會中的職能權責是由某些人來執行，就某些角度而言，這些人都代表著某一方面的領域，基本上，他們也都是人為之題材。假使社會在他們身上所施展之行動，可謂整齊一致又固定不變，該行動便與物理行動（action physique）相仿，基本上，這也就是一項社會行動（action sociale）。社會是無法自我封閉在過去已經裁定的任何模式裡。即使是在一段相當有限的期間內，社會也必須根據在每一案例中所感受到的種種社會條件，不斷地調整其遊戲規則，尤其是，每一案例之定義，實際上，僅能提供一種概括粗略的觀點。或許我們所謂的「一般性作法」（pratique courante），對社會而言已是綽綽有餘；也就是，一旦只需要去裁定出一些簡單明了的原因，其相關事實也無須再多做爭議，而且，擁有共同意識的公眾輿論，也不會再多做追究，在此情況之下，法官只不過是個執行機器：眾人要求他做的，只不過是遵照模式、著手執行，然後又根據法律做出判決。然而，縱使如此，依然還是會有諸多旁枝末節，並在眾多不同的情況下，我們不得不鉅細靡遺地才能刨出關鍵要點，另外，縱使我們可以輕而易舉地更換法官，但我們還是很容易向司法機關靠攏，理由則是因為我們都很清楚，遇到其他更棘手、更複雜的案例時，法官是唯一有裁判能力的人。現在就讓我們來看看，在那些因此揭開各種弊病的訴訟案，不僅各部門法規無法提供詳細的解決方法，就算是過去的判例也無法提供方針時，想想看，在這種情況下，律師或甚至是被告人，其反應為何。於此，各項所作所為的物理性質，並沒有比被告人的心理以及道德傾向還來得更關鍵。我們往往必須考量到被告人的出身、教育程度，及其職業之社會影響力、時機、背景環境、社會位階等等。我們也必須找到並斟酌證人之言詞，留心其語氣，或猶豫不決或自相矛盾之處，是否喜怒不定，所有人類的喜怒哀愁是如何在眉宇間閃爍，還有其舉止動作、用字遣詞等等。另外，也必須去觀察，環境相同者之間或者是背景不一者之間的對話，然後在其「靈魂與意識之間」捕捉其看法，換言之，讓當事人所屬團體的集體靈魂、集體意識自由地思考、自在地發言。在這時候，我們暫且忘記或是姑且不論法官的長袍，法庭的外觀，以及所有司法架構裡莊嚴肅穆的成分；甚至法官也暫時忘記他的法官身分，律師忘了他是律師，被告也忘了他是被告；這時候，司法語言軟化了，變得更有人性，甚至像是一般對話般的口氣。事實上，這不過就是一群人聚在一起，不帶任何成見地討論一件事實、一起緋聞、一場激烈狂熱的犯罪或是政治紛爭，他們依照他們各自環境裡通行的價值批判模式，也就是慣有傳統的評價系統，來評估眼前的人事物及其所作所為，至於傳統的評價模式，由於正是在社會團體、社會階級或是社交圈等這些環境裡，價值模式彼此相傳相授，所以，只有當我們屬於這些群體的一分子時，我們才有可能去學習、認識。因此，不知不覺地，從剛才討論的技術領域，我們踏進了社

26 一般私法契約乃是建立在契約雙方的意願都不會改變的謊言上，就此意義而言，一紙私法契約只是一項技術工具。參見喬治・德赫（Georges Dereux），《論私法行為的解讀》（*De l'interprétation des actes juridiques privés*），巴黎，一九〇四。

會領域的正中心，換言之，置身於個人人際關係領域中，在此，社群團體並不設定其範圍大小，這是因為在這時候，社群團體並不關心是否完成了某項職務，它在意的，只不過是鞏固每一名成員對其社會地位的感受，或者是去加強團體內部集體生活的親密感。從現在此一時間點，從迫切需要或應立即採取行動的領域，我們悠然飄進不久前才剛結束的往日時光或是遙遠的逝水年華：於是，名之為法官者便不再是當今的法官，而是社交圈裡的一號人物、一家之主，他不只記得與其家人、親友的對話，且無論是昨天、前天、一個月前、好幾個月前的對話，他也還記得他自己一生的經歷、所有的經驗，以及所有他能夠知道的家人、親友之生平、經驗，他的意念想法、判斷根據都是來自於這些人的指教，他也沒忘記，他往來交際的環境、他讀過的書籍等等，他更沒忘記交際圈和書本這兩者都曾傳授給他的固有道統，他就是這樣的一個人，而不再只是一頂高帽子、一件長袍，或是一本法典在做裁判。當然，當他朗誦著依照固定格式寫出來的判決理由、判決結果時，他便回到那再單純不過的法官身分了；同樣地，律師的雄辯口才，是從共同的社會生活中找到靈感泉源，他喚醒的是，最平凡無奇的人類情感，但同時之間，他也去奉迎某一交際圈、某一社會階級的各種品味、偏好、剛形成或是已固定的偏見，當他呈交其結論時，他便又回到律師身分了。最後，終究說來，一齣悲劇便應該有五幕劇*，最後一幕演完了，布幕便應拉起：不過，演員之靈感、才氣，都與種種固定規則、劇服打扮、布景裝飾、舞台設計等毫無關係：演員都是在一般生活中觀察喜怒哀樂，他們都是在一般生活中去學習該如何模仿喜怒哀樂。

針對司法部門之職能權責所爬梳出來的分析結果，對其他部門而言，也是有效的嗎？不需絞盡腦汁，我們便可體認到，實際上，執行法律者的權威，是來自於這些人都擁有某些駕馭著整體社會生活的傳統理念。法律不只必須循規蹈矩地執行某些行動，也必須奉行某些信仰，特別是道德信仰。如果那些履行、解讀法律的人員給人一種在經辦事務時一揮而就、不假思索的印象，那麼人們就不會對法官、法律有任何敬意。正如巴斯卡所言：「人民只不過是因為相信法律都是公平的，所以他們都嚴守法律，換句話說，法律是不公平的，去告訴人民這番道理是非常危險的事情。」若將法律此一部門轉移到不僅古老而且組織嚴密的社會生活傳統裡，這將會鞏固整體精神權威的表面，也會讓社會從技術機關（appareil technique）裡，重新浮現出來。不過，現在且讓我們走進另一領域，那個盡是經商買賣、工藝製造、工商企業的世界：繼法官之權責功能的分析之後，且讓我們來剖析，那些透過創造、操縱財富而晉升富裕之家的人的功能權責。在此一領域，並非所有的事物都是技術性的，工業主、商人往往被預設，始終貫徹著某些經濟程序，在此外表之下，人們是否在意其實背後有著一個人，不再只是去追究到底這個人是屬於哪個社會環境、他的社會地位又有多高？於此，傳統扮演了什麼樣的角色呢？商販的目的，首先不就是獲利，況且也只是獲利而已？而且，如果他的經商技術已足夠讓他賺取利益，那麼他所擁有的，難

＊ 譯者注：以當今法國廣義之戲劇理論而言，一齣戲劇的結構應有五幕戲，依序之主旨是，人物登場呈現主題、事件發生一再更迭、爬至高潮、跌入低潮、結局落幕。以狹義而言，十七世紀可謂戲劇之古典主義風起雲湧之際，當時興起一種極為刻板的演出方式，尤其是悲劇：對話需押韻，結構須有五幕，人物都出身上流社會、統治階級，主題則需取自古代或是神話、聖經之素材。因此，最典型之戲劇表演就是闡釋理性與感性之衝突，人，不過是集矛盾之大成。

道還不夠多嗎？既然經濟組織的自我修正步伐，遠比任何其他組織都還更快速，那麼經濟組織難道沒有因此不偏不倚地與其他組織形態區分開來？其實經濟組織在運作時，也因此在其範圍內擺布著所有內部的成員，他們面對著此一經濟部門，其實就像是工人面對著機器。假使在其他領域，技術是接收社會趨力的工具，在這裡，技術則像是可傳遞其趨力給社會的一套機械原理。

然而，假使我們之前，在分析以獲利為主的活動並一一舉出該活動所內含之種種特質後，所理出的結論是正確無誤的，於是，在這裡猶如在其他領域，我們則必須將技術活動與社會活動區分開來。在任一權能的基礎下，我們總是可挖掘到一整套的固有傳統。且讓我們基於同樣的原理來考量商業活動，並將所有最簡單的原則都應用在商賈市販的活動上。做生意的，都跟顧客有密切關係。商業活動之技術層面，促使其中一人戴上賣方的面具，另一則是買方的面具。此一技術面導致隸屬於不同團體中的每個人都因此顯得更突出，而且，從此也只以該技術面來看待其中每一個人，並讓其中一批人，都由於此一簡單明了的技術特質，而與另外一批人隔岸對看。於是乎，買方與賣方之間的關聯就這樣擴展開來，呈現出對立關係：我們幾乎可說這是交戰關係。以價格此一觀點以及賣出物品之品質此一觀點而言，這兩者之間是敵對的。

的確，有時商業技術在於促使人們妥協讓步，或避免讓顧客興起打退堂鼓的念頭，只不過，這都在於有利日後買賣的前提下。如果人們因此便止步不前，或許就很難確知，往後是不是還有任何物品交換的可能：無論如何，任一商業職能都不太可能有著社會交際的形態。針對社會分工（division du travail），涂爾幹曾說道，縱使社會分工存在著技術性的效益，社會分工卻只可能在相關人都已經屬於同一社會時，才可能發生；相異之需求將導致兩個相對立的人，無法只單純因為需求之理由而聯合在一起，並進一步成為合作伙伴：沒有任何社會人際關係是從再簡單不過的對立關係或是交戰狀況中衍生出來的。以致於賣方、買方都必須體認到，某些原因導致他們衝突對立，但同時之間，或許有其他原因可促使他們握手和好，換言之，每個人都往後退一步，然後領悟到在敵對關係之外，佇立著一個活在社會中的人，以及這個人隸屬的社群團體。

在某些情況之下，做生意的老闆是可以讓夥計代勞。其實，商業技術可用來將顧客、商品都分成好幾個類別：當一名顧客、一項商品都可確實無誤地被列入其中某一類別時，買賣交換幾乎等同一成不變之程序，縱然如此，總還是存在著討價還價的空間。可是，至少在某些商業活動裡，尤其若是涉及某些特定商品、特殊客群或特定顧客的時候，販賣便成為一道有點難以捉模的手續，身為老闆的商人則必須親自出馬。顧客並不會因為眼睛盯著商品就感到心滿意足了；他期待有人跟他擔保，貨物品質良好、物美價廉，而且，此一擔保的價值，在他眼裡，就相當於跟他提出擔保的那個人。做生意的人並不會因為商品上架就感到滿意了：他讓顧客心服口服、讓顧客相信一切服務周到、自己沒有搞錯，而若要讓顧客心悅誠服，那就必須去認識每個客人。因此，當這兩個人面對面，買賣變成像是一場辯論、意見交換、人與人之間的會話，一時之間，雙方都忘記了或者是假裝忘記了，他們兩人，一個是買方、一個是賣方。買客走出商店還自言自語說道：「這真的是一家可信賴的店鋪」，言下之意就是：這是一家有傳統口碑的老店；他可能還有一種回到過去的錯覺，誤以為跟昔日仍流傳著舊有之行會精神的社會搭上線了。否則就是，他走出商店後，喃喃說著：「這家店幹勁十足，非常前衛」：弦外之音就是，趁著賣給他一項新商品或是利用新的販賣方式的時候，店家讓他開了眼界，認識正流行的需求和品味，以及對這類商品最樂此不疲的社群團體；店家也讓他以為，他已經和這些團體聯繫上了（就好像他早已是一分子），或者是讓他明白，原來他是屬於這些團體的，原來他早就使用著這些團體的語言，早已接納了這些團體對於人物、行為舉止等的評價模式，以及這些人對於過去和未來的看法。至於這兩個生意人，一個堅持古早味，另一個則搖旗吶喊引進新滋味或嚴格把關最新鮮的口味，在顧客面前，他們都各自盡了本分：新、舊之間的差別，其實只是相對程度而已。依據不同的個例，集體記憶可各自上溯到或遠或近的過去。那些踩著某一社會之或更遙遠、或較年輕、或稍微開放、或稍微封閉之固有傳統腳步的商人，其實不過是跟隨著他們的客群的步伐，這些客群或許故步自封於古老之資產階級所制定的社會生活類型，不然就是開懷擁抱最新上市、方才成形的需求，而且，比其他社群團體還更搶先一步。

因此，以生產物品、銷售這些物品為宗旨的所有活動，也就是、更普遍而言，以創造財富之價值為目的的活動，也是有著雙面性格。這類活動都具技術性層面，但另一方面，從事這些活動的人，都必須從一個社會的市場需求、風俗習慣、固有道統中尋找靈感。

技術此一層面代表著，社會可暫時地拋卻其相關的活動且讓機械運作來代勞。但另一方面，其諸項功能，也是有其技術難度，這則假定了，執行這些功能的人之中，至少有一部分的人都擁有一些特質，而且，這些特質只可能在某一社會中培養、發展，之所以如此，這是因為只有在此條件之下，這些人的技術才會愈來愈專門卻又不致於與社會大眾失去聯繫。如同所有具備社會人際層面之事物，總是每每表現出某種個人風格似的，社會整體都非常留意，展現出這些社會特質的行為舉止、人物表情者，也把相當多的注意力都投注在這類社會特質上，務必使之生氣盎然：正由於如此，所以便形成了諸多傳統固有的評價系統，而且，每一社會階級都將自身之評價體系保存在其記憶中。當人們遠離從小出生長大成人之家園、平日之交際圈，然後，相繼與他人聚合在職業環境中的時候，他們也把原本在自己的家庭、社交圈裡形成之價值評斷系統全帶著走，且處處察看觀照。人們可在這些價值判斷系統上重新看到，在平日執行之專業活動的背後，隱藏著社會整體為之保留的位階概念，以及執行此一專業活動者，究竟社會整體又是如何評價其貴賤，不過，於此所謂之社會，乃以狹隘之定義而言，換言之，那是就一個社會生活領域而言，在那裡，人們唯一關心的就是其他人。

　由於各項社會功能都不是在同一段時間內發展出來的，每一社會功能所預設之特質，也只能夠緩慢漸進地表現出其純社會層面的價值。若說古老的價值系統在一段漫長的時間裡，總是無所不用其極，以避免讓新興的價值系統取而代之，而且，新的價值體系也必須披上古老的外衣後，才能夠取得一席之地，其實，這都是可想而知的事情。然而，除了表面工夫以外，其實，新興體系也漸漸地吸收了傳統形式，這便足以讓它有朝一日登上大雅之堂。新興的價值體系不只成功地取得一席之地，而且，它所反應出來的是，一種集體內涵更開闊也更充實的社會形態，在一悠長的時間內，此一新社會萌芽生根、定型茁壯。原本古老的社會是無法在面對著年華逝去的借鏡時，去藉由對其自身形像之冥想而拼湊出來，除非，在這一青春已逝的鏡鑑裡，其他的形像也慢慢地勾勒出來，或許輪廓並不清晰也更陌生，卻可讓古老的社會看到更寬廣的視野。

結論
Conclusion

i

感知與集體回憶。記憶的社會框架
Perception et souvenirs collectifs. Les cadres sociaux de la mémoire

在本研究的第一部分，我毫不遲疑地跟隨著心理學家的腳步，也就一腳踏進他們的研究領域。畢竟，乃是在個體層次，我們方可觀察到夢境、記憶的運作、失語症所造成的障礙等等現象，所以，我們如果不是自我解析，就是去詢問他人，究竟在他們的腦海裡，發生了什麼事情。因此，我也不得不將這一所謂之內在觀察（observation intérieure）的研究方法發揮到極致，但在採納此一研究方法之餘，似乎也難以否認，種種因個人意識而產生之事實，不僅躲過了社會公眾的眼光，同時也逃過了社會行動之追查。究竟社會是如何在這些個人心理生活的領域裡，擴展其力量？尤其是，在這些角落，根本找不到任何社會本質的存在，所以，社會也不可能體會到，是否存在著個人心理生活領域。然而，另一方面，既然我們始終秉持著那類讓個人意識都各自分離開來、使之不再互相往來之觀點，宛如在這些個人意識之間築起一道道密不通風的隔牆似的，那麼為何我們總是有幸在一兩個或數個意識狀態中察覺到，當所有的個人意識都統合起來，又逐一施展在每單一個人意識上而產生的那種行動，卻是毫無他物可與之相比擬的？

很可能發生的是，心理學家以為觀察到內心世界，但實際上，不過是在此一過程中，去觀察到其他同時出現的事物，假若他的觀察還是有些用處的，其價值，如大家說的，只不過是因為頗為客觀。這裡牽涉到兩件事情。一是，他觀察到的，就其本身之屬性而言，乃獨一無二，沒有任何文字可用來表達他所見之物。因此，並沒有任何工具，可讓其他人用來審查心理學家觀察到的內容，心理學家本身也無法管制其他任何人的審查過程，以致於對其他人而言，也沒有任何理由可說服他們相信，心理學家並非眼花、看錯了。此一類型之觀察過程的說詞有多少價值？它徹底規避了，在當今或是在未來，所有共同審查的可能性。二是，在所謂的內在觀察中，其實，心理學家看到的，並非是獨一無二的現象（當我們跟隨著柏格森所闡釋的心理學時，這極為可能就是我們面臨的情況），所以，文字便是可行的表達工具。我們不得不承認的是，從事這類觀察時，必須付出相當大的努力，並非易事一件，而且，在表達本身以及被表達之事物這兩者之間，存在著相當大的鴻溝。我們所面臨的，並非是不可能的任務，我們仍可寄望，慢慢地習慣成自然之後，從事觀察時必須付出的努力代價，將會縮小，而且，呈現出來的內容，也更貼切妥當。然而，不是曾有人說道，意識狀態的某些層面可躲過所有表達工具之介入，儘管如此，我們對於這類層面之意識狀態的感受，是否會轉嫁到那些坦然表現出來的意識層面上？這便是內在觀察的起點：也是在這一點上，讓任一外人的觀察來審查任何一個人的內在觀察，就成為一件可行的事情。但是，究竟是什麼促成了此一審查的可行性？某些徵象透露出，有某些感情，在我們表達出來之前，其實別人已有相同的感受，所以，我們並非與這些情感毫無瓜葛，但若要追究，到底是什麼促成了介入他人內在觀察的可行性，假使這只不過是由於，對於代表著情感相同與否之種種跡象的意義，我們最終與他人達成一致的看法？當心理學家宣稱，可向眾人說明，究竟每個人應該怎麼看待自己的內心狀態，在這時候，心理學家攤開了每一意識狀態，使之公然暴露在眾人眼前。的確，我們是可以從肉眼可見之物歸納出，肉眼不可見之存在真相或是具體特徵。但是，這樣的觀察結果若是有任何意義，那都是相較於肉眼可見的，換言之，全都是根據所謂之外在觀察（observation extérieure）而統整出來的知識。

內在觀察之定義，就心理學家而言，正好與可感受到物理性物體的那種感知相對立。似乎，在感受到物理性物體時，我們走出了一己的世界，然後，一部分的自我便與外在物質針鋒相對，但若是內在觀察時，我們則是走進了自己的世界。不過，這樣的區分，只有在僅牽涉到單一個體的範圍時，才有不言而喻的意義。我們名之為外在者，就是所有在軀體以外之物，若擴大範圍，則涵蓋了軀體本身，也就是，在我們認為之心靈的外頭。所有不是在軀體之外的，都是被我們名之為內在者，若擴大範圍，就是我們的心靈，換言之，即心靈本身的內容物，特別是我們的回憶。假使現在、相反地，我們不再只是以單一個體為思考對象，而是一群過著群體生活的人呢？

上述外在、內在之對立，其意義是否依然相同？首先，再也沒有任何感覺可純粹名之為外在，理由則是因為當團體中某一成員，感受到某一物體之存在時，他會給這項物品一個名稱，然後，將之歸類到某一範疇內，換言之，他會遵照團體之慣例，而且，不只他的腦袋中塞滿了這些團體慣例，任何其他成員的腦袋也是一樣的。我們是否可想像，某一個體油然興起一股直覺性的感受，此一感受裡，沒有混雜著任何回憶，但既然這是一個孤伶伶的人，無論是過去還是未來，他都不屬於任何社群，以致於，相反地，在他這股感知裡，不會參雜著任何集體性的感受，因為若有任何集體感受可言，只有他自己才可能讓集體感受生效，在他的感知裡，也不會有可讓眾人一致認同究竟某某物體為何物的言詞、基本觀念等回憶：所以，其實並不存在著純粹之外在觀察。通常當我們看到物體時，我們不免同時之間也想像著，究竟別人會以什麼樣的方式來觀看這些物體：假使我們的心靈從自我出走，目的並不是為了與物體二合一，而是為了能夠以他人的觀點來觀看這些物體，然而，若要能夠秉持別人的觀點，條件則是，我們始終記得自己跟別人的人際關係。換言之，沒有任何感知是沒有回憶的。然而，反過來，也沒有任何回憶是可被稱之為簡單純粹之內在回憶，也就是說，沒有任何回憶是僅僅保留在個人記憶中。實際上，一旦一段回憶促使一股集體感受重新燃起時，這一段回憶只可能是集體的，假使某一個人無法自己在參照著所屬團體的思維，且第一次就想起來某些事物時，這個人是不可能再一次且僅僅靠著他自己的力量就想起這些事物。假使回憶在記憶中是以個人形式保存著，又，假使個體若要能夠回想起什麼來著，則只能是將所屬社會中的人們都忘得一乾二淨時，因此，若是某一個體自己一個人走向自己的前塵往事時，一方面，他身上早已卸下所有應歸功於其他人的想法主張，另一方面，他卻可能在這時候與其他人交鋒，換言之，他可能會有一種幻覺，以為重新活在過去。我之前已說明過，的確有可能發生的一種情況就是，人會跟他自己想起來的形像混淆在一起，也就是說，人會以為確實經歷了他自己想像出來的事情：可是，這也是唯一他再也無法回想起任何事物的時候：這就是他做夢的時候。相反地，一個人可以回想得更清楚的時候，就是當他能盡量地以更精確、更具體的形式，來讓過去時光重新浮現時，這時候，他可讓過去與現在的區分更明顯，換言之，這個人他自己正處於現在此一時間點上，他的心智都轉向外在物體也朝向所有其他人，他已走出他自己的內心世界。所以，沒有任何回憶是沒有感知的。總之，當人是處於社會中的時候，若要去區分出外在或是內在這兩類型的觀察方式時，其實是不可能的。

現在容我以另一種方式來說明同樣的道理。姑且讓某一個人完全脫離社會。一方面，我們去考量他的軀體，另一方面，則是他的意識，既然他是我們可在這個世界上遇到的唯一一個人，因此，我們便來探討，在這種情況之下，一旦他感覺到些什麼或一旦他回想起些什麼的時候，在他的身體裡，還有在他的意識中，究竟我們可找到些什麼。首先，在他的軀體中，我們可發現大腦、感覺運動神經等器官，在這些地方，所產生的某些改變都是純物理性的。既然我們已排除了社會此一因素，我們也不再關心、不再考慮這些變動現象的起源，因此，可姑且認定，這些變動的運作程序都是由大腦等物質來指揮的。一旦我們把可在某一個人身上發現的事物，以及可在其他人身上發現之相同屬性之事物，全區隔開來的時候，我們便是把這個人他對於其他人之各個感官的注意力，移轉到感官之物理本質。於是乎，我們可輕易地證明，無論是就近距離還是遠距離而言，我們都無法從這一類的物理性變動中歸納出，究竟這些更動是否類似於一般的意識狀態。如此一來，該如何解釋記憶呢？既然這個世界上只有一個人（這正是最初的假設），而且，他的記憶只是他自己軀體的產物，於是，就必須是在他的身體之外，但依然在他的身上，存在著一些東西是可用來解釋回憶的再現。不過，既然已假設，在他的意識裡，是沒有任何其他人的任何影子，那我們可在意識裡找到什麼呢？一個百分之百、純個人之意識狀態，到底是什麼模樣呢？應該就是一幕畫面，那是一幅已完全脫離文字的圖像，這幅圖像只跟當事人有關，也只跟這個人有關，但另一方面，該圖像應該是，這個人的周遭環境裡，諸關係連結、點子想法等等所有具一般意義之事物的縮影，換言之，就是從一開始，我們便已決定將一概排除在外的所有社會因素。既然該圖像只能由軀體孕育出來，所以，這一幅圖像之由來，就只能以它自身之存在來解讀。於是，我們便可宣稱，自從這類自軀體生成之圖像第一次闖進我們的意識起，回憶，不過就是以自身模樣保留下來的圖樣而已。我必須在此止步喊停。我不得不承認，既然一開始拋出了幾個假設，必然最後須提出一個結論。然而，正是這些假設看似問題重重。

首先，這些神經系統層面的更變以及種種運動變化，可在某單一個體上發生，也可以在其他人身上發生。而且，既然這些運動都可在任何人身上發生，所以必然可在甲或乙身上出現。這些變化，終究而言，到底是什麼？事實上，假使只不過是以互相銜接的動作或是以腦神經層面的改變，來準備上述之運動變化？只不過文字、語言等所預設的，並不是一個人而已，而是一群聚在一起的人。為何拆散這群人呢？的確，當我們把其中一個人跟團體隔離開來，然後去分析這個人說出來的言詞語句本身，又，當我們決定不再考慮到，其實這個人嘴裡說出來的一字一句，都是他與一群人在對話中的一問一答，以致於我們並沒有將這些文字與句子都重新移植到一個用字遣詞的體系中，在這時候，我們所擷取到的觀察內容，不過就是一字一詞的物理性質，以及互相銜接的軀體運動。一個正在說話中的人，在他的意識中，最重要的，難道不就是他吐出之字句的意義嗎？而最重要的既定事實，難道不就是他非常清楚他在說些什麼[1]？在一連串彼此銜接的言詞背後，就是一系列的理解動作，而且，每一動作都代表著確切真實的心理狀態。雖然心理學的分析角度非常強調個體，但心理學分析完全不列入考慮的，正是這類具體而微之個體心理狀態的分析，嚴格說來，之所以如此，正是因為這些心理狀態都假設了一個社會實體的存在。當我之前的說明指出，互相銜接的運動，若僅以動作之運動性質而言是沒有任何心理因素的，以致於我們實在無法從中提煉出任何看似回憶的東西，這樣的說法是很有道理的。但我沒有明白指出的是，一個人吐出一字一句的時候，在那同時之間，賦予這些字句意義的種種基本觀念、想法主張、表象等等，跟回憶是沒有任何共同點的。這些觀念、想法、表象等，實際上都是心理狀態本身。生理

1 這大抵就是皮耶宏所言：「由於（語言之）符號系統介入之故，感應器官的支撐點所扮演的角色就變得更不明顯，人的注意力因此轉移到符號所能激發出來的力量，此一力量是遠勝於激發出符號的感應形式，該感應形式之重要性也變成是次要的，且無論該感應形式是否僅限於視覺的、聽覺的、動覺的，或者是多重感官的，此一現象不變。」《大腦與思想》，頁二二五。

軀體的狀態是無法解釋意識狀態：然而，意識狀態卻容許產生或再次產生其他的意識狀態，並可用來解釋其他的意識狀態。

另一方面，不時有人提到純個人層面的圖像，一旦進入人的記憶，這些圖像便以其當下的面貌儲存起來，然後，在我們的意識裡、在某一特定時間點上，當這些圖像再次浮現時，便構成了所謂的回憶。然而，這些個人層次之圖像包括了些什麼？常有人說道，在一個不是很複雜的意識狀態中，對於一幅圖畫、一起事件的回憶往往包括了兩大成分：一方面是，除了我們自己之外，但與我們屬於同一團體中的任何人，都一望即知、一目了然者：例如，有關於某些物件、某些人物的基本觀念，用來表達這些人事物的詞彙以及這些詞彙的詞意。另一方面，因為我們都是我們自己，所以，回憶的另一成分就是一種獨一無二的屬性，那就是，人事物在我們眼前所呈現出來的那個樣子。既然我已假定讓自己站在社會群體之外，所以，以下我將先排除第一方面之類的因素，也就是，那些可透過社會而得到解釋的成分。但如此之後，還剩下些什麼呢？既然物件及其特質，人物與其性格特徵，都逐一拿來單獨做考量，而且，對任何人而言，這些人事物都具有某一特定涵義，所以，再來必須考慮的，就是這些人事物是如何聚集在我們的心靈中，更何況，這些人事物也只堆聚在我們的心靈中，又，所有人事物之圖像，在每一時刻，都占據著我們的意識之所及範圍，以致於每單一之人事物的圖像在眾多其他圖像的環抱下，究竟在我們的意識範圍中反應出來的，又是什麼樣的特質呢。換言之，我們的回憶若一一地單獨抽離出來，實則屬於團體中的每一個人：不過，若是一系列的回憶，那則只屬於我們自己，也只有我們自己才有能力一眼認出、一一回想起來。因此，問題關鍵就在於，聚集成團之回憶的每單一部分看來都是真實的，但是否的確如此，又，協助我們去理解、喚醒某一物件之回憶的社會群體，難道不也隨時介入、而且也必須介入，以協助我們去明瞭、去回想，原來這一切都關係到一幅完整的圖畫、一件有頭有尾的事件的那一整系列的物體。解決此一問題關鍵的唯一方法，就是去做一個實驗，實驗結果則是，首先，我們有充分能力去明白、回憶起每單一物體各自之形像（或者是它們各自的特質、細節），然而，我們卻無法明了、回想起，實乃代表著一幅圖畫、一起完整事件的一系列形像。實際上，這樣的試驗是存在著的，並且，永無休止地重複著：那就是做夢。我們做夢的時候，對於我們想到的每一細節，我們都一清二楚：我們在夢中感受到的物體，都是前一天晚上遇到的，所以，我們都知道那些是什麼東西。假使記憶可接納這一切物體，很可能地，正是因為所有存在於社會與我們之間的聯繫都沒有被切斷：我們一咬文嚼字就可明白所指為何物：這便足以讓我們一眼認出我們所想到的物體，而且，做夢時還可一一點出。可是，我們卻無法去回想起一幕幕先後連串著的情節，例如，重新複製出我們清醒沒睡著時所見所聞之一系列的事件、一簾簾的景象。我們清醒的時候、做夢的時候，是不盡相同的，尤其是做夢時，我們與任何其他人都不再有牽連，所以，當我們要去回憶起些什麼來著的時候，我們缺乏的，正是社會群體的支援。

任何可想而知的生活、社會思想，都仰賴著一套或是好幾套慣有規則。當我們從夢中醒來，或是反過來、睡著之後，我們常以為踏進了另一個世界。這並非是由於當我們處於這兩個世界中的任何一個的時候，我們感受到物體都顯露出屬於另一個世界的本質：這是由於這些物體並非被堆置在相同的背景中。任一夢境的布景，都是由掛在上面的圖像布置出來的。在這些圖像之外，夢境之背景布幕只能寄望它們自己，實際上，這些背景既無任何真相可言，也沒有任何固定點。當我們做夢的時候，到底我們是處於哪個真實的空間面向或哪個確實的時間點上？儘管看似我們處於一熟悉的角落，假使突然之間我們遠離了那個時間點、空間面，我們卻也不因此感到驚訝。做夢時的背景架構，以及清醒沒睡著時的背景架構，是沒有任何共同點的。儘管如此，夢中的這些框架，若有任何效力，也只對我們自己有效：這些框架是無法限制我們突做奇想的。當我們的想像產生變化時，我們同時也修正了這些框架背景。相反地，當我們清醒沒睡著時，自然與社會等事件的時間、空間、順序等等，都已被與我們屬於同一團體中的每一個人確認下來，眾人也可一眼認出，所以，都不是我們可自由決定的。就這一點而言，一種「現實感受」依然和我們的夢境彼此牴觸，然而，這卻是記憶之所有作為的起點。假使我們希望能回想起任何事物，唯一條件則是，在集體記憶的諸多架構內，重新找到我們想知道的那些過去事件的落腳點。一段回憶若是內容豐富，乃是在於它顯現出它是眾多框架之交會點，而且，這些架子又彼此交錯、互相交疊。忘記一段回憶的原因就是，這些框架全都消失了，或者是其中一部分的架子遺散了，以致於我們的注意力無法再集中於這些框架的上面，或者是，我們的注意力被移轉到他處（心不在焉，往往是注意力集中後的結果之一，而遺忘，幾乎總是由於心不在焉之故）。不過，忘了某些回憶或者是回憶扭曲了，也可解釋成是，記憶的架構會隨著時間而改變此一事實。隨著環境背景、情勢時機等，社會也會讓同一段逝去歲月呈現出不同面貌：社會會改變昔日歲月的一般規則。既然每一社會成員都謹守著這些慣有的規則，所以，每一成員都會隨著集體記憶之演變路徑來修正自己的回憶。

所以，我們應該放棄的想法就是，主張過去乃是以不變的樣貌保留在個人記憶中，彷彿就是既然每一個人都有截然不同於他人的經歷，所以，人愈多時，此一過去回憶之相異性就更高。活在社會群體中的人們，都使用著他們熟知所指為何的文字：這正是集體思想的條件。可是，每一個（眾人皆知的）字眼，都伴同著不同的回憶，沒有任何回憶是無法以文字來解讀的。在回想起任何回憶前，我們總是先去述說這些回憶；這就是言語，也就是相輔相成的社會慣例所組成的一套系統，在每一分、每一秒，我們都可利用這套系統來重建逝去的年華。

ii

集體回憶既是普遍的基本觀念，也是社會事實與真實人物的再現

Les souvenirs collectifs sont à la fois des notions générales et des représentations de faits et de personnes

然而，我們如何能去想像，我們的回憶、圖像或是一大堆具體實在之圖像的總和等，竟然是從簡單的概要、架構等等之綜合物產生出來的？假使集體表象都是一堆空殼子，那麼在我們走進細瞧時，如何能夠從中擷取出，個人回憶裡那些色彩繽紛、感人落淚的成分？外在之物是如何複製出內容之物？在這裡我們所面對的，並非是前所未見的難題，而是向來讓哲學家們絞盡腦汁的

議題。假使在柏格森提出的體系中，這一難題看似無解，主要是由於所謂的圖像以及概念兩成分，都被視為兩互相對立之物，且柏格森將此對立程度擴大到非比尋常之規模。另外，在此體系中，圖像之定義是排除了所有與之相關的基本觀念以及所有的理性意涵，而所謂之概念的定義裡，也剔除了所有的圖像因素。假使柏格森此一體系預設了，回憶—圖像是禁得起時間考驗，而且還會一再浮現，其實，這是由於我們無法利用上述定義下之概念來重新建立回憶。

然而在此，對此大哉問，即使只是以哲學家的觀點簡單扼要地提出分析，亦非我能力所及。姑且容我強調兩大重點。柏拉圖之現代注解專家都曾指出，柏拉圖的理論並非與希臘人的思維模式毫無關係，柏拉圖正是為這些人量身設計、精雕細琢種種論說。假使一般大眾之想像力都紛紛給諸神祇冠上妮可（Nikè）、厄洛斯（Eros）、嘻笑怒罵（Rire）、死亡（Mort）、憐憫（Pitié）、長生（Santé）、財富（Richesse）等名號*，這是因為這股想像力在這些神祇身上看到積極奮發的力量，而且，人們可在自己以及在別人身上，感覺到一股活力蓄勢待發。這並非只是簡單的擬人化過程，這也不是抽象化程序而已。既然已有這樣的想法，於是，再去假想著，公平正義、美德善行，都猶如可凌駕世間萬物之上的一股主動積極又永續不斷的活力，難道不是很自然而然的事情嗎?詩人、藝術家都搶先拔得頭籌、歌功頌德。至於柏拉圖，很可能，他不曾把公平正義當作一尊女神，他比較關心的，乃是以一不偏不頗之命名手法，把公平正義等美德中的個人成分全部剔除掉。對他而言，這是與抽象化過程完全相反的路徑。這也不是一個概念。這是遠在概念之上的。這是真確實在的生命體。因此，柏拉圖式的理念都沒有「屬性」（attributs）之類的意涵，也沒有種種以抽象觀點提煉出來的特質，而只有「主體」（sujets），否則就是「擁有真實肉身的人」（personnes）[2]。但是，在另一方面，史賓諾莎（Spinoza）在概念、共同的基本觀念裡，只看到一套既不完美又斷章取義的思考模式。據史賓諾莎之見，其實存在著一套層次更高也更恰當的知識類型，該知識類型所呈現出來的，並非是事物之抽象特質，而是生命體之「獨特精華」，就好像是我們的智性活動的真實目的已經完成了，或者，乃是在於去追尋、捕捉合情合理又個人化的真相。因此，被當作是發明了唯心論的哲學家，以及，或許是將這些唯心論理念又發揮到淋漓盡致的其他哲學家，都沒有在種種理念中看到任何有關於事物之抽象觀點的可能，更何況，這些抽象觀點只能帶領我們去認識利害關係以及退色無彩的圖畫；相反地，這些哲學家都有一種感覺，那就是，人的理念，其實蘊含了比任何讓人感動的圖像還更豐富多采的內容。換句話說，感

---

* 譯者注：Nikè在希臘、羅馬神話中是代表勝利之女神，尤其若是涉及人類戰爭或是與上帝的紛爭時，她是雙方成功和解之代言人。Eros代表著對於愛的渴望，若就其最原始之寫照，這是少數沒有父、沒有母、不隸屬於任何系譜的古希臘神祇，彷彿愛欲是遠在性交結合之前。

2 馮．威拉莫威茲．墨倫多爾夫（Von Wilamowitz Moellendorff），《柏拉圖》（*Platon*），第一冊，一九二〇，頁三四八，與後續段落。非常可能的是，在《理想國》（*La République*，段落507b）中，理念與圖像（在文章中，圖像一詞是以希臘語言來標示，我們可翻譯成：形態〔forme〕）是完全分開的，以致於理念看似成為一個合乎邏輯的概念。柏拉圖及其弟子的思想正是隨著此一方向而繼續演變，且深受辯證法、古典學派之訓示的影響。不過，這是後續發展的問題了。譯者注：Ulrich von Wilamowitz Moellendorff（一八四八—一九三一）乃最著名的德國文獻學家、古希臘語學者，曾與尼采，針對希臘悲劇、理性主義思潮等議題，有過精采的論爭。

應靈敏又限於個人範圍之圖像都是包含在理念之中，然而，都只不過是理念內涵的其中一部分而已。另一方面，人的意念都包含了圖像（以及任何其他圖像）；而且，人的意念既是外在的容器也是內在的內容物。就此一定義，所謂之集體表象涵蓋了所有必要成分。集體表象也裝載了所有可用來解釋個人意識狀態之生產或是再製的必要成分，尤其是個人回憶這類意識狀態。

且容我在此說明真正發生的事實。我們都知道，在夢境中，我們都無法回想起任何事件之回憶，或是豐富多采之畫面的回憶，另外，我們也都已觀察過一項事實，那就是，集體記憶之架構是存在著的，而且，個人記憶正是以集體記憶作為支點。正是透過對這些記憶架構的觀察，我們才知道如何去區分出，附著在這些框架上的那兩大緊密相依的層面。實際上，我們都已注意到，構成這兩大層面的諸多成分，都可被視為有如多多少少合乎邏輯的觀念，而且，諸觀念間的連結，也都非常合乎邏輯，所以，都有助啟發省思，另一方面，構成這兩大層面的成分，也可被視為根據在時間、空間中已定位分明之事件、人物而想像出來的具體表象。假使社會思想只有簡單純粹的抽象基本觀念，每單一個體之智能便可透過社會而得到解釋：換言之，以社會為中介，個體便參與了集體思想。然而，在圖像與理念之間，存在著根本的差別，以致於我們不能從理念導出圖像。但相反地，假使集體的基本觀念並不是「概念」，又假使社會只能藉由事實真相、人物、事件等來思索，那麼沒有任何理念是沒有圖像的：更確切而言，理念與圖像並不代表著，我們諸意識狀態中的兩大成分，一為社會、另一為個體，理念與圖像代表的是，社會可同時用來考量同一事物的兩大觀點，意即針對某同一事物，社會可藉由這兩大觀點而在其整體的觀念、生活、歷史中指出事物的定位點。

我不免也自問，究竟我們是如何讓回憶落腳在定點上？我的答案則是：藉著我們總是隨身帶著走的基準點，這是因為只需看看我們的周遭環境、想想身邊的其他人，把我們自己放入一個社會環境內，便可以找到這些基準點。另一方面，我也觀察到，隨著我們的記憶逐漸去開拓出更接近當下時間之區域，這些基準點的數量便變得愈來愈多，而且，記憶接近當下時間之程度，可到那種讓我們回想起所有的物體、所有的面孔的規模，但在前一天，我們對於這些物體、面孔的注意力卻是相當地微弱，以致於甚至終止了。最後，透過一連串的省思後，我們似乎可感覺到，我們從某一物體繞過另一物體，從某一事件穿梭到另一事件，彷彿是在物體以及物體之外在層面之間，在事件以及該事件於時間和空間中的定點之間，我們還可同時去想到這些物體、事件的本質、意涵等等。換言之，物體、事件在我們的心智中是以兩大模式排列著，或是隨著出現的時間順序，或是依照在我們生活的團體中，我們賦給這些物體和事件的命名、意義。這便是說，每一物體或每一事件都代表著一個基本觀念，且此一基本觀念既是理念也是圖像。

為何社會在時間軌道上鎖定了某些彼此間距並不大的基準點，而且，這些間距大小，也非常地不一致？例如，在某些時期，幾乎沒有任何基準點，但在某些其他時期，引人注目的事件未必比其他時期裡令人側目之事件來得多，卻有著層出不窮的基準點，這就像是，隨著我們的腳步愈是接近終點，指示告牌、標誌桿等等便愈來愈多。基準點不只是可讓社會用來切割時間，也可用來豐富社會思想，基準點的地位，相較於技術、宗教或道德等層面的基本觀念，是相等的，但是，社會並不會將這些基本觀念都放在過去的時間點上，而比較會將之置於現在的時間點上。歷史學家愈來愈不認同，應該從過去事件中整理出任何普遍性結論或是歷史教訓的作法。但是，社會在人們生前便議論紛紛，死亡那天便蓋棺論定，對於既定事實，社會之作法也是一樣的，當事件發生時，實際上，社會便在每一筆重大的回憶裡，不只封鎖了社會經驗的某一片段，但也埋葬了像是社會省思之倒影般的東西。這是因為一件過去的事實便是一起教訓，一個消失了的人物就是一股激勵或是一個警告，我們名之為記憶架構之物，其實也是一串串聯起來的理念、評價等等。

相反地，再也沒有任何普遍性概念不是被社會整體當作是可用來指認歷史上某某時期的工具。這樣的現象非常地明顯，尤其若是對社會而言，牽涉到去認識自己，去反省自身之諸社會體制、社會結構、法律與風俗民情的時候。例如，為何一個學養程度中等的法國人，在論及英國、美國這類國家的整體政治理念時，總感到力不從心，若要大略論及英美憲法時，在其腦海中，頂多是有那麼一絲絲口語回憶之類的蛛絲馬跡？之所以如此，原因在於，究竟是經歷了哪些一連串的重大事件後，才讓憲法拍案敲定，其實，這等程度的法國人並不認識這段歷史，或者，他們的認識程度也實在相當有限：這類有關於憲法的基本觀念，只能透過歷史的層層考驗後，才會變得更清楚明白；世上其他諸多基本觀念，也是一樣的。科學更不例外。當然，科學是不致於與它自身的歷史混淆在一起。但若說學者只將自己定位於現在此一時間點上，則非真切之論。科學是集體功業，即使學者正沉溺於某一最新實驗或是前無古人可循之冥思，科學的集體規模之大並不會讓學者感覺到，他正在搜索中的研究方向或是梳理中的理論，竟然其源頭和起點都位於他身後。

傑出的學者都將其發現成果重新放置在科學史應有的日期上。這正說明了，在他們的眼裡，科學法則並不只是代表著，堆砌在時間軌道之外的一座巨大建築物的諸多組件，而且，他們還可以感覺到，在諸科學法則之後，而且，與這些科學法則同步相隨的，正是在此一科學領域裡，人類精神始終努力不懈的歷史故事。

我已根據此一觀點，針對所有人或是其中大部分的人都生活其中的社會環境，提出某些思考點：例如，家庭、宗教社群、社會階級等背景環境。我們是如何去想像這些社群的？在我們的腦海裡，這些社群曾激盪出哪些思維，又曾留下哪些回憶？我們可以拋卻家庭組織在某一特定年代、特定地理區域之特徵，然後，以抽象術語來描述、定義，從家庭社群該環境孕育出來的親子關係、家庭義務之類別。我們可測量家庭精神之強度。我們也可以去描繪家庭生活的範圍大小，並將家庭組織依照某些標準來歸類，例如，依照家庭成員之多寡，家庭生活中可能或是不可能發生的各種事件。可是，人們絕對不是以這類方式來設想出每個人都是家居團體之當然成員。在親子關係中，畢竟有某些東西可讓我們想到自然法則中的客觀性質。家庭義務是從我們的身外約束著我們。這些家庭義務都不是我們發明出來的，我們卻也無能為力去做出任何改變。這些家庭義務也無法藉由心靈、精神之特質，或是父母親的人格特質，而得到任何解釋。當我們在言談中提到父母親時，在我們的腦海中，當然是存在著某些普遍性的基本觀念：所謂之父親、配偶、孩子等觀念。真確不假的是，每個家庭都有其歷史，同樣地，每一家庭成員，在其他家人的眼中看來，都擁有一張不同於他人的顏容。正是在我們的家庭中，而且，是以一連串的個人經驗為賭注之後，我們才算是學到，應該如何去區別種種不同的家庭人際關係。我們對於家人中、其中某一人有著特別的感情，此一情懷在我們眼中又更顯得獨一無二，其實，這樣的例子並非抽象難解。

換句話說，家庭是一套體制。我們可以想像，將家庭放進其他任何社會體制中，然後，試著去辨認出家庭組織裡的各個部門，並嘗試去了解家庭諸功能之本質。另一方面，家庭生活的內容總是包括了某一數量之大小事件：我們不時會去想到這些事件，貫穿這些事件的主要人物，也會在我們的回憶中留下足跡。不過，我們並不需要讓家居團體的這兩大層面彼此對立，或者是，以互不關聯的角度來看待這兩層面，這是因為實際上，這兩層面是融合在一起的。我們很難理解，如何能夠不回想起或是無法重建出任何有關家庭的回憶。當然，在某些例子裡，似乎人們的思維是比較傾向親子關係，且因此忽略了家庭生活中的點滴，例如，在討論財產繼承之利益分配時，可能會讓家人間產生衝突。但在其他的例子，卻是某些個人之間的關係成為首要考量，以致於父母親似乎都忘了，他們乃為人父母，然後，表現出某些更熱切的感情，就像是朋友之間，彼此可能有著更難捨的情懷。然而，誰不曾感覺到，假使我們把上述的例子都推到極點，且無論是往哪個方向，我們便跳出家庭了？剩下的，不過只是不要把雙親當作像是簡單抽象的單元組合似的，或只是基於大而化之又具選擇性的結合力量（affinités électives*）而促成我們去接近的人。我之前曾說到，在這一點上，其實在家庭生活中，有一要點是非常特殊的，卻也有幾分怪異，那就是，我們的雙親以看似不因人而異的律法束縛著我們，但實際上，我們都熟知自己的父母親，與他們的親密度遠超過與其他任何人的親近程度，我們也都偏愛著自己的父母親，就好像他們是我們自己挑選出來似的。親子關係此一基本觀念，是與我們對於自己父母親的個人印象密切相關的。無論我們是站在自己的角度，或是站在其他家人的角度，我們都能想像出父母親中的任何一人，而且，我們也很清楚，所有的家人都能夠想像出父母親中的任何一人，彷彿我們的父母是獨一而二的，任何其他人都確實無法取而代之。家庭精神都是由具有此雙面性格的思維組成的：這些思維都是觀念性的，但同時也是圖像或是整體總合後的圖像。

* 譯者注：表面字義是，選擇性的親和力（或，親合性、親和性），一般認為該名詞乃源自現代德文的wahlverwandtschaft，但實際上，可追溯至歐洲十三世紀的煉金術。以當代化學領域而言，大致相當於化學親和性（或作化學親和力、化學親合力）；德國文豪歌德（Johann Wolfgang von Goethe，一七四九—一八三二）於一八〇九出版了同名之小說（*Die Wahlverwandtschaften*）。至於在社會學領域，一般主張，韋伯在《新教倫理與資本主義精神》一書中提出此說。但實際上，根據多人研究（例如，Michael Löwy），在此書中，這一名詞僅出現三次，遠不及韋伯在其他著作之發揮，而且，韋伯也未曾提出明確的定義。所以，根據後人研究歸納，該詞大致可定義為：基於某些類同又深具意義的性質，兩個不同文化部門（例如，宗教、政治、經濟等等各自都是一個文化部門）互相趨近，逐漸建立起更密切深刻的關係，即親和性，從此互相吸引、影響，彼此自身或對對方都因此產生更積極主動的力量。就韋伯社會學而言，此乃一視角、觀點，而非理論性概念，但可在學術研究中，讓研究者暫時跳過因果關係之方法論難關。最明顯的韋伯社會學之例子即是，清教倫理乃是一個文化部門，資本主義則是另一個，兩者共同之選擇性力量，則是對於世界、職業成就、付出努力等的看法。其他的例子則如，生物學之達爾文主義，經濟學領域中的經濟自由主義或自由主義市場，兩部門結合後，產生社會達爾文主義；法國典型之左派政治主張與法國社會學之間的選擇性親和力量則促成了「支配」（domination）此一理論概念。又，Michael Löwy（一九三八—）乃法國社會學家、哲學家、社會經濟學家，除高任法國國家研究中心主任、高等社會科學院教授等之外，得獎無數，亦主持學刊編輯等，向被視為一代馬派哲學宗師。

宗教信仰卻也是相同的情況。大家常說著，自己履行或是不履行教規之類的事情。這正是由於宗教祭典、聖事、禮拜儀式中的唱頌、祈禱等，既然是永無止盡地完成後又繼而翻新的舉止，最終就變成自身即擁有一歷久彌新的價值以及立即生效的特性。新生兒受洗時，便使上述之一連串動作，再度獲得新生命，縱使新生兒根本還一無所知，究竟哪些動作將由哪幾名教士來執行，又將代表著什麼樣的意義。往往當我們去告解、領聖體的時候，我們幾乎只想到希望被洗清的罪孽，這是由於長久以來，我們都感覺到自身罪孽深沉，所以，在此一重要關頭，依然宛如心中的大石頭，此外，此時此刻，我們也想到長年所等待著的恩寵，但若說等待恩寵讓我們忐忑不安，卻也帶來未來的希望。宗教的點點滴滴，就是這樣打造出來的，然而，看起來卻像是不受任何時間之風吹雨打的影響：宗教教條不容置疑，就如永恆真理、千真萬確。就某一意義而言，沒有任何事情比宗教思想還更抽象；我們設想著上帝與超自然存在的模樣，並因此設計了信仰，尤其是，我們又以極為普遍的性質來為上帝與超自然力量下定義，我們嘗試著去想像，存在於上帝與凡人之間的關係，以及所謂的原罪、贖罪、恩寵、天國等等，我們假想出各類象徵，或者是我們玩弄著各種字眼，但是我們都知道，這些關鍵點，恰好就是我們無法掌握的某一真理所表現出來的樣子，若非看來令人眼花撩亂，否則就是空說無憑罷了。假若我們的想像只是到此為止，又假若宗教也不過如此爾爾，那麼宗教就會駕馭著一些無法符合任何形像的意念，以及某些根本無法被體會到的現實之相關主張，換句話說，宗教便會附著在內容空無一物的形式上。正如康德所言，他一語道破，內容空無一物的觀念的確是可以指揮我們的行動，但並不會讓我們因此受教。

假使「在理性之極點上的宗教」，僅只是以這類想法作為基礎的話，那麼宗教充其量也不過只是一種道德行為。

不過，極可確定的是，宗教應該不是如此，而且遠勝於此。一旦教條以及儀式的作法是無法以純粹簡單的理性動機來解釋時，我們便不應該在現在而是在過去此一時間點上，去尋找宗教的存在理由。其實，所有的宗教都是劫後餘生而來的。宗教不過就是，去追念久遠前已告結的事件或是早已銷聲匿跡的神聖人物。沒有任何宗教行為不是為了始終保持著原有的面貌，也沒有任何宗教行為沒有至少讓神職人員或盡可能地讓信徒等等，都衍生出對於神授或是神聖人物的虔誠信仰，這些人物在過去都是真人實事，在特定的地點、年代都實踐了功業，所以，教規之履行，正是以多少說來頗為象徵的手法，來重新演練這些人物的舉止動作、言談與思想等等。因此，所有的宗教表現都是既普遍籠統卻又獨門特定，抽象又具體而微，合乎邏輯，又確實有其人、有其事。無論我們去檢驗哪一則信條，信條本身都是帶著神學驗證後的證據。神學都是應用在依據推論縝密之方法而下定義的基本觀念。於是，每一信條都是理性真理。假使我們又湊近細瞧：信條假定了，基督是真有其人其事，其言行舉止、生活經歷、死亡又復活等等，都是事實。這些讓我們看來像是合情合理的真理，最後就變成了或者是一開始就變成了一段回憶。

當然，隨著年代、地點、當事人等等之差別，若非宗教乃合乎邏輯之層面，否則就是宗教之歷史層面被列為首要考量。我之前已指出，當堅持教條主義路線之神學家再接再厲地講解示範宗教時，冥想奧修者則誇說自己活在宗教真理中：前者強調的是，教條不因時而異的特質，後者則渴望能與諸神授者進入最私密的思想和感情交流，這些神授者往往都是真人化身，也就是一開始、即宗教誕生時，他們便是以真人樣貌現身的。然而，於此，再一次地，假使我們觸及某一方向之極點，我們便又跨出宗教範圍了。宗教並不會自己導向一個理念系統。宗教也不會由於某一個人經驗而枯竭。教條主義者與神祕主義者相抵觸之處，並非在於某一理性建樹，而是在於，促使宗教誕生之種種事件的集體性格和傳統性格的詮釋問題。至於神祕主義者，其實，他們並沒有把他們自己的想法與教會體制此一概念互相對立起來；他們的顯聖經驗、狂熱情懷，只能以一種教條形式進入宗教中；這些顯聖經驗、狂熱情懷，都是在傳統信仰此一架構裡找到一席之地。若說這些經驗最終都被接納了，其實，這是由於顯聖、狂喜等等都鞏固了此一信仰架構之整體，這就如同在幾何學的練習裡，每一項問題的解答都讓幾何定理變得更清楚明白更容易被了解，實際上，每一道問題不過就是去應用定理而已。

因此，由於宗教思想就像是一套理念，所以，向來就沒有任何宗教思想是令人想不通的，而且，也沒有任何宗教思想不是由一連串具體而微的回憶，以及可在空間與時間上找到定位點的歷史事件或人物之形像等，共同統合起來的。那些證明了宗教思想的問題點所牽涉到的，並非是一為理性的、另一為感性的這兩類別的成分，亦非這兩成分似乎彼此貼合在一起或是互相交錯，其實被證明出來的是，隨著神祕主義者不停地往教義裡灌溉新的元素，於是，教義便不斷地茁壯成長，而且，神祕奧修者的經驗都是非常的敏銳激烈，表現出來的樣貌又是相當的個人化，所以，這些神祕經驗正是對教理主張堅信不移的表現。在神祕經驗裡流轉的、在諸教條間運行的，其實是相同的成分。宗教思想都是具有強制性力量以及普遍性意念的具體形像，或者、也可這麼說，宗教思想都是代表著獨一無二之人物和事件的種種想法。

最後，社會階級包括了彼此互分高低的人們，使之區別者，是人們彼此爭相表現，且其他人也看得一清二楚。在舊王權體制時期，貴族階級以一身分位階自詡；若要成為貴族，就必須擁有某一貴族身分。在貴族階級的集體意識裡，最重要的一點，還有，在一般社會的集體意識裡，尤其是當一般社會成員將其注意力都轉向貴族階級時，所有人首先想到的，就是此一貴族內的高低位階及其身分區別。身分區別。就某意義而言，為了能夠想像出在一般社會以及在貴族階級裡，像貴族階級這樣的社群類別及其內部的諸多次要類別，或許只要明白當今社會之生存理由就綽綽有餘了。首先，必須先有某些人、某些家庭，他們擁有英勇善戰、無人能敵的最高功績，以及身為騎士，故忠誠不二、無人可及的美德，這些都是封建時期最受重視的表現，因而也使這些人、這些家庭，凌駕於廣大平民之上，同時也被授予榮耀、特權，故備受其他貴族同儕以及其他位階較低的貴族之側目，望而生畏。這些特權之類別、範圍，在在反映出社會組織之常態性特徵，就某程度而言，也都刻畫在社會組織內，正因為如此，所以，無論何時都可看到這些特權，一眼即可認出。這正是貴族此一觀念合乎邏輯的層面，或者是、若要換個角度來看，這正是貴族此一觀念，以及貴族觀念所涵蓋的所有其他觀念裡的概念性層面。不過，若是以另一層面而言，貴族階級卻又表現出，像是偶發意外的，又每一環節處處都無法預料之長期演變的結果，或許，就整體而言，貴族階級乃在在反映了，當時之社會環境條件的限制。諸多不同的貴族身分，並非是依據巧妙之法典而打造出來的架構，而且，當初根本沒有一一考慮到後來將頂著這些身分的人，遑論後來這些人是否有任何不凡之處。與之完全相左的是，貴族頭銜乃父傳子、世代相襲，宛如家庭遺產，只不過這是精神性且無法轉讓他人的遺產。貴族頭銜之價值在於，當初奠定了此一頭銜之回憶的數量多寡、品質高低，是否偉大不朽、是否聲名遠播，而且，是否世代相傳、歷久彌新。因此，我們很難在細思著貴族封號時，卻不去想到最先爭取到該頭銜封號的人，那些像是從此留下其個人足跡的人，以及遠在當今頂著封號的人之前、便已握有該封號的前輩。因此，在身分、此一符合邏輯要求之基本觀念的背後，卻是可看到一篇篇的歷史事實：頭銜封號正代表著這兩大面向。在過去，令人難以想像的即是，例如，由於早就存在、所以還是繼續保留下來之諸頭銜的名號，在一場政治革命後，卻賜給新人物，也就是跟過去之舊貴族毫無任何親屬關係的人。以舊有且傳統之意義而言，封號便再也不是封號。然而，相反地，單憑著石破天驚的作為、英勇戰績、偉大功勛等，在過去也不足以被授予貴族封號，條件必須是，社會整體在這些舉止作為中看到，去完成這些作為的人的確通過了層層考驗的煎熬，因此值得享有貴族封號，而且，不只是就法理而言足以享有封號，而是猶如永恆的標記，享有某一身分位階。所以，正是在貴族組織此一範圍之內，並且，又符合貴族之相關理念、傳統慣例時，剛頂著貴族頭銜者，在一舉一動中，都表現出像是一個重視榮耀、充滿勇氣的人，至於封號本身，原是為了回饋當事者，則看似在完成功績前，便已顯露在當事人的所作所為中。著實難以否認的是，在貴族之思維中，事實與理念也是無法區分得一清二楚。

在現代社會，頭銜封號幾已不復存在，但我們依然在我們所屬之團體中，把那些擁有最受人企重之特質者（或是，冒充擁有該特質者），與其他社會大眾相隔開來，而且，我們也認為這些人猶如上流階級之成員。這些特質都是最適合用來執行社會功能的特質，換言之，就是去履行某一非純粹技術性之活動，尤其，實踐該社會功能之過程預設了，所屬之社群團體所認定的或是已設定的對於人的認識，以及人性價值之意義。於是，當人們一想到他們應該去執行的活動類型，而且他們都有充分的執行能力時，他們便產生了所屬階級的階級意識。實際上，若論及法官、醫生、軍官，以及（假使我們將注意力轉向以獲利為主的職能）手工藝製造者、生意人、不同類別的資本主義者等等，他們的確都各自代表著一個社會基本觀念。這樣的觀念實不抽象，而為了打造出此觀念，去設想**當今社會的結構**、並想像該社會中的諸多社會功能，卻是不足夠的。當我們將履行各類權責功能的人們分門別類時，我們未必想到他們各自的權責，但毋寧是每一職務所要求之個人特質。既然這些特質都假定著某些對於人的知識以及對於人的看法，所以，其實我們無法去培養或是加強鍛鍊這些特質，我們也只能在處處只重視人此一社會環境中，才有可能去欣賞這些特質的確切價值。這也是為何，例如，我們對於法官的想法，總是伴隨著我們過去所知的某些法官的回憶，或至少是整體社會對於某些我們不知其名的法官所作出之判決的回憶。當我們去想到高居上層階級的那些商人，除了商業活動的一般性特徵之外，我們還會想到，我們跟那些人曾有過更個人層次之交情，他們擁有某些做生意買賣又超乎一般人程度的天分，或至少，我們會想到一些具傳統理由色彩的回憶，長久以來，無論是在商販或是在其他人眼裡，這些理由都足以說明商業活動所占有的社會地位。

假使為了替社會階級下一個定義，然後，我們便堅持著某一意念，例如，對於某某職務功能的抽象看法，我們很可能因此得到一個相當弔詭的結果，那就是，一個意念是不能用來代表一群人的，但另一方面，相反地，在階級意識裡，卻都是種種個人特質占有最重要的地位。不過，又反其道而行的卻是，在家庭中、在交際應酬之場合裡的人際接觸所培養出來的**個人才能**，卻只有在當這些才能是對社會有貢獻的，以及當這些才幹容許當事人去執行某一社會職責時，這些才能才會引起整體社群的注意力。這正是為何，沒有任何社會階級給人的印象既是指向現在卻也導向過去；這是因為職能都是處於當下現在的，這是社會生活的常態性條件；然而，在我們的認知裡，擁有執行職務時必要之個人特質，況且又臻於完美程度的人，卻都只有在過去的時間裡，才曾經表現出這些特質。

記憶的架構既是在某一漫長時間之內，卻也是在該時間之外。在時間尺度之外時，這些架構便會影響到圖像以及具體的回憶，而且，這些形影和回憶多少都是由於架構之穩定性和普遍性而產生的。不過，記憶的架構也任由時間之長河潺潺流過。承載記憶的框架就像是那一排排的木材，順流而下，流水速度極為緩慢，以致於我們站在那一排排木材上面的時候，可以左右橫跨，從河岸的一邊跳到另一邊；況且，事實上，木材都在流動中而非停止不動。記憶的架構也是一樣的：我們可以順延著記憶的架構，從某一觀念跳到另一觀念，這兩個觀念都有普遍籠統的性質卻又無任何時間之限制，然後，我們可以靠著一連串的省思、理性推理，猶如在時間長河上，順流而下或逆流而上，於是從某一回憶轉渡到另一回憶。更嚴格說來，隨著我們選擇之進行方向，於是，我們逆流而上或是我們從河川此岸渡到彼岸，同樣的表象，一下子看來像是回憶，另一下子看來又像是基本觀念或是平淡無奇的意念。

iii

記憶與理性。傳統與意念

La mémoire et la raison. Les traditions et les idées

個體往往藉著社會記憶之諸多架構的援助而去追想起過去的回憶。換個角度而言，可自一整體社會分解出來的各個團體，在每一分、每一秒，都有能力去**重建**一已逝去的過往。不過，如我之前已指出，往往在重建過去的時候，各個社會團體也進而扭曲了那段逝去的歲月。當然，有些事實以及某些事實的細節，都會被個體遺忘，尤其，若是其他人並沒有替這個人保留一份回憶的時候。另一方面，社會之所以能夠繼續生存，乃是在於組成社會的**個體與團體**以及在這兩者之間，存在著觀點一致的人員組織，而且人員數量又大致充分。人類團體之多元多樣，都是由於需求增加，以及社會之知識發展、組織架構的能力都持續擴大後的結果。社會整體都勉強遷就著這些條件，正猶如社會也將就配合著個體生命之有限期間。的確，不容置疑的是，人們都需要在某些規模有限的團體內深居簡出，例如，家庭、宗教社群、社會階級（在此僅討論這幾個例子）等群體，人們也需要在一段特定的時期內離群索居，即使、相較之下，這類在團體內深居簡出的需要，比較不是那麼不可抗拒、亦非無可避免，只不過一方面，這是與組成群體組織的社會需求完全相左，另一方面，這也與人群組織應具有連貫性之社會需求同等重要。這是為何社會整體總是試著在其記憶中，把所有可分化個體與個體之聯繫者，以及加大諸團體之間距的力量，全一一排除，在每一年代，社會都將重新粉刷其回憶，目的在於，讓種種回憶都可跟用來維持社會平衡的不同條件彼此相合相隨。

假使我們姑且以個人意識為分析範疇，以下則是可能得到的結果。例如，在很長一段時間裡，從未被回想起來的回憶，一旦重新浮現時，應該是毫無任何改變。不過，一旦省思也進來攪局時，與其讓過往時光重新湧現，我們則是靠著理性推論的力量來重建過去，由於我們總是希望在裡面加入更多合情合理的色彩，以致於過去便被扭曲了。那是理性或是智性去篩選回憶，淘汰其中某些段落，其他的，則是依據我們一時之間的意念而產生出來的優先順序，而重作安排；正是在此一關鍵點上，產生質變。不過，我之前也已指出，記憶乃一集體功能。所以，現在就讓我們站在團體的角度來作以下分析。我們大可說，假使回憶再現，那是因為社會在每一分、每一秒都擁有可用來重新製造出過去回憶的必要工具。於是，我們或許必須在社會思想中，區分出兩大類型的活動：一方面是，一段記憶，換言之，就是一個由諸多基本觀念而搭建出來的架構，這些基本觀念可用來當作基準點，而且，這些基準點也只跟過去有關聯；另一方面，則是理性思考活動，其起點的位置，則是社會當下所處之時間點，也就是，現在此一時間點上的種種社會條件。上述這一段記憶在運作時，只受制於上述之理性活動。當一個社會放棄或是修正其固有道統時，不正是為了滿足其理性需求，不正也是當諸道統一一誕生之際？

只不過，為何傳統的腳步會自我退卻？當社會拋出與回憶相牴觸的意念和省思的時候，為何回憶便止步退縮了？我們大可主張，這些理念代表著，社會因其當下的情況而被喚醒的意識；這些意念都是出自集體反省，洗淨鉛華、不帶塵埃，僅考慮到現今存在之物，而非過去曾經之種種。也就是，只有現在是被列入考量的。或許，去修正現在此一時間點是很不容易的，然而，就某角度而言，去改變過去留下的形影，難道不是更困難？這是因為既然社會總是在其思緒中，保留著社會記憶的諸多框架，所以，過去的畫面，在現在此一時間點上，即使如幻影，卻是確實存在的。總而言之，假使我們去考慮到，在集體思想中，現在此一時間點所占有的分量，相較於過去此一時間點，其實是微乎其微的。古老的表象以千軍萬馬之力牽制著我們，這股力量是來自於過去的古老社會，也就是，當初古老的表象逐漸捏造出集體形態的地方。古老的表象愈是陳舊，內涵的力量就愈強大，牽涉到的人數也愈多，接納這些表象的社群團體也愈廣泛。若要抵抗這些集體力量，那就必須使出力度更強大的集體力量。不過，當下時間點上的意念所涉及的範圍，往往是更加短暫的時間長度。所以，處於現在此一時間點上的意念，是從哪裡萃取出足夠的力量和充分的集體性養分，以便與固有道統相抗衡？

只有一個可能的解釋。假使當今的意念，足以與回憶分庭抗衡，甚至凌駕其上，直到讓回憶質變的地步，這是因為這些意念反映了一些集體經驗，否則根本就是某些古老經驗的寫真，而且，至少範圍也更廣泛，另外就是，不只這些意念，對於相關之團體成員而言，正是其共同理念，但對同一時代的其他團體而言，也是一樣的。理性與傳統唱反調，這就好比如，一個範圍更廣大的社會，相左於一個範圍更小的社會。總之，當今種種意念若真是新潮的，那只有當這些意念都深入到團體成員的心中的時候。一旦新穎之現代理念並不會與團體中的相同道統互相牴觸時，這些新品項就可以自由地發展，然後，自己套上傳統之外衣。一個團體若與自己的過往唱反調，並不是因為團體之當下時間點作祟，而是有鑑於其他團體的過去時間點（或許只是剛發生的過去，但這不是很重要），這是因為每一個團體都是在相較於其他的團體時，開始為自己定位。

我之前已指出：在某些社群團體中，家庭組成是非常謹慎的一件事情，因此，家庭很容易排斥外在環境的影響，或者，至少是家庭過濾、篩選出只符合其精神、思維模式的元素，進而容許這些元素滲透到家庭裡。不過，首要重點是，一旦兩個家庭各自某一成員彼此結合因而組成一個新家庭時，很可能原本這兩個家庭的生活延續性會因此打斷。雖說新成立的家庭，不過就是原本雙方出身之家庭的延續體，而且，新的成員將其過去生活的氣氛都帶到新成立的家庭之中，於是，原本的道德倫理氛圍將有所改變。假使就如同在我們的社會中，一般而言，每一起新的婚事都標示了一個嶄新的家居團體的起點，配偶雙方並不會因此忘記過去他們與父母親朝夕相處，故已深入其心坎的固有傳統、回憶等等，然而，相較於其父母親，雙方配偶對於外面世界的新潮流，往往持有更開放的態度。一對年輕的夫婦會先「對外擴展」，然後才會靜下心來，逐漸而徹底地體會到，他們的家庭和所有其他家庭截然不同之處。另一方面，即使在我們現今所屬之諸多社群中，同樣地，家庭不只是與其他友好的家庭保持著愈來愈頻繁的交際關係，而且，或者是透過其他熟識的家庭以及諸多其他中介者，於是，就踩進了一個所有的家庭都可沉浸其中的社會環境，然後，就在這個交際環境裡，種種禮尚往來、信仰崇拜等等，一一應運而生、散布流傳，約束著每一家庭，但並不特別針對某一家庭。以致於，其實，家庭對於周遭之社會群體是相當開放的。但是，怎麼可能不是如此呢？這是因為決定著家庭結構的規則、慣例，以及諸家庭成員間對彼此的義務，是早就被社會固定下來了，且束縛著每一戶家庭。另外，每一家庭對自己的看法，不也往往與其他家庭的意見一唱一和？

某些新的意念會取代家庭內傳統一貫的信仰，這些新主張也將會以另一面貌來呈現這一家庭的過去點滴。假使這些新的想法，是從家庭內部本身產生出來的，又假使這些新點子，是為了回應某些家庭成員在突然之間，迫不及待的獨立需求或是推陳出新的需要，那麼這些汰舊換新的過程就無法大功告成。道統會隨即在為時不久的抵抗和背叛作為的跟前儼然豎起。在一個對外隔絕的社會裡，假使所有的家庭都一致認同，父親至高無上的權威，婚姻乃喜結連理、故無任何回頭路的選擇，於是，以平等或是自由等為名義的個人訴求，將如石沉大海、永無漣漪。我們只能以原則來代替原則，以傳統來更換傳統。實際上，新的原則與新的傳統，早就存在於眾多家庭或是諸多家庭組成的大團體裡，而且，這些家庭團體與其他斑駁不堪的傳統、陳舊的原則主張，其實全都涵蓋在同一個社會裡。在諸多時機的正面配合下，這些家庭多多少少都逃避了，長期以來，已成刻板之信仰的種種壓力。與其去計較昔日生活之光輝，這些家庭其實更在意現況條件，它們都是踩在新的基石上來組織生活步調，針對人以及人的所作所為，它們都接納了新的觀點。的確，或至少在一開始時，這樣的新家庭可能只是例外，或許為數也不多。然而，隨著使之與其他家庭區分開來的種種條件也持續翻新、逐漸清晰之後，這類新家庭的數量便會一再增加。新成立的家庭會勾勒出一幅社會藍圖，原先形形色色的傳統，在諸多家居團體間逐起的藩籬，將一一倒下，家庭生活不再榨乾一個人的全部所有，家庭將逐漸擴大，也將佐以其他的團體組織形態，來重整基礎。新家庭的主張、信仰都代表著，這些範圍更加擴大的團體促成了新的傳統，過去的古老家庭，也將會被這些規模更廣泛的團體吸收。

猶如我之前所言，所有的宗教都與神啟經驗、超自然力量等事實關係密切，而且，這些神啟與超自然力量都標示著，宗教誕生此一事實猶如宗教本身千真萬確、無庸置疑的原則。我們也大可主張，這不僅是宗教的原則，就某意義而言，實乃宗教之全部所有。教會裡的神父、教務會議、神學家以及諸神職人員的角色，在諸多承先啟後的年代裡，其實，可能只是為了能更確切地明白基督的所言所為，以及在創教之初的那幾個世紀裡，基督徒都做了什麼事、說了什麼話。若論及那一段創教時期，我們可能以為可以發現到，那一段演變歷程是由信奉履行基督教、如此之類的背景環境來決定的，但教會則堅持，基督教的發展只有那麼一次而已：彷彿是由於一再將目光、思維全導向、鎖定在這些回憶上，即使時光流逝、世紀更迭，信徒卻能在這些回憶上一而再、再而三地辨識出新的細目，而且，每每都能更確切地掌握到這些細節的要義。至少，儘管信徒分屬不同的年代，每一年代的生活條件也大不相同，信徒卻都在其信奉的宗教裡，挖掘出可指引其言行舉止的東西。假使他們得到的答案都不盡相同，其實這是很合情合理的：只不過，所有的答案，是從一開始就蘊藏在宗教裡：這些解答都只顯露出後浪推前浪的層面，但所有都是千真萬確的。因此，我們不得不宣稱，烙印在宗教之基石下的那些回憶，並沒有被毀容也沒有被曲解，反而是變得更清晰明白，而且，只要我們把這些回憶都放置在現今此一時間點上，然後，據此去統整出嶄新的運用方式時，就會更明亮清澈。

只不過，當我們去研究，究竟基督教義是如何構成，先後曾經歷哪些不同的變化繼而成為現今的樣貌，我們卻得到完全不同的結論。首先，並無所謂的發展，就此而言，在原始基督教裡，其樣貌已是層層包覆、混沌含糊，所有一開始就出現的元素，都已化零為整、統合成一。透過了一連串先後不等的添加補充程序，新的意念、新的觀點，便逐漸被吸收整合。與其去發揚光大老舊的原則，其實，只是針對某些極為有限的重點略作琢磨。至於新的意念，對原始基督教而言，多少是外來奇特之物，最終還是被吸收了，但一開始，這些新看法並非單純出自對於古老課題的深刻省思。究竟以什麼名義為由，單純之省思或是某某個人之直覺反應，又能有多少力量，竟可與固有道統相違？實際上，人們並沒有將就於簡簡單單的邏輯要求：在眾多新興元素中，的確，某些元素看似比古老元素還更不理智，另外，針對諸多矛盾之處，人們也大而化之、得過且過。不過，某些這類新主張，大概很久以前就已經存在了，在那些還沒有被基督教理吸收的團體裡，人們始終相信著這些意念並從中汲取靈感。所以，儘管創教初期的基督教會涵蓋了諸多先後成立的社群，但就某些權力關係而言，這些社群彼此都是獨立自主的。不少教義都未曾被教會禁止，但也沒有因此被吸收成為官方真理之列，至於其他，不少都被教會宣判為邪說異教，則依然在陰暗的角落中殘喘著，最後，不免其中某些成分還是滲透到教條核心中。於此、再一次地，都是外在世界的傳統與內在世界的傳統，互起衝突、分庭抗禮。理所當然地，教會選擇在兩方之間遊走。可是，若要去證明能讓教會歡心接納的意念，實乃那些可孕育出更豐沛之共同傳統進而應用在範圍更加廣大之基督社群的想法，則是相當可能的事情。換言之，基督教會將其最古老的固有傳統一把全丟進近期才成形的信仰香火中，另一方面，這些剛成形的信仰也分化出諸多團體，於是，教會可寄望，若去借助這些團體，或許可造就出一個規模更加擴大的宗教社群。若說基督教將新教排除在外，這是因為新教之教理主張人人都可檢驗的自由，也就是，個人省思乃凌駕於道統之上。若說，只要基督教傳統能夠適應其他傳統時，便代表了基督教思想能夠接受與其他集體思想妥協，沒有什麼比這一點還更千真萬確的了。

至於名之為階級的社會團體，裡面有一群人，他們都具備了在其所屬之社會中最受推崇的某些特質，但裡面也有另外一些人，則根本不具備這些特質。既然各個團體所處之環境條件總是會出現變化，於是，在先後不同年代中，最受集體意識倚重的人類特質，未必相同一致。以致於在某些時期，人們會向上層階級抗議其優勢，這則是因為上層階級仰賴著一套早已過時的評價系統。在什麼樣的條件之下，那些活在古老之封號頭銜裡的人，以及那些迫不及待要取而代之的人，雙方都將挺身奮戰？我們大可主張，讓固有道統四處碰壁的，就是現在此一時間點。舉目皆是新的需求，社會已無法再令人心滿意足。社會必須修正其結構。然而，社會要從哪裡找到拋棄過去的必要力量呢？要依循哪些指標，社會才能重新出發？一個社會若要生存下去，條件則是其社會體制都奠基於強而有力的集體信仰上。但這些信仰，是無法從一個大而化之的反思中浮現出來。我們大可抨擊那些力挺在位者之輿論，一一指出這類主張已無法回應現今狀況，或者是去揭發惡習流弊，抗議強力壓制、剝削榨取等不義之舉。若要社會放棄舊有的信仰，條件在於社會確定能找到其他可取而代之者。

實際上，貴族階級的種種特權之所以被剝奪，乃是由於在一更廣泛的社會生活範圍裡，另一套信念已深入人心，眾人相信，存在著另一類型、另一更值得被讚許的活動，且遠遠超過奉行軍武美德之類的人類活動，眾人也肯定，存在著比賦予貴族階級之個人屬性還更值得珍惜也更值得推崇的人性特質。正是在行會盛行之自由市鎮（ville libres corporatives*）、在商販、手工藝匠等

* 譯者注：就字義而言，自由市鎮獨立自治，相對地，周遭或境外的土地則屬於某一勢力龐大的政權（例如，希臘、羅馬帝國）。然而，最常被提出來的例子，則是日耳曼神聖羅馬帝國（Saint-Empire romain germanique）時期的自由市鎮，其定義則是，直接受皇帝管轄，而非由其他皇親國戚或諸侯統治。一般而言，自由市鎮多半位於當今德國境內，十七世紀時因戰爭後的協約，諸多城市讓渡給法國，因而出現在法蘭西國王統轄境內，幾許自治自立的獨立城市，多半位於當今法國東北部鄰近德、瑞地區，例如，Besançon、Colmar、Strasbourg、Mulhouse等等。總之，此非定義嚴格之名詞，每一所謂的自由市鎮都有其獨特之歷史背景、法源根據。最後，日耳曼神聖羅馬帝國的法理依據、定義、版圖範圍都不一，隨英、法、德語或其他語系，日耳曼一詞或保留或刪除，以法語世界之定義而言，該帝國起自卡洛林帝國毀滅之後，十九世紀初徹底告結。

輩的圈子裡，人們開始這麼想著，逐漸視之為常態。也是在這些圈子裡，這類新意念，先是開花結果、形成固有道統，然後，便慢慢深入到貴族階級本身的生活環境裡。貴族階級的特權之所以衰退凋零，絕不是眾人齊聲批評這套特權本身之故，而是由於其他不同之特權開始與貴族特權平分秋色，而且，這類新特權猶如舊有的貴族特權，也是立足於固有傳統之信仰上。不過，風水輪流轉，隨著手工製造業、商業買賣之經營條件出現變化後，資產階級之傳統也繼而被徹底摧毀。然後，便是在銀行金融、企業主等圈子裡，還有就是在工業製造、商業買賣這一環境裡，最熟悉現代經營模式的那批人，也就是說，在舊式手工業製造、個體規模之商業買賣等慣有常規依然不改的階級環境之外，人們開始競相去推許另一前所未見的價值體系：那就是，主張集體性力量，掌握生產與交換之社會模式，於是，共同推動這股集體力量以進而實踐一套生產與交換之社會模式的能力等等。假若傳統之資產階級修正其固有道統，以便能夠適應這些新觀念中的某些作法，這是因為舊有之資產階級在這些新式觀念裡，一眼認出某些理念，而且，這些理念在追求改革進步的人們所組成的那幾個規模廣大的團體裡，早已流行一陣子了，也就是說，在這些新式觀念的背後，傳統之資產階級可感受到一個正蓬勃發展中的社會，更加廣闊、更加繁複，遠遠超過那個只要有古老道統撐著便心滿意足的社會，更何況，這個起步中的新社會，早有幾筆傲人的成績。

總結而言，無論社會信仰之起源為何，往往都有著雙重性格。首先，社會信仰都是固有傳統或是集體回憶，但也都是由現今知識衍生出來的意念與慣例。假使純粹是慣有規則而已（若以此意義而言），社會思想則純粹只是邏輯推論的問題而已：社會思想將只會接受符合現今條件者；

社會思想也將在所屬團體之成員的心中，順利地一一抹滅背負在其身後的所有回憶，即使，也不過就是幾許游絲罷了，然而，這些回憶卻曾促使這些成員，既可以一腳踏在昨日之社會生活，又可以讓另一隻腳立足於今日之社會模式；假使社會信仰純粹是傳統而已，它將不會容許任何理念進入其國度，乃至於任何與古老信仰相違的既定事實，即使只不過是芝麻綠豆之小事，也全摒除在外。因此，無論是在哪一情況之下，社會絕不容許在現今條件下的意識，以及在深切依戀著固有信仰之情懷這兩者之間，委曲求全：社會若非全然腳踏實地站在當今，否則就是僅投向過去。但是，社會思想並非抽象難解之物。即使社會中的種種理念符合現今環境之要求，也充分表達出現今環境之樣貌，社會諸理念依然是在各類人物和社群團體身上具體成形；在封號、美德善行、個性特質等等的背後，社會一眼便認出具備這些條件的人；這無非是，團體或是個人總是出現或活在某一段時間內，卻都在人們的記憶裡留下痕跡。就此意義而言，任何社會意念也都是社會的回憶。但另一方面，此一社會理念，則會努力不懈地以另外一種更具體的樣貌，去重新捕捉曾在社會之記憶中留下深刻印象的某一人物之面容或是某一歷史事件，只不過，終究徒勞無功。所有的人物、真實的歷史事件，一旦滲透到社會記憶中，隨即轉化成一筆教訓、一項觀念、一個象徵符號；人物或事件都因此負載了一個意義；也都隨之成為社會之理念系統裡的一項元素。這正說明了，何以過去之道統與現今之理念是可一拍即合的；這是因為、事實上，當今之理念也都是傳統，無論是現今理念還是過去傳統，兩者都在同一段時期，以同樣的名義，向過去久遠之前或是方才流逝之社會生活，呼喊求助，而且，現今理念猶如過去傳統，兩者都是從遙遠之前或是方才消逝之社會生活中，汲取源源不絕的活力。這就像是羅馬帝國時期的萬神廟（Panthéon），只要曾經是被崇拜的信仰，便可登堂入室進萬神廟，萬神廟裡也的確招待了所有的神明，猶如只要曾經是社會傳統，社會整體便會承認那是一套傳統，而社會也的確認可了所有的傳統（即使是才剛成形的）。甚至，只要曾經是一個意念，社會整體便會接納那個意念，而整體社會也的確接納了所有的意念（即使是最古老的），換言之，若一項理念尚可在社會思想中取得一席之地，仍能吸引時人之注意力，今人依可明白其要義，便是一實在的社會意念。因此，我可在此結論，社會思想，基本上就是記憶，社會思想的所有內容，不過就是由集體回憶組成的，但由於當今人群中的某一批人與這一批人中的每一個人個個都頂天立地，所以無論是在哪個年代，社會都能在維護著現今社會框架之餘，重建再出發。

全書完

國家圖書館出版品預行編目（CIP）資料

記憶的社會框架／莫里斯・哈布瓦赫（Maurice Halbwachs）著；陳秀萍譯. -- 一版. -- 臺北市：麥田出版：英屬蓋曼群島商家庭傳媒股份有限公司城邦分公司發行, 2024.11
面； 公分
譯自：Les cadres sociaux de la mémoire.
ISBN 978-626-310-750-2（平裝）
1.CST: 記憶 2.CST: 人類行為
3.CST: 社會環境 4.CST: 社會心理學
541.75 113012444

記憶的社會框架

Les cadres sociaux de la mémoire.

作者 莫里斯・哈布瓦赫（Maurice Halbwachs）
譯者 陳秀萍
校對 陳怡璇
責任編輯 林虹汝
封面設計 覓蠹工作室 廖勁智
排版 李秀菊
印刷 前進彩藝有限公司
國際版權 吳玲緯 楊靜
行銷 闕志勳 吳宇軒 余一霞
業務 李再星 陳美燕 李振東
總編輯 劉麗真
事業群總經理 謝至平
發行人 何飛鵬
出版 麥田出版
台北市南港區昆陽街16號4樓
電話：886-2-2500-0888 傳真：886-2-2500-1951
發行 英屬蓋曼群島商家庭傳媒股份有限公司城邦分公司
台北市南港區昆陽街16號8樓
客服專線：02-25007718；02-25007719
24小時傳真專線：02-25001990；02-25001991
服務時間：週一至週五上午09:30-12:00；下午13:30-17:00
劃撥帳號：19863813 戶名：書虫股份有限公司
讀者服務信箱：service@readingclub.com.tw
城邦網址：http://www.cite.com.tw
香港發行所 城邦（香港）出版集團有限公司
香港九龍土瓜灣土瓜灣道86號順聯工業大廈6樓A室
電話：852-25086231 傳真：852-25789337
電子信箱：hkcite@biznetvigator.com
馬新發行所 城邦（馬新）出版集團
Cite（M）Sdn. Bhd.（458372U）
41, Jalan Radin Anum, Bandar Baru Seri Petaling, 57000 Kuala Lumpur, Malaysia.
電話：+6(03)-90563833 傳真：+6(03)-90576622 電子信箱：services@cite.my

一版一刷 2024年11月

ISBN 978-626-310-750-2（紙本書） ISBN 978-626-310-747-2（電子書）